Betz 1971

Joachim Jeremias

Neutestamentliche Theologie

Erster Teil
Die Verkündigung Jesu

Gütersloher Verlagshaus
Gerd Mohn

1. Auflage · ISBN 3 579 04400 1
© Gütersloher Verlagshaus Gerd Mohn, Gütersloh 1971
Gesamtherstellung: Mohndruck Reinhard Mohn OHG, Gütersloh
Umschlagentwurf: H. P. Willberg
Library of Congress Catalog Card Number: 74-113897
Printed in Germany

Inhalt

Kapitel I: Zur Frage nach der Zuverlässigkeit der Überlieferung der Worte Jesu 13

§ 1 Die aramäische Grundlage der Jesuslogien der Synoptiker...... 14
§ 2 Von Jesus bevorzugte Redeweisen 19
    1. Das Passivum divinum 20
    2. Der antithetische Parallelismus 24
    3. Der Rhythmus 30
        a) Zweiheber 30
        b) Vierheber 32
        c) Dreiheber 33
        d) Qina-Metrum 35
    4. Alliteration, Assonanz und Paronomasie 37
§ 3 Kennzeichen der ipsissima vox 38
    1. Die Gleichnisse Jesu 38
    2. Die Rätselsprüche 39
    3. Die Königsherrschaft Gottes 40
    4. Amen 43
    5. Abba 45

Anhang zu Kapitel I: Zum synoptischen Problem 45

Kapitel II: Die Sendung...................................... 50

§ 4 Jesus und der Täufer 50
    1. Jesu Beziehung zum Täufer 51
    2. Jesu Bekenntnis zum Täufer 53
    3. Jesus unter dem Einfluß des Täufers 55
§ 5 Die Berufung Jesu 56
    1. Die Quellen 56
    2. Die Taufe Jesu 58
    3. Die Bedeutung des Tauferlebnisses Jesu 61
§ 6 Die Übergabe der Offenbarung 62
    1. Mt 11,27 (par. Lk 10,22), ein johanneisch-hellenistisches Offenbarungswort? 63
    2. Der Sinn des Logions Mt 11,27 (par. Lk 10,22) 65

§ 7	Die Gottesanrede 'Abba	67
	1. Die Quellen	68
	2. Die Einzigartigkeit der Gottesanrede 'Abba	68
	3. Die Bedeutung der Gottesanrede 'Abba	73
§ 8	Das Ja zur Sendung	73
	1. Die Quellen	74
	2. Ein geschichtlicher Kern?	75
	3. Der Sinn der Berichte	79

Kapitel III: Der Anbruch der Heilszeit ... 81

§ 9	Die Wiederkehr des erloschenen Geistes	81
	1. Der Prophet	81
	2. Der erloschene Geist	84
	3. Die abschließende Offenbarung	86
§ 10	Die Überwindung der Satansherrschaft	89
	1. Die Wunderberichte der Evangelien	90
	2. Die Macht des Bösen	96
	3. Die Überwindung des Satans	98
§ 11	Die anbrechende königliche Herrschaft Gottes	99
	1. Die Basileia als Zentralthema der öffentlichen Verkündigung Jesu	99
	2. Die futurische Bedeutung von $\dot{\eta}$ $\beta\alpha\sigma\iota\lambda\epsilon\acute{\iota}\alpha$ $\tau o\tilde{\upsilon}$ $\vartheta\epsilon o\tilde{\upsilon}$ in den Worten Jesu	101
	3. Die anbrechende Weltvollendung	105
§ 12	Die Frohbotschaft für die Armen	110
	1. Wer sind die Armen?	111
	2. Die Frohbotschaft	115
	3. Die Rechtfertigung der Frohbotschaft	119

Kapitel IV: Die Gnadenfrist ... 124

§ 13	Im Angesicht der Katastrophe	124
	1. Die beiden synoptischen Apokalypsen	124
	2. Was erwartete Jesus?	128
	3. Wann kommt die Katastrophe?	132

	a) Die Ankündigung der Basileia	132
	b) Berufungsworte	133
	c) Sendungsworte	133
	d) Der Bußruf	135
	e) Die ἡ γενεὰ αὕτη-Worte	135
	f) Leidens- und Trostworte	136
	g) Verzichterklärung und Gethsemanebitte	138
§ 14	Der Weheruf	141
	1. Das Wehe über die Zeitgenossen	142
	2. Das Wehe über Priester, Schriftgelehrte und Pharisäer	142
	3. Die von Gott trennende Frömmigkeit	146
§ 15	Die Forderung der Stunde	150
	1. Die Umkehr	151
	2. Das Motiv	155
	3. Die Freude der Buße	256

Kapitel V: Das neue Gottesvolk 157

§ 16	Der Glaube	157
	1. Die Quellen	157
	2. Was heißt glauben?	160
	3. Die Bewertung des Glaubens durch Jesus	162
§ 17	Die Sammlung der Heilsgemeinde	164
	1. Die Terminologie	165
	2. Der Heilige Rest	167
	3. Die grenzenlose Gnade	170
§ 18	Die Kindschaft	174
	1. Der Vater	175
	2. Das neue Beten	180
	a) Die liturgische Erbfolge	180
	b) Das Vorbild Jesu	182
	c) Die Gebetsanweisungen Jesu	186
	d) Das Vaterunser	188
§ 19	Gelebte Jüngerschaft	197
	1. Jesu Kritik am Gottesrecht des alten Äons	198
	a) Jesu Stellung zum alttestamentlichen Gesetz	198
	b) Jesu Stellung zur mündlichen Überlieferung	201

	2. Das Liebesgebot als Lebensgesetz der Königsherrschaft	204
	3. Das neue Motiv	206
	4. Die einzelnen Lebensgebiete	211
	a) Die Heiligung des Alltags	211
	b) Der Verzicht auf Hab und Gut	213
	c) Die Stellung zur Frau	215
	d) Das Kind	218
	e) Die politische Haltung	219
	f) Die Arbeit	221
§ 20	Die Sendung der Boten	222
	1. Die Quellen	222
	2. Anweisungen, Auftrag und Vollmacht	225
	3. Das Schicksal der Boten	229
§ 21	Die Vollendung des Gottesvolkes	231
	1. Die eschatologische Notzeit	231
	2. Die Wende	234
	3. Die Völkerwallfahrt	235
	4. Gott ist König	237

Kapitel VI: Das Hoheitsbewußtsein Jesu 239

§ 22	Der Heilbringer	239
	1. Das emphatische ἐγώ	239
	2. Öffentliche Verkündigung und Jüngerbelehrung	243
§ 23	Der Menschensohn	245
	1. Die Quellen	246
	a) Der philologische Tatbestand	248
	b) Der überlieferungsgeschichtliche Tatbestand	250
	2. Die Echtheitsfrage	252
	3. Die Präformation (Das religionsgeschichtliche Problem)	255
	4. Die Bedeutung des Titels Menschensohn in Jesu Munde	259
§ 24	Die Passion	263
	1. Die Leidensankündigungen	264
	2. Die Leidensdeutung	272
	a) Die Abendmahlsworte	274
	b) Das Lösegeldwort	277
	c) Das Schwertwort	279

d) Das Eliawort	280
e) »Dahingegeben«	280
f) Das Hirtenwort	282
g) Die Fürbitte für die Schuldigen	282

Kapitel VII: Ostern 285

§ 25 Die älteste Überlieferung und die älteste Deutung 285
    1. Die Quellen 285
    2. Die Osterereignisse 288
    3. Die Deutung der Osterereignisse 293

Verzeichnis der Abkürzungen 297

Verzeichnis der Bibelstellen 299

Erster Teil: Die Verkündigung Jesu

Die genauen Titel der abgekürzt zitierten Werke finden sich S. 297 f. – *Dalman*, Worte Jesu². – *A. Schlatter*, Die Geschichte des Christus, Stuttgart 1909, ²1923. – *H. L. Strack*, Jesus, die Häretiker und die Christen nach den ältesten jüdischen Angaben, Schriften des Institutum Judaicum 37, Leipzig 1910. – *A. Schweitzer*, Die Geschichte der Leben-Jesu-Forschung, Tübingen 1913 = ⁶1951. – *Dalman*, Jesus-Jeschua. – *R. Bultmann*, Jesus, Die Unsterblichen 1, Berlin 1926 = Tübingen 1964. – *H. Windisch*, Das Problem der Geschichtlichkeit Jesu; Die außerchristlichen Zeugnisse, in: ThR 1, 1929, 266–288. – *J. Klausner*, Jesus von Nazareth, Berlin 1930, ³Jerusalem 1952. – *Manson*, Teaching². – *Jeremias*, Abendmahlsworte⁴. – *M. Dibelius*, Jesus, Sammlung Göschen 1130, Berlin 1939, ³1960 mit einem Nachtrag von W. G. Kümmel. – *R. Meyer*, Der Prophet aus Galiläa, Tübingen und Leipzig 1940. – *Jeremias*, Gleichnisse⁷; *ders.*, Unbekannte Jesusworte, Zürich 1948, Gütersloh ⁴1965. – *Bultmann*, Theologie. – *E. Percy*, Die Botschaft Jesu, Lund 1953. – *G. Bornkamm*, Jesus von Nazareth, Urban Bücherei 19, Stuttgart 1956 = ⁷1965. – *D. Daube*, The New Testament and Rabbinic Judaism, London 1956. – *W. Grundmann*, Die Geschichte Jesu Christi, Berlin 1957 = ³1960. – *E. Stauffer*, Jesus. Gestalt und Geschichte, Dalp Taschenbücher 332, Berlin 1957. – *H. Conzelmann*, Jesus Christus, in: RGG³ III, 1959, Sp. 619–653. – *E. Stauffer*, Die Botschaft Jesu damals und heute, Dalp Taschenbücher 333, Berlin 1959. – *G. Gloege*, Aller Tage Tag. Unsere Zeit im Neuen Testament, Stuttgart 1960. – *H. Ristow und K. Matthiae Hg.*, Der historische Jesus und der kerygmatische Christus, Berlin 1960. – *A. Vögtle*, Jesus Christus, in: LThK V, 1960, Sp. 922–932. – *G. Jeremias*, Lehrer der Gerechtigkeit. – *O. Betz*, Was wissen wir von Jesus?, Stuttgart und Berlin 1965. – *Chr. Burchard*, Jesus, in: Der kleine Pauly, Lexikon der Antike II, Stuttgart 1967, Sp. 1344–1354. – *H. Conzelmann*, Grundriß der Theologie des Neuen Testaments, München 1967, ²1968. – *Perrin*, Rediscovering. – *R. Slenczka*, Geschichtlichkeit und Personsein Jesu Christi, Göttingen 1967. – *Flusser*, Jesus.

Kapitel I: Zur Frage nach der Zuverlässigkeit der Überlieferung der Worte Jesu

In diesem ersten Kapitel geht es um das *Problem des historischen Jesus*[1]. Wir konzentrieren uns dabei auf die für unser Vorhaben entscheidende Frage, ob unsere Quellen ausreichen, um die Grundgedanken der Predigt Jesu mit einiger Wahrscheinlichkeit zu erheben, oder ob diese Hoffnung von vornherein utopisch ist. Zwei große Schwierigkeiten erheben sich. Zunächst: Während wir von Paulus Originaldokumente besitzen, ist uns von Jesu Hand keine einzige Zeile überliefert. Erst mehr als dreißig Jahre nach seinem Tod hat man begonnen, seine Worte, die in der Zwischenzeit längst ins Griechische übersetzt worden waren, zusammenhängend niederzuschreiben. Es war unvermeidlich, daß die Überlieferung in diesem langen Zeitraum der mündlichen Weitergabe Veränderungen erfuhr. Ein Vergleich der beiden Fassungen etwa des Vaterunsers oder der Seligpreisungen bei Matthäus und Lukas kann eine Vorstellung von diesem Prozeß vermitteln, freilich auch vor seiner Überschätzung warnen. Noch ein zweiter Umstand macht die Frage brennend, wieweit Jesu Botschaft verläßlich überliefert ist: wir haben nicht nur damit zu rechnen, daß Jesu Worte in der Zeit bis zur Niederschrift Veränderungen erfuhren, sondern wir müssen darüber hinaus mit der Möglichkeit von Neubildungen rechnen. Wie die sieben Briefe Christi an die sieben Gemeinden Kleinasiens (Apk 2–3) und andere in der ersten Person überlieferte Worte des erhöhten Herrn (z. B. Apk 1,17–20; 16,15; 22,12 ff.) schließen lassen, haben urchristliche Propheten den Gemeinden stärkende, mahnende, tadelnde und verheißende Worte in seinem Namen in Ich-Form zugerufen. Solche prophetischen Worte sind in die Überlieferung über Jesus eingedrungen und mit den Worten, die er bei Lebzeiten gesprochen hatte, verschmolzen worden. Die Reden Jesu im Johannesevangelium bieten ein Beispiel für diesen Vorgang; sind sie doch großenteils geradezu in Ich-Form gefaßte Homilien über Worte Jesu.

Der Weg, den man angesichts dieser Unsicherheitsfaktoren seit langem, völlig zu Recht, beschreitet, um die Echtheitsfrage zu beantworten, ist die

---

1. **Der Name wurde in Judäa** *Ješuaʿ* ausgesprochen, wie wir durch die Ossuarinschriften aus der Umgebung Jerusalems wissen (Belege bei W. Foerster, Ἰησοῦς, ThW III, 1938, 284 bis 295:285; [j]*šuʿ* liest auch ein von mir in der Südwand des Südteiches von Bethesda gefundenes, jetzt verschüttetes Grafitto, vgl. mein: The Rediscovery of Bethesda, New Testament Archaeology Monograph No I, Louisville, Ky., 1966, 31 Anm. 107; Abb. S. 32). Die im Talmud überwiegend verwendete Form *Ješu* (Belege bei H. L. Strack, Jesus, die Häretiker und die Christen nach den ältesten jüdischen Angaben, Leipzig 1910, passim) ist kaum beabsichtigte Verstümmelung aus antichristlichen Motiven, vielmehr »fast sicher« (Flusser, Jesus, 13) die galiläische Aussprache des Namens; das Verschlucken des ʿajin war typisch für den **galiläischen** Dialekt (Billerbeck I 156f.).

religionsvergleichende Methode. Sie benutzt vor allem das »criterion of dissimilarity«[2] und findet älteste Überlieferung dort, wo sich eine Aussage bzw. ein Motiv weder auf das antike Judentum noch auf die Urkirche zurückführen läßt. Als Beispiel für Verschiedenartigkeit vom antiken Judentum sei die Botschaft Jesu von der Sünderliebe Gottes genannt, die der Mehrzahl seiner Zeitgenossen derart anstößig war, daß sie nicht auf das Denken seiner Umwelt zurückgeführt werden kann. Unableitbarkeit aus der Urkirche ist etwa da gegeben, wo Jesus eine Erwartung ausspricht, die nicht eintraf[3]; in solchen Fällen ist vorösterliche Entstehung als erwiesen anzusehen. Wir werden diesem Kriterium, das als allgemein anerkannt gelten darf, laufend unsere Aufmerksamkeit schenken. Doch hat es eine Schwäche: es arbeitet beim Vergleich der Worte Jesu mit der religiösen Gedankenwelt des palästinischen Judentums und der Urkirche einseitig mit dem Prinzip der Originalität und erfaßt infolgedessen die als altertümlich anzusprechenden Jesusworte nur zum Teil. Alle die Fälle, in denen Jesus an vorgegebenes Material anknüpft, etwa an Gedanken der Apokalyptik oder an spätjüdische Sprichwörter oder an gängigen Sprachgebrauch seiner Umwelt, schlüpfen durch die Maschen, aber auch diejenigen Fälle, in denen die Urgemeinde Jesu Worte unverändert weitergab, wie z. B. die Gottesrede 'Abba. Man muß geradezu sagen, daß die Art und Weise, wie heute vielfach das »Unähnlichkeitskriterium« als Schibboleth benutzt wird, eine schwerwiegende Fehlerquelle enthält und den historischen Tatbestand verkürzt und entstellt, weil sie die Zusammenhänge zwischen Jesus und dem Judentum nicht in den Griff bekommt.

Um so wichtiger ist es, daß wir neben der religionsvergleichenden Methode noch ein anderes Hilfsmittel zur Ermittlung der vorösterlichen Überlieferung besitzen, nämlich *sprachlich-stilistische* Tatbestände. Von diesem weithin vernachlässigten Hilfsmittel soll in den drei Paragraphen des ersten Kapitels die Rede sein.

§ 1 Die aramäische Grundlage der Jesuslogien der Synoptiker

Auf die am Kopf des jeweiligen Paragraphen genannte Literatur wird in den Anmerkungen mit einem Pfeil→ verwiesen. – *Dalman*, Grammatik²; ders., Worte Jesu². – *J. Wellhausen*, Einleitung in die drei ersten Evangelien, Berlin 1905, ²1911, 7–32. – *Dalman*, Jesus-Jeschua. – *C. F. Burney*, The Poetry of Our Lord, Oxford 1925. – *P. Joüon*, L'Évangile de Notre-Seigneur Jésus-Christ, Verbum Salutis 5, Paris 1930. – *C. C. Torrey*, The Four Gospels, London 1933. – *M. Black*, An Aramaic Approach to the Gospels and Acts, Oxford 1946, ³1967.

Die von den Synoptikern überlieferten Worte Jesu sind in das Gewand eines semitisierenden Koinegriechisch gekleidet. Obwohl man im hellenistischen

---

2. Perrin, Rediscovering, 39–43.   3. S. u. S. 139 ff.

Bereich die semitische Färbung als unschön und verbesserungsbedürftig empfunden haben muß, ist die Überlieferung im ganzen sehr zurückhaltend mit der Gräzisierung der Worte Jesu gewesen. Diese aus der Ehrfurcht vor dem Kyrios erwachsene Reserve tritt besonders deutlich bei Lukas hervor, bei dem sich die semitisierenden Logien auffällig von dem gräzisierten Rahmen abheben.

Das den Worten Jesu zugrundeliegende Idiom ist als dem westlichen Zweig der aramäischen Sprachfamilie zugehörend zu bestimmen[1]. Seitdem G. Dalman den grundlegenden Nachweis hierfür erbrachte (1898)[2] und mit seiner Grammatik des jüdisch-palästinischen Aramäisch[3] sowie seinem Handwörterbuch[4] die bisher unübertroffenen Arbeitsgrundlagen schuf, haben vor allem J. Wellhausen[5], P. Joüon[6] und M. Black[7] ein so reiches bestätigendes Material, namentlich an syntaktischen Beobachtungen, beigebracht, daß die Richtigkeit dieser Erkenntnis nicht mehr angezweifelt werden kann. Genauer ist zu sagen, daß es sich bei der Muttersprache Jesu um die *galiläische Spielart des Westaramäischen* handelt. Denn die nächsten sprachlichen Analogien zu Jesu Worten finden wir in den in Galiläa beheimateten volkstümlichen aramäischen Stücken des palästinischen Talmuds und der Midraschim[8]. Wenn deren schriftliche Fixierung auch erst in der Zeit vom 4. bis 6. Jh. n. Chr. erfolgte, so spricht doch alle Wahrscheinlichkeit dafür, daß sich schon in Jesu Tagen das im Alltag gesprochene galiläische Aramäisch durch die Aussprache[9], durch lexikalische Abweichungen[10], durch grammatische Nachlässigkeiten[11] und durch ein geringeres Maß der Beeinflussung seitens der rabbinischen Schulsprache[12]

1. Das Westaramäische bestand zur Zeit Jesu im wesentlichen aus den in Palästina gesprochenen und geschriebenen aramäischen Dialekten.
2. Die Worte Jesu mit Berücksichtigung des nachkanonischen jüdischen Schrifttums und der aramäischen Sprache erörtert I, Leipzig 1898.
3. Grammatik des jüdisch-palästinischen Aramäisch, Leipzig 1894, ²1905 = Darmstadt 1960.
4. Aramäisch-neuhebräisches Handwörterbuch zu Targum, Talmud und Midrasch, Leipzig 1897–1901, ³Göttingen 1938 = Hildesheim 1967.
5. →Wellhausen.
6. Neben einer Reihe von Aufsätzen siehe vor allem die kommentierte Evangelienübersetzung→Joüon.
7. →Black.
8. Textproben gaben G. Dalman, Aramäische Dialektproben, Leipzig 1896, ²1927 = Darmstadt 1960 als Anhang zum Nachdruck der Grammatik²; H. Odeberg, The Aramaic Portions of Bereshit Rabba with Grammar of Galilaean Aramaic (Lunds Universitets Arsskrift N. F. Avd. 1, 36,4), Lund-Leipzig 1939.
9. Namentlich, aber nicht nur, durch undifferenzierte Aussprache der Gutturale (b. ʿEr. 53b Bar.); vgl. Dalman, Grammatik², 57–106 und passim. Ein Beispiel oben S. 13 Anm. 1.
10. Vgl. die Tabelle bei Dalman, Grammatik², 44–51.
11. Vgl. Anm. 13.
12. Dalman, Worte Jesu², 371.

vom südpalästinischen (judäischen) Aramäisch unterschied. Mt 26,73 setzt voraus, daß man in Jerusalem einen Galiläer an seinem Dialekt erkannte.

An Jesuslogien sind in der aramäischen Ursprache aufbehalten: das Befehlswort ταλιθὰ κοῦμ (Mk 5,41)[13], das Logion Mt 5,17b in rabbinischer Überlieferung[14] und der Kreuzesruf ἠλὶ ἠλὶ λεμὰ σαβαχθάνι (Mt 27,46 par. Mk 15,34)[15] sowie einzelne von Jesus gebrauchte Wörter[16]. Da dieser Wortbestand bisher noch nicht vollständig zusammengestellt worden ist, sei er nachstehend aufgeführt (wobei von den in Jesuslogien vorkommenden aramäischen Ortsnamen[17], Personennamen[18], Herkunfts-[19] und Gruppenbezeichnungen[20] abgesehen ist, weil sie keine eindeutigen Rückschlüsse auf Jesu eigene Sprache erlauben). Folgende aramäische Vokabeln finden sich im Munde Jesu:

ʾabba[21]   ʾana[22]   ʾata[23]
bar[24]   beʿel[25]   de[26]

13. Da ein Mädchen angeredet wird, sollte man die auf -*i* endende Femininform des Imperativs κούμι (so AD Θ ℜ *pm* vg) erwarten. Das Fehlen der Endung wird gewöhnlich auf Einfluß des Syrischen zurückgeführt. Das ist aber deshalb nicht möglich, weil für einen solchen Einfluß des Syrischen auf die galiläisch-aramäische weibliche Imperativform jeder Beleg fehlt; vielmehr war die weibliche Imperativform auf -*i* oder -*in* im galiläischen Aramäisch fester Sprachgebrauch. In Wirklichkeit handelt es sich bei der Form κοῦμ Mk 5,41 um Verwendung der Maskulinform in femininer Bedeutung; die volkstümliche Bevorzugung des Maskulinums als genus potius war im galiläischen Sprachgebrauch idiomatisch; vgl. speziell für den Imp. fem. sing.: *sib* Midr. Klagel. zu 1,16 statt zu erwartendem *sibi* (Targ. 2 Kön 4,36 *sabi*); zwei weitere Beispiele bei Dalman, Grammatik², 275 § 62,2.

14. b. Šab. 116b (s. u. S. 88).

15. Matthäus (ἠλὶ ἠλὶ λεμὰ σαβαχθάνι) bietet scheinbar einen Mischtext: die Anrede ist bei ihm hebräisch, die Frage aramäisch; bei Markus (ἐλωὶ ἐλωὶ λαμὰ σαβαχθάνι) ist dagegen der ganze Satz aramäisch. Das Eliasmißverständnis (Mk 15,35 par. Mt 27,47), das ein ʾeli voraussetzt, spricht dafür, daß Matthäus die ältere Überlieferung bietet. Es ist jedoch irreführend, wenn man den Matthäustext als Mischtext bezeichnet, weil das hebräische ʾel vom Aramäischen übernommen worden war, wie der Targumtext zu Ps 22,1 ʾeli ʾeli meṭul ma šebaqtani (ed. princeps Venedig 1517) zeigt. Der Kreuzesruf Mt 27,46 ist also *in toto* den aramäisch überlieferten Worten Jesu zuzuzählen.

16. Zu ἐφφαθά (Mk 7,34) s. u. Anm. 51.

17. Βηθσαϊδά Mt 11,21 par. Lk 10,13; Καφαρναούμ Mt 11,23 par. Lk 10,15.

18. Ζακχαῖος Lk 19,5; Μάρθα 10,41.

19. Γαλιλαῖος Lk 13,2; Ἰουδαῖος Joh 4,22; 18,36; Σαμαρίτης Mt 10,5.

20. Σαδδουκαῖος Mt 16,6.11f.; Φαρισαῖος Mk 8,15 u. ö.

21. Mk 14,36; s. u. S. 67ff.

22. b. Šab. 116b.

23. b. Šab. 116b.

24. Mt 16,17; der Plural *bene* Mk 3,17 (s. u. Anm. 40).

25. Mt 10,25; 12,27 par. Lk 11,19.

26. b. Šab. 116b.

ʼella[27]	gehinnam[28]	jesaph[29]
kepha[30]	la[31]	lema[32]
mahar[33]	mamona[34]	ʼorajeta[35]
pasha[36]	pehat[37]	qam[38]
rabbi[39]	regiš[40]	reqa[41]
šabbeta[42]	sata[43]	satana[44]
šebaq[45]	talita[46]	

Zu den in der Ursprache aufbehaltenen Sätzen und Wörtern kommt eine Vielzahl von Stellen, an denen sich ein zugrundeliegender aramäischer Wortlaut erschließen läßt. Dazu gehören Ausdrücke, die im Aramäischen idio-

---

27. b. Šab. 116b. Zur Textkritik s. u. S. 88 Anm. 49.
28. Mk 9,43.45.47; Mt 5,22.29f.; 10,28; 18,9; 23,15.33; Lk 12,5. Daß γέεννα aramäisch ist, ergibt sich aus dem Schluß-a, das auf die aramäische Aussprache gehinnam weist; der Abwurf des Schluß-m im Griechischen hat seine Parallele in Marjam/Μαρία (vgl. Dalman, Grammatik², 183f.).
29. b. Šab. 116b.
30. Joh 1,43.
31. b. Šab. 116b.
32. Mt 27,46.
33. In der 4. Bitte des Vaterunsers nach Hieronymus, Matthäuskommentar zu Mt 6,11 (s. u. S. 193).
34. Mt 6,24; Lk 16,9.11.13: μαμωνᾶς ist Gräzisierung des aramäischen Status emphaticus auf -a.
35. b. Šab. 116b.
36. Mk 14,14 par.; Mt 26,2; Lk 22,8.15. πάσχα ist Transkription von aramäischem pasha; das hebräische päsah wird dagegen ausnahmslos φάσεκ/φάσεχ/φέσε transkribiert (J. Jeremias, Abendmahlsworte⁴, 9 Anm. 1).
37. b. Šab. 116b.
38. Mk 5,41.
39. Mt 23,7f., vgl. Dalman, Grammatik², 147 Anm. 4; ders., Worte Jesu², 276; J. Jeremias, Abba, 44f.
40. Mk 3,17. Βοανηργές ist wahrscheinlich Wiedergabe von bene rgiš »Söhne des Lärms« mit Aleph prostheticum, Verdunkelung des Šewa mobile in der ersten Silbe und Liquidametathese zur Vermeidung des Hiatus e-a.
41. Mt 5,22; vgl. J. Jeremias, ῥακά, ThW VI, 1959, 973–976.
42. Mk 3,4; Mt 12,5.11f. Die merkwürdige Verwendung des Plurals τὰ σάββατα an diesen Stellen zur Bezeichnung eines einzelnen Sabbats hat nichts mit dem griechischen Plural bei Festnamen zu tun (so Blaß-Debrunner § 141,3), sondern erklärt sich vom Aramäischen her: der Status emphaticus sing. šabbeta wurde irrig als Pluralform aufgefaßt.
43. Mt 13,33 par. Lk 13,21 (vgl. Dalman, Grammatik². 201 Anm. 1).
44. Mk 3,23.26; 8,33; Mt 12,26; 16,23; Lk 10,18; 11,18; 13,16; 22,31. Zur Endung –ᾶς s. o. Anm. 34.
45. Mk 15,34 par. Mt 27,46.
46. Mk 5,41.

matisch, aber dem Hebräischen wie dem Griechischen fremd sind (Aramaismen)[47], ferner Übersetzungsfehler, die sich beim Rückgang auf das Aramäische aufhellen[48], und schließlich im aramäischen Sprachbereich entstandene Überlieferungsvarianten[49].

Macht man die Gegenprobe und fragt nach den in Jesu Mund überlieferten *hebräischen* Worten, so ist die Ausbeute minimal. Denn ἀμήν und ἠλί wird man nicht registrieren dürfen, weil beide Wörter vom Aramäischen übernommen worden waren[50]; ob ἐφφαθά (Mk 7,34) aramäisch oder hebräisch ist, ist umstritten[51]; κορβᾶν (Mk 7,11) ist zwar (im Unterschied zu κορβανᾶς Mt 27,6) hebräisch, aber nicht Umgangssprache, sondern eingebürgerte Versagungsformel[52]. So bleibt, sehe ich recht, nur *zebul* »Wohnung« als hebräisches Wort im Munde Jesu; aber selbst hier haben wir nicht reine Alltagssprache vor uns,

---

47. Beispiele: Die dem Griechischen (wie dem Hebräischen) fremde Verwendung des eine Geldschuld bezeichnenden Wortes ὀφείλημα für »Schuld«, »Sünde« im Vaterunser (Mt 6,12) zeigt, daß aramäisches *ḥoba* zugrundeliegt, das ständig im religiösen Sinn gebraucht wird (z. B. j. Ḥag. 77d 40ff., ed princeps Venedig 1523; oft im Targum). Die Verwendung von εἰς/ἕν als Multiplicativum vor Kardinalzahlen (Mk 4,8 εἰς τριάκοντα καὶ ἐν ἑξήκοντα καὶ ἐν ἑκατόν, vgl. V. 20) erklärt sich durch die entsprechende Funktion des aramäischen *ḥad* (vgl. Dan 3,19). – Dagegen ist die seit E. Nestle, Zum neutestamentlichen Griechisch, ZNW 7, 1906, 279f.; vgl. 8, 1907, 241; 9, 1908, 253, ständig wiederholte Behauptung, die Konstruktion von ὁμολογεῖν mit *ἐν (be)* sei Aramaismus und dem Hebräischen fremd, falsch; vgl. aram. *'odi be* b. Šab. 39b, hebr. *hoda be* b. B. M. 3a.

48. Beispiel: Lk 7,45, wo εἰσῆλθον »(seit) *ich* das Haus betrat« keinen Sinn gibt, vielmehr εἰσῆλθεν »(seit) *sie* das Haus betrat« zu erwarten ist. Es liegt offensichtlich eine Fehlübersetzung vor; im Galiläisch-Aramäischen hat *'atajit* beide Bedeutungen: »ich kam« und »sie kam« (Dalman, Grammatik², 338.342f.406). Zu Mt. 5,13 par. Lk 14,34 μωρανθῇ als Übersetzungsfehler s. u. S. 37.

49. Beispiel: Mk 8,38 par. Lk 9,26 ὃς γὰρ ἐὰν ἐπαισχυνθῇ με (= *ḥapar* = »sich schämen«), diff. Mt 10,33 par.Lk 12.9 ὅστις δ' ἂν ἀρνήσηταί με (= *kepar* = »verleugnen«). Die Gabelung der Überlieferung (sich schämen/verleugnen) muß im Verlauf der mündlichen Überlieferung im aramäischen Sprachbereich erfolgt sein. Oder: Mt 5,13 b und Lk 14,34 f. weisen, wie wir noch sehen werden, bei Rückübersetzung in das Aramäische eine unterschiedliche Paronomasie auf (Matthäus: *mištedel'ittedaša*, Lukas: *tapel/jittabbel/zabbala*) ; wieder gilt, daß die Gabelung der Überlieferung schon im aramäischen Bereich stattgefunden haben muß.

50. Zu ἀμήν s. u. S. 43; zu ἠλί s. o. S. 16 Anm. 15.

51. Der kenntnisreich unterbauten These von I. Rabinowitz, daß ἐφφαθά hebräisch sei, weil das palästinische Aramäisch das *t* nicht an *p* assimiliert haben würde (»Be Opened« = 'Εφφαθά (Mk 7,34): Did Jesus Speak Hebrew?, ZNW 53, 1962, 229–238), wird von M. Black nachdrücklich widersprochen, der auf targumische Belege für diese Assimilation (z. B. Cod. Neofiti I Gen 3,7 marg.) verweist (Brief vom 28. 12. 1967). Etwas zurückhaltender urteilt J. A. Emerton, MARANATHA und EPHPHATA, JThS 18, 1967, 427–431, der zugibt, daß ἐφφαθά hebräisch sein könnte, jedoch die Möglichkeit offen hält, daß das Galiläisch-Aramäische in der Alltagssprache assimilierte.

52. Billerbeck I 711–717; s. u. S. 203.

sondern ein im Bereich der theologischen Diskussion beheimatetes Wortspiel. Jesus deutet βεελζεβούλ als οἰκοδεσπότης »Herr der Wohnung« (Mt 10,25), indem er den Namen in aram. *beʿel* (= Herr) und hebr. *zebul* (= Wohnung) zerlegt.

Dieser Befund zeigt einmal mehr, daß sich die These nicht halten läßt, das Hebräische sei zur Zeit Jesu in Palästina, vor allem in Judäa, Umgangssprache gewesen[53]. Damit soll nicht geleugnet werden, daß Jesus des Hebräischen mächtig war, wie Lk 4,16-19 voraussetzt, wenn hier berichtet wird, daß er im Synagogengottesdienst die hebräische Lektion aus den Propheten *(haphṭara)* verlas. Doch lassen sich Spuren dafür, daß der uns vorliegenden Fassung der Worte Jesu ein hebräischer Urtext zugrundelag, nur ganz vereinzelt finden, am ehesten in besonders feierlicher Rede. So muß man angesichts einiger Hebraismen[54] die Möglichkeit in Rechnung setzen, daß Jesus die Abendmahlsworte in der lingua sacra gesprochen hat[55].

Die Feststellung, daß sich in den Worten Jesu ein aramäischer Hintergrund abzeichnet[56], ist von großer Bedeutung für die Frage nach der Zuverlässigkeit der Überlieferung; denn dieser sprachliche Befund führt uns in den Bereich der mündlichen aramäischen Überlieferung zurück und stellt uns vor die Aufgabe, die Worte Jesu nicht nur inhaltlich (wie schon so oft geschehen), sondern auch sprachlich-stilistisch mit der Redeweise des zeitgenössischen Judentums semitischer Sprache zu vergleichen.

§ 2 Von Jesus bevorzugte Redeweisen

Dalman, Worte Jesu². – *C. F. Burney*, The Poetry of Our Lord, Oxford 1925. – *M. Black*, An Aramaic Approach to the Gospels and Acts, Oxford 1946, ³1967. – *E. Pax*, Beobachtungen zum biblischen Sprachtabu, in: Studii Biblici Franciscani 1961/2, Jerusalem 1962, 66-112.

Vergleicht man die in den ersten drei Evangelien überlieferten Worte Jesu mit der Redeweise seiner Umwelt unter sprachlich-stilistischen Gesichts-

---

53. Gegen H. Birkeland, The Language of Jesus (Avhandlinger utgitt av Det Norske Videnskaps-Akademi i Oslo, Hist.-Filos. Klasse 1954, 1), Oslo 1954; J. M. Grintz, Hebrew as Spoken and Written Language in the Last Days of the Second Temple, JBL 79, 1960, 32-47. Die hebräische Qumranliteratur besagt nicht mehr, als daß das Hebräische auch als Sprache der Literatur und des Rechts und nicht nur des Kultus und der Theologie lebendig war.

54. Während im Vorhergehenden von hebräischen Worten die Rede war, die im griechischen Text der Worte Jesu als Fremdwörter auftauchen, handelt es sich bei den Hebraismen um hebraisierende Konstruktionen, Wendungen und Ausdrücke des griechischen Textes.

55. →Black, 238f. (The Original Language of the Last Supper); Jeremias, Abendmahlsworte⁴, 189-191.

56. Zuletzt J. A. Emerton (s. o. Anm. 51), 431: »Aramaic was the language normally used by him.«

punkten, so fällt auf, daß mehrere Ausdrucksformen bei Jesus in ungewöhnlicher Häufung wiederkehren.

1. *Das Passivum divinum*

Um das zweite Gebot (Ex 20,7; Dt 5,11) möglichst peinlich zu befolgen und jeden Mißbrauch des Gottesnamens auszuschließen, war es schon in vorchristlicher Zeit[1] verboten, das Tetragramm auszusprechen[2]; danach, aber auch noch in vorchristlicher Zeit, bürgerte sich der Brauch ein, von Gottes Handeln und Affekten in *Umschreibungen* zu reden[3]. Jesus hat zwar das Wort »Gott« unbefangen gebraucht (s. u. S. 100), sich jedoch der Sitte der Zeit, vom Handeln Gottes umschreibend zu reden, in breitem Umfang angeschlossen.

Wir finden in Worten Jesu folgende Umschreibungen:

1. das Passivum divinum, überaus häufig (s. S. 21 ff.);

2. οἱ οὐρανοί, auch singularisch (gräzisiert): bei Matthäus 31mal in der Wendung ἡ βασιλεία τῶν οὐρανῶν, sonst ἐν (τῷ) οὐρανῷ / ἐν (τοῖς) οὐρανοῖς = »bei Gott«[4], εἰς τὸν οὐρανόν = »gegen Gott«[5] und ἐξ οὐρανοῦ = »von Gott«[6];

3. ὁ πατήρ (μου, σου, ἡμῶν, ὑμῶν), mit zunehmender Zahl der Belege in den späteren Überlieferungsschichten[7];

4. die 3. Pers. plur.: nur im Lukas-Sondergut Lk 6,38; 12,20.48c (zweimal); 16,9; 23,31[8];

5. (ὁ) κύριος: außer Mk 5,19; 13,20 nur in Schriftzitaten zur Umschreibung des Tetragramms, bald mit Artikel (Mk 5,19; 12,36 par. zit.; Mt 5,33 zit.), bald ohne Artikel (Mk 12,11 par. zit.; 13,20; Mt 23,39 par. zit.; Lk 4,18 zit. 19 zit.)[9];

---

1. Dalman, Worte Jesu², 149.

2. Über die wenigen, streng umschriebenen Ausnahmen s. Billerbeck II 311–313. Die Schriftgelehrten tradierten die Aussprache des Gottesnamens ihren Schülern als Geheimlehre (b. Qidd. 71a; j. Joma 40d 57ff.).

3. Dalman, Worte Jesu², 146–191; Billerbeck I 862–865 (»Himmel«); II 308–311.

4. Mk 10,21 par.; 12,25 par.; 13,32; Mt 5,12 par. Lk 6,23; Mt 6,20 par. Lk 12,33; Mt 16,19 b.c; 18,18 a.b; Lk 10,20; 15,7.

5. Lk 15,18.21.

6. Mk 11,30 par.

7. Markus 4mal, Matthäus-Lukas-Logien 7mal, Lukas allein 6mal, Matthäus allein 32mal; Johannesevang. 109mal; Belege bei Jeremias, Abba, in den beiden Listen S. 34 (Bezeichnung Gottes als Vater) plus S. 56 (Anrede Gottes als Vater).

8. In der rabbinischen Literatur die übliche Umschreibung; vgl. Billerbeck I 443; II 221.

9. Leider verrät uns das griechische (ὁ) κύριος nicht, welches hebräische oder aramäische Äquivalent Jesus außerhalb des Gottesdienstes als Ersatz für das Tetragramm benutzt hat. Im Gottesdienst war der Ersatz durch ʾadonai fester Brauch.

6. ὁ κύριος τοῦ οὐρανοῦ καὶ τῆς γῆς: Mt 11,25 par. Lk 10,21;

7. ἡ δύναμις: Mk 14,62 par. Mt 26,64; (mit sekundärem Zusatz von τοῦ θεοῦ Lk 22,69); vielleicht auch Mk 12,24 par. Mt 22,29;

8. ἡ σοφία: Mt 11,19 par. Lk 7,35; mit sekundärem Zusatz von τοῦ θεοῦ Lk 11,49;

9. τὸ ὄνομα: Mt 6,9 par. Lk 11,2[10];

10. ἡ βασιλεία: s. u. § 11, S. 105;

11. οἱ ἄγγελοι: nur bei Lukas Lk 12,8f.; 15,10 (τοῦ θεοῦ wird an allen drei Stellen sekundärer Zusatz sein);

12. ἐνώπιον (Lk 12,6; 16,15; vgl. 15,10), ἔμπροσθεν (Mt 11,26 par.; 18,14) τοῦ θεοῦ: die »vor Gott« stehenden Engel werden statt Gottes als handelnd eingeführt, um Affekte und Entschlüsse von Gott fernzuhalten;

13. ὁ μέγας βασιλεύς: nur Mt 5,35 (= Ps 48,3);

14. ὁ ὕψιστος: in Jesu Munde nur Lk 6,35;

15. ἅγιος (adj.): Mk 3,29; 8,38 par.; 12,36; 13,11; Mt 12,32 par.; Lk 11,13; 12,12;

16. ἄνωθεν: nur bei Johannes Joh 3,3.7; 19,11; vgl. ἐκ τῶν ἄνω 8,23;

17. Partizipialwendungen: z. B. Mk 9,37 τὸν ἀποστείλαντά με; Mt 10,28 τὸν δυνάμενον ...; 23,21 ἐν τῷ κατοικοῦντι αὐτόν [τὸν ναόν]. 22 ἐν τῷ καθημένῳ ἐπάνω αὐτοῦ [τοῦ θρόνου];

18. verbale Umschreibungen: γίνεσθαι: Mk 2,27 (ἐγένετο »Gott schuf«); 4,11; 6,2; Mt 11,21 (zweimal). 23 (zweimal); Lk 4,25; 11,30; 19,9; 23,31; λαμβάνειν: Mk 10,30 (λάβῃ »Gott gibt ihm«) par.; 11,24 par.; 12,40 par.; Mt 7,8 par.; 10,41 (zweimal) u. ö.; ἀνιστάναι: Mk 9,31 (ἀναστήσεται »Gott wird ihn auferwecken«) u. ö.

Die große Zahl und die Vielfalt der Umschreibungen für Gott, die sich in den Worten Jesu findet, ist auffällig, auch wenn man berücksichtigt, daß eine Reihe von ihnen nur ein- bis zweimal vorkommt (Nr. 6.–9. 13. 14.) und daß andere in ihrem Vorkommen auf *eine* der Überlieferungsschichten beschränkt sind (Nr. 4. 11. 16.). Bemerkenswerter noch als die Vielzahl und Vielart der Umschreibungen ist die starke Bevorzugung einer von ihnen, nämlich des *Passivum divinum*. Sehr viele Worte Jesu gewinnen ihren Vollklang erst, wenn man sich klarmacht, daß das Passiv ein Handeln Gottes verhüllend andeutet. So ist etwa Mt 5,4 sinngemäß wiederzugeben mit: »Selig sind die Leidtragenden, denn da ist einer, der sie trösten wird«, Mt 10,30 par. Lk 12,7 mit: »Da ist einer, der hat alle Haare eures Hauptes gezählt«, Mk 2,5 mit: »Mein Sohn, da ist einer, der dir deine Sünden vergibt«. Das Passivum divinum kommt in den Worten Jesu fast hundertmal vor, wobei betont sei, daß es eine Reihe von Grenzfällen gibt, in denen es nicht sicher zu sagen ist, ob das Passiv ein

---

10. *Šēma* (mit Ton auf der ersten Silbe) ersetzt bei den Samaritanern noch heute das Tetragramm; vgl. J. Jeremias, Die Passahfeier der Samaritaner, BZAW 59, Gießen 1932, 19.

Handeln Gottes umschreiben will oder ob es unreflektiert gebraucht wird[11]. In den ersten drei Evangelien findet sich das Passivum divinum in Jesusworten in folgender Verteilung (wir gliedern hier und weiterhin die Belege nicht nach dem Vorkommen in den einzelnen Evangelien auf, sondern nach dem Vorkommen in den Überlieferungsschichten, weil auf diese Weise Parallelen nur einfach gezählt werden):

bei Markus 21mal[12],
in den Mt – Lk – Logien 23mal[13],
nur bei Matthäus 27mal[14],
nur bei Lukas 25mal[15].

Das Überraschende ist nun, daß das Phänomen in der talmudischen Literatur fast völlig fehlt; wenn sich auch das Dutzend von Belegen, das Dalman, Billerbeck und ich selbst zusammentrugen[16], heute vervielfachen läßt, so bleibt doch auch dann das Belegmaterial, gemessen an dem Umfang der talmudischen Literatur, verschwindend gering. Im Lehrhause war vielmehr die

---

11. Bei der folgenden Übersicht sind als nicht hergehörig unberücksichtigt gelassen: a) intransitive Passiva, b) die Fälle, in denen Gott direkt oder indirekt als logisches Subjekt genannt wird, weil sie per definitionem keine Passiva divina im strengen Sinn sind, und c) die formelhafte Einführung von Schriftzitaten mit γέγραπται und ἐρρέθη, weil das logische Subjekt bei γέγραπται der betreffende biblische Autor ist (vgl. Mk 10,5; 12,19; Joh 1,45; 5,46), während es bei ἐρρέθη in der Schwebe bleibt (Gott?, die Tora?, die Altvorderen?).

12. Markus: αἴρω 4,25; ἁλίζω 9,49; ἀπαίρω 2,20; ἀφίημι 2,5.9; 3,28; 4,12; βάλλω 9,45.47; γίνομαι 12,10; δίδωμι 4,11.25; 8,12; 13,11; ἑτοιμάζω 10,40; μετρέω 4,24; παραδίδωμι 9,31; 14,41; προστίθημι 4,24; πωρόω 8,17; σῴζω 13,13.

13. Matthäus-Lukas-Logien: ἁγιάζω Mt 6,9 (Lk 11,2); ἀνοίγω Mt 7,7 (Lk 11,9); Mt 7,8 (Lk 11,10); ἀποκαλύπτω Mt 10,26 (Lk 12,2); ἀποστέλλω Mt 23,37 (Lk 13,34); ἀριθμέω Mt (Lk 10,30 12,7); ἀφίημι Mt 12,32a (Lk 12,10a); Mt 12,32b (Lk 12,10b); Mt 23,38 (Lk 13,35); Mt 24,40 (Lk 17,34); Mt 24,41 (Lk 17,35); γινώσκω Mt 10,26 (Lk 12,2); δίδωμι Mt 7,7 (Lk 11,9); ἐκβάλλω Mt 8,12 (Lk 13,28); κρίνω Mt 7,1 (Lk 6,37); μετρέω Mt 7,2 (Lk 6,38 [ἀντιμετρέω]); παραλαμβάνω Mt 24,40 (Lk 17,34); Mt 24,41 (Lk 17,35); προστίθημι Mt 6,33 (Lk 12,31); ταπεινόω Mt 23,12 (Lk 14,11; 18,14); χορτάζω Mt 5,6 (Lk 6,21a); ὑψόω Mt 11,23 (Lk 10,15); Mt 23,12 (Lk 14,11; 18,14). In einem Fall findet sich das Passivum divinum nur bei Matthäus, nicht aber bei Lukas: παρακαλέω Mt 5,4 (Lk 6,21 γελάω), in zwei zusammengehörenden Fällen nur bei Lukas, nicht aber bei Matthäus: ἐκζητέω Lk 11,50 (Mt 23,35 ἔρχομαι); Lk 11,51 (Mt 23,36 ἥκω). Diese drei Belege werden in Anm. 14 bzw. 15 gezählt.

14. Matthäus: αἴρω 21,43; ἀποστέλλω 15,24; βάλλω 5,29; 7,19; γίνομαι 6,10; 9,29; 26,42; δέω 16,19; 18,18; δίδωμι 19,11; 21,43; δικαιόω 12,37; εἰσακούω 6,7; ἐκκόπτω 7,19; ἐκριζόω 15,13; ἐλεέω 5,7; ἑτοιμάζω 25,34.41; καλέω 5,9.19 (zweimal); καταδικάζω 12,37; καταράομαι 25,41; κρίνω 7,2; λύω 16,19; 18,18; παρακαλέω 5,4.

15. Lukas: ἀνταποδίδωμι 14,14; ἀποκαλύπτω 17,30; ἀπολύω 6,37; ἀφίημι 7,47 (zweimal). 48; διατάσσω 17,10; δίδωμι 6,38; 12,48; δικαιόω 18,14; ἐγγράφω 10,20; ἐκζητέω 11,50.51; ζητέω 12,48; καταδικάζω 6,37; κλείω 4,25; κρύπτω 19,42; ὁρίζω 22,22; παραδίδωμι 24,7; παρακαλέω 16,25; πέμπω 4,26; πληρόω 4,21; 22,16; στηρίζω 16,26; τελειόω 13,32.

16. Dalman, Worte Jesu², 184.383; Billerbeck I 443; Jeremias, Abendmahlsworte⁴, 194f.

3. Pers. plur. (vgl. o. S. 20 Nr. 4) die übliche Verbform für die Umschreibung des Handelns Gottes. Dalman hatte daher die Kühnheit, zu vermuten, daß die Passiva divina in den synoptischen Evangelien auf solche subjektlosen Aktiva zurückgehen[17]; aber das war eine Notlösung, für die die Texte keinerlei Anhalt bieten. Wir stehen also zunächst vor einer negativen Feststellung: Der öffentliche Unterricht im palästinischen Lehrhause war ganz sicher nicht der »Sitz im Leben« des Passivum divinum. Woher stammt es dann aber?

Breiteren Raum nimmt das Passivum divinum in der Literatur der Diaspora ein, wie man beispielsweise an den Paulusbriefen ablesen kann. Für diesen Tatbestand ist die Septuaginta mitverantwortlich, die gelegentlich das Passiv verwendet, wo der hebräische Text das Aktiv bietet (z. B. Gen 15,6: $\dot{\epsilon}\lambda o\gamma\acute{\iota}\sigma\vartheta\eta$). Sie war in solchen Fällen vermutlich weniger von theologischen Motiven geleitet als von griechischem Sprachempfinden, dem die generelle Zurückhaltung gegenüber dem Passiv, wie sie das Aramäische übt, fremd ist. Daß Paulus in seiner Verwendung des Passivs von der Septuaginta beeinflußt ist, kann man beispielsweise daran sehen, daß er das eben erwähnte $\dot{\epsilon}\lambda o\gamma\acute{\iota}\sigma\vartheta\eta$ (Gen 15,6 LXX) viermal in Röm 4 (V. 3.9.22f.) zitiert und im Anschluß an diese Zitate das passivische $\lambda o\gamma\acute{\iota}\zeta\epsilon\sigma\vartheta\alpha\iota$ in demselben Kapitel dreimal in eigener Rede als Passivum divinum (V. 5.11.24) gebraucht. Es erhebt sich die Frage, ob die Passiva divina der Jesusworte der Evangelien vom judengriechischen Sprachgebrauch her zu erklären sind, d. h. ob sie erst sekundär in die Überlieferung eingedrungen sein könnten. Diese Frage ist, aufs Ganze gesehen, zu verneinen, da die Redaktion dort, wo wir sie zu fassen bekommen, nämlich in der Bearbeitung des Markus durch Matthäus und Lukas, keine besondere Vorliebe für das Passivum divinum erkennen läßt[18]. Auch der Umstand, daß sich die Belege, wie die Tabelle S. 22 zeigt, einigermaßen gleichmäßig auf die synoptischen Überlieferungsschichten verteilen, empfiehlt die Rückführung des Phänomens auf sekundäre Bearbeitung nicht.

Das Rätsel löst sich mit der Feststellung, daß es einen begrenzten Sektor

---

17. Dalman, ebd. 183.

18. Matthäus hat zwar einige Passiva in den Markusstoff hineingebracht, doch schwerlich in der Absicht, den Gottesnamen zu meiden. Vielmehr stellt er 12,32b; 18,8 gegenüber Markus den Parallelismus her, und der mehrfache Ersatz von $\dot{\alpha}\nu\iota\sigma\tau\acute{\alpha}\nu\alpha\iota$ durch $\dot{\epsilon}\gamma\epsilon\acute{\iota}\rho\epsilon\sigma\vartheta\alpha\iota$ (16,21; 17,9.23; 20,19) ist Anwendung des kirchlichen Sprachgebrauchs. Einzig Mt 24,22 ($\dot{\epsilon}\kappa o\lambda o\beta\acute{\omega}\vartheta\eta\sigma\alpha\nu/\kappa o\lambda o\beta\omega\vartheta\acute{\eta}\sigma o\nu\tau\alpha\iota$) diff. Mk 13,20 $\dot{\epsilon}\kappa o\lambda\acute{o}\beta\omega\sigma\epsilon\nu/\dot{\epsilon}\kappa o\lambda\acute{o}\beta\omega\sigma\epsilon\nu$) hat Matthäus ein echtes Passivum divinum in den Markusstoff eingefügt, dafür aber das Passivum divinum Mk 10,40 ($\dot{\eta}\tau o\acute{\iota}\mu\alpha\sigma\tau\alpha\iota$) durch den Zusatz $\dot{\upsilon}\pi\grave{o}\ \tau o\tilde{\upsilon}\ \pi\alpha\tau\varrho\acute{o}\varsigma\ \mu o\upsilon$ aufgelöst. – Lukas hat es dreimal im Markusstoff (8,17; 21,15.19) beseitigt; man wird daher fragen müssen, ob der Ersatz von $\dot{\epsilon}\xi\tilde{\eta}\lambda\vartheta\epsilon\nu$ (Mk 1,38) durch $\dot{\alpha}\pi\epsilon\sigma\tau\acute{\alpha}\lambda\eta\nu$ (Lk 4,43) nicht lediglich stilistische Gründe hat wie der Ersatz von $\dot{\alpha}\nu\alpha\sigma\tau\tilde{\eta}\nu\alpha\iota$ (Mk 8,31) durch $\dot{\epsilon}\gamma\epsilon\rho\vartheta\tilde{\eta}\nu\alpha\iota$ (Lk 9,22). Wieweit Lukas die drei Passiva, die er dem Markusstoff zufügt (8,12 $\sigma\omega\vartheta\tilde{\omega}\sigma\iota\nu$; 18,31 $\tau\epsilon\lambda\epsilon\sigma\vartheta\acute{\eta}\sigma\epsilon\tau\alpha\iota$; 20,35 $\kappa\alpha\tau\alpha\xi\iota\omega\vartheta\acute{\epsilon}\nu\tau\epsilon\varsigma$) als Umschreibungen empfunden hat, bleibt fraglich.

der Literatur des antiken palästinischen Judentums gibt, in dem das Passivum divinum fest eingebürgert ist: die apokalyptische Literatur. Erstmalig beim Propheten Daniel begegnet es gehäuft. Obwohl Materialsammlungen, geschweige denn Spezialuntersuchungen, noch völlig fehlen, kann doch gesagt werden, daß das Passivum divinum in der Folgezeit in Palästina, wenn auch nicht strikt die Domäne, so doch eines der Kennzeichen der Apokalyptik bleibt[19]. Diese verwendete es nicht bloß aus Ehrfurcht, um das Aussprechen des Gottesnamens zu vermeiden, sondern es diente ihr vor allem zur verhüllenden Beschreibung des geheimnisvollen endzeitlichen Handelns Gottes[20]. Das Passivum divinum hat seinen »Sitz im Leben« also in der esoterischen Unterweisung der Schriftgelehrten[21].

Es kann nicht zweifelhaft sein, daß Jesus mit der häufigen Verwendung des Passivs zur Umschreibung von Gottes Handeln an den *apokalyptischen Stil* anknüpft. Von mehr als von Anknüpfung wird man jedoch nicht reden dürfen. Denn Jesus räumt dem Passivum divinum einen ungleich breiteren Raum ein als die Apokalyptik. Er verwendet es nicht nur in streng apokalyptischen Aussagen (etwa über das Endgericht und die eschatologische Scheidung), sondern er dehnt seinen Bereich aus auf das gnadenvolle Handeln Gottes in der Gegenwart: jetzt schon vergibt Gott, jetzt schon enthüllt er das Geheimnis der Königsherrschaft, jetzt schon erfüllt er seine Verheißung, jetzt schon erhört er Gebete, jetzt schon gibt er den Geist, jetzt schon sendet er Boten und schützt sie, während er den Gesandten preisgibt. Alle diese Passiva divina künden die Gegenwart der Heilszeit an, freilich verhüllend, wie ja die Weltvollendung nur in der Verhüllung angebrochen ist. Die in breitem Umfang vollzogene Ausdehnung des Passivum divinum über die rein futurisch-apokalyptischen Aussagen hinaus hängt mit dem Zentrum der Predigt Jesu zusammen und ist eines der deutlichsten Kennzeichen seiner Diktion.

2. Der antithetische Parallelismus

Neben der Voranstellung des Verbums sei der Satzparallelismus der sicherste Semitismus des Neuen Testaments, urteilte E. Norden[1]. Was speziell die Worte Jesu anlangt, so kam C. F. Burney darüber hinaus zu dem Ergebnis, daß von

---

19. Ein typisches Beispiel: Mt 3,10 par. Lk 3,9.

20. Es ist bezeichnend, daß die Johannes-Apokalypse Gott stets durch Boten handeln läßt oder das Passivum divinum verwendet und einzig und allein in Apk 21,5–8, wo von der Vollerfüllung geredet wird, direkt von einem Reden und Handeln Gottes berichtet (vgl. K.-P. Jörns, Das hymnische Evangelium, Diss. theol. Göttingen 1966, masch., 20–22).

21. Über die Apokalyptik als Bestandteil der esoterischen Unterweisung des Rabbinates vgl. Jeremias, Abendmahlsworte⁴, 120; Jerusalem³, 270ff.

1. Agnostos Theos, Leipzig-Berlin 1913 = ⁴Darmstadt 1956, 365.

den verschiedenen Arten des semitischen Parallelismus (synonymer, antithetischer, synthetischer und klimakischer Parallelismus) der antithetische »characterizes our Lord's teaching in all the Gospel-sources«[2]. Ja, er geht so weit zu sagen, daß wir in den markanten antithetischen Parallelismen den ipsissima verba näher sind »than in any sentence otherwise expressed«[3].

In der Tat nimmt der antithetische Parallelismus in den Worten Jesu breiten Raum ein. Auch wenn man die Antithesen (Beispiele: Mk 2,17a.17b; 10,45) außer Betracht läßt und sich auf die antithetischen Parallelismen beschränkt (wobei man in einigen Fällen über die Abgrenzung zwischen diesen beiden Kategorien streiten kann), kommt man zu dem Ergebnis, daß bei den Synoptikern[4] der antithetische Parallelismus in Worten Jesu weit über hundertmal vorkommt. Nach meiner Zählung findet er sich:

bei Markus 30mal[5]
in den Matthäus-Lukas-Logien 34mal[6]

---

2. The Poetry of Our Lord, Oxford 1925, 83.
3. A. a. O. 84.
4. Im vierten Evangelium begegnet der antithetische Parallelismus in Worten Jesu mehr als dreißigmal. Doch eignet sich diese Zahl deshalb nicht zum Vergleich, weil sie durch den johanneischen Dualismus mitbestimmt ist.
5. Mk 2,19b//20. 22a//c. 27a//b; 3,28//29. 33//34 (die Frage V. 33 ist nicht neutral, sondern hat negativen Sinn); 4,4-7//8. 11b//c. 21a//b. 25a//b. 31//32; 6,10//11; 7,6b//c (zit.). 8a//b. 10a//b (zit.). 10//11f. (V. 10 ist Vordersatz des antithetischen Parallelismus V. 10-12 und zugleich in sich antithetisch konstruiert). 15a//b; 8,12b//c. 35a//b; 10,18a//b. 27b//c. 31a//b. 42//43f.; 11,17b//c; 12,44a//b; 13,11a//b. 20a//b. 31a//b; 14,7a//b. 38ba//β. 58b//c.
6. In 34 Fällen findet sich der antithetische Parallelismus sowohl bei Matthäus wie bei Lukas: Mt 6,22b//23a (Lk 11,34b//c); Mt 6,24b//c (Lk 16,13b//c); Mt 6,31//33 (Lk 12,29//31); Mt 7,3a//b (Lk 6, 41a//b); Mt 7,4a//b (Lk 6,42aα//β); Mt 7,3f.//5 (Lk 6,41.42a//b) (die beiden Verse Mt 7,3 und 4 sind Vordersatz des antithetischen Parallelismus V. 3-5 und zugleich in sich antithetisch konstruiert; ebenso Lukas); Mt 7,18a//b (Lk 6,43a//b); Mt 7,24.25//26.27 (Lk 6,47f.//49); Mt 8,20b//c (Lk 9,58b//c); Mt 9,37b//c (Lk 10,2aβ//γ); Mt 10,13a//b (Lk 10,6a//b); Mt 10, 28a//b (Lk 12,4//5); Mt 10,32//33 (Lk 12,8//9); Mt 10,34a//b (Lk 12,51a//b); Mt 10,39a//b (Lk 17,33a//b); Mt 11,7f.//9 (Lk 7,24f.//26) (auf zwei negative Feststellungen folgt die positive); Mt 11,11a//b (Lk 7,28a//b); Mt 11,18//19 (Lk 7,33//34); Mt 11,23a//b (zit.) (Lk 10,15a//b zit.); Mt 11,25ba//β (Lk 10,21ba//β); Mt 12,27//28 (Lk 11,19//20); Mt 12,32a //b (Lk 12,10a//b); Mt 12,35a//b (Lk 6,45a//b); Mt 12,39a//b (Lk 11,29b//c); Mt 13, 16//17 (Lk 10,23//24); Mt 20,16a//b (Lk 13,30a//b); Mt 23,4a//b (Lk 11,46a//b); Mt 23,12a//b (Lk 14,11a//b; 18,14b//c); Mt 23,23a//b (Lk 11,42 a//b); Mt 23,25a//b (Lk 11,39a//b); Mt 24,40b //c (Lk 17,34b//c); Mt 24,41b//c (Lk 17,35b//c); Mt 24,45-47//48-51 (Lk 12,42-44//45-46); Mt 25,29a//b (Lk 19,26a//b). – Zu diesen vierunddreißig Belegen kommen die folgenden zehn hinzu: in acht Fällen findet sich der antithetische Parallelismus nur bei Matthäus, nicht aber bei Lukas: Mt 4,4a//b (zit.) (diff. Lk 4,4); Mt 6,13a//b (diff. Lk 11,4); Mt 6,19//20 (diff. Lk 12,33); Mt 7,13//14 (diff. Lk 13,24); Mt 7,21a//b (diff. Lk 6,46); Mt 8,11//12 (diff. Lk 13,28); Mt 23,27b//c (diff. Lk 11,44); Mt 23,28a//b (diff. Lk 11,44. In zwei Fällen findet sich

darüber hinaus nur bei Matthäus 44mal[7]
darüber hinaus nur bei Lukas 30mal[8]
Die verwendeten technischen Hilfsmittel sind zahlreich. Die Redefigur wird erzielt: durch substantivische, adjektivische, verbale Gegensatzbegriffe (meist Gegensatzpaare), durch Negation (meist des zweiten Gliedes), durch Gegenüberstellung von Frage und Aussage[9], durch Inversion[10], durch Polarisation[11], durch Komplementäraussagen[12] (darunter Totalitätsumschreibungen[13]), sehr häufig durch die Kombination: Gegensatz mit Negation[14].

der antithetische Parallelismus nur bei Lukas, nicht aber bei Matthäus: Lk 11,47a//b (diff. Mt 23,29f.); Lk 11,48b//c (diff. Mt 23,31).

7. Mt 5,17a//b. 19a//b. 21b//c (zit.). 21//22 (V. 21 ist Vordersatz des antithetischen Parallelismus V. 21-22 und zugleich in sich antithetisch konstruiert). 27//28. 31//32. 33//34-37. 38//39-42. 43b//c (zit.). 43//44-48 (wieder liegt der Fall vor, daß der Vordersatz des antithetischen Parallelismus in sich antithetisch konstruiert ist); 6,2//3f. 5//6. 14//15. 16//17f. 34a//b; 7,15b//c. 17a//b; 10,5a//b. 24//25a; 12,33a//b. 37a//b; 13,30c//d. 48ba//β; 16,19b//c; 18,18a //b; 21,28f.//30. 32a//b (par. Lk 7,29f. nicht als Jesuswort); 22,8b//c. 14a//b; 23,3a//b. 16 b//c. 18a//b. 24a//b; 25,3//4. 34-40//41-45. 46a//b (zit.). Dazu kommen die acht in Anm. 6 Ende genannten Belege.

8. Lk 6, 20-23//24-26 (diese beiden antithetischen Strophen setzen sich aus den folgenden vier antithetischen Parallelismen zusammen: 20b//24. 21a//25a. 21b//25b. 22f.//26); 7,44b//c. 45a//b. 46a//b. 47a//b; 10,16a//b. c (der zweite Halbvers V. 16 b.c ist doppelt so lang wie der erste und ist in sich ein klimakischer Parallelismus). 20a//b; 11,27//28 (wo nur die zweite Hälfte von Jesus stammt); 12,47//48a. 56a//b; 14,8f.//10. 12//13f.; 15,17b//c. 29//30; 16,10a //b. 15a//b. c//d. 25a//b. c//d; 17,20b. 21a//b (hier ist die erste Hälfte, die sowohl die temporale wie die lokale Feststellung des Kommens der Basileia ablehnt, doppelt so lang wie die zweite). 23//24 (s. u. S. 104); 22, 31//32. 35//36; 23,28b//c. Dazu kommen die zwei in Anm. 6 Ende genannten Belege. Vgl. noch Lk 6,5 D.

9. Mk 3,33 f. par.; 8,12; 10,18 par.; 11,17; Mt 7,3-5 par.; 10,23 par.; 12,27f. par.; Lk 12,51; 22,35. Das zweite Glied in Frageform: Lk 12,56. Beide Glieder: Mk 4,21.

10. Inversion findet sich: Mk 2,27; 8,35 par. (vgl. Mt 10,39 par. Lk 17,33); 10,31 par. (vgl. Mt 20,16 par. Lk 13,30); Mt 6,24 (par. Lk 16,13); Mt 7,18 (par. Lk 6,43); Mt 23,12 (par. Lk 14,11; 18,14).

11. Zwei Extreme werden so scharf gegenübergestellt, daß kein Raum für Zwischengrößen bleibt: Mk 4,25 par.; 10,31 par.; Mt 6,24 par.; Lk 14,8-10.

12. Die zweite Zeile ergänzt die Aussage der ersten, ohne daß man von einem synthetischen Parallelismus reden könnte, weil das antithetische Moment im Vordergrund steht: Mk 2,19b f. par. – Mt 11,11 par.; 23,23 par. 25 par. – Mt 5,21f.27f.43f.; 6,13; 16,19; 18,18. – Lk 10,20.

13. Zwei Extreme stehen für die Gesamtgröße mit Einschluß der Zwischenglieder: Mt 5,21f. (totales Verbot). 27f. (ebs.); 16,19 (totale Vollmacht); 18,18 (ebs.).

14. Mk 2,19b f.; 3,28f.; 4,21.25; 6,10f.; 7,15; 10,27; 13,11.31; 14,7; – Mt 4,4 (zit.); 6,13.19f.31//33; 7,21.24-27 par.; 10,13 par. 28 par. 34 par.; 11,11 par. 18f. par. 23 par.; 12,32 par.; 13,16f. par.; 23,4 par.; 25,29 par.; – Mt 5,17.33-36; 6,2-4.5f. 14f. 16-18; 10,5f. 24-25a; 21,32; 23,3; 25,3f.34-40/41-45; – Lk 7,44.45.46; 10,20; 12,47f.56; 14,8-10.12-14; 15,29f.; 17,20f.23f.; 22,35f.; 23,28, auch 6,5 D.

Leider ist eine Urteilsbildung über die Verwendung des antithetischen Parallelismus in den Worten Jesu dadurch erschwert, daß es noch keine umfassende Untersuchung des semitischen antithetischen Parallelismus gibt; insbesondere über das Ausmaß seiner Verwendung in Jesu Umwelt tappen wir noch völlig im Dunkeln. Trotz des hierdurch bedingten Vorbehaltes können doch einige Feststellungen getroffen werden.

a) An unserer Tabelle ist bemerkenswert, daß alle vier synoptischen Überlieferungsschichten übereinstimmend bezeugen, daß Jesus den antithetischen Parallelismus häufig benutzt hat. Noch wichtiger ist, daß sich die Redefigur annähernd gleichmäßig auf die Jesusworte der vier Schichten verteilt. Daß die Zahl der Belege, umgerechnet auf die Seite, bei Markus und im Lukas-Sondergut 0,6 bzw. 0,75 beträgt, in den Matthäus-Lukas-Logien und im Matthäus-Sondergut dagegen 2,2, entspricht dem größeren Raum, den der erzählende Stoff bei Markus und in der lukanischen Sonderquelle einnimmt.

b) Fragen wir, in welchem Ausmaße Tradition und Redaktion an der Entstehung von antithetischen Parallelismen beteiligt sind, so ist folgendes festzustellen.

Matthäus hat nur 25 von den 30 antithetischen Parallelismen übernommen, die ihm Markus bot[15]; er hat sie in mehreren Fällen gekürzt und gestrafft, um den Parallelismus schärfer hervortreten zu lassen[16], doch hat er keine Neubildungen von antithetischen Parallelismen im Rahmen des Markusstoffes vorgenommen. *Lukas* fand in dem von ihm in Blöcken übernommenen Markusstoff 17 antithetische Parallelismen vor, von denen er aber nur 11 übernahm[17]. Die zahlreichen Stellen, an denen er die antithetischen Parallelismen erweicht hat, lassen erkennen, daß er die semitische Redefigur als unschön empfand[18].

Was die den Evangelien vorangehende *Tradition* anlangt, so kann ihr in einem Falle die sekundäre Bildung eines antithetischen Parallelismus mit hoher Wahrscheinlichkeit zugeschrieben werden: die bei Lukas eingliedrige Schlußbitte des Vaterunsers (11,4) ist bei

---

15. Die fünf antithetischen Parallelismen des Markus, die bei Matthäus fehlen, sind: Mk 2,27; 4,21.25; 7,8; 12,44; doch ließ er in drei Fällen den ganzen Abschnitt fort (Mk 4,21.25; 12,44).

16. Mt 12,31 ist erheblich gekürzt gegenüber Mk 3,28f., ebenso Mt 15,11 gegenüber Mk 7,15. Mt 13,11 ist gestrafft gegenüber Mk 4,11; Mt 16,24 gegenüber Mk 8,35; Mt 19,26 gegenüber Mk 10,27; Mt 26,11 gegenüber Mk 14,7. Es zeigt sich hier, daß die Annahme irrig ist, am Anfang der Überlieferung stehe immer die reine Form.

17. Nicht von Lukas übernommen wurden: Mk 2,27; 3,33f.; 10,27.31; 13,20; 14,7.

18. Lukas hat zwar 20,34f. einen antithetischen Parallelismus zur Verdeutlichung von Mk 12,25 neu gebildet und das Logion Lk 9,24 (diff. Mk 8,35) wie Mt durch Kürzung gestrafft, im übrigen aber 8,21 (diff. Mk 3,33f.), 18,27 (diff. Mk 10,27) den antithetischen Parallelismus zerstört und ihn 8,10 (diff. Mk 4,11) durch Kürzung aufgelockert. Im Logienstoff läßt sich anhand von sprachlichen Beobachtungen zeigen, daß Lukas den antithetischen Parallelismus 12,4f. (diff. Mt 10,28) durch Zusätze, 6,47-49 (diff. Mt 7,24-27), 10,6 (diff. Mt 10,13) und 11,34 (diff. Mt 6,22f.) durch Kürzungen, Lk 6,45 (diff. Mt 12,35) und 17,33 (diff. Mt 10,39) durch Zusätze und Kürzungen erreicht hat.

Matthäus zweigliedrig (6,13), s. u. XXX. Hier war liturgischer Brauch am Werk. Auch Mt 7,13f. dürfte der antithetische Parallelismus gegenüber Lk 13,24 sekundär sein[19].

Der Befund zeigt, daß keinesfalls die Redaktion und nur vereinzelt die Tradition für die große Zahl der antithetischen Parallelismen in den Worten Jesu verantwortlich gemacht werden können. Wir werden daher die Häufung der Belege auf Jesus selbst zurückzuführen haben.

c) Während im Alten Testament beim antithetischen Parallelismus überwiegend der zweite Stichos dazu dient, den ersten durch eine gegensätzliche Aussage zu beleuchten und zu vertiefen[20] (z. B. Spr 10,1: Ein weiser Sohn erfreut den Vater, / ein törichter Sohn aber ist der Mutter Kummer), liegt es bei den Worten Jesu genau umgekehrt: fast durchweg ruht bei ihnen der Ton auf der zweiten Hälfte. In dem umfangreichen, in den Anmerkungen 4-8 zusammengestellten Belegmaterial findet sich kein Fall von Akzentgleichheit beider Stichen, und nur an ganz wenigen Stellen liegt der Ton eindeutig auf der ersten Hälfte: Mk 2,19f.27; Mt 5,43; 6,34; Lk 12,47-48a. Es ist schwerlich Zufall, daß Mk 2,27 auch im Talmud überliefert ist (»Euch ist der Sabbat übergeben, und nicht ihr seid dem Sabbat übergeben«)[21], daß Mt 5,43 (»Du sollst deinem Volksgenossen Liebe erweisen, nur deinem Widersacher gegenüber bist du hierzu nicht verpflichtet«[22]) Jesus gar nicht selbst redet, sondern eine volkstümliche Maxime zitiert und daß wenigstens zur ersten Zeile von Mt 6,34 eine talmudische Parallele existiert (»Mach dir keine Not um die Not des morgigen Tages«[23]); auch Lk 12,47-48a könnte Spruchweisheit aufnehmen. Da von diesen Fällen abgesehen werden kann, ergibt sich, daß die Verwendung des antithetischen Parallelismus in den Worten Jesu einheitlich dadurch gekennzeichnet ist, daß der Ton auf der zweiten Zeile liegt.

Diese Beobachtung ist von unmittelbarer Bedeutung für die Exegese. Wir besitzen nämlich eine ganze Reihe von Worten Jesu im antithetischen Parallelismus, bei denen nicht ohne weiteres deutlich ist, welche Akzentuierung – auf der ersten oder der zweiten Hälfte – ursprünglich beabsichtigt war, was meist einen ganz verschiedenen Sinn ergibt (z. B. ist Mt 23,12 bei Ton auf der ersten Hälfte ein Drohwort, bei Ton auf der zweiten Hälfte Ermutigung)[24].

---

19. In der Mt-Fassung tritt der eschatologische Klang zurück und ist das Logion mit Hilfe des Zwei-Wege-Schemas fortgebildet (vgl. J. Jeremias, πύλη, πυλών, ThW VI, 1959, 920-927: 922f.).

20. Vgl. O. Eißfeldt, Einleitung in das Alte Testament³, Tübingen 1964, 76f.; K. Koch, Was ist Formgeschichte?, Neukirchen-Vluyn ²1967, 115; E. Sellin - G. Fohrer, Einleitung in das Alte Testament¹¹, Heidelberg 1969, 47.

21. Mek. Ex. zu 31,13.14 (Schimʿon b. Menasja, um 180; b. Joma 85b nennt R. Jonathan b. Joseph, um 140, als Autor); Billerbeck II 5.

22. Zur Begründung dieser Übersetzung s. u. S. 206, Anm. 44.

23. b. Sanh. 100b (Billerbeck I 441).

24. Aus dem Markusstoff würde ich zu diesen je nach der Betonung mehrdeutigen Logien im antithetischen Parallelismus rechnen: 6,10f.; 10,31 (vgl. Mt 20, 16; Lk 13,30). Aus dem

Der Gesamtbefund zeigt, daß in allen diesen Fällen mit Ton auf der zweiten Hälfte zu rechnen ist.

d) Wie schon das Alte Testament verwendet auch das antike Judentum den antithetischen Parallelismus vorwiegend zur Formulierung von Spruchweisheit, Lehrsätzen, Lebenswahrheiten, Klugheitsregeln, daneben auch in apokalyptischen Worten, während die Erbauungsliteratur den synonymen Parallelismus bevorzugt. In den Bereich der Lehre gehören denn auch diejenigen antithetischen Parallelismen Jesu, zu denen wir in der Literatur des antiken Judentums einigermaßen genaue Parallelen haben. Außer Mk 2,27 (s. o. S. 28 bei Anm. 21) handelt es sich um Mt 7,3–5[25]; 6,14f.[26]; 23,12[27]; Mk 8,35[28]. Daß die Zahl der Parallelen relativ klein ist, hängt damit zusammen, daß in den Worten Jesu die Redeform über den genannten Bereich hinaus verwendet wird als Vehikel für Angriff[29], Vorwurf[30], Anklage[31], Warnung[32], Drohung[33], Gerichtsansage[34], Verteidigung[35], Abwehr[36], Zurückweisung[37], Abschreckung[38], Jüngerweisung[39], Sendungsworte[40], Verheißung[41], Stärkung[42], Anerkennung[43], Selbstaussagen[44]. Bemerkenswert ist, wie häufig der antithetische Parallelismus in Bildworten und Gleichnissen begegnet[45]. Man vergleiche mit dieser Beweglichkeit etwa die monotone und ermüdende Konfrontation von Tor und Weisem, Frevler und Gerechtem in Prov 10,1–15,33.

Logienstoff: Mt 7,18 par.; 7,24–27 par.; 10,13 par.; 10,32f. par.; 23,12 par.; Lk 10,8–12 par. Aus Matthäus: 7,17 (vgl. 12,33); 16,19; 18,18. Aus Lukas: 6,20–26; 16,10.

25. b. ʿArakh. 16b Bar. (Billerbeck I 446). Autor ist R. Ṭarphon (um 110). Abhängigkeit Ṭarphons von Jesus ist nicht ausgeschlossen.
26. j. B. Q. 6c 20f. (Rabban Gamliel II, um 90; Billerbeck I 425).
27. b. ʿEr. 13b (Billerbeck I 921, dort auch Parallelen).
28. b. Tam. 66a (= 32a).
29. Z. B. Mk 7,8.
30. Z. B. Mt 11,18f.
31. Z. B. Mt 23,23.
32. Z. B. Mt 7,24ff.
33. Z. B. Mk 10,25.
34. Z. B. Mt 11,23.
35. Z. B. Mt 12,27f.
36. Z. B. Mk 10,18.
37. Z. B. Mk 8,12.
38. Z. B. Mt 10,34.
39. Z. B. Mt 6,2–4.
40. Z. B. Mk 6,10f.
41. Z. B. Mt 25,46.
42. Z. B. Mk 13,20.
43. Z. B. Mk 12,44.
44. Z. B. Mt 5,17.
45. Z. B. in den Reflexgleichnissen Mt 7,24–27 par. Lk 6,47–49 (Hausbau auf Sand und

Nimmt man zu der relativ großen Zahl der Belege und ihrer einigermaßen gleichmäßigen Verteilung auf die Logien der verschiedenen synoptischen Überlieferungsschichten (S. 27 unter a) die charakteristische Verwendung der Redefigur nach Form (S. 28 unter c) und Inhalt (S. 29 unter d) hinzu, so wird man von einer Vorliebe Jesu für den antithetischen Parallelismus sprechen dürfen. Sie hängt gewiß zusammen mit der Eindringlichkeit und Einprägsamkeit dieser Redeform, die man unter anderem an der großen Zahl von Dubletten ablesen kann[46]. Es sind die ständige Konfrontation der Menschen mit der hereinbrechenden Königsherrschaft und mit Gottes Zuspruch und Anspruch, die unablässige Warnung vor geistlicher Sicherheit und Selbstgerechtigkeit, der stete Ruf zum Ernstmachen mit Gott und seiner Verheißung, die sich in den zahlreichen antithetischen Parallelismen der Jesuslogien ausdrücken.

3. Der Rhythmus

Als C. F. Burney die Worte Jesu in das Aramäische zurückübersetzte, fiel ihm auf, daß sie, ebenso wie weithin die Prophetensprüche des Alten Testamentes, zum großen Teil rhythmisch geprägt sind. Er fand drei Rhythmen (Vierheber, Dreiheber, Qina-Metrum); zu ihnen fügen wir als vierten den Zweiheber. Jeder dieser vier Rhythmen bringt vorzugsweise, wenn auch nicht ausschließlich, eine unterschiedliche Stimmungslage zum Ausdruck und ist deshalb einem bestimmten gedanklichen Bereich zugeordnet. Dabei ist zu beachten, daß, wie schon im Alten Testament, die Rhythmen nicht sklavisch streng angewendet werden, sondern daß beträchtliche Toleranz herrscht[1].

a) Zweiheber. Wir beginnen mit Beispielen für die Verwendung des Zweihebers

---

Fels); Mt 21, 28–30 (zwei Söhne); Mt 24,45–51 par. Lk 12,42–46 (Treue und Untreue des Knechtes); vgl. Mt 7,13f. (breiter und schmaler Weg); 25,34–45 (Gesegnete und Verfluchte). Den Ausdruck »Reflexgleichnis« prägte E. Biser, Die Gleichnisse Jesu. Versuch einer Deutung, München 1965,71. Während in den Doppelgleichnissen derselbe Gedanke mit Hilfe *verschiedenen* Bildmaterials illustriert wird, wird in den Reflexgleichnissen das *gleiche* Bild antithetisch wiederholt.

46. Mt 10,39/16,25; 12,39/16,4; 13,12/25,29; 19,30/20,16; Lk 8,16/11,33; 8,18/19,26; 9,4f./10,8–11; 9,24/17,33; 12,11f./21,14f.

1. Als Hilfe bei den Rückübersetzungen erwies sich das palästinisch-syrische Lektionar (sy^{pal}) erheblich brauchbarer als die beiden alten Syrer (sy$^{sin\ cur}$). An modernen Retroversionen sind vor allem die Vorschläge von G. Dalman herangezogen, in zweiter Linie auch die von C. F. Burney, dessen großartige Pionierleistung nicht geschmälert wird, wenn man feststellt, daß seine Akzentuierungen in einigen Fällen der Nachprüfungen nicht standhalten. Zu den Regeln für die Akzentuierung vgl. →Burney, 43–62: The Principles of Stress-accentuation in Hebrew Poetry.

in den synoptischen Worten Jesu, weil man bei ihm den Rhythmus auch am griechischen Text besonders deutlich ablesen kann.

  τυφλοὶ ἀναβλέπουσιν,
  χωλοὶ περιπατοῦσιν,
  λεπροὶ καθαρίζονται·
καὶ κωφοὶ ἀκούουσιν,
  νεκροὶ ἐγείρονται,
  πτωχοὶ εὐαγγελίζονται·
καὶ μακάριός ἐστιν ὃς ἐὰν μὴ σκανδαλισθῇ ἐν ἐμοί
           (Lk 7,22f. par. Mt 11,5f.).

Auf sechs Zweiheber folgt als Abschluß ein Dreiheber[2].

Knapp und dezidiert ist der sich im Aramäischen (auf *-un*) ebenso wie im Griechischen reimende Sendungsauftrag, ein viergliedriges Asyndeton:

  ἀσθενοῦντας θεραπεύετε,
  νεκροὺς ἐγείρετε,
  λεπροὺς καθαρίζετε,
  δαιμόνια ἐκβάλλετε
      (Mt 10,8).

Ebenso knapp und scharf ist die Weisung an die Boten:

  δωρεὰν ἐλάβετε ʿal maggán qabbeltún
  δωρεὰν δότε ʿal maggán habún (ebd. Ende).

In zwei Doppelzweiern wird Lk 6,27f. das Gebot der Feindesliebe, V. 37 bis 38a die Aufforderung zur Vergebung eingeschärft, wobei die Abschlußzeile mit der Schilderung des überströmenden göttlichen Schenkens (V. 38b) jedes Metrum sprengt. In einer Kette von Zweihebern zählt Mt 25,35f. sechs Liebeswerke auf.

Auch das Vaterunser ist in seiner ersten, an das *Qaddíš* anknüpfenden Hälfte in Zweihebern formuliert. Das gilt auch für die Anrede in der älteren[3] lukanischen Fassung (πάτερ = ʾAbba), denn hier wird das Gesetz der Pause[4] angewendet, demzufolge die zweite Hebung fortfällt und durch Pause ersetzt wird:

  πάτερ —
  ἁγιασθήτω τὸ ὄνομά σου
  ἐλθάτω ἡ βασιλεία σου.[5]

---

2. So die Gliederung des Lukas (3 Zeilen + 3 Zeilen + Abschlußzeile); Matthäus hat vor jeder Zeile καί, seltsamerweise nicht vor der dritten (also: 2 Zeilen + 2 Zeilen, fortgeführt als Polysyndeton + Abschlußzeile). Auf den Rhythmus hat aber die verschiedene Gliederung keinen Einfluß.

3. S. u. S. 188ff.

4. K. G. Kuhn, Achtzehngebet und Vaterunser und der Reim, WUNT, 1, Tübingen 1950, 39. Weitere Beispiele für das Gesetz der Pause nach der Anrede: Mt 11,26 (s. u. S. 33); 25,37.

5. Rückübersetzung s. u. S. 191.

Erst mit den Wir-Bitten geht das Herrengebet zum Vierheber über, um mit der Schlußbitte abrupt zum Zweiheber zurückzukehren.

Der Zweiheber zwingt durch seine Kürze zu knappen, abgerissenen Formulierungen, die in ihrer Kargheit und Monotonie von größter Eindringlichkeit sind. Wer sich noch einmal die Themen der eben gegebenen Beispiele ansieht, wird sofort erkennen, daß Jesus den Zweiheber vornehmlich benutzt hat, um seinen Hörern *Zentralgedanken* seiner Botschaft einzuprägen.

b) *Vierheber.* Anders ist in Worten Jesu der Bereich, der dem Vierheber vorbehalten ist, wie die folgenden Beispiele erkennen lassen:

ʾin milḥá tapél
bemá tetabbelún
     (Mk 9,50)[6].

ʾaná satár hekelá hadén
ubitelatá jomin nibné ḥoraná
     (Mk 14,58)[7].

šebóq mitajjá qaberín mitehón
     (Mt 8,22 par. Lk 9,60 sy[pal]).

min moteréh delibbá pummá memallél
     (Mt 12,34 sy[pal] par. Lk 6,45 b).

ʾihab lák maptehajjá demalkutá dišemajjá
uma detesór beʾarʿá jittesár bišemajjá
uma detišré beʾ arʿá jišteré bišemajjá
     (Mt 16,19)[8].

Wiederholt begegnet in Logien Jesu die Figur 4+4+2, so in den Wir-Bitten des Vaterunsers (Rückübersetzung s. u. S. 191), ferner:

kol mán deʾit léh jítjeheb léh
wekol mán delet léh up má deʾit léh
jitneséb minnéh
     (Mk 4,25; Lk 19,26).

kol mán debaʿé mehallaká baterái
jikpór begarméh wejiśʿán ҫelibéh
wejeté baterái
     (Mk 8,34 par. Mt 16,24; Lk 9,23)[9].

lét talmidá leʿél min rabbéh
welét ʿabdá leʿél min maréh

---

6. Zum Wortspiel s. u. S. 37f.; M. Black, An Aramaic Approach to the Gospels and Acts[3], Oxford 1967, 166f.

7. Vgl. G. Dalman, Orte und Wege Jesu[3], Gütersloh 1924, 324. Das Gegensatzpaar χειροποίητος/ἀχειροποίητος ist nicht übersetzt, weil es par. Mt 26,61; Mk 15,29 par. Mt 27,40; Joh 2,19; Apg 6,14 fehlt und Mk 14,58 Zusatz sein dürfte.

8. →Burney, 117.

9. Vgl. Dalman, Jesus-Jeschua, 172. S. z. St. unten S. 232.

missát letalmidá   *dihé kerabbéh*
weʿabdá kemaréh   (Mt 10,24)[10].

Die Ruhe, die den Vierheber im Unterschied zum Zweiheber kennzeichnet, und die Sachlichkeit, die ihn vom Qina-Metrum abhebt, machen ihn besonders geeignet zum Träger didaktischer Themen. Es ist nicht Zufall, daß die Vierheber-Logien sich zum großen Teil weisunggebend, aber auch tröstend an den inneren Kreis der Nachfolger und an die Boten wenden. Der Vierheber ist vorzugsweise der Rhythmus der *Jüngerinstruktion*[11].

c) Dreiheber. Mit einem anderen Sachbereich werden wir konfrontiert, wenn wir uns den in das Gewand des Dreihebers gekleideten synoptischen Worten Jesu zuwenden:

letaʿlajjá — ʾit lehón ḥorín
uleopá dišemajjá — qinnín
ulebár ʾänašá let léh
hán dejarkén rešéh
                     (Mt 8,20 par. Lk 9,58)[12].

Man beachte den doppelten Reim und die Anwendung des Gesetzes der Kompensation in der zweiten Zeile: das Verbum der ersten wird in der zweiten nicht wiederholt, doch wird eine Störung des rhythmischen Gleichgewichtes dadurch vermieden, daß die ausfallende Hebung durch den Genitiv *dišemajja* kompensiert wird[13].

modéna lák ʾabbá
maré dišemajjá udeʾarʿá
diṭemárt hallén min ḥakkimín wesukletanín
wegallít ʾinnún leṭaljín
ʾin ʾabbá —
dikdén raʿawá qodamák
                     (Mt 11,25f. par. Lk 10,21f.)[14].

ṭubekón mískenajjá
dedilekón malkutá delahá
                     (Lk 6,20 in Anlehnung an sy^{pal}).

---

10. Ebd. 207. —→Burney zählt zu den Logien im Vierheber-Rhythmus: Mk 6,8–11 (S. 122, doch ist V. 8f. bei Markus nicht Rede Jesu); 13,9–13 (118); Mt 6,9–13 (112.161); 6,24 (116); 10,16 (122), 10, 24–27 (122f.); 11,4–6 (117f.); 13,52 (116); 16,17–19 (117); Lk 6,27–29 (113f. 169); 6,36–38 (114); 10,16 (124); 11,9f. (114f.); 12,32–37 (115.170f.); 12,42f. (116).

11. →Burney, 124.

12. A. a. O. 169. In der ersten Zeile liest Burney *borin* (Gruben), aber dem griechischen φωλεός entspricht besser *ḥorin* (Höhlen), so sy^{pal}.

13. A. a. O. 106. Weitere Beispiele für die Anwendung des Gesetzes der Kompensation beim Dreiheber: Ps 24,5; 15,1; Am 5,24; Mk 13,25 (→Burney, 105f.).

14. A. a. O. 171f. Burney streicht die vierte Hebung in der dritten Zeile, doch ist diese Korrektur nicht erforderlich, da solche Lizenzen erlaubt sind; ebensowenig bedarf die 5. Zeile der Auffüllung, da hier das o. S. 31 erwähnte Gesetz der Pause angewendet ist.

țubehón derahmánajjá
dehinnón jitrahamún
țubehón dideké libbá
dehinnón jahmunéh lelahá
țubehón deʿabedín šelamá
dejitqerón benój delahá
(Mt 5,7.8.9).
la jakelá mediná detițțamár
deleʿél min țúr mittesamá
(Mt 5,14)[15].
kol mán dekaʿés ʿal ʾahúh
jehé mithajjáb bet diná
umán deʾamár leʾahúh reqá
jehé mithajjáb sanhedriná
umán deʾamár šațjá
jehé mithajjáb nur gehinnám
(Mt 5,22)[16].
let kesí delá jitgelé
uțemír delá jitjedáʿ
(Mt 10,26 par. Lk 12,2).
hekeden janhár naborekón qodam bene ʾänašá
dejihmón ʿobadekón țabajjá
wišabbehún laʾ abukón debišemajjá
(Mt 5,16 sy^{pal})[17].
la tihabún qaddišá lekalbajjá
wela tirmón margelijjatekón beʾappe hazirajjá
(Mt 7,6)[18].
hawon ʿarimín kegón hiwwawatá
utemimín kegón jonajjá
(Mt 10,16)[19].
saggiʾín deʾinnún zeminín
weçibhád deʾinnún behirín
(Mt 22,14)[20].
Eine Kombination von Dreiheber und Zweiheber:
šaʾalún umitjehéb lekón
beʿún weʾattún maškehín
ʾartequn umitpetáh lekón

15. A. a. O. 130f.
16. Dalman, Jesus-Jeschua, 68.
17. sy^{pal} hat am Anfang der 2. Zeile noch *liglel* = ὅπως; im palästinischen Aramäisch entspricht einfaches *de*.
18. J. Jeremias, Matthäus 7,6a, in: Abraham unser Vater, Festschrift für O. Michel, Leiden-Köln 1963, 271–275 = in: Abba, 83–87. Zur Akzentsetzung→Burney, 169.
19. Dalman, Jesus-Jeschua, 204.
20. A. a. O. 205.

dekol mán deša' él nesáb
udeba'é maškáḥ
udemartíq mitpetaḥ léh

(Mt 7,7f. sy pal)[21].

Der Dreiheber ist besonders häufig mit Reim verbunden; gleich der erste Beleg (Mt 8,20 par. Lk 9,58) bot ein Beispiel. Ob der Reim in jedem Falle beabsichtigt und bewußt war, ist schwer zu sagen.

Der Dreiheber wird schon in der Weisheitsliteratur des Alten Testamentes mit Vorliebe als Vehikel für meditative Gedanken, Aphorismen, Sprichwörter und Lebensweisheiten gebraucht, findet aber auch im Psalter reichlich Verwendung. In den Worten Jesu ist er der am häufigsten angewendete Rhythmus; er dient zum *Einprägen markanter Worte* und Sentenzen[22].

d) Qina-Metrum. Der eigenartigste Rhythmus ist das Qina-Metrum[23]: 3+2, mit gelegentlicher Variation 2+2 und 4+2. Es stammt aus der Totenklage *(qina)*, bei der die die Klage leitende Vorsängerin einen längeren Klageruf ausstößt (Dreiheber), auf den die Klagefrauen mit einem kürzeren Echo antworten (Zweiheber). An einer Stelle finden wir in den Evangelien eine echte Qina, die Jesus aufgreift.

εἰ ἐν ὑγρῷ ξύλῳ ταῦτα ποιοῦσιν,
ἐν τῷ ξηρῷ τί γένηται
'*in beqesá raṭṭibá 'abedin hék*
bejabbišá ma nihwé

(Lk 23,31)[24].

Eine imitierte Qina mit Paronomasie *(raqqedtun/'arqedtun)* und Reim (auf *-un*) ist der Kinder-Singsang

zarmárnan lekón wela[24a] *raqqedtún*
'alénan wela 'arqedtún

(Mt 11,17 par. Lk 7,32).

Weitere Beispiele für Qina-Metrum:
bimekiletá de'attún mekilin báh
mittekál lekón (Mk 4,24; Mt 7,2 par. Lk 6,38)[25].

---

21. →Burney rechnet zu den Logien im Dreiheber-Rhythmus: Mk 7,8 (S. 104); 13,25 (106); Mt 5,3–10 (166); 5,14–16 (130.170); 6,14f. (107); 6,22f. (131); 7,6 (131.169); 7,17 (104); 8,20 (106.132.169); 11,25–27 (133.171f.); 12,30 (132); 15,14 (133); 23,12 (104); 23,29 (103); 25,31ff. (142f. 172–174, wechselnd mit Qina, Verbindungssätze ausgeklammert); Lk 9,62 (132.170); 12,48 (107); 16,10 (104).
22. →Burney, 130: »pithy sayings of a gnomic character.«
23. A. a. O. 34–43.131–146.
24. Vgl. Dalman, Jesus-Jeschua, 210.
24a. →Burney, 57: »The negative *lō* is normally unstressed«, ebenso aram. *la*.
25. Dalman, ebd., 202, der jedoch das Passivum divinum umgeht.

35

*man dibeʿá*²⁶ *leḥajjaʾá*²⁷ *napšéh*
  mobéd jatáh
*uman demobéd napšéh beginnt*²⁸
  meḥajjé jatáh
                          (Mk 8,35 par. Lk 9,24; 17,33).
habún dileqesár leqesár
wedilelahá lelahá
                          (Mk 12,17 par. Mt 22,21; Lk 20,25).
la tihwón sebirín daʾatét
  lemipḥát min ʾorajetá [*ʾo nebiajja*]²⁹
lá lemipḥát ʾatét
  ʾellá leʾosopé
                          (Mt 5,17)³⁰.
man deletéh mekannéš ʿimmí
  hú mebaddár
                          (Mt 12,30 = Lk 11,23)³¹.
*jehón ʾaḥrajé qadmain*³²
weqadmajé ʾaḥrain
                          (Mt 20,16). Man beachte den Reim.
hán dihwé pugrá
  mitkannešín nišrajjá
                          (Mt 24,28 par. Lk 17,37 sy[pal]), Reim!³³

Das Qina-Metrum dient vornehmlich für Aussagen *starker innerer Bewegung*. Der Spannungsbogen ist weit; er umfaßt Klage, Warnung, Drohung, Mahnung, Aufruf ebenso wie Seligpreisung und Heilsbotschaft.

Zusammenfassend ist zu sagen, daß die Häufung der Rhythmen in den

---

26. θέλῃ Mk 8,35 par. und ζητήσῃ Lk 17,33 sind Übersetzungsvarianten von *beʿa*; vgl. M. Black, An Aramaic Approach to the Gospels and Acts³, Oxford 1967, 244.

27. σῶσαι Mk 8,35 par. und περιποιήσασθαι/ζῳογονήσει Lk 17,33 sind Übersetzungsvarianten von *ḥajjaʾa* (ebd. 188).

28. καὶ τοῦ εὐαγγελίου fehlt in allen Parallelen: Mt 16,25 par. Lk 9,24; Mt 10,39 par. Lk 17,33; Joh 12,25.

29. Fehlt b. Šab. 116b.

30. Zur Begründung der Übersetzung s. u. S. 87f.

31. Vgl. Dalman, Jesus-Jeschua, 207 und Verbesserung im Ergänzungsheft Leipzig 1929,16.

32. Vgl. Wm. B. Stevenson, Grammar of Palestinian Jewish Aramaic, Oxford 1924, 29.

33. →Burney findet Qina-Metrum in folgenden Logien: Mk 2,19–22 (S. 140, aber die Rechnung geht nur auf, wenn man Matthäus folgt); 8,34–38 (141f., aber V. 34 ist Vierheber, s. o. S. 32, was bei Burney dadurch verwischt wird, daß er metri causa καθ' ἡμέραν aus Lk 9,23 aufnimmt; V. 35 s. o.; in V. 37f. wird wieder Matthäus bevorzugt, aber τῶν ἁγίων V. 38 aus Markus übernommen); Mt 11,28–30 (144f.); 13,16f. (145); 23,37–39 (146, problematisch); 25,31ff. (142f.172f., wechselnd mit Dreihebern, die Verbindungssätze bleiben unberücksichtigt); Lk 10,41f. (145, problematisch); 13,23–27 (138–140, Verbindungssätze in V. 24.25.26.27 wieder ausgeklammert).

Jesuslogien auf eine ausgesprochene Eigenart Jesu schließen läßt. Darüber hinaus weisen sie auf semitischen Hintergrund hin und stellen sie ein beachtliches Altersindiz dar. Der Vergleich der Parallelüberlieferungen zeigt nämlich, daß sie bei der Übersetzung ins Griechische und während der Weitergabe im griechischen Sprachbereich zum großen Teil verlorengegangen sind.

4. Alliteration, Assonanz und Paronomasie

Es ist das Verdienst von M. Black, als erster beobachtet zu haben, daß die Worte Jesu, wenn man sie in seine Muttersprache zurückübersetzt, in ungewöhnlicher Häufung die in der Überschrift genannten Phänomene aufweisen. Aus seiner Materialsammlung (S. 160–185), auf die verwiesen wird, sei als Beispiel Lk 15,7 genannt: οὕτως χαρὰ ἐν τῷ οὐρανῷ ἔσται ἐπὶ ἑνὶ ἁμαρτωλῷ μετανοοῦντι. Dieser Gleichnisschluß erhält eine besonders einprägsame Note durch die Alliteration mit Hilfe des Gutturals ḥ: Freude = ḥādwā, einer = ḥada, Sünder = ḥaṭeja[1].

Als zweites Beispiel diene das Wort über das Salz Mk 9,50 par. Mt 5,13; Lk 14,34f.:

Mk: ἐὰν δὲ τὸ ἅλας ἄναλον γένηται, ἐν τίνι αὐτὸ ἀρτύσετε;
Mt: ἐὰν δὲ τὸ ἅλας μωρανθῇ, ἐν τίνι ἁλισθήσεται;
Lk: ἐὰν δὲ καὶ τὸ ἅλας μωρανθῇ, ἐν τίνι ἀρτυθήσεται;

Mt: εἰς οὐδὲν ἰσχύει ἔτι
Lk: οὔτε εἰς γῆν οὔτε εἰς κοπρίαν εὔθετόν ἐστιν·

Mt: εἰ μὴ βληθὲν ἔξω καταπατεῖσθαι ὑπὸ τῶν ἀνθρώπων.
Lk: ἔξω βάλλουσιν αὐτό.

Auszugehen ist von dem merkwürdigen Schwanken der Überlieferung im ἐάν-Satz zwischen: »wenn das Salz salzlos (ἄναλον) wird« (Mk 9,50) und: »wenn das Salz töricht wird (μωρανθῇ)« (Mt 5,13; Lk 14,34). Schon J. Lightfoot (1602–1675) erkannte, daß die Lösung in der Doppeldeutigkeit des Stammes tpl = 1. »salzlos sein«, 2. »töricht reden« liegt[2]. Das heißt: die Markusüberlieferung (ἄναλον γένηται) bietet die korrekte Übersetzung, während μωρανθῇ (Matthäus/Lukas) Übersetzungsfehler ist.

Im Nachsatz sind die drei Verbalformen ἀρτύσετε (Mk)/ἁλισθήσεται (Mt)/ἀρτυθήσεται (Lk) nichts anderes als Übersetzungsvarianten der entsprechenden Formen von tabbel (»würzen, salzen«). Wir erhalten also bei Rückübersetzung ins Aramäische ein Wortspiel tapel/tabbel[3]:

'in milḥā tapel
bemā tetabbelun
       (Mk 9,50)[4].

Diese Beobachtungen lassen sich noch weiterführen. Es läßt sich nämlich zeigen, daß sich

---

1. →Black, 184.
2. Opera omnia II, Rotterdam 1686, 540b zu Lk 14,34.
3. →Black, 166f.
4. S. o. S. 32: Vierheber.

die Lautmalerei in dem zweiten Satz fortsetzt, der sich nur bei Matthäus und Lukas findet, die hier im Wortlaut beträchtlich voneinander abweichen. Dabei gehen die beiden Evangelisten verschiedene Wege[5]. Bei Lukas steht hinter κοπρία entweder das Nomen *zibla* oder das Verbum *zabbala* (inf. *pa'el*); wir erhalten also bei ihm das Wortspiel: *tapel* (μωρανϑῇ)/*jittabbel* (ἀρτυϑήσεται)/ *zabbala* (κοπρίαν). Bei Matthäus ergibt sich bei Rückübersetzung von βληϑὲν ἔξω/καταπατεῖσϑαι eine Lautmalerei mit Hilfe der Dentalen *t*, *d* und des Sibilanten *š*: *mištede*[6]/ '*ittedaša*[7].

Lautmalerei kennzeichnet auch das Lk 4,23 von Jesus zitierte Sprichwort (Dreiheber): '*asjá 'assí garmák*.

§ 3 Kennzeichen der ipsissima vox

Dalman, Worte Jesu. – *Jeremias*, Gleichnisse[7]; *ders.*, Kennzeichen der ipsissima vox Jesu, in: Synoptische Studien Alfred Wikenhauser zum siebzigsten Geburtstag dargebracht, München 1954, 86–93 = Abba, 145 –152.

War bisher von sprachlich-stilistischen Phänomenen die Rede, die an sich nichts völlig Neues darstellten, wohl aber in den Worten Jesu mit ungewöhnlicher Häufigkeit auftreten, so wenden wir uns jetzt solchen Kennzeichen der Diktion Jesu zu, die in der zeitgenössischen Literatur keine Analogie besitzen und die daher als Kennzeichen der *ipsissima vox Jesu* charakterisiert werden dürfen.

1. Die Gleichnisse Jesu

In der ganzen intertestamentarischen Literatur des antiken Judentums, in den essenischen Schriften, bei Paulus, in der rabbinischen Literatur, finden wir nichts, was den Gleichnissen Jesu an die Seite gestellt werden könnte. Der Unterschied zeigt sich schon darin, daß manche Gattungen des Maschal bei Jesus völlig fehlen. So lesen wir beispielsweise im essenischen Genesisapokryphon eine Fabel, die schildert, wie die Palme (Sara) darum bittet, daß die Zeder (Abraham) verschont bleiben möge (1 QGenAp ar 19,14–17); diese Fabel setzt die Reihe der alttestamentlichen Pflanzenfabeln fort, in denen Zeder, Ölbaum, Feigenbaum, Weinstock, Brombeerstrauch und Distel sich wie menschliche Wesen benehmen[1]; bei Jesus finden wir keine Fabel, Feigenbaum und Weinstock reden bei ihm nicht[2]. Im äthiopischen Henochbuch

---

5. →Black, 167 harmonisiert beide Überlieferungen durch Addition und gibt καταπατεῖσϑαι mit *ra'a'* wieder, was aber »zerschmettern«, »zerbrechen« heißt.

6. Part. '*itpe'el* von *šeda* (werfen).   7. Inf. '*itpe'el* von *duš* (zertreten).

1. Ri 9,8–15; 2 Kön 14,9; Ez 17,3–8; 31,3–14. Vgl. noch 4 Esr 4,13–21: die Bäume und die Meereswogen halten Kriegsrat, weil sie einander bekämpfen wollen.

2. M. D. Goulder, Characteristics of the Parables in the Several Gospels, JThS 19 (1968), 51–69: 51.

lesen wir ferner einen Abriß der Geschichte Israels in Form einer langatmigen Tierallegorie (cap. 85–90); Jesus benutzt zwar reichlich die üblichen, meist dem Alten Testament entstammenden und damals jedermann geläufigen Metaphern, aber Allegorien hat er nicht geprägt[3]. Seine Gleichnisse führen uns vielmehr mitten hinein in das pulsierende Leben des Alltags. Mit dieser Lebensnähe, mit ihrer Schlichtheit und Klarheit, mit der Meisterschaft ihrer knappen Schilderung, mit dem Ernst ihres Gewissensappells, mit ihrem liebevollen Verständnis für die religiös Deklassierten stehen sie analogielos da. Will man Vergleichbares finden, so muß man sehr weit zurückgehen zu den Höhepunkten der prophetischen Verkündigung, der Nathanparabel 2 Sam 12,1–7, dem Weinberglied Jes 5,1–7 und etwa dem Vater-Sohn-Vergleich Hos 11 (aber das ist schon kein Gleichnis, keine »Kurzgeschichte«[4] mehr), und selbst bei diesen Fällen handelt es sich um wenige und verstreute Belege, während uns die ersten drei Evangelien nicht weniger als einundvierzig Gleichnisse Jesu überliefern. Daß diese zum Urgestein der Überlieferung über ihn gehören, ist heute – unbeschadet der Notwendigkeit kritischer Analyse jedes einzelnen Gleichnisses und seiner Überlieferungsgeschichte – allgemein anerkannt.

2. Die Rätselsprüche

Unter den Worten Jesu finden sich eine große Anzahl solcher, die rätselhaft sind, und zwar nicht nur für uns Heutige, sondern die schon damals, als Jesus sie sprach, zum mindesten von den Außenstehenden als rätselhaft empfunden worden sind. Es sind hier zu nennen: Worte über den Täufer wie Mt 11,11 par., wo er in paradoxer Redeweise als der Größte unter den Weibgeborenen und kleiner als der Kleinste in der Königsherrschaft bezeichnet wird, oder der seltsame Stürmerspruch Mt 11,12 par.[5]; Worte über Jesu Sendung wie 11,5f. par. mit dem Nebeneinander von Heil und Ärgernis; Bildworte über alt und neu wie Mk 2,21f. par.; Logien über die kommende Notzeit wie Mk 14,58; Lk 11,49; Mt 10,34; Lk 22,36; Worte über Jesu Geschick wie das Wortspiel Mk 9,31, daß Gott den Menschen (Sing.) den Menschen (Plur.) ausliefern werde, das Eliawort Mk 9,11, die Drei-Tage-Worte Lk 13,32f.; Rätselworte wie das von den drei Kategorien Verschnittener Mt 19,12. Ja, Mk 4,11, aus dem jetzigen sekundären Kontext gelöst[6], sagt von Jesu gesamter Predigt, daß sie den ἔξω rätselhaft sein müsse. All das ist ganz ungewöhnlich. Die Lehrer

---

3. Jeremias, Gleichnisse[7], 87f.
4. Den Ausdruck verwandte G. Eichholz, Einführung in die Gleichnisse (Biblische Studien 37), Neukirchen–Vluyn 1963, 18.
5. Eine Vermutung über den Sinn s. u. S. 113f.
6. Jeremias, Gleichnisse[7], 9–14.

der Zeit haben so nicht gelehrt, und die Urkirche hat nicht Rätselsprüche (*mešalim*) Jesu erfunden, sondern sie im Gegenteil verdeutlicht, eine Tendenz, die man beispielsweise an den Leidensweissagungen studieren kann.[7]

3. Die Königsherrschaft Gottes

Der Terminus βασιλεία zur Bezeichnung der Herrschaft Gottes (τοῦ θεοῦ / τῶν οὐρανῶν[8]) begegnet in Jesu Munde in folgender Verteilung:

bei Markus	13mal[9]
in den Matthäus-Lukas-Logien	9mal[10]
darüber hinaus bei Matthäus	27mal[11]
darüber hinaus bei Lukas	12mal[12]
im Johannesevangelium	2mal[13]

Die aus dem Rahmen fallende höhere Zahl bei Matthäus erklärt sich daraus, daß ein Teil seiner Belege redaktionell ist: in fünf Fällen hat er den Terminus dem Markustext eingefügt (Mt 13,19; 18,1; 20,21; 21,43; 24,14); zwei der Belege stehen in der von ihm stark redigierten Erklärung des Gleichnisses vom Unkraut unter dem Weizen (13,38.43)[14], und in acht weiteren Fällen handelt es sich um die Gleichniseinleitung ὁμοία ἐστίν (bzw. ὡμοιώθη, ὁμοιωθήσεται) ἡ βασιλεία τῶν οὐρανῶν, die Matthäus bzw. seine Vorlage bevorzugt hat (13,24.44.45.47; 18,23; 20,1; 22,2; 25,1)[15]. Lukas hat den Terminus dreimal zum Markustext hinzugefügt (Lk 4,43; 18,29; 21,31).

Befragen wir die Literatur des antiken Judentums, so ist das Bild ein ganz anderes[16]. Der Terminus Königsherrschaft (Gottes) findet sich in den alt-

---

7. S. und S. 264ff. – Nicht vergleichbar mit den synoptischen *mešalim* Jesu sind die Mißverständnisse doppeldeutiger Worte oder Wendungen im vierten Evangelium; denn bei diesen zum Teil äußerst massiven Mißverständnissen (vgl. nur Joh 2,20; 3,4; 4,15; 7,35; 8,22.57) handelt es sich lediglich um ein Stilmittel, das z.B. dazu verwendet wird, um dem Dialog eine entscheidende Wendung zu geben.

8. Zur Frage, welche der beiden Formen die ursprüngliche ist, s. u. S. 100f.

9. Mk 1,15 par.; 4,11 par. 26.30 par.; 9,1 par. 47; 10,14 par. 15 par. 23 par. 24.25 par.; 12,34; 14,25 par.

10. Mt 5,3 (par. Lk 6,20); 6,10 (par. Lk 11,2). 33 (par. Lk 12,31); 8,11 (par. Lk 13,29); 10,7 (par. Lk 10,9); 11,11 (par. Lk 7,28). 12 (par. Lk 16,16); 12,28 (par. Lk 11,20); 13,33 (par. Lk 13,20).

11. Mt 5,10. 19a.b. 20; 7,21; 8,12; 13,19.24.38.43.44.45.47.52; 16,19; 18,1.3.4.23; 19,12; 20,1; 21,31. 43; 22,2; 23,13; 24,14; 25,1.

12. Lk 4,43; 9,60. 62; 10,11; 12,32; 13,28; 17,20a.b.21; 18,29; 21,31; 22,16.18.

13. Joh 3,3.5.

14. Jeremias, Gleichnisse[7], 81–83.

15. Ebd. 101f.

16. Dalman, Worte Jesu[2], 75–119. 310–314. 361–363. 375–378; Billerbeck I 172–184. 418f.

testamentlichen Apokryphen und Pseudepigraphen[17] sowie im Targum[18] und bei Philo[19] nur selten, vorchristlich sonst noch im *Qaddiš* (s. u. S. 192f.) und einigen ihm verwandten Gebetswünschen[20]; Josephus erwähnt ein einziges Mal βασιλεία im Zusammenhang mit Gott[21], aber der Terminus Königsherrschaft Gottes selbst fehlt bei ihm. Erst in der rabbinischen Literatur nehmen die Belege etwas zu, beschränken sich aber überwiegend auf stereotype Wendungen wie »die Königsherrschaft des Himmels auf sich nehmen«, d. h. »sich Gott unterwerfen«, »das *Šemaʿ* rezitieren«, »Proselyt werden«[22]. Dieses Gesamtbild ist durch die am Toten Meer gefundenen Rollen vollauf bestätigt worden: in der gesamten essenischen Literatur, soweit sie bis jetzt bekannt ist, findet sich die Wendung »Königsherrschaft (Gottes)« nur dreimal[23]. Vergleicht man mit diesem spärlichen Befund die Zahlen in unserer Tabelle, so muß man (auch wenn man den besonders im Matthäusevangelium zu beobachtenden Anteil der Redaktion in Rechnung setzt) die Häufung der Belege in den synoptischen Evangelien als ungewöhnlich bezeichnen.

Bemerkenswerter noch als dieser rein zahlenmäßige Unterschied ist die Feststellung, daß sich in den von der Basileia handelnden Worten Jesu eine Fülle von Wendungen finden, die in der Ausdrucksweise der Zeitgenossen Jesu *keine* (auch keine profanen) *Parallelen* haben. Auch bei Anlegen strenger Maßstäbe sind folgende Wendungen als neu auftauchend zu registrieren:

ἁρπάζειν τὴν βασιλείαν τῶν οὐρανῶν (Mt 11,12);
βιάζεται ἡ β. τ. οὐ. (ebd.);
ἤγγικεν ἡ βασιλεία τοῦ θεοῦ (Mk 1,15 par.; Mt 10,7 par.; Lk 10,11 vgl. 21,31 ἐγγύς ἐστιν ἡ β. τ. θ.);
εἰσέρχεσθαι εἰς τὴν β. τ. θ. (Mk 9,47; 10,15 par.; 10,23 par. 24.25 par.; Mt 5,20; 7,21; 18,3; 23,13; Joh 3,5. Neutestamentliches Echo: Apg 14,22);
ἐλάχιστος ἐν τῇ β. τ. οὐ. (Mt 5,19);
ἡ β. τ. θ. ἐντὸς τινός ἐστιν (Lk 17,21);
ἔρχεται ἡ β. τ. θ. (Mk 9,1; Mt 6,10 par. Lk 11,2; Lk 17,20; 22,18[24]);

17. Dan 3,54 LXX; 4,34Θ; Tob 13,2; Ps Sal 5,18; 17,3; äthHen 84,2; AssMos 10,1; Sap 6,4; 10,10; OrSib 3,47.766.
18. Belege bei Dalman, Worte Jesu², 83. 312. 361; vgl. u. S. 105, Anm. 23.
19. Belege bei K. L. Schmidt, βασιλεία, ThW I, 1933, 573-595: 575,7ff.
20. Dalman, Worte Jesu², 82f. 89. 311. 361f.; vgl. u. S. 255, Anm. 50.
21. Ant. 6,60: τὸν μὲν θεὸν ἀποχειροτονοῦσι τῆς βασιλείας.
22. Dalman, Worte Jesu², 80; Billerbeck I 174ff.
23. *Meluka* (Gottes): 1 QM 6,6 »des Gottes Israels wird die Königsherrschaft sein« (freies Zitat von Obadja 21). – *Malkut* (Gottes): 1 QM 12,7 »furchtbar in der Herrlichkeit deiner Königsherrschaft« (vgl. Ps 144,11ff.); Sb 4,25f. »im Palaste der Königsherrschaft«.
24. Die Wendung hat im Alten Testament und in der Literatur des antiken Judentums keine Entsprechung, vgl. M. Burrows, Thy Kingdom Come, JBL 74, 1955, 1-8. Denn an der einzigen vergleichbaren Stelle, Micha 4,8 (»...es wird kommen die frühere Herrschaft, das

ἡ ἡτοιμασμένη βασιλεία (Mt 25,34);
εὐνούχισαν ἑαυτοὺς διὰ τὴν β. τ. οὐ. (Mt 19,12);
ζητεῖν τὴν β. αὐτοῦ (Gottes; Mt 6,33 par. Lk 12,31);
αἱ κλεῖδες τῆς β. τ. οὐ. (Mt 16,19);
κλείειν τὴν β. τ. οὐ. (Mt 23,13);
οὐ μακρὰν εἶναι ἀπὸ τῆς β. τ. ϑ. (Mk 12,34);
μέγας (Mt 5,19), μείζων (18,1.4), μικρότερος (11,11) ἐν τῇ β. τ. οὐ.;
τὸ μυστήριον τῆς β. τ. ϑ. (Mk 4,11 par.);
ὁμοιοῦν τὴν β. τ. ϑ., ὁμοία ἐστιν ἡ β. τ. ϑ. (Mk 4,26.30 par.; Mt 13,33 par. Lk 13,20 und acht Sonderbelege bei Matthäus; s. S. 40);
προάγειν εἰς τὴν β. τ. ϑ. (Mt 21,31);
ἔφϑασεν ἐφ' ὑμᾶς ἡ β. τ. ϑ. (Mt 12,28 par. Lk 11,20);
consequi regna caelestia (Agraphon bei Tertullian, De baptismo 20,2)[25].

Nicht aufgenommen in unsere Liste sind trotz des Fehlens genau entsprechender jüdischer Parallelen: a) alle Wendungen, zu denen es profane Parallelen gibt (z. B. οἱ υἱοὶ τῆς β. Mt 8,12; 13,38 vgl. bene malkuta Targ. Qoh. 5,8; εὔϑετος εἶναι τῇ β.τ.ϑ. Lk 9,62 vgl. kašer lemalkut Mek. Ex. zu 12,1 ed. Venedig 1545, 2b 5); ferner b) ἀνακλίνεσϑαι ἐν τῇ β.τ.οὐ. (Mt 8,11 par.) und πίνειν ἐν τῇ β.τ.ϑ. (Mk 14,25 par.), weil Lk 14,15 die verwandte Wendung φάγεται ἄρτον ἐν τῇ β.τ.ϑ. im Munde eines Tischgenossen Jesu erscheint, und schließlich c) von Matthäus und Lukas in Jesusworte ihrer Markusvorlage eingefügte, also redaktionelle Wendungen wie ε λόγος τῆς β. (Mt 13,19 diff. Mk 4,15), τὸ εὐαγγέλιον τῆς β. (Mt 24,14 diff. Mk 13,10), ὀυαγγελίζεσϑαι τὴν β. (Lk 4,43 diff. Mk 1,38), zu denen aus sprachlichen[26] wie sachlichen

Königtum zur Tochter Jerusalems«) nebst der targumischen Paraphrase (»... zu dir [dem Messias] wird die Herrschaft kommen«) ist gar nicht von der Königsherrschaft Gottes, sondern von der königlichen Herrschaft Jerusalems bzw. des Messias die Rede. Außerdem will beachtet sein, daß sowohl im Urtext wie im Targum das »Kommen« mit der Präposition *le* verbunden ist; d. h. es ist die Rede davon, daß die Königsherrschaft Jerusalem bzw. dem Messias »zuteil werden« wird, während Jesus, wenn er vom »Kommen« der Königsherrschaft Gottes redet, davon spricht, daß sie sich offenbaren werde. (Man kann sich den Unterschied durch einen Vergleich von Apk 11,15 ἐγένετο ἡ βασιλεία ... τοῦ κυρίου ἡμῶν mit Lk 19,11 μέλλει ἡ βασιλεία ἀποφαίνεσϑαι klarmachen.) Eher könnte man sich als Beleg dafür, daß das Judentum vom Kommen der Königsherrschaft Gottes gesprochen habe, darauf berufen, daß die Pharisäer Lk 17,20a fragen: πότε ἔρχεται ἡ βασιλεία τοῦ ϑεοῦ; doch muß angesichts von V. 20b gefragt werden, ob ihnen nicht eine Formulierung Jesu in den Mund gelegt worden ist. Mk 11,10 (εὐλογημένη ἡ ἐρχομένη βασιλεία τοῦ πατρὸς ἡμῶν Δαυίδ) ist sekundäre Erläuterung zu dem vorangehenden Psalmzitat (118,25 f.) und redet außerdem nicht von der Gottes-, sondern von der Davidsherrschaft. Von entscheidendem Gewicht ist neben dem Fehlen jeglicher Belege die Feststellung, daß das palästinische Judentum nach Ausweis des *Qaddiš* (*jamlek* [v. l. *jimlok*] *malkuteh*; Text bei Dalman, Worte Jesu, 1. Auflage 305 mit Anm. 3 [leider nicht wiederholt in der 2. Auflage]) nicht vom »Kommen«, sondern vom »Herrschen« der Königsherrschaft Gottes sprach.

25. Vgl. Jeremias, Unbekannte Jesusworte[4], Gütersloh 1965, 71–73.
26. Vgl. Dalman, Worte Jesu[2], 86f. 114.

Gründen auch das passivische εὐαγγελίζεται ἡ β.τ.ϑ. (Lk 16,16 diff. Mt 11, 12), διαγγέλλειν τὴν β.τ.ϑ. (Lk 9,60 diff. Mt 8,22) und μαθητεύεσθαι τῇ β.τ. οὐ. (Mt 13,52) zu stellen ist.

Die Urkirche ist an dem sprachlichen Neuschöpfungsprozeß, der sich in dieser Liste spiegelt, kaum beteiligt. Denn die von ihr geprägten Basileia-Wendungen sind anderer Art: die eschatologische Terminologie ist sekundär in Missionssprache[27] umgesetzt; außerdem tritt der Terminus »Königsherrschaft Gottes« außerhalb der synoptischen Überlieferung der Worte Jesu zurück, schon bei Paulus ist er selten, im Johannesevangelium findet er sich nur zweimal (3,3.5)[28]. Es ist also Jesus selbst, dessen sprachschöpferische Kraft sich in den zahlreichen neuen Wendungen auswirkt. Daß der Neuschöpfungsprozeß gerade die Basileia zum Gegenstand hat, ist natürlich kein Zufall: wir werden noch sehen, daß Jesus den Terminus nicht nur zum Zentralthema seiner Verkündigung gemacht hat, sondern daß er ihn darüber hinaus mit einem neuen Inhalt gefüllt hat, der analogielos ist (s. u. S. 105 ff.)

4. Amen

In den Jesusworten der vier Evangelien taucht ein neuer Gebrauch des Wortes ᾽amen auf, der in der gesamten Literatur des antiken Judentums ebenso wie im übrigen Neuen Testament ohne jede Analogie ist[29]. Das hebräische, vom Aramäischen übernommene ᾽amen bedeutet »gewiß«[30]. Es ist eine feierliche Formel, mit der der Israelit sich schon in alttestamentlicher Zeit eine Doxologie, eine Beschwörung, ein Segenswort, einen Fluch oder eine Verwünschung aneignete[31]. Ausnahmslos handelt es sich um die zustimmende Antwort auf die Worte eines anderen, so auch 1 Kor 14,16; 2 Kor 1,20; Apk 5,14; 7,12; 19,4; 22,20. In den Evangelien wird dagegen ᾽amen ebenso ausnahmslos benutzt, um eigene Worte einzuleiten und zu verstärken, und zwar in diesem präzedenz-

---

27. Διαγγέλλειν τὴν β.τ.ϑ. (Lk 9,60); διαμαρτύρεσθαι τὴν β.τ.ϑ. (Apg 28,23); εὐαγγελίζεσθαι τὴν β.τ.ϑ. (Lk 4,43; 8,1) bzw. περὶ τῆς β.τ.ϑ. (Apg 8,12); εὐαγγελίζεται ἡ β.τ.ϑ. (Lk 16,16); τὸ εὐαγγέλιον τῆς β. (Mt 4,23; 9,35; 24,14); κηρύσσειν τὴν β. (Apg 20,25; + τοῦ θεοῦ Lk 9,2; Apg 28,31); λαλεῖν περὶ τῆς β.τ.ϑ. (Lk 9,11); λέγειν τὰ περὶ τῆς β. (Apg 1,3) ὁ λόγος τῆς β. (Mt 13,19); μαθητεύεσθαι τῇ β.τ. οὐ. (Mt 13,52); πείθειν περὶ τῆς β.τ.ϑ. (Apg 19,8); συνεργοὶ εἰς τὴν β.τ.ϑ. (Kol 4,11); οἱ υἱοὶ τῆς β. (Mt 13,38, verchristlicht im Vergleich zu 8,12).

28. Außerhalb der Evangelien finden sich: im ganzen paulinischen Briefkorpus nur 10 Belege, in der Apostelgeschichte 8, je 1 im Hebräer- und Jakobusbrief, 2 in der Offenbarung Johannes.

29. →Jeremias, Kennzeichen, 89–93 = Abba 148–151.

30. W. Baumgartner, Hebräisches und aramäisches Lexikon zum Alten Testament[3], Lieferung I, Leiden 1967, 62b.

31. →Dalman, Worte Jesu[2], 185–187; Billerbeck I 242–244; III 456–461.

losen Sprachgebrauch streng auf die Worte Jesu beschränkt. Dieses einleitende
'amen findet sich in seinen Worten:
    bei Markus   13 mal[32]
    in den Matthäus-Lukas-Logien   9 mal[33]
    im Matthäussondergut   9 mal[34]
    im Lukassondergut   3 mal[35]
    bei Johannes (hier immer verdoppelt) 25 mal[36]

Die Beibehaltung des Fremdwortes zeigt, wie stark die Überlieferung das Neue und Ungewohnte dieser Diktion empfand. Fragt man nach ihrem Sinn, so ist davon auszugehen, daß auf 'amen in den Worten Jesu stets λέγω ὑμῖν (σοι) folgt. Dem ἀμὴν λέγω ὑμῖν aber ist als einziges sachliches Analogon die von den Propheten benutzte Botenformel »So spricht der Herr« an die Seite zu stellen[37], mit der sie zum Ausdruck brachten, daß ihre Worte nicht eigene Weisheit, sondern göttliche Botschaft seien. Entsprechend bringt das die Worte Jesu einführende ἀμὴν λέγω ὑμῖν seine Vollmacht zum Ausdruck. Die Neuheit des Sprachgebrauchs, seine strikte Beschränkung auf Worte Jesu und die übereinstimmende Bezeugung durch sämtliche Traditionsschichten der Evangelien zeigen, daß wir es mit einer sprachlichen Neuschöpfung Jesu zu tun haben[38].

---

32. Mk 3,28; 8,12; 9,1. 41; 10,15. 29; 11,23; 12,43; 13,30; 14,9.18.25.30.

33. Mt 5,18.26; 8,10; 10,15; 11,11; 13,17; 18,13; 23,36; 24,47. In der Lukasfassung findet sich in allen neun Stellen ἀμήν nicht; je einmal steht bei Lukas an seiner Stelle δέ (Lk 10,12 diff. Mt 10,15), γάρ (Lk 10,24 diff. Mt 13,17), ναί (Lk 11,51 diff. Mt 23,36), ἀληθῶς (Lk 12,44 diff. Mt 24,47); in den restlichen fünf Fällen fehlt das ἀμήν bei Lukas ersatzlos.

34. Mt 6,2.5.16; 10,23; 18,18; 21,31; 25,12.40.45 (als Variante außerdem 18,19).

35. Lk 4,24; 12,37; 23,43.

36. Joh 1,51; 3,3.5.11; 5,19.24.25; 6,26.32.47.53; 8,34.51.58; 10,1.7; 12,24; 13,16.20.21.38; 14,12; 16,20.23; 21,18. Die Verdoppelung entstammt jüdischem liturgischen Brauch; sie ist bezeugt (nur für das respondierende Amen!) im Alten Testament, in Qumran, bei Pseudo-Philo, im Talmud, in Gebeten, auf Inschriften und in Zaubertexten (vgl. die Belege in ThLZ 83, 1958, Sp. 504).

37. Manson, Teaching², 207.

38. V. Hasler, Amen. Redaktionsgeschichtliche Untersuchung zur Einführungsformel der Herrenworte »Wahrlich, ich sage euch«, Zürich-Stuttgart 1969, vertritt die Hypothese, daß die Formel »Amen, ich sage euch« im Gottesdienst der hellenistischen Gemeinden entstanden und Jesus erst sekundär in den Mund gelegt worden sei. Er begründet diese Ansicht mit der Behauptung, daß Amen schon im Judentum den responsorischen Charakter verloren habe und zur Bekräftigung einer nachfolgenden eigenen Aussage verwendet worden sei (S. 173). Das soll sich aus vier rabbinischen Texten sowie aus Apk 7,12; 22,20 ergeben. Bei den vier rabbinischen Texten handelt es sich in Wahrheit um einen einzigen Text mit Parallelen (wobei die zweite Stellenangabe fehlerhaft aus Billerbeck I 243 abgeschrieben ist und die beiden wichtigsten Fassungen, die Billerbeck im Wortlaut gibt, nicht genannt sind), und dieser Text sagt genau das Gegenteil von dem, was Hasler aus ihm herausliest: er bezeugt,

5. Abba

Der Gebrauch des Alltagswortes *'abba* als Gottesanrede ist die wichtigste sprachliche Neubildung Jesu. Von ihr ist in § 7 ausführlich zu handeln.

Nicht jedes einzelne Vorkommen eines der in § 2 und 3 genannten Charakteristika ist an sich schon ein Echtheitsbeweis. Vielmehr ist zwischen ipsissima vox und ipsissima verba zu unterscheiden. Das Vorliegen einer von Jesus bevorzugten Redeweise (ipsissima vox Jesu) enthebt uns nicht der Notwendigkeit, jeweils im Einzelfall zu prüfen, ob wir ein echtes Logion (ipsissimum verbum) vor uns haben. Beispielsweise besagt die Feststellung, daß die Verwendung von ἀμήν zur Einleitung der eigenen Rede ipsissima vox Jesu ist, noch nicht, daß alle 25 Belege bei Johannes (s. o. Anm. 36) ipsissima verba sind. Die Echtheitsfrage ist also nicht rein schematisch allein auf Grund des sprachlich-stilistischen Befundes zu entscheiden, sondern es müssen jeweils inhaltliche Erwägungen hinzutreten. Unbeschadet dessen kann man summarisch sagen, daß der in § 2–3 vorgeführte sprachlich-stilistische Befund eine so große Treue und eine solche Ehrfurcht gegenüber der Überlieferung der Worte Jesu zeigt, daß der methodische Grundsatz berechtigt erscheint: Bei der synoptischen Überlieferung der Worte Jesu muß nicht die Echtheit, sondern die Unechtheit bewiesen werden[39].

Anhang zu Kapitel I: Zum synoptischen Problem

Es soll hier nicht etwa das synoptische Problem durchdiskutiert werden, sondern in aller Kürze dem Leser Rechenschaft darüber gegeben werden, welche Sicht der synoptischen Literaturkritik in dieser Arbeit vorausgesetzt ist.

1. *Markus* schreibt das primitivste Griechisch und ist auch inhaltlich (z. B. hinsichtlich der Christologie, des Jüngertadels usw.) der unbefangenste der Evangelisten. Das weist sein Evangelium als das älteste der vier kanonischen

---

daß Amen responsorischen Charakter hat. Apk 7,12 respondiert das Amen auf die Benediktion in V. 10, und Apk 22,20b auf die Verheißung der baldigen Wiederkunft Jesu in V. 20a. Das heißt: im jüdischen Bereich und im urchristlichen Gottesdienst hat Amen immer und ausnahmslos responsorischen Charakter; der neue Sprachgebrauch der Evangelien ist ohne Analogie. (Auch sonst läßt die Arbeit die nötige Sorgfalt vermissen. Allein zu S. 173 ist zu bemerken: Neh 5,13 ist nicht doxologischer Abschluß; wer Tob 14,15 trotz der fraglichen Echtheit als Beleg für Amen registriert, muß auch Judith 16,25 nennen; statt Apk 7,11 lies 7,12; die Angabe Deut 27,33 ist falsch, da das Kapitel nur 26 Verse hat; in Anm. 148 ist das gesamte hexaplarische Material ignoriert – das alles auf einer Seite!)

39. Vgl. C. Colpe, ὁ υἱὸς τοῦ ἀνθρώπου, ThW VIII, 1969, 403–481: 437,13 f.

Evangelien aus. Die Beobachtung von C. Lachmann (1835)[1], daß Matthäus und Lukas nur so weit in der Reihenfolge zusammengehen, als sie mit Markus übereinstimmen, daß sie dagegen auseinandergehen, wo sie von Markus abweichen, zeigt darüber hinaus, daß Markus die Grundlage der beiden anderen Synoptiker gebildet hat. Entstanden ist das Evangelium durch die Aneinanderreihung nicht von Einzelgeschichten und einzelnen Logien, sondern von *Überlieferungszusammenhängen*, die aus Lehrvorträgen ($διδασκαλίαι$[2]) erwachsen waren. Daß wir Mk 4,1–34 einen Überlieferungszusammenhang mit dem Thema »Gleichnisse« vor uns haben, den die vormarkinische Verbindungsformel $καὶ\ ἔλεγεν$ (V. 9.26.30) zusammenhält und den Markus bearbeitete[3], dürfte ohne weiteres einleuchten, ebenso daß 4,35–5,43 durch das Thema »Wundergeschichten« gekennzeichnet ist. Es läßt sich nun aber, so meinen wir, zeigen, daß das *ganze* Markusevangelium aus Überlieferungszusammenhängen besteht, nämlich: 1,1–15; 1,16–39; 1,40–3,7a; 3,7b–19; 3,20–35; 4,1–34; 4,35–5,43; 6,1–32; 6,33–7,37; 8,1–26; 8,27–9,1; 9,2–29; 9,30–50; 10,1–31; 10,32–45; mit 10,46 bzw. 11,1 beginnt die Passionsgeschichte, in die die Überlieferungszusammenhänge 12,1–44 und 13,1–37 eingearbeitet sind[4]. Die Suche nach einem systematischen Aufbau des Evangeliums ist unter diesen Umständen vergebliche Liebesmüh.

2. Das *Matthäusevangelium* ist ein stilistisch überarbeitetes und durch neuen Stoff um mehr als die Hälfte erweitertes Markusevangelium. Überwiegend wird heute die Zwei-Quellen-Theorie vertreten, derzufolge der erste und der dritte Evangelist beide neben dem Markusevangelium eine weitere Quelle, die *Logienquelle Q*, benutzten. In dieser Form ist das jedoch eine Simplifizierung, wie man schon daraus ersehen kann, daß Lukas den Logienstoff nicht gesondert vorfand, sondern bereits verschmolzen mit dem lukanischen Sondergut (s. u. S. 48 f.). Darüber hinaus erheben sich Zweifel, ob die Logienquelle Q je existiert hat. Es sind vier Beobachtungen zu nennen. Zunächst: die einstige Hauptstütze der Q-Hypothese, das Papiaszeugnis ($Ματθαῖος\ μὲν\ οὖν\ Ἑβραΐδι\ διαλέκτῳ\ τὰ\ λόγια\ συνετάξατο$)[5], ist heute nicht mehr tragfähig; denn es darf als erwiesen gelten, daß Papias mit $τὰ\ λόγια$ nicht eine Sammlung von Worten Jesu, sondern ein Evangelium meint[6]. Sodann: im Wortlaut weichen die Logien bei Matthäus und Lukas überwiegend erheblich voneinander ab; soweit es sich um Übersetzungsvarianten handelt oder gar Gabelung der Überlieferung im aramäischen Sprachbereich wahrscheinlich gemacht werden kann (s. o. S. 18,

---

1. De ordine narrationum in evangeliis synopticis, ThStKr 8, 1835, 570ff.
2. Papias bei Eusebius, hist. eccl. III 39,15.   3. Jeremias, Gleichnisse[7], 9f.
4. Zur Abgrenzung der Stücke, über die man im Einzelfall durchaus verschiedener Meinung sein kann, vgl. Jeremias, Abendmahlsworte[4], 86 Anm. 1.
5. Bei Eusebius, hist. eccl. III 39,16.
6. So hat schon Irenäus, adv. haer. III 1,1 die Papiasnotiz verstanden. Vgl. J. Kürzinger, Das Papiaszeugnis und die Erstgestalt des Matthäusevangeliums, in: BZ 4, 1960, 19–38.

Anm. 49), ist eine Matthäus und der Lukasvorlage gemeinsame Quelle ausgeschlossen. Richtig ist, daß etwa ein Fünftel der Logien bei Matthäus und Lukas wörtlich oder fast wörtlich übereinstimmt; doch handelt es sich, wie H.-Th. Wrege zeigte[7], meist um besonders einprägsame Stoffe (Bildworte, kurze Gleichnisse, antithetische Parallelismen), die auch in der mündlichen Überlieferung eine feste Fixierung gefunden haben könnten. Drittens: die Reihenfolge der Logien divergiert aufs stärkste, unbeschadet einzelner gemeinsamer Sequenzen, die sich aber ebensogut in der mündlichen Überlieferung herausgebildet haben könnten (z. B. Taufe–Versuchung; Rede Jesu–Hauptmann von Kapernaum)[8]. Viertens: die wichtigste Beobachtung ist, daß in zahlreichen Fällen ein und dasselbe Logion bei Matthäus und Lukas in verschiedenem Stichwortzusammenhang steht, wie drei Beispiele für viele zeigen mögen: Mt 5,15 ist nach rückwärts durch die Assoziation $κρυβῆναι$ V. 14 / $ὑπὸ τὸν πόδιον$ V. 15, nach vorwärts durch die vox $λάμπει$ V. 15 / $λαμψάτω$ V. 16 mit dem Kontext verbunden, die Parallele Lk 11,33 mit V. 34 dagegen durch die vox $λύχνος$. – Mt 10,19f. ist die vox $παραδῶσιν$ / V. 17 $παραδώσουσιν$ / V. 21 $παραδώσει$, dagegen in der Parallele Lk 12,11f. $ἅγιον πνεῦμα$ V. 12/V. 10. – Mt 7,22f. ist das Stichwort $κύριε, κύριε$ V. 21, in der Parallele Lk 13,26f. $οὐκ οἶδα ὑμᾶς πόθεν ἐστέ$ V. 25[9]. Da die Stichwort-Verbindung als mnemotechnisches Hilfsmittel auf mündliche Überlieferung hinweist, ergibt sich: bereits im Laufe der mündlichen Überlieferung hat sich der Logienstoff in mindestens zwei Zweige gegabelt, von denen je einer von Matthäus und von der Lukasvorlage verwendet wurde. Das Ergebnis ist deshalb wichtig, weil es nicht erlaubt, die Unterschiede zwischen der Fassung der Logien bei Matthäus und bei Lukas ohne sprachlichen Nachweis den beiden Evangelisten zuzuschreiben. Die meisten Unterschiede haben sich vielmehr schon früher im Lauf der Überlieferungsgeschichte herausgebildet[10].

3. Grundlegend für das Verständnis der Komposition des *Lukasevangeliums* ist seine Blocktechnik: Markusstoff (283 Verse = ein Drittel) und neuer Stoff (553 Verse = zwei Drittel)[11] alternieren blockweise. Der *von Lukas übernommene Markusstoff* setzt mit Lk 4,31 ein[12]; der erste Markusblock umfaßt

---

7. H.-Th. Wrege, Die Überlieferungsgeschichte der Bergpredigt, WUNT 9, Tübingen 1968.
8. Vgl. die »Übersicht über die Reihenfolge der Q-Stücke bei Mt. und Lk.« bei H. Appel, Einleitung in das Neue Testament, Leipzig und Erlangen 1922, 251f., dem die Liste in Feine–Behm–Kümmel, Einleitung in das Neue Testament[15], Heidelberg 1965, 34, technisch und methodisch folgt. Die Unterschiede zwischen beiden Listen zeigen, daß der Tatbestand öfter mehrdeutig ist.
9. Weitere Beispiele, die sich erheblich vermehren lassen, gab ich in: Zur Hypothese einer schriftlichen Logienquelle Q, in: ZNW 29, 1930, 147–149 – in: Abba, 90–92.
10. Zur Redaktion des Matthäusevangeliums s. u. S. 291, Anm. 29.
11. Bei der Zählung ist die Passionsgeschichte dem neuen Stoff zugerechnet (s. S. 48).
12. Diesen wichtigen Nachweis führte B. H. Streeter, The Four Gospels[5], London 1936,

den Abschnitt Lk 4,31-44. Lukas folgt hier dem zweiten Evangelisten Vers für Vers. Der Tatbestand ist so wichtig, daß der Leser ausdrücklich gebeten wird, sich durch den Vergleich etwa von Lk 4,31-44 mit Mk 1,21-39 zu überzeugen, wie die beiden Texte geradezu wie Schienengleise nebeneinander herlaufen. Dieses Bild wiederholt sich in den übrigen fünf Markusblöcken: Lk 5,12-6,19; 8,4-9,50; 18,15-43; 19,29-38; 19,45-22,13. Lukas hat den Markusstoff stilistisch gründlich bearbeitet, er hat Doubletten ausgelassen, gelegentlich einmal einige Worte oder einen Satz verschoben – aber die Reihenfolge der Markus-Perikopen hat er geradezu pedantisch beibehalten. Er war ein Feind von Umstellungen. Nur an zwei Stellen weicht er in der Reihenfolge von Markus ab: die beiden Abschnitte Mk 3,7-12 (Zulauf zu Jesus) und 13-19 (Berufung der Zwölf) hat er umgestellt (Lk 6,12-16: Berufung; 17-19: Zulauf), weil sich die Feldpredigt (6,20-49) besser an die Schilderung des Zulaufs anschließen ließ. Bei der zweiten Abweichung (Lk 8,19-21 = Mk 3,31 bis 35) kann man nicht einmal von einer Umstellung reden, denn hier trägt Lukas lediglich eine Perikope nach, die in dem von ihm ausgelassenen Abschnitt Mk 3,20-35 stand. Mit der Feststellung, daß Lukas in der Akoluthie unentwegt Markus folgt, ist auch das Urteil über die Passionsgeschichte Lk 22,14-24,53 gefällt. Sie weicht so stark in der Reihenfolge der Perikopen von Markus ab, daß sie dem neuen Stoff zugerechnet werden muß[13].

Was den *neuen Stoff* anlangt, in dem Logienstoff (Q) und Lukas-Sondergut verschmolzen waren, so ist auch er von Lukas in Blöcken übernommen worden: Lk 1,5-4,30; 5,1-11; 6,20-8,3; 9,51-18,14; 19,1-28.39-44; 22,14-24,53. Das wichtigste literarische Kennzeichen des neuen Stoffes kann man am besten an dem großen Block 9,51-18,14 ablesen: er ist völlig frei von Markuseinfluß; das gilt auch für die übrigen Blöcke neuen Stoffes. Lediglich bei dem letzten, der Passionsgeschichte (22,14-24,53), kann man an einigen Stellen fragen, ob gemein-urchristliche Tradition vorliegt oder Markuseinfluß.

Es ergibt sich das folgende Bild:

	A. Neuer Stoff	B. Markusstoff	
1.	Lk 1,1-4,30		
2.		Lk 4,31-44	= Mk 1,21-39
3.	Lk 5,1-11		
4.		Lk 5,12-6,19	= Mk 1,40-3,19
5.	Lk 6,20-8,3		

205 ff. Er zeigte, daß sich in Lk 1,5-4,30 an keiner Stelle Abhängigkeit von Markus findet; bei den wenigen Versen, an denen Lukas sich hier im Stoff mit Markus berührt (Lk 3,3 f.16.21 f.; 4,1-2a) handelt es sich entweder um Logienüberlieferung oder um urchristliches Allgemeingut.

13. Vgl. J. Jeremias, Perikopen-Umstellungen bei Lukas?, NTS 4, 1957/58, 115-119 = in: Abba, 93-97.

6.	Lk 8,4–9,50	= Mk 4,1–25; 3,31–35; 4,35–6,44; 8,27–9,40
7.	Lk 9,51–18,14	
8.	Lk 18,15–43	= Mk 10,13–52
9.	Lk 19,1–28	
10.	Lk 19,29–38	= Mk 11,1–10
11.	Lk 19,39–44	
12.	Lk 19,45–22,13	= Mk 11,15–14,16
13.	Lk 22,14–24,53	

Da wir die sprachlich-stilistische Eigenart des Evangelisten Lukas sowohl aus seiner Markusbearbeitung wie aus dem zweiten Teil des lukanischen Doppelwerkes, der Apostelgeschichte, sehr genau kennen, sind wir in der Lage, auch bei dem neuen Stoff, der lukanischen Sonderquelle, die Redaktion von der Tradition abzuheben. Das wichtigste Ergebnis bei diesen (erst durch die Erkenntnis der lukanischen Blocktechnik ermöglichten und noch nicht veröffentlichten) Untersuchungen lautet: während Lukas alles, was zum Rahmen gehört, insbesondere die Ein- und Ausleitungen der Perikopen, tiefgreifend stilistisch überarbeitet hat, behandelt er die Worte Jesu mit größter Ehrfurcht und scheut bei ihnen vor Eingriffen zurück.

Kapitel II: Die Sendung

Für eine Darstellung der Verkündigung Jesu ist es von größter Bedeutung, an welcher Stelle man einsetzt.

Bis vor gar nicht langer Zeit hat man sich immer wieder durch Mt 4,17 (ἀπὸ τότε ἤρξατο ὁ 'Ιησοῦς κηρύσσειν καὶ λέγειν· μετανοεῖτε· ἤγγικεν γὰρ ἡ βασιλεία τῶν οὐρανῶν) zu der Auffassung verleiten lassen, Jesus sei mit dem Ruf zur Buße aufgetreten. Indes, wenn es schon an sich mißlich ist, die Darstellung der Verkündigung Jesu auf ein Summarium aufzubauen, so gilt das für Mt 4,17 um so mehr, als Matthäus (nur er!) mit genau denselben Worten auch die Predigt des Täufers zusammenfaßt (3,2). Überdies fragt es sich, ob Mt 4,17 wirklich die Bußpredigt an die erste Stelle setzen will und nicht vielmehr – man beachte das γάρ! – die Ankündigung der Nähe der Gottesherrschaft. So ist es jedenfalls in der Mt 4,17 zugrundeliegenden Stelle Mk 1,15 eindeutig gesagt und so bezeugt es die Jesusüberlieferung als Ganzes. Diese Erkenntnis hat sich heute erfreulicherweise allgemein durchgesetzt.

Aber haben wir schon den richtigen Ansatz gefunden, wenn wir mit der Ankündigung der Gottesherrschaft durch Jesus beginnen? Sind wir damit wirklich bei den Anfängen? Ist bei diesem Ansatz nicht etwas vergessen, die Frage nämlich, wie Jesus dazu kam, aufzutreten und die Frohbotschaft zu verkündigen? Der Verkündigung des Evangeliums durch Jesus ging etwas voraus, daran ist kein Zweifel. Es fragt sich nur, ob wir dieses Erste, Tiefste historisch fassen können. Sind das nicht ἄρρητα? In der Tat, wir können hier nur mit größter Vorsicht und mit äußerster Zurückhaltung fragen. Dennoch können wir einige sehr bestimmte und klare Aussagen machen, die uns einen Anhalt geben über das, was *vor* Jesu Auftreten steht, über seine Sendung.

§ 4 Jesus und der Täufer

M. Dibelius, Die urchristliche Überlieferung von Johannes dem Täufer, Göttingen 1911. – *J. Jeremias*, Der Ursprung der Johannestaufe, in: ZNW 28, 1929, 312–320. – *E. Lohmeyer*, Das Urchristentum. 1. Buch: Johannes der Täufer, Göttingen 1932. – *W. H. Brownlee*, John the Baptist in the New Light of Ancient Scrolls, in: Interpretation 9, 1955, 71–90 = in: K. Stendahl Hg., The Scrolls and the New Testament, New York 1957 = London 1958, 33–53.252 bis 256. – *C. H. H. Scobie*, John the Baptist, London 1964. – *B. F. Meyer*, Jesus and the Remnant of Israel, in: JBL 84, 1965, 123–130. – *H. Braun*, Qumran und das Neue Testament II, *Tübingen* 1966, 1–29. – *W. Wink*, John the Baptist in the Gospel Tradition, Society for New Testament Studies Monograph Series 7, Cambridge 1968.

1. Jesu Beziehung zum Täufer

Dem Auftreten Jesu ging unmittelbar die Wirksamkeit Johannes des Täufers voran, der sich gesandt wußte, in letzter Stunde vor dem bevorstehenden Gottesgericht (Mt 3,10 par.) zur Buße zu rufen (3,8 par.) und die Bußfertigen zu taufen. Eine befriedigende religionsgeschichtliche Ableitung der Johannestaufe hat sich bisher trotz verschiedenartigster Vorschläge noch nicht gefunden. Am nächsten liegt es, an essenische Einflüsse zu denken. Schon die Nähe der Taufstätte zu Qumran legt die Annahme von Beziehungen nahe. Da der reißende Jordan eine Tauftätigkeit nur bei einer der wenigen Furten gestattet, und da Mk 1,5 (Ἰουδαία, Ἱεροσολυμῖται) auf eine Furt des Jordanunterlaufs weist, verdient die bereits mit Origines[1] einsetzende Überlieferung Zutrauen, daß Bethabara in Peräa (Joh 1,28) bei der *ḥadschla*-Furt südöstlich von Jericho gelegen habe, wo die Taufstelle noch heute gezeigt wird[2]. Von hier aus aber sind es nur zwölf Kilometer Luftlinie bis Qumran. Zur geographischen Nähe kommt hinzu, daß die Essener wie der Täufer zur Buße riefen und daß sie sich für ihren Auszug »in die Wüste« auf dieselbe Schriftstelle stützten, mit der der Täufer seine Wirksamkeit in der judäischen Steppe begründete: Jes 40,3[3]. Aber die Einmaligkeit der Johannestaufe ebenso wie ihre weitherzige Darbietung entziehen sie einer Ableitung von den ständig wiederholten Lustrationen der Leute von Qumran. Man wird daher eher für die Beantwortung der Frage, was den Täufer zu seiner Taufe veranlaßte, von dem bis in den Anfang des ersten Jahrhunderts n. Chr. zurückverfolgbaren jüdischen Lehrsatz auszugehen haben, daß Israel am Sinai durch ein Tauchbad für den Heilsempfang zugerüstet worden sei (vgl. 1 Kor 10,1f.)[4]. Da nach feststehendem apokalyptischem Denkschema die Wüstengeneration als Typus der eschatologischen Heilsgemeinde galt[5], schloß der Lehrsatz vom Tauchbad am Sinai die Erwartung in sich, daß Israel in der Endzeit wiederum durch ein Tauchbad für das Heil vorbereitet werden würde. Wenn der Täufer diese Reinigung des Gottesvolkes in der eschatologischen Stunde als seine Aufgabe ansah, so wird ihn die Weissagung des Propheten Ezechiel bestimmt haben, daß Gott am

---

1. Kommentar zu Joh 1,28 (GCS 10,149).
2. G. Dalman, Orte und Wege³, Gütersloh 1924, 97; dazu die übersichtliche Karte bei C. Kopp, Die heiligen Stätten der Evangelien, Regensburg 1959, 141.
3. 1 QS 8,12-16; 9,19f.; Mk 1,3 par. Daß die Essener die Worte »in der Wüste« zum Folgenden ziehen (»in der Wüste bahnt den Weg«), die Evangelien zum Vorhergehenden (»es ruft einer in der Wüste«), macht keinen großen Unterschied.
4. Vgl. → Jeremias, Johannestaufe, 314f.; Die Kindertaufe in den ersten vier Jahrhunderten, Göttingen 1958, 37f.
5. Billerbeck I 85. Das Neue Testament bietet zahllose Belege; vgl. W. Wiebe, Die Wüstenzeit als Typus der messianischen Heilszeit, Diss. theol. Göttingen 1939.

Ende der Tage das Gottesvolk durch ein Wasserbad reinigen werde: »Denn ich will euch aus den Heiden herausholen und euch aus allen Ländern sammeln und wieder in euer Land bringen, und *ich will reines Wasser über euch sprengen, daß ihr rein werdet*; von all eurer Unreinheit und von allen euren Götzen will ich euch reinigen ... Und ihr ... sollt mein Volk sein, und ich will euer Gott sein. Ich will euch von all eurer Unreinheit erlösen« (36,24 f. 28 f.).

Was die nähere Zweckbestimmung der Johannestaufe anlangt, so ist es fraglich, ob man sie aus Mk 1,4 par. (εἰς ἄφεσιν ἁμαρτιῶν) ablesen darf, weil diese Formulierung vom christlichen Sprachgebrauch beeinflußt sein könnte (vgl. besonders Apg 2,38!). Josephus jedenfalls bestreitet ausdrücklich, daß die Johannestaufe etwas mit Sündenvergebung zu tun gehabt habe (Ant 18, 117), und vielleicht sollte man diese Nachricht nicht so leichten Herzens beiseiteschieben, wie es vielfach geschieht. Auf jeden Fall wird man gut tun, bei der Frage nach dem Zweck der Johannestaufe von einer anderen Stelle, nämlich Mt 3,7 par. Lk 3,7 auszugehen, die zwischen den Zeilen und völlig unreflektiert eine Auskunft über die Johannestaufe an die Hand gibt. Danach sammelte der Täufer durch das Tauchbad die Bußfertigen zum eschatologischen Gottesvolk, um sie vor dem Verdammungsurteil beim Jüngsten Gericht zu bewahren.

Der Ruf des Täufers zur Umkehr und zur rettenden Taufe führte zu einer großen Buß- und Erweckungsbewegung. Von allen Seiten strömten die Mengen zur Taufstelle im menschenleeren Jordantal. Übereinstimmend berichten die vier Evangelien und die Apostelgeschichte (1,22), daß auch Jesus sich zur Taufe begab (nach dem Nazaräerevangelium zusammen mit seiner Mutter und seinen Brüdern[6]). Für die Glaubwürdigkeit dieser Nachricht spricht der doppelte Anstoß, den sie nach Ausweis der Quellen der Urkirche bot. Einerseits stieß man sich daran, daß Jesus sich dem Täufer unterordnete, indem er sich von ihm taufen ließ (Mt 3,14 f.), andererseits empfand man es als schwierig, daß Jesus sich einer Taufe »zur Vergebung der Sünden« unterzog[7]. So ärgerniserregende Nachrichten hat man nicht erfunden. Aber jetzt gabeln sich die Quellen. Nach den Synoptikern scheint es so, als ob sich die Berührung zwischen Jesus und dem Täufer auf den Moment seiner Taufe beschränkte. Nach der Darstellung des Johannesevangeliums war es anders. Joh 1,26.31 schildert uns Jesus als den Unbekannten in der großen Menge der Gefolgschaft des Täufers und berichtet dann weiter, daß Jesus selbst eine Tauftätigkeit neben dem Täufer ausgeübt habe (3,22–4,3).

---

6. Bei Hieronymus, Contra Pelag. 3,2 (E. Klostermann, Apocrypha II³, KlT 8, Berlin 1929, 6).

7. Nazaräerevangelium, bei Hieronymus, ebd.: Quid peccavi ut vadam et baptizer ab eo? Zur Sache vgl. das oben im Text zu Mk 1,4 einerseits und zu Mt 3,7 par. andererseits Gesagte: Jesus läßt sich taufen, um sich dem eschatologischen Gottesvolk anzuschließen.

Diese Nachricht kann nicht einfach mit dem Hinweis beiseitegeschoben werden, daß die Synoptiker über eine Tauftätigkeit Jesu schweigen. Vielmehr spricht eine Reihe von Erwägungen für ihre Glaubwürdigkeit. Zunächst ist die Anstößigkeit der Vorstellung zu nennen, daß Jesus neben Johannes als Täufer wirkte, sich also mit ihm auf eine Stufe stellte, so daß er als sein Rivale empfunden wurde (3,26); die Einschränkung καίτοι γε Ἰησοῦς αὐτὸς οὐκ ἐβάπτιζεν ἀλλ' οἱ μαθηταὶ αὐτοῦ (Joh 4,2), die sich sprachlich[8], stilistisch[9] und inhaltlich als Zusatz [10] zu erkennen gibt, will Jesus von diesem Odium befreien. Sodann weist der Bericht Joh 3,22–4,3 altertümliche Einzelheiten auf, so die Ortsangabe Joh 3,23, daß Johannes ἐν Αἰνὼν ἐγγὺς τοῦ Σαλίμ taufte (der Ort ist heute nicht mehr zu lokalisieren), so den erratischen Block des rätselhaften Verses 3,25, der einen Streit eines Ἰουδαῖος mit einigen Johannesjüngern anläßlich der Tauftätigkeit Jesu erwähnt, bei dem es um die Reinigung ging. Diese Einzelzüge sehen nicht nach Erfindung aus. Hinzu kommt schließlich, daß sich die sehr merkwürdige Tatsache, daß die Urgemeinde nach Ostern zu taufen begonnen hat[11], leichter versteht, wenn Jesus selbst bereits eine Tauftätigkeit ausgeübt hatte. Allerdings müßte er sie irgendwann abgebrochen haben (nur so läßt es sich erklären, daß alle vier Evangelien nichts von einer Taufwirksamkeit Jesu in der Folgezeit berichten), und es ist sehr merkwürdig, daß uns ein Grund für den Abbruch nicht genannt wird[12].

Wie dem auch sei, keinesfalls darf man sich die Beziehung Jesu zum Täufer als eine nur flüchtige vorstellen. Daß die Synoptiker die Begegnung der beiden Männer auf die Stunde der Taufe Jesu komprimieren, ist leicht verständlich. Die Tradition vermied nach Möglichkeit alles, was nach einer Gleichsetzung Jesu mit dem Täufer oder gar nach einer Unterordnung Jesu unter den Täufer aussehen konnte. Solche Nachrichten wurden übergangen oder entschärft.

2. Jesu Bekenntnis zum Täufer

Jesus hat sich mit geradezu überschwenglichen Worten zur Sendung des Täufers bekannt. Seine Taufe war »von Gott« (Mk 11,30 par.). Ἦλθεν ... ἐν ὁδῷ δικαιοσύνης (Mt 21,32), ein Biblizismus, der bedeutet: »Er brachte den rechten Weg«[13]. Er war »mehr als ein Prophet«, ein Überprophet (Mt 11,9 par. Lk 7,26), ja, er war »der größte aller Menschen« (Mt 11,11 par. Lk 7,28). Hierher gehört auch das Logion Mt 11,12f. par. Lk 16,16, zu dem ein Wort gesagt werden muß.

---

8. καίτοι und γέ (nur hier im 4. Evangelium); Fehlen des Artikels vor Ἰησοῦς.
9. Parenthese.
10. Vermutlich des Herausgebers des Evangeliums, der sich 21,24 von dessen Verfasser (ὁ γράψας) abhebt.
11. Daß schon Paulus getauft worden ist, steht auf Grund seines eigenen Zeugnisses fest (1 Kor 12,13; Röm 6,3).
12. Vermutlich war die Verhaftung des Täufers der Anlaß.
13. bo be »kommen mit«, d. h. »bringen«.

Mt 11, 12f.
ἀπὸ δὲ τῶν ἡμερῶν Ἰωάννου
τοῦ βαπτιστοῦ ἕως ἄρτι ἡ βασιλεία
τῶν οὐρανῶν βιάζεται, καὶ βιασταὶ
ἁρπάζουσιν αὐτήν.
(13) πάντες γὰρ οἱ προφῆται καὶ ὁ νόμος
ἕως Ἰωάννου ἐπροφήτευσαν.

Lk 16, 16

ὁ νόμος καὶ οἱ προφῆται
μέχρι Ἰωάννου·
ἀπὸ τότε ἡ βασιλεία τοῦ θεοῦ
εὐαγγελίζεται καὶ πᾶς εἰς αὐτὴν
βιάζεται.

Die im Text gesperrt gedruckte Wendung »bis auf Johannes« kann inkludierend oder exkludierend verstanden werden. Wenn ἕως/μέχρι[14] inkludierend gemeint ist (also: »Propheten und Gesetz weissagten bis einschließlich Johannes«), dann gehört der Täufer noch in die Zeit des alten Äons. So hat es Lukas verstanden. Denn er betont in der Apostelgeschichte immer wieder, daß die Heilszeit nach dem Tod des Täufers begann (1,5; 10,37; 13,24f.; 19,4). Die Matthäusüberlieferung hat dagegen das ἕως/μέχρι exkludierend verstanden, wie die Wendung ἀπὸ δὲ τῶν ἡμερῶν Ἰωάννου τοῦ βαπτιστοῦ (11,12) zeigt. Diese Wendung, die nicht üblicher griechischer Redeweise entspricht, ist ein Semitismus, der dadurch zustande kam, daß das Semitische kein geläufiges Wort für »Zeit« im durativen Sinn hat und sich zur Bezeichnung der Lebenszeit, Regierungsdauer, Wirksamkeit mit »die Tage des N. N.« hilft. Ἀπὸ δὲ τῶν ἡμερῶν Ἰωάννου bedeutet also »seit dem Wirken des Täufers«. Das heißt: Das Neue ist seit der Wirksamkeit des Täufers schon am Werk. Je nachdem, ob ἕως/μέχρι ein- oder ausschließend verstanden wird, haben wir eine verschiedene Bewertung des Täufers, ja eine verschiedene Schau der Heilsgeschichte vor uns. Nach Lukas (der μέχρι inkludierend versteht) gehört der Täufer noch zur Zeit des Gesetzes und der Propheten, erst mit Jesus beginnt die Heilszeit. Nach Matthäus (der ἕως exkludierend versteht) gehört der Täufer schon zum neuen Äon bzw. leitet er eine Zwischenzeit ein, die den Auftakt zum neuen Äon bildet.

Die schwierigere Aussage ist fraglos die Sicht des Täufers als Inaugurator des neuen Äons. Die Urkirche hatte die begreifliche Tendenz, die Unterordnung des Täufers unter Jesus zu betonen. Seine Nebenordnung neben Jesus ist stets Zeichen alter Überlieferung. Matthäus, dessen Text sich auch aus anderen Gründen als der ältere erweist[15], bietet also das Richtige: die Zeit der Weissagung reichte nur bis zum Auftreten des Täufers. Mit ihm begann bereits die Erfüllung. Für diese Exegese spricht auch Mt 11,9 par. Lk 7,26, wo Jesus den Täufer als Propheten bezeichnet; wir werden noch sehen[16], daß der Geistbesitz, der den Propheten kennzeichnet, den Anbruch der Heilszeit signalisiert.

Das ist die erstaunlichste Äußerung Jesu über den Täufer: Er hat die Heilszeit eingeleitet. Alle die Worte, die eine so große Hochschätzung des Täufers verraten, sind sicher authentisch. Die Urkirche, die in Konkurrenz zur Täufergemeinde stand, hat derartiges nicht erfunden.

14. Übersetzungsvariante.
15. Lukas (16,16) hat den synonymen Parallelismus βιάζεται/βιασταί (Mt 11,12) mit Hilfe der lukanischen Vorzugswendung ἡ βασιλεία τοῦ θεοῦ εὐαγγελίζεται beseitigt und die korrekte Reihenfolge νόμος– προφῆται hergestellt.
16. S. u. S. 86ff.

3. Jesus unter dem Einfluß des Täufers

Jesus hat vielfältig an den Täufer angeknüpft. Nach Joh 1,35-39 hat Jesus seine ersten Jünger von Johannes übernommen. Wenn auch die johanneische Schilderung der Berufung der ersten Jünger völlig von der synoptischen (Mk 1,16-20) abweicht, so hat die Nachricht, daß die ersten Jünger Jesu zuvor Täuferanhänger waren, doch große innere Wahrscheinlichkeit für sich, zumal Entsprechendes von der Apostelgeschichte im Bericht über die Wiederherstellung des Zwölferkreises (1,21 f.) vorausgesetzt wird.

Auch in der Art des Auftretens schließt sich Jesus an den Täufer an. Wie dieser predigt auch Jesus, anders als die Schriftgelehrten seiner Zeit, im Freien und wie der Täufer gibt er seinen Jüngern ein Gebet, das sie als Jüngerkreis kennzeichnen und zusammenschließen sollte (Lk 11,1-4)[17]. Vor allem aber knüpft Jesus inhaltlich an die Verkündigung des Täufers an. Wie dieser ruft auch Jesus zur Buße (Mt 3,8 par./Lk 13,1-9 u. ö.), wobei er, wie der Täufer, diesem Bußruf dadurch Dringlichkeit und Unerbittlichkeit gibt, daß er jedes Vertrauen auf die Prärogative Israels zerstört und das nahe bevorstehende Gottesgericht als ein Gericht nicht über die Heiden, sondern über Israel ansagt (Mt 3,7 par./12,41 f. par.). Wie der Täufer geht er in der Ablehnung jeder national-politischen Erwartung so weit, daß er androht, daß Gott die herzuströmenden Heiden an Israels Stelle treten lassen werde, wenn Israel die Buße verweigert (Mt 3,9 par./8,11 f.). Von besonderer Wichtigkeit ist, daß berichtet wird, schon der Täufer habe die Selbstgerechten abgewiesen (Mt 3,7-10 par./Mt 23 par.) und die notorischen Sünder zugelassen (Lk 3,12/Mk 2,16). Er sammelte den heiligen Rest, aber nicht, wie die Pharisäer und Essener, einen separatistischen Rest, sondern einen offenen Rest (»open remnant«)[18], den er, glaubwürdig klingenden Nachrichten zufolge, auch bußwilligen Zöllnern, Polizisten[19] und Dirnen öffnete (Lk 3,12-14; 7,29; Mt 21,32), also Menschen, die die Synagoge, die pharisäischen Konventikel ebenso wie Qumran abgeschrieben hatten[20].

---

17. J. Jeremias, Das Vaterunser im Lichte der neueren Forschung, Calwer Hefte 50, Stuttgart 1962, ⁴1967, 16 = Jeremias, Abba, 161. S. u. S. 167.

18. →Meyer, 123-130.

19. Daß mit den στρατευόμενοι Lk 3,14 (im Unterschied zu den στρατιῶται) die die Steuereinnehmer begleitenden Gendarmen gemeint sind, hat P. Joüon, L'Évangile de Notre-Seigneur Jésus-Christ, Verbum Salutis 5, Paris 1930, 310f. zu Recht aus den Mahnungen V. 14b erschlossen. Es handelt sich also um Juden.

20. Zur Frage der Glaubwürdigkeit vgl. H. Sahlin, Die Früchte der Umkehr, in: Studia Theologica 1, 1947, 54-68. Man beachte auch die völlig verschiedene Orientierung der beiden Zöllnerberichte Lk 3,12f. und 19,1-10: die Täuferperikope konfrontiert die Zöllner mit der Forderung Gottes; die Zachäusperikope schildert die Reaktion des Zöllners auf die ihn überwältigende Erfahrung der Güte Jesu.

Haben wir mit alledem vielleicht den entscheidenden Antrieb für das Auftreten Jesu gefunden – Jesus führt das Werk des ermordeten Gottesboten fort? Die Antwort lautet: Nein. Denn so vieles Jesus mit Johannes gemeinsam hat und so gewiß er im Täufer das Zwischenglied zwischen altem und neuem Äon sah – es besteht ein grundlegender Unterschied zwischen dem Täufer und ihm, den die Menschen der Zeit nach Mt 11,18 f. par. Lk 7,33 f. sehr deutlich empfunden haben: Johannes ist *Asket*, Jesus ist *weltoffen*. Johannes verkündet: das *Gericht* steht vor der Tür, kehrt um! Jesus verkündet: die *Königsherrschaft Gottes* ist im Anbruch, kommt herzu, ihr Mühseligen und Beladenen[21]. Der Täufer bleibt im Rahmen der *Erwartung*, Jesus beansprucht, die *Erfüllung* zu bringen. Der Täufer gehört noch in den Bereich des *Gesetzes*, mit Jesus beginnt das *Evangelium*[22]. Darum ist der Kleinste in der Basileia größer als Johannes (Mt 11,11 b par. Lk 7,28 b).

Das ist die Kluft, die beide Männer bei aller Verwandtschaft trennte und die zur Folge hatte, daß die von beiden entfachten Bewegungen als Rivalen nebeneinander herliefen. Diese Kluft schließt es aus, in der Wirksamkeit des Täufers den entscheidenden Anstoß für Jesu Auftreten zu erblicken.

§ 5 Die Berufung Jesu

A. von Harnack, Zur Textkritik und Christologie der Schriften des Johannes. Zugleich ein Beitrag zur Würdigung der ältesten lateinischen Überlieferung und der Vulgata, in: Sitzungsberichte der Preußischen Akademie 1915, 534–573 = in: A. von Harnack, Studien zur Geschichte des Neuen Testaments und der Alten Kirche I, AKG 19, Berlin-Leipzig 1931, 105 bis 152. – *H. Sahlin*, Studien zum dritten Kapitel des Lukasevangeliums, Uppsala Universitets Aarsskrift 1949, 2, Uppsala-Leipzig 1949. – *A. Vögtle*, Exegetische Erwägungen über das Wissen und Selbstbewußtsein Jesu, in: Gott in Welt. Festgabe für Karl Rahner, Bd. I, Freiburg-Basel-Wien 1964, 608–667.

Als Jesus sich der Johannestaufe unterzog, um sich dem eschatologischen Gottesvolk einzugliedern, das der Täufer sammelte[1], erlebte er seine Berufung.

1. Die Quellen

Die Taufe Jesu wird uns in fünffacher Überlieferung berichtet; erstens Mk 1,9 bis 11 und davon abhängig Mt 3,13–17, zweitens in verwandter, aber höchst-

---

21. Richtig erkannt in der von Justin, Dial. 51,2 f. wiedergegebenen Überlieferung: Ἰωάννης ... βοῶν τοῖς ἀνθρώποις μετανοεῖν, καὶ Χριστὸς ... ἔπαυσέ τε αὐτὸν ... λέγων ὅτι ἐγγύς ἐστιν ἡ βασιλεία τῶν οὐρανῶν.
22. Vgl. weiter S. 173.
1. S. o. S. 51 f.

wahrscheinlich literarisch selbständiger Überlieferung Lk 3,21f.[2], drittens als Schilderung seitens des Täufers Joh 1,32–34, viertens in sekundärer, aber eigenständiger Darstellung in »dem Evangelium, das, in hebräischer Sprache verfaßt, die Nazaräer lesen«[3]. Mit diesen Schilderungen berühren sich fünftens zwei Stellen der Testamente der zwölf Patriarchen, die höchstwahrscheinlich alte judenchristliche Traditionen über Jesu Taufe benutzen. Die erste findet sich TestLevi 18,6f. Dort wird die Berufung des messianischen Hohenpriesters der Endzeit mit folgenden Worten geschildert: »Die Himmel werden sich öffnen, und aus dem Tempel der Herrlichkeit wird über ihn kommen Heiligkeit mit väterlicher Stimme wie von Abraham, dem Vater Isaaks. Und die Herrlichkeit des Höchsten wird über ihm ausgesprochen werden, und der Geist des Verstandes und der Heiligung wird auf ihm ruhen in dem Wasser.« Ähnlich heißt es TestJuda 24,2f. vom Messias: »Und die Himmel werden sich über ihm öffnen, Geist als Segen des heiligen Vaters auszugießen, und er selbst wird ausgießen Geist der Gnade auf euch. Und ihr werdet ihm Söhne sein in Wahrheit[4].«

Sämtliche Texte stimmen darin überein, daß sie zweierlei berichten: die Herabkunft des Geistes und mit ihr verbunden eine Proklamation[5].

2. Im Lukasevangelium gehört der Bericht über die Taufe Jesu zu dem von Markus unabhängigen Block 1,1–4,30, s. o. S. 47, Anm. 11.

3. Bei Hieronymus, Comm. in Is. 11,2 (E. Klostermann, Apocrypha II³, KlT 8, Berlin 1929, 6): Factum est autem, cum ascendisset dominus de aqua, descendit fons omnis spiritus sancti et requievit super eum et dixit illi: Fili mi, in omnibus prophetis expectabam te, ut venires et requiescerem in te. Tu es enim requies mea, tu es filius meus primogenitus, qui regnas in sempiternum. Dagegen ist die Darstellung im Ebionitenevangelium (bei Epiphanius, Haer. XXX 13,7f. [GCS 25,350f.; Hennecke-Schneemelcher I³, 103]) ein wertloses Konglomerat aus den drei Synoptikern.

4. Auf die neuere Diskussion über Alter und Herkunft der Testamente braucht hier nicht eingegangen zu werden. So viel ist sicher, daß sie neben jüdischen (darunter qumranischen) auch judenchristliche Traditionen enthalten und daß sie ihre Endredaktion zu ihrer heutigen Gestalt im griechischen Sprachbereich gefunden haben. Daß die beiden zitierten Stellen judenchristlich beeinflußt sind, wird durch die mannigfachen Anklänge an das Neue Testament, die sich im Kontext fortsetzen, wahrscheinlich gemacht. Was die Wiederherstellung des sehr zerschriebenen Textes der Testamente angeht, so ist gegen die (wegen ihrer vollständigen Materialdarbietung bis jetzt nicht überholte) Ausgabe von R. H. Charles, The Greek Versions of the Testaments of the Twelve Patriarchs, Oxford 1908 = Hildesheim/Darmstadt 1960, nicht die Handschriftengruppe α, sondern β (Hauptzeuge: b) der beste Überlieferungsstrang. Doch sind die Abweichungen der Handschriften in den beiden zitierten Stellen gering. Vgl. M. de Jonge, Testamenta XII Patriarcharum edited according to Cambridge University Library MS Ff 1.24 fol. 203a–262b, Pseudepigrapha Veteris Testamenti Graece 1, Leiden 1964, und dazu die Rezension von Chr. Burchard, Revue de Qumran 5, 1964–66, 281–284.

5. In TestJuda 24,2f. verbirgt sich die Proklamation hinter dem Satz: »Ihr werdet ihm Söhne sein in Wahrheit«.

2. Die Taufe Jesu

Die landläufige Vorstellung denkt sich die Taufe Jesu so, daß er vor dem Täufer steht und dieser mit der Hand oder aus einer Schale Wasser über Jesu Haupt gießt. Diese Vorstellung ist schwerlich zutreffend. Was zunächst den Taufritus anlangt, so entspricht dem griechischen Passiv βαπτισθῆναι (Mk 1,9 par. Mt 3,16; Lk 3,21) im Aramäischen das intransitive Aktiv Qal *ṭebal*, das nicht »getauft werden«, sondern »das Tauchbad vornehmen«, »sich untertauchen« bedeutet[6]. Ἐβαπτίσθη Mk 1,9 geht also auf eine Überlieferung zurück, die besagte, daß Jesus »sich untertauchte«. Diese Vorstellung liegt auch Lk 3,7 *D it* vor, wo es heißt, daß die Täuflinge sich ἐνώπιον αὐτοῦ »in Gegenwart« des Täufers untertauchten. Wie bei der Proselytentaufe hatte danach der Täufer die Funktion des Zeugen. Unberechtigt ist es sodann auch, sich die Taufe Jesu als einen Akt vorzustellen, der sich unter vier Augen zwischen ihm und Johannes abspielte. Vielmehr wird Lukas (ἐγένετο δὲ ἐν τῷ βαπτισθῆναι ἅπαντα τὸν λαὸν καὶ Ἰησοῦ βαπτισθέντος 3,21) recht haben, wenn er uns die Taufe Jesu als Beteiligung an einer Kollektivtaufe schildert[7]. Als einer, der sich nicht von den Mittäuflingen unterscheidet (Joh 1,26.31), steht Jesus mitten unter dem Volk, das sich auf ein Zeichen oder einen Zuruf des Täufers im Jordan untertaucht.

Bei der Taufe Jesu, so hören wir, *kam der Geist Gottes auf ihn herab*. In dieser Aussage sind sich alle Berichte einig. Alle über sie hinausgehenden Einzelzüge dürften Ausgestaltungen sein.

Wenn Lukas (nur er) erwähnt, daß Jesus bei der Taufe gebetet habe (3,22), so könnte hier der urchristliche Taufritus Pate gestanden haben. Wenn die Synoptiker und die Test. XII der Herabkunft des Geistes ein Sichöffnen des Himmels vorhergehen lassen und wenn spätere Überlieferungen von einem Aufstrahlen von Licht[8] oder Feuer[9] reden, so sind das veranschaulichende Verdeutlichungen: Gott öffnet die verschlossene Himmelstür, um seine Herrlichkeit zu offenbaren. Einen Versuch der Verdeutlichung stellt auch die Wendung »wie eine Taube« (Mk 1,10 par.) dar. Sie ist deshalb sehr merkwürdig, weil der Vergleich des Geistes mit einer Taube dem antiken Judentum völlig unbekannt ist[10]. Man hat daher die seltsamsten religionsgeschichtlichen Parallelen zur Erklärung herangezogen[11]. Alle diese Theorien setzen

---

6. J. Wellhausen, Das Evangelium Marci², Berlin 1909, 4;→Sahlin, 130–133.
7. →Sahlin, 62.
8. Ebionitenevangelium, bei Epiphanius, Haer. XXX 13,7 (GCS 25,351; Hennecke-Schneemelcher I³, 103); weitere Belege nennt W. Bauer, Das Leben Jesu im Zeitalter der neutestamentlichen Apokryphen, Tübingen 1909 (= Darmstadt 1967), 134–137.
9. Justin, Dial. 88,3.
10. Billerbeck I 125.
11. Da im Märchen die Königswahl gelegentlich durch einen Vogel entschieden wird, der unter den Anwärtern den richtigen auswählt, soll die Taube die Wahl Jesu zum König vollziehen. Oder: da die Taube das heilige Tier der Ischtar und der Atargatis ist, soll die

voraus, daß der Geist als Taube vorgestellt sei. In Wirklichkeit handelt es sich jedoch bei dem ὡς περιστερά (Mk 1,10) ursprünglich um einen ganz schlichten Vergleich, wie er z. B. auch Lk 22,44 vorliegt: καὶ ἐγένετο ὁ ἱδρὼς αὐτοῦ ὡσεὶ θρόμβοι αἵματος καταβαίνοντες ἐπὶ τὴν γῆν. Das besagt ja doch nicht, daß Jesu Schweiß sich in Blut verwandelte, sondern daß er so intensiv hervorbrach, daß er, Blutstropfen gleich, in rascher Folge zur Erde fiel. Ebenso heißt ὡς περιστερά ursprünglich nicht, daß der Geist sich in eine Taube verwandelte oder in Taubengestalt erschien, sondern daß er sanft rauschend »wie eine Taube« herabglitt. Erst sekundär (am deutlichsten Lk 3,22 σωματικῷ εἴδει) ist eine Gleichsetzung von Geist und Taube erfolgt, im Zuge einer auch sonst zu beobachtenden Materialisierung der Pneumavorstellung auf hellenistischem Gebiet. Ausgestaltung wird schließlich auch vorliegen, wenn das vierte Evangelium (1,32) und das Nazaräerevangelium die einmalige Bedeutung der Stunde dadurch hervorheben, daß sie, Jes 11,2 aufnehmend, betonen, der Geist sei auf Jesus »geblieben« (ἔμεινεν ἐπ' αὐτόν, requievit)[12], was das Nazaräerevangelium (s. Anm. 3) zusätzlich durch das Motiv des ruhelosen Gottesgeistes verdeutlicht, der in einem Propheten nach dem anderen vergeblich eine Ruhestätte suchte, bis er sie in Jesus fand: *tu es enim requies mea*.

Geistmitteilung bedeutet im antiken Judentum fast immer prophetische Inspiration[13], das Ergriffenwerden eines Menschen durch Gott, der ihn zu seinem Boten und Prediger bevollmächtigt und durch ihn redet. Wenn es heißt, daß der Geist auf Jesus herabkommt, so besagt das somit, daß Jesus zu Gottes Boten berufen wird. Doch unterscheidet sich, wie wir noch sehen werden[14], die Berufung Jesu grundlegend von den Berufungen der alttestamentlichen Propheten durch die Wiederkehr des erloschenen Geistes, die dem Ereignis eschatologischen Charakter verleiht.

Besonders deutlich kommt die eschatologische Bedeutung der Taufe Jesu an den beiden o. S. 57 zitierten Stellen aus den Testamenten der zwölf Patriarchen zum Ausdruck: die Öffnung der Himmel, die Offenbarung der Heiligkeit aus dem Tempel der Herrlichkeit, die väterliche himmlische Stimme, die Ausrufung der Herrlichkeit Gottes, die Ausgießung und das »Ruhen« des herabkommenden Geistes der Gnade, des Verstandes und der Heilung sowie die Verleihung der Kindschaft – das ist eine vielfältige Umschreibung für die Fülle der eschatologischen Gaben Gottes und den Anbruch der Heilszeit.

Die zweite Aussage, in der sich sämtliche Berichte einig sind, besagt, daß auf die Herabkunft des Geistes eine *Proklamation* folgte. In den Einzelheiten

---

Göttin durch ihr heiliges Tier einen Menschen zu ihrem Sohn (Mk 1,11 par. υἱός) oder zu ihrem Geliebten (Mk 1,11 par. ἀγαπητός) erwählen. Zu diesen phantasiereichen Kombinationen hat Bultmann, syn. Trad., 264–266, das Nötige gesagt. Aber er selbst muß zur Erklärung der Taube auf Persien zurückgreifen, wo für die den König erfüllende Gotteskraft die Taubengestalt bezeugt sei (S. 266), weil auch er Geist und Taube gleichsetzt.

12. Vgl. auch TestLevi 18,7: »Der Geist des Verstandes und der Heilung wird auf ihm ruhen«.
13. Billerbeck II 127–138.   14. S. u. S. 86ff

gehen jedoch hier die Berichte auseinander. So geht nach den Synoptikern die Proklamation von einer himmlischen Stimme aus, nach dem Nazaräerevangelium (s. Anm. 3) vom Geist, nach dem vierten Evangelium vom Täufer. Nach Markus, Lukas und dem Nazaräerevangelium ist sie in der Anredeform gehalten und an Jesus gerichtet, nach Matthäus wendet sie sich an den Täufer, nach dem vierten Evangelium an die Öffentlichkeit. Der wichtigste Unterschied betrifft jedoch den Wortlaut der Proklamation, genauer ihren Schriftbezug.

Bei den Synoptikern (Mk 1,11; Mt 3,17; Lk 3,22: σὺ εἶ [Mt: οὗτός ἐστιν] ὁ υἱός μου ὁ ἀγαπητός, ἐν σοὶ [Mt: ᾧ] εὐδόκησα) scheinen wir ein Mischzitat aus Ps 2,7 (»*Du bist mein Sohn*, heute habe ich dich gezeugt«) und Jes 42,1 (»Siehe, mein Knecht, den ich halte, mein Erwählter, *an dem ich Wohlgefallen habe*«) vor uns zu haben[15]. Bei Johannes (1,34) schwankt der Wortlaut in den Handschriften zwischen: οὗτός ἐστιν ὁ υἱὸς τοῦ θεοῦ[16] und: οὗτός ἐστιν ὁ ἐκλεκτὸς τοῦ θεοῦ[17]. Die an zweiter Stelle genannte Lesart ist zwar erheblich schwächer bezeugt, wird jedoch sowohl in Ägypten wie im Westen und in Syrien von sehr frühen (p⁵ᵛⁱᵈsa ℵ*) bzw. den ältesten *(a b e ff²* sy^sin cur) Zeugen vertreten. Gibt schon ihr Alter der Lesart οὗτός ἐστιν ὁ ἐκλεκτὸς τοῦ θεοῦ starkes Gewicht, so noch mehr ihre inhaltliche Schwierigkeit. Einerseits ist der Titel »der Auserwählte Gottes« im vierten Evangelium singulär, was zur Angleichung an die synoptische Taufstimme (ὁ υἱός μου) verleiten mußte, andererseits gilt schon Justin[18] die Vorstellung, Jesus sei ein Mensch, der zum Messias »erwählt« wurde, als ebionitischer Irrtum, was Anlaß zum Ausmerzen des anstößigen ἐκλεκτός gegeben hat. Falls die schwierigere Lesart οὗτός ἐστιν ὁ ἐκλεκτὸς τοῦ θεοῦ die ältere sein sollte[19], dann hätte die Proklamation bei der Taufe Jesu nach dem Johannesevangelium *ausschließlich auf Jes 42,1* Bezug genommen. Möglicherweise gilt das aber auch schon für die synoptische Taufstimme. Dieser Schluß legt sich nahe, wenn man ihren Wortlaut mit Jes 42,1 vergleicht[20]:

Mk 1,11 = Lk 3,22	Jes 42,1 nach Mt 12,18	Jes 42,1 nach Θ (Q sy^h)
σὺ εἶ (Mt: οὗτός ἐστιν)	(1) ἰδού	(1) ἰδού
ὁ υἱός μου	ὁ παῖς μου	ὁ παῖς μου
	ὃν ᾑρέτισα	ἀντιλήψομαι αὐτοῦ
ὁ ἀγαπητός	ὁ ἀγαπητός μου	ὁ ἐκλεκτός μου
ἐν σοὶ (Mt: ᾧ) εὐδόκησα	ὃν εὐδόκησεν ἡ ψυχή μου	ὃν εὐδόκησεν ἡ ψυχή μου
(10: τὸ πνεῦμα καταβαῖνον)	θήσω τὸ πνεῦμά μου ἐπ' αὐτόν	(nicht erhalten)

15. Der westliche Text von Lk 3,22 (D it Just Cl Or Hil) υἱός μου εἶ σύ, ἐγὼ σήμερον γεγέννηκά σε ist eine sekundäre Angleichung an den Schriftwortlaut von Ps 2,7 LXX (vgl. die Angleichung des westlichen Textes von Mk 15,34 D par. Mt 27,46 D an Ps 22,2 hebr.) und hat daher außer Betracht zu bleiben.

16. P⁶⁶ ⁷⁵ und die meisten Handschriften.

17. P⁵ᵛⁱᵈ ℵ 77 218 b e ff²* sy^sin cur Ambr.; vgl. ὁ ἐκλεκτὸς υἱός sa a ff²ᶜ (sy^pal).

18. Dial. 48,3; 49,1.

19. So mit Entschiedenheit →von Harnack, 552–556 = 127–132.

20. Da Jes 42,1 LXX mehrfach vom hebräischen Text abweicht, ist die von Mt 12,18 und die von Theodotion gebotene Übersetzung von Jes 42,1 zum Vergleich gewählt.

Die drei Texte stimmen weitgehend überein; die einzige Differenz von Gewicht ist: ὁ υἱός μου/ ὁ παῖς μου. Da παῖς doppeldeutig ist (a. Knecht, b. Sohn) und da die Bezeichnung Jesu als ὁ παῖς θεοῦ auf hellenistischem Gebiet früh gemieden worden ist[21], liegt die Vermutung nahe, daß das ὁ υἱός μου der Taufstimme die christologische Überhöhung eines ursprünglichen ὁ παῖς μου darstellt, die Markus schon vorgefunden hätte.

Man wird also mit der Möglichkeit zu rechnen haben, daß die synoptische Taufstimme nicht ein Mischzitat aus Ps 2,7 und Jes 42,1 ist, sondern sich, ebenso wie vielleicht Joh 1,34, auf Jes 42,1 beschränkt[22]. Die Vermutung, daß die Proklamation sich auf Jes 42,1 und nur auf diese Stelle bezieht, erhält eine gewichtige Stütze, wenn man auf den Fortgang von Jes 42,1 achtet. Dort folgt unmittelbar (vgl. Mt 12,18): θήσω τὸ πνεῦμά μου ἐπ᾽ αὐτόν. Mit diesem Satz werden wir direkt in die Situation der Taufgeschichte geführt. Man muß sich daran erinnern, daß es im antiken Judentum, wo man große Teile der Schrift auswendig kannte, weithin gebräuchlich war, nur den Anfang einer Stelle zu zitieren, auch wenn man ihren Fortgang im Auge hatte[23]. Ein solcher Fall einer verkürzten Zitierung dürfte bei der Himmelsstimme Mk 1,11/Lk 3,22 vorliegen. Der eigentlich entscheidende Satz aus Jes 42,1 ist nicht mehr mitzitiert: θήσω τὸ πνεῦμά μου ἐπ᾽ αὐτόν. Die Proklamation besagt also höchstwahrscheinlich: Was Jes 42,1 verheißen ist, daß Gott auf seinen Knecht seinen Geist legen werde, das hat sich soeben erfüllt.

Deutet aber die Proklamation die Herabkunft des Geistes als Erfüllung von Jes 42,1, so hat das weitgehende Konsequenzen für das Verständnis der Geschichte von der Taufe Jesu. Zunächst zeigt sich, daß der ganze Akzent auf dem Ereignis der Geistmitteilung liegt: die Deutung hat nur dienende Funktion. Sodann wird deutlich, daß die Proklamation ursprünglich mit Königsinthronisation oder mit Adoptionsriten und ähnlichem nichts zu tun hat; nicht in den Bereich der Messias-König-Vorstellungen führt sie uns, sondern in den der Schriftaussagen über den Gottesknecht.

3. Die Bedeutung des Tauferlebnisses Jesu

Daß kein Grund besteht, an der Geschichtlichkeit der Taufe Jesu zu zweifeln, haben wir o. S. 52 gesehen. Auch die Nachricht, daß Jesus bei der Taufe ein für sein Auftreten bestimmendes Erlebnis hatte, hat alle Wahrscheinlichkeit für sich. Dafür spricht, daß Jesus dem Täufer nahesteht und sich dennoch grundlegend von ihm unterscheidet. Das setzt voraus, daß irgendein Ereignis

---

21. J. Jeremias, παῖς θεοῦ, C–D, ThW V, 1954, 699–703, überarbeitet in: παῖς (θεοῦ) im Neuen Testament, in: Abba, 192–198.

22. »Die Himmelsstimme dürfte also von Haus aus mit Ps 2,7 nichts zu tun haben«, urteilt auf Grund anderer Überlegungen → Vögtle, 660f. Weitere Vertreter dieser Ansicht seit Dalman, Worte Jesu, 227, s. bei J. Jeremias, παῖς (θεοῦ) im Neuen Testament, in: Abba, 193 Anm. 350, und bei I. H. Marshall, Son of God or Servant of Yahweh? – A Reconsideration of Mark I. 11, NTS 15 (1968/9), 327 Anm. 3. Zuletzt: Flusser, Jesus, 28.

23. Neutestamentliches Beispiel: Röm 3,4b.

eine Kluft zwischen beiden Männern aufgerissen hat. Die Taufberichte besagen, daß sich dieses Ereignis bei der Taufe Jesu zutrug.

Versuchen wir, das Tauferlebnis Jesu zu präzisieren, so werden wir sagen dürfen: Jesus weiß sich bei der Taufe vom Geist ergriffen. Gott nimmt ihn in seinen Dienst, rüstet ihn aus und bevollmächtigt ihn zu seinem Boten und zum Bringer der Heilszeit. Bei seiner Taufe erfuhr Jesus seine Berufung.

Nach Jes 42,1 sollte der Empfang des Geistes dem Erwählten Gottes, seinem Knecht, zuteil werden. Nichts schließt die Möglichkeit aus, daß der Gedanke an diese Schriftstelle, wie ihn die Proklamation zum Ausdruck bringt, schon Jesus gegenwärtig war und daß er sich seit der Taufe als der von Jesaja verheißene Knecht Gottes wußte. Wir werden hierauf in § 24 zurückzukommen haben.

Fest steht jedenfalls, daß Jesus der Stunde seiner Taufe höchste Bedeutung zugemessen hat. Das zeigt die rätselhafte und schon darum alte Perikope Mk 11,27–33 par. Jesus wird gefragt, woher er seine Vollmacht habe. Wenn er mit der Gegenfrage antwortet, ob die Johannestaufe von Gott war oder nicht (V. 30), so ist das schwerlich ein Ausweichen, ein Schachzug, mit dem Jesus einer direkten Antwort zu entgehen sucht. Ist aber Jesu Gegenfrage ernst gemeint[24], so besagt sie: meine Vollmacht beruht auf der Johannestaufe, und das wiederum wird konkret besagen: meine Vollmacht beruht auf dem, was sich bei meiner Taufe durch Johannes ereignete.

Wir fragten nach dem Ausgangspunkt für unsere Darstellung der Botschaft Jesu. Hier ist er: die Berufung, die Jesus bei der Taufe durch Johannes erlebte.

Aber wir können vielleicht noch mehr sagen.

§ 6 Die Übergabe der Offenbarung

Dalman, Worte Jesu². – *W. L. Knox*, Some Hellenistic Elements in Primitive Christianity. Schweich Lectures 1942, London 1944. – *F. Hahn*, Christologische Hoheitstitel, FRLANT 83, Göttingen 1963, ²1964, 319–333. – *Jeremias*, Abba, 47–54 (an diese Ausführungen schließt sich das Folgende eng an). – Weitere Literatur bei *G. Schrenk* – *G. Quell*, πατήρ κτλ., ThW V, 1954, 946–1016: 993 f.

Eine zweite Stelle, die uns etwas von dem erahnen läßt, was dem Auftreten Jesu vorausging, ist Mt 11,27 (par. Lk 10,22):

πάντα μοι παρεδόθη ὑπὸ τοῦ πατρός μου
καὶ οὐδεὶς ἐπιγινώσκει τὸν υἱὸν εἰ μὴ ὁ πατήρ,
οὐδὲ τὸν πατέρα τις ἐπιγινώσκει εἰ μὴ ὁ υἱὸς
καὶ ᾧ ἐὰν βούληται ὁ υἱὸς ἀποκαλύψαι.

24. E. Lohmeyer, Das Evangelium des Markus, MeyerK 1,2, Göttingen 1937 = ¹⁷1967, 242.

1. Mt 11,27 (par. Lk 10,22), ein johanneisch-hellenistisches Offenbarungswort?

Der Jenenser Kirchengeschichtler K. v. Hase hat im Blick auf dieses Logion den berühmten Ausspruch getan, dieses synoptische Logion mache »den Eindruck wie ein Aerolith, aus dem johanneischen Himmel gefallen«[1]. Johanneisch erschienen vor allem a) das wechselseitige Erkennen, das als ein terminus technicus hellenistischer Mystik empfunden wurde und b) die Selbstbezeichnung Jesu mit dem absolut gebrauchten ὁ υἱός, die für die johanneische Christologie kennzeichnend ist[2], während sie sich vor Johannes nur ganz vereinzelt findet[3].

Diese Einwände sind ständig wiederholt worden. Lange Zeit galt es als ausgemacht, daß Mt 11,27 par. eine späte Bildung der hellenistischen Gemeinde sein müsse. In den vier letzten Jahrzehnten ist diese Kritik jedoch rückläufig geworden[4].

In der Tat verbietet sich die Kennzeichnung unseres Logions als »spezifisch hellenistisches Offenbarungswort«[5] angesichts des ausgesprochen semitisierenden Charakters sowohl seines Vokabulars als auch seines Stils. Was die *Vokabeln* anlangt, so ist das ungriechische οὐδείς/ εἰ μή bzw. οὐδέ/εἰ μή Wiedergabe von *lēʾ/ʾellā*, das im Aramäischen zur Umschreibung von »nur« dient; ἀποκαλύπτειν in der Bedeutung »offenbaren« ist ebenfalls ungriechisch[6]; nur in der Konstruktion παρεδόθη ὑπό meldet sich eine Gräzisierung zu Wort[7]. Hinsichtlich des *Stils* ist zunächst auf die Struktur von Mt 11,27 par. zu verweisen: wir haben einen Vierzeiler vor uns, dessen Aufbau in Mt 11,25 f. par. seine genaue Analogie hat: Zeile 1 gibt das Thema; Zeile 2 und 3 erläutern es durch parallele Sätze (wobei in beiden Vierzeilern die zweite Zeile trotz formaler Parataxe der dritten subordiniert ist); Zeile 4 bringt den betonten Abschluß. Hinzu kommt für Mt 11,27 par. das Asyndeton am Anfang, die für griechisches Empfinden unschöne (daher von Lukas beseitigte) Wiederholung des Verbums der 2. in der 3. Zeile und der Ersatz des dem Semitischen fehlenden Reziprokpronomens durch den synthetischen Parallelismus der Zeilen 2 und 3 (s. u.).

Der sprachlich-stilistische Befund weist unser Logion also eindeutig dem semitischen Sprachbereich zu. Vom Sprachlichen her erweisen sich auch die

---

1. Die Geschichte Jesu², Leipzig 1876, 422. 2. Evangelium 15mal, Briefe 8mal.
3. Zuerst bei Paulus, aber nur ein einziges Mal (1 Kor 15,28), dann nur noch Mk 13,32 par. Mt 24,36, in der Taufformel Mt 28,19 und Hebr 1,8.
4. Es sind vor allem englische Forscher, die hier Einspruch erhoben haben: Manson, Sayings², 79: »The passage is full of Semitic turns of phrase, and certainly Palestinian in origin«; Teaching², 109–112; →Knox,7 »If we reject it, it must be on the grounds of our general attitude to the person of Jesus, not on the ground that its form or language are)hellenistic(in any intelligible sense.«
5. Bultmann, syn. Trad., 172.
6. A. Oepke, καλύπτω κτλ., ThW III, 1938, 558–597: 568,19f.
7. Dalman, Worte Jesu, 232 Anm. 2.

beiden eingangs genannten Argumente für seine angebliche hellenistisch-johanneische Herkunft (das »mystische« Erkennen und der titulare Gebrauch von ὁ υἱός) als nicht durchschlagend.

Was zunächst das »mystische« Erkennnen anlangt, so finden sich zwar in der hellenistischen Mystik verwandte Aussagen zur Gegenüberstellung von zweifachem aktivischem (ἐπι) γινώσκειν, aber eine exakte Parallele ist bislang noch nicht nachgewiesen worden. Wohl aber findet sich eine solche im jüdischen Bereich:

αὐτὸς οὐ γινώσκει με
καὶ ἐγὼ οὐ γινώσκω αὐτόν[8].

Dieser Satz steht in einem ganz profanen Zusammenhang: Tobias soll eine von seinem Vater hinterlegte Geldsumme zurückfordern und erklärt den Auftrag für undurchführbar, da doch die Treuhänder und er selbst sich nicht kennen. Der zitierte Satz ist dementsprechend mit »wir kennen einander nicht« zu übersetzen. Die für unser Empfinden außerordentlich umständliche Redeweise: »Er kennt mich nicht und ich kenne ihn nicht« zum Ausdruck der Reziprozität ist im Semitischen idiomatisch – aus dem einfachen Grunde, weil das Semitische kein reziprokes Pronomen (»einander«, »gegenseitig«) besitzt. Wenn der Semit ein reziprokes Verhalten beschreiben will, muß er entweder zu Umschreibungen[9] oder, wie in unserem Falle, zur Wiederholung[10] seine Zuflucht nehmen. Ganz entsprechend ist auch Mt 11,27, wie G. Dalman erkannte[11], die Monotonie der Parallelzeilen

οὐδεὶς ἐπιγινώσκει τὸν υἱὸν εἰ μὴ ὁ πατήρ
οὐδὲ τὸν πατέρα τις ἐπιγινώσκει εἰ μὴ ὁ υἱός

nichts anderes als ein orientalisch-umständlicher Ausdruck für ein Wechselverhältnis: nur Vater und Sohn kennen einander wirklich.

Mit dieser Erkenntnis wird auch das zweite Argument für die angebliche Herkunft unseres Logions aus dem johanneisch-hellenistischen Bereich zweifelhaft: der titulare Gebrauch von ὁ υἱός. Es ist wiederum eine Eigenart des Semitischen, auf die hier verwiesen werden muß: in Bildworten, Vergleichen und Gleichnissen gebraucht der Semit den bestimmten Artikel gern mit generischer Bedeutung, wie man z. B. an Mk 4,3–8 sehen kann[12]. Falls auch in Mt 11,27 der Artikel ursprünglich generische Bedeutung hatte, wären Z. 2 und 3 zu übersetzen:

»nur ein Vater kennt seinen Sohn,
und nur ein Sohn kennt seinen Vater«,

d. h. wir hätten einen ganz allgemeinen Erfahrungssatz vor uns: nur Vater und Sohn kennen einander wirklich. Ein ganz analoger allgemeiner Erfahrungssatz findet sich Joh 5,19–20a, wenn C. H. Dodd recht hat, daß diese Stelle »une parabole cachée« ist, nämlich ein dem Alltag

---

8. Tob 5,2 א (Hinweis von Dr. Chr. Burchard).

9. Z. B. ἕκαστος τῷ ἀδελφῷ αὐτοῦ »einander« Mt 18,35. So schon Gen 26,31; Ex 25,20; 37,9.

10. Weitere Beispiele für Wiederholung zum Ausdruck der Gegenseitigkeit bei: Jeremias, Abba, 49. Ferner Gen 45,14; Jub 23,19; 1 QS 4,17; Fragmententarg. Ex 15,2 (cod. Vat. 440, ed. M. Ginsburger, Berlin 1899, 83); Fragmententarg. Num 21,15 (zweimal); Sanh. 3,1; TestNaphth 7,3.

11. Worte Jesu, 232.

12. ὁ σπείρων »ein Säemann« (V. 3) usw. Vgl. Jeremias, Gleichnisse[7], 7 Anm. 2.

entnommenes Bildwort vom Sohn als Lehrling[13]. Erst sekundär wurde das absolute ὁ υἱός in solchen Fällen titular verstanden.

In der Tat wäre es ein völlig singulärer Fall, wenn sich in Gestalt von Mt 11,27 par. ein johanneisches Logion in das synoptische Corpus eingeschlichen haben sollte. Gegen das Vorliegen eines Logions johanneischen Charakters spricht auch, daß ἐπιγινώσκειν (so Matthäus) und ἀποκαλύπτειν unjohanneische Vokabeln sind[14] und daß παραδιδόναι bei Johannes nie von Gott gesagt wird. Wohl aber ist es umgekehrt leicht vorstellbar, daß Mt 11,27 par., wenn man das absolut gebrauchte ὁ υἱός erst einmal titular verstand, der johanneischen Christologie mit ihren Erkennens-Aussagen wichtige Impulse geben konnte. Wir dürften also eines der Logien Jesu vor uns haben, aus denen die johanneische Theologie erwuchs. Ohne Ansätze in der synoptischen Überlieferung bliebe ihre Entstehung ja doch ein völliges Rätsel.

Spricht somit nichts gegen die Echtheit von Mt 11,27 par., so fällt entscheidend zu deren Gunsten der innere Zusammenhang ins Gewicht, in dem das Logion mit Jesu Gottesanrede Abba[15] steht.

2. Der Sinn des Logions Mt 11,27 (par. Lk 10,22)

Mt 11,27 par. Lk 10,22 ist, wie wir sahen, ein Vierzeiler[16]. Die erste Zeile nennt das Thema: »Alles ist mir von meinem Vater überliefert.« παραδιδόναι *(masar/mesar)* ist terminus technicus für die Überlieferung von Lehre, Erkenntnis und heiligem Wissen[17]. πάντα bezeichnet also, ebenso wie ταῦτα V. 25, das Geheimnis der Offenbarung, und die erste Zeile besagt: »Mein Vater hat mir die volle Offenbarung übermittelt«.

Zeile 2 und 3 erläutern den Themasatz durch einen synthetischen Parallelismus. Berücksichtigen wir, daß wir einen Fall von formaler Parataxe bei logischer Hypotaxe vor uns haben[18] und daß der bestimmte Artikel generische Bedeutung hat[19], so haben wir zu übersetzen:

---

13. Une parabole cachée dans le quatrième Evangile, RHPhR 42, 1962, 107-115; gleichzeitig und offenbar unabhängig von Dodd gesehen von P. Gaechter, Zur Form von Joh 5,19-30, in: J. Blinzler-O. Kuß - F. Mußner Hg., Neutestamentliche Aufsätze, J. Schmid-Festschrift, Regensburg 1963, 65-68, hier 67.

14. ἀποκαλύπτειν begegnet im johanneischen Schrifttum nur in dem LXX-Zitat Joh 12,38 (Jes 53,1), ἐπιγινώσκειν fehlt ganz.

15. S. u. S. 68 ff.

16. Die lukanische Fassung (10,22) ist durch Weglassung des Verbums in der dritten Zeile leicht gräzisiert, ohne dadurch die Struktur in vier Zeilen zu verlieren.

17. Jeremias, Abendmahlsworte⁴, 95.195 (Lit.). Vgl. nur 1 Kor 11,23a; 15,3.

18. S. o. S. 63.   19. S. o. S. 64.

»Und *wie* nur ein Vater seinen Sohn (wirklich) kennt, *so* kennt nur ein Sohn seinen Vater (wirklich)«[20].

Die vierte Zeile: »und wem der Sohn es offenbaren will« hat den Ton. Weil nur ein Sohn seinen Vater wirklich kennt, ist er allein in der Lage, anderen diese Kenntnis zu vermitteln.

Jesus erläutert also den Vorgang der Offenbarungsübermittlung (Z. 1) mit Hilfe des Vater-Sohn-Vergleichs (Z. 2f.). Das geschieht auch sonst. »Alle Geheimnisse offenbarte ich (Gott) ihm (Meṭaṭron[21]) wie ein Vater[22].« – »Er (Meṭaṭron) sagte zu mir: ›Komm, ich will dir den Vorhang Gottes zeigen, der vor dem Heiligen (gepriesen sei er!) ausgebreitet ist, auf dem alle Geschlechter in der Welt und alle ihre Taten ... eingewoben sind. Und ... er zeigte mir mit den Fingern seiner Hände – wie ein Vater, der seinen Sohn die Buchstaben der Tora lehrt[23]«. Daß der Vater-Sohn-Vergleich für die Offenbarungsübermittlung älter ist als das im 4./5. Jahrhundert redigierte hebräische Henochbuch, zeigt das Bildwort vom Sohn als Lehrling Joh 5,19–20a nach seinem mutmaßlich ursprünglichen Sinn[24]: »Amen, amen, ich sage euch: der (= ein[25]) Sohn vermag nichts von sich aus zu tun, (sondern) nur das, was er den Vater tun sieht. Denn was jener tut, macht ihm der Sohn nach. Denn der Vater liebt den Sohn und weiht ihn in alles ein, was er tut.« Es war üblich, daß der Sohn das Handwerk seines Vaters lernte. Viele Gewerbe hatten Herstellungsgeheimnisse, die sorgfältig gehütet wurden und in die der Sohn vom Vater eingeweiht wurde. So, sagt das Bildwort vom Lehrling, hat der Vater Jesus in die Offenbarung eingeweiht[26]. Ganz entsprechend erläutert Jesus Mt 11,27 par. den Themasatz: »alles hat mir mein Vater übermittelt« (Z. 1) mit Hilfe des Vater-Sohn-Vergleichs (Z. 2 und 3): »ausschließlich Vater und Sohn kennen einander wirklich«. Jesus spricht damit in der Verhüllung eines dem Alltag entnommenen Bildes aus: Wie ein Vater mit seinem Sohn redet, wie er ihm die Buchstaben der Tora beibringt, wie er ihn in das gehütete Geheimnis seines Handwerks einweiht, wie er ihm nichts verschweigt, wie er ihm das Herz öffnet wie niemandem sonst, so hat Gott mir die Erkenntnis seiner selbst zuteil werden lassen.

Die vierte und letzte Zeile: »und wem es der Sohn offenbaren will« bleibt noch im Rahmen der alltäglichen Erfahrung (weil nur ein Sohn die Absichten

---

20. Zu der Übersetzung »wie – so« vgl. Joh 10,15: καθὼς γινώσκει με ὁ πατήρ, κἀγὼ γινώσκω τὸν πατέρα.
21. Der oberste Thronengel Gottes.
22. HebrHen 48 C, 7.
23. HebrHen 45, 1f. Ms. E.
24. S. o. S. 64f.
25. Ebd.
26. Vgl. noch TestLevi 17,2; der gesalbte Priester des ersten Jubiläums wird »mit Gott reden wie mit seinem Vater«.

und Handlungen seines Vaters wirklich versteht, kann nur er sie anderen verständlich machen) und überläßt es dem Hörer, die Konsequenz, die sich für Jesu Sendungsanspruch ergibt, zu ziehen.

Wir haben Mt 11,27 eine zentrale Aussage über Jesu Sendung vor uns. Sein Vater hat ihm die Offenbarung seiner selbst geschenkt, so völlig, wie nur ein Vater sich seinem Sohn gegenüber erschließt. Darum kann nur er, Jesus, anderen die wirkliche Erkenntnis Gottes erschließen.

Das Sendungsbewußtsein Jesu, das aus Mt 11,27 par. spricht, in einzigartiger Weise Empfänger und Vermittler der Gotteserkenntnis zu sein, steht nicht allein da. Es hat im Sendungsbewußtsein des Lehrers der Gerechtigkeit[27], unbeschadet fundamentaler Unterschiede in der Botschaft[28], eine eindrucksvolle Analogie im palästinischen Bereich, und es hat in den Evangelien noch an vielen anderen Stellen seinen Niederschlag gefunden, und zwar in Logien, die sich durch das Fehlen christologischer Hoheitsprädikate als alte Überlieferung zu erkennen geben: Mk 4,11 (den Jüngern erschließt sich das $\mu\nu\sigma\tau\acute{\eta}\varrho\iota\omicron\nu$ $\tau\tilde{\eta}\varsigma\ \beta\alpha\sigma\iota\lambda\epsilon\acute{\iota}\alpha\varsigma$); Mt 11,25 par. ($\tau\alpha\tilde{\upsilon}\tau\alpha$ besitzt und lehrt Jesus, Gott offenbart es durch ihn); Mt 13,16f. par. Lk 10,23f. (was Propheten und Gerechten [Lukas: Königen] versagt blieb, dürfen die Jünger sehen und hören); Mt 5,17 (Jesus bringt die abschließende Offenbarung[29]); Lk 15,1-7. 8-10. 11-32 (Jesu Handeln spiegelt Gottes Haltung zu den Sündern wider[30]) u. ä.

Wann und wo Jesus diese Offenbarung empfing, bei der sich Gott ihm erschloß wie ein Vater seinem Sohn, das erfahren wir nicht. Einen Hinweis enthält jedoch der Aorist $\pi\alpha\varrho\epsilon\delta\acute{o}\theta\eta$, der auf einen einmaligen Vorgang hinweist. Er ist auffällig, weil man eher (wie z. B. Joh 5,19-20a) das Präsens erwarten möchte. Es liegt nahe, den Aorist auf Jesu Taufe zu beziehen.

Über den Inhalt der Jesus zuteil gewordenen Offenbarung gibt Mt 11,27 par. nur eine Andeutung. Sie liegt in dem Wort »mein Vater«. An dieser Stelle haben wir daher weiterzufragen.

§ 7 Die Gottesanrede 'Abba

Dalman, Worte Jesu². – *G. Kittel,* ἀββᾶ, ThW I, 1933, 4–6. – *W. Marchel,* Abba, Père! La prière du Christ et des chrétiens. Étude exégétique sur les origines et la signification de l'invocation à la divinité comme père, avant et dans le Nouveau Testament, Analecta Biblica 19, Rom 1963. – *J. Jeremias,* Abba, in: Jeremias, Abba, 15–67.

27. G. Jeremias, Lehrer der Gerechtigkeit, 319–336, besonders 327f.334–336.
28. A. a. O. 336–353.
29. S. u. S. 86ff.
30. S. u. S. 121.

1. Die Quellen

Alle fünf Traditionsschichten unserer Evangelien (Markus, Logienstoff, Matthäussondergut, Lukassondergut, Johannes) stimmen darin überein, daß Jesus Gott mit »mein Vater« anredete[1]. Die Belege verteilen sich (Parallelen nur einmal gezählt) wie folgt:

Markus	1[2]
Matthäus und Lukas gemeinsam	3[3]
Lukas darüber hinaus allein	2[4]
Matthäus darüber hinaus allein	1[5]
Johannes	9[6]

Die fünf Schichten sind sich nun aber nicht nur darin einig, daß Jesus die Vateranrede verwendet hat, sondern nach ihrem übereinstimmenden Zeugnis hat Jesus diese Anrede auch in *sämtlichen* Gebeten gebraucht – mit alleiniger Ausnahme des Kreuzesschreies Mk 15,34 par. Mt 27,46: »Mein Gott, mein Gott, warum hast du mich verlassen?«, bei dem die Anrede durch Ps 22,2 vorgegeben war[7]. Das Wesentliche an dieser Feststellung ist die Einheitlichkeit der Überlieferung, die, völlig unabhängig von der Frage nach der Authentizität der einzelnen Gebete, zeigt, daß die Vateranrede Gottes in der Jesusüberlieferung fest verwurzelt war.

Darüber hinaus berichtet Markus in der Gethsemanegeschichte, daß Jesus, wenn er Gott mit »mein Vater« anredete, die aramäische Form '*Abba*[8] gebraucht habe: καὶ ἔλεγεν· Ἀββὰ ὁ πατήρ, πάντα δυνατά σοι· παρένεγκε τὸ ποτήριον τοῦτο ἀπ' ἐμοῦ (14,36).

2. Die Einzigartigkeit der Gottesanrede 'Abba

Das antike Judentum verfügt über einen großen Reichtum an Gottesanreden. Das »Gebet« *(Tephilla*, später Achtzehngebet genannt), das schon in neutestamentlicher Zeit dreimal täglich gebetet wurde[9], beispielsweise beschließt

---

1. Von der Gottes*anrede* »mein Vater« ist zu unterscheiden die *Bezeichnung* Gottes als Vater im Munde Jesu (vgl. →Jeremias, 33–56). Nur um die Anrede geht es in diesem Paragraphen.
2. 14,36.
3. Mt 6,9 (par. Lk 11,2); 11,25f. (par. Lk 10,21, zweimal).
4. 23,34.46.   5. 26,42.
6. 11,41; 12,27f.; 17,1.5.11.21.24f.
7. S. o. S. 16, Anm. 15.
8. Ton auf der Schlußsilbe. 'Abba wird im Folgenden da, wo es Gottesanrede ist, groß, sonst klein geschrieben.
9. J. Jeremias, Das tägliche Gebet im Leben Jesu und in der ältesten Kirche, in: Jeremias, Abba, 67–80, hier 70–73.

jede Benediktion mit einer neuen Gottesanrede. Die erste Benediktion lautet in ihrer mutmaßlich ältesten Form[10]:

»Gepriesen seist du, Jahwe,
Gott Abrahams, Gott Isaaks und Gott Jakobs (vgl. Mk 12,26 par.), höchster Gott,
Herr[11] Himmels und der Erde (vgl. Mt 11,25 par.), unser Schild und Schild unserer Väter.
Gepriesen seist du, Jahwe, Schild Abrahams.«

Man sieht: eine Gottesanrede ist an die andere gereiht. Wollte man alle in der antiken jüdischen Gebetsliteratur vorkommenden Anreden zusammenstellen, so erhielte man eine sehr umfangreiche Liste.

Fragen wir nach der Anrede Gottes als *Vater*, so finden wir sie im Alten Testament nirgendwo; gewiß kommen ihr der Verzweiflungsruf *'abinu 'atta*[12] bzw. *'abi 'atta*[13] und das königliche Vorrecht, zu Gott *'abi 'atta* zu sagen[14], sehr nahe, aber es handelt sich doch um Aussagesätze, nicht um Anreden Gottes mit dem Vaternamen. In der nachkanonischen Literatur des Judentums ist die Gottesanrede πάτερ für das Diasporajudentum vereinzelt belegt[15], das hierbei jedoch dem Einfluß der griechischen Welt folgt. Im palästinischen Bereich stoßen wir erst in frühchristlicher Zeit auf zwei Gebete, die die Vateranrede Gottes verwenden, beide in der Form *'abinu malkenu*[16]. Doch gilt es zu beachten, daß es sich um liturgische Gebete handelt, in denen Gott als Vater der Gemeinde angeredet wird, daß die hebräische Sprache benutzt wird und daß *'abinu* mit *malkenu* verbunden ist: der Vater, zu dem die Gemeinde ruft, ist der himmlische König des Gottesvolkes. Die persönliche Gottesanrede »mein Vater« dagegen suchen wir vergeblich. Sie begegnet (da der aus einer hebräischen Paraphrase zu erschließende Urtext von Sir 23,1.4 *'el 'abi* lautete und daher nicht mit »Gott, mein Vater«, sondern mit »Gott meines Vaters« zu übersetzen ist[17]) erstmalig und singulär in der um 974 n. Chr. in Süditalien

---

10. Nach Dalman, Worte Jesu, Leipzig 1898, 299, leider nicht in der 2. Aufl. Die mutmaßlichen Zusätze sind oben weggelassen.
11. Zu dieser Übersetzung von *qone* vgl. Jeremias, Das tägliche Gebet, in: Abba, 75 Anm. 31 a.
12. Jes 63,16 (zweimal); 64,7.
13. Jer 3,4.
14. Ps 89,27, aufgenommen in Sir 51,10 HT.
15. Sir 23,1.4 LXX; 3 Makk 6,3.8; Apokryphon Ez. Fragm. 3 (hg. K. Holl in: Gesammelte Aufsätze zur Kirchengeschichte II. Der Osten, Tübingen 1928, 36); Sap 14,3.
16. →Jeremias, 28–30: es handelt sich um das Gebet *'ahaba rabba* (die zweite der beiden Benediktionen, die am Morgen das *Šemaʿ* einleiteten), das wahrscheinlich schon zur alten Priesterliturgie des Tempelgottesdienstes gehörte, und die Neujahrslitanei, deren Grundstock schon durch R. ʿAqiba (gest. nach 135 n. Chr.) bezeugt ist.
17. →Jeremias, 32f.

entstandenen Schrift Seder Elijjahu rabba in der Form ʾ*abi šābbaššamajim* (also hebräisch und mit Zusatz)[18]. Das heißt: in der Literatur des antiken palästinischen Judentums ist die individuelle Gottesanrede »mein Vater« bisher *nicht nachgewiesen.* Sie taucht erst im Mittelalter in Süditalien auf.

War es schon etwas ganz Ungewöhnliches, daß Jesus Gott mit »mein Vater« anredete, so gilt das vollends für den Gebrauch der aramäischen Form ʾ*Abba.* Sie wird zwar nur Mk 14,36 ausdrücklich überliefert, doch sprechen zwei Beobachtungen dafür, daß Jesus auch in seinen übrigen Gebeten dieses ʾ*Abba* als Anrede Gottes gebrauchte. Erstens: die Überlieferung der Vateranrede Gottes weist ein merkwürdiges Schwanken der Formen auf. Wir finden einerseits die korrekte griechische Vokativform πάτερ[19], von Matthäus mit Personalpronomen versehen (πάτερ μου)[20], andererseits den Nominativ mit Artikel (ὁ πατήρ) als Vokativ[21]. Besonders auffällig ist, daß wir in ein und demselben Gebet πάτερ und vokativisches ὁ πατήρ nebeneinander finden (Mt 11,25 f. par. Lk 10,21). Dieses merkwürdige Schwanken weist auf ein zugrundeliegendes ʾ*abba*, das zur Zeit Jesu sowohl als Anrede wie für den status emphaticus (»der Vater«) als auch für die Form mit dem Suffix der ersten Person (»mein, unser Vater«) verwendet wurde[22]. Zweitens: aus Röm 8,15 und Gal 4,6 erfahren wir, daß in der frühen Kirche der geistgewirkte Ruf Ἀββά ὁ πατήρ verbreitet war, und zwar setzt Paulus ihn nicht nur für seine eigenen Gemeinden voraus (Gal 4,6), sondern er rechnet auch damit, daß dieses Ἀββά in einer nicht von ihm gegründeten Gemeinde wie Rom als Gebetsruf erklang (Röm 8,15). Die Ungewöhnlichkeit dieser Gottesanrede (s. u.) erweist sie als Echo des Betens Jesu. Wir haben also allen Grund, damit zu rechnen, daß dem πάτερ (μου) bzw. ὁ πατήρ der Gebete Jesu überall ein ʾ*Abba* zugrundeliegt.

Gibt es für die Gottesanrede πάτερ immerhin – wohl unter griechischem Einfluß – einige spärliche Belege im Bereich des hellenistischen Judentums[23], so kann mit Sicherheit gesagt werden, daß sich in der gesamten umfangreichen Gebetsliteratur des antiken Judentums nirgendwo ein Beleg für die Gottesanrede ʾ*Abba* findet, weder in liturgischen noch in privaten Gebeten[24].

18. Die Belege notierte ich a. a. O. 31 Anm. 65.
19. Mt 11,25 par. Lk 10,21a; Lk 11,2; 22,42; 23,34.46; Joh 11,41; 12,27f.; 17,1.5.11.24f.
20. Mt 26,39.42.
21. Mk 14,36; Mt 11,26 par. Lk 10,21b; (Röm 8,15; Gal 4,6). – πατήρ ohne Artikel als Vokativ, das Joh 17,5.11.21.24f. von einem Teil der Zeugen überliefert wird, ist innergriechische Variation (Vulgarismus).
22. →Jeremias, 59–61.
23. S. o. S. 69 mit Anm. 15.
24. Auch E. Haenchen, Der Weg Jesu, Berlin 1966, 492–494 Anm. 7a, hat keinen Beleg beibringen können. Die zwei Stellen, auf die er sich beruft, enthalten beide *nicht* die Gottesanrede ʾ*Abba*. Wenn er fortfährt: »Daß sich in der Mischna (um 200 n. Chr.), die in reinem Hebräisch geschrieben ist, die nur im Aramäischen vorhandene Form ʾ*Abba* nicht findet,

Auch außerhalb der Gebete vermeidet es das Judentum bewußt, das Wort
'abba auf Gott anzuwenden, wie man am Targum studieren kann. Von den
drei Stellen des Alten Testaments, an denen Gott 'abi genannt wird, gibt das
Targum zwei mit ribbuni »mein Herr« wieder (Jer 3,4.19); nur Targ. Ps 89,27
sah sich der Übersetzer vom Sinn her gezwungen, 'Abba zu setzen. Sonst wird
im ganzen Targum nur noch Targ. Mal 2,10 'abba auf Gott angewendet
(hebr.: 'ab); auch hier sah der Übersetzer vom Inhalt her keine andere Möglichkeit der Wiedergabe. Außerhalb des Targums gibt es nur eine einzige Stelle
in der rabbinischen Literatur, an der 'abba in bezug auf Gott gebraucht wird.
Es handelt sich um eine Geschichte, die über den Ende des ersten vorchristlichen Jahrhunderts lebenden Regenbitter Ḥanin ha-neḥba erzählt wurde:

»Ḥanin ha-neḥba war der Sohn der Tochter Ḥonis des Kreisziehers[25]. Wenn
die Welt des Regens bedurfte, pflegten die Rabbanan Schulkinder zu ihm zu
schicken, die ihn am Saum seines Mantels faßten[26] und zu ihm sagten: 'abba,
'abba, hab lan miṭra (Väterchen, Väterchen, gib uns Regen)! Er sprach vor Ihm
(Gott): ›Gebieter der Welt, tue es doch um dieser willen, die noch nicht unterscheiden können zwischen einem 'Abba, der Regen geben kann, und einem
'abba, der keinen Regen geben kann[27].‹«

Ḥanin appelliert an Gottes Erbarmen, indem er in scherzhafter Weise das
zutrauliche »'abba, 'abba«, das ihm die Schulkinder nachrufen, aufgreift und
Gott – im Gegensatz zu sich selbst – als den »'Abba, der Regen geben kann«
bezeichnet. Man kann die kleine Geschichte als Präludium zu Mt 5,45 betrachten, wo Gott als der himmlische Vater bezeichnet wird, der Gerechten
wie Ungerechten ohne Unterschied die Gabe des Regens zuteil werden läßt –
aber den fehlenden jüdischen Beleg für die Gottesanrede 'Abba liefert sie nicht.
Denn, wohlgemerkt, Ḥanin redet Gott keineswegs mit 'Abba an; seine Anrede
lautet vielmehr: »Gebieter der Welt«.

Wir stehen mit alledem vor einem Tatbestand von fundamentaler Bedeutung: während wir *keinen einzigen Beleg* dafür besitzen, daß Gott im Judentum
mit 'Abba angeredet worden wäre, hat Jesus Gott *stets* in seinen Gebeten so
angeredet, mit alleiniger, durch den Zitatcharakter begründeter Ausnahme des
Kreuzesrufes Mk 15,34 par. Mt 27,46.

Das auffällige Schweigen der jüdischen Gebetsliteratur erklärt sich vom

---

versteht sich von selbst«, so verrät das eine unzureichende Vorstellung vom Mischna-Hebrä-
isch. Denn der Tatbestand liegt genau umgekehrt: für »mein Vater« kommt in der Mischna
an keiner einzigen Stelle die hebräische Form 'abi vor, vielmehr wird ausnahmslos (mehr als
50mal) die aramäische Form 'abba gebraucht. (Es handelt sich übrigens an allen Stellen um
profanen Sprachgebrauch; als Gottesanrede oder Gottesbezeichnung kommt »mein Vater«
in der Mischna überhaupt nicht vor.)

25. Vgl. dazu → Jeremias, 62.
26. Gestus eindringlicher Bitte, vgl. Mk 5,27.
27. b. Ta'an. 23 b.

sprachlichen Tatbestand her. 'abba ist seinem Ursprung nach eine Lallform, weshalb es nicht flektiert wird und kein Suffix annimmt. »Erst wenn ein Kind den Geschmack des Wiegens kostet (d. h. wenn es entwöhnt wird), sagt es 'abba, 'imma (d. h. das sind die ersten Plapperlaute)[28].« Ursprünglich Lallwort, hatte 'abba – und zwar bereits in vorneutestamentlicher Zeit – im palästinischen Aramäisch weiten Boden gewonnen. Es hatte das reichsaramäische und biblisch-hebräische 'abi sowohl als Anrede- wie als Aussageform auf der ganzen Linie verdrängt, sich an die Stelle des status emphaticus *'abba gesetzt und weithin auch als Ausdruck für »sein Vater« und »unser Vater« eingebürgert[29]. In Jesu Tagen war 'abba längst nicht mehr auf die Kleinkindersprache beschränkt. Auch die erwachsenen Kinder, Söhne wie Töchter, redeten jetzt ihren Vater mit 'abba an[30]. Daß man außer dem Vater auch ältere Respektspersonen mit 'abba anredete, zeigt z. B. die (in vorchristlicher Zeit spielende) Geschichte von Ḥanin ha-neḥba (s. o. S. 71). Eine neuentdeckte judenchristliche Quelle[31] sagt, es sei eine Eigentümlichkeit der hebräischen Sprache, daß »Sohn« einen treuen und rechtschaffenen Sklaven und »Vater« den Herrn und Meister bezeichnen könne[32]. Der Midrasch bestätigt das: »Wie die Schüler Söhne genannt werden, wird der Meister Vater genannt[33].« Im Hause Rabban Gamli'els II. (um 90) wurde sogar der Sklave Ṭabi »'abba Ṭabi« genannt[34].

Hat man diesen Sitz im Leben von 'abba vor Augen, dann wird verständlich, warum das palästinische Judentum 'abba nicht als Gottesanrede verwendet: 'abba war Kindersprache, Alltagsrede, Höflichkeitsausdruck. Es wäre für das Empfinden der Zeitgenossen Jesu unehrerbietig, ja undenkbar erschienen, Gott mit diesem familiären Wort anzureden[35].

Jesus hat es gewagt, 'Abba als Gottesanrede zu gebrauchen. Dieses 'Abba ist *ipsissima vox Jesu*.

28. b. Ber. 40a Bar. par. b. Sanh. 70b Bar.
29. Die Belege findet man bei →Jeremias, 60f. zusammengestellt.
30. →Jeremias, 60 Anm. 32; 61 Anm. 43.
31. Verarbeitet bei ʿAbd el-Jabbār, Erweis der Prophetenschaft unseres Herrn Mohammed, handschriftlich erhalten in Istanbul, Sammlung Schehid Ali Pascha, Nr. 1575 (vgl. S. Pines, The Jewish Christians of the Early Centuries of Christianity According to a New Source, The Israel Academy of Sciences and Humanities. Proceedings, II No. 13, Jerusalem 1966).
32. f. 55b–56a (nach Pines, The Jewish Christians, 8).
33. Siphre Dt 34 zu 6,7.
34. j. Nidda 49b 42f. Bar.
35. →Kittel, 5. Wenn E. Haenchen, Der Weg Jesu, 59 Anm. 19, gegen G. Kittel einwendet: »Daß Jesu Ausdrucksweise seinen Zeitgenossen anstößig war, ist reine Vermutung«, so trifft das nicht zu, wie das o. S. 71 zum Sprachgebrauch des Targum Festgestellte sowie Taʿan. 3,8 (Vertraulichkeit Gott gegenüber, die sich in kindlicher Zudringlichkeit äußert, verdient es, mit dem Bann bestraft zu werden) zeigen.

3. Die Bedeutung der Gottesanrede 'Abba

Die völlige Neuheit und Einmaligkeit der Gottesanrede '*Abba* in Jesu Gebeten zeigt, daß sie das Herzstück des Gottesverhältnisses Jesu ausdrückt. Er hat mit Gott geredet wie ein Kind mit seinem Vater: vertrauensvoll und geborgen und zugleich ehrerbietig und bereit zum Gehorsam.

An dieser Stelle muß vor zwei Mißverständnissen gewarnt werden. Einerseits: Die Tatsache, daß '*abba* ursprünglich Lallwort war, hat gelegentlich dazu verführt, anzunehmen, daß Jesus die Sprache des Kleinstkindes aufgegriffen habe, wenn er Gott als Vater anredete; auch ich selbst habe das früher geglaubt. Indes, die Feststellung, daß schon seit vorneutestamentlicher Zeit auch die erwachsenen Söhne und Töchter ihren Vater mit '*abba* anredeten, verbietet diese Einengung. Andererseits: Das in der Gottesanrede '*Abba* sich ausdrückende Sohnesbewußtsein darf keinesfalls dazu verleiten, die Gottessohn-Christologie, die sich sehr bald in der ältesten Kirche herausbildete, in allen Einzelheiten wie z. B. die Vorstellung der Präexistenz, Jesus selbst zuzuschreiben. Diese Überinterpretation der Gottesanrede '*Abba* wird durch den alltäglichen Klang des Wortes verboten.

Jesus hat '*Abba* als heiliges Wort betrachtet. Wenn er den Jüngern die Weisung gibt »Ihr sollt niemanden auf Erden euren Vater nennen, denn einer ist euer Vater, der himmlische« (Mt 23,9)[36], so will er ihnen gewiß nicht untersagen, den leiblichen Vater als Vater anzureden. Vielmehr hat er den Brauch im Auge, Respektspersonen, insbesondere ältere Männer, mit '*abba* anzureden. Das sollen die Jünger nicht tun, weil es ein Mißbrauch dieses Wortes wäre. Die Ehrung mit dem Vaternamen wollte er Gott allein vorbehalten wissen. Dieses Verbot zeigt, mit welcher Ehrfurcht die Gottesanrede '*Abba* für Jesus umgeben war.

In der Gottesanrede '*Abba* äußert sich das letzte Geheimnis der Sendung Jesu. Er wußte sich bevollmächtigt, Gottes Offenbarung zu vermitteln, weil Gott sich ihm als Vater zu erkennen gegeben hatte (Mt 11,27 par.).

§ 8 Das Ja zur Sendung

J. Jeremias, '*Ἀδάμ*, ThW I, 1933, 141–143; *ders.*, Die »Zinne« des Tempels (Mt 4,5; Lk 4,9), in: ZDPV 59, 1936, 195–208. – *E. Lohmeyer*, Die Versuchung Jesu, in: Zeitschrift für systematische Theologie 14, 1937, 619–650 = Urchristliche Mystik. Neutestamentliche Studien, Darmstadt 1955, 83–122. – *E. Fascher*, Jesus und der Satan. Eine Studie zur Auslegung der Versuchungsgeschichte, Hallische Monographien 11, Halle 1949. – *R. Schnackenburg*, Der Sinn der Versuchung Jesu bei den Synoptikern, in: ThQSchr 132, 1952, 297–326. – *K. P. Koppen*, Die Auslegung der Versuchungsgeschichte unter besonderer Berücksichtigung der Alten Kirche, Beiträge zur Geschichte der biblischen Exegese 4, Tübingen 1960. – *N. Hyldahl*, Die Versuchung auf der Zinne des Tempels (Matth. 4,5–7 par. Luk. 4,9–12), in: Studia Theologica 15, 1961, 113–127. – *H.-G. Leder*, Sündenfallerzählung und Versuchungs-

---

36. S. zur Stelle → Jeremias, 44f.

geschichte. Zur Interpretation von Mc 1,12f., in: ZNW 54, 1963, 188–216. – *J. Jeremias*, Nachwort zum Artikel von H. G. Leder, in: ZNW 54, 1963, 278f. – *E. Fascher*, Jesus und die Tiere, in: ThLZ 90, 1965, Sp. 561–570. – *J. Dupont*, L'origine du récit des tentations de Jésus au désert, in: RB 73, 1966, 30–76 (Lit.).

1. Die Quellen

In den synoptischen Evangelien folgt auf den Bericht von der Taufe Jesu die sog. Versuchungsgeschichte (Mk 1,12f.; Mt 4,1–11 par. Lk 4,1–13). Ihre Markusfassung ist von der Matthäus-Lukas-Fassung völlig verschieden. Während Markus nur einige rätselhafte Andeutungen bietet und kein Wort darüber sagt, welches der Inhalt der Versuchung war, füllen Matthäus und Lukas diese Lücke aus, indem sie die Versuchung in einer Form beschreiben, die an Debatten zwischen Schriftgelehrten erinnert, bei der sich beide Seiten des Schriftbeweises bedienen. Die Debatte Jesu mit dem Satan verläuft in drei Gesprächsgängen, die an drei verschiedenen Stellen lokalisiert sind, wobei jeweils Satan die Initiative hat. Einzelbeobachtungen bestätigen es, daß die Matthäus-Lukas-Fassung ein späteres Stadium der Überlieferung spiegelt[1].

Der *älteste Bericht* Mk 1,12f. ist auffällig dunkel. Er enthält lauter Aussagen, die von der biblischen Symbolsprache geprägt sind. a) Der Geist »stößt« (ἐκβάλλει) Jesus in die Wüste. Die Wüste ist der Aufenthaltsort der bösen Geister (Mt 12,43 par.), aber sie hat auch eschatologische Bedeutung: aus der Wüste kommt der Messias (Jes 40,3). Jesus hält sich in ihr 40 Tage auf. Vierzig ist eine geläufige Symbolzahl, die die Not- und Fluchzeit bezeichnet[2]. Während dieser Zeit wird Jesus vom Satan versucht. b) Jesus »war bei den wilden Tieren« (ἦν μετὰ τῶν θηρίων). Damit soll nicht etwa die Öde der Landschaft oder die Gefahr, in der Jesus sich befand, beschrieben werden, sondern es handelt sich um ein Motiv der Paradiesvorstellung; dafür spricht vielleicht schon das εἶναι μετά, das bei Markus die enge Gemeinschaft bezeichnet (3,14; 5,18; 14,67), jedenfalls aber die Sachparallele Lk 10,19[3]. Wie Adam nach Gen 2,19 im Paradies in Gemeinschaft mit den Tieren war, so erwartete man von der Endzeit, daß wieder Friede zwischen Mensch und Tier herrschen werde. Jes 11,6–9 schildert, wie der Wolf neben dem Lamm ruhen und der Panther

---

1. Der Titel Gottessohn ist Gemeindechristologie; die biblischen Zitate folgen der Septuaginta usw.

2. 40 Tage und Nächte dauerte die Sintflut (Gen 7,12); 40 Jahre war Israel in der Wüste (Ps 95,10); 40 Tage und Nächte fastete Mose am Sinai (Ex 34,28; Dt 9,18); 40 Jahre lang war Israel in der Hand der Philister (Ri 13,1); 40 Tage und Nächte wanderte Elia durch die Wüste zum Horeb (1 Kön 19,8).

3. →Fascher, Jesus und die Tiere. Vgl. ferner W. A. Schulze, Der Heilige und die wilden Tiere. Zur Exegese von Mc 1,13b, ZNW 46, 1955, 280–283.

neben dem Böckchen lagern werde, wie Rind und Löwe zusammen weiden, ein kleiner Knabe sie leitet, der Säugling ungefährdet am Schlupfloch der Otter spielt[4]. Das Paradies wird restituiert, die Heilszeit bricht an – das ist mit ἦν μετὰ τῶν θηρίων gemeint. Weil die Versuchung überwunden und der Satan besiegt ist, wird das Tor zum Paradies wieder aufgetan. c) Die Engel »leisteten ihm Tischdienst« (διηκόνουν αὐτῷ). Auch dieser Zug gehört zur Paradiesvorstellung und ist nur von ihr aus zu verstehen. Wie Adam nach dem Midrasch im Paradies von Engelspeise lebte[5], so reichen die Engel Jesus Nahrung[6]. Der Tischdienst der Engel ist Symbol der wiederhergestellten Gemeinschaft zwischen Gott und Mensch.

Von diesem ältesten Bericht haben wir auszugehen.

2. Ein geschichtlicher Kern?

Es hat den Anschein, daß Mk 1,12f. nichts als eine Legende ist, mit der sich die Gemeinde zu Jesus als dem Weltvollender bekennt: er ist der Überwinder des Satans, der Wiederbringer des Paradieses, der Wiederhersteller der zerstörten Gemeinschaft zwischen Gott und Mensch. Sprache, Bild- und Vorstellungsmaterial weisen den Text zwar einem jüdisch geprägten Stadium der Überlieferung zu[7], doch scheint irgendeine historische Verwertbarkeit des Berichtes von vornherein ausgeschlossen zu sein. Man wird hier jedoch vorsichtig sein müssen. Drei Beobachtungen zwingen zu einem behutsamen Urteil.

a) Die erste Beobachtung betrifft ganz allgemein die biblische *Symbolsprache*, deren Erforschung über Gebühr vernachlässigt worden ist[8]. Die oben besprochene symbolsprachliche Trias von Mk 1,13 (erfolglose Versuchung durch Satan, Friedlichkeit der wilden Tiere, Tischdienst der Engel) hat ein Gegenstück Lk 10,18–20, wo sie lautet: Sturz Satans vom Himmel, Unschädlichkeit der giftigen Tiere, Einschreiben der Namen in das Buch des Lebens. In beiden Fällen wird dieselbe symbolsprachliche Dreiung benutzt, um ein Ereignis zu umschreiben, das sich in der Alltagssprache nicht adäquat ausdrücken läßt, nämlich die Überwindung des Bösen und den Einbruch der neuen Welt Gottes. Es gehört zur Ehrfurcht vor den letzten Geheimnissen, daß von ihnen ver-

---

4. Dasselbe Motiv auch Hos 2,20: »Und ich will zur selben Zeit für sie einen Bund schließen mit den Tieren auf dem Felde, mit den Vögeln unter dem Himmel und mit dem Gewürm des Erdbodens und will Bogen, Schwert und Rüstung im Lande zerbrechen und will sie sicher wohnen lassen«; ferner Jes 65,25; Ps 91,13.
5. Vita Ad. 4; ARN 1 (1c, 3); b. Sanh. 59b (tannaitisch).
6. Sie besteht nach Mt 4,4 aus dem Wort Gottes. Vgl. auch Joh 6,32.
7. Die 40 Tage (s. Anm. 2); σατανᾶς (nicht διάβολος); die alttestamentlichen Anspielungen.
8. Einen ersten Versuch stellt meine Arbeit: Jesus als Weltvollender, BFChTh 33,4, Gütersloh 1930, dar.

hüllend geredet wird. Die verhüllende Redeweise aber ist lediglich Hinweis auf das Geheimnis; keinesfalls ist ihre Verwendung ein Argument gegen das Vorliegen eines historischen Kerns einer Erzählung oder eines Logions. Das gilt für die Jüngerrückkehr (Lk 10,17ff.) oder die Erzählung von der Taufe Jesu (s. o. § 5) genausogut wie für die Versuchungsgeschichte.

b) Wir kommen einen Schritt weiter, wenn wir die Matthäus-Lukas-Fassung analysieren. Es spricht nämlich manches dafür, daß die hier berichteten, verschieden lokalisierten drei Gesprächsgänge von Haus aus keine Einheit bildeten. Daß der Bericht über die Versuchung in der Wüste für sich umlief, ergibt sich aus Markus; die Versuchung auf dem hohen Berg scheint das Hebräerevangelium, von dem uns hier freilich nur ein sehr phantastisches Fragment erhalten ist[9], als selbständiges Ereignis berichtet zu haben; bei der Versuchung auf dem Tempelplatz endlich weist die verschiedene Reihenfolge der Versuchungen bei Matthäus (Wüste-Tempel-Berg) und Lukas (Wüste-Berg-Tempel), falls sie nicht lediglich redaktionell ist, in die gleiche Richtung. All das läßt vermuten, daß die Versuchungsgeschichte ursprünglich in drei verschiedenen, voneinander unabhängigen Fassungen umlief[10]. Dafür spricht, daß alle drei Fassungen denselben Inhalt haben dürften. Die Versuchung in der Wüste besteht doch wohl darin, daß Jesus als zweiter Moses das Mannawunder wiederholen soll[11]. Die Anbetung Satans auf dem Weltenberg hat eindeutig das Auftreten als politischer Führer zum Gegenstand. Der Sprung von der Oberschwelle des Tempeltores[12] endlich dürfte als ein Jesu Sendung legitimierendes Schauwunder gemeint sein[13]. Das bedeutet, bei allen drei Varianten der Geschichte geht es um ein und dieselbe Versuchung: das *Hervortreten als politischer Messias*.

Nun können wir mit absoluter Sicherheit sagen, daß diese Versuchung eines politischen Messiastums für die Urkirche nicht bestanden hat. Sie hat nicht einen Augenblick daran gedacht, eine Bewegung mit politischen Zielen zu sein. Die Frage nach einem politischen Messias hat keinen »Sitz im Leben« in der Urkirche. Dagegen war sie zu Jesu Lebzeiten brennend, nicht nur für die Jünger, die aus Galiläa, der Heimat der zelotischen Bewegung, stammten und

---

9. Bei Origines, Johanneskommentar II 12,87 (E. Klostermann, Apocrypha II, KlT 8³, Berlin 1929, 7): ἄρτι ἔλαβέ με ἡ μήτηρ μου τὸ ἅγιον πνεῦμα ἐν μιᾷ τῶν τριχῶν μου καὶ ἀπήνεγκέ με εἰς τὸ ὄρος μέγα Θαβώρ. Der Text könnte sich auf die Verklärungsgeschichte beziehen, aber die Entrückung paßt besser zur Versuchungsgeschichte; vgl. Mt 4,8 par. Lk 4,5.

10. →Lohmeyer, 622 = 87.

11. Vgl. Joh 6,15.

12. →Jeremias, Die »Zinne« des Tempels.

13. Anders →Hyldahl: Jesus solle durch den Sprung beweisen, daß er bereit sei, das Martyrium als falscher Prophet zu erdulden.

von denen mindestens einer Zelot gewesen war[14], sondern auch für Jesus selbst, den die politische Versuchung, die das Vermeiden des Leidensweges in sich schloß, während seiner ganzen Wirksamkeit wie ein Schatten begleitet hat[15]. Die Versuchungsgeschichte geht also in ihrem Kern auf *vorösterliche* Überlieferung zurück[16].

c) In der Tat berichten die Evangelien, daß Jesus wiederholt seinen Jüngern gegenüber von seinem Ringen mit Satan gesprochen habe. Ein altes Wort, das Jesu Kampf mit Satan erwähnt, ist Mk 8,33, wo Jesus den Petrus mit ὕπαγε ὀπίσω μου, σατανᾶ zurückweist. Es ist kaum vorstellbar, daß die Urkirche ein so scharfes Wort, das den führenden Apostel unmittelbar mit »Satan« anredet, erfunden hätte.

Wir haben darüber hinaus sogar ein Jesuswort, das direkt auf einen dem Wirken Jesu *vorangehenden Sieg* über Satan anspielt. Es handelt sich um das kleine Gleichnis vom Zweikampf, das zweifach überliefert ist: erstens durch Markus (3,27 par. Mt 12,29) und zweitens in selbständiger Fassung durch Lukas (11,21 f.), bei dem das Bild noch drastischer ausgeführt ist als bei Markus:

»Wenn ein starker Gewappneter seinen Palast beschützt,
bleibt sein Besitz unangetastet;
wenn aber ein Stärkerer ihn besiegt,
raubt er ihm seine Rüstung, auf die (jen)er sich verließ,
und verteilt seine(n Besitz als) Beute« (Lk 11,21 f.)[17].

Für das Verständnis der Stelle ist der Kontext wichtig, in dem das kleine Gleichnis sowohl nach Markus wie nach der lukanischen Sonderüberlieferung

---

14. Σίμωνα τὸν καλούμενον ζηλωτήν Lk 6,15; die Parallelen Mk 3,18; Mt 10,4 nennen ihn *Καναναῖος*, d. h. Zelot. Vgl. ferner die Bezeichnung der Zebedaiden als *Βοανηργές* (Mk 3,17, dazu o. S. 17, Anm. 40) und ihr Verhalten Lk 9,51–56. Ob der Beiname ’Ισκαριώθ auf *sicarius* zurückgeht, ist unsicher.

15. Mk 8,32 par.; 11,9 f. par.; 12,13–17 par.; Joh 6,15. Auch 7,53–8,11 gehört hierher; denn die Frage 8,5 dürfte als politische Falle gemeint sein: sagt Jesus, daß man die Steinigung vollstrecken solle, so ruft er zu einem revolutionären Akt auf (vgl. J. Jeremias, Zur Geschichtlichkeit des Verhörs Jesu vor dem Hohen Rat, ZNW 43, 1950–51, 148 f. = Jeremias, Abba, 143). Die politische Versuchung dürfte auch hinter der Forderung des legitimierenden Zeichens stehen, die Jesus ständig entgegentritt (Mk 8,11 f. par.; Mt 12, 38 f. par.; Lk 11,16; 23,8; Mk 15,29–32 par.); auch diese Forderung ist vorösterlich, denn die Urkirche kennt zwar das den Missionar beglaubigende Zeichen, aber der Gedanke eines Jesus legitimierenden Zeichens lag ihr fern, weil Gott dieses Zeichen schon gegeben hatte – in Gestalt der Auferstehung Jesu (→Dupont, 63). Schließlich ist die Größe der zelotischen Versuchung für die Jünger aus antizelotischen Worten wie Mk 4,26–29; 12,17; 13,22 u. ö. zu ersehen (s. S. 219–221).

16. Die Erinnerung daran, daß Jesus während seines Erdenlebens angefochten wurde, hat außer den Evangelien auch der Hebräerbrief aufbehalten (2,18; 4,15).

17. Der »Starke« ist bei Lukas nicht bloß Hausherr, sondern schwerbewaffneter Burgherr; seine Festung wird von seinem Gegner gestürmt und seine »Rüstung« (Panzer, Helm, Schild, Schwert) wird ihm (wie sonst getöteten Feinden) ausgezogen, sein Besitz als »Beute« verteilt.

steht. Jesus begegnet dem Vorwurf der Gegner, er treibe mit Hilfe des Satans die Dämonen aus. Er weist diesen Vorwurf als widersinnig ab: wie kann ein Satan den anderen austreiben? Vielmehr hat, so fährt Jesus fort, seine Macht über die Dämonen einen anderen Grund: er hat den Gewappneten besiegt, Satan gefesselt; jetzt kann er ihm seinen Besitz rauben. Mit dem Gleichnis vom Zweikampf sagt Jesus also: Nicht als Werkzeug des Satans, sondern als Überwinder des Satans treibe ich die Dämonen aus. Diese Selbstaussage Jesu muß zur ältesten Überlieferung gerechnet werden. Einerseits ist der Vorwurf des Teufelsbündnisses, also der Magie, alt (s. u. S. 95). Andererseits steht das Gleichnis in einer gewissen Spannung zur urchristlichen Christologie, derzufolge Jesus auf Grund seiner Kreuzigung und Auferweckung der Überwinder des Satans ist (so 1 Kor 15,24; Kol 2,15; Eph 1,20f.)[18]. Wir haben es also auch hier höchstwahrscheinlich mit einem Stück vorösterlicher Überlieferung zu tun. In diesem Gleichnis vom Zweikampf nun spielt Jesus mit der Fesselung des Starken offensichtlich auf ein bestimmtes Ereignis an, wobei es sich nur um die Mk 1,12f. geschilderte Überwindung der Versuchung handeln kann.

Besonders bemerkenswert ist, daß zwei Logien, die in visionärer Schau vom Satan reden, als *Ich-Worte Jesu* überliefert werden. Es handelt sich um Lk 22,31f., wo Jesus den Satan als Ankläger der Jünger vor Gottes Thron und sein eigenes Eintreten als Fürsprecher für Simon beschreibt ($\dot{\varepsilon}\gamma\grave{\omega}\ \dot{\varepsilon}\delta\varepsilon\acute{\eta}\vartheta\eta\nu$), und um 10,18, wo Jesus jubelnd ausruft, er habe gesehen ($\dot{\varepsilon}\vartheta\varepsilon\acute{\omega}\varrho o \upsilon\nu$), wie Satan, jählings aus dem Himmel ausgestoßen, wie ein Blitz auf die Erde herabgefallen sei[19]. Dazu kommt, daß es nach Ausweis des Hebräerevangeliums eine Überlieferung gegeben hat, derzufolge Jesus von der Entrückung auf den Berg in der ersten Person erzählt hat[20]. Diese in der Ich-Form gehaltenen Überlieferungen besagen, daß Jesus zu seinen Jüngern von seiner Versuchung durch Satan, seinem Kampf gegen ihn und seinem Sieg über ihn geredet hat.

Warum er es tat, kann unschwer vermutet werden. Die Jünger waren beständig in der gleichen versuchlichen Lage wie er selbst (Lk 22,28); die in der politischen Messiashoffnung liegende Versuchung war bei Jesu Lebzeiten auch die ihre. Um sie gegen diese Versuchung zu stärken, wird Jesus ihnen von seiner eigenen Erfahrung und von seiner Überwindung der Versuchung erzählt haben.

Das dürfte der historische Kern sein, der hinter der Versuchungsgeschichte steckt.

---

18. Vgl. W. Grundmann, Die Geschichte Jesu Christi, Berlin 1957 = ³1960, 274.

19. $\pi\varepsilon\sigma\acute{o}\nu\tau a$, aram. *nepal*, ist ein semitisierendes Quasipassiv, vgl. Apk 12,9 $\dot{\varepsilon}\beta\lambda\acute{\eta}\vartheta\eta\ \acute{o}\ \delta\varrho\acute{a}\varkappa\omega\nu\ \acute{o}\ \mu\acute{\varepsilon}\gamma\alpha\varsigma$; Joh 12,31 $\acute{o}\ \ddot{\alpha}\varrho\chi\omega\nu\ \tau o\tilde{\upsilon}\ \varkappa\acute{o}\sigma\mu o \upsilon\ \tau o\acute{\upsilon}\tau o \upsilon\ \dot{\varepsilon}\varkappa\beta\lambda\eta\vartheta\acute{\eta}\sigma\varepsilon\tau\alpha\iota$.

20. S. o. Anm. 9.

3. Der Sinn der Berichte

Nach alter, vorösterlicher Überlieferung ging dem Auftreten Jesu also nicht nur das Tauferlebnis mit der Offenbarung, die in der Gebetsanrede 'Abba ihr Echo findet, voran, sondern noch ein ganz anderes Ereignis: die Abweisung der Versuchung des politischen Messianismus. Das heißt: zur Sendung Jesu gehört nicht nur der göttliche Auftrag, sondern auch das Ja Jesu zu seiner Sendung in Gestalt der Überwindung der Versuchung.

Wir haben bisher den traditionellen Ausdruck »Versuchungsgeschichte« beibehalten. Doch muß das jetzt berichtigt werden. Versuchung ist eine irreführende Bezeichnung. Die Vokabel πειρασμός, die im NT 21mal vorkommt, hat an nicht weniger als 20 Stellen die Bedeutung »Prüfung, Erprobung, Anfechtung« und bezeichnet nur an einer einzigen Stelle eindeutig die »Versuchung zur Sünde« (1 Tim 6,9)[21]. Auch Lk 4,13 ist sie mit »Prüfung, Anfechtung« zu übersetzen[22]. Denn der Sinn der sogenannten »Versuchungsgeschichte« ist ja doch keinesfalls, daß Jesus zu einer Sünde verleitet werden sollte und dem widerstand; es geht vielmehr um das Ja Jesu zu seiner Sendung. Deshalb sollte man die mißverständliche, weil moralisierende Bezeichnung »Versuchungsgeschichte« vermeiden. Nicht der versuchte, sondern *der angefochtene Jesus* steht vor uns.

Alle großen Frommen des Alten Bundes mußten ihren Glauben in der Anfechtung bewähren. Als die hervorragendsten Beispiele erprobten Glaubens nennt das Neue Testament Abraham und Hiob[23]. Von Abrahams Erprobung sagt Paulus, daß er »glaubensvoll zu hoffen wagte, wo nichts mehr zu hoffen war« (Röm 4,18), und von Hiob sagt der Jakobusbrief: »Von der Geduld Hiobs habt ihr gehört und habt gesehen, wie der Herr es hinausgeführt hat; denn der Herr ist barmherzig und ein Erbarmer« (Jak 5,11). Ebenso ist Jesus geprüft worden, ob er bereit war, auf den leichten Weg des öffentlichen Beifalls zu verzichten und gehorsam den schweren Weg zu gehen, wie er Jes 42,1ff. vorgezeichnet war – in der Schriftstelle, auf die ihn die Berufung bei der Taufe gewiesen hatte (s. o. S. 60f.): »Er (mein Knecht) wird nicht schreien noch rufen, noch seine Stimme hören lassen auf der Gasse. Geknicktes Rohr wird er nicht zerbrechen und glimmenden Docht nicht auslöschen« (V. 2f.). Doch wird man dem Bericht über die Anfechtung Jesu schwerlich gerecht, wollte man ihren Sinn darauf beschränken, daß Jesus der Verlockung widerstand, politische Macht und äußere Erfolge zu erringen. Denn es ist angesichts des Gesamtbildes, das uns die Quellen vermitteln, undenkbar, daß für Jesus politische Ambitionen eine ernsthafte Anfechtung gewesen wären. Hier führt das ὕπαγε

---

21. M. H. Sykes, And Do Not Bring Us to the Test, ET 73, 1961/62, 189f., hier 189.
22. Entsprechendes gilt vom Verbum πειράζειν in Mk 1,13; Mt 4,1.3; Lk 4,2.
23. Vgl. K. H. Rengstorf, Das Evangelium nach Lukas, NTD 3¹³, Göttingen 1968, zu 4,2.

ὀπίσω μου, σατανᾶ (Mk 8,33) weiter, mit dem Jesus den wohlmeinenden Rat des Petrus, sich dem Leidensweg zu entziehen, als satanisch zurückweist. Die ganz ungewöhnliche Erregung, die aus diesem scharfen Wort spricht, zeigt, daß Jesus vor einer Anfechtung steht, die ihn im Innersten traf. Man wird von Mk 8,33 aus rückschließen dürfen. Die sogenannte »Versuchungsgeschichte« wird erst verständlich, wenn nicht nur das Jes 42,1 ff. Gesagte ihren Hintergrund und den Gegenstand der Anfechtung Jesu bildet, sondern wenn eingeschlossen ist, was in den folgenden Kapiteln des Jesaja-Buches, namentlich in 52,13–53,12, über den Gottesknecht gesagt ist. Wir kommen auf die hiermit zusammenhängenden Fragen in § 24 zurück.

Jesus hat der Stunde seiner Anfechtung eschatologische Bedeutung beigemessen. Das Gleichnis vom Zweikampf zeigt, daß er seine Bewährung als die Überwindung des Satans deutete und daß er von ihr seine Vollmacht über die bösen Geister ableitete. Denn der Sieg über den Satan bedeutet den Anbruch der Heilszeit.

Kapitel III: Der Anbruch der Heilszeit

So vieles für immer im dunkeln bleiben wird, wenn wir nach dem Geheimnis der Sendung Jesu fragen, so klare Information besitzen wir über seine Wirksamkeit in Wort und Tat.

§ 9 Die Wiederkehr des erloschenen Geistes

R. *Meyer*, Der Prophet aus Galiläa, Leipzig 1940. – O. *Cullmann*, Die Christologie des Neuen Testaments, Tübingen 1957, ⁴1966. – W. *Foerster*, Der Heilige Geist im Spätjudentum, in: NTS 8, 1961/62, 117–134. – F. *Hahn*, Christologische Hoheitstitel, FRLANT 83, Göttingen 1963, ²1964. – M. *Hengel*, Nachfolge und Charisma. Eine exegetisch-religionsgeschichtliche Studie zu Mt 8,21 f. und Jesu Ruf in die Nachfolge, BZNW 34, Berlin 1968. – Im übrigen wird auf die Wörterbücher s. v. πνεῦμα und προφήτης verwiesen.

1. Der Prophet

In seinem äußeren Auftreten hat Jesus gewisse Ähnlichkeit mit den Schriftgelehrten. Er lehrt, von einem Kreis von Schülern umgeben; er disputiert über die Auslegung des Gesetzes; er wird um juristische Entscheidungen angegangen[1]; er predigt im Synagogengottesdienst; er wird mit Rabbi angeredet[2]. Im vorigen Jahrhundert sprach man daher gern von Jesus als dem Rabbi von Nazareth – so noch mit Nachdruck Bultmann in seinem Jesusbuch[3]. Das ist schwerlich berechtigt[4]. Denn, soviel wir wissen, fehlte Jesus die grundlegende Voraussetzung zum Schriftgelehrten, das theologische Studium.

Der Ausbildungsgang der Schriftgelehrten in der Zeit Jesu war genau geregelt[5]. Der angehende Rabbi lebte zunächst, vom Alter zwischen sieben und zehn Jahren ab, jahrelang bei einem Gelehrten als Schüler *(talmid)*, hörte seine Lehrvorträge und beobachtete ihn bei der Berufsausübung und bei der praktischen Erfüllung der Vorschriften. Wenn der Schüler den Traditionsstoff beherrschte und anzuwenden verstand, wurde er zum *talmid ḥakam*, d. h. für ordinationsfähig, erklärt, bis man ihn schließlich ordinierte[6] und ihm ein Amt anvertraute.

---

1. Lk 12,13 f.; Mk 12,13 ff. par.; auch Joh 7,53–8,11 gehört hierher (s. o. S. 77, Anm. 15).
2. Mk 9,5; 11,21; 14,45; Mt 26,25; öfter bei Johannes; auch die Anrede mit διδάσκαλος (Mk 4,38; 9,17.38; 10,17.20.35 u. ö.) dürfte auf ῥαββί zurückgehen.
3. Jesus (Die Unsterblichen 1), Berlin 1926 = Tübingen 1964, 55 f. Doch s. u. S. 243, Anm. 20.
4. →Hengel, 46–55: »Jesus war kein ›Rabbi‹«.
5. Jeremias, Jerusalem³, 265–278, bes. 267 f.; E. Lohse, ῥαββί, ῥαββουνί, ThW VI, 1959, 962–966: 693.
6. E. Lohse, Die Ordination im Spätjudentum und im Neuen Testament, Göttingen und Berlin 1951.

Wir haben keinen Anhalt dafür, daß Jesus eine derartige Ausbildung durchgemacht hat. Im Gegenteil: Der Abstand zu den Schriftgelehrten fiel nach Mk 1,22 par. von Anfang an auf, und es wurde gegen ihn der Vorwurf erhoben, er lehre, ohne autorisiert zu sein (Mk 6,2; Joh 7,15). Wenn er mit Rabbi angeredet wird, dann ist das nicht ein Theologentitel; denn Rabbi,»mein Herr«, war im ersten nachchristlichen Jahrhundert allgemein gebrauchte respektvolle Anrede (vgl. Mt 23,8)[7]. Auch daß Jesus in den Synagogen predigt, beweist nicht, daß er studierter Theologe war; denn wir haben keinen Anhalt dafür, daß bereits in Jesu Tagen die sich an die Lektion aus den Propheten anschließende Schriftauslegung den Theologen vorbehalten war.[8]

Jesus ist denn auch nicht als Fachtheologe, sondern als *Charismatiker* angesehen worden (Mk 1,22 par.), und das einhellige Urteil über ihn war: er ist ein Prophet. So lautet immer wieder das Echo im Volk (Mk 6,15 par.; 8,28 par.; Mt 21,11.46; Lk 7,16; Joh 4,19; 6,14; 7,40.52; 9,17) und selbst, freilich mit Skepsis verbunden, in den Kreisen der Pharisäer (Lk 7,39; Mk 8,11 par.)[9]. Auch Jesu Jünger haben in ihm nach Lk 24,19 einen Propheten gesehen. Als falscher Prophet ist Jesus schließlich verhaftet und angeklagt worden. Das ergibt sich aus dem Bericht über seine Verspottung in der jüdischen Haft.

Die Evangelien berichten von drei völlig verschiedenen Verspottungen Jesu. Die Wachmannschaft des Synedriums (so richtig Lk 22,63) trieb mit ihm eine Art Blindekuhspiel[10], indem die Bewacher ihm die Augen zuhielten, ihn ohrfeigten und mit dem Zuruf προφήτευσον aufforderten, zu raten, wer ihn geschlagen habe (Mk 14,65 par.). Die Leibwache des Tetrarchen Herodes Antipas hängte Jesus, der lukanischen Sonderquelle zufolge, einen weißen Mantel um, der das Kennzeichen des national-jüdischen Königsornates war (Lk 23,11)[11]. Die römische Soldateska endlich verspottete ihn mit rotem Soldatenmantel und Dornenkranz (Mk 15,16–20 par.): purpurne Chlamys und Kranz waren die Insignien der hellenistischen Fürsten[12]. Die Verhöhnung travestiert jeweils die Anklage. Das ist bei der zweiten und dritten Verspottung besonders deutlich: der Mummenschanz mit dem weißen und dem roten Herrschermantel spiegelt den politischen Charakter der vor dem römischen Statthalter erhobenen Anklage wider. In unserem Zusammenhang kommt es auf die erste Verspottung an, die vor (Lk 22,63–65) bzw. nach (Mk 14,65 par.) dem Verhör durch das Synedrium erfolgte. Schon das Blindekuhspiel selbst, vollends aber der nicht spielgemäße Zuruf προφήτευσον, zeigt, daß Jesus vor dem Hohenrat als falscher Prophet angeklagt worden ist; als solcher mußte er

---

7. Dalman, Worte Jesu, 275; Billerbeck I 916 unten; E. Lohse, ῥαββί κτλ., ThW VI, 1959, 962; Jeremias, Abba, 44.

8. I. Elbogen, Der jüdische Gottesdienst in seiner geschichtlichen Entwicklung³, Breslau 1931 = ⁴Hildesheim 1962, 197: erst im 2. nachchristlichen Jahrhundert wird die Predigt zur ausschließlichen Domäne der Schriftgelehrten.

9. Die Zeichenforderung setzt voraus, daß Jesus Prophet ist, und beinhaltet, daß er sich als solcher legitimieren soll.

10. W. C. van Unnik, Jesu Verhöhnung vor dem Synhedrium (Mc 14,65 par.), ZNW 29, 1930, 310f.

11. R. Delbrueck, Antiquarisches zu den Verspottungen Jesu, ZNW 41, 1942, 124–145, hier 140–142.

12. Delbrueck, a. a. O., 138.144.

gemäß Dt 18,20 (vgl. 13,6) sterben, und zwar gemäß 17,13 zur Abschreckung während des Festes[13]. Die drastisch geschilderte Szene des rohen Spiels, das die Wachmannschaft des Synedriums mit Jesus treibt, ist eine sehr glaubwürdige Überlieferung, weil sie von Markus und Lukas unabhängig voneinander überliefert wird, tendenzlos erzählt wird und bei beiden frei von christologischer Übermalung ist[14]. Gerade ihre Belanglosigkeit gibt der kleinen Episode hohen historischen Wert als unbefangener Nachricht über die Anklage, die vor der obersten jüdischen Behörde gegen Jesus erhoben worden ist.

Jesus selbst hat das Urteil, er sei ein Prophet, nicht abgelehnt. Obwohl sein Sendungsauftrag damit nicht vollständig umschrieben war (s. u. S. 86f.), stellte er sich in die Reihe der Propheten (Lk 13,33; Mt 23,31f. 34–36 par. 37–39 par.; vgl. Mk 6,4 par.; Lk 4,24; Joh 4,44). Er tut es nicht nur an den Stellen, an denen er den Terminus »Prophet« benutzt, sondern auch da, wo er den Geistbesitz in Anspruch nimmt. Denn für die Synagoge war der Besitz des heiligen Geistes, d. h. des Geistes Gottes[15], das Kennzeichen der Prophetie schlechthin. Gottes Geist besitzen heißt Prophet sein[16].

In der Tat hat Jesus wiederholt ausdrücklich den *Besitz des Geistes* für sich in Anspruch genommen, so gleich in dem ersten der 13 markinischen Amen-Worte:

ἀμὴν λέγω ὑμῖν ... ὃς δ' ἂν βλασφημήσῃ εἰς τὸ πνεῦμα τὸ ἅγιον, οὐκ ἔχει ἄφεσιν εἰς τὸν αἰῶνα (Mk 3,28f.)[17].

Nach Mt 12,28 (par. Lk 11,20) führt Jesus ferner seine Dämonenaustreibungen auf Gottes Geist zurück. Zufolge Lk 4,18–21 (vgl. Mt 5,3 par. Lk 6,20; Mt 11,5 par. Lk 7,22 Ende) hat er die Geistweissagung aus Jes 61,1 auf sich bezogen, was angesichts der erstaunlichen Selbstaussagen des Lehrers der Gerechtigkeit heute nicht mehr so undenkbar erscheint wie noch vor kurzem[18]. Hinzu kommen die Worte, die die Mitteilung des Geistbesitzes an die Jünger voraussetzen. Hier ist vor allem Mk 6,7 (vgl. Mt 10,8) zu nennen, wo Jesus den Jüngern ἐξουσίαν τῶν πνευμάτων τῶν ἀκαθάρτων verleiht (vgl. Mt 12,28), ferner Mk 13,11, wo der Geist den Jüngern als Beistand vor Gericht verheißen wird, und Logien wie Lk 6,23.26 par. Mt 5,12, die die Jünger in die Reihe der Propheten stellen. Alle diese Stellen lassen erkennen, daß Jesus seit seiner Berufung bei seiner Taufe (s. o. S. 61f.) *prophetische Vollmacht* beansprucht hat. Aufs Ganze gesehen, sind die Worte Jesu, die seinen Geistbesitz erwähnen, nicht sehr zahlreich, was damit zusammenhängt, daß Jesus, im Unterschied etwa zu Paulus, mehr in Bildern als in theologischen Begriffen ge-

---

13. Jeremias, Abendmahlsworte[4], 72f.
14. Anders Mt 26,68: χριστέ.
15. In der Wendung *ruḥa dequdša* ist *qudša* sachlich Umschreibung des Gottesnamens.
16. S. o. S. 59.
17. S. u. S. 149.
18. G. Jeremias, Lehrer der Gerechtigkeit, 319–353 (Der Lehrer der Gerechtigkeit und der historische Jesus): 325.

sprochen hat. Beispielsweise redet Jesus Lk 11,20 (in der älteren Fassung der eben zitierten Stelle Mt 12,28) von seinem Geistbesitz, ohne die Vokabel »Geist Gottes« zu benutzen; denn wenn es hier $ἐν\ δακτύλῳ\ θεοῦ$ heißt, wobei der »Finger Gottes« Bild für das direkte Eingreifen Gottes ist, so zeigt die Matthäusparallele, $ἐν\ πνεύματι\ θεοῦ$, daß dieses Eingreifen Gottes durch den Geist bewirkt gedacht ist. Analog spricht das Logion Joh 7,37 vgl. V. 39 vom Geist unter dem Bild des Lebenswassers; auch in dem völlig singulären Gebrauch von $ἀμήν$ kommt der Anspruch auf Inspiration zum Ausdruck[19]. Wie stark das prophetische Sendungsbewußtsein das Wirken Jesu bis in seine Sprechweise hinein bestimmt hat, sieht man an der ausgiebigen Verwendung des Parallelismus und des Rhythmus, von der in § 2 ausführlich berichtet wurde, sowie der Vorliebe für die Paronomasie und die mit ihr verbundenen Klangfiguren; mit diesen Ausdrucksformen der gehobenen Sprache, die großenteils bei der Übertragung ins Griechische verlorengegangen sind, folgt Jesus dem Vorbild der Propheten.

Die Altertümlichkeit der Überlieferung, in der Jesus als Prophet und Geistträger erscheint, ergibt sich daraus, daß sie nicht auf die Urkirche zurückgeführt werden kann. Denn diese hat den Titel »Prophet« als Christusprädikat nach Möglichkeit vermieden, weil sie ihn als zu niedrig empfand. Außerdem fehlt in dem Bilde Jesu als Geistträger, das uns die Evangelien vermitteln, die Glossolalie; der urchristliche Pneumatiker hat also nicht Modell gestanden[20]. Schließlich steht die Geistverleihung an die Jünger bei Jesu Lebzeiten in Spannung zu der späteren Anschauung, wonach der Geist erst zu Pfingsten herabkam. Wie lebhaft man diese Schwierigkeit empfand, kann man aus Joh 7,39 sehen. Hier wird der Heilandsruf am Laubhüttenfest

»wen dürstet, der komme,
und es trinke, wer an mich glaubt«

(V. 37 f., so abzuteilen, vgl. Apk 22,17 b)

zunächst zutreffend[21] auf das Angebot des Geistes gedeutet ($τοῦτο\ δὲ\ εἶπεν\ περὶ\ τοῦ\ πνεύματος$ V. 39 a), dann aber heißt es in flagrantem Widerspruch zu Ruf und Deutung: $οὔπω\ γὰρ\ ἦν\ πνεῦμα,\ ὅτι\ \text{'}Ιησοῦς\ οὐδέπω\ ἐδοξάσθη$ (V. 39 b).

2. Der erloschene Geist

Daß Jesus sich als Prophet und Geistträger wußte und als solcher angesehen wurde, heißt nun aber nicht, daß er sich einfach als ein Glied in die Kette der vielen alttestamentlichen Gottesboten eingereiht hätte. Denn diese Reihe war

---

19. S. o. S. 36 f.

20. E. Schweizer, $πνεῦμα\ κτλ$. E, ThW VI, 1959, 394–450: 401: die Gemeinde hat es konsequent vermieden, »Jesus einfach als ersten Pneumatiker zu schildern«.

21. Rabbinische Belege für die Deutung der Wasserspende am Laubhüttenfest auf das »Schöpfen des Heiligen Geistes« (vgl. Jes 12,3) bei J. Jeremias, Golgotha, Angelos-Beiheft 1, Leipzig 1926, 82 f.

abgebrochen, weil nach der Überzeugung der Synagoge der Geist erloschen war. Ob sich diese Anschauung schon in jungen Stellen des Alten Testaments findet (z. B. in dem Klagelied Ps 74,9)[22], ist sehr fraglich; sicher liegt sie vor im 1 Makkabäerbuch (4,46; 9,27; 14,41)[23], in der apokalyptischen Literatur (deren Pseudonymität schon die Überzeugung ausdrückt, daß es in der Gegenwart keine Prophetie gibt)[24], bei Josephus[25] und dann ausführlich in der rabbinischen Literatur. Die Auffassung war folgende[26]: In der Zeit der Erzväter hatten alle Frommen und Rechtschaffenen den Geist Gottes. Als Israel die Sünde mit dem goldenen Kalb beging, beschränkte Gott den Geist auf auserwählte Männer, Propheten, Hohepriester und Könige[27]. Mit dem Tod der letzten Schriftpropheten, Haggai, Sacharia und Maleachi, *erlosch der Geist*[28] um der Sünde Israels willen[29]. Seitdem, so glaubte man, redete Gott nur noch durch den »Widerhall seiner Stimme« *(bat qol* = Echo)[30], einen armseligen Ersatz[31].

Nun ist diese Meinung nicht absolut herrschend gewesen. Die vereinzelten Zeugnisse des hellenistisch-jüdischen Schrifttums für ein gegenwärtiges Wirken des Geistes[32] besagen zwar für Palästina wenig. Aber auch in Palästina hat wiederholt eschatologischer Enthusiasmus[33] zu der Hoffnung geführt, der Geist sei wieder am Werk[34]. Auch Qumran ist als Ausnahme zu nennen. In den Lobliedern (vor allem den späteren sogenannten »Gemeindeliedern«)[35] redet der Beter wiederholt von dem »Geist, den du (Gott) in mich gegeben hast«[36], nämlich beim Eintritt in die Gemeinde, und er fügt hinzu, daß er durch Gottes heiligen Geist gereinigt worden sei[37] und Gotteserkenntnis empfangen habe[38]. Dazu stimmt, daß Josephus zweimal

22. »Kein Prophet ist mehr da; niemand unter uns weiß, für wie lange.«
23. Anders R. Meyer, προφήτης κτλ., ThW VI, 1959, 813–828: 816f., aber sein Vorschlag, 1 Makk 4,46; 9,27; 14,41 auf Johannes Hyrkan zu deuten, überzeugt nicht.
24. Ausdrücklich syrApkBar 85,3: »Die Propheten haben sich schlafen gelegt.«
25. C. Ap. 1,41.
26. Billerbeck I 127–134; II 128–134.
27. Z. B. David Mk 12,36.
28. Tos. Soṭa 13,2.
29. Billerbeck I 127 unter b.
30. Billerbeck I 125.127 unter a.
31. Billerbeck I 126.
32. Sap 9,17, vgl. 7,7; und Joseph und Aseneth 8,11, wo vom Geistempfang Aseneths die Rede ist.
33. Oder die Verehrung bedeutender Gelehrter (Billerbeck I 127 unter b; II 128f.).
34. R. Meyer, προφήτης κτλ. C., ThW VI, 1959, 813–828: 824f. 826f.
35. Die literarkritische Scheidung zwischen Lehrerpsalmen und Gemeindepsalmen führte erstmalig G. Jeremias, Lehrer der Gerechtigkeit, 168–177, durch.
36. 1QH 12,11f.; 13,19; 14,13 (ergänzt); 16,11; Fragm. 3,14. Doch vgl. schon 1QH 7,6f.
37. 1QH 16,12.
38. 1QH 12,11f. Vgl. H.-W. Kuhn, Enderwartung und gegenwärtiges Heil. Untersuchungen zu den Gemeindeliedern von Qumran, SUNT 4, Göttingen 1966, 130–139.

von einem Essener zu berichten weiß, der die Gabe der Weissagung besaß[39], wobei allerdings auffällt, daß er die Vokabeln προφήτης/προφητεύειν, offensichtlich mit Absicht, umgeht. Doch wird nicht gesagt, daß der Geist von den Essenern als antizipierte eschatologische Heilsgabe verstanden worden sei; er erscheint eher als kontinuierlicher Besitz der essenischen Gemeinde als des wahren Gottesvolkes.

Mehr als eine Ausnahme ist Qumran nicht. Die herrschende Meinung des orthodoxen Judentums war die Überzeugung, daß der Geist erloschen sei[40]. Sie wird auch im Neuen Testament als Allgemeingut vorausgesetzt. Das gilt zunächst vom Täufer (Mk 1,8 par.) und von seiner Gemeinde. Wenn die Johannesjünger in Ephesus sagen ἀλλ' οὐδ' εἰ πνεῦμα ἅγιον ἔστιν ἠκούσαμεν (Apg 19,2), so besagt das natürlich nicht: »Wir haben noch nie gehört, daß es so etwas wie Heiligen Geist gibt«, sondern: »Wir haben noch nichts davon gehört, daß er wieder da ist«. Was die Worte Jesu anlangt, so wird die scharfe Antithese Mk 3,28f. nur von der Vorstellung vom erloschenen Geist her verständlich (s. u. S. 149). Für die Urkirche ist diese Vorstellung Apg 2,17 vorausgesetzt, wo zum zitierten Bibeltext (Joel 3,1 LXX) ἐν ταῖς ἐσχάταις ἡμέραις hinzugefügt wird, ferner Röm 8,23 (ἀπαρχή); 2 Kor 1,22;5,5; Eph 1,14 (ἀρραβών); 1 Thess 4,8 (vgl. Ez 36,27; 37,14); Hebr 6,4f. (... δυνάμεις τε μέλλοντος αἰῶνος); Joh 7,39 (οὔπω γὰρ ἦν πνεῦμα).

In der Vorstellung vom erloschenen Geist kommt das Wissen um die Gottesferne der Gegenwart zum Ausdruck. Zeit ohne Geist ist Zeit unter dem Gericht. Gott schweigt. Erst in der Endzeit würde die notvolle Epoche des Heilsentzuges ein Ende finden und der Geist wiederkommen. Es gibt zahlreiche Zeugnisse dafür, wie sehr man sich nach dem Kommen des Geistes sehnte[41].

3. Die abschließende Offenbarung

Jesus hat im Täufer einen Propheten gesehen, ja περισσότερον προφήτου (Mt 11,9 par. Lk 7,26). Entsprechend hat er von sich selbst gesagt: ἰδοὺ πλεῖον Ἰωνᾶ ὧδε (Mt 12,41 par. Lk 11,32). Wir können erst jetzt ermessen, was diese Äußerungen bedeuten. Die Zeit der Dürre und des Gerichtes geht zu Ende. Der erloschene Geist kehrt zurück nach langer Unterbrechung. Gott bricht sein Schweigen und redet wieder wie einst in den Tagen der Propheten.

Aber damit ist nicht alles gesagt. Da ist ein »Mehr«: »mehr als ein Prophet«, »mehr als Jonas«. Dieses »Mehr« weist darauf hin, daß nicht nur vergangene Heilsgeschichte aufgenommen wird, sondern daß sie überboten wird, mit

---

39. Ant. 13,311-313; 15,373-379. Vgl. 17,345-348: Traumdeutung durch die Essener; Bell. 2,159: verallgemeinernde Bemerkung, daß die Essener die Zukunft voraussagen.

40. I. Heinemann, Die Lehre vom heiligen Geist, MGWJ 66-67, 1922-23, 177; E. Sjöberg, πνεῦμα κτλ. C III, ThW VI, 1959, 373-387: 383f.; →Foerster, 117-122; A. Nissen, Tora und Geschichte im Spätjudentum, NovTest 9, 1967, 241-277; zurückhaltender H.-W. Kuhn, a. a. O. 130-139, 117-120. Zu R. Meyer, προφήτης κτλ. C., ThW VI, 1959, 813-828, s. o. Anm. 23.

41. Billerbeck II 134 unter t; 615f.

anderen Worten, dieses »Mehr« hat eschatologischen Klang. Es ist soweit. Mit dem neuen Wirken des Geistes hat die Heilszeit begonnen. Gott redet letztmalig und endgültig. Die eschatologische Rückkehr des Geistes besagt, daß Gott für immer bei seiner Gemeinde bleiben will, um sein Heilswerk zu vollenden. Die eschatologische Gegenwart des Geistes bedeutet also Neuschöpfung. Τὸ πνεῦμά ἐστιν τὸ ζωοποιοῦν (Joh 6,63)[42].

Wenn Jesus sagt, daß die Heilszeit, die Zeit des Geistes, bereits mit der Wirksamkeit des Täufers begonnen habe, so heißt das nun aber nicht, daß er sich mit ihm auf eine Stufe gestellt hätte (s. o. S. 56). Hier ist mehr als der Täufer (Mt 11,11 par. Lk 7,28), hier ist der Anbruch der Basileia, hier ist auch mehr als Moses (Mt 5,21–48; Mk 10,5 par.). Am schärfsten ist dieses Vollmachtsbewußtsein Mt 5,17 ausgesprochen:

μὴ νομίσητε, ὅτι ἦλθον καταλῦσαι τὸν νόμον ἢ τοὺς προφήτας·
οὐκ ἦλθον καταλῦσαι ἀλλὰ πληρῶσαι.

Gegen das Alter des Logions hat man angeführt, daß ἦλθον auf die Wirksamkeit Jesu als abgeschlossene zurückblicke[43]. Doch trifft die Behauptung, wie Mt 11,19 zeigt, nicht einmal für den griechischen Wortlaut zu; vollends gilt sie nicht für das zugrundeliegende aramäische *'atet*, das einfach »ich bin da«, »ich will«, »es ist meine Aufgabe« besagen kann[44]. Auf der anderen Seite spricht für die Altertümlichkeit des Wortes, daß es eines der ganz wenigen[45] Worte Jesu ist, die uns aramäisch überliefert sind.

Die crux des Spruches ist das Wort πληρῶσαι. Vom Griechischen her kann man mit: »(durch die Tat) erfüllen«, »halten« übersetzen (vgl. Mt 3,15; Röm 8,4 u. ö.), was aber nur auf das Gesetz, nicht auf die Propheten zuträfe, oder mit: »(Verheißungen) erfüllen« (vgl. Mt 2,17.23 u. ä.), was umgekehrt zwar zu den Propheten, nicht aber zum Gesetz passen würde. Um diesem Dilemma zu entgehen, schlug Dalman als zugrundeliegendes aramäisches Äquivalent *limeqajjama* (=»bestätigen«, »für gültig erklären«) im Sinne von »zur Geltung bringen« vor[46]. Das gäbe guten Sinn, hat aber die sprachliche Schwierigkeit gegen sich, daß Formen von *qum* in LXX nie mit πληροῦν wiedergegeben werden und daß das Neue Testament für »zur Geltung bringen« vielmehr ἱστάναι sagt (Röm 3,31; Hebr 10,9). Hier hilft der aramäische Wortlaut weiter, wie ihn b. Šab. 116b überliefert. Der Kontext des Zitats, eine Verhöhnung der christlichen Botschaft, braucht uns hier nicht zu beschäftigen; wichtig ist nur die ausdrückliche Feststellung, das Zitat stamme aus einem Evangelium[47]. Es lautet[48]:

---

42. J. Jeremias, Jesus als Weltvollender, BFChTh 33,4. Gütersloh 1930, 16f.
43. Bultmann, syn. Trad., 167f.
44. Zu der Bedeutung von *'ata (ba) le* m. Inf.: »beabsichtigen«, »wollen«, »sollen«, »die Aufgabe haben« gab ich Belege in: Die älteste Schicht der Menschensohn-Logien, ZNW 58, 1967, 159–172, hier 167.
45. S. o. S. 16f.
46. Jesus-Jeschua, 57.
47. Vgl. Billerbeck I 241. K. G. Kuhn, Giljonim und sifre minim, in: W. Eltester Hg., Judentum, Urchristentum, Kirche, BZNW 26, Berlin 1960 = ²1964, 24–61, hier 54 Anm. 110, hat eine eindringende und erhellende Auslegung des Kontextes geboten und gezeigt, daß die das Christentum verspottende Anekdote, in deren Rahmen das Wort überliefert ist, dem 3. Jh.

'ana la lemiphat min 'orajeta demošä 'atet
*'ella*⁴⁹ *le'osope 'al 'orajeta demošä 'atet.*
»Ich kam nicht, um vom Gesetz Mosis wegzunehmen,
vielmehr kam ich, um zum Gesetz Mosis hinzuzufügen.«
Nach b. Šab. 116b entspricht also καταλῦσαι aramäischem *miphat* »wegnehmen« und πληρῶσαι aramäischem *'osope* »vermehren, hinzufügen, ergänzen«⁵⁰. Dieses Verständnis von πληρῶσαι als »auffüllen« deckt sich mit der üblichen Exegese von Mt 5,17b im Judenchristentum, wie wir durch die pseudoclementinischen Recognitionen⁵¹ und neuerdings durch eine von einem mohammedanischen Autor verarbeitete judenchristliche Quelle erfahren, die Mt 5,17b folgendermaßen wiedergibt⁵²:
»Ich kam nicht, zu vermindern,
sondern, im Gegenteil, zu vervollständigen⁵³«.
Vom Sprachlichen her spricht alle Wahrscheinlichkeit dafür, daß die judenchristliche Überlieferung damit den ursprünglichen Sinn von πληρῶσαι erhalten hat.

Jesus erwidert also auf die Unterstellung (μὴ νομίσητε), er sei Antinomist, nicht die Auflösung der Tora, sondern ihre Auffüllung sei seine Aufgabe. Die Wiedergabe von *'osope* mit πληρῶσαι im Griechischen bringt zutreffend zum Ausdruck, daß die »Auffüllung« das Erreichen des Vollmaßes bezweckt. Es

---

n. Chr. zuzuweisen ist. Damit ist jedoch natürlich nicht gesagt, daß auch der Text des Logions selbst erst so spät entstanden sei.

48. Text: L. Goldschmidt, Der babylonische Talmud I, Den Haag 1953, 599.

49. *'ella* cod. M (vorgezogen von Franz Delitzsch, Merx, Chwolson, Jastrow, Goldschmidt, Laible, A. Meyer, Bahn, Resch, Strack, Aufhauser, J. Weiss, Billerbeck, Fiebig, Klostermann, Ljungman, Stauffer, K. G. Kuhn, Grundmann), *wela* cod B (vorgezogen von Güdemann, Graetz, Chajes, Levy, Herford, Klausner, Dalman, Baeck, Schoeps), vgl. E. Stauffer, Die Botschaft Jesu damals und heute, Dalp-Taschenbücher 333, Bern–München 1959, 34f.162f. Die beiden Lesarten ergeben entgegengesetzten Sinn. Die Lesart *'ella* (»ich kam nicht wegzunehmen ..., sondern hinzuzufügen ...«) besagt, daß Jesus etwas Neues bringt, die Lesart *wela* (»ich kam weder, um wegzunehmen ..., noch um hinzuzufügen ...«), daß Jesus alles beim alten läßt. Für die Lesart *'ella* spricht die inhaltliche Übereinstimmung mit Jesu sonstiger Stellungnahme zum Alten Testament und das Zeugnis der sofort zu erwähnenden neugefundenen judenchristlichen Quelle. Die Lesart *wela* ist eine Umgestaltung des Logions, die die Kanonisationsformel Dt 4,2; 13,1, vgl. Apk 22,18f. aufgreift, die es verbietet, den heiligen Text durch Streichungen oder durch Erweiterungen zu ändern.

50. Die aramäischen Äquivalente von καταλῦσαι und πληρῶσαι wären auch für den Fall bedeutsam, daß das Zitat b. Šab. 116b nicht auf selbständige Überlieferung, sondern auf eine Übersetzung des Matthäusevangeliums nach Art des Nazaräerevangeliums zurückgehen sollte. Sie würden dann zeigen, wie das Logion von der Überlieferung im semitischen Sprachbereich verstanden wurde.

51. I 39,1 (GCS 51, 31 Rehm): *Ut autem tempus adesse coepit, quo id quod deesse Moysei institutis diximus impleretur ...*

52. S. Pines, The Jewish Christians of the Early Centuries of Christianity According to a New Source, Israel Academy of Sciences and Humanities II 13, Jerusalem 1966, 5.

53. Arab. *mutammiman*.

liegt die Vorstellung des eschatologischen Maßes vor, die Jesus auch sonst benutzt[54]; πληρῶσαι ist also eschatologischer terminus technicus. Das heißt: mit dem Logion Mt 5,17 erhebt Jesus den Anspruch, *der eschatologische Gottesbote* zu sein, der verheißene Prophet wie Moses (Dt 18,15.18)[55], der die endgültige Offenbarung bringt und darum absoluten Gehorsam fordert. In der Tat zieht sich dieser Anspruch Jesu, die abschließende Offenbarung zu bringen, durch seine Worte hindurch. Er kommt besonders deutlich im Schema der Antithesen Mt 5,21-48 zum Ausdruck, die wegen des für das Gefühl der Zeit unerhörten Widerspruchs gegen die Tora zum Urgestein der Überlieferung gehören[56]. Der Gotteswille der Basileia, so proklamiert Jesus, steht über dem Gotteswillen der alttestamentlichen Zeit (Mk 10,1-12).

Wir fassen zusammen. Die Gegenwart des Geistes ist Zeichen des Anbruchs der Heilszeit. Seine Wiederkehr bedeutet das Ende des Gerichts und den Anfang der Gnadenzeit. Gott kehrt zu seinem Volk zurück. Als Träger des Geistes ist Jesus nicht nur einer in der Reihe der Propheten, sondern Gottes letzter und endgültiger Bote. Seine Verkündigung ist eschatologisches Ereignis. In ihr manifestiert sich der Anbruch der Weltvollendung. Gott spricht sein letztes Wort.

Wo immer aber im biblischen Raum der Geist Gottes sich offenbart, geschieht es auf zweifache Weise: ἐν ἔργῳ καὶ λόγῳ (Lk 24,19; vgl. Mk 1,27; 1 Thess 1,5 u. ö.). Beides gehört unlöslich zusammen. Nie ist das Wort ohne die begleitende Tat, nie die Tat ohne das verkündigende Wort. So auch bei Jesus: Die abschließende Offenbarung manifestiert sich zweifach (vgl. Mt 11,5 f. par.): in mächtigen Taten (§ 10) und im vollmächtigen Wort (§ 11-12).

§ 10 Die Überwindung der Satansherrschaft

O. *Weinreich*, Antike Heilungswunder, Religionsgeschichtliche Versuche und Vorarbeiten VIII, 1, Gießen 1909. – P. *Fiebig*, Rabbinische Wundergeschichten des neutestamentlichen Zeitalters, KlT 78, Bonn 1911 = ²Berlin 1933; *ders.*, Jüdische Wundergeschichten des neutestamentlichen Zeitalters, Tübingen 1911. – A. *Schlatter*, Das Wunder in der Synagoge, BFChTh 16,5, Gütersloh 1912. – *Dibelius*, Formgeschichte, Sachregister »Wunder«. – *Bultmann*, syn. Trad. 223-260. – A. *Fridrichsen*, Le problème du miracle dans le christianisme pri-

---

54. Mt 23,32 (Vollmaß der Sünde); Mk 13,20 (Verkürzung des Maßes der Notzeit); 4,29 (Ernte als Vollmaß der Zeit); vgl. Mk 1,15 πεπλήρωται ὁ καιρός. Sonst im Neuen Testament: Röm 11.25 (Vollzahl der Heiden); Gal 4,4 (Vollmaß der Zeit); Apk 6,11 (Vollzahl der Märtyrer) u. ö.
55. Vgl. Joh 6,14; 7,40. Der Artikel (ὁ προφήτης) weist auf Dt 18,15.18.
56. Zur Frage der Echtheit der Antithesen, insbesondere zu der verbreiteten Ansicht, daß nur in einigen von ihnen die einleitende Bezugnahme auf die Tora ursprünglich sei, s. u. § 22.

mitif, Strasbourg 1925. - O. *Bauernfeind*, Die Worte der Dämonen im Markusevangelium, BWANT 3,8, Stuttgart 1927. - *W. Foerster*, δαίμων κτλ., ThW II, 1935, 1-21. - *A. Oepke*, ἰάομαι κτλ., ThW III, 1938, 194-215. - *H. van der Loos*, The Miracles of Jesus, Suppl Nov Test 9, Leiden 1965.

1. Die Wunderberichte der Evangelien

»Gott salbte ihn mit heiligem Geist und Kraft. Er zog umher, wohltuend und alle vom Teufel Geknechteten heilend; denn Gott war mit ihm«, sagt die Apostelgeschichte (10,38). Und die vier Evangelien berichten von Jesus zahlreiche Heilungen von Krankheiten aller Art[1], drei Totenauferweckungen[2] und sieben Naturwunder[3]. Eine kritische Untersuchung dieser Berichte führt zu vier Ergebnissen.

Erstens: Der Stoff an Wunderberichten verringert sich ganz erheblich, wenn man ihn literar- und sprachkritisch analysiert.

Prüft man die Wundergeschichten *literarkritisch*, so läßt sich die Tendenz beobachten, die Wunder zu steigern. Die Zahlen wachsen[4]. Die Wunder werden vergrößert[5]. Dubletten werden überliefert[6]. Summarien verallgemeinern die Wundertätigkeit Jesu[7]. In mehreren Fällen läßt sich zeigen oder wenigstens vermuten, daß eine Wundergeschichte aus einem *sprachlichen* Mißverständnis erwuchs. So dürfte am Entstehen der Legende vom Ausfahren der Dämonen in eine Riesenherde von 2000 Schweinen (Mk 5,12f. par.) maßgeblich die Doppeldeutigkeit von aram. *ligjona* beteiligt sein, das 1. Legion, 2. Legionär bedeutet. Wenn der böse Geist des Besessenen auf die Frage nach seinem Namen antwortet: λεγιὼν ὄνομά μοι, ὅτι πολλοί ἐσμεν (Mk 5,9), so dürfte das ursprünglich bedeutet haben: »Ich heiße Soldat, weil es

---

1. Besessenheit (Mk 1,21-28 par.; 5,1-20 par.; 7,24-30 par.); Fieber (1,29-31 par.); Aussatz (s. Anm. 6); Lähmung (Mk 2,1-12 par.; Mt 8,5-13 par.; Joh 5,1-18); Auszehrung (Mk 3,1-6 par.); Blutfluß (5,25-34 par.); Taubstummheit (s. Anm. 6); Blindheit (s. Anm. 6); Epilepsie (9,14-29 par.); Verkrümmung (Lk 13,10-17); Wassersucht (14,1-6); Schwertwunde (22,51).

2. S. Anm. 5.

3. S. Anm. 14.

4. Mk 10,46 ein Blinder / Mt 20,30 zwei; Mk 5,2 ein Besessener / Mt 8,28 zwei; Mk 8,9 viertausend / 6,44 fünftausend (+ Mt 14,21; 15,38; χωρὶς γυναικῶν καὶ παιδίων); Mk 8,8 sieben Körbe / 6,43 zwölf.

5. Vgl. Mk 5,35 mit Lk 7,12 und Joh 11,39.

6. Fünf Blindenheilungen (Mk 8,22-26; 10,46-52 par.; Mt 9,27-31; 12,22; Joh 9,1-34), drei Heilungen eines Taubstummen (Mk 7,32-37; Mt 9,32-34; Lk 11,14 [par. Mt 12,22 ist er außerdem noch blind]), zwei Aussatzheilungen (Mk 1,40-45 par.; Lk 17,12-19), zwei Speisungen (Mk 6,34-44: 5000; 8,1-9: 4000), zwei wunderbare Fischzüge Lk 5,1-11; Joh 21,1-14.

7. Mk 1,32-34 par. 39 par.; 3,7-12 par.; 6,55f. par. Matthäus hat Heilungssummarien in die Markusvorlage eingefügt (Mt 14,14 diff. Mk 6,34; Mt 19,2 diff. Mk 10,1; ferner Mt 9,35; 21,14f.) und Angaben des Markus über Heilungen Jesu verallgemeinert (Mt 4,23f. diff. Mk 1,39; Mt 15,30 diff. Mk 7,32).

viele meiner Art gibt (und wir uns gleichen wie ein Soldat dem anderen)«. Das Wort *ligjona* wurde irrtümlich als »Legion« verstanden: »Ich heiße Legion, weil unsere Zahl groß ist (und ein ganzes Regiment von uns in dem Kranken haust)« – und schon hatte man die Vorstellung von der Besessenheit des Kranken durch Tausende böser Geister[8]. Von da aus war es dann nicht mehr weit zu der Legende vom Ausfahren der Dämonen in die Schweine, die an den (ursprünglich in V. 14 fortgeführten) V. 11 anknüpft und das Motiv vom betrogenen Teufel verwendet. – Zu den aus einem sprachlichen Mißverständnis erwachsenen Wundern gehört vielleicht auch die Geschichte von der Verfluchung des Feigenbaums (Mk 11,12–14.20). Das im Aramäischen dem φάγοι (V. 14) zugrundeliegende Imperfekt *jekol* war mehrdeutig. Es könnte ursprünglich futurischen Sinn gehabt haben, später aber irrig als Optativ verstanden worden sein[9]. Unterstellt man diese Möglichkeit, dann wäre aus einer Ankündigung der Nähe des Endes (»niemand *wird* mehr von deinen Früchten essen [weil das Ende kommt, bevor sie reif sind]«)[10] ein Fluchwort geworden (»niemand *möge* mehr von deinen Früchten essen«) und aus diesem das Fluchwunder. – Auch die Geschichte vom Seewandeln Jesu (Mk 6,45–52 par.; Joh 6,16–21) könnte infolge eines sprachlichen Mißverständnisses aus einer Sturmstillungsgeschichte (vgl. Mk 4,35–41 par.) erwachsen sein[11]. – Schließlich ist im Rahmen dieser kritischen Analyse noch zu erwähnen, daß einige Wundererzählungen ihre Entstehung der *Freude an der Ausschmückung* einer Geschichte oder eines Logions verdanken dürften. Der Bericht, daß bei der Verhaftung Jesu einem der Knechte des Hohenpriesters ein Ohr abgehauen wurde (Mk 14,47 par.), mußte dazu verlocken, ihn durch Jesus geheilt werden zu lassen (Lk 22,51), und wenn die Zeichen der Heilszeit (Lk 7,22, s. u. S. 106f.) erst einmal als Aufzählung vollzogener Wunder mißverstanden worden waren, dann lag es nahe, dem Logion eine Schilderung des heilenden Herrn (V. 21) voranzuschicken. – Bei der Geschichte vom Stater im Fischmaul (Mt 17,24–27) ist die Annahme doch recht einleuchtend, daß V. 27 ursprünglich besagte: »Wirf deine Angel in den See, verkaufe den Fang und bezahle vom Erlös die Tempelsteuer«; die Verbreitung des Märchenmotivs vom Wertstück im gefangenen Fisch (Ring des Polykrates, kostbare Perle), das auch in der jüdischen Legende vorkommt[12], macht es unschwer vorstellbar, daß die Worte ἀνοίξας τὸ στόμα αὐτοῦ εὑρήσεις στατῆρα (V. 27) in die Geschichte eindringen und sie in eine Wundergeschichte verwandeln konnten. – Endlich gehört hierher die Geschichte vom Fischzug des Petrus (Lk 5,1–11, vgl. Joh 21,1–11), die das Wort vom »Menschenfischen« (Lk 5,10; Mk 1,17 par.) »symbolisch vorausdarstellen« dürfte[13].

Wir sehen: bei einer literar- und sprachkritischen Untersuchung der Wundergeschichten schmilzt der Stoff beträchtlich zusammen. Besonders beachtenswert ist, daß sich, wenn das Gesagte richtig ist, für nicht weniger als vier der

---

8. J. Jeremias, Jesu Verheißung für die Völker, Stuttgart 1956 = ²1959, 26 Anm. 99.

9. J. Jeremias bei H. W. Bartsch, Die »Verfluchung« des Feigenbaums, ZNW 53, 1962, 256–260, hier 258.

10. Bartsch, a. a. O. 257f.

11. ἐπὶ τῆς θαλάσσης (Mk 6,48f.; Mt 14,26; Joh 6,19) ist doppeldeutig und kann a) »am See(ufer)« (vgl. Joh 21,1), b) »auf dem See« bedeuten. Ursprünglich wird die erste Bedeutung sein und der Akzent der Geschichte auf Mk 6,51 (ἐκόπασεν ὁ ἄνεμος) gelegen haben.

12. Billerbeck I 614. 675.

13. Bultmann, syn. Trad. 232.

sechs synoptischen Naturwunder die sekundäre Entstehung plausibel machen läßt[14]. Es ist schwerlich zufällig, daß sich gerade Naturwunder als Zuwachs zu erkennen geben.

Zweitens: Eine weitere Reduktion erfährt der Stoff, wenn wir die *rabbinischen* und *hellenistischen* Wundergeschichten zum Vergleich heranziehen.

In der zeitgenössischen populären Literatur, besonders auf hellenistischem Gebiet, finden wir ebenfalls Berichte über Dämonenaustreibungen, Heilungen, Totenauferweckungen, Sturmstillungen, Weinwunder. Einige dieser Wunderberichte weisen so enge Berührungen mit denjenigen der Evangelien auf, daß der Schluß kaum zu umgehen ist, daß die christliche Überlieferung Anleihen in ihrer Umwelt gemacht und zum mindesten einzelne Motive von ihr übernommen hat. So haben wir eine dem Apollonios von Tyana (1. Jh. n. Chr.) zugeschriebene Geschichte von der Auferweckung einer jungen Braut, die bis in Einzelheiten hinein Ähnlichkeit mit der Erweckung des Jünglings zu Nain (Lk 7,11-17) aufweist[15]; von Vespasian wird die Heilung eines Blinden unter Verwendung von Speichel (vgl. Mk 8,23) berichtet[16]; wir hören von einem Geheilten, der das Bett, auf dem er gebracht worden war, fortträgt (vgl. Mk 2,11 par.; Joh 5,8)[17], und die Verwandlung von Wasser in Wein ist ein verbreiteter Zug des Dionysosmythos und -kults. Wodurch die Übernahme etwa einer Totenerweckungsgeschichte veranlaßt sein konnte, läßt der Kontext von Lk 7,11-17 vermuten, die Perikope von der Anfrage des Täufers, die Jesus mit der Aufzählung von Kennzeichen der Heilszeit beantwortet (7,18-23, s.u. S. 106f.). Sobald man nämlich diese Aufzählung irrtümlich als Liste von fünf Wundern verstand, die Jesus in Gegenwart der Boten vollbracht habe (Lk 7,21f.; Mt 11,4), mußte der Wunsch entstehen, für jedes dieser Wunder, also auch für das νεκροὶ ἐγείρονται, einen Beleg zu haben; Matthäus bietet denn auch in Kap. 8-9 Belege zu allen fünf Wundern, wenn auch in anderer Reihenfolge.

Die Urkirche hat die Wunderfreudigkeit ihrer Zeit geteilt; die Wunderberichte der Apostelgeschichte bestätigen es. Man muß sich, um das zu verstehen, in die allgemeine Atmosphäre der Umwelt einfühlen. Der antike Mensch, zumal der Morgenländer, verfügt über große Phantasie, er liebt hohe Zahlen und ungewöhnliche Begebenheiten. Wunderberichten steht nicht nur der einfache Mann unkritisch gegenüber. Vieles, was für unser Empfinden außergewöhnlich ist, ist es für den antiken Menschen gerade nicht. So kann es nicht überraschen, daß die Urkirche Wundergeschichten auf Jesus übertrug, weil sie in ihnen ein Hilfsmittel sah, die Herrlichkeit und Vollmacht ihres Herrn zur Darstellung zu bringen und sie den Menschen der Zeit in einer ihnen geläufigen Sprache zu verkündigen.

---

14. Seewandeln (Mk 6,45-52 par.); Verfluchung des Feigenbaums (Mk 11,12-14.20 par.); Stater im Fischmaul (Mt 17,24-27); Fischzug des Petrus (Lk 5,1-11). Die beiden restlichen sind die Sturmstillung (Mk 4,35-41 par.) und die Speisung in der Wüste (Mk 6,34-44 par.; 8,1-9 par.); ein siebentes Naturwunder steht im Johannesevangelium (2,1-11).

15. Philostratus, Vita Apolonii 4,45.

16. Tacitus, Hist. 4,81; Sueton, Vesp. 7,21f.

17. Lukian, Philopseudes 11, vgl. Bultmann, syn. Trad., 248.

Drittens: Einen Schritt weiter führt die *formgeschichtliche* Analyse der Wunderberichte der Evangelien; denn sie gibt Hilfsmittel an die Hand, eine jüngere hellenistische Überlieferungsschicht von einer älteren palästinischen abzuheben.

Der glänzendste Abschnitt in Bultmanns Geschichte der synoptischen Tradition ist das Kapitel über die Wundergeschichten[18]. Er wies hier nach, daß die *Topik* der Wunderberichte, die sich in der Antike herausgebildet hatte[19], in zahlreichen neutestamentlichen Wundererzählungen wiederkehrt. Kennzeichnend für diese Topik ist beispielsweise, daß die Heilungsberichte mit einer Exposition beginnen (Schrecklichkeit der Krankheit, vergebliche Heilungsversuche usw.), daß die Heilung selbst geschildert wird (sie erfolgt durch eine Geste, ein Wort, Speichel usw.), daß auf die wunderbare Heilung eine Demonstration folgt (der Lahme trägt sein Bett, der Blinde sieht usw.) und daß der Eindruck des Wunders geschildert wird (Chorschluß, d. h. Ausrufe der Augenzeugen, die Staunen oder Furcht zum Ausdruck bringen, usw.).

Damit war ein wichtiges Hilfsmittel für die Analyse der Wundergeschichten der Evangelien gewonnen. Nur unterlief Bultmann insofern ein Irrtum, als er der Ansicht war, daß die stilgemäße Erzählung einer Wundergeschichte das ältere Stadium der Überlieferung darstelle (S. 228). De facto liegt es umgekehrt: das Fehlen der Topik ist Kennzeichen des Alters. Hier sah M. Dibelius klarer. Er zeigte, daß wir in den Evangelien zwei Typen von Wundererzählungen finden, einerseits Geschichten, die ganz die innere Seite des Vorgangs in den Mittelpunkt stellen, andererseits solche, denen es auf eine Ausmalung des Wunders ankommt[20]. Diese zutreffende Beobachtung veranlaßte Dibelius, die Wundergeschichten in zwei Kategorien aufzuteilen: eine durch eine einfache Erzählungsweise gekennzeichnete und eine mit profanen Motiven arbeitende Gruppe. Der ersten Gruppe wies er neben anderen Erzählungen folgende Wundergeschichten zu: Mk 2,1–12; 3,1–6 sowie als »minder reinen Typs«[21] 1,23–28; 10,46–52; Lk 14,1–6[22]; der zweiten teilte er ausschließlich Wundergeschichten zu, nämlich Mk 1,40–45; 4,35–41; 5,1–20.21–43; 6,35–44.45–52; 7,32–37; 8,22–26; 9,14–29; Lk 7,11–17 und die großen Wundergeschichten des Johannesevangeliums Joh 2,1–11; 4,46–54; 5,1ff.; 9,1ff.; 11,1ff.[23]. Die beiden Gruppen, so schloß er weiter, seien so verschieden, daß sie einen unterschiedlichen »Sitz im Leben« haben müßten; er vermutete, daß die einfachen Schilderungen, also die erste Gruppe, in der Predigt als Beispiele verwendet wurden; die zweite Gruppe führte er auf Erzähler bzw. (da die Quellen, wie Dibelius selbst zugab[24], von urchristlichen Erzählern schweigen) auf die Lehrer zurück. Dementsprechend belegte er die erste Gruppe mit der Bezeichnung Paradigmen, die zweite nannte er (nicht sehr glücklich) Novellen. Diese Aufteilung läßt sich jedoch nicht durchführen, ja, sie erweist sich

---

18. S. 223–260.

19. Grundlegend zur Phänomenologie der Wunderberichte der Antike: →Weinreich; Texte bei →Fiebig; G. Delling, Antike Wundertexte, KlT 79², Berlin 1960. Eine Übersicht bei Bultmann, syn. Trad., 236–241; ferner Dibelius, Formgeschichte, 68–100.

20. Jesus, Sammlung Göschen 1130, Berlin 1939 = ⁴1966, 22–25; Formgeschichte, 34–100.

21. Formgeschichte, 40.

22. Ebd.

23. Formgeschichte, 68.

24. →Dibelius, Formgeschichte, 66.

bei näherem Zusehen als willkürlich. Gewiß besitzen wir einige Wundergeschichten, die frei von der Topik sind wie Mk 10,46–52; Lk 14,1–6; aber in anderen, von Dibelius zur Gruppe der Paradigmen gerechneten Wundergeschichten finden sich durchaus stilgemäße Züge, so Mk 2,1–12 die Demonstration (ἄρας τὸν κράβατον V. 12a) und der Chorschluß (V. 12b), und Mk 1,23–28 die Topik des Kampfes mit dem Dämon (s. S. 98). Eine Unterscheidung zwischen »Paradigma« und »Novelle« läßt sich mit Hilfe der Topik nicht durchführen. Vielmehr sind die Übergänge gleitend; die stilgemäßen Züge dringen erst zögernd, dann immer intensiver in die Wundererzählungen ein. Nicht zwei verschiedene Gattungen, Paradigma und Novelle, hilft uns die Topik zu unterscheiden, sondern zwei verschiedene Traditionsschichten in der mündlichen Überlieferung: die topikfreien Geschichten geben sich vielfältig als palästinisch zu erkennen, während das Eindringen der Topik zwar schon im palästinischen Raum einsetzt, im wesentlichen aber erst im hellenistischen Bereich erfolgt ist. Dieser Unterschied wird deutlich, wenn man beispielsweise die beiden Blindenheilungen Mk 10,46–52 und 8,22 bis 26 miteinander vergleicht. In der Geschichte von der Heilung des blinden Bettlers Bartimäus fehlt die Topik völlig. Wir erhalten keine Exposition (die uns etwa schilderte, wie alt der Blinde war, ob er von Geburt an blind war oder ob die Blindheit Folge einer Augenerkrankung war, warum sie in seinem Fall besonders bedrückend war usw.); das Wunder wird nicht geschildert, sondern nur ganz knapp festgestellt: καὶ εὐθὺς ἀνέβλεψεν; keine Demonstration; kein Chorschluß. Im Mittelpunkt der Geschichte steht nicht der Vollzug des Wunders, sondern Jesus, der den Ruf um Erbarmen (10,47f.) hört und den Glauben des Blinden anerkennt (V. 52). Was die Herkunft der Geschichte anlangt, so gibt sie sich vielfältig als palästinisch zu erkennen: es finden sich zwei aramäische Worte (*bar* V. 46, *rabbuni* V. 51); die Anrede υἱὲ Δαυίδ (V. 47f.) weist in jüdische Bereiche; die geschilderte Szene ist typisch orientalisch (daß der Blinde bettelt; der Umschwung in der Haltung der Menge, die ihm erst Schweigen gebietet, ihn dann ruft; die Erregung, die sich im Abwerfen des unentbehrlichen Mantels äußert). Ganz anders Mk 8,22–26. Hier ist die Topik allbeherrschend: die Ausschantung des Publikums[25], die Manipulationen (Verwendung von Speichel, dem die Volksmedizil-Heilkraft zuschrieb, und Handauflegung)[26], die Schwierigkeit der Heilung, die zu erneuter Handauflegung auf die Augen zwingt[27], das stufenweise Sicheinstellen des Sehvermögens[28], die mit drei Verben umschriebene geglückte Heilung, am Schluß nochmals die Ausschaltung des Publikums. Das Schema kehrt 7,32–37, in der Geschichte vom Taubstummen, abgewandelt wieder. Die Häufung der stilgemäßen Züge weist auf hellenistisches Gebiet[29].

Wir sind also auf eine ältere palästinische und eine jüngere hellenistische Fassung der Wunderberichte gestoßen, von denen die zweite Jesus als antiken Thaumaturgen schildert, während die erste in schlichter Erzählung die Voll-

---

25. Bultmann, syn. Trad., 239.
26. A. a. O. 237.
27. Ebd.
28. A. a. O. 240.
29. Es ist sehr bezeichnend, daß die Geschichte von der Heilung des Bartimäus in der Markusfassung frei von stilgemäßen Zügen ist, daß sich aber bei den Seitenreferenten die Topik sofort, wenn auch zaghaft, zu Wort meldet. Matthäus fügt eine stilgemäße kurze Schilderung des Wundervollzuges hinzu: ἥψατο τῶν ὀμμάτων αὐτῶν (20,34), Lukas ein Befehlswort: ἀνάβλεψον (18,42) und einen stilgemäßen Chorschluß (V. 43b).

macht Jesu ins Zentrum rückt. Das heißt: die formgeschichtliche Analyse der Wundergeschichten zieht im Ergebnis eine weitere Reduktion des Stoffes nach sich.

Die vierte Feststellung lautet: Auch bei schärfster Anwendung der kritischen Methoden und entsprechender Verringerung des Stoffes schält sich ein *Überlieferungskern* heraus, der fest mit den Ereignissen des Wirkens Jesu verbunden ist.

Der Vorwurf, Jesus treibe die Dämonen mit Hilfe des Dämonenfürsten aus (Mk 3,22b par.; Mt 9,34; Lk 11,15 vgl. Mt 10,25), er bediene sich also der Magie, ist schon wegen seiner Gehässigkeit und Anstößigkeit sicherlich nicht frei erfunden. Er ist undenkbar, ohne daß Ereignisse vorangingen, die ihn provozierten. Man sieht aus dem Vorwurf, daß Jesu Heilungen von seinen Gegnern nicht bestritten werden konnten, was rabbinische wie frühchristliche Nachrichten bestätigen[30]. Altes Gut dürfte auch die Geschichte vom fremden Exorzisten (Mk 9,38–40 par.) darstellen, weil sie den Gegensatz zwischen der Intoleranz der Jünger und der Toleranz Jesu ungeschminkt herausstellt; Matthäus läßt sie nicht zufällig fort. Wiederum ergibt sich ein ähnlicher Schluß: es ist undenkbar, daß jemand Jesu Namen zur Dämonenaustreibung benutzte, wenn Jesus nicht selbst Macht über die Geister bewiesen hätte. Noch schärfer werden die Jünger Mk 9,14ff. bloßgestellt; ihr exorzistisches Bemühen scheitert. Das ist ein Indiz für das Alter der Erzählung, weil die Überlieferung die Tendenz hat, die Jünger zu schonen. Ja, Mk 6,5a wird Jesus selbst ein Unvermögen zugeschrieben, wenn gesagt wird, daß er in Nazareth wegen des Unglaubens keine einzige Krafttat vollbringen konnte (οὐκ ἐδύνατο); der Anstoß, den der Zusatz V. 5b und die Umbildung Mt 13,58 zu mildern versuchen, verbürgt die Glaubwürdigkeit der Nachricht, die δυνάμεις Jesu als das Normale voraussetzt. Ferner sind die Sabbatkonflikte Jesu zu nennen. Sie gehören in den Bestand der Überlieferung fest hinein; wesentlich mit ihnen verbunden sind aber Heilungen Jesu am Sabbat. So ist das erste, was Markus nach der Jüngerberufung in einem alten, möglicherweise auf Petrus selbst zurückgehenden[31] Überlieferungszusammenhang (Mk 1,16–39) berichtet, eine Dämonenaustreibung am Sabbat in der Synagoge (1,23–28). Zum gleichen Überlieferungszusammenhang gehört die nüchtern, knapp, mit Einzelangaben und tendenzlos erzählte Heilung der am Fieber erkrankten Schwiegermutter des Petrus (1,29–31 par.). Alt muß auch das Logion Mt 11,20–22 par. sein, in dem Jesus Chorazin und Bethsaida bedroht, weil sie ihn trotz seiner Machttaten abwiesen (V. 21), da wir sonst nichts von einer Wirksamkeit Jesu in Chorazin hören. Auch die Aussätzigenheilung Mk 1,40–44 dürfte dem alten Überlieferungsgut zuzuweisen sein, man denke nur an das rätselhafte »Schnauben« (ἐμβριμησάμενος

---

30. Zu den Belegen bei Billerbeck I 631 ist noch b. Šab. 104b Bar. (Billerbeck I 39) zu stellen; vgl. ferner M. Hengel, Nachfolge und Charisma, BZNW 34, Berlin 1968, 44 Anm. 14.

31. Die Gründe können nur angedeutet werden: a) Mk 1, 21b–38 schildert die Ereignisse eines 24-Stunden-Tages, b) darunter eine relativ große Zahl bedeutungsloser Einzelzüge; c) sie werden in einem topographisch-chronologischen Zusammenhang geboten (wie sonst nur die Passionsgeschichte), d) der durch die Gestalt des Petrus hergestellt wird. e) Dieser wird mit seinem Eigennamen Σίμων benannt (1,16.29.30.36, sonst nur noch 3,16 und 14,37 bei Markus), der die älteste Schicht der Petrusüberlieferung kennzeichnet; f) die auffällige Wendung (1,36) Σίμων καὶ οἱ μετ' αὐτοῦ schließlich sieht wie die Umsetzung eines in der 1. Person gegebenen Berichtes in die 3. Person aus.

V. 43), das vermutlich die orientalische Zeichensprache für einen Schweigebefehl umschreibt³², und an den nicht minder merkwürdigen Dativus incommodi εἰς μαρτύριον αὐτοῖς (V. 44)³³, der die Heilung zu einem Belastungszeugnis gegen das ungläubige Volk stempelt. Worte wie Mt 7,22f. und Lk 10,20 endlich dürften deshalb alt sein, weil Jesus hier die Dämonenaustreibungen und Machttaten, die die Urkirche so schätzte, abwertet; sie sichern nicht den Zugang zur Basileia.

Es bleibt also auch bei Anlegen strenger kritischer Maßstäbe an die Wundergeschichten ein historisch erfaßbarer Kern. Jesus hat Heilungen vollbracht, die den Zeitgenossen erstaunlich waren. Es handelt sich dabei primär um die Heilung psychogener Leiden, insbesondere um das, was die Texte Dämonenaustreibungen nennen³⁴, die Jesus mit einem kurzen Befehlswort vollzieht³⁵, aber auch um die Heilung von Aussätzigen (im damaligen weiten Sinn des Wortes)³⁶, von Gelähmten und Blinden. Es sind Vorgänge, die in der Richtung dessen liegen, was die Medizin als Überwältigungstherapie bezeichnet.

Diese Heilungen waren nicht erst der Überlieferung, sondern schon Jesus selbst besonders wichtig, so wichtig, daß er in einem der alten Drei-Tage-Worte³⁷ seine ganze Wirksamkeit mit den Worten ἐκβάλλω δαιμόνια καὶ ἰάσεις ἀποτελῶ zusammenfassend umschreiben kann (Lk 13,32). Warum waren sie ihm so wesentlich?

2. Die Macht des Bösen[38]

Zur Zeit Jesu herrschte eine außerordentlich starke Dämonenfurcht[39], wie noch heute im islamischen Palästina. Krankheiten aller Art wurden auf Dämonen zurückgeführt, besonders die verschiedenen Formen von Geisteskrankheiten, deren äußeres Erscheinungsbild schon verriet, daß der Befallene nicht mehr sein eigener Herr war. Man versteht das Ausmaß der Dämonenfurcht

---

32. Während die Hand auf den Lippen liegt, wird stoßweise Luft durch die Zähne geblasen, vgl. E. E. Bishop, Jesus of Palestine, London 1955, 89. Für diese Deutung spricht V. 44. Das Morgenland liebt die Zeichensprache.

33. H. Strathmann, μάρτυς κτλ., ThW IV, 1942, 477–520: 508f.

34. Dämonenaustreibungen Jesu sind allein bei Markus an folgenden Stellen berichtet oder vorausgesetzt: 1,23–27.32–34.39; 3,11f.14f.22–27; 5,1–20; 6,7.13; 7,24–30; 9,14–29.38–40.

35. Mk 1,25.27; 5,8; 9,25; Lk 4,41 (ἐπιτιμᾶν).

36. Die Lepra ist im modernen Sinn des Wortes erst 1872 von dem norwegischen Arzt A. Hansen definiert worden. In alter Zeit bezeichnete man auch andere, z. B. psychogene Hautkrankheiten als »Aussatz«.

37. S. u. S. 271f.

38. W. Foerster, δαίμων κτλ., ThW II, 1935, 1–21; G. von Rad – W. Foerster, διαβάλλω, διάβολος, ThW II, 1935, 69–80; W. Foerster – K. Schäferdiek, σατανᾶς, ThW VII, 1964, 151–165.

39. Billerbeck IV 501–535 (21. Exkurs: Zur altjüdischen Dämonologie).

besser, wenn man beachtet, daß bei dem Fehlen von abgeschlossenen Irrenanstalten derartige Krankheiten anders als in unserer Welt an die Öffentlichkeit traten. Drastisch wird uns geschildert, wie ein Irrer mitten im Gottesdienst zu toben beginnt (Mk 1,26 par.); ich selbst erinnere mich, in meiner Jugend in Jerusalem einen Geisteskranken mit Schaum vor dem Mund brüllend durch die Straßen laufen gesehen zu haben (vgl. Mk. 5,5 b)[40]. Der Morgenländer der Zeit Jesu war mit solchen Erscheinungen vertraut und sah in der Heilung eines derartigen Kranken einen Sieg über den ihn beherrschenden Dämon. Daß auch die Evangelien sich die Geisteskrankheiten als Besessenheit durch Dämonen vorstellen, hat nichts Überraschendes. Sie reden in der Sprache und in der Vorstellung ihrer Zeit. In einer Hinsicht scheint jedoch Jesus die zeitgenössischen Vorstellungen umgestaltet zu haben. Im antiken Judentum werden die Dämonen zwar nicht ausschließlich (Mk 3,22 b), aber doch vorwiegend als Einzelwesen angesehen. Man nennt und kennt sie einzeln, wie die zahlreichen Dämonennamen[41] zeigen. Jesus dagegen betont den Zusammenhang der dämonischen Erscheinungen mit dem Satan. Mit verschiedenen Bildern wird dieser Zusammenhang zum Ausdruck gebracht. Satan erscheint als Befehlshaber, der eine Streitmacht (Lk 10,19: δύναμις) oder sogar eine Königsmacht (Mt 12,26 par. Lk 11,18: βασιλεία) beherrscht; die Dämonen sind seine Soldaten (s. S. 90f. zu Mk 5,9). Mt 10,25 benutzt Jesus ein Wortspiel, um Satan als Herrn des Hauses *(beʿel zebul,* s. o. S. 16) zu bezeichnen, der über sein Gesinde verfügt.

Die Welt des Bösen wird von Jesus also nicht atomistisch gesehen, sondern als Einheit. Das Böse verliert damit den Charakter des Vereinzelten und Zufälligen; es wird radikalisiert. Hinter seinen verschiedenen Erscheinungsformen steht der ἐχθρός schlechthin, der Zerstörer der Schöpfung. Wehrlos sind die Menschen seinem Heer böser Geister (Lk 10,19) ausgeliefert. Dieses Wissen um die Realität des Bösen gipfelt in der Gewißheit, daß die Macht des Bösen ihren Höhepunkt noch nicht erreicht hat: Satan wird sich zum Gott aufwerfen und Anbetung fordern (Mk 13,14). Erst dann, am Ende der Tage, wird der Pseudogott niedergeworfen werden: *tunc Zabulus*[42] *finem habebit* (Ass Mos 10,1).

---

40. In Samaria konzentrierte man die Irren in aller Öffentlichkeit bei den dort befindlichen Gräbern der Propheten Elisa und Obadja und des Täufers. Paula sah dort auf ihrer Pilgerfahrt 385 n. Chr., »wie Dämonen unter den verschiedenartigsten Qualen brüllten und wie Menschen vor den Gräbern der Heiligen heulten wie Wölfe, bellten wie Hunde, schnaubten wie Löwen, zischten wie Schlangen, brüllten wie Stiere, wie andere den Kopf herumschleuderten und rücklings die Erde mit dem Scheitel berührten ...« (Hieronymus, Ep. 108,13); vgl. J. Jeremias, Heiligengräber in Jesu Umwelt, Göttingen 1958, 19a.

41. Billerbeck IV 501–535 passim.

42. Lies *(Beel-) Zebulus* nach einem Vorschlag von P. Ernst Synofzik.

3. Die Überwindung des Satans

In diese vom Satan geknechtete Welt tritt Jesus in der Vollmacht Gottes, nicht nur, um Barmherzigkeit zu üben, sondern vor allem, um den Kampf mit dem Bösen aufzunehmen. O. Bauernfeind[43] hat gezeigt, daß das Markusevangelium die Dämonenaustreibungen Jesu als Kämpfe schildert, so z. B. Mk 1,23–28. Dort stoßen wir auf folgendes Schema: Der Besessene kommt mit einem Wort der Abwehr auf Jesus zu (V. 24a, als zwei Fragen zu lesen); die Abwehr steigert sich zum Angriff, denn auf sie folgt eine Beschwörung Jesu seitens des Dämons (οἶδά σε τίς εἶ, ὁ ἅγιος τοῦ θεοῦ V. 24b). Dem Befehl Jesu, zu schweigen und auszufahren (V. 25), setzt der Dämon einen letzten Widerstand entgegen, ehe er gehorcht (V. 26). Dieselbe Topik kehrt Mk 5,6–10 wieder. Die Vorstellung von den Dämonenaustreibungen als Kämpfen gegen böse Mächte wird auch von Jesus geteilt, wie das Gleichnis vom Zweikampf Mk 3,27 par. Lk 11,21 zeigt[44]. Hier ist das Bild vom eschatologischen Kampf benutzt, dessen Verbreitung die essenischen Texte (besonders 1 QM) erkennen lassen. Jesus deutet mit diesem Gleichnis seine Dämonenaustreibungen als Kampf, genauer als Beutemachen nach der Besiegung des Starken, wobei vielleicht Jes 53,12 (»Er soll die Starken zum Raube haben«) im Hintergrund steht. Lk 13,16 gebraucht er für die Heilung das Bild vom Zerbrechen der Fesseln der Opfer Satans.

Diese Siege über die Macht des Bösen sind nicht nur vereinzelte Einbrüche in das Reich Satans, sondern mehr: Manifestationen der angebrochenen Heilszeit und der beginnenden Vernichtung Satans (vgl. Mk 1,24 ἀπολέσαι). Das sagt Lk 11,20: εἰ δὲ ἐν δακτύλῳ (Mt 12,28 πνεύματι) θεοῦ ἐκβάλλω τὰ δαιμόνια, ἄρα ἔφθασεν[45] ἐφ' ὑμᾶς ἡ βασιλεία τοῦ θεοῦ. Jedesmal, wenn Jesus einen bösen Geist austreibt, ist das eine Antizipation der Stunde, in der der Satan sichtbar entmächtigt werden wird. Die Siege über seine Werkzeuge sind Prolepsen des Eschaton.

Dasselbe sagt Jesus von den Dämonenaustreibungen, die seine Jünger in seinem Auftrag vollziehen. Er sendet sie aus, das Reich zu verkündigen und gibt ihnen Gewalt über die Mächte des Bösen (Mk 3,14f.). Die Vollmacht über die Geister kehrt in den Sendungslogien ständig wieder und ist geradezu ein Kennzeichen dieser Worte (Mk 6,7 par.; Mt 10,8; Lk 10,19f. vgl. Mk 6,13 par.; Mt 7,22; Lk 10,17). Das ist alte Überlieferung, denn der Sendungsauftrag der urchristlichen Missionare lautete anders; er hatte christologischen Inhalt. Warum Jesus den Dämonenaustreibungen der Boten so großes Gewicht beilegt, zeigt der Jubelruf, mit dem Jesus auf den Bericht der zurückkehren-

---

43. Die Worte der Dämonen im Markusevangelium, BWANT 3,8, Stuttgart 1927.
44. S. o. S. 77f.
45. φθάνω dient bei Dan Θ 8mal zur Wiedergabe von *meṭa* »gelangen zu«, »eintreffen«.

den Jünger, daß auf ihr Wort die Geister weichen mußten, antwortet: ἐθεώρουν τὸν σατανᾶν ὡς ἀστραπὴν ἐκ τοῦ οὐρανοῦ πεσόντα (Lk 10,18). Da πίπτειν als semitisierendes Quasi-Passiv[46] hier mit »ausgestoßen werden« wiedergegeben werden muß, besagt das Logion: »Ich sah, wie Satan, jählings aus dem Himmel ausgestoßen, wie ein Blitz auf die Erde herabfiel«. Die Ausstoßung des Satans aus der himmlischen Welt setzt einen vorhergegangenen Kampf im Himmel voraus, wie er Apk 12,7–9 beschrieben wird. Jesu visionärer Jubelruf überspringt den zeitlichen Zwischenraum bis zur endgültigen Wende und sieht in den Dämonenaustreibungen der Jünger den Anbruch der Vernichtung des Satans. Jetzt schon ist es soweit: die bösen Geister sind machtlos, Satan wird vernichtet (Lk 10,18), das Paradies tut sich auf (V. 19), die Namen der Erlösten stehen im Buch des Lebens (V. 20)[47].

Für diese Aussagen bietet das zeitgenössische Judentum keine Analogie; von einer schon in der Gegenwart einsetzenden Überwindung des Satans weiß weder die Synagoge etwas noch Qumran. Freilich ist das alles paradox gesagt und nur dem Glaubenden sichtbar. Noch übt der Satan seine Macht aus. Darum legitimieren die ἔργα nicht; sie können auch als Teufelswerk verstanden werden (Mk 3,22). Aber da, wo man Jesus glaubt, klingt der Jubel auf, der das ganze Neue Testament durchzieht: die Macht Satans ist gebrochen! *Satana maior Christus* (Luther).

§ 11 Die anbrechende königliche Herrschaft Gottes

Dalman, Worte Jesu². – *Billerbeck* (1922), I 172–184.418f. – *H. Kleinknecht* – *G. von Rad* – *K. G. Kuhn* – *K.-L. Schmidt*, βασιλεύς κτλ., ThW I, 1933, 562–595. – *R. Schnackenburg*, Gottes Herrschaft und Reich, Freiburg 1959, ²1965. – *N. Perrin*, The Kingdom of God in the Teaching of Jesus, London 1963 (Forschungsgeschichte); *ders.*, Rediscovering.

1. Die Basileia als Zentralthema der öffentlichen Verkündigung Jesu

Der wiedergekehrte Geist Gottes manifestiert sich nicht nur in Taten, sondern auch im vollmächtigen Wort. Wenden wir uns diesem zu, so ist davon auszugehen, daß das zentrale Thema der öffentlichen Verkündigung Jesu die königliche Herrschaft Gottes war. In diesem Begriff fassen jedenfalls die drei ersten Evangelisten seine Botschaft zusammen, so Markus in dem an den Anfang

---

46. S. o. S. 78, Anm. 19.
47. Wir hatten o. S. 74f. schon gesehen, daß die Trias: Satanssturz – Unschädlichmachung der giftigen Tiere – Aufnahme der Namen in das Buch des Lebens Lk 10,18–20 der eschatologischen Trias: Überwindung des Satans – Unschädlichkeit der wilden Tiere – Tischdienst der Engel Mk 1,13 entspricht und daß es sich um Paradiesesmotive handelt.

gestellten Summarium 1,15, so Matthäus und Lukas in den Wendungen κηρύσσειν τὸ εὐαγγέλιον τῆς βασιλείας (Mt 4,23; 9,35) bzw. εὐαγγελίζεσθαι τὴν βασιλείαν (Lk 4,43; 8,1 vgl. 9,2.60). Daß sie mit diesen Formulierungen wirklich das Zentralthema getroffen haben, zeigt schon die Häufigkeit des Vorkommens von βασιλεία in den synoptischen Jesusworten, die mit der relativ spärlichen Zahl der Belege im zeitgenössischen Judentum und im übrigen Neuen Testament auffällig kontrastiert[1], besonders aber die bisher noch nicht beobachtete große Zahl von neu auftauchenden, von der Basileia handelnden Wendungen, die in der Literatur der Umwelt Jesu keine Parallele haben[2]; hinzu kommt schließlich die Wiederkehr des Ausdrucks in den verschiedensten Spruchgattungen und Zusammenhängen: von der Königsherrschaft handeln zahlreiche Gleichnisse, ferner apokalyptische Worte (Mk 9,47; Lk 17,20f.), insbesondere Worte über den Einlaß in die Basileia (Lk 13,24 u. ö.) und über das Mahl der Heilszeit (Mk 14,25 par.; Mt 8,11f. par.), Worte über die Nähe der Königsherrschaft (Mk 1,15 par.; 9,1 par.; Mt 11,12 par.; Lk 10,11), die Bitte um ihr Kommen (Lk 11,2 par.), die vielen paradoxen Meschalim über die Zugehörigkeit zu ihr (allen voran Mt 5,3 par., ferner Mk 10,14f. par. 23 bis 25 par.; Mt 5,10.19; 11,11 par.; 21,31; Lk 12,32), Mahnworte (Mt 6,33 par.; 19,12; Lk 9,62), Sendungsworte (Mt 10,7 par. Lk 10,9; 9,2.60) und das Wort vom Geheimnis der Basileia (Mk 4,11, vgl. Lk 11,20 par. Mt 12,28).

Zur Terminologie: In den Evangelien wechselt ἡ βασιλεία τοῦ θεοῦ mit ἡ βασιλεία τῶν οὐρανῶν. Beide Ausdrücke besagen dasselbe, denn οἱ οὐρανοί ist lediglich Umschreibung für Gott.

Welchen Ausdruck Jesus gebraucht hat, ist noch immer umstritten. Einen Anhaltspunkt für die Beantwortung dieser Frage gibt die Feststellung an die Hand, daß der Terminus »Himmelsherrschaft« in der jüdischen Literatur erstmals ein halbes Jahrhundert nach Jesu Wirksamkeit auftaucht, nämlich bei Rabban Joḥanan ben Zakkai, um 80 n. Chr.[3] Das völlige Schweigen der intertestamentarischen Literatur des Judentums macht es, wenn auch nicht völlig undenkbar, so doch sehr unwahrscheinlich, daß der Ausdruck »Himmelsherrschaft« bereits in Jesu Tagen gängige Redeweise gewesen und von Jesus aufgegriffen worden sein sollte. Andererseits spricht nichts dagegen, daß Jesus »Gottesherrschaft« gesagt hat. Gewiß hat er den Gottesnamen sehr oft umschrieben (s. o. S. 20f.), nach der synoptischen Tradition jedoch das Wort »Gott« keineswegs konsequent vermieden[3a]. Die Qumrantexte bestätigen, daß man in vorchristlicher Zeit keine Scheu hatte, 'el bzw. 'elohim zu gebrauchen. So dürfte also der Ausdruck »Himmelsherrschaft« sekundär sein. Er ist im judenchristlichen Raum beheimatet (Matthäus 31mal, Nazaräerevangelium 1mal)[4] und bürgerte sich hier ein im Zu-

---

1. S. o. S. 41; 43, Anm. 28.
2. S. o. S. 40–43.
3. j. Qidd. 59d 28.
3a. Markus hat 35, Matthäus 33, Lukas 65 Belege in Jesu Worten.
4. Sonst noch in einem Agraphon (zitiert von Tertullian, De baptismo 20,2), dreimal im Thomasevangelium (20. 54. 114, neben siebenmal »Königsherrschaft des Vaters« und zwölfmal »Königsherrschaft« absolut) und sechsmal im Philippusevangelium.

sammenhang mit der zunehmenden Tendenz im Judentum, das Wort »Gott« außerhalb von Bibelzitaten ganz zu vermeiden.

2. *Die futurische Bedeutung von* ἡ βασιλεία τοῦ θεοῦ *in den Worten Jesu*

Für das Verständnis der von der Basileia handelnden Worte Jesu ist es von großer Wichtigkeit, zu wissen, welche Vorstellungen die Menschen seiner Zeit mit dem Ausdruck »Königsherrschaft Gottes« verbanden[5]. Wir haben gesehen[6], daß er im vorchristlichen Judentum keine gängige Redeweise war; es sind nur relativ wenige Belege, die wir besitzen, auch wenn wir die Stellen hinzunehmen, an denen das Verb *malak* und das Nomen *mäläk* auf Gott angewendet werden.

Fest steht, daß das Wort *malkuta* für den Morgenländer einen anderen Klang hat als für den Abendländer das Wort »Königreich«. Denn nur ganz vereinzelt bezeichnet im Alten Testament *malkut* ein Reich im räumlichen Sinn, ein Territorium, vielmehr fast immer die Regierungsgewalt, Autorität, Macht eines Königs[7]. Dabei wird *malkut* nie abstrakt verstanden, sondern immer als im Vollzug befindlich. Die Königsherrschaft Gottes ist also weder ein räumlicher noch ein statischer, vielmehr ein *dynamischer Begriff*[8]. Er bezeichnet die königliche Herrschaft Gottes in actu, zunächst im Gegensatz zu irdischer Königsherrschaft, dann aber zu aller Herrschaft im Himmel und auf der Erde. Ihr Hauptkennzeichen ist, daß Gott das ständig ersehnte, auf Erden nie erfüllte Königsideal der Gerechtigkeit verwirklicht. Die königliche Gerechtigkeit besteht für die Vorstellungen der Völker des Orients ebenso wie für diejenigen Israels seit Urzeiten nicht primär in unparteiischer Rechtsprechung, sondern im

---

5. Dalman, Worte Jesu², 79–83.310–314.361–363; Billerbeck I 172–184; →Kuhn, βασιλεύς, 570–573. P. Billerbeck hat mir erzählt, daß er den Anstoß zur Abfassung seines monumentalen Werkes erhielt, als er als junger Vikar über einen Text zu predigen hatte, in dem vom »Himmelreich« die Rede war, er aber nirgendwo in den Kommentaren eine Auskunft darüber fand, wie die Menschen zur Zeit Jesu den Ausdruck verstanden.

6. S. o. S. 41.

7. Z. B. Dan 6,29 *bemalkut darjawäš* »unter der Regierung des Darius«; vgl. Apk 17,12, wo βασιλεία parallel zu ἐξουσία ὡς βασιλεῖς steht.

8. Man erkennt das besonders deutlich an den Stellen der Synoptiker, an denen βασιλεία mit temporalem ἐν (Jeremias, Abendmahlsworte⁴, 176) verbunden ist: Mt 20,21 ἐν τῇ βασιλείᾳ σου heißt nicht »in deinem Königreich«, sondern muß, wie die Parallele Mk 10,37 ἐν τῇ δόξῃ σου zeigt, personal mit »wenn du König bist« übersetzt werden; Mt 16,28 ἐρχόμενον ἐν τῇ βασιλείᾳ αὐτοῦ »als König kommend«; Mk 14,25 ἐν τῇ βασιλείᾳ τοῦ θεοῦ »wenn Gott seine Königsherrschaft aufgerichtet haben wird«; Lk 22,20 ἐν τῇ βασιλείᾳ μου »wenn ich König sein werde«; 23,42 ἐν τῇ βασιλείᾳ σου (mit ℵ C ℜ Θ *pl* als die schwierigere Lesart dem εἰς τὴν βασιλείαν σου P⁷⁵ BL lat vorzuziehen) »wenn du als König (wieder)kommst«.

Schutz, den der König den Hilflosen, Schwachen und Armen, den Witwen und Waisen, angedeihen läßt[9].

Wichtig ist weiter, daß die Vorstellung von der Königsherrschaft Gottes im antiken Judentum in zwei Ausprägungen vorhanden gewesen ist[10]. So wie es zwei Äonen gibt, den gegenwärtigen und den zukünftigen, so redet man auch von einer (dauernden) Herrschaft Gottes in diesem Äon und einer (zukünftigen) Königsherrschaft Gottes im neuen Äon. Diese Unterscheidung geht auf das Alte Testament zurück, wo sie jedoch, wenigstens explizit, erst spät auftaucht[11]. Zum erstenmal wird bei Daniel klar unterschieden. Von der Königsherrschaft Gottes im jetzigen Äon ist 4,31 die Rede: »Ich pries und ehrte den, der ewiglich lebt, dessen Gewalt ewig ist und dessen Königsherrschaft von Geschlecht zu Geschlecht währt«, von der zukünftigen Herrschaft 2,44: »Zur Zeit dieser Könige wird der Gott des Himmels eine Königsherrschaft aufrichten, die nimmermehr zerstört werden wird; und diese Königsherrschaft wird keinem anderen Volke überlassen werden. Sie wird alle diese Königsherrschaften zermalmen und zerstören; aber sie selbst wird ewig bleiben«. Die Unterscheidung bleibt für die Folgezeit grundlegend. Die dauernde Königsherrschaft Gottes ist für das antike Judentum Gottes *Herrsein über Israel*. Wohl ist er der Schöpfer der ganzen Welt und aller Völker, doch haben sich die Völker von ihm abgewendet. Als er ihnen am Sinai sein Königtum noch einmal anbot, unterwarf sich ihm allein Israel, und seitdem ist er Israels König. Die Aufrichtung dieses Königtums geschah also durch die Proklamation des königlichen Willens im Gesetz, und Gottes Königsherrschaft wird darum überall da sichtbar, wo sich Menschen durch eine Willensentscheidung im Gehorsam unter das Gesetz stellen. Der Jude, der im öffentlichen Gebet das Glaubensbekenntnis zu dem einen Gott, das Šemaʿ, rezitiert, proklamiert damit die Herrschaft Gottes über Israel; der Heide, der übertritt, nimmt das Joch der Königsherrschaft Gottes auf sich. Doch ist im gegenwärtigen Äon Gottes Herrschaft begrenzt und verborgen, weil Israel unter der Knechtschaft der Heidenvölker steht, die die Königsherrschaft Gottes verwerfen. Gottes Herrschaft und die Herrschaft der Heiden über Israel sind ein unerträglicher Gegensatz. Aber es kommt die Stunde, in der diese Dissonanz ihre Auflösung findet. Israel wird befreit werden, die Königsherrschaft Gottes wird sich in ihrer ganzen Herrlichkeit offenbaren, und die ganze Welt wird Gott als König sehen und anerkennen. »Wenn der Götzendienst ausgerottet sein wird samt seinen Verehrern... dann wird Jahve König sein über die ganze Erde (vgl. Sach 14,9)«, sagt Mek. Ex. zu 17, 14.

---

9. J. Dupont, Les Béatitudes II. La bonne nouvelle², Paris 1969, 53–90. Vgl. ferner H.-Th. Wrege, Die Überlieferungsgeschichte der Bergpredigt, WUNT 9, Tübingen 1968, 13–15.

10. Diesen zweifachen Aspekt herauszuarbeiten, war eines der Hauptanliegen von T. W. Mansons immer wieder (unverändert) nachgedrucktem Standardwerk: Teaching².

11. Implizit ist die Unterscheidung schon früher vorhanden; man denke nur an Jer 31,31–34.

»Des Gottes Israels wird die *meluka* sein, und an den Heiligen seines Volkes erweist er Macht«, heißt es 1 QM 6,6. Um das Kommen dieser ersehnten Stunde flehte Israel am Schluß jedes Gottesdienstes schon zur Zeit Jesu[12] im Qaddisch, das mit der Doppelbitte um die Heiligung des Namens und um das Hereinbrechen der Königsherrschaft beginnt[13].

Insgesamt: das antike Judentum bekennt Gott als den König, dessen Herrschaft sich im jetzigen Äon nur über Israel erstreckt, aber in der Endzeit von allen Völkern anerkannt werden wird.

Wie verstand Jesus den Ausdruck? Dachte er an die gegenwärtige oder die künftige Gottesherrschaft? Oder kombinierte er beide Auffassungen? Die Antwort auf diese Frage ist leicht. Schon die an das Qaddisch anknüpfende zweite Vaterunser-Bitte (Mt 6,10; Lk 11,2) zeigt mit Sicherheit, daß Jesus den Begriff *malkuta in seinem eschatologischen Sinn* gebraucht hat. Das bestätigen seine Worte in der Tat auf Schritt und Tritt.

So verheißt er nach einem sehr alten Wort Mk 9,1 einigen Jüngern, daß sie nicht sterben werden, ἕως ἂν ἴδωσιν τὴν βασιλείαν τοῦ θεοῦ ἐληλυθυῖαν ἐν δυνάμει· hier ist von einem zukünftigen Ereignis die Rede. Von der eschatologischen Basileia reden ferner die zahlreichen Einlaßsprüche wie z. B. Mk 9,43–48[14]. Sie zeigen, daß ihr Kommen vom Endgericht eingeleitet werden wird. Ja, man kann sogar sagen, daß, wenn Jesus von der Basileia spricht, fast immer der Gedanke des vorangehenden Endgerichts mitgedacht ist.

Eindeutig eschatologisch verstanden ist die Basileia sodann in den Bildworten vom Heilsmahl, die davon reden, daß Jesus selbst (Mk 14,25), Abraham, Isaak und Jakob und die Propheten (Lk 13,28) und die von allen Windrichtungen herbeiströmenden Heiden (V. 29) »in der Königsherrschaft Gottes« zu Tisch liegen werden.

Schließlich sind die Worte von der Nähe der Basileia zu nennen. Jesus selbst verkündigte ihr Nahesein mit den Worten ἤγγικεν ἡ βασιλεία, und mit derselben Botschaft hat er seine Jünger ausgesandt[15].

Als letzter Beleg sei Lk 17,20f. genannt, eine Stelle, die wir etwas näher ins Auge fassen müssen, weil ihre Deutung umstritten ist;

οὐκ ἔρχεται ἡ βασιλεία τοῦ θεοῦ μετὰ παρατηρήσεως,
οὐδὲ ἐροῦσιν· ἰδοὺ ὧδε ἤ· ἐκεῖ·
ἰδοὺ γὰρ ἡ βασιλεία τοῦ θεοῦ ἐντὸς ὑμῶν ἐστιν[16].

---

12. S. u. S. 192.
13. Wortlaut ebd.
14. H. Windisch, Die Sprüche vom Eingehen in das Reich Gottes, ZNW 27, 1928, 163–192.
15. Jesus: Mk 1,15 par.; die Jünger: Mt 10,7; Lk 10,9.11. Zur Naherwartung vgl. § 13.
16. Dalman, Worte Jesu, 116–119; A. Rüstow, Ἐντὸς ὑμῶν ἐστιν. Zur Deutung von Lukas 17,20–21, ZNW 51, 1960, 197–224 (Lit.).

Bei diesem Wort ist es wichtig, auf den Aufbau zu achten. Es ist veranlaßt durch die Frage der Pharisäer nach dem Termin des Kommens der Basileia[17]. Auf diese Frage, die ein von den Schriftgelehrten wieder und wieder erörtertes Zentralthema der jüdischen Apokalyptik aufgreift, antwortet Jesus in drei Sätzen, zwei negativen und einem positiven. Die beiden negativen Aussagen lauten: Die Offenbarung der Basileia läßt sich weder zeitlich vorausberechnen[18], noch läßt sie sich räumlich festlegen, etwa in der Wüste (Mt 24,26). Es gilt vielmehr, so sagt die positive Aussage, daß die Königsherrschaft ἐντὸς ὑμῶν ἐστιν (wobei zu beachten ist, daß das ἐστίν im Aramäischen kein Äquivalent hat, da das Aramäische keine Kopula kennt). Was aber heißt ἐντὸς ὑμῶν?

Die Schwierigkeit ist, daß ἐντός mehrdeutig ist. Im Profangriechischen heißt ἐντός »im Bereich von, innerhalb, inmitten«, im Septuagintagriechischen dagegen auch »inwendig in« (z. B. ψ 108,22). Nun kann allerdings die Bedeutung »inwendig in« mit Sicherheit ausgeschieden werden. Nirgendwo im antiken Judentum noch sonst im Neuen Testament finden wir die Vorstellung, daß die Königsherrschaft Gottes inwendig im Menschen, etwas im Herzen Befindliches sei; ein solches spiritualistisches Verständnis ist sowohl für Jesus als auch für die urchristliche Überlieferung ausgeschlossen. Es bleibt also die Bedeutung »inmitten«. Doch erhebt sich sofort eine neue Schwierigkeit. Die Aussage, daß »die Königsherrschaft in eurer Mitte« ist, läßt sich nämlich auf zweifache Weise deuten: die Basileia kann gegenwärtig gedacht sein (dann bezöge sich das »in eurer Mitte« auf die Gegenwart Jesu) oder aber zukünftig. Eine Lösung dieser Frage ergibt sich mit Hilfe der Beobachtung, daß in den folgenden Versen (17,23 f.) eine Parallele zu V. 21 vorliegt[19]. Beide Male wird der negativen Feststellung, daß sich der Anbruch der Basileia nicht lokalisieren läßt (V. 21a // 23), eine positive Aussage gegenübergestellt. Wie die negative Aussage V. 21a derjenigen in V. 23 entspricht, so die positive Aussage in V. 21b derjenigen in V. 24! Für unsere Frage heißt das aber: V. 21b ist nach V. 24 zu interpretieren; beides sind parallele Aussagen. Daraus ergibt sich: ebenso wie sich das futurische ἐροῦσιν der negativen Aussage in V. 21a und 23 deckt, so gehört auch das ἐστίν in V. 21b in die gleiche zeitliche Sphäre wie das ἔσται in V. 24. Im Aramäischen hatte weder ἐστίν noch ἔσται ein Äquivalent, die Differenz im Tempus ist also erst bei der Übersetzung ins Griechische entstanden. V. 21b muß mithin wie V. 24 eschatologisch verstanden und übersetzt werden: »... wird (plötzlich) in eurer Mitte sein.«

Auch in der ἐντὸς ὑμῶν ἐστιν-Aussage Lk 17,21b ist also die Basileia eschatologisch verstanden; sie kommt plötzlich.

Wir stehen vor einem gesicherten Ergebnis: nirgendwo bezeichnet die Basileia bei Jesus die dauernde Herrschaft Gottes über Israel in diesem Äon (allenfalls Mt 21,43 ἀρθήσεται ἀφ' ὑμῶν ἡ βασιλεία τοῦ θεοῦ liegt diese Vor-

---

17. ἔρχεται, das einem atemporalen aramäischen Partizip entspricht, dessen Zeitlage durch den Kontext bestimmt wird, muß beide Male in V. 20 (sowohl in der Frage wie in der Antwort) futurisch übersetzt werden (vgl. ἐροῦσιν V. 21).

18. παρατήρησις bezeichnet z. B. die astronomische Berechnung oder die Diagnose.

19. Der Grund für die doppelte Überlieferung liegt in der Differenz der Adresse: V. 20f. richten sich an die Pharisäer, V. 23f. an die Jünger.

stellung vor; aber der Vers fehlt bei Markus, ist also Zusatz). Vielmehr ist die Basileia immer und überall eschatologisch verstanden; sie bezeichnet die Heilszeit, die Weltvollendung, die Wiederherstellung der zerstörten Gemeinschaft zwischen Gott und Mensch. Jesus knüpft dabei besonders an Dan 2,44 an, wonach der Gott des Himmels eine ewige Herrschaft aufrichten wird, und an Dan 7,27, wonach dem Volk der Heiligen des Höchsten das Reich gegeben werden wird (vgl. Lk 12,32)[20], wie ihm auch sonst das Buch Daniel besonders wichtig war[21]. Wenn Jesus also verkündigt und durch seine Jünger verkündigen läßt ἤγγικεν ἡ βασιλεία τοῦ θεοῦ (Mk 1,15 par. Mt 4,17; 10,7; Lk 10,9.11), so bedeutet das: die eschatologische Stunde Gottes, der Sieg Gottes, die Weltvollendung ist nahe. Und zwar: sehr nahe.

Wir fassen das Ergebnis dieses Abschnitts zusammen, indem wir dem Satz ἤγγικεν ἡ βασιλεία τοῦ θεοῦ eine letzte Präzision geben. Wir haben früher gesehen, daß Jesus sich weitgehend dem frommen Brauch seiner Zeit anschloß, den Gottesnamen zu umschreiben[22]. Nun wird im antiken Judentum der Begriff *malkuta* öfter als Umschreibung für Gott als Herrscher verwendet[23]. Diese Bedeutung schwingt mit in den Worten Jesu, die vom Kommen der Königsherrschaft Gottes reden. Wenn also Jesus ankündigt: ἤγγικεν ἡ βασιλεία τοῦ θεοῦ, dann heißt das geradezu: Gott ist nahe[24]. So haben die Menschen den Ruf Jesu gehört: Gott kommt, er steht vor der Tür, ja (ἔφθασεν[25]): er ist schon da.

3. Die anbrechende Weltvollendung

Erst jetzt, nachdem wir festgestellt haben, daß ἡ βασιλεία τοῦ θεοῦ in Jesu Mund eschatologische Bedeutung hatte und die letzte, endgültige Offenbarung der Herrlichkeit Gottes bezeichnete, können wir ermessen, was das Neue der Botschaft war, mit der Jesus auftrat. Es bestand sicher nicht in der Gewißheit, daß das Kommen des neuen Äons nahe sei; denn diese Gewißheit hat Jesus

---

20. S. u. § 21 (Die Vollendung des Gottesvolkes).
21. S. u. S. 198.
22. S. o. S. 20f.
23. Targ. Jes 24,23; 31,4; 40,9; 52,7; Mi 4,7; Sach 14,9, vgl. Dalman, Worte Jesu, 83. Außerhalb des Targums z. B. 1 QSb 4,25 f.: »und du wirst ein Diener sein *(behekal malkut)* im Tempel der Königsherrschaft« d. h. Gottes; *Qaddiš* (s. u. S. 192); Sap 10,10 (vom Traum Jakobs in Bethel, Gen 28,12): ἔδειξεν (die Weisheit) αὐτῷ (Jakob) βασιλείαν θεοῦ; Midr. Sam 13,4 (hg. S. Buber, Krakau 1893, 42b 13f.) zu Sam 8,7, wo R. Schim'on ben Joḥai (um 150 n. Chr.) das *'oti* des Textes (»mich haben sie verworfen«) mit »Königsherrschaft Gottes, Königsherrschaft Davids und Bau des Heiligtums« wiedergibt.
24. Zur Vorstellung vom »Kommen« Gottes vgl. Jes 59,20; Mi 1,3; äthHen 1,3 f.9; AssMos 10,3.7; rabbinische Belege bei Billerbeck I 164; IV 966.981.
25. Lk 11,20 par. Mt 12,28.

mit der Apokalyptik[26], insbesondere mit Johannes dem Täufer, geteilt. Eher ist als Jesu originale Tat zu buchen, daß er den selten gebrauchten Terminus *malkuta* zum Zentralbegriff seiner öffentlichen Verkündigung erhob und daß er mit dieser Vokabel eine solche Fülle sonst nicht belegter Wendungen verband, daß man diese Sprachschöpfungen als Eigenart seiner Redeweise ansprechen muß (s. o. S. 41 f.). Doch das eigentlich Neue seiner Basileia-Verkündigung ist etwas anderes.

Sehr deutlich stellt dieses Neue der sechsfache Parallelismus im Zweiheber-Rhythmus[27] Lk 7,22 f. (par. Mt 11,5 f.) heraus:

τυφλοὶ ἀναβλέπουσιν,
χωλοὶ περιπατοῦσιν,
λεπροὶ καθαρίζονται,
καὶ κωφοὶ ἀκούουσιν,
νεκροὶ ἐγείρονται,
πτωχοὶ εὐαγγελίζονται·
καὶ μακάριός ἐστιν ὃς ἐὰν μὴ σκανδαλισθῇ ἐν ἐμοί.

Matthäus und Lukas haben dieses Wort als eine Aufzählung von Wundertaten verstanden, die Jesus vor den Augen der Sendboten des Johannes vollbrachte[28]. Ursprünglich ist das Logion aber anders gemeint. Zu seinem Verständnis ist davon auszugehen, daß es eine freie Zitatkombination von Jes 35,5 ff. und 29,18 f. (beides Schilderungen der Heilszeit) mit 61,1 f. (Frohbotschaft für die Armen) darstellt. Dort heißt es:

»Alsdann werden die Augen der *Blinden* aufgetan
und die Ohren der *Tauben* geöffnet werden.
(6) Alsdann wird der *Lahme* springen wie ein Hirsch
und die Zunge des Stummen wird jauchzen;
denn in der Wüste brechen Wasser hervor,
Bäche in der Steppe.
(7) Der glühende Sand wird zum Teiche
und das durstige Land zu Wasserquellen...« (Jes 35,5 ff.).
»An jenem Tage werden die *Tauben* Schriftworte hören und die Augen der *Blinden* aus Dunkel und Finsternis heraus sehen.
(19) Und die *Elenden* werden sich aufs neue des Herrn freuen und die Ärmsten unter den Menschen über den Heiligen Israels jubeln...« (Jes 29,18 f.).
»Der Geist Gottes, des Herrn, ruht auf mir, weil mich der Herr gesalbt hat; er hat mich gesandt, *den Elenden frohe Botschaft* zu bringen,

---

26. Die Belege für den eschatologischen Gebrauch von *malkut/βασιλεία* hat Billerbeck I 178–180 zusammengestellt.

27. S. o. S. 21. Dort auch zur Gliederung in Anm. 2. Wir folgen Lukas.

28. Lk 7,21 f.; Mt 11,4. Vgl. auch die Wundergeschichten, die Matthäus in Kap. 8 f. voranschickt.

zu heilen, die gebrochenen Herzens sind,
den Gefangenen Befreiung zu verkünden
und den Gebundenen Lösung der Bande,
(2) auszurufen ein Gnadenjahr des Herrn...« (Jes 61,1 f.)[29].
Mit allen drei Jesajastellen teilt Lk 7,22 f. par. in formaler Hinsicht den Listencharakter. Die Bilder, die sie gebrauchen, das Licht für die Blinden, das Hören der Tauben, der Jubel der Stummen usw., sind sämtlich im Orient uralte Wendungen für die Erlösungszeit, in der es kein Leid, kein Geschrei und keinen Schmerz mehr geben wird.

Lk 7,22 f. par. haben wir also einen eschatologischen Jubelruf Jesu vor uns. Um seinen Klang inhaltlich ins Ohr zu bekommen, muß man ihm etwa die tannaitische Liste gegenüberstellen, die sagt: »Vier werden einem Toten gleichgestellt: der Lahme, der Blinde, der Aussätzige, der Kinderlose[30]«. Die Lage solcher Menschen ist nach dem Denken der Zeit nicht mehr Leben zu nennen; sie sind praktisch tot. Jetzt aber wird den aussichtslos Verzweifelten geholfen, jetzt werden die, die den Toten glichen, zum Leben erweckt. Das Lebenswasser fließt, die Fluchzeit ist zu Ende, das Paradies ist aufgetan. *Die Weltvollendung ist im Anbruch*, jetzt schon. Die sechsfältige Liste greift nur Beispiele heraus für die Fülle ihrer Gaben, sie könnte ohne Ende fortfahren, wie die Fortsetzung aller drei Jesajastellen zeigt. Dabei will beachtet sein, daß die Aussätzigen und die Toten in den drei Aufzählungen bei Jesaja nicht genannt werden[31]. Ihre Erwähnung durch Jesus besagt, daß die Erfüllung alle Verheißungen, Hoffnungen und Erwartungen weit übersteigt. Freilich, es folgt noch ein Schlußsatz: »Selig, wer sich nicht an mir stößt« – das alles ist paradox gesagt, es gilt dem Skandalon[32] zum Trotz, gilt nur für den, der glaubt.

Eng verwandt mit diesem Jubelruf ist Lk 4,16–21. Als Text einer Predigt Jesu wird hier Jes 61,1 f. zitiert, also der Text, mit dem Lk 7,22 par. schloß (s. o.). Die Predigt selbst wird in dem Satz σήμερον πεπλήρωται ἡ γραφὴ αὕτη ἐν τοῖς ὠσὶν ὑμῶν (V. 21) zusammengefaßt, wobei ἐν τοῖς ὠσὶν ὑμῶν nicht heißt: »(das Schriftwort erfüllt sich, dessen Klang ihr noch) in euren Ohren (habt)«, sondern: »(das Schriftwort erfüllt sich) vor euren Ohren«, d. h. ihr

---

29. Auch Jes 26,19 spielt herein:
»Deine *Toten* werden leben,
meine Leichname werden auferstehen,
aufwachen und jubeln werden, die im Staube liegen.
Denn ein Tau der Lichter ist dein Tau,
und die Erde wird die Schatten ans Licht bringen«,
doch fehlt dieser Stelle die für die oben zitierten drei Jesajatexte ebenso wie für Lk 7,22 f. par. Mt 11,5 f. bezeichnende Form der listenartigen Aufzählung.
30. b. Ned. 64b Bar.
31. Doch vgl. zu den Toten o. Anm. 29.
32. Über den Anstoß s. u. S. 119 ff.; 236.

seid Ohrenzeugen, daß sich die Verheißung heute – darauf liegt der Ton – erfüllt, daß die Gnadenzeit Gottes im Anbruch ist.

Ein weiteres Beispiel für diese Botschaft bietet Mk 2,18 f. par. Auf den Vorwurf mangelnden religiösen Ernstes und fehlender Bereitschaft zur Buße, der sich hinter der Frage verbirgt, warum seine Jünger nicht freiwillig[33] fasten wie die Johannesjünger und die Pharisäer[34], antwortet Jesus mit der Gegenfrage: μὴ δύνανται οἱ υἱοὶ τοῦ νυμφῶνος, ἐν ᾧ ὁ νυμφίος μετ' αὐτῶν ἐστιν, νηστεύειν; (Zur Übersetzung: da das antike Judentum den Vergleich des Messias mit dem Bräutigam nicht kennt[35], ist ἐν ᾧ ὁ νυμφίος μετ' αὐτῶν ἐστιν mit »während der Hochzeit« zu übersetzen[36]). Die Hochzeit hat begonnen, der Bräutigam ist eingeholt, der Hochzeitsjubel ertönt weit übers Land, die Gäste liegen beim festlichen Mahl – wer könnte da fasten? Die Hochzeit ist geläufiges Symbol der Heilszeit. Sie ist angebrochen, jetzt schon.

Jesus verwendet also die biblische Symbolsprache, um das Anbrechen der Heilszeit zu verkündigen. Er tut es immer in neuen Bildern. Das *Licht* scheint. Das ganze Haus (damals meist nur aus einem Raum bestehend) wird hell, wenn das Öllämpchen angezündet ist, und die Finsternis muß weichen (Mk 4,21 par.). Der Glanz der Gottesstadt[37] auf dem hohen Bergesgipfel strahlt schon jetzt in das Dunkel der Welt (Mt 5,14).

Die Stunde der *Ernte* ist gekommen. Die Ernte ist in den Gleichnissen Jesu Bild für die Heilszeit und ihren überschwenglichen Reichtum – dreißigfältig, sechzigfältig, hundertfältig (Mk 4,8 par.). Sie ist reif (Mt 9,37 par.), weiß sind die Felder (Joh 4,35). Saat und Ernte fallen zusammen (V. 36). Jesus sendet die Jünger aus – nicht zu säen (das wird nirgendwo gesagt), sondern zu ernten[38], und er fordert sie auf, darum zu bitten, daß der Herr der Ernte Arbeiter in seine Ernte sende (Mt 9,38 par.).

Der *Feigenbaum* schlägt aus: der Frühling ist da (Mk 13,28 f.). Während fast alle palästinischen Bäume ihr Laub im Winter behalten, wirft der Feigenbaum seine Blätter ab. Er sieht dann mit seinen kahlen Ästen wie erstorben aus. Darum ist er besonders geeignet als Symbol für den Wandel vom Tod zum

---

33. Allgemeine Pflicht war das Fasten nur am Versöhnungstag.
34. Vgl. Lk 18,12.
35. J. Jeremias, *νύμφη, νυμφίος*, ThW IV, 1942, 1092–1099: 1094 f.; vgl. J. Gnilka, »Bräutigam« – ein spätjüdisches Messiasprädikat?, Trierer Theologische Zeitschrift 69, 1960, 298 bis 301 (zu 1QJes[a] 61,10). Ein vereinzelter und später Beleg, Pesiqta de Rab Kahana, hg. S. Buber, Lyck 1868, 149a, der Jes 61,10 auf den Messias deutet (Jeremias, Gleichnisse[7], 49 Anm. 3), ändert am Gesamtbild nichts.
36. Dodd, Parables, 116 Anm. 2.
37. G. von Rad, Die Stadt auf dem Berge, EvTh 8, 1948/49, 439–447 = in: von Rad, Gesammelte Studien zum Alten Testament, Theologische Bücherei 8, München 1958 = ²1961, 214–224.
38. Dodd, Parables, 187.

Leben: sein Ausschlagen bedeutet, daß Gott neues Leben aus dem Tod schafft[39].

Der *neue Wein* wird dargeboten. Seit uralter Zeit sind Weinstock und Wein im Morgenland Symbol der neuen Zeit.[40] Es wäre widersinnig, den jungen Wein in alte Schläuche zu schütten, er würde sie zerreißen (Mk 2,22 par.).

Das *Festgewand* wird dem verlorenen Sohn gegeben (Lk 15,22), das hochzeitliche Kleid wird angelegt (Mt 22,11). Mk 2,21 ist der Mantel Sinnbild des Kosmos (vgl. Hebr 1,11f.; Apg 10,11 par. 11,5)[41]: es ist sinnlos, ein Stück ungewalktes, neues Tuch auf ein altes Kleid zu nähen – die alte Zeit ist vergangen.

Das *Lebensbrot* wird den Kindern gereicht (Mk 7,24–30 par.)[42]. Lebensbrot und Lebenswasser[43] sind die Gaben des Paradieses. Seine Tore tun sich auf.

Schon jetzt wird der *Friede Gottes* dargeboten und Gericht verhängt (Mt 10, 11–15 par. Lk 10,5–11), schon jetzt wird gelöst und gebunden (Mt 16,19; 18,18).

Mit besonderem Nachdruck hat das Johannesevangelium das »Jetzt schon«, das Jesus verkündigte, betont. »Die Stunde kommt und ist *schon jetzt*«, in der die geistlich Toten zum Leben erweckt werden (Joh 5,25) und in der Gott im Geist und in der Wahrheit angebetet wird (4,23). So beherrschend ist die präsentische Eschatologie im vierten Evangelium, daß Bultmann ihm jede futurische Eschatologie absprach und die wenigen Stellen, an denen sie laut wird, einer kirchlichen Redaktion zuschrieb[44].

Nicht nur in Worten, auch in *Taten* hat Jesus das »Jetzt schon« des Heils angekündigt. Wenn er die Händler aus dem profanisierten Heiligtum austreibt, so erfüllt er Sach 14,21: »Kein Händler soll mehr sein im Hause des Herrn der Heerscharen an jenem Tage.« Der Tag ist da, das Heiligtum wird erneuert, der neue Äon bricht an[45]. Ferner ist hier Mk 7,24–30 (par. Mt 15,21–28) und

---

39. Jeremias, Gleichnisse[7], 119f.

40. Gen 9,20; 49,11f.; Num 13,23f.; Am 9,13; Joel 3,18; syrApkBar 39,7; Joh 2,1–11, vgl. 15,1ff.; rabbinisch oft. Vgl. J. Jeremias, Jesus als Weltvollender, BFChTh 33,4, Gütersloh 1930, 27–29.

41. R. Eisler, Weltenmantel und Himmelszelt, München 1910; J. Jeremias, a. a. O. 24–27.

42. Der Glaube der heidnischen Frau besteht nicht darin, daß sie Jesus eine schlagfertige Antwort gibt, sondern darin, daß sie ihn mit ihrem »Ja, Herr, aber« als den Spender des Lebensbrotes anerkennt (V. 28), wie R. Herrmann sah (in einer Greifswalder Predigt).

43. Vgl. Joh. 4,10.14; 7,37f.

44. Die Schwäche dieser Herstellung eines enteschatologisierten Johannesevangeliums liegt darin, daß sie die Bejahung der Quellentheorien Bultmanns nicht nur für das Johannesevangelium, sondern auch für den 1. Johannesbrief voraussetzt, was mir aus sprachlich-stilistischen Gründen nicht möglich erscheint. Vgl. J. Jeremias, Johanneische Literarkritik, ThBl 20,2/3, 1941, Sp. 34–46: 37f.; E. Ruckstuhl, Die literarische Einheit des Johannesevangeliums, Freiburg in der Schweiz 1951.

45. C. H. Dodd, According to the Scriptures, London 1952, 66f.; C. Roth, The Cleansing of the Temple and Zechariah XIV. 21, NovTest 4, 1960, 174–181; F. Hahn, Christologische

Mt 8,5–13 (par. Lk.7,1–10) zu nennen. Jesus beschränkt sonst seine Hilfe grundsätzlich auf Israel; das Herzukommen der Heiden in der eschatologischen Völkerwallfahrt ist Gottes eigene Tat am Ende (s. u. S. 235 ff.). Die in den beiden Geschichten geschilderte Hilfe für die beiden Heiden ist Antizipation, Vorweggabe, Zeichen der hereinbrechenden Basileia.

All das dürfen Jesu Jünger miterleben, und Jesus preist sie darum selig (Lk 10,23 f. par. Mt 13,16f.). Was begehrten Propheten und Gerechte zu erleben, wonach sehnten sich Könige wie David und Salomo? Nach dem Anbruch der Heilszeit! Die Jünger dürfen ihn nicht nur erleben, sie dürfen ihn, wie Jesus selbst, auch proklamieren in Wort und Tat:

κηρύσσετε λέγοντες ὅτι ἤγγικεν ἡ βασιλεία τῶν οὐρανῶν.
ἀσθενοῦντας θεραπεύετε,
νεκροὺς ἐγείρετε,
λεπροὺς καθαρίζετε,
δαιμόνια ἐκβάλλετε (Mt 10,7 f.).

War Johannes als der Bußprediger in der Wüste (Jes 40,3) aufgetreten, so ist Jesus der geistgesalbte *mebaśśer*, der Freudenbote, der die Heilszeit proklamiert (Jes 52,7)[46]. Die Zeit der Erwartung ist zu Ende; die Erfüllungszeit ist angebrochen.

Wir stehen mit dem Gesagten auf dem Boden der ältesten Überlieferung, ganz unabhängig von der Beurteilung der Authentizität jedes einzelnen der zitierten Logien. Denn Jesu Verkündigung vom Anbruch der Heilszeit ist ohne Analogie. Was seine Umwelt anlangt, so ist er »der einzige uns bekannte antike Jude«, der verkündet hat, »daß die neue Zeit des Heils schon begonnen hat«[47]. Und was die Urkirche anlangt, so lautet die Botschaft der urchristlichen Missionare anders: Jesus, der Gekreuzigte und Auferstandene, ist der Christus. Die Verkündigung Jesu vom gegenwärtigen Anbruch der Weltveränderung ist vorösterlich, noch nicht geprägt von der urkirchlichen Christologie.

§ 12 Die Frohbotschaft für die Armen

J. Jeremias, Zöllner und Sünder, in: ZNW 30, 1931, 293–300; überarbeitet in: Jerusalem³, 337–347. – *E. Gulin*, Die Freude im Neuen Testament, Helsinki 1932. – *G. Friedrich*, εὐαγγελίζομαι κτλ., ThW II, 1935, 705–735. – *R. Pesch*, Levi-Matthäus (Mc 2,14/Mt 9,9; 10,3). Ein Beitrag zur Lösung eines alten Problems, in: ZNW 59, 1968, 40–56. – *O. Michel*, τελώνης, ThW VIII, 1969, 88–106.

Hoheitstitel, FRLANT 83, Göttingen 1963 = ³1966, 172 Anm. 2; N. Q. Hamilton, Temple Cleansing and Temple Bank, JBL 83, 1964, 365–372: 372.

46. 11 QMelch 18 in Auslegung von Jes 52,3: »Der Freudenbote, das ist der vom Geist Gesalbte« (lies *hrw [h]* mit Yadin, Flusser, van der Woude).

47. Flusser, Jesus, 87.

Mit der Feststellung, daß Jesus die anbrechende Weltvollendung proklamierte, ist seine Basileia-Verkündigung noch nicht vollständig beschrieben; es ist im Gegenteil der entscheidende Zug noch nicht genannt. Das wird deutlich, wenn wir uns nochmals dem sechsfachen Parallelismus Mt 11,5 par. Lk 7,22 zuwenden, der die Zeichen der Heilszeit aufzählt[1]. Er redet in Zeile 1–5 von Gottes *Taten*, in Zeile 6 von seinem Wort: πτωχοὶ εὐαγγελίζονται. Daß dieser sechste Satz den Ton trägt, geht nicht nur aus seiner Stellung am Schluß, sondern auch aus dem anschließenden Wort καὶ μακάριός ἐστιν ὃς ἐὰν μὴ σκανδαλισθῇ ἐν ἐμοί (Mt 11,6 par. Lk 7,23) hervor. Warum sollte jemand Anstoß daran nehmen, daß die Blinden sehen, die Lahmen gehen, die Aussätzigen rein werden, die Tauben hören und die Toten auferstehen? Auf diese ersten fünf Sätze kann sich (jedenfalls auf den ersten Blick) das abschließende Wort vom Ärgernis nicht beziehen[2] – wohl aber erwies sich in praxi Jesu Heilsangebot an die Armen als höchst anstößig. Wenn Jesus die Überwinder dieses Ärgernisses selig preist, dann unterstreicht das die Wichtigkeit des Satzes πτωχοὶ εὐαγγελίζονται. Daß er in der Tat das Herzstück der Verkündigung Jesu nennt, das bestätigt sich noch von anderer Seite her: dieselbe Aussage, als Zuspruch formuliert, eröffnet die mächtige eschatologische Proklamation der Seligpreisungen: μακάριοι οἱ πτωχοί (Lk 6,20).

1. Wer sind die Armen?

Um ein klares Bild von den Menschen zu gewinnen, denen Jesus die Frohbotschaft brachte, muß man davon ausgehen, daß wir diese Menschen unter einem doppelten Aspekt kennenlernen, wenn wir die unterschiedlichen Bezeichnungen der Anhänger Jesu ins Auge fassen, die sich in den Evangelien finden. Wiederholt werden sie als »Zöllner und Sünder« (Mk 2,16 par.; Mt 11,19 par.; Lk 15,1) oder als »Zöllner und Huren« (Mt 21,32) oder einfach als »Sünder« (Mk 2,17; Lk 7,37.39; 15,2; 19,7) bezeichnet. Die tiefe Verachtung, die in dieser Bezeichnung zum Ausdruck kommt, zeigt, daß diese Wendungen von den *Gegnern Jesu* geprägt worden sind; Mt 11,19 par. Lk 7,34 bestätigt das ausdrücklich. Der Begriff »Sünder« hatte in der Umwelt Jesu einen ganz bestimmten Klang. Er bezeichnete nicht nur ganz allgemein die, die Gottes Gebot notorisch mißachteten und auf die deshalb jeder mit dem Finger wies, sondern speziell dann auch Menschen, die verachtete Berufe ausübten. Wir haben Tabellen, in denen verfemte Gewerbe zusammengestellt sind[3]. Es han-

---

1. S. o. S. 106 f.
2. Daß auch die ersten fünf Sätze einen Anstoß enthalten – freilich nur indirekt –, werden wir in § 21 (S. 236, Anm. 34) sehen.
3. →Jeremias.

delt sich teils um Gewerbe, die nach allgemeiner Ansicht zur Unsittlichkeit verleiteten, vor allem aber um solche, die erfahrungsgemäß zur Unehrlichkeit verführten; zur zweiten Kategorie gehörten u. a. die Würfelspieler, Wucherer, Steuererheber, Zöllner und Hirten (diese verdächtigte man, daß sie die Herde auf fremde Felder trieben und daß sie vom Ertrag der Herde unterschlügen). Daß auch die Evangelien, wenn sie von den »Sündern« reden, neben Menschen, deren Lebenswandel anrüchig war, Angehörige der verachteten Gewerbe im Auge hatten, zeigt ihr Sprachgebrauch deutlich, besonders Zusammenstellungen wie »Zöllner und Dirnen« (Mt 21,31), »Räuber, Betrüger, Ehebrecher, Zöllner« (Lk 18,11), denen in der rabbinischen Literatur analoge Zusammenstellungen wie z. B. »Steuereinnehmer, Räuber, Geldwechsler, Zöllner« (Derek 'äräç 2), »Mörder, Räuber, Zöllner« (Ned. 3,4) entsprechen. Typus der ἁμαρτωλοί sind in den Evangelien *die Zöllner*[4]. Sie waren besonders verfemt. Es muß hier zwischen Steuereinnehmern (*gabbaja*) und Zolleinnehmern (*mokesa*) unterschieden werden. Die Steuereinnehmer, die die direkten Steuern (Kopf- und Bodensteuer) einzuziehen hatten, waren in neutestamentlicher Zeit staatliche Beamte[5], die herkömmlich aus der Zahl der angesehenen Familien genommen wurden und die die Steuern auf die steuerpflichtigen Bürger umzulegen hatten, wobei sie mit ihrem Vermögen für den Eingang der Steuereinnahmen haften mußten[6]. Die Zolleinnehmer dagegen waren Unterpächter der reichen Zollpächter (Lk 19,2 ἀρχιτελώνης), die die Zolleinnahme eines Distriktes meistbietend ersteigert hatten[7]. Die Regelung, daß die Zölle verpachtet wurden, die in Palästina unterschiedslos sowohl in den Gebieten der herodianischen Fürsten als auch im römischen Besatzungsgebiet üblich gewesen zu sein scheint, macht es verständlich, warum der Haß der Bevölkerung gerade die Zöllner traf[8]. Gewiß ließen sich auch die die Steuereinnehmer begleitenden und beschützenden Polizisten Übergriffe zuschulden kommen (Lk 3,14)[9], aber die Zöllner waren in ungleich stärkerem Maße der Versuchung ausgesetzt, zu betrügen, weil sie unter allen Umständen die Pachtsumme plus zusätzlichen Gewinn herauswirtschaften mußten. Sie nutzten daher die Unkenntnis der Zolltarife beim Publikum aus[10], um während der Pachtzeit skrupellos in die eigene Tasche zu wirtschaften (Lk 3,12f.). Sie galten darum schlechthin als Betrüger, und die Ächtung erstreckte sich auch auf ihre Familien[11]. Die bürgerlichen Ehrenrechte waren den Zöllnern versagt: ihnen durf-

4. Vgl. →Michel.
5. →Michel, 97,8 f.
6. Jeremias, Jerusalem³, 258 f.
7. →Michel, 97,20 f.
8. b. Sanh. 25 b werden die Steuereinnehmer entlastet, nicht dagegen die Zöllner.
9. S. S. 55, Anm. 19.
10. →Michel, 99,18 ff.
11. Belege bei →Michel, 102, 15–17.

ten keine Ehrenämter übertragen werden und vor Gericht wurden sie nicht als Zeugen zugelassen[12]. Hatten sie vor dem Amtsantritt einer pharisäischen Gemeinschaft angehört, so wurden sie ausgestoßen[13]. »Für Steuererheber und Zöllner ist die Buße schwer«[14]; denn zur Buße gehörte bei ihnen nicht nur die Aufgabe des Berufes, sondern, wie bei einem Dieb, auch die Wiedergutmachung (Rückerstattung plus ein Fünftel) – wie konnten sie noch wissen, wen sie alles betrogen hatten[15]?

Dagegen ist die Behauptung, die Zöllner seien als levitisch unrein angesehen worden[16], nicht zutreffend. Das galt nur von den Steuereinnehmern (Ḥag. 3,6; Ṭoh. 7,6; Ṭos. Toh. 8,5f.); sie waren unrein, weil sie zur Erhebung der Steuern bzw. zum Nachprüfen der Angaben in die Häuser gehen mußten, die (z. B. durch Leichenunreinheit) verunreinigt sein konnten. Bei Zöllnern galt dagegen nur die Krücke ihres Stockes, mit der sie das Gepäck durchwühlten, in dem sich z. B. levitisch unreine Kleidungsstücke befinden konnten (Kel. 15,4), als unrein, nicht dagegen eo ipso der Zöllner selbst. Dieser Tatbestand ist wichtig für die richtige Beurteilung des Anstoßes der pharisäischen Kreise an Jesu Umgang mit Zöllnern. Er lag nicht im Bereich des Rituellen, übrigens auch nicht im Bereich des Politischen (Kollaboration), sondern war ausschließlich moralisch begründet.

Häufig werden sodann die Anhänger Jesu als »die Kleinen« (Mk 9,42; Mt 10,42; 18,10.14) bzw. (da das Semitische keinen Superlativ bildet) »die Kleinsten« (Mt 25,40.45) oder als die »Einfältigen« (Mt 11,25 par.: οἱ νήπιοι) bezeichnet. Die »Einfältigen« werden den »Klugen und Weisen« gegenübergestellt (ebd.)[17]. Der Ausdruck νήπιος (hebr. *päti*, aram. *šabra*) bezeichnet die Jünger Jesu als Menschen, denen jede religiöse Bildung fehlt, d. h., da es im palästinischen Judentum keine andere als religiöse Bildung gab, als ungebildete, rückständige und zugleich unfromme Menschen. Wieder läßt der verächtliche Klang, der der Bezeichnung »Kleine, Unreife« anhaftet, vermuten, daß sie von den Gegnern Jesu geprägt wurde.

Möglicherweise ist in der gleichen Richtung auch die Erklärung für den vieldiskutierten »Stürmerspruch« zu suchen (Mt 11,12: ἡ βασιλεία τῶν οὐρανῶν βιάζεται καὶ βιασταὶ ἁρπάζουσιν αὐτήν par. Lk 16,16: ἡ βασιλεία τοῦ θεοῦ εὐαγγελίζεται καὶ πᾶς εἰς αὐτὴν βιάζεται). Was heißt das, daß »Gewalttäter die Basileia rauben« bzw. daß »jedermann gewalt-

---

12. Jeremias, Jerusalem³, 346f.

13. Tos. Dam. 3,4: »Einen Genossen, der Steuererheber wurde, stößt man aus.« Das galt natürlich auch für die Zöllner (vgl. die Zusammenstellung beider Gruppen in Anm. 14).

14. Tos. B. M. 8,26; b. B. Q. 94b.

15. Tos. B. Q. 10,14. Man half sich später so, daß die Unbekannten geschuldete Summe für gemeinnützige Zwecke, vor allem für die Anlage von Zisternen, verwendet wurde (b. B. Q. 94b). Doch scheint diese Regelung in Jesu Tagen noch nicht existiert zu haben; Zachäus verfährt jedenfalls anders (Lk 19,8).

16. →Michel, 101,13f.; Perrin, Rediscovering, 94.

17. Zum Alter des Logions s. u. S. 166f.

sam in sie eindringt«? F. W. Danker[18] hat recht einleuchtend vorgetragen, daß wir auch hier eine Bezeichnung der Anhänger Jesu vor uns haben, die von seinen Gegnern stammte: diese Sünder, die Jesus nachfolgen, dringen in die heiligen Bezirke ein, die den Frommen vorbehalten sind. Sie sind βιασταί »gewaltsame Eindringlinge«, die Basileia βιάζεται »leidet Gewalt«. Das könnte die Lösung des Rätsels sein, das dieser dunkle Spruch aufgibt.

Jesu Anhängerschaft umfaßte also, wie wir jetzt zusammenfassend sagen können, vorwiegend die Diffamierten, die ʿamme ha-ʾaräṣ, die Ungebildeten, Unwissenden, denen ihre *religiöse* Unkenntnis und ihr *moralisches* Verhalten nach der Überzeugung der Zeit den Zugang zum Heil versperrten.

Aber daneben steht ein ganz anderer Aspekt. Wenn wir dieselben Leute mit den Augen Jesu betrachten, erscheinen sie in anderem Licht. Er nennt sie »die Armen«, »die Schwerarbeiter und Lastträger« (Mt 11,28).

Der Begriff »*die Armen*« ist von Lukas und Matthäus in verschiedenem Sinn verstanden worden, wie die erste Seligpreisung beweist. Schon ihr Wortlaut ist bei beiden Evangelisten verschieden. Lk 6,20 hat eine Kurzform: μακάριοι οἱ πτωχοί, Mt 5,3 eine Langform: μακάριοι οἱ πτωχοὶ τῷ πνεύματι. Das kurze οἱ πτωχοί ist sicher ursprünglich. Dafür spricht, daß Mt 11,5 par. Lk 7,22 ebenfalls nur von πτωχοί (ohne Zusatz) redet, und daß auch der erste Weheruf Lk 6,24, der der ersten Seligpreisung parallel geht, nur von οἱ πλούσιοι (ohne Zusatz) spricht. Dem unterschiedlichen Wortlaut entspricht eine unterschiedliche Bedeutung, die Lukas und Matthäus nach Ausweis des Kontextes mit dem Wort πτωχοί verbinden. Die lukanische Überlieferung denkt an wirklich Arme, ebenso wie im Fortgang der Seligpreisungen an wirklich Hungernde, Weinende und Verfolgte (Lk 6,21-23), dieses freilich nicht in dem Sinn, als ob sie mit οἱ πτωχοί die materiell Depossedierten schlechthin meine, das Proletariat; vielmehr zeigt Lk 6,22f., daß die Lukasüberlieferung an die Jünger denkt, die um der Jüngerschaft willen Armut, Hunger und Verfolgung leiden müssen. Die Matthäusüberlieferung dagegen versteht die erste Seligpreisung rein religiös, wie der Zusatz τῷ πνεύματι zu erkennen gibt, der an alttestamentliche Formulierungen anknüpft[19]; dieser Auffassung zufolge sind mit οἱ πτωχοί die Demütigen gemeint, die Armen vor Gott, die als Bettler vor Gott stehen, mit leeren Händen, ihrer geistlichen Armut bewußt. Wir finden mithin bei Lukas und Matthäus ein ganz verschiedenes Verständnis von οἱ πτωχοί. Wie hat Jesus das Wort gemeint?

Die Beantwortung dieser Frage hat davon auszugehen, daß der Satz πτωχοὶ εὐαγγελίζονται (Mt 11,5 par.; vgl. Lk 4,18) Zitat ist und zwar des als Weissagung verstandenen Prophetenwortes Jes 61,1: »Frohe Botschaft den Armen zu bringen *(lebaśśer ʿanawim)* hat er mich gesandt[20]«. Diese Feststellung ist deshalb hilfreich, weil der Begriff »Arme« im Kontext von Jes 61,1 durch eine ganze Reihe von Parallelausdrücken erläutert wird. Es alternieren mit ihm die Wendungen: »die zerbrochenen Herzens sind«, »die in (Schuld-?)Haft Befindlichen«, »die Gefesselten« (V. 1), »die Trauernden« (V. 2), »die verzagenden Geistes sind« (V. 3). Damit ist

---

18. Luke 16,16 – An Opposition Logion, JBL 77, 1958, 231-243. Zustimmend F. Mußner, Die Mitte des Evangeliums in neutestamentlicher Sicht, Catholica 15, 1961, 271-292: 277.

19. Jes 57,15: »niedrigen Geistes«; 66,2: »zerschlagenen Geistes«; Ps 34,19: »zerbrochenen Herzens«. Aus der Qumranliteratur ist zu vergleichen 1 QM 14,7 ʿnwj rwḥ »demütigen Geistes« im Gegensatz zu 1 QS 11,1 rmj rwḥ »hochmütigen Geistes«.

20. S. o. S. 110.

gesichert, daß die »Armen« die Niedergedrückten im ganz umfassenden Sinne sind: die Bedrängten, die sich nicht verteidigen können, die Verzweifelten, die Heillosen. In diesem umfassenden Sinn wird ʿaniʲʿanaw auch sonst in der prophetischen Predigt gebraucht. Ursprünglich Bezeichnung für die Elenden, umfaßt das Wort bei den Propheten die Bedrängten und Armen, die sich ganz auf Gottes Hilfe geworfen wissen. In dem weiten Sinn, den der Begriff »die Armen« bei den Propheten gewonnen hatte, hat auch Jesus ihn verwendet. Gewiß gehören alle Notleidenden, die Hungernden und Dürstenden, die Unbekleideten und Fremdlinge, die Kranken und Gefangenen, zu den »Kleinsten«: sie sind seine Brüder (Mt 25,31 bis 46)[21]. Aber der Kreis der »Armen« ist größer. Das wird deutlich, wenn man die Bezeichnungen und Bilder zusammenstellt, mit denen Jesus sie kennzeichnet. Er nennt sie: die Hungrigen, die Weinenden, die Kranken, die Schwerarbeiter, die Lastträger, die Letzten, die Einfältigen, die Verlorenen, die Sünder. Wenn bei Lukas und Matthäus je ein verschiedener Zug der komplexen Bedeutung des Wortes »Arme« den Ton trägt, insofern, als bei Lukas die äußere Bedrängnis, bei Matthäus die innere Not anvisiert ist, so erklärt sich das daraus, daß die ihnen vorliegende Überlieferung die Bezeichnung »Arme« auf unterschiedliche kirchliche Situationen und Frontstellungen angewendet hatte: die Matthäusüberlieferung der Seligpreisungen wurde in einer Kirche formuliert, die im Kampf gegen die pharisäische Versuchung der Selbstgerechtigkeit stand, die Lukasüberlieferung in einer in schwerer Bedrängnis stehenden, trostbedürftigen Kirche.

Jesus sieht mit unendlicher Barmherzigkeit auf diese Bettler vor Gott, wenn er sie Mt 11,28 »Schwerarbeiter« und »Lastträger« nennt. Ihre Last ist doppelt schwer: sie umfaßt die öffentliche Verachtung von seiten der Menschen ebenso wie die Aussichtslosigkeit, jemals Heil bei Gott zu erlangen.

2. *Die Frohbotschaft*

Die frohe Botschaft, die Jesus den πτωχοί verkündigt, lautet nach der ersten Seligpreisung: ὑμετέρα ἐστὶν ἡ βασιλεία τοῦ θεοῦ »Ihr habt teil an Gottes Herrschaft« (Lk 6,20). Mk 2,17 umschreibt die Verkündigung der Frohbotschaft mit: καλέσαι ἁμαρτωλούς; die frohe Botschaft besteht darin, daß Jesus die Sünder zu Gottes Festmahl einlädt. Damit ist den Armen die Intervention Gottes verheißen, und zwar werden sie nicht auf eine unbestimmte Zukunft vertröstet, sondern die Zeit des Heils manifestiert, realisiert und aktualisiert sich für sie schon jetzt. Die Gleichnisse von den beiden Schuldnern (Lk 7,41 bis 43), vom Schalksknecht (Mt 18,23–35) und von der Liebe des Vaters (Lk 15,11 bis 32) zeigen, daß das in der frohen Botschaft vom Erlaß der Schulden geschieht. Nun wird allerdings nur zweimal berichtet, daß Jesus expressis verbis die *Sündenvergebung* zugesprochen habe (Mk 2,1–12 par.; Lk 7,36–50), und man hat deshalb bezweifelt, ob er es überhaupt getan habe[22]. In Wirklichkeit ist die

---

21. Zur Echtheit des Kerns von Mt 25,31–46 vgl. Jeremias, Gleichnisse[7], 205 f.
22. E. Linnemann, Gleichnisse Jesu[4], Göttingen 1966, 177.

Zahl der Belege dafür, daß Jesus die Vergebung Gottes zusprach (man beachte, daß das Passiv Mk 2,5; Lk 7,47f. das Handeln Gottes umschreibt: *Gott ist also der Vergebende!*), viel größer. Das wird deutlich, sobald man sich zweierlei klarmacht. Zunächst: die Zählung der Vokabeln führt bei der Verkündigung Jesu immer wieder in die Irre. Wenn sich ἄφεσις in der Bedeutung Vergebung nur ganz vereinzelt in Jesu Mund[23] findet, ἀφιέναι (= vergeben) etwas öfter, aber doch auch nur begrenzt, so besagen solche statistischen Feststellungen nichts, weil Jesus nicht abstrakt-theologisch redet wie später Paulus, sondern in Bildern, und hier ist die Sache »Vergebung« ständig vorhanden. Jesus spricht vom Erlaß der riesigen Schuldsumme (Mt 18,27), der großen und der kleinen Schuld (Lk 7,42), vom Erhörtwerden des Sünders (18,14)[24], vom Heimbringen des Verirrten (15,5), vom Finden des Verlorenen (15,9), von der Loslösung der Gefangenen und der Freilassung der Mißhandelten (4,18), von der Aufnahme in das Vaterhaus (15,11–32). Er schildert den Vater, der dem verlorenen Kind entgegenläuft und es küßt (15,20), der ihm Ehrenkleid, Ring und Schuhe anlegen läßt, die im Morgenland den freien Mann kennzeichnen (V. 22), der das Freudenmahl rüsten läßt, das zu Ehren des heimgekehrten Verlorenen mit Musik und Reigen gefeiert wird (V. 25). Und dann läßt Jesus den Vater in zwei Bildern aussprechen, was sich ereignet: der Verlorene ἀνέζησεν, d. h. (unter Beachtung der semitisierenden Vermeidung des Passivs) ihm widerfuhr eine Auferweckung von den Toten, und εὑρέθη, d. h. »er wurde (wie ein verlorenes Tier) heimgeholt« (V. 24. 32). Alle diese Bildworte und Gleichnisse sind Abbilder der Vergebung und der Wiederherstellung der Gemeinschaft mit Gott. Von der Vergebung ist also keineswegs nur dort die Rede, wo die Vokabeln ἀφιέναι bzw. ἄφεσις begegnen.

Diese Feststellung wird durch eine zweite, noch wichtigere Beobachtung bestätigt: Jesus hat die Vergebung nicht nur im Wort, sondern auch *durch die Tat* zugesprochen. Die für die Menschen der Zeit eindrücklichste Form der Tatverkündigung der Vergebung war seine Tischgemeinschaft mit den Sündern. Jesus lädt sie in sein Haus (Lk 15,2 προσδέχεται) und liegt beim festlichen Mahl[25] mit ihnen zu Tisch (Mk 2,15f. par.)[26]. Daß diese Berichte ge-

---

23. Mk 3,29 (»er findet keine Vergebung«); Mt 26,28 (Zusatz zu Mk 14,24); Lk 24,47 (Ostergeschichte).

24. Zu δικαιοῦσθαι »Gebetserhörung finden« *(iustificari* 4 Esr 7,12) vgl. J. Jeremias, The Central Message of the New Testament, New York 1965 = London 1965, 52; ders., Die Gedankenführung in Röm. 4. Zum paulinischen Glaubensverständnis (im Druck im Rahmen der Vorträge des Colloquium Paulinum, 16.–21. April 1968 in Rom).

25. Der festliche Charakter des Mahles geht aus κατακεῖσθαι »liegen« hervor. Bei der gewöhnlichen Mahlzeit saß man bei Tisch (vgl. Jeremias, Abendmahlsworte⁴, 42f.).

26. ἐν τῇ οἰκίᾳ αὐτοῦ (Mk 2,15) könnte sich ursprünglich auch hier auf Jesu Haus beziehen (E. Lohmeyer, Das Evangelium des Markus, MeyerK 1,2, Göttingen 1937 = ¹⁷1967, 55).

schichtlich sind, zeigt drastisch der Spottvers Mt 11,19 par. Lk 7,34, der sicher aus den Tagen der Wirksamkeit Jesu stammt[27]:

ἰδοὺ ἄνθρωπος φάγος καὶ οἰνοπότης,
τελωνῶν φίλος καὶ ἁμαρτωλῶν.

Dabei darf man sich durch die spöttische Übertreibung nicht zu der falschen Vorstellung verleiten lassen, als ob sich die normale Tischrunde Jesu mit seinen Anhängern auf sogenannte »Sünder« beschränkt hätte; für den Anstoß der Gegner Jesu genügte es vollauf, daß Jesus niemanden von ihr ausschloß[28]. Wenn diese Vorkommnisse in unseren Quellen nicht noch stärkeren Widerhall hinterlassen haben, so erinnert uns das schmerzlich daran, daß der große zeitliche Zwischenraum, der sie von den Ereignissen trennt, wesentliche Züge hat verblassen lassen[29]. Immerhin ist es beachtenswert, daß wir nicht weniger als drei Zöllner mit Namen kennen, die zu den Anhängern Jesu gehörten[30].

Um zu ermessen, was Jesus tat, wenn er mit »Sündern« aß, muß man wissen, daß im Orient die Aufnahme eines Menschen in die Tischgemeinschaft bis auf den heutigen Tag eine Ehrung darstellt, die Gewährung von Frieden, Vertrauen, Bruderschaft und Vergebung bedeutet; kurz, Tischgemeinschaft ist Lebensgemeinschaft. Wenn nach 2 Kön 25,27-30 (par. Jer 52,31-34) Jojachin vom König von Babel aus dem Gefängnis an die königliche Tafel geholt wird, so ist das eine öffentliche Proklamation seiner Rehabilitierung. Ganz analog läßt König Agrippa I. den in Ungnade gefallenen obersten Heerführer Silas zum Zeichen dafür, daß er ihm verziehen hat, an seine Tafel laden[31]. Im Judentum speziell bedeutet Tischgemeinschaft Gemeinschaft vor Gottes Augen, da sie dadurch hergestellt wird, daß jeder Mahlteilnehmer durch das Essen eines abgebrochenen Brotstücks Anteil an dem Lobspruch bekommt, den der Hausvater über dem ungebrochenen Brot gesprochen hatte. So sind auch Jesu Mahlzeiten mit den Zöllnern und Sündern nicht nur Ereignisse auf der gesellschaftlichen Ebene, nicht nur Ausdruck seiner ungewöhnlichen Humanität und sozialen Großzügigkeit und seines Mitgefühls mit den Verachteten, sondern ihre Bedeutung greift tiefer: Sie sind Ausdruck der Sendung und Botschaft Jesu (Mk 2,17), eschatologische Mahlzeiten, Vorfeiern des Heilsmahls der Endzeit (Mt 8,11 par.), in denen sich die Gemeinde der Heiligen schon jetzt darstellt (Mk 2,19). Der in der Tischgemeinschaft vollzogene Einschluß der Sünder in die Heilsgemeinde ist der sinnfälligste Ausdruck der Botschaft von der rettenden Liebe Gottes.

Außer den Mahlzeiten mit Zöllnern und Sündern hat Jesus noch andere

---

27. Jeremias, Gleichnisse[7], 160.
28. Perrin, Rediscovering, 107.
29. Perrin, a. a. O. 102.
30. Levi, Matthäus, Zachäus (vgl. Anm. 32).
31. Josephus, Ant. 19,321.

Wege, die Verkündigung der Vergebung durch die Tat auszudrücken. Er tut es z. B. dadurch, daß er vor aller Augen beim Generalpächter der Zölle in Jericho Quartier nimmt (Lk 19,5) oder daß er Zöllner in den ihn begleitenden Jüngerkreis beruft (Mk 2,14; Mt 9,9; 10,3)³². Jeder soll es sehen: diese Männer sind von Gott angenommen.

Der im Vorstehenden herausgestellte Gehalt der Wendung πτωχοὶ εὐαγγελίζονται (Mt 11,5) muß nun aber noch schärfer gefaßt werden. Wenn die erste Seligpreisung sagt: μακάριοι οἱ πτωχοί, ὅτι ὑμετέρα ἐστὶν ἡ βασιλεία τοῦ θεοῦ (Lk 6,20; Mt 5,3 in der 3. Person), so liegt der Nachdruck auf dem betont vorangestellten ὑμετέρα (Lukas) bzw. αὐτῶν (Matthäus) des Begründungssatzes – die Königsherrschaft gehört *den Armen allein*. Das Semitische läßt das einschränkende »nur« häufig auch da fort, wo es für unser Sprachgefühl nicht entbehrt werden kann, es muß deshalb öfter bei der Übersetzung ergänzt werden³³. So auch hier; die erste Seligpreisung besagt: das Heil ist *nur* für die Bettler und Sünder bestimmt. So lesen wir Mk 2,17 ausdrücklich: οὐκ ἦλθον καλέσαι (scil. zum eschatologischen Festmahl) δικαίους ἀλλὰ ἁμαρτωλούς. Daß das Heil für die Sünder da ist, nicht für die Gerechten, hat Jesus immer wieder ausgesprochen (wobei beachtet sein will, daß »die Gerechten« eine Selbstbezeichnung der Pharisäer gewesen zu sein scheint, vgl. Ps. Sal. 13,11; 15,6f.). Nicht den gelehrten Theologen, sondern den Ungebildeten schenkt Gott die Offenbarung (Mt 11,25f. par. Lk 10,21); den Kindern (Mk 10,14) und denen, die kindlich 'Abba sagen können (Mt 18,3)³⁴, öffnet er das Reich. So wird der Hochzeitssaal voll, auch wenn alle geladenen Gäste absagen (Mt 22,1–10 par. Lk 14,16–24). Der verlorene Sohn wird in seine Rechte wieder eingesetzt, der Daheimgebliebene entfremdet sich dem Vater (Lk 15,11–32). Zöllner und Huren werden den Frommen in die Königsherrschaft Gottes »vorangehen« (Mt 21,31), wobei das προάγουσιν ὑμᾶς = *meqaddemin lekon* nicht ein zeitliches Vorangehen bezeichnet, sondern ein die anderen ausschließendes Zuvorkommen³⁵, so daß der Satz besagt: »Zöllner und Dirnen werden in die Königsherrschaft Gottes eingehen, ihr nicht«. Analog liegt ein exklusives *min* dem παρ' ἐκεῖνον Lk 18,14 zugrunde³⁶: der

---

32. Im ersten Evangelium ist der Zöllner Levi, den Jesus nach Markus auffordert, ihm nachzufolgen (Mk 2,14), durch Matthäus ersetzt (Mt 9,9); das geschah offensichtlich, weil sich der Name Levi nicht in der Liste der Zwölf fand (→Pesch). Aus diesem Austausch der Namen ist zu ersehen: 1. Die vorliterarische Tradition überlieferte sowohl von Levi wie von Matthäus, daß sie Zöllner waren; 2. ebenfalls vorliterarisch ist die Nachricht, daß beide, Levi (Mk 2,14) und Matthäus (Mt 10,3), zu den Jesus begleitenden Jüngern gehörten.

33. Vgl. Mt 5,18f.28.43.46 und sehr oft.

34. Zur Auslegung von Mt 18,3 vgl. Jeremias, Gleichnisse⁷, 189f.

35. Vgl. Jeremias, Gleichnisse⁷, 126 Anm. 2.

36. Übersicht über die Möglichkeiten der Wiedergabe von exklusivem *min* im Griechischen

Zöllner »ging nach Hause δεδικαιωμένος παρ' ἐκεῖνον als einer, dessen Gebet Gottes Erhörung gefunden hatte[37], der andere nicht[38].«

Die Endzeit bringt die Umkehrung der Verhältnisse. Das ist ein altes eschatologisches Motiv, das in den Evangelien häufig wiederkehrt[39]. In ihm kommt nicht nur die unumschränkte Souveränität Gottes zum Ausdruck, sondern auch die Grenzenlosigkeit seines Erbarmens.

Diese alles Begreifen übersteigende Güte Gottes bedeutet Freude und Jubel für die Armen[40]. Sie haben einen Reichtum erhalten, vor dem alle anderen Werte verblassen (Mt 13,44-46). Sie erfahren, was sie nie erhofften: Gott nimmt sie an, obwohl ihre Hände leer sind. Jesus selbst jubelt mit ihnen (Mt 11,25f. par. Lk 10,21, auch Mt 11,12 par. Lk 16,16 ist wahrscheinlich Jubelruf, nicht Klage[41]).

Die Verheißung Ez 34,16 geht in Erfüllung:
»Das Verirrte werde ich suchen,
das Versprengte zurückholen,
das Gebrochene verbinden
und das Kranke stärken« (vgl. Mk 2,17).

Jes 29,19 erfüllt sich:
»Die Elenden werden sich aufs neue des Herrn freuen
und die Ärmsten unter den Menschen über den Heiligen Israels jubeln.«

Ja mehr! Jes 65,19 geht in Erfüllung, wo Gott sagt:
»*Ich* werde jubeln über Jerusalem
und frohlocken über mein Volk«,
und Zeph 3,17, wo es von Gott heißt:
»Er jubelt über dich in Freude,
er erneuert dich in seiner Liebe,
jauchzt über dich mit Frohlocken wie am festlichen Tage.«

So frohlockt Gott über die umkehrenden Sünder (Lk 15,7.10).
Diese Frohbotschaft ist *die* Gabe schlechthin der anbrechenden Heilszeit.

3. Die Rechtfertigung der Frohbotschaft

Das Echo auf die Verkündigung der Frohbotschaft war ein Sturm der Entrüstung. Es waren in erster Linie die pharisäischen Kreise, die die Botschaft

---

bei J. Jeremias, Unbekannte Jesusworte², BFChTh 45,2, Gütersloh 1951, 74 Anm. 1 (in der 4. Auflage nicht wiederholt).

37. S. o. S. 116, Anm. 24.
38. Jeremias, Gleichnisse⁷, 140f.
39. S. u. S. 238.
40. →Gulin.
41. J. Schmid, Das Evangelium nach Matthäus⁵, Regensburg 1965, 193; vgl. o. S. 113f.

Jesu mit Schärfe ablehnten. Man kann aus der Überlieferung geradezu eine Skala der Ablehnung herauslesen: Unbegreifen (Lk 15,29f.), Empörung (15,2; 19,7; Mt 20,11), Beschimpfung (Mt 11,19 par. Lk 7,34), Vorwurf der Gotteslästerung (Mk 2,7)[42], Aufforderung an die Jünger, sich von diesem Verführer zu trennen (Mk 2,16)[43].

Diese Reaktion ist nicht verwunderlich. Die Frohbotschaft schlug aller Frömmigkeit der Zeit ins Gesicht. Galt doch die Trennung von den Sündern dem Judentum der Zeit als vornehmste religiöse Pflicht. Die Tischgemeinschaft in Qumran stand nur den Reinen, den Vollmitgliedern offen[44]. Für den Pharisäer steht beim Verkehr mit den Sündern »die Reinheit des Gerechten, seine Zugehörigkeit zum Bereich des Heiligen und Göttlichen auf dem Spiel[45]«. »Ein Pharisäer weilt bei ihnen (den ʿamme ha-ʾäräç) nicht zu Gast, noch nimmt er einen von ihnen in dessen Gewand bei sich auf[46]«. – »Es ist verboten, sich über einen, der keine Erkenntnis hat, zu erbarmen[47]«. – »Diese Menge, die das Gesetz nicht kennt, steht unter Gottes Fluch[48]«. Gewiß weiß das Judentum davon, daß Gott barmherzig ist und vergeben kann. Aber diese seine Hilfe gilt den Gerechten; den Sündern ist das Gericht bestimmt. Zwar gibt es auch für den Sünder eine Rettung, aber erst, nachdem er den Ernst seiner Buße durch Wiedergutmachung und Änderung seiner Lebensführung unter Beweis gestellt hat. Dann, aber auch nur dann, ist er für den pharisäischen Menschen Gegenstand der Liebe Gottes. Er muß zuvor ein Gerechter geworden sein.

Bei Jesus gilt die Liebe des Vaters gerade den verachteten und verlorenen Kindern. Daß ihnen sein Ruf galt und nicht den Gerechten (Mk 2,17), das war scheinbar die Auflösung aller Ethik; es sah so aus, als ob moralisches Verhalten in Gottes Augen nichts bedeutet. Die Umwelt Jesu stellt das Gottesverhältnis auf das sittliche Verhalten des Menschen. Indem das Evangelium das nicht tut, rüttelt es an den Fundamenten der Religion. An der Frohbotschaft – und nicht primär am Bußruf Jesu – entsteht darum das Skandalon (Mt 11,6 par.). Die Botschaft, daß Gott es mit den πτωχοί, den Sündern, zu tun haben will, daß sie Gott näher stehen als die Frommen, ruft den leidenschaft-

---

42. Auch der Zuspruch der Vergebung Gottes (s. o. S. 21) genügte, um von Jesu Gegnern als Übergriff in Gottes Reservatrecht empfunden zu werden.

43. Die Frage ὅτι BL pc (= τί ὅτι AC pl = »also?«) μετὰ τῶν τελωνῶν καὶ ἁμαρτωλῶν ἐσθίει καὶ πίνει; ist nicht eine harmlose Bitte um Auskunft, sondern die Aufforderung an die Jünger, Jesus abzusagen.

44. O. Betz, Was wissen wir von Jesus?, Stuttgart und Berlin 1966, 49.

45. Ebd. 27.

46. Dam. 2,3.

47. Midr. Sam 5 § 9 (hg. S. Buber, Krakau 1893, 31a 1) par. b. Ber. 33a; b. Sanh. 92a. Vgl. 1 QS 10,20f.: »All derer will ich (der Beter) mich nicht erbarmen, die vom Wege abfallen, will die Zerknirschten nicht trösten, bis ihr Wandel vollkommen ist.«

48. Joh 7,49.

lichen Protest namentlich der Pharisäer hervor. Auf Schritt und Tritt ist Jesus gezwungen, auf das Ärgernis, das der pharisäische Mensch am Evangelium nimmt, zu antworten. Er hat es überwiegend in Form von Gleichnissen getan; die Gleichnisse, die von der Begnadigung der Sünder handeln, sind durchweg nicht Darbietung, sondern *Rechtfertigung der Frohbotschaft*[49].

In seiner Rechtfertigung des Evangeliums hat Jesus drei Begründungen gegeben. a) Er weist auf die ἁμαρτωλοί. Sie gleichen Kranken, und kranke Menschen brauchen den Arzt (Mk 2,17). Sie sind nicht nur arm, bedürftig und krank, sondern sie sind auch dankbar. Denn nur die Schuldbeladenen können, anders als die Gerechten, wirklich ermessen, was der Schulderlaß bedeutet, und ihre Dankbarkeit ist darum ohne Grenzen (Lk 7,36–50). b) Jesus lenkt den Blick der δίκαιοι auf ihre eigene Gottesferne. Sie stehen in Wahrheit Gott ferner als die ἁμαρτωλοί, weil sie zu gut von sich selbst denken und sich auf ihr Frommsein verlassen (Lk 18,9–14), weil sie zu gehorchen behaupten, es de facto aber nicht tun (Mt 21,28–31), weil sie dem Ruf Gottes nicht folgen wollen (Lk 14,16–24 par. Mt 22,1–10) und sich gegen seine Boten auflehnen (Mk 12,1–9), weil sie lieblos sind gegen ihre armen Brüder (Lk 15,25–32), weil sie um Vergebung wissen und doch keine Ahnung davon haben, was Vergebung wirklich ist (Lk 7,47: wem wenig vergeben ist, der liebt auch wenig). Nichts trennt Menschen so völlig von Gott wie eine ihrer selbst sichere Frömmigkeit. c) Die entscheidende Rechtfertigung Jesu aber ist der fast monotone Hinweis auf Gottes Wesen. Gott ist unendlich gütig (Mt 20,1–15). Er freut sich, wenn ein Verirrter heimfindet (Lk 15,4–10)[50]. Er hört die Schreie der Elenden, wahrlich anders als der Richter, der sich von einer Querulantin erweichen läßt (Lk 18,1–8). Er gewährt die Bitte des verzweifelten Zöllners (Lk 18,9–14). Er gleicht dem Vater, der dem verlorenen Sohn entgegenläuft und ihn daran hindert, die Bitte um Gleichstellung mit den Tagelöhnern auszusprechen, wie jener es sich vorgenommen hatte (Lk 15,19.21). So ist Gott. Aus der Tatsache, daß Jesus sich zur Rechtfertigung seines *eigenen* Erbarmens mit den Sündern, seiner *eigenen* Predigt der Vergebung in Wort und Tat, auf Gottes Erbarmen mit den Sündern beruft, ergibt sich eine bedeutsame Konsequenz: Jesus beansprucht in seinem anstößigen Handeln, die Liebe Gottes zu realisieren; er beansprucht also, als Stellvertreter Gottes zu handeln[51]. In seiner Verkündigung aktualisiert sich die Liebe Gottes zu den Armen.

An dieser Botschaft scheiden sich die Geister. Jesus selbst hält das für nichts Überraschendes: ὑμῖν (den Jüngern) τὸ μυστήριον δέδοται τῆς βασιλείας τοῦ θεοῦ, ἐκείνοις δὲ τοῖς ἔξω ἐν παραβολαῖς τὰ πάντα γίνεται

---

49. Jeremias, Gleichnisse[7], 124–145 u. ö.
50. Die »soteriologische Freude Gottes« (→Gulin, 99).
51. E. Fuchs, Die Frage nach dem historischen Jesus, ZThK 53, 1956, 219 = Gesammelte Aufsätze Band II, Zur Frage nach dem historischen Jesus[2], Tübingen 1965, 154.

(Mk 4,11). Dieses vieldiskutierte Wort ist sprachlich stark palästinisch gefärbt[52]. Im heutigen Zusammenhang begründet es, warum Jesus in Gleichnissen redet; er will dadurch die Draußenstehenden verstocken. Aber das ist sicher nicht die Absicht der Gleichnisse. Vielmehr ist Mk 4,11 erst sekundär ad vocem παραβολή in den heutigen Zusammenhang gekommen. Ursprünglich hatte παραβολή, hinter dem ein aramäisches *matla* steht, in dem Logion nicht die Bedeutung »Gleichnis«, sondern »Rätsel«, wie das parallele μυστήριον zeigt. »Euch hat Gott das Geheimnis der Königsherrschaft erschlossen; denen draußen aber geschieht alles in Rätselrede, ... es sei denn, daß[53] sie umkehren und Gott ihnen vergebe.« Das ist eine Aussage, die Jesu gesamte Verkündigung (τὰ πάντα), nicht nur die Gleichnisse, ins Auge faßt. Jesus schreibt ihr eine doppelte Wirkung zu: sie bewirkt auf der einen Seite geöffnete Augen für das Geheimnis Gottes, daß nämlich im Evangelium vom göttlichen Erbarmen mit den Armen schon etwas von der künftigen Basileia in die Gegenwart hereinbricht, auf der anderen Seite bewirkt das Evangelium immer wieder die Verblendung. Dieselbe Erfahrung werden die Jünger machen (Mt 10,13–15): in dem einen Haus nimmt man den »Frieden«, d. h. den endzeitlichen Gottesfrieden, den sie bringen, an, im nächsten weist man sie ab, so daß sie das Gericht verhängen müssen. Diese gegensätzliche Reaktion der Menschen ist im Wesen der Frohbotschaft begründet. Weil das Evangelium das größte Heil darbietet, wirkt es zugleich das größte Unheil. An der Gnade entsteht die Schuld.

Daß das alles Urgestein der Überlieferung ist, ergibt sich aus zwei Tatbeständen. Zunächst ist die Botschaft, daß Gott es mit dem Sünder zu tun haben will, nur mit ihm, und daß ihm Gottes Liebe gilt, ohne jede Parallele in der Zeit. Sie ist ein Unikum. Die Qumranliteratur hat diese Einzigartigkeit bestätigt, und in dieser Bestätigung, daß im ganzen zeitgenössischen Judentum nichts Vergleichbares zu finden ist, liegt die Hauptbedeutung der neugefundenen Texte für das Verständnis der Verkündigung Jesu und der Urkirche[54]. Zu der Analogielosigkeit der Botschaft Jesu tritt als Altersindiz ein zweiter Tatbestand: der Anstoß, der sich (wie namentlich die zahlreichen Gleichnisse, die die Rechtfertigung der Frohbotschaft zum Gegenstand haben, zeigen[55]) gleichmäßig durch alle synoptischen Überlieferungsschichten zieht und der den augenfälligsten Ausdruck in der Beschimpfung Jesu als »Fresser und

---

52. Antithetischer Parallelismus (s. o. § 2,2), Passivum divinum (s. o. § 2,1), überflüssiges ἐκείνοις, enge Berührung von V. 12 mit Targ. Jes 6,9 f. Zur Auslegung s. Jeremias, Gleichnisse[7], 9–14.

53. Zu dieser Übersetzung von μήποτε = *dilema* (Mk 4,12) vgl. Jeremias, a. a. O. 13 f.

54. J. Jeremias, Die theologische Bedeutung der Funde am Toten Meer, Vortragsreihe der Niedersächsischen Landesregierung zur Förderung der wissenschaftlichen Forschung in Niedersachsen 21, Göttingen 1962.

55. Jeremias, Gleichnisse[7], 124–145.

Säufer, Genosse der Zöllner und Sünder« (Mt 11,19 par. Lk 7,34 vgl. Mk 2,16 par.) findet, ist vorösterlich. Denn das nachösterliche Skandalon war der Fluchtod Jesu am Kreuz – die Tischgemeinschaft mit den Sündern ist das vorösterliche Skandalon. Das heißt: die Evangelienberichte über Jesu Verkündigung der Frohbotschaft für die Armen sind weder aus dem Judentum noch aus der frühesten Kirche ableitbar. Sie geben Jesu ipsissima vox wieder.

Kapitel IV: Die Gnadenfrist

Echte prophetische Botschaft hat zwei Seiten, die unlöslich zusammengehören: sie ist Heilsverkündigung und Unheilsverkündigung. Das hat tiefe Gründe: Gnade und Gericht gehören zusammen. So hat auch Jesus nicht nur den gnadenreichen Anbruch der Heilszeit angekündigt, sondern ebenso die ihrer Volloffenbarung vorangehende Katastrophe. Die Frohbotschaft ergeht in der letzten Gnadenfrist vor dem Unheil.

§ 13 Im Angesicht der Katastrophe

A. Schweitzer, Die Geschichte der Leben-Jesu-Forschung, Tübingen 1913 = 1953. – *W. G. Kümmel*, Verheißung und Erfüllung, AThANT 6, Zürich 1945, ³1956. – *E. Grässer*, Das Problem der Parusieverzögerung in den synoptischen Evangelien und in der Apostelgeschichte, BZNW 22, Berlin 1957, ²1966. – *J. A. T. Robinson*, Jesus and His Coming, London 1957. – *L. Gaston*, Sondergut und Markusstoff in Luk. 21, in: ThZ 16, 1960, 161–172. – *B. Rigaux*, La seconde venue de Jésus, in: La venue du Messie. Messianisme et Eschatologie, Recherches Bibliques VI, Bruges 1962, 173–216. – *W. G. Kümmel*, Die Naherwartung in der Verkündigung Jesu, in: Zeit und Geschichte. Dankesgabe an R. Bultmann zum 80. Geburtstag, Tübingen 1964, 31–46 (Lit.). – *O. Cullmann*, Heil als Geschichte, Tübingen 1965, ²1967. – *L. Hartman*, Prophecy Interpreted, Coniectanea Biblica, Lund 1966. – *J. Lambrecht*, Die Redaktion der Markus-Apokalypse, Analecta Biblica 28, Roma 1967.

1. Die beiden synoptischen Apokalypsen

Von grundlegender Bedeutung für das Verständnis der Aussagen Jesu über die bevorstehenden Endereignisse ist die Erkenntnis, daß wir nicht, wie die übliche Terminologie behauptet, eine, sondern zwei synoptische Apokalypsen besitzen[1].

Die ausführlichste Äußerung der Evangelien über das Kommende bietet die *Markus-Apokalypse (13,1–37 par.)*. Sie ist bei Matthäus (24,1–25,46) zum Schluß hin durch Angliederung neuen Stoffs auf die doppelte Länge erweitert, bei Lukas (21,5–36) inhaltlich stark umgestaltet. Mk 13 ist eine große Unheilsprophetie, die die Fluch- und Notzeit vor der letzten großen Wende in drei Etappen schildert. 1. V. 5–13: Der Anfang der ὠδῖνες (der »Geburtswehen« des Messias): Pseudomessiasse, Krieg, Erdbeben, Hungersnöte, Verfolgungen; 2. V. 14–23: Auftreten des »Greuels der Verwüstung« im Tempel, escha-

---

1. →Robinson, 122; W. Grundmann, Die Geschichte Jesu Christi, Berlin 1957 = ³1960, 208–220.

tologische Flucht, Pseudomessiasse und Pseudopropheten; 3. V. 24–27: Letzte Empörung und Zusammenbruch des Kosmos, die die Parusie des Menschensohns einleiten. Daran schließt sich ein feierlicher Schluß (V. 28–37): Das Ende ist nahe, aber niemand weiß Zeit und Stunde, darum: wachet!

Wir haben nun aber in den Synoptikern noch *eine zweite Apokalypse:* Lk 17,20 bis 37. Sie beginnt ebenso wie Mk 13,4 par. mit der Frage nach dem »Wann?« des Endes (Lk 17,20), nur daß diese Frage Lk 17,20 von Pharisäern, Mk 13,4 par. hingegen von den Jüngern gestellt wird. Wie in Mk 13, so lehnt Jesus es auch in Lk 17 ab, einen Termin zu nennen. Doch im übrigen fällt seine Antwort ganz anders aus als in Mk 13. Bei Markus lautet sie: Niemand weiß die Stunde; nur soviel kann man sagen, daß erst die sich dehnende Notzeit überstanden werden muß. Die Vorzeichen müssen sich zuvor erfüllen. Das eschatologische Drama muß ablaufen, Szene für Szene. Achtet auf die Vorzeichen! Lk 17, 20–37 dagegen heißt die Antwort auf die Frage nach dem Termin der großen Wende: Niemand weiß ihn, nur soviel steht fest: das Ende wird plötzlich kommen, zu ungeahnter Stunde. Vers für Vers wird dieser eine Gedanke in einer Kette von Logien und Bildworten eingeschärft: Plötzlich kommt das Ende, wie der Blitz (V. 24), wie die Sintflut (V. 26f.), wie der Feuerregen auf Sodom und Gomorrha (V. 28–33). Ehe ihr es euch verseht, wird die Stunde der großen Scheidung da sein (V. 34f.). Den Schluß bildet die Frage »Wo wird es sein?« Jesu Antwort ist wieder abweisend: »Wo das Aas ist, da sammeln sich die Geier.« Wenn es soweit ist, werdet ihr es sehen (V. 37)[2].

Die beiden synoptischen Apokalypsen haben also eine völlig verschiedene Thematik. Mk 13 liegt der ganze Nachdruck auf den Vorzeichen, Lk 17,20–37 auf der Plötzlichkeit des Endes. Welches die ältere Thematik ist, kann nicht zweifelhaft sein. Wir brauchen nur auf die Analoga zu achten. Neben der synoptischen Vorzeichenapokalypse Mk 13 steht die paulinische 2 Thess 2, 1–12, ferner die Johannesapokalypse, in der die Vorzeichen in Gestalt der aneinandergefügten Siebener-Reihen (sieben Siegel, sieben Posaunen, sieben Zornesschalen) den breitesten Raum einnehmen. Die Urgemeinde, die mit dem Problem der Parusieverzögerung fertig werden mußte, fand eine Antwort in dem Hinweis auf die Kette der Vorzeichen, die sich erst noch erfüllen müßten. Auch die Thematik von Lk 17, 20–37 hat ihre Analogie – nämlich in den zahlreichen Gleichnissen und Bildworten Jesu, die das plötzliche und unerwartete Kommen des Endes einschärfen: der nächtliche Einbrecher, der heimkehrende Hausherr, die zehn Jungfrauen, der mit der Aufsicht betraute Knecht, die anvertrauten Talente, der reiche Kornbauer, der Gang zum Richter, die Kinder auf der Gasse, die Wetterprognosen und Zeichen der Zeit, die Schlinge des Vogelfängers usw. Beide Antworten auf die Frage nach dem Wann schließen

---

2. Matthäus hat den Stoff von Lk 17, 20–37, soweit er ihm bekannt war, in die Markusapokalypse eingefügt (Mt 24,26f.37–41.28).

sich aus. Ohne Frage stehen wir mit dem Thema von Lk 17,20–37 bei einem Kernstück der Verkündigung Jesu, während Mk 13 thematisch der ältesten Kirche zugehört.

Nach weitverbreiteter Ansicht ist Mk 13 eine jüdische Apokalypse, die von der Urkirche in modifizierter und erweiterter Gestalt Jesus in den Mund gelegt wurde. Als repräsentativ sei R. Bultmann genannt, der in V. 7f. 12.14–22.24–27 jüdische, schon vor der Verarbeitung durch Markus zu einem Zusammenhang verbundene apokalyptische Worte, in V. 5f. 9–11.13a.23 christliche Zusätze sieht[3]. In der Tat sprechen Schema und Thematik der synoptischen Apokalypse weithin die Sprache der zeitgenössischen jüdischen Apokalyptik. Auch dort lesen wir von furchtbaren Vorzeichen, die das Ende ankündigen: die Erde bebt, Blut träufelt von den Bäumen, Feuer breitet sich auf der Erde aus, Hungersnöte treten auf, der Himmel versagt den Regen, alle sittlichen Bande lösen sich und der Krieg aller gegen alle beginnt[4]. Die Rede Mk 13 benutzt ohne Frage in stärkerem Maße, als es sonst in den Logien Jesu der Fall ist, traditionelle Motive der Apokalyptik[5]. Richtig ist auch, daß zum mindesten die Erwähnung der Heidenmission in V. 10 die kirchliche Situation spiegelt[6]. Diese den Inhalt betreffenden Bedenken gegen die Authentizität von Mk 13 erhalten durch sprachliche Beobachtungen verstärktes Gewicht. Nach N. Perrins Zählung kommen von den 165 Wörtern, die Mk 13, 5–27 benutzt, 35 sonst im Markusevangelium nicht mehr vor, also über 20%, ein sehr hoher Anteil, und von diesen 35 Wörtern kehren 15, also fast die Hälfte, in der Offenbarung des Johannes wieder[7]. Dieser sprachliche Befund bestätigt den Einfluß traditioneller apokalyptischer Diktion auf Mk 13.

---

3. Syn. Trad., 129.

4. Billerbeck IV 977–986; P. Volz, Die Eschatologie der jüdischen Gemeinde im neutestamentlichen Zeitalter, Tübingen 1934 = Hildesheim 1966, 147–163.

5. V. 7f. (Kriege, Hungersnöte, Erdbeben, »Wehen«). 9.11 (Verfolgungen).12 (Auflösung aller sittlichen Ordnungen). 13b (Aushalten). 24f. (Auflösung der Ordnung in der Natur).

6. S. u. S. 236f.

7. N. Perrin, The Kingdom of God, New Testament Library, London 1963, 131. – Dagegen wird man aus den Anspielungen auf die Schrift nicht allzuviel folgern können. Es ist zwar richtig, daß wir in Mk 13 eine ganze Reihe von Bezugnahmen auf die Septuaginta finden (V. 14: Dan 12,11 LXX τὸ βδέλυγμα τῆς ἐρημώσεως; V. 19: Dan 12,1 Θ θλῖψις οἵα οὐ γέγονεν; V. 25: Jes 34,4 LXX τὰ ἄστρα ... πεσεῖται; V. 27: Sach 2,6 LXX ἐκ τῶν τεσσάρων ἀνέμων ... συνάξω, vgl. T. F. Glasson, Mark XIII and the Greek Old Testament, in: Expository Times 69, 1957–58, 213–215); aber dem stehen ebenso viele Fälle gegenüber, in denen Mk 13 nicht der Septuaginta folgt (V. 8 βασιλεία ἐπὶ βασιλείαν: Jes 19,2 hebr. Text; V. 22 ψευδοπροφῆται: Dt 13,2 Targ.; V. 22 ποιήσουσιν: Dt 13,2 hebr. Text, da LXX δῷ liest; V. 26 ἐν νεφέλαις: Dan 7,13, wieder abweichend von LXX ἐπὶ τῷ νεφελῶν und Θ μετὰ τῶν νεφελῶν, vgl. T. W. Manson, The Old Testament in the Teaching of Jesus, in: Bulletin of the John Rylands Library 34, 1952, 314–318).

Dennoch wäre es ein unkritisches Verfahren, wollten wir übersehen, daß sich Mk 13 insofern fundamental von der Apokalyptik der Zeit unterscheidet, als entscheidende Motive der zeitgenössischen Apokalyptik fehlen: der Heilige Krieg, die Vernichtung Roms, die Haß- und Rachegefühle, die Sammlung der Diaspora, die sinnlich-irdische Ausmalung des Heils, die Erneuerung Jerusalems zur Hauptstadt eines mächtigen Reiches, die Herrschaft über die Heiden, die Üppigkeit des Lebens im neuen Äon usw. Nichts davon findet sich in Mk 13! Hier ist im Gegenteil die Rede davon, daß die Katastrophe gerade Israel treffen werden. Besonders deutlich ist das in V. 14, wo das Auftreten des Greuels der Verwüstung (Dan 11,31; 12,11; Plural: 9,27) an heiliger Stätte angekündigt wird. Kein jüdischer Apokalyptiker hat es gewagt, diese Danielweissagung aufzugreifen, wie das Mk 13,14 geschieht; man sah sie vielmehr als in der Makkabäerzeit erfüllt an[8]. Die jüdische Apokalyptik erwartet den Glanz des Tempels, nicht seinen Untergang[9]. Angesichts dieser Unterschiede ist durchaus damit zu rechnen, daß sich unter den Einzellogien, aus denen Mk 13 besteht, echtes Gut befindet.

Man hat sogar gewagt, von einer *dritten synoptischen Apokalypse* neben Mk 13,1–37 und Lk 17,20–37 zu sprechen[10]. Analysiert man nämlich die Bearbeitung von Mk 13 durch Lukas, so sieht man, daß dieser seine Vorlage teils durch Ersatz, teils durch Zusatz einzelner Verse ausgestaltet hat. Stellt man nun die Logien, die Lk 21,5–28 neu gegenüber Markus auftauchen (V. 18.20.21b.22.23b-26a.28), zusammen, dann sieht man, daß sie formal durch den Parallelismus membrorum, inhaltlich durch einen einigermaßen geschlossenen Gedankengang gekennzeichnet sind. Der Schluß hat daher manches für sich, daß Lukas eine apokalyptische Sonderüberlieferung in die Markusvorlage eingebaut habe[11]. Diese dritte synoptische Apokalypse müßte um Ostern 70 n. Chr. zusammengestellt worden sein, zu einer Zeit, als Titus sich anschickte, Jerusalem zu belagern (Lk 21,20), die Flucht aus der Heiligen Stadt aber noch nicht unmöglich war (V. 21b). Sie wäre also die späteste der drei synoptischen Apokalypsen, nur wenige Wochen älter als die Prophetie Apk 11,1-2, die voraussetzt, daß bereits der Ansturm der Römer auf den äußeren Tempelvorhof eingesetzt hatte. Die kleine Apokalypse hätte die Eroberung der Heiligen Stadt erwartet (V. 24) und im jüdisch-römischen Krieg den Beginn der dem Ende vorangehenden Schrecknisse (V. 22ff.), zugleich aber auch das Anzeichen der großen Wende Gottes gesehen (V. 28). Freilich vergesse man nicht, daß die Rekonstruktion solcher verschütteten Quellen reine Hypothese bleibt. In unserem Falle mahnt

---

8. 1 Makk 1,54; b. Taʿan. 28b.

9. ÄthHen 90,27f. wird zwar erwartet, daß »das alte Haus« »eingewickelt« wird, aber doch nur, um durch ein neues, herrlicheres Haus ersetzt zu werden. Das ist etwas anderes als der Greuel der Verwüstung. Außerdem meint das alte Haus offenbar Jerusalem, nicht den Tempel. Erst in der Zeit kurz vor dem ersten jüdischen Aufstand zieht ein Mann, den alle Welt für geisteskrank hält, durch die Straßen Jerusalems mit dem Ruf: »Wehe der Stadt, dem Volk, dem Tempel« (Josephus, Bell. 6,309, vgl. 301).

10. →Robinson, 122.

11. →Robinson, 123f.; →Gaston; Th. Wrege, Die Überlieferungsgeschichte der Bergpredigt, WUNT 9, Tübingen 1968, 151 Anm. 8.

zu besonderer Vorsicht, daß die der »dritten« Apokalypse zugeschriebenen Verse sprachlich ausgesprochen lukanisches Gepräge tragen[12]. Dieses könnte an sich auf lukanische Bearbeitung einer Quelle zurückgehen, aber dann bleibt die Frage offen, warum Lukas die aus Mk 13 übernommenen Zwischenverse (Lk 21,19. Anfang 20.21a.23a.26b.27) außer V. 19 fast sklavisch wörtlich übernommen, die aus der »dritten« Apokalypse stammenden Verse dagegen stark überarbeitet hätte. Das ist wenig wahrscheinlich. Es empfiehlt sich daher doch wohl, auf die Annahme einer dritten Apokalypse zu verzichten und die Verse Lk 21,18.20. 21b. 22. 23b–26a. 28 als lukanische Markusbearbeitung anzusprechen.

2. Was erwartete Jesus?

Der Versuch einer Skizzierung der Zukunftserwartung Jesu wird davon auszugehen haben, daß er überzeugt war, daß seine Sendung der Auftakt für das Kommen der eschatologischen Notzeit sei. Niemand bilde sich ein, daß er gekommen sei, den Frieden zu bringen – nein, er bringt das Schwert (Mt 10,34), den Weltenbrand (Lk 12,49), die kosmische Leidenstaufe (V. 50)[13]. Denn die Ermordung des letzten Gottesboten durch das prophetenmörderische Jerusalem[14] wird das von Gott gesetzte Maß der Schuld überlaufen lassen (Mt 23,32), seine Geduld erschöpfen (Mk 12,9 par.) und die Stunde der Finsternis herbeiführen (Lk 22,53). Mit seinem eigenen Leiden wußte Jesus das seiner Jünger unlöslich verbunden; ein Kollektivleiden sah er über die Seinen hereinbrechen, eingeleitet durch seine Passion[15]. Daß sich diese Erwartung in dieser Form nicht erfüllt hat[16], verweist die von ihr handelnden Worte in die vorösterliche Zeit.

Aber die Menschen werden sorglos weiterleben, in den Tag hinein (Lk 17,26–29 par. Mt 24,37–39), blind dafür, daß das Damoklesschwert über ihrem Haupte hängt und jeden Augenblick herabfallen kann, weil das Maß der

---

12. Lk 21,20: Ἰερουσαλήμ (Lk/Apg 66mal, sonst im Neuen Testament nur 12mal); ἐγγίζω (lukanisches Vorzugswort: Lk/Apg 24mal). – V. 22: τοῦ mit Inf. in finalem Sinn (ohne Anschluß an ein den Genetiv regierendes Nomen oder Verb, Blass-Debrunner § 400,5: Lk/Apg 24mal); πίμπλημι (Lk/Apg 22mal, sonst im Neuen Testament nur noch Mt 22,10; 27,48); πάντα τὰ γεγραμμένα (Lk/Apg 5mal, sonst im Neuen Testament nur noch Gal 3,10).–V. 23b: λαός (lukanisches Vorzugswort: Lk/Apg 84mal). – V. 24: Ἰερουσαλήμ (s. V. 20); ἄχρι (lukanisches Vorzugswort: Lk/Apg 20mal); πληρόω (von der Zeit: Lk/Apg 5mal, sonst nur Mk 1,15; Joh 7,8). – V. 25b: ἦχος (Lk/Apg 3mal, sonst nur Hebr 12,19). – V. 26: ἐπέρχομαι (Lk/Apg 7mal, sonst nur Eph 2,7; Jak 5,1); οἰκουμένη (Lk/Apg 8mal, sonst im Neuen Testament 7mal); γάρ (statt καί Mk 13,25: Lukas meidet Parataxen). – V. 28: δέ beim Gen. abs. (13mal von Lukas diff. Mk gesetzt); ἐγγίζω (s. V. 20); der Aufbau a // b+c.
13. Jeremias, Gleichnisse[7], 163 f.
14. Zur Frage, ob Jesus mit seinem gewaltsamen Tod gerechnet hat, s. u. S. 265–267.
15. S. u. S. 231.
16. S. u. S. 270f.

Schuld erfüllt ist. Wie ein Blitz aus heiterem Himmel wird das Entsetzliche über sie hereinbrechen, so überraschend wie die Sintflut, wie der Feuerregen über Sodom, wie der Einbrecher, die Schlinge, der Tod. Es kommt das (römische) Schwert, sagt Mt 10,34. Ströme von Blut werden fließen. Das Blutbad des Pilatus unter den Galiläern und der Einsturz des Turmes von Siloah (Lk 13, 1–5) nehmen sich wie ein Kinderspiel aus im Vergleich zu dem, was über Israel hereinbrechen wird. So furchtbar wird alles sein, daß Jesus den Frauen, die ihn beklagen, zuruft, sie sollten schon jetzt die Totenklage über sich selbst und ihre Kinder anstimmen (Lk 23, 28–31). Sie werden das schreckliche Schicksal teilen müssen, das die letzte Generation treffen wird. Lk 11,49–51 (par. Mt 23,34f.) zitiert Jesus einen Gottesspruch[17], der ankündigt, daß Gott alles Böse, das seinen Boten widerfuhr, strafen werde, vom Blut Abels bis zum Blut des Priesterpropheten Sacharja, der an hochheiliger Stätte – zwischen Brandopferaltar und Tempelhaus – erschlagen wurde (2 Chr 24,20–22). Und er fügt hinzu: $\nu\alpha\grave{\iota}\ \lambda\acute{\epsilon}\gamma\omega\ \acute{\upsilon}\mu\tilde{\iota}\nu,\ \grave{\epsilon}\kappa\zeta\eta\tau\eta\vartheta\acute{\eta}\sigma\epsilon\tau\alpha\iota\ \grave{\alpha}\pi\grave{o}\ \tau\tilde{\eta}\varsigma\ \gamma\epsilon\nu\epsilon\tilde{\alpha}\varsigma\ \tau\alpha\acute{\upsilon}\tau\eta\varsigma$ (V. 51b). Warum muß »dieses Geschlecht« die Blutschuld bezahlen? Was haben die Menschen der Gegenwart zu tun mit den Morden an Abel und Sacharja? Sie sind die letzte Generation; sie stehen im Begriff, das Maß vollzumachen. Die letzte Generation wird die Gesamtschuld büßen müssen, die sich angesammelt hat.

Dennoch sind das alles nur die Anfänge. Viel furchtbarer wird etwas anderes sein. Gott wird den Tempel verlassen (Lk 13,35 par.), und der »Greuel der Verwüstung« wird erscheinen (Mk 13,14 par.). Was ist mit diesem aus Dan 11,31; 12,11 genommenen Ausdruck gemeint? Markus hat hier die auffällige constructio ad sensum $\H{o}\tau\alpha\nu\ \delta\grave{\epsilon}\ \H{\iota}\delta\eta\tau\epsilon\ \tau\grave{o}\ \beta\delta\acute{\epsilon}\lambda\upsilon\gamma\mu\alpha\ \tau\tilde{\eta}\varsigma\ \grave{\epsilon}\varrho\eta\mu\acute{\omega}\sigma\epsilon\omega\varsigma\ \grave{\epsilon}\sigma\tau\eta\varkappa\acute{o}\tau\alpha$ (mit maskulinischem, nicht neutrischem Partizip) $\H{o}\pi o\upsilon\ o\grave{\upsilon}\ \delta\epsilon\tilde{\iota}$. Dieses Maskulinum, das Matthäus für einen grammatischen Fehler hielt und daher in das Neutrum $\grave{\epsilon}\sigma\tau\acute{o}\varsigma$ »verbesserte« (24,15), zeigt, daß die älteste Überlieferung den danielischen »Greuel der Verwüstung« auf eine Person gedeutet hat, auf den Pseudochristus. Er wird sich offenbaren, $\H{o}\pi o\upsilon\ o\grave{\upsilon}\ \delta\epsilon\tilde{\iota}$: im Heiligtum. Pseudopropheten werden ihn verherrlichen (Mk 13,22 par.). Aber seine Zeit ist begrenzt[18]; zuletzt wird der Tempel in Trümmer sinken, kein Stein wird auf dem anderen bleiben (Mk 13,2)[19]. Die Schleifung des Tempels wird zugleich das Signal für das Eingreifen Gottes sein: binnen drei Tagen[20] wird der neue Tempel erstehen (14,58 par.).

---

17. V. 49: $\acute{\eta}\ \sigma o\varphi\acute{\iota}\alpha\ \tau o\tilde{\upsilon}\ \vartheta\epsilon o\tilde{\upsilon}\ \epsilon\tilde{\iota}\pi\epsilon\nu$.

18. Zur Vorstellung vgl. Apk 12,12: $\acute{o}\ \delta\iota\acute{\alpha}\beta o\lambda o\varsigma\ ...\ \H{\epsilon}\chi\omega\nu\ \vartheta\upsilon\mu\grave{o}\nu\ \mu\acute{\epsilon}\gamma\alpha\nu,\ \epsilon\grave{\iota}\delta\grave{\omega}\varsigma\ \H{o}\tau\iota\ \grave{o}\lambda\acute{\iota}\gamma o\nu\ \varkappa\alpha\iota\varrho\grave{o}\nu\ \H{\epsilon}\chi\epsilon\iota$.

19. Vgl. Thomasev. 71: »Jesus sagt: Ich werde [dieses] Haus zer[stören] und niemand wird es [wieder] aufbauen können.«

20. Dazu s. u. S. 271f.

Der Greuel der Verwüstung an heiliger Stätte, Anbetung und Verehrung fordernd, von Falschpropheten durch Wort und Wunder verherrlicht – das ist die letzte große Anfechtung. Es ist bezeichnend für Jesus und insofern ein Altersindiz, daß er sie nicht ausmalt. Nur ein halber Vers ist ihr gewidmet (Mk 13,14a). Mit einer Schilderung wäre niemandem gedient. Jesus sagt nur eins: Flieht (Mk 13,14b–20)! Die eschatologische Flucht aus der Gefahrenzone ist das einzige, was für Freund (Lk 17,31) und Feind (Mt 23,33) bleibt. Dabei wird jede Minute kostbar sein: wehe dem, der noch rasch den nachts unentbehrlichen Mantel aus dem Haus holen wollte (Lk 17,31; Mk 13,15 f. par.). Er könnte alles verspielen. Denn es geht nicht mehr um das irdische Leben, es geht um die Seele. So ist das alte Agraphon gemeint, das Jesus mahnen läßt: Rette dich, es gilt dein Leben (vgl. Gen 19,17)[21]! Nur wer die »drei Tage«[22] bis zum Tempelneubau durchhält (Mk 13,13b), wird gerettet werden. Im Blick auf diese »drei Tage« der höchsten Not ist der Schluß des Vaterunsers gesagt: »Laß uns nicht der Anfechtung erliegen«[23]. Die Bitte um Bewahrung vor dem Erliegen im $\pi\varepsilon\iota\rho\alpha\sigma\mu\acute{o}\varsigma$ ist der Notschrei des angefochtenen Glaubens: Bewahre uns vor dem Abfall, bewahre uns davor, daß wir an dir irre werden.

Das ist die Endkatastrophe, die Jesus kommen sieht. Er war gewiß: das Reich Gottes kommt unter Leiden, nur so.

So furchtbar das alles ist, es ist doch nur der Auftakt zu dem allerletzten Unheil, das folgen wird. Dieses Allerletzte transzendiert die Geschichte. Die Engel Gottes vollziehen die Scheidung. Zwei Männer werden auf dem Acker (so Mt 24,40) bzw. auf dem Nachtlager (so Lk 17,34) sein, beide einander gleichend ohne Unterschied für menschliche Augen, aber der eine wird gerettet, der andere verworfen werden. Zwei Frauen werden morgens vor Tagesanbruch an der Mühle arbeiten, die eine mahlt, die andere schüttet Getreide nach, beide einander gleichend (Mt 24,41 par. Lk 17,35), dennoch die eine ein Kind des Friedens, die andere ein Kind des Todes. In dieser Stunde, in der die Engel Gottes das Gericht vollziehen, tut sich die $\gamma\acute{\varepsilon}\varepsilon\nu\nu\alpha$ auf, die endzeitliche Feuerhölle[24]. Wenn die Evangelien von ihr reden, geschieht es mit bewußter

---

21. Theodotus bei Klemens von Alexandrien, Exc. ex. Theod. 2,2; dazu Jeremias, Unbekannte Jesusworte[4], Gütersloh 1965, 75–77.

22. Mk 14,58 par. Zu den Drei-Tage-Worten s. u. S. 271 f.

23. Zur Auslegung s. u. S. 195 f.

24. $\gamma\acute{\varepsilon}\varepsilon\nu\nu\alpha$ (erstmals im Neuen Testament belegt, und zwar außer Jak 3,6 nur in synoptischen Jesusworten) ist Gräzisierung von aram. *gehinnam* (hebr. *gehinnom*). So hieß seit alters das Tal westlich und südlich Jerusalems, das im Südosten der Stadt ins Kidrontal mündet (heute *wādi er-rabābi*). Aus dem Wehe, das schon die Propheten über das Tal ausgerufen hatten (Jer 7,32 = 19,6; vgl. Jes 31,9; 66,24), weil hier Molochopfer stattfanden (2 Kön 16,3; 21,6), bildete sich im zweiten Jahrhundert v. Chr. die Vorstellung, daß das Hinnomtal die Stätte der Feuerhölle sein werde (äthHen 26 f.; 90,26 f.). Diese wird dann selbst so genannt. Sie wird

Realistik, die die ganze Furchtbarkeit des Gerichts zum Ausdruck bringen soll. Sie ist ein Ort, ὅπου ὁ σκώληξ αὐτῶν οὐ τελευτᾷ καὶ τὸ πῦρ οὐ σβέννυται (Mk 9,48 zit. Jes 66,24). Sie ist präexistent, genauso wie die Basileia (Mt 25,41), wird also unvermeidlich kommen. Sie erfaßt den ganzen Menschen (Mk 9,43 bis 48). Sie ist ewig (Mk 3,29; 9,48; Mt 25,46). Doch fehlen alle Ausmalungen der verschiedenen Höllenstrafen, wie sie sich in der zeitgenössischen jüdischen und in der frühkirchlichen Apokalyptik (z. B. in der Petrusapokalypse) finden. Jesus kommt es nur darauf an, den furchtbaren Ernst des Gottesurteils zum Ausdruck zu bringen, gegen dessen Spruch es keine Berufung gibt. Bei ihm umschließt das Wort γέεννα ein Zweifaches: a) die γέεννα ist Finsternis (Mt 8,12; 22,13; 25,30). Sie bedeutet also den Ausschluß vom Licht Gottes. b) In der γέεννα werden κλαυθμὸς καὶ βρυγμὸς τῶν ὀδόντων sein (Mt 8,12 par. Lk 13,28). Dieses »Heulen und Zähneknirschen« angesichts der Tischgemeinschaft der Heiden mit den Patriarchen ist Ausdruck der Verzweiflung über das durch eigene Schuld verscherzte Heil. Das ist die Hölle.

Nach Lk 13,23 wird Jesus gefragt: εἰ ὀλίγοι οἱ σῳζόμενοι; er verweigert darauf die Antwort und ersetzt sie durch die Mahnung, um den Einlaß durch die enge Pforte zu ringen (V.24.) An anderer Stelle hat Jesus sich aber doch wenigstens andeutend zur Zahl der Geretteten geäußert: πολλοὶ γάρ εἰσιν κλητοί, ὀλίγοι δὲ ἐκλεκτοί (Mt 22,14). Dieses Wort von der großen Zahl der Berufenen und der kleinen der Erwählten könnte so verstanden werden, als ob wir hier eine prädestinatianische Aussage vor uns hätten. Sowohl πολλοί wie vor allem ἐκλεκτοί scheinen in diese Richtung zu weisen: viele, aber doch immerhin nur eine begrenzte Zahl, beruft Gott; nur wenige werden gerettet, nämlich die, Gott aus der Zahl der Berufenen auswählt. Aber beides ist nicht Jesu Meinung. Man muß zum Verständnis dieser crux interpretum zunächst beachten, daß πολλοί hier wie häufig im Semitischen inkludierende Bedeutung hat (= »die Vielen«, »die große Menge«, »alle«), was damit zusammenhängt, daß das Semitische kein Wort hat, das (wie unser »alle«) Totalität und Pluralität zugleich bezeichnet[25]. Ein Musterbeispiel ist 4 Esr 8,3 *multi quidem creati sunt, pauci autem salvabuntur.* Hier gibt die Übersetzung von *multi* mit »viele« keinen Sinn. Es sind ja nicht viele, sondern alle geschaffen; der Sinn ist also: »Unübersehbar ist die Zahl der Geschaffenen, klein aber die der Geretteten«. Analog ist auch Mt 22,14 nicht von vielen, sondern semiti-

---

unterschieden vom ᾅδης *(še'ol)*, nach den Vorstellungen des antiken Judentums Strafort der Seelen der Gottlosen vor der Auferstehung. Die Gehenna tritt erst nach der Auferstehung und dem Endgericht in Erscheinung, um nicht nur die Seelen, sondern Seele und Leib der Verurteilten für immer aufzunehmen. Vgl. J. Jeremias, ᾅδης, ThW I, 1933, 146-150; γέεννα, ebd., 655 f.

25. J. Jeremias, πολλοί, ThW VI, 1959, 536-545: 542. Hebr. *kol*/aram. *kolla* bezeichnet zwar die Totalität, nicht aber die Pluralität.

sierend von der Gesamtheit, die viele umfaßt, d. h. von allen, die Rede. Auch
ἐκλεκτοί hat nichts mit Prädestination zu tun, sondern ist fester terminus
technicus für die messianische Heilsgemeinde (so im äth. Hen., im Neuen
Testament und in der Qumranliteratur). Mt 22,14 ist also sinngemäß zu übersetzen: »(Unübersehbar) groß ist die Zahl derer, die (zum Festmahl) eingeladen
sind, aber nur wenige werden zur Heilsgemeinde gehören«. Nicht von Prädestination ist hier die Rede, sondern von Schuld. Der Ruf ist unbegrenzt,
aber nur klein ist die Zahl derer, die ihm folgen und gerettet werden.

3. Wann kommt die Katastrophe?

Daß Jesus es ablehnt, einen bestimmten Termin für den Anbruch der Endereignisse anzugeben (Lk 17,20f.; Mk 13,4ff. 32 par.)[26], schließt nicht aus, daß in
seinen Worten eine allgemeine Konzeption bezüglich der Zeit des Endes
sichtbar wird. Diese Konzeption ist fest in der Überlieferung verankert, denn
sie taucht in allen Überlieferungsschichten und in Logien völlig verschiedener
Kategorien auf, wie die folgenden Beispiele zeigen.

a) Die Ankündigung der Basileia. Der erstorbene Feigenbaum grünt, der Sommer kommt, die Vollendung ist im Anbruch, sagt das Gleichnis Mk 13,28f.
par.[27]. Ἤγγικεν ἡ βασιλεία τῶν οὐρανῶν »Gott ist nahe«[28] lautet die Botschaft der Sendboten (Mt 10,7 par. Lk 10,9; Lk 9,2.60; 10,11). »Deine Königsherrschaft komme« lehrt Jesus seine Jünger beten, was doch nur (wie im
Qaddiš[29]) heißen kann: »möge sie bald kommen«, denn alle aktuelle eschatologische Verkündigung und Bitte hat das baldige Eingreifen Gottes zum Gegenstand[30], nicht eine Intervention nach dreißig[31] oder vierzig[32] Jahren.

Die Nähe der Basileia ist ferner in den zahlreichen, S. 125 genannten Gleichnissen und Bildworten vorausgesetzt, die von dem plötzlichen und unerwarteten Kommen des Endes handeln und zur Wachsamkeit aufrufen. Zu den Naherwartungslogien gehören auch die Drei-Tage-Worte (s. u. S. 271f.) sowie Lk 17,20f., wenn unsere eschatologische Deutung des ἐντὸς
ὑμῶν (s. o. S. 104) zutrifft. Ist die Vermutung richtig, daß das dem φάγοι Mk 11,14 zugrundeliegende aramäische Imperfekt *jekol* ursprünglich futurisch gemeint war (»niemand wird mehr

---

26. S. o. S. 125. – In Mk 13,32 sind mindestens die Worte οὐδὲ ὁ υἱός wegen des unpalästinischen absoluten Gebrauchs von ὁ υἱός sekundär; dagegen ist absolutes ὁ πατήρ als Wiedergabe von ʾAbba palästinisch unanfechtbar (vgl. Jeremias, Abba, 40).
27. Jeremias, Gleichnisse[7], 119f.
28. Zu dieser Übersetzung s. o. S. 105.
29. S. u. S. 192.
30. →Rigaux, 190.
31. Zu γενεά s. u. S. 136.
32. Zerstörung Jerusalems 70 n. Chr.

von deinen Früchten essen«)³³, dann hätten wir eine besonders drastische Fassung der Naherwartung vor uns: noch vor der Feigenreife³⁴ kommt die Wende.

In diesem Zusammenhang sind auch die Worte zu nennen, die den Täufer als den wiederkehrenden Elias bezeichnen (Mk 9,13 par. Mt 17,12; Mt 11,10 par. Lk 7,27; Mt 11,14), falls sie, was umstritten ist, auf Jesus zurückgehen. Die drei Stellen nehmen Bezug auf die Vorläufererwartung, die aus Mal 3,23 f. (LXX 4,4 f.) erwachsen war, wo die Sendung des Propheten Elia vor dem großen und furchtbaren Tag des Herrn angekündigt wird. Diese Maleachiprophetie wurde so verstanden, daß der Vorläufer die ἀποκατάστασις vollziehen würde, und zwar unmittelbar³⁵ – drei Tage³⁶, einen Tag³⁷ – vor der großen Wende. Auf diesem Hintergrund will Mk 9,13 verstanden werden: ἀλλὰ λέγω ὑμῖν ὅτι καὶ Ἠλίας ἐλήλυθεν (vgl. Mt 11,10.14). Der Vorläufer ist schon dagewesen – so nahe ist das Ende!

b) Berufungsworte. Die Berufung in den Kreis der ihn begleitenden Jünger hat Jesus mit äußerster Dringlichkeit ausgesprochen. Elisa durfte sich von seiner Familie verabschieden (1 Kön 19,20), Jesus gibt diese Erlaubnis nicht (Lk 9,61 f.), ja er lehnt sogar die Bitte des Sohnes ab, die elementarste Kindespflicht, den Vater zu begraben, erfüllen zu dürfen. Das Begräbnis fand in Palästina zwar noch am Tage des Todes statt, dann folgten aber sechs Trauertage, an denen die Trauerfamilie die Beileidsbezeugungen entgegennahm. So viel Aufschub kann Jesus nicht gewähren. Warum diese Dringlichkeit? Jesus begründet sie mit dem harten Satz: ἄφες τοὺς νεκροὺς θάψαι τοὺς ἑαυτῶν νεκρούς (Mt 8,22 par. Lk 9,60). *Außerhalb der Basileia gibt es nur Tod und Tote.* Die Existenz im alten Äon, die Existenz unter der Schuld, verdient den Namen Leben nicht. Das Leben hat begonnen, in die Welt des Todes einzudringen, bald wird es sich in seiner Fülle offenbaren. Jede Stunde ist kostbar. Die Toten müssen in die Welt des Lebens gerufen werden, ehe es zu spät ist.

So ist auch Mk 1,17 zu verstehen. Jesus beruft Simon und Andreas mitten aus der Arbeit des Fischfangs heraus: δεῦτε ὀπίσω μου, καὶ ποιήσω ὑμᾶς γενέσθαι ἁλεεῖς ἀνθρώπων. Das ist eine Anspielung auf Jer 16,16, wo von der Heimbringung Israels aus allen Ländern (V. 14 f.) die Rede ist und Gott verheißt: »Siehe, ich will viele Fischer aussenden, spricht der Herr, die sollen sie fischen«. Die Bezeichnung der Jünger als Menschenfischer besagt also, daß sie eine eschatologische Aufgabe haben, die Heimholung des Gottesvolkes, und diese Aufgabe duldet nicht den geringsten Aufschub.

c) Sendungsworte. Lk 10,4 (Sondergut) befiehlt Jesus den Boten, die er aussendet: μηδένα κατὰ τὴν ὁδὸν ἀσπάσησθε. Das ist ein äußerst anstößiger

---

33. S. o. S. 91.
34. Frühfeigen sind ab Ende Mai reif, Spätfeigen ab Mitte August.
35. Billerbeck IV 785 unter *l*.
36. Ebd. unter *m*.
37. Ebd. unter *n*.

Befehl. Der Gruß hat im Morgenland tieferen Sinn als bei uns, weil er religiöse Bedeutung hat. Er stellt nicht nur ein Anwünschen, sondern eine reale Übermittlung des Gottesfriedens dar (vgl. Mt 10,13 par. Lk 10,5). So erklärt sich die Feierlichkeit des Grußzeremoniells, das z. B. heute bei den Beduinen auf die Frage nach dem Wohin der Reise zunächst die Antwort erfordert: »Zum Tore Gottes«. Daß Jesus den Gruß auf der Wanderschaft verbietet, ist in der Literatur der Zeit ohne jede Analogie. Warum dieses Verbot? Wahrscheinlich ist bei dem ἀσπάζεσθαι nicht nur an das Grußzeremoniell selbst, sondern darüber hinaus an den Anschluß an die in gleicher Richtung Wandernden, etwa an eine Karawane, gedacht. Er bedeutet zwar ein langsameres Tempo, gewährt aber dafür Schutz vor Räubern. Doch Zeitverlust dürfen sich die Boten unter keinen Umständen leisten. Ihr Dienst, die Nähe der Gottesherrschaft zu verkündigen, hat in höchster Eile zu geschehen. Jede Minute ist kostbar[38].

Ähnlich drängend ist Mt 10,23 (s. u. S. 136f.).

Mit der äußersten Dringlichkeit der Berufungs- und Sendungsworte kontrastieren nun allerdings seltsam zwei Missionsworte, Mk 13,10 (par. Mt 24,14): καὶ εἰς πάντα τὰ ἔθνη πρῶτον δεῖ κηρυχθῆναι τὸ εὐαγγέλιον und 14,9 (par. Mt 26,13): ἀμὴν δὲ λέγω ὑμῖν, ὅπου ἐὰν κηρυχθῇ τὸ εὐαγγέλιον εἰς ὅλον τὸν κόσμον, καὶ ὃ ἐποίησεν αὕτη λαληθήσεται εἰς μνημόσυνον αὐτῆς. Beide Worte reden von einer Missionspredigt an die ganze Welt, bevor das Ende kommt. Ein langer Zeitraum ist vorausgesetzt. Aber es erheben sich Fragen. Jesus selbst hat seine Wirksamkeit auf die Grenzen Israels beschränkt. Die zwei Geschichten, in denen er Heiden hilft, beginnen beide mit einer Ablehnung Jesu, weil er sich nur zu Israel gesandt weiß (vgl. Mt. 15,24); daß er dann doch hilft, ist Vorwegnahme der Vollendung. Mehr noch! Jesus hat seinen Jüngern Weisung gegeben, ihre Wirksamkeit auf Israel zu beschränken, und ihnen ausdrücklich verboten, zu den Heiden, ja auch nur zu den Samaritanern zu gehen (Mt 10,5f.). Das heißt keinesfalls, daß Jesus die Heiden aus der Königsherrschaft ausschloß. Wohl aber heißt es, daß Jesus nicht eine Mission unter den Heiden erwartete; vielmehr erwartete er die eschatologische Völkerwallfahrt zum Zion (Mt 8,11f. par. Lk 13,28f.) als Gottes mächtige Tat beim Kommen der Königsherrschaft[39]. Mit alledem ist Mk 13,10 par.; 14,9 par. nicht zu vereinbaren.

Zu diesen inhaltlichen Bedenken gegen die Echtheit von Mk 13,10 und 14,9 kommt eine sprachliche Schwierigkeit: Beide Stellen verwenden das Wort εὐαγγέλιον. Nun ist es eine merkwürdige Tatsache, daß zwar das Verbum biśśar seit Deuterojesaja religiöse Bedeutung erhalten hatte (»den Sieg Gottes ankündigen«), daß dagegen das zusatzlose Substantiv (hebräisch beśora/aramäisch besora) immer und ausschließlich profane Bedeutung hat. Wohl aber war das griechische Äquivalent εὐαγγέλιον in der hellenistischen Welt, namentlich im Kaiserkult, religiöser Terminus geworden[40]. Das heißt: so unanfechtbar der Gebrauch des Verbums in Jesu Munde ist (zumal der Satz πτωχοὶ εὐαγγελίζονται Mt 11,5 Zitat aus Jes 61,1 ist), so unwahrscheinlich ist es, daß er das Substantiv im religiösen Sinn gebraucht haben

---

38. Nur im Alten Testament findet sich eine Entsprechung zu Jesu Verbot: 2 Kön 4,29. Auch hier ist der Grund wie in Lk 10,4 die gebotene Eile.
39. J. Jeremias, Jesu Verheißung für die Völker, Stuttgart 1956, ²1959, 47–62.
40. G. Friedrich, εὐαγγέλιον A, ThW II, 1935, 718–724.

sollte. Nimmt man hinzu, daß ὅπου ἐάν mit Konjunktiv Aorist Mk 14,9 eine Vorzugswendung des Markus ist[41], so müssen wir schließen: sowohl Mk 13,10 wie 14,9 gehen, jedenfalls in ihrer heutigen Gestalt[42], nicht auf Jesus zurück.

d) Der Bußruf. Lk 13,1–5 ruft Jesus seinen Zuhörern zu: Alle, ohne Ausnahme, werdet ihr zugrundegehen wie die, die Pilatus' Legionäre erschlugen, und die, die der Turm von Siloah unter sich begrub, wenn ihr nicht Buße tut. Die Dringlichkeit des Appells zeigt, daß Jesus bei der drohenden Katastrophe nicht an ein in weiter Ferne liegendes nationales Unglück, sondern an eine Gefahr denkt, die die vor ihm stehenden Menschen unmittelbar bedroht. Denn die Sintflut steht vor der Tür (Mt 24,37–39 par. vgl. 7,24–27), die Axt liegt an der Wurzel des unfruchtbaren Feigenbaums (Lk 13, 6–9). Kehrt um! Noch ist letzte Gnadenfrist (ebd.), aber nicht mehr lange. Bald ist es zu spät, schärfen die Gleichnisse von den zehn Jungfrauen (Mt 25,1–12)[43] und vom großen Abendmahl (Lk 14,15–24 par. Mt 22,1–10) ein. Dann wird die Tür zum Festsaal endgültig verschlossen sein. Den gleichen Klang haben die Gleichnisse vom Gang zum Richter (Mt 5,25f. par. Lk 12,57–59), vom ungerechten Haushalter (Lk 16,1–8) und viele andere. Handelt sofort! Noch ist eine allerletzte Frist gegeben.

e) Die ἡ γενεὰ αὕτη-Worte. Die vierzehn von »diesem Geschlecht« handelnden Worte Jesu[44] sind (bis auf Mk 13,30 par.) durchweg Worte schärfsten Tadels. Die γενεά ist böse (Mt 12,39 par.; 16,4) und ungläubig (Mk 9,19 par.) und bricht Gott die Treue wie eine ehebrecherische Frau (Mk 8,38; Mt 12,39; 16,4). Sie mäkelt, mürrischen Kindern gleich, am Bußruf genauso wie am Evangelium (Mt 11,16f.). Sie verschanzt sich mit ihrem Unglauben hinter der Zeichenforderung (Mk 8,12; Lk 16,31) und wird es erleben müssen, daß im letzten Gericht Heiden wie die Königin von Saba und die Niniviten, die den Gottesmännern Gehör schenkten, als Belastungszeugen gegen sie auftreten werden (Mt 12,41f. par.)[45]. Weil sie im Begriff steht, den letzten Gottesboten

---

41. ὅπου ἐάν mit Konj. Aor. findet sich im ganzen Neuen Testament nur Mk 6,10; 9,18; 14,9 (par. Mt 26,13).14.

42. Diese Einschränkung ist nötig, weil viel dafür spricht, daß Mk 14,9 ohne den Zwischensatz ὅπου ἐὰν κηρυχθῇ τὸ εὐαγγέλιον εἰς ὅλον τὸν κόσμον ein altes eschatologisches Wort Jesu ist (vgl. J. Jeremias, Markus 14,9, in: Abba, 115–120): »Amen, ich sage euch: ... auch das, was sie getan hat, wird man (die Engel) sagen (vor Gottes Richterstuhl), damit er ihrer (gnädig) gedenke.«

43. Zum Verständnis vgl. J. Jeremias, ΛΑΜΠΑΔΕΣ Mt 25,1.3f.7f., ZNW 56, 1965, 196–201.

44. Mk 8,12a.12b.38; 9,19; 13,30; Mt 11,16 par.; 12,39 par. 41f. par. 45; 23,36 par.; Lk 11,30.50; 17,25.

45. Zu ἐγερθήσεται, ἀναστήσονται = »vor Gericht auftreten« und κατακρινεῖ, κατα-

zu ermorden (Lk 11,48 par.; Mk 12,8 par.), wird sie die Gesamtschuld tragen müssen von Abel bis Sacharja (Mt 23,34–36 par.). All diesen Logien kann die eschatologische Spitze nicht dadurch abgebrochen werden, daß man entweder γενεά als »Rasse« deutet und auf das jüdische Volk bezieht, denn das ist sprachlich nicht möglich[46], oder dadurch, daß man γενεά als »Generation« versteht, den Begriff auf einen Zeitraum von rund 40 Jahren ausdehnt und die Drohworte gegen die γενεά auf die Zerstörung Jerusalems 70 n. Chr. bezieht, denn γενεά bezeichnet stets Gegner Jesu, die er konkret vor sich hat und anredet, seine «Zeitgenossen«. Das Verderben schwebt über ihnen. In Bälde werden die Rollen vertauscht und werden die, die jetzt über Jesus zu Gericht sitzen, vor seinem Richterstuhl stehen (Lk 22,69).

f) Leidens- und Trostworte. Mt 10,23b (Sondergut) verheißt Jesus seinen Boten: ἀμὴν γὰρ λέγω ὑμῖν, οὐ μὴ τελέσητε τὰς πόλεις τοῦ Ἰσραὴλ ἕως ἔλθῃ ὁ υἱὸς τοῦ ἀνθρώπου[47]. Zwei Deutungen stehen sich gegenüber. Die eine faßt V. 23 als Einheit und bezieht das Logion auf die Verfolgungssituation[48]: ehe die Jünger die letzte Zufluchtsmöglichkeit in Palästina ausgenutzt haben werden, wird der Menschensohn zu ihrer Erlösung erscheinen. Die andere Deutung faßt V. 23b als isoliertes Logion[49] und bezieht das Wort auf die Evangeliumsverkündigung der Jünger[50]: ehe sie die Proklamation der Basileia an die Städte Israels beendet haben werden, wird die Parusie erfolgen. Die Debatte scheint sich in dieser Alternative etwas festgefahren zu haben. Vielleicht hilft die Erwägung weiter, daß V. 23a nicht wohl für sich allein existiert haben kann, (es würde die Pointe fehlen), aber auch nicht nach redaktioneller Bildung des Matthäus aussieht (dagegen spricht das in der Luft hängende Demonstrativum und die ungeschickte Artikelsetzung vor ἑτέραν); es empfiehlt sich also, V. 23

κρινοῦσιν = »den Maßstab für die Verurteilung liefern« vgl. J. Wellhausen, Das Evangelium Matthaei, Berlin 1904, 65.

46. Die Bedeutung »Rasse« kann griech. γενεά haben, nicht jedoch hebr. *dor* bzw. aram. *dar*.

47. Man beachte, daß es sich um eines der wenigen »ohne Rivalen« überlieferten Menschensohnworte handelt (s. u. S. 250f.). Weitere gewichtige Altersindizien sind mehrere Semitismen und die Anstößigkeit sowohl der Beschränkung auf Israel als auch des Unerfülltgebliebenseins (vgl. J. Jeremias, Jesu Verheißung für die Völker, Stuttgart 1956, ²1959, 17f.; C. Colpe, ὁ υἱὸς τοῦ ἀνθρώπου, ThW VIII, 1969, 439f.).

48. H. Schürmann, Zur Traditions- und Redaktionsgeschichte von Mt 10,23, BZ 3, 1959, 82–88 = in: Schürmann, Traditionsgeschichtliche Untersuchungen zu den synoptischen Evangelien, Düsseldorf 1968, 150–156 (»Trostwort für die Verfolgungen der letzten Drangsal«); E. Bammel, Matthäus 10,23, Studia Theologica 15, 1961, 79–92, der jedoch mit mehrfacher christlicher Umbildung rechnet (92).

49. So zuerst E. Klostermann, Das Matthäusevangelium, HNT 4, Tübingen 1919, 227 (²1927, 89).

50. →Kümmel, Verheißung, 55–57; ders., Naherwartung, 42f. (Lit.).

als Einheit zu belassen und somit das Logion auf die Verfolgung der Jünger zu beziehen. Andererseits muß man dann aber erklären, wieso V. 23b den Fluchtraum auf Palästina beschränkt. Warum gehen die Jünger nicht außer Landes? Die Antwort kann nur sein: ihr Auftrag bindet sie an Israel. Wir möchten also in V. 23 ein Trostwort nicht für die verfolgten Jünger im allgemeinen, sondern für die verfolgten Boten sehen: ehe sie ihren Auftrag beendet haben werden, die Basileia in den Städten Israels zu proklamieren, wird der Menschensohn intervenieren, so bald!

In diesen Zusammenhang gehört auch Mk 9,1: καὶ ἔλεγεν αὐτοῖς· ἀμὴν λέγω ὑμῖν ὅτι εἰσίν τινες ὧδε τῶν ἑστηκότων οἵτινες οὐ μὴ γεύσωνται θανάτου ἕως ἂν ἴδωσιν τὴν βασιλείαν τοῦ θεοῦ ἐληλυθυῖαν ἐν δυνάμει. Daß dieses Logion, das mehr als andere unter gequälten apologetischen Umdeutungen zu leiden gehabt hat, von der sichtbaren Offenbarung der Königsherrschaft Gottes handelt (vgl. par. Mt 16,28), hätte man nie bestreiten sollen. Καὶ ἔλεγεν αὐτοῖς ist Anreihungsformel des Markus[51]; wir haben es also mit einem ursprünglich isolierten Logion zu tun. Es wird unter den Anwesenden unterschieden zwischen einer Mehrzahl, die vor der Offenbarung der Basileia sterben wird, und einigen (τινές), die dann noch am Leben sein werden. Bei der Minderheit derer, die den Tod nicht schmecken werden, denkt man, verleitet durch Joh 21,21–23, gewöhnlich an die letzten Überlebenden des Jüngerkreises. Die Offenbarung der Basileia, das wäre dann der Sinn von Mk 9,1, würde so lange auf sich warten lassen, bis nahezu alle persönlichen Jünger Jesu ausgestorben und nur noch einige Greise am Leben sein würden. Aber die Joh 21,23a zum Ausdruck kommende Erwartung (ὁ μαθητὴς ἐκεῖνος οὐκ ἀποθνῄσκει) ist eine unter dem Eindruck der Parusieverzögerung entstandene Umdeutung unseres Spruches, die aus der Zeit stammt, als sich die Hoffnung inbrünstig an den letzten überlebenden Jünger klammerte; man sollte diese Fehldeutung heute nicht mehr wiederholen. Denn bei dem Geschick der Mehrheit, die den Tod schmecken muß, dürfte nicht an ein friedliches Sterben, sondern (Mk 8,35 par.; 10,38f. par.; 13,12 par.; Mt 10,21.28 par. 34 par.; u. ö.) an das Martyrium gedacht sein: Ehe die (durch Jesu Passion eingeleitete, s. u. S. 231) Drangsal ihren Höhepunkt erreichen wird, wird die Mk 13,20 par., Mt 10,23 verheißene Wende eintreten, so daß wenigstens einige Jünger dem gewaltsamen Tod entgehen werden.

Zu den Trostworten gehört auch das Gleichnis Lk 18,1–8: auch wenn Gott die Geduld seiner Auserwählten auf die Probe stellt (V. 7)[52], wird er ihnen ἐν τάχει zu ihrem Recht verhelfen (V. 8).

---

51. Jeremias, Gleichnisse[7], 10.
52. Zur Übersetzung vgl. H. Riesenfeld, Zu μακροθυμεῖν (Lk 18,7), in: Neutestamentliche Aufsätze, Festschrift für J. Schmid, Regensburg 1963, 214–217.

g) Verzichterklärung und Gethsemanebitte. Einen letzten Beleg dafür, daß Jesus den Anbruch der Nähe Gottes in großer Nähe sah, bietet die Passionsgeschichte. Hier ist zunächst die Verzichterklärung Jesu beim letzten Mahl zu nennen[53]. Wenn Jesus sich den Weingenuß versagt, »bis die Königsherrschaft Gottes kommt« (Lk 22,18)[54], dann muß dieses Kommen in greifbarer Nähe sein.

Das ist auch in der Gethsemaneperikope (Mk 14, 32–42 par.) vorausgesetzt. Deren Glaubwürdigkeit wird zwar lebhaft bestritten, weil das Schlafen der Jünger (Mk 14,37.40 par.) es ausschließe, daß sie Jesu Worte gehört hätten. Aber der Text will schwerlich sagen, daß alle Begleiter Jesu gleichzeitig in einen Tiefschlaf versunken seien, ja es ist nicht einmal undenkbar, daß das Schlafen der Jünger überhaupt nur aus einem Mißverständnis des (übertragen gemeinten) Imperativs γρηγορεῖτε (V. 34.37) erwachsen ist[55]. Auf jeden Fall macht die christologische Anstößigkeit der Perikope es sehr schwierig, sie für frei erfunden zu halten. Die Bitte Jesu um das Vorübergehen des Kelches (Mk 14,36 par.) wird kaum richtig interpretiert, wenn man aus ihr lediglich den Wunsch heraushören wollte, daß sich ein Ausweg aus einer hoffnungslosen Situation bieten möge; denn dann hätte Jesus ja den Versuch machen können zu fliehen. Vielmehr hat die Bitte eschatologischen Bezug: sie rechnet mit der Möglichkeit, daß Gott die Königsherrschaft auch ohne das vorausgehende Leiden herbeiführen könne[56]. Eschatologischen Bezug hat auch der Aufruf zu Wachsamkeit und Gebet; denn Jesus begründet ihn damit, daß die Anfechtung vor der Tür steht (V. 38). Eschatologischen Klang hat schließlich auch das die Gethsemaneperikope abschließende Logion V. 41: ἦλθεν ἡ ὥρα.

Diesen Ankündigungen der nahenden Katastrophe scheinen die sogenannten Wachsamkeitsgleichnisse zu widersprechen, da sie mit der Verzögerung des Endes rechnen: Mt 24,48 par. χρονίζει μου ὁ κύριος; Mt 25,5 χρονίζοντος δὲ τοῦ νυμφίου; Mk 13,35 ihr wißt nicht, wann der Hausherr kommt, ob um 9 Uhr abends, um Mitternacht, beim Hahnenschrei oder gar erst am Morgen (vgl. Mt 24,43 par.); Mt 25,19 erst μετὰ πολὺν χρόνον kehrt der Herr zurück. Diese vier Gleichnisse werden in der Tat von den Evangelisten auf die Verzögerung der Parusie gedeutet: Seid bereit – auch wenn der Herr verzieht! C. H. Dodd hat aber erkannt, daß das schwerlich der ursprüngliche Sinn dieser Gleichnisse ist[57]. Es hat nämlich bei ihnen, wie bei so vielen anderen, ein Wechsel der Hörerschaft stattgefunden. Ursprünglich zu Jesu

---

53. Zur Verzichterklärung vgl. Jeremias, Abendmahlsworte⁴, 199–210. Daß sie alt ist, zeigen nicht nur die Semitismen (ebd. 155 f.), sondern auch die von Jesus bevorzugten Redewendungen: ἀμήν, Passivum divinum und (außerchristlich nicht belegt) »die Königsherrschaft Gottes kommt«. Über den Sinn der Verzichterklärung s. u. S. 185.
54. Par. Mk 14,25. Nach Lk 22,16 verzichtet Jesus auch auf das Mitessen vom Passalamm.
55. C. K. Barrett, Jesus and the Gospel Tradition, London 1967, 47.
56. Ebd.
57. Parables, 154–174.

Feinden gesagt, wurden sie sekundär auf die Jünger angewandt. Wir haben daher zu fragen, wie diese Gleichnisse klingen, wenn man sie als Worte an Jesu Gegner oder die Menge hört. Die Antwort lautet bei dem Gleichnis von dem mit der Aufsicht betrauten Knecht (Mt 24,45 bis 51 par.), daß es ursprünglich den religiösen Führern Israels, vor allem den Schriftgelehrten zuruft: Die Katastrophe steht vor der Tür; ehe ihr es euch verseht, werdet ihr Rechenschaft ablegen müssen. Das Ausbleiben des Herrn (Mt 24,48) will dabei lediglich begründen, wie es möglich war, daß der Knecht sein Amt mit solcher Sorglosigkeit mißbrauchen konnte. Das Gleichnis hat ursprünglich nicht die Verzögerung der Parusie zum Gegenstand, sondern ihre Plötzlichkeit. Genauso verhält es sich mit den anderen genannten Gleichnissen. Die Deutung auf die Verzögerung der Parusie trifft auch bei ihnen nicht das Richtige, so alt sie ist. Ursprünglich waren sie sämtlich Katastrophengleichnisse, die vor dem »Zu spät« warnen wollten: Hütet euch, das Unheil schwebt über eurem Haupt[58]!

Wir haben kein Wort Jesu, das das Ende in weite Ferne hinausschöbe, das ist unser Ergebnis. Vielmehr stößt man, wenn man die Synoptiker analysiert, immer wieder auf eine älteste Schicht, in der die eschatologische Notzeit und die ihr folgende Offenbarung der Basileia *in naher Zeit* erwartet werden. Hierin besteht kein Unterschied zwischen Jesus und dem Täufer oder dem Lehrer der Gerechtigkeit – höchstens der, daß Jesus die Naherwartung noch schärfer formuliert als Qumran. Gewiß setzen Jesu Worte eine letzte Frist zwischen der Ankündigung und dem plötzlichen Eintreffen der Endkatastrophe voraus[59], doch ist diese Zwischenzeit keinesfalls als ein unübersehbar langer Zeitraum gedacht. Für das Alter der Logien, die die Naherwartung ausdrücken, spricht nicht nur, daß sie, wie wir sahen, den verschiedensten Kategorien angehören, die Naherwartung also fest in der Überlieferung verankert ist, sondern noch ein zweites, schwerwiegenderes Argument: diese Logien waren für die Urkirche mit einem schweren Anstoß belastet, als die Parusie sich verzögerte.

Dann aber erhebt sich eine sehr ernste Frage: Müssen wir nicht zugeben, daß die Naherwartung des Endes eine unerfüllt gebliebene Erwartung Jesu gewesen ist? Redlichkeit und Pflicht zur Wahrhaftigkeit zwingen zu der Antwort: Ja, Jesus hat das Ende in Bälde erwartet. Aber gerade, wenn man das unumwunden zugibt, muß man sofort ein Zweifaches hinzufügen. Erstens: Es geht bei den Worten Jesu, in denen die Erwartung des nahen Endes durchklingt, nicht um apokalyptische Spekulationen, um Terminangaben – das lehnt Jesus aufs schärfste ab –, sondern um geistliche Urteile. Ihr Grundton ist: die Stunde der Erfüllung ist angebrochen, die Königsherrschaft Gottes manifestiert sich schon hier und jetzt; bald kommt die Katastrophe, die ihr definitives Kommen einleitet. Nutzt die Zeit, ehe es zu spät ist; es geht um Tod

---

58. Nähere Begründung bei Jeremias, Gleichnisse[7], 45–60 (im Anschluß an Dodd).
59. Am deutlichsten Mk 9,1 par. (s. o. S. 137), ferner 1 Kor 11,25b, 26b; Lk 22,19b und dazu Jeremias, Abendmahlsworte[4], 245 f. Dagegen sollte man von Mk 13,30 absehen, weil der Gebrauch von ἡ γενεὰ αὕτη von dem sonst bei den Synoptikern üblichen abweicht (s. o. S. 135 f.).

oder Leben. Wenn man diese geistlichen Urteile auf einen Satz bringen will, dann ist es der, daß Gott eine letzte Gnadenfrist geschenkt hat. Es ist die wichtigste Funktion der Eschatologie, daß sie das Wissen um die Gnadenfrist wach erhält.

Wichtiger noch ist ein Zweites, die Feststellung nämlich, daß Jesus selbst zu den Worten, die die Nähe des Endes voraussetzen, eine erstaunliche Einschränkung hinzugefügt hat: Gott kann die Notzeit *verkürzen* um der Auserwählten willen, die Tag und Nacht zu ihm schreien (Lk 18,7f.); er kann den Ruf »Dein Reich komme« erhören. Gott kann das nicht nur tun, er wird es tun. Hielte er die ursprünglich gesetzte Dauer der Notzeit ein, so würde niemand durchzuhalten vermögen; »doch um der Auserwählten willen, die er erwählte, hat er die Tage verkürzt« (Mk 13,20 par.)[60]. Aber Gott kann auch umgekehrt die Bitte erhören »Laß ihn noch dieses Jahr« und die Gnadenfrist *verlängern* (Lk 13,6–9). Jesus rechnet also damit, daß Gott den eigenen heiligen Willen aufhebt. Diese Worte gehören zu dem Gewaltigsten, was Jesus gesagt hat. Gott hat den Gang der Geschichte geordnet und die Stunde des Gerichtes festgesetzt. Das Maß der Sünde ist voll. Das Gericht ist fällig. Aber Gottes Wille ist nicht unabänderlich. Jesu Vater ist nicht der unbewegliche, unveränderliche, letztlich nur in Negationen beschreibbare Gott, zu dem zu beten sinnlos ist, sondern ein gnädiger Gott, der Gebete und Fürbitten (Lk 13,8f.; 22, 31f.) erhört und der in seiner Barmherzigkeit zur Selbstaufhebung des heiligen Willens fähig ist. Über die Heiligkeit Gottes stellt Jesus die Gnade Gottes, die den Seinen die Notzeit verkürzen und den Ungläubigen die Bußfrist verlängern kann. Alle menschliche Existenz in ihrer stündlichen Bedrohung durch die Katastrophe lebt von der Gnadenfrist: »Laß ihn noch dieses Jahr ... ob er vielleicht Frucht bringe« (Lk 13,8f.).

Die Worte Jesu von der Selbstaufhebung des göttlichen Willens knüpfen an die alttestamentliche Vorstellung von der *Reue Gottes* an, die am ausführlichsten in dem antithetischen Parallelismus Jer 18,7f./9f. entfaltet wird:

»(7) Plötzlich rede ich wider ein Volk und ein Königreich,
  daß ich es ausrotten, niederreißen und verderben wolle.
(8) Bekehrt sich dann aber ein solches Volk, wider das ich geredet habe, von seiner Bosheit,
  so lasse ich mich des Unheils gereuen, das ich ihm zuzufügen gedachte.
(9) Ein andermal verheiße ich einem Volk und einem Königreich,
  daß ich es pflanzen und aufbauen wolle.
(10) Tut es dann aber, was mir mißfällt und hört nicht auf meine Stimme,
  so lasse ich mich des Guten gereuen, das ich ihm zu tun gedachte[61].«

Doch übersehe man die tiefgreifenden Unterschiede nicht: während Jer 18 eine Reue nicht nur zum Heil (V. 7f.), sondern auch zum Unheil (V. 9f.) kennt, weiß Jesus nur von einem

---

60. ἐκολόβωσεν ist Wiedergabe eines semitischen Perfectum propheticum, das absolute Gewißheit ausdrückt.

61. Zur »Reue Gottes« ist eine Untersuchung von Jörg Jeremias in Vorbereitung.

gnädigen Handeln, wenn Gott die eschatologischen Zeiten ändert. Sodann: während nach Jer 18 Gottes gnädige Reue seine Antwort auf die Buße ist (V. 8), sagt Jesus nichts von menschlichen Vorleistungen als Voraussetzung für die Korrektur der gesetzten Termine; sie geschieht aus reinem Erbarmen.

Sollte es reiner Zufall sein, daß sich in Jesu Umwelt keine Parallelen zur Selbstaufhebung des heiligen Willens als freier Tat der Barmherzigkeit Gottes finden[62]?

§ 14 Der Weheruf

J. Wellhausen, Die Pharisäer und die Sadducäer, Greifswald 1874 = Göttingen 1967, ²Hannover 1924. – *L. Baeck*, Die Pharisäer, in: 44. Bericht der Hochschule für die Wissenschaft des Judentums in Berlin, Berlin 1927, 34–71 = (in erweiterter Form) in: Schocken-Bücherei 6, Berlin 1934. – *L. Finkelstein*, The Pharisees. The Sociological Background of Their Faith, Vol. I. II., Philadelphia 1938, ³1962. – *Jeremias*, Jerusalem, IIB Leipzig 1929, 115–140 = ³Göttingen 1962, 279–303. – *H. Odeberg*, Pharisaism and Christianity, Saint Louis 1964. – *A. Finkel*, The Pharisees and the Teacher of Nazareth, AGSU 4, Leiden-Köln 1964. – *R. Meyer*, Tradition und Neuschöpfung im antiken Judentum, dargestellt an der Geschichte des Pharisäismus, und *H.-F. Weiss*, Der Pharisäismus im Lichte der Überlieferung des Neuen Testaments, in: Sitzungsberichte der sächsischen Akademie der Wissenschaften zu Leipzig, philologisch-historische Klasse, Band 110 Heft 2, Berlin 1965.

---

62. 4 Esr 4,37 gibt die allgemein herrschende Überzeugung, daß Gottes Plan unabänderlich sei, treffend wieder:
»Er hat die Stunden mit dem Maß gemessen
und nach der Zahl die Zeiten gezählt.
Er stört sie nicht und weckt sie nicht auf,
bis das angesagte Maß erfüllt ist.«
Bezeichnend ist die Diskussion zwischen R. ʾEliʿezer (ben Hyrkanus, um 90) und R. Jehošuaʿ (ben Ḥananja, um 90) über die Frage, ob der Zeitpunkt der Erlösung von der Buße abhängig sei; während R. Jehošuaʿ die Frage verneint, weil Gottes Terminsetzung unabänderlich sei, wird sie von R. ʾEliʿezer bejaht. Er ist aber (wohlgemerkt!) der Ansicht, daß der von Gott gesetzte Zeitpunkt bereits verstrichen sei, d. h. an der Zeitbestimmung des Endes ist auch für ihn nicht zu rütteln (j. Taʿan. 63 d, 50 par. b. Sanh. 97b, vgl. Billerbeck I 162 f.). Von einer Verkürzung der Zeiten vor dem Ende redet Pseudo-Philo, Lib. ant. 19,13: *abbreviabuntur (tempora)*, doch hat das mit Mk 13,20 nichts zu tun, denn es ist an einen schnelleren Umlauf der Gestirne *(accelerabuntur astra)* gedacht, weil Gott der Totenauferweckung mit Ungeduld entgegensieht *(quoniam festinabo excitare vos dormientes)*. Analog ist die Vorstellung, wenn vom »Sich-Beeilen« der Zeiten die Rede ist (syrBar 20,1 vgl. 83,1; 4 Esr 4,26). Die »Abkürzung« (συντέμνειν), von der Jes 10,22 f. LXX (zitiert von Paulus Röm 9,28) und Dan 5,26–28 LXX reden, besagt lediglich, daß Gott »kurzen Prozeß« macht. Erst im dritten Jahrhundert n. Chr. finden wir Aussprüche wie diesen: »Wenn ihr Verdienste habt, will ich (das Ende) beschleunigen, wenn nicht, (kommt es) zur (festgesetzten) Zeit« (j. Taʿan. 63 d 58, R. Aḥa, um 320, im Namen des R. Jehošuaʿ ben Levi, um 250); aber selbst damit stehen wir bei Jer 18,7–10, noch nicht bei Mk 13,20.

1. Das Wehe über die Zeitgenossen

Die letzte betrübte Zeit steht vor der Tür. Gott gibt eine allerletzte Gnadenfrist vor der Katastrophe. Aber »dieses Geschlecht«, die letzte Generation vor dem Ende, verweigert den Glauben (Mk 9,19). Die Menschen gleichen dem Geschlecht der Sintflut (Mt 24, 37–39 par. Lk 17,26f.) und den Bewohnern von Sodom und Gomorrha (Lk 17,28–30); wie diese leben sie in einer sorglosen Welt des Genusses der irdischen Freuden: sie lassen sich's beim Mahle wohl sein, schließen Geschäfte ab, bestellen ihre Äcker, bauen Häuser, feiern fröhliche Hochzeiten (ebd.), genießen ihren Besitz, laden einander ein, unbeschwert ist ihr Lachen, sie sonnen sich in der Anerkennung, die ihnen die Menschen zollen (Lk 6,24–26).

Jesus tadelt nicht ihre Fröhlichkeit. Er, den sie einen Fresser und Säufer nennen (Mt 11,19 par. Lk 7,34), ist kein freudloser Asket. Was er tadelt, ist die Leichtfertigkeit, mit der sie Gottes Warnungen in den Wind schlagen und mit der sie im Angesicht der Katastrophe ihr Leben genießen, als ob ihnen nichts geschehen könnte. Sie sind wie Vögel, die ahnungslos in die Schlinge fliegen (Lk 21,35), wie Kinder, die sich zanken, während Rom brennt (Mt 11,16–19 par. Lk 7,31–35)[1]. Sie sind blind, d. h. sie sind verstockt (Lk 11,34–36 par. Mt 6,22f.). Darum ruft Jesus über sie das vierfache »Wehe« aus:

Wehe euch Reichen!
Wehe euch Satten!
Wehe euch Lachenden!
Wehe euch Selbstsicheren! (Lk 6,24–26).

2. Das Wehe über Priester, Schriftgelehrte und Pharisäer

Unendlich schlimmer noch als die Gedankenlosigkeit und Gleichgültigkeit der Menge ist die Selbstsicherheit der Verantwortlichen und der Frommen. Es sind drei Gruppen von Menschen in diesem Bereich, die Jesus wachzurütteln versucht: die Priester, die Schriftgelehrten, die Pharisäer.

Es ist wichtig, daß man weiß, wodurch sich diese drei Gruppen unterschieden[2]. Am einfachsten ist die Beschreibung bei den *Priestern*[3]. Die Priester hatten im wesentlichen den Kultus in Jerusalem zu vollziehen. Sie bildeten einen erblichen Stand. Um die Priesterweihe zu erhalten, war nicht theologische Bildung erforderlich, sondern nur der Abstammungsnachweis und

---

1. Zu diesem Sinn von Mt 11,19b par. Lk 7,35 vgl. Dodd, Parables, 28f.; Jeremias, Gleichnisse[7], 160–162.
2. Jeremias, Jerusalem[3], 166–303.
3. A. a. O. 166–251.

körperliche Unversehrtheit. Zwischen dem Gros der Priester, das über das Land verstreut lebte und in 24 Priesterabteilungen eingeteilt war, und dem reichen Jerusalemer Priesteradel bestand ein großer sozialer Unterschied.

Die *Schriftgelehrten*[4] waren ein Stand, der sich erst in der Zeit nach dem Exil herausgebildet hatte. Im Unterschied zu den Priestern kamen sie, wie vor ihnen die Propheten, aus allen Schichten der Gesellschaft. Sie waren, wir sahen es schon S. 81f., studierte Theologen, die ein viele Jahre währendes Studium bei einem Lehrer absolviert haben mußten, ehe sie durch Ordination selbst Schriftgelehrte wurden. Die Ordination[5], die durch kraftvolles Aufstemmen *samak* beider Hände erfolgte (das vom nur berührenden Handauflegen *śim/śit* beim Segen oder zur Heilung zu unterscheiden ist), verlieh ihnen das Recht, als theologische Lehrer und als Richter zu wirken und gültige Entscheidungen in religionsgesetzlichen oder strafrechtlichen Fragen zu fällen[6]. Das große Ansehen, das die Schriftgelehrten genossen, beruhte ausschließlich auf ihrem theologischen Wissen.

Die *Pharisäer*[7] endlich waren eine Laienbewegung, die sich in der ersten Hälfte des 2. Jahrhunderts v. Chr. im Kampf gegen die Hellenisierung der jüdischen Religion gebildet hatte. Ihre Glieder kamen aus allen Kreisen und Schichten der Bevölkerung. Meist handelte es sich um Kaufleute und Handwerker. Nur ihre Führer waren Schriftgelehrte. Ihre Zahl war stets klein. Nach der Schätzung des Josephus[8] gab es zur Zeit Herodes d. Gr. in Palästina nur rund 6000 Pharisäer bei einer Gesamtbevölkerung von etwa einer halben Million[9]. Allenthalben im Lande waren sie als fromme Laien zu Konventikeln zusammengeschlossen. Es waren vor allem zwei Pflichten, die sie ihren Mitgliedern auferlegten und in deren Befolgung sich die Anwärter bewährt haben mußten, ehe sie nach einer Probezeit aufgenommen wurden: die peinliche Erfüllung der im Volk vernachlässigten Zehntpflicht und die gewissenhafte Befolgung von Reinheitsvorschriften. Darüber hinaus war für sie kennzeichnend ihre Mildtätigkeit, durch die sie Gottes Wohlgefallen zu erringen hofften, das pünktliche Einhalten der drei täglichen Gebetsstunden und ein zweimal wöchentliches Fasten, das vermutlich stellvertretend für Israel geschah. Das Anliegen der pharisäischen Bewegung wird am deutlichsten an einer der allen Mitgliedern auferlegten Reinheitsvorschriften, dem Abspülen der Hände vor den Mahlzeiten, erkennbar (Mk 7, 1–5). Dieses Abspülen war nicht einfach eine

---

4. A. a. O. 265–278.

5. Billerbeck II 647–661; E. Lohse, Die Ordination im Spätjudentum und im Neuen Testament, Göttingen und Berlin 1951.

6. Das Alter des Ordinationsritus ist aus 1 Tim 4,14; 5,22; 2 Tim 1,6; Apg 6,6; 13,3 zu erschließen.

7. Jeremias, Jerusalem³, 279–303.

8. Ant. 17,42.

9. Jeremias, Jerusalem³, 232.

hygienische Maßnahme, sondern ursprünglich eine rituelle Pflicht, der allein die Priester unterlagen, sooft sie Priesterhebe[10] aßen. Wenn die Pharisäer, obgleich sie Laien waren, sich dazu verpflichteten, diese priesterliche Reinheitsvorschrift einzuhalten, so zeigt sich daran, daß sie (im Anschluß an Ex 19,6) das priesterliche Heilsvolk der Endzeit darstellen wollten. Darauf weisen auch ihre Selbstbezeichnungen hin. Sie nennen sich die Frommen, die Gerechten, die Gottesfürchtigen, die Armen[11] und mit Vorliebe die Abgesonderten *perišajja*[12]. Was mit der letztgenannten Bezeichnung gemeint ist, zeigt die Beobachtung, daß in den tannaitischen Midraschim *paruš* und *qadoš* synonym gebraucht werden[13]. Die Heiligen wollen sie also sein, das wahre Israel, das priesterliche Gottesvolk.

Pharisäer und Schriftgelehrte müssen scharf auseinandergehalten werden, was aber schon im Neuen Testament nicht mehr überall geschieht. Verwirrung ist vor allem dadurch entstanden, daß Matthäus in seiner Sammlung von sieben Weherufen in Mt 23 mit Ausnahme von V. 26 ständig Schriftgelehrte und Pharisäer zugleich angeredet sein läßt und so die Unterschiede zwischen beiden Gruppen verwischt (aus seiner Sicht insofern zu Recht, als nach 70 n. Chr. pharisäische Schriftgelehrte die Führung des Volkes übernommen hatten). Glücklicherweise hilft hier die Parallelüberlieferung bei Lukas weiter. Hier ist derselbe Stoff auf zwei Redekompositionen verteilt, eine Weherede gegen die Schriftgelehrten (11,46–52, dazu 20,46f.) und eine Weherede gegen die Pharisäer (11,39–44). Dabei ist nur an einer Stelle, in 11,43, der lukanischen Überlieferung ein Versehen unterlaufen; der Ehrgeiz, der hier den Pharisäern zugeschrieben wird, kennzeichnet in Wahrheit die Schriftgelehrten, wie Lukas selbst an anderer Stelle (20,46 par. Mk 12,38f.) richtig sagt. Entsprechend dieser Aufteilung des Stoffes bei Lukas haben wir auch Mt 23 zwischen zwei Stoffsammlungen zu unterscheiden. V. 1–13. 16–22.29–36 richten sich gegen die Theologen, V. 23–28 (und wahrscheinlich auch V. 15)[14] gegen die Pharisäer. Eine analoge Unterscheidung ist in der Bergpredigt wahrzunehmen: Mt 5,21–48 wendet sich gegen die Schriftgelehrten, 6,1–18 gegen die Pharisäer.

Der Verschiedenheit der drei Gruppen, Priester, Theologen, Pharisäer, entspricht es, daß die Vorwürfe, die Jesus gegen sie erhebt, ganz verschiedener Art sind.

Was Jesus den *Priestern* vorzuwerfen hat, kommt in der Tempelreinigung zum Ausdruck (Mk 11,15–17 par.), die in der Zeitgeschichte ihresgleichen nicht hat und die der unmittelbare Anlaß zum Einschreiten der Behörde gegen

---

10. Abgabe an die Priester in Höhe von 2% sämtlicher Feld- und Baumfrüchte, vgl. Billerbeck IV 646–650.

11. ὅσιοι, δίκαιοι, φοβούμενοι τὸν κύριον, πτωχοί (PsSal).

12. Soṭa 9,9. Ältester Beleg ist Phil 3,5.

13. →Baeck, 36–41.

14. Für die Zuteilung von Mt 23,15 (Wehe über die Proselytenmacher) an die antipharisäische Polemik spricht, daß ʾElʿazar, der den König Izates von Adiabene um 50 n. Chr. dazu veranlaßte, sich beschneiden zu lassen, von Josephus als Pharisäer gekennzeichnet wird (Ant. 20,43 und dazu Billerbeck I 926).

Jesus gewesen ist[15]. Die Tempelreinigung war eine prophetische Zeichenhandlung und ist auch als solche verstanden worden, wie die Anklage, Jesus sei ein falscher Prophet (s. S. 82f.), zeigt. Jesus realisiert in ihr die Verheißung Sach 14,21: »Kein Händler soll mehr sein im Hause des Herrn der Heerscharen an jenem Tage« (s. o. S. 109) und droht damit der Kaste des Priesteradels, die den Schacher an der heiligen Stätte organisiert hat[16], das Gericht an: οὐ γέγραπται ὅτι ὁ οἶκός μου οἶκος προσευχῆς κληθήσεται πᾶσιν τοῖς ἔθνεσιν (Jes 56,7); ὑμεῖς δὲ πεποιήκατε αὐτὸν σπήλαιον λῃστῶν (Mk 11,17). Das ist ein drastisches Bild, das aus Jer 7,11 stammt: die Priester haben den Tempel zum Schlupfwinkel gemacht, von dem aus sie wie Räuber immer wieder zu neuen Raubzügen ausziehen. Sie mißbrauchen ihren Beruf, den Kultus zur Ehre Gottes zu vollziehen, zu Geschäft und Profit. Damit tun sie etwas Furchtbares: sie stellen Gott in den Dienst der Sünde.

Ganz andere Vorwürfe richtet Jesus gegen die studierten *Theologen* (Mt 23,1–13.16–22.29–36). Sie legen den Menschen schwere Lasten auf, rühren sie aber selber nicht mit dem (kleinen) Finger an (V. 2–4.13). Sie wollen respektiert werden, streben nach Ehrenplatz, Gruß und Titel und machen so Gottes Ehre zu ihrer eigenen (V. 5–12). Ihrer virtuos gehandhabten, scharfsinnigen Theologie fehlt die Ehrfurcht vor Gott (V. 16–22)[17]. Sie rufen mit ernsten Worten das Volk auf, durch Sühnemäler die Prophetenmorde der Väter zu sühnen[18] und stehen selbst im Begriff, einen Prophetenmord, furchtbarer als die Morde der Väter, zu begehen (V. 29–36). Sie nutzen ihre juristischen Kenntnisse aus, um Hilflose zu übervorteilen (Mk 12,40 par.). Alle diese Sünden der Theologen hängen mit ihrer theologischen Bildung, ihrem richterlichen Amt und ihrer gesellschaftlichen Stellung zusammen. Die Weherufe gegen die Schriftgelehrten lassen sich zusammenfassen in dem einen Vorwurf: sie verlassen sich auf ihr theologisches Wissen, kennen und predigen den Willen

---

15. Der Zusammenhang zwischen der Tempelreinigung und dem Prozeß Jesu, den Mk 11,18 behauptet, wird bestätigt, wenn man Mk 12–13 als Überlieferungsblock ausklammert, der den ursprünglichen Zusammenhang zwischen Mk 11,15–33 und 14,1 ff. verdunkelt (zu den Überlieferungszusammenhängen, aus denen das Markusevangelium aufgebaut ist, s. o. S. 46). Für die Geschichtlichkeit der Tempelreinigung sprechen, abgesehen hiervon, konkrete Einzelzüge. »Die Tische der Wechsler« (Mk 11,25) waren nicht das ganze Jahr über auf dem Tempelplatz zu finden, sondern nur in den drei Wochen vom 25. Adar bis zum Passafest (Šeq. 1,3); der evangelische Bericht ist also zutreffend informiert. Wenn Jesus nicht duldet, daß der Weg über den Tempelplatz (von Wasserträgern) als Abkürzungsweg zwischen dem Ophel und der östlichen Vorstadt benutzt wird (das ist mit dem »Durchtragen von Gefäßen« V. 16 gemeint), so sieht dieser Zug nicht nach Erfindung aus.

16. Jeremias, Jerusalem³, 54f.

17. Zur Ablehnung der rabbinischen Halaka durch Jesus s. u. S. 201 ff.

18. Über die in Jesu Tagen blühende sogenannte Gräberrenaissance vgl. J. Jeremias, Heiligengräber in Jesu Umwelt, Göttingen 1958.

Gottes, aber sie erfüllen ihn nicht. Das ist *die* Standessünde der Theologen in Jesu Augen.

Wieder ganz anderen Inhalt haben die Weherufe gegen die *Pharisäer*. Jesus macht ihnen zum Vorwurf, daß sie übergewissenhaft den Zehnten von allem Gewächs bis hin zu den Küchenkräutern geben, aber die großen Forderungen Gottes, Gerechtigkeit, Barmherzigkeit und Treue, in den Wind schlagen (Mt 23,23f.) und daß sie die Reinheitsvorschriften peinlichst erfüllen, während ihr Inneres unrein ist, obwohl es doch vor Gott einzig und allein auf die innere Sauberkeit ankommt (V. 25f.). Auch die überschüssigen freiwilligen Leistungen der Pharisäer können so wenig wie ihr missionarischer Eifer (V. 15) vor Jesu Urteil bestehen. Sie opfern Geld für die Armen, beachten sorgsam die Gebetsstunden, fasten stellvertretend zweimal wöchentlich für ihr Volk (Mt 6,1-18), aber alle ihre Frömmigkeit steht im Dienst von Geltungsbedürfnis und Eitelkeit und ist darum Heuchelei. So gleichen sie den Gräbern, die im Frühjahr weiß getüncht werden, damit sich niemand an ihnen verunreinigt: außen Glanz, innen Totengebeine (Mt 23,27f.). Alle Vorwürfe gegen die Pharisäer hängen zusammen mit ihrem Anspruch, durch strenge Gebotserfüllung und überschüssige Werke das wahre Israel, die Gemeinde der Heilszeit, zu repräsentieren.

Gemeinsam ist allen drei Gruppen, daß sie es mit Gott und Gottes Dienst und Gottes Ehrung zu tun haben. Dennoch sind sie in Jesu Augen mehr als andere gefährdet. Wie kommt das?

3. Die von Gott trennende Frömmigkeit

Wo sieht Jesus den Krebsschaden, den die frommen Menschen seiner Tage nicht erkennen? Das wird am deutlichsten an seinen Worten gegen die Pharisäer, mit denen er am meisten zu tun gehabt hat. Er hat den Ernst, mit dem sie sich um den Gehorsam gegen Gottes Willen bemühten, nicht verkannt. Er sieht ihre Gebefreudigkeit, ihr Fasten, die wirtschaftlichen Opfer, die sie bringen. Er widerspricht nicht, als der reiche Jüngling behauptet, alle Gebote gehalten zu haben (Mk 10,20), und wenn er die Frommen δίκαιοι (Mk 2,17; Lk 15,7) nennt, so darf man das nicht leichthin als Ironie abtun[19]. Vielmehr sind sie auch in Jesu Augen die anständigen Menschen, die sich wirklich bemühen, Gottes Willen zu tun. Wir haben kein Recht, ihm ein verzerrtes Bild der Pharisäer zu unterstellen. Dennoch sieht Jesus gerade die Frommen in besonderer Gefährdung und besonderer Gottesferne: *Sie nehmen die Sünde nicht ernst.* Zwar hat das antike Judentum ein ausgesprochen lebendiges

---

19. A. Schlatter, Das Evangelium des Lukas aus seinen Quellen erklärt, Stuttgart 1931 = ²1960, 349f.

Sündenbewußtsein. Es herrscht ein tiefer ethischer Pessimismus (vgl. 4. Esra). Die Sünde wird nicht als Naturnotwendigkeit angesehen, sondern jeder Mensch gilt als verantwortlich für seine Verfehlungen. Bei Paulus ist das Wissen um die Sünde eines der besten Erbstücke aus der jüdischen Frömmigkeit. Aber im pharisäischen Judentum wird die Sünde durch ein Doppeltes verharmlost: durch die Kasuistik und durch den Verdienstgedanken.

Die *Kasuistik* sieht die einzelne Sünde isoliert. Sünde, so sagt man, besteht in der Übertretung eines oder mehrerer der 613 Ge- bzw. Verbote der Tora[20] oder der Vorschriften der Überlieferung, der Halaka. Man stuft ab in wissentliche und unwissentliche, in schwere und leichte Sünden. Die Hauptsache ist, keine schweren Sünden zu begehen. Diese Kasuistik hat zur Folge, daß die Sünde nicht als Auflehnung gegen Gott gesehen wird.

Durch den *Verdienstgedanken* wird die Sünde insofern verharmlost, als ihr mit ihm ein Gegengewicht entgegengesetzt wird. Verdienste kompensieren die Sünde. Vielfältig sind die Verdienste, auf die der fromme Mensch sich berufen kann. Einmal ist es das Verdienst der Väter, an dem Israel durch Abstammung Anteil hat, andererseits ist es das eigene Verdienst, das man durch Gebotserfüllungen und zusätzlich durch gute Werke, *ma'asim ṭobim*, d. h. Liebestaten[21] und Liebesgaben, erwirbt. Das Verdienst ist nach einem häufig gebrauchten Bild wie ein Kapital, das im Himmel anwächst und dort für den Frommen bereitliegt[22]. Es kommt nur darauf an, daß im Endgericht die Verdienste die Übertretungen überwiegen. Der Pharisäer war überzeugt, daß das bei ihm der Fall sein werde, anders als bei den Sündern.

Die Verharmlosung der Sünde durch Kasuistik und Verdienstgedanken hat eine furchtbare Folge. Wo nämlich die Sünde nicht ernstgenommen wird, da denkt der Mensch zu gut von sich selbst. Er wird selbstsicher, selbstgerecht und lieblos. Der Pharisäer war überzeugt, daß er zum wahren Heilsvolk gehöre. Er zweifelte keinen Augenblick daran, daß Gottes Wohlgefallen auf ihm ruhe und wußte sich über die Sünder erhaben (Lk 18,11f.).

Diese Selbstsicherheit zerstört nach Jesu Meinung das ganze Leben. Der Mensch, der zu gut von sich selbst denkt, nimmt Gott nicht mehr ernst. Weil er sich des positiven Urteils Gottes über sein Leben sicher ist, fragt er nur noch danach, wie die Menschen über ihn denken. Seine ganze Frömmigkeit ist einzig und allein darauf abgestellt, daß die Menschen ihn für fromm halten. Sie wird so zur Heuchelei (Mt 6,1-18). Und ebenso nimmt der Mensch, der zu

---

20. 248 Gebote und 365 Verbote (Belege bei Billerbeck I 900f.; III 542; IV 438f.).

21. Mt 25,31-46 zählt deren sechs auf: Hungrige speisen, Durstige tränken, Fremde beherbergen, Nackte kleiden, Kranke versorgen, Gefangene besuchen. Weitere Liebeswerke bei Billerbeck IV 559-610 und in meinem Aufsatz: Die Salbungsgeschichte Mk 14,3-9, ZNW 35, 1936, 75-82 = Abba, 107-115.

22. Belege bei Billerbeck I 429-431. 822 d.

gut von sich denkt, den Bruder nicht mehr ernst. Er hält sich für besser und verachtet ihn (Lk 15,25–32; 7,39).

Jesus packt dies Übel an der Wurzel an, indem er mit der Verharmlosung der Sünde ein Ende macht.

Man darf sich hier, wie so oft, nicht von der Konkordanz täuschen lassen. Jesus hat Worte wie »Sünde«, »sündigen« relativ selten gebraucht[23]. Daraus darf man aber nicht den Schluß ziehen, er habe nur beiläufig über die Sünde gesprochen. Auch wenn er die Vokabeln verhältnismäßig selten benutzt, so hat doch die Sache in seinen Worten eine ebenso zentrale Stellung wie die Vokabeln etwa bei Paulus, nur daß Jesus in immer neuen *Bildern* (schlechte Früchte, Gräber voller Totengebeine, verirrtes Schaf, verlorene Drachme, verkommener Sohn) redet, während Paulus sich der theologischen Sprache bedient.

Jesus lehnt jede *kasuistische Verharmlosung* der Sünde ab.

Es gibt freilich eine Stelle, an der auch bei Jesus eine Abstufung der Sünde vorzuliegen scheint: Mt 5,22[24]. Hier sieht es so aus, als rede er von einer Steigerung der Vergehen (Zorn, Beschimpfung mit ῥακά und mit μωρέ) und einer parallelen Steigerung der Strafen. So ist das Logion jedoch nicht gemeint. Was zunächst die Vergehen anlangt, so sind ῥακά (aramäisch *reqa* »Schafskopf«) und μωρός (aramäisch *šatja* »Idiot«) äquivalent – beides sind harmlose Schimpfwörter –, und bei ὁ ὀργιζόμενος dürfte dann ebenfalls die Äußerung des Zorns im Schimpfwort gemeint sein. In den Vordersätzen, die die Verfehlungen nennen, liegt also gar keine Steigerung vor. Was die Nachsätze anlangt, so bilden sie zwar formal eine Klimax (Todesstrafe, Todesstrafe durch das oberste Gericht[25], Höllenstrafe), aber sie ist rein rhetorisch.

Obwohl Jesus absichtlich die *Form* des kasuistischen Rechtssatzes wählt, macht er in Wahrheit jeder Kasuistik ein Ende, wenn er lehrt: nicht erst Mord, sondern schon das ärgerliche Schimpfwort ist todeswürdig. Auch sonst urteilt Jesus immer wieder aufs schärfste über die Zungensünde, die den Zeitgenossen als Bagatelle galt. Besonders radikal ist die grundsätzliche Äußerung Mk 7,15b: οὐδέν ἐστιν ἔξωθεν τοῦ ἀνθρώπου εἰσπορευόμενον εἰς αὐτὸν ὃ δύναται κοινῶσαι αὐτόν· ἀλλὰ τὰ ἐκ τοῦ ἀνθρώπου ἐκπορευόμενά ἐστιν τὰ κοινοῦντα τὸν

23. ἁμαρτάνειν   Synopt. Logien 4   Paulus 17
    ἁμάρτημα   Synopt. Logien 2   Paulus 2
    ἁμαρτία   Synopt. Logien 8   Paulus 64
    ὀφείλημα   Synopt. Logien 1   Paulus –
    παράπτωμα   Synopt. Logien 2   Paulus 16

Synoptische Parallelen sind einfach gezählt. – Paulus verwendet ὀφείλημα einmal in Röm 4,4; das Wort bedeutet aber dort nicht »Schuld«, sondern »Verdienst«.

24. J. Jeremias, ῥακά, ThW VI, 1959, 973–976; zur Frage der Echtheit 976,13–23.

25. Das hinter ἔνοχος ἔσται stehende aramäische 'iṯḥajjab zieht nicht die Nennung der Gerichtsinstanz, sondern der Strafe nach sich. Es muß also in V. 22a wie in V. 21 ἔνοχος ἔσται τῇ κρίσει übersetzt werden: »der soll der (Todes-)Strafe schuldig sein«, entsprechend in V. 22b ἔνοχος ἔσται τῷ συνεδρίῳ: »der soll (der Todesstrafe durch den) Hohen Rat schuldig sein«.

ἄνθρωπον. Dieses Wort, dessen erste Hälfte Paulus als Wort Jesu kannte und zitiert (Röm 14,14) und das in seiner Radikalität im Judentum analogielos ist, besagt, daß die Zungensünde das einzige Verunreinigende ist, das es überhaupt gibt[26]. Dieselbe Radikalisierung der Sünde gilt z. B. auf geschlechtlichem Gebiet. Auch die kleinste Verfehlung, der begehrliche Blick auf die verheiratete Frau, ist Sünde, die den Täter dem Gericht Gottes ausliefert (Mt 5,28).

Seinen Widerspruch gegen die jüdische Kasuistik und die Radikalität seines Sündenverständnisses hat Jesus nicht nur dadurch zum Ausdruck gebracht, daß er auch die kleinste Sünde ernst nimmt, sondern noch auf eine andere Weise, nämlich dadurch, daß er nur *eine* Sünde kennt, die nicht vergeben werden kann. Die rabbinische Kasuistik erklärt eine ganze Reihe von schwersten Sünden für nicht vergebbar: Mord, Unzucht, Abfall, Mißachtung der Tora u. a. Anders Jesus Mk 3,28f.:

»(28) Alle Sünden kann[27] Gott[28] den Menschen vergeben, ja sogar[29] Lästerungen, so viel sie deren ausstoßen;
(29) wer aber den Geist Gottes lästert,
dem wird Gott in Ewigkeit nicht vergeben.«

Was ist das Besondere der Sünde wider den Geist? Wodurch unterscheidet sich die vergebbare Lästerung (V. 28) von der unvergebbaren (V. 29)? Die Antwort ergibt sich, wenn man sich daran erinnert, daß nach zeitgenössischer Anschauung der Geist für erloschen galt[30]. Jesus dagegen weiß Gottes Geist wieder am Werk. Das heißt: Mk 3,28 redet von der Sünde gegen den noch verborgenen Gott, V. 29 von der Sünde gegen den sich offenbarenden Gott. Jene kann vergeben werden, diese ist unvergebbar. Es handelt sich also bei der unvergebbaren Sünde nicht um ein bestimmtes moralisches Vergehen wie im Raum der rabbinischen Kasuistik (so hat man Mk 3,29 freilich immer wieder mißverstanden), sondern die eine unvergebbare Sünde ist die Sünde, die an der Offenbarung entsteht. Unvergebbar ist nur die Ablehnung der Vergebung (vgl. Mt 11,20–24)[31]. Am Evangelium zerbricht die Kasuistik.

Wie Jesus die Kasuistik in der Beurteilung der Sünde ablehnt, so macht er auch dem *Verdienstgedanken* ein Ende[32]. Vor Gott gibt es überhaupt kein Verdienst (Lk 17,10).

---

26. Vgl. zur Sache noch u. S. 211f.

27. Das Futur ἀφεθήσεται entspricht einem aramäischen Imperfekt, das im Galiläisch-Aramäischen fast immer nicht futurische, sondern virtuelle Bedeutung hat.

28. Das Passiv ἀφεθήσεται redet wie ἅγιον und die unpersönliche Konstruktion οὐκ ἔχει ἄφεσιν verhüllend vom Handeln Gottes.

29. καί ist steigernd gemeint.   30. S. o. S. 84–86.

31. H. W. Beyer, βλασφημέω κτλ., ThW I, 1933, 620–624: 623. Mk 9,42 stellt Jesus neben die Ablehnung der Vergebung als unvergebbare Sünde noch die Verführung zu solcher Ablehnung, zum Unglauben.

32. S. u. S. 208f.

Indem Jesus der Verharmlosung der Sünde durch Kasuistik und Verdienstgedanken den Abschied gibt, stellt er die ganze Gottesferne gerade des frommen Menschen unentrinnbar ins Licht. Weil die Frommen die Sünde verharmlosen und zu gut von sich selbst denken, stehen sie Gott unendlich ferner als die notorischen Sünder. Der daheimgebliebene Sohn im Gleichnis hat sich dem Vater entfremdet, nicht der aus dem selbstverschuldeten Elend heimkehrende (Lk 15,11–32); der Pharisäer Simon weiß von Vergebung und ahnt doch nicht, was Vergebung wirklich ist (Lk 7,36–50). Erstaunlicherweise haben wir nur ein einziges Wort Jesu gegen einen Menschen, der das Sabbatgebot übertrat, noch dazu nur als Agraphon überliefert (Lk 6,5 D)[33]; aber wir haben die schärfsten Worte Jesu gegen die, die den Sabbat streng beobachteten. Die zahlreichen Gerichtsworte der Evangelien sind fast ohne Ausnahme nicht gegen die gerichtet, die die Ehe brachen, betrogen usw., sondern gegen die, die den Ehebruch aufs schärfste verurteilten und die Betrüger aus der Gemeinde ausschlossen. Otterngezücht heißen Mt 12,34; 23,33 nicht die Sünder, sondern die Frommen, und Lk 18,9–14 ist es nicht der eifrige Pharisäer, der Gottes Wohlgefallen findet, sondern der Zöllner. Warum eigentlich? Weil die Frommen durch ihre Theologie und ihre Frömmigkeit von Gott geschieden sind. Denn eine Frömmigkeit, die zur Hybris und Selbstsicherheit verleitet, ist eine fast hoffnungslose Sache. Nach Meinung der Zeit ist die Buße besonders schwer für den Zöllner, weil er zunächst wiedergutmachen muß und unmöglich alle kennen kann, die er betrogen hat. Nach Jesu Meinung ist am schwersten die Buße des frommen Menschen, und zwar deshalb, weil ihn nicht grobe Sünden von Gott trennen, sondern seine Frömmigkeit. Nichts scheidet so radikal von Gott wie selbstsichere Frömmigkeit. Jesus hat auf diesem Gebiet so schmerzliche Erfahrungen gemacht, daß er am Ende überzeugt war, daß sein Ruf vergeblich sein würde: »Ihr habt nicht gewollt« (Mt 23,37 par. Lk 13,34; vgl. Mt 21,31f.).

Das ist die Situation der Menschen vor der Katastrophe: sie sind gleichgültig und verstockt, und die Frommen leben in selbstgerechter Verblendung, die sie taub macht für das Evangelium.

§ 15 Die Forderung der Stunde

H. Windisch, Die Sprüche vom Eingehen in das Reich Gottes, in: ZNW 27, 1928, 163–192. – *E. K. Dietrich*, Die Umkehr (Bekehrung und Buße) im Alten Testament und im Judentum bei besonderer Berücksichtigung der neutestamentlichen Zeit, Stuttgart 1936. – *H. S. Nyberg*, Zum grammatischen Verständnis von Mt 12,44f., Arbeiten und Mitteilungen aus dem neutestamentlichen Seminar zu Uppsala 4, Lund 1936, 22–35. – *J. Schniewind*, Was verstand Jesus

---

33. Vgl. Jeremias, Unbekannte Jesusworte[4], Gütersloh 1965, 61–64.

unter Umkehr?, in: H. Asmussen Hg., Rechtgläubigkeit und Frömmigkeit II, Berlin 1938, 70–84 = in: J. Schniewind, Die Freude der Buße, Kleine Vandenhoeck Reihe 32, Göttingen 1956, 19–33.

1. Die Umkehr

Jesus sieht die Menschen in ihr Verderben rennen. Es steht alles auf des Messers Schneide. Es ist letzte Stunde. Die Gnadenfrist läuft ab. Unermüdlich weist er auf die Bedrohlichkeit der Situation hin. Siehst du nicht, sagt er, daß du in der Lage des Beklagten bist, der vor dem Gerichtshaus steht und dessen Prozeß hoffnungslos ist? Es ist die letzte Minute, dich mit deinem Gegner zu vergleichen (Mt 5,25 f. par. Lk 12,58 f.). Siehst du denn nicht, daß du in der Lage des Verwalters bist, dem das Messer an der Kehle sitzt, weil seine Betrügereien aufgedeckt sind? Lerne von ihm! Er läßt die Dinge nicht treiben, er handelt resolut, wo alles auf dem Spiel steht (Lk 16,1–8a, erweitert durch kommentierende Logien V. 8b–13[1]). Jeden Augenblick kann der Ruf erschallen: der Bräutigam kommt; dann zieht der Hochzeitszug mit den Fackeln[2] in den Festsaal, und die Tür wird verschlossen, unwiderruflich. Sorge dafür, daß du Öl für die Fackel hast (Mt 25, 1–12)[3]. Leg das Hochzeitsgewand an, ehe es zu spät ist (Mt 22,11–13)[4]. Mit einem Wort: Kehre um, solange es noch Zeit ist. Die Umkehr, *das* ist die Forderung der Stunde. Umkehr ist nötig nicht nur für die sogenannten Sünder, sondern ebenso, ja noch mehr, für die, die nach dem Urteil der Umwelt »der Buße nicht bedurften« (Lk 15,7), für die Anständigen und Frommen, die keine groben Sünden begangen hatten; für sie ist die Umkehr am dringlichsten.

Was meint Jesus aber, wenn er fordert: Kehrt um? Wieder ist typisch, daß die Vokabeln μετάνοια und μετανοεῖν kein erschöpfendes Bild geben von dem, was Jesus unter Umkehr versteht[5]. Eine deutlichere Sprache reden die Gleichnisse; am klarsten und schlichtesten sagt es das Gleichnis vom verlorenen Sohn[6]. Die Wende seines Lebens wird umschrieben mit εἰς ἑαυτὸν δὲ ἐλθών (Lk 15,17), hinter dem ein aramäisches *hadar beh* stehen dürfte, das nicht wie die griechische Formulierung »er kam in vernünftige Geistesverfassung«[7], sondern »er kehrte um« bedeutet[8]. Dabei ist das erste, daß er seine

---

1. Vgl. Dodd, Parables, 29 f.; Jeremias, Gleichnisse[7], 42–45.180 f.
2. J. Jeremias, *ΛΑΜΠΑΔΕΣ* Mt 25,1.3 f. 7 f., ZNW 56, 1965, 196–201.
3. Jeremias, Gleichnisse[7], 171–175.
4. A. a. O. 186–189.
5. μετάνοια begegnet im Mund des irdischen Jesus nur Lk 15,7 (5,32 ist lukanischer Zusatz zu Mk 2,17), μετανοεῖν etwas öfter (Mk 1mal, Lk 9mal, wovon aber mehrere Belege sicher sekundär sind).
6. Jeremias, Gleichnisse[7], 128–132.
7. So z. B. TestJoseph 3,9 (von Joseph nach dem Verführungsversuch von Potiphars Weib)

Schuld bejaht (V. 18). So bejaht auch der Zöllner seine Schuld: »Er wagte es⁹ nicht, die Augen zum Himmel zu erheben«, geschweige denn (so ist zu ergänzen) die Hände (Lk 18,13). Statt des üblichen Gebetsgestus der erhobenen Hände und Augen schlägt er sich verzweifelt an die Brust mit den Anfangsworten des 51. Psalms, die er um den (adversativ gemeinten!) Dativ τῷ ἁμαρτωλῷ erweitert: »O Gott, sei mir gnädig, obwohl ich so sündig bin.« Die Meinung ist wohl, daß der Zöllner den ganzen Bußpsalm gebetet habe:

> »Gott, sei mir gnädig nach deiner Güte
> und tilge meine Sünden nach deinem großen Erbarmen.
> Wasche mich rein von meiner Schuld,
> reinige mich von meiner Sünde.
> Denn ich erkenne meine Missetat,
> und meine Sünde steht mir immer vor Augen...«

Diese Bejahung der Schuld hat nicht nur vor Gott zu geschehen, sondern auch vor den Menschen. Sie äußert sich in der Bitte um Vergebung an den Bruder (Mt 5,23f.; Lk 17,4) und im Mut zum öffentlichen Sündenbekenntnis (19,8).

Umkehr ist nun aber mehr als Reue. Sie ist Abkehr von der Sünde. In immer neuen Bildern fordert Jesus diese Abkehr, und zwar stets konkret, von jedem in seiner Lage. Vom Zöllner erwartet er die Abkehr vom Betrug (Lk 19,8), vom Reichen die Abkehr von der Mammonsherrschaft (Mk 10, 17–31), vom Eitlen die Abkehr von der Hoffart (Mt 6,1–18)¹⁰. Wer einem anderen Unrecht getan hat, soll es wiedergutmachen (Lk 19,8). Hinfort soll der Gehorsam gegen Jesu Wort das Leben bestimmen (Mt 7,24–27), das Bekenntnis zu ihm (Mt 10,32f. par.), die Nachfolge, die allen anderen Bindungen vorgeht (V. 37 par.).

Die Umkehr darf nicht mit halbem Herzen geschehen. Das sagt das kleine Gleichnis vom bösen Geist, der aus seinem Haus vertrieben wurde (Mt 12,43 bis 45 par. Lk 11,24–26), dessen Deutung wir H. S. Nyberg verdanken¹¹. V. 44b enthält nämlich eine Schwierigkeit: der Rückfall wird anscheinend als unvermeidlich angesehen; wozu dann aber überhaupt die Austreibung des unreinen Geistes? Nyberg sah, daß in V. 44b–45 ein Fall von formaler Para-

---

ἦλθον εἰς ἐμαυτόν; weitere Belege bei Bauer, Wörterbuch, 616, vgl. Apg 12,11 ἐν ἑαυτῷ γενόμενος.

8. Belege bei Billerbeck I 165; II 215 f.

9. ἤθελεν = »er wagte«. Das Semitische hat kein Wort für »wagen«; vgl. P. Joüon, L'Évangile de Notre-Seigneur Jésus-Christ, Verbum Salutis V, Paris 1930, 216.

10. Wenn Jesus hier vom Tun ἐν τῷ κρυπτῷ/κρυφαίῳ spricht (V. 3 f.6.17f.), so meint er nicht nur: verbirg deine Almosen, dein Gebet, dein Fasten, sondern: laß ab von deiner Eitelkeit, vom Drang, von deinen Mitmenschen gepriesen zu werden. Zum Beten im Verborgenen vgl. u. S. 187.

11. →Nyberg.

taxe bei logischer Hypotaxe vorliegt. Das heißt: V. 44b ist logisch als Konditionalsatz zu verstehen, also zu übersetzen: *Wenn* der Dämon zurückkommt und findet, daß das Haus leer ist, *dann* kehrt er mit siebenfacher Verstärkung zurück (wobei sieben die Zahl der Totalität ist). Es ist also nicht von einem zwangsläufigen Vorgang die Rede, als ob jeder Exorzisierte schutzlos dem Rückfall preisgegeben wäre, sondern von den Folgen einer halben Buße. Wehe, wenn das Haus leer steht! Was heißt das? Im Orient gilt noch heute der Besessene als »Haus« des ihn besitzenden Dämons. Das »Haus« war bewohnt von einem Dämon. Er ist nun ausgetrieben, aber das Haus darf nicht leerstehen. Ein neuer Herr muß in ihm Wohnung nehmen, das leuchtende Licht von seinem Herzen Besitz ergreifen (Mt 5,16; 6,22f. par.). Nur dann ist die Umkehr echt, wenn sie den ganzen Menschen und sein ganzes Leben erfaßt.

So richtig dies alles ist – Buße bedeutet Reue, Buße bedeutet Abkehr von der Sünde, Buße bedeutet vollkommene Übergabe an einen neuen Herrn –, so sind wir doch noch nicht zum Kern vorgestoßen. Das Herzstück der Buße ist etwas anderes.

Im Alten Testament finden wir an vielen Stellen Bedingungen erwähnt, die für den Zutritt zum Heiligtum gelten, die sogenannten Eintrittstorot. So wird in der Einzugsliturgie Ps 24, beim Einzug der Pilger in Jerusalem, die Frage gestellt:

> »Wer wird auf des Herrn Berg gehen,
> und wer wird stehen an seiner heiligen Stätte?« (V. 3),

worauf die Antwort folgt (V. 4f.):

> »Der unschuldige Hände hat und reines Herzens ist;
> der nicht Lust hat zu loser Lehre und schwört nicht fälschlich:
> der wird den Segen vom Herrn empfangen
> und Gerechtigkeit von dem Gott seines Heils.«

Jesus hat wiederholt Einzugsformeln dieser Art gebraucht[12]. Zu diesen Worten Jesu, die die Bedingungen für den Einlaß in die Königsherrschaft nennen, gehört Mt 18,3 (par. Mk 10,15 par. Lk 18,17): ἀμὴν λέγω ὑμῖν, ἐὰν μὴ στραφῆτε καὶ γένησθε ὡς τὰ παιδία, οὐ μὴ εἰσέλθητε εἰς τὴν βασιλείαν τῶν οὐρανῶν[13].

---

12. εἰσέρχεσθαι: Mk 9,43 par. 45.47 par.; 10,15 par. 23–25 par.; Mt 5,20; 7,13f. par. 21; 19,17; 23,13 par.; Joh 3,5; 10,9. Vgl. →Windisch und dort zahlreiche synonyme Wendungen S. 165–172.

13. Sprachliche Beobachtungen sprechen für die Annahme, daß Matthäus hier eine ältere Fassung bietet als Markus, der den Spruch ja auch an anderer Stelle bringt. Einerseits nämlich ist Mt 18,3 stärker semitisierend (zu prädikativem ὡς τὰ παιδία = Ersatz für ein Adjektivum = Semitismus vgl. Bauer, Wörterbuch, 1774; zu στραφῆτε s. Anm. 17), andererseits verwendet Mk 10,15 in Gestalt von δέχεσθαι τὴν βασιλείαν τοῦ θεοῦ einen Terminus der christlichen

Zum Verständnis des Logions ist in sprachlicher Hinsicht zunächst negativ festzustellen, daß die vielfach übliche Wiedergabe von ἐὰν μὴ στραφῆτε mit »wenn ihr euch nicht bekehrt«[14] nicht vertretbar ist, weil das Passiv στρέφεσθαι *nirgendwo* in der Septuaginta, in den hexaplarischen Übersetzungen und im Neuen Testament in dieser Bedeutung belegt ist; die einzige Ausnahme ist Joh 12,40. Man wird daher nach einer anderen Erklärung Ausschau halten müssen und die Möglichkeit erwägen, daß στραφῆτε auf ein aramäisches *tub*[15], *ḥazar*[16] oder *hadar* zurückgeht; diese Verben werden oft neben einem anderen Verb gebraucht, um unser »wieder« ausdrücken. In der Tat haben wir in der Septuaginta eine ganze Reihe von Doppelaussagen, die ein »wieder« umschreiben und strukturell dem στραφῆτε καὶ γένησθε ὡς τὰ παιδία analog sind, z. B. ἐπιστραφήσεσθε καὶ ὄψεσθε (LXX Mal 3,18: »ihr werdet wieder sehen«), ἐπιστρέψωμεν καὶ ἀνοικοδομήσωμεν (1,4: »wir wollen wieder bauen«), ἐπιστράφητε ὑμεῖς καὶ ἀπάρατε εἰς τὴν ἔρημον (Num 14,25 vgl. Dt 1,40; 2,1: »ziehet zurück in die Wüste«), ἀνέστρεψεν καὶ ἐκάθευδεν (1 Βασ 3,5: »er legte sich wieder schlafen«)[17]. Entsprechend ist Mt 18,3 zu übersetzen: »Amen, ich sage euch, wenn ihr nicht wieder wie Kinder werdet, werdet ihr nicht in die Königsherrschaft Gottes gelangen.«

Was heißt »wieder wie ein Kind werden«? Ist das tertium comparationis die Demut (vgl. Mt 18,4)? Wohl kaum, denn für die Vorstellung, daß das Kind Typus der Demut ist, haben wir aus der Umwelt Jesu keine Parallele. Oder ist der Vergleichspunkt die Reinheit der Kinder? Auch diese Vorstellung ist dem palästinischen antiken Judentum nicht geläufig[18]. Auf die richtige Spur dürfte der Hinweis von T. W. Manson führen, daß Mt 18,3 par. etwas mit der Gottesanrede ʼ*Abba* zu tun haben könnte[19]. Das wird in der Tat die Lösung sein. »Wieder Kind werden« heißt: wieder ʼ*Abba* sagen lernen.

Damit sind wir beim Zentrum dessen, was Buße heißt. Umkehren heißt, wieder ʼ*Abba* sagen lernen, sein volles Vertrauen auf den himmlischen Vater

Missionssprache (J. Jeremias, Mc 10,13–16 Parr. und die Übung der Kindertaufe in der Urkirche, ZNW 40, 1941, 244f., vgl. Billerbeck I 174–177). Anders J. Dupont, Les Béatitudes II, Paris 1969, 167ff.; *ders*., Matthieu 18,3, in: Neotestamentica et Semidica (Studies in Honour of M. Black), Edinburgh 1969, 50–60, der Mt 18,3 für eine Bearbeitung von Mk 10,15 hält.

14. E. Percy, Die Botschaft Jesu, Lund 1953, 36 Anm. 5; W. G. Kümmel, Verheißung und Erfüllung, AThANT 6³, Zürich 1956, 118 Anm. 77; W. Trilling, Das wahre Israel, Erfurter Theologische Studien 7, Leipzig 1959, 87 = ³München 1964, 108.

15. P. Joüon, L'Évangile de Notre-Seigneur Jésus-Christ, Verbum Salutis V, Paris 1930, 112.

16. R. Le Déaut, Le substrat araméen des évangiles: scolies en marge de l'Aramaic Approach de Matthew Black, Biblica 49, 1968, 388–399: 390.

17. Ferner: Dt 24,4: οὐ δυνήσεται ... ἐπαναστρέψας λαβεῖν αὐτήν (»er darf sie nicht wieder zu sich nehmen«); 1 Βασ. 3,5.6.9: ἀνάστρεφε κάθευδε (»lege dich wieder schlafen«); Ψ 84 [85], 7: ἐπιστρέψας ζωώσεις ἡμᾶς (»du wirst uns wieder beleben«); 103 [104],9: οὐδὲ ἐπιστρέψουσιν καλύψαι τὴν γῆν (»sie dürfen nie wieder die Erde bedecken«); Hos 2,11(9): ἐπιστρέψω καὶ κομιοῦμαι τὸν σῖτόν μου (»ich werde mein Getreide wieder an mich nehmen«); Micha 7,19: ἐπιστρέψει καὶ οἰκτιρήσει ἡμᾶς (»er wird sich unser wieder erbarmen«).

18. A. Oepke, παῖς κτλ., ThW V, 1954, 636–653: 645–648.

19. Teaching², 331.

werfen, in das Vaterhaus und in die Arme des Vaters zurückkehren. Den Beweis dafür, daß dieses Verständnis nicht ganz fehlgehen dürfte, liefert Lk 15,11–32. Die Buße des verlorenen Sohns besteht darin, daß er zu seinem Vater heimfindet. Letztlich und endlich ist Buße nichts anderes als das Sichverlassen auf die Gnade Gottes.

2. Das Motiv

Auch der Täufer hatte zur Buße gerufen. Aber bei Jesus ist die Umkehr etwas ganz anderes. Wo liegt der Unterschied? Eine Antwort gibt die Geschichte von der Umkehr des Oberzöllners Zachäus (Lk 19,1–10). Daß Jesus bei ihm, dem Verachteten und Gemiedenen, einkehren will, ist für diesen Mann etwas Unfaßliches. Jesus gibt ihm die verlorene Ehre wieder, indem er in seinem Hause Quartier nimmt und das Brot mit ihm bricht. Er schenkt ihm seine Gemeinschaft[20]. Diese Güte Jesu überwältigt Zachäus. Was alle Vorwürfe und alle Verachtung durch seine Mitbürger nicht vermocht hatten, das vermag die Güte Jesu. Öffentlich bekennt er seine Schuld und verspricht Wiedergutmachung (V. 8). Ganz ähnlich ist es in der Geschichte von der großen Sünderin (Lk 7,36–50 par.)[21]. Im Gleichnis von den beiden Schuldnern deutet Jesus ihr Tun. Der Erlaß der großen Schuld war es, der die Frau zu ihrem offenen Sündenbekenntnis durch die Tat veranlaßte und zu einer Dankbarkeit, die fast hilflos ist, weil sie nicht weiß, wie sie sich ausdrücken soll. Andererseits schilt Jesus Chorazin und Bethsaida, weil in ihnen Gottes Taten, die die Heilszeit ankündigten, sichtbar geschahen, und sie doch nicht Buße taten (Mt 11,20–24 par.).

An diesen Geschichten und Logien zeigt sich immer wieder: der entscheidende Unterschied zwischen dem Bußruf des Täufers und dem Bußruf Jesu ist das *Motiv* der Buße. Beim Täufer ist das Motiv die Angst vor dem drohenden Gericht; bei Jesus fehlt sie nicht (z. B. Lk 13,1–5), aber das entscheidende Motiv ist bei ihm die Erfahrung der unbegreiflichen Güte Gottes (z. B. Lk 13,6–9). An der Gnade entsteht die Umkehr. Gottes Güte ist die einzige Macht, die einen Menschen wirklich zur Umkehr führen kann.

Jesus knüpft damit an Höhepunkte der prophetischen Predigt an, besonders an Deuterojesaja. »Ich vertilge deine Missetaten wie eine Wolke und deine Sünden wie den Nebel. Kehre dich zu mir; denn ich erlöse dich« (Jes 44,22). Gottes Gnade überwältigt die Abtrünnigen. Was hier im Alten Testament – freilich nur gelegentlich – aufklingt, wird zentral in der Verkündigung Jesu. Buße ist nicht ein Akt menschlicher Demut oder menschlicher Selbstüberwindung, sondern Buße ist Überwundenwerden durch die Gnade Gottes. Bei

---

20. S. o. S. 116f.
21. Jeremias, Gleichnisse⁷, 126f.

den Propheten ist es die verheißene Gnade, bei Jesus die gegenwärtige, schon jetzt dargebotene Gnade. Umkehr geschieht vom Evangelium her; erst die Öffnung der Augen für Gottes Güte läßt den Menschen seine Schuld und Gottesferne erkennen. Jesus selbst und das Neue Testament in seiner Gesamtheit kennen letztlich nur ein Motiv der Buße: den persönlichen Zuspruch des Heils.

3. Die Freude der Buße

Wenn man das verstanden hat, daß Gottes Güte das Motiv der Buße ist, versteht man erst ein Letztes, was J. Schniewind besonders betont hat: Buße ist Freude[22].

Buße ist Heimkehrendürfen ins Vaterhaus. Weithin schallt der Jubel des Reigens über das Land: ein verlorenes Kind fand heim ins Vaterhaus (Lk 15,25). Ein Toter ist wieder lebendig geworden, ein verirrtes Glied der Herde gefunden (V. 24.32). Die Heimkehr ist deshalb eine Auferweckung aus den Toten, weil es Leben nur im Bereich der Königsherrschaft Gottes gibt. Wer zu ihr gehört, der steht schon jetzt in der Weltvollendung, jenseits der Todeslinie (Mt 8,22 par. und dazu o. S. 133).

Dieser Freudenklang kommt immer wieder in den Bildern zum Ausdruck, mit denen Jesus die Umkehr beschreibt. Umkehr ist das Anlegen des Hochzeitsgewandes (Mt 22,11–13, s. o. S. 109; vgl. den Vorklang Jes 61,10); das festliche Gewand ist der Mantel der Gerechtigkeit. Umkehr ist, mit einem ganz anderen Bild, ein mit Öl gesalbtes Haupt (Mt 6,17), nicht als eine neue Form der Heuchelei, sondern als Ausdruck der Freude über das geschenkte Heil. Weil Buße Freude ist, darum feiert Jesus Mk 2,15f. mit den Umkehrenden das Freudenmahl.

Umkehr ist Freude darüber, daß Gott so gnädig ist. Ja mehr! Umkehr ist Freude *Gottes* (Lk 15,7: χαρὰ ἐν τῷ οὐρανῷ bzw. V. 10 χαρὰ ἐνώπιον τῶν ἀγγέλων τοῦ θεοῦ). Gott freut sich wie der Hirt, der ein verlorenes Tier, wie die Frau, die ihren Groschen, wie der Vater, der seinen Sohn wiedererhielt. Er »jauchzt mit Frohlocken wie am festlichen Tage« (Zeph 3,17f., s. S. 119), wie der Bräutigam über die Braut (Jes 62,5). Das ist »die soteriologische Freude Gottes«[23].

Weil Buße heißt: aus der Vergebung leben dürfen, wieder Kind sein dürfen, darum ist Buße Freude.

---

22. →Schniewind 78f. = 27f.
23. E. G. Gulin, Die Freude im Neuen Testament I, Helsinki 1932, 99.

Kapitel V: Das neue Gottesvolk

Die Verkündigung Jesu zielt immer auf den persönlichen Anruf. Das gilt sowohl für die Heils- wie für die Unheilsbotschaft. Der Anruf kann in umfassender Anrede formuliert sein: Δεῦτε πρός με πάντες οἱ κοπιῶντες καὶ πεφορτισμένοι (Mt 11,28) oder (wie Jes 55,1 den dem Morgenländer so vertrauten Ruf des Wasserkäufers aufnehmend[1]):
ἐάν τις διψᾷ, ἐρχέσθω
καὶ πινέτω ὁ πιστεύων εἰς ἐμέ (Joh 7,37f.)[2].

Der Anruf kann aber auch den einzelnen anreden: καθάρισον πρῶτον τὸ ἐντὸς τοῦ ποτηρίου (Mt 23,26)· μὴ φοβοῦ, μόνον πίστευε (Mk 5,36). Und er kann konkret als Ruf in die Nachfolge zugespitzt sein: δεῦτε ὀπίσω μου (Mk 1,17); ἀκολούθει μοι (2,14; 10,21).

Die Antwort auf den Anruf Jesu ist der Glaube.

§ 16 Der Glaube

A. Schlatter, Der Glaube im Neuen Testament, Stuttgart 1927 = [5]1963. – *G. Ebeling*, Jesus und der Glaube, in: ZThK 55, 1958, 64–110 = in: Wort und Glaube[3], Tübingen 1967, 203–254. – *E. Fuchs*, Jesus und der Glaube, in: ZThK 55, 1958, 170–185 = in: E. Fuchs, Zur Frage nach dem historischen Jesus[2], Tübingen 1965, 238–257.

1. Die Quellen

Überblickt man die Vokabelgruppe πίστις κτλ. in den synoptischen Evangelien, so fällt das wiederholte Vorkommen von zwei formelhaften Wendungen auf: ἡ πίστις σου σέσωκέν σε[3] und: ὡς ἐπίστευσας γενηθήτω σοι[4]. Die zweite Wendung ist ein Spezifikum des Matthäus; 15,28 ist sie von ihm dem Markustext zugefügt; auch Lukas hat in 8,12f. den Markustext um zwei πιστεύειν-Aussagen bereichert. Das alles läßt den Verdacht aufkommen, daß die Glau-

---

1. C. Westermann, Das Buch Jesaja Kapitel 40–66, ATD 19, Göttingen 1966, 226f. zu Jes 55,1–3a.
2. Sowohl der chiastisch angeordnete synonyme Parallelismus wie der Vergleich mit Apk 22,17b zeigen, daß die letzten vier Worte nicht zum Folgenden gezogen werden dürfen (πιστεύειν εἰς ist johanneische Stilisierung: Synoptiker 1, johanneische Literatur 38, Paulus 3, sonstiges NT 3 Belege).
3. Mk 5,34 par.; 10,52 par.; Lk 7,50; 17,19.
4. Mt 8,13; vgl. 9,29 (κατὰ τὴν πίστιν ὑμῶν γενηθήτω ὑμῖν); 15,28 (μεγάλη σου ἡ πίστις· γενηθήτω σοι ὡς θέλεις).

bensaussagen der Synoptiker stark von der Urkirche bestimmt sind, was bei der zentralen Bedeutung, die der Glaube für diese besessen hat, nicht verwunderlich wäre[5].

Dem stehen jedoch mehrere Beobachtungen gegenüber, die davor warnen, den Einfluß der Urkirche in unserer Frage zu überschätzen. Zur Vorsicht mahnt schon das relativ *seltene Vorkommen* der Vokabeln πίστις und πιστεύειν in den synoptischen Evangelien.

Durchschnittlich finden sich die beiden Vokabeln auf jeder Nestle-Seite:

Synoptiker	0,24mal
Apostelgeschichte	0,55mal
Kath. Briefe	1,10mal
Paulus	1,25mal
Hebräerbrief	1,31mal
Johannesevangelium	1,48mal
Apokalypse	0,09mal[6]

Zählt man die Parallelen nur einfach und klammert man die Fälle unspezifischen Gebrauchs[7] aus, so verringert sich die Zahl für die Synoptiker sogar auf 0,14mal je Nestle-Seite. Die drei ersten Evangelien stehen also, was die Häufigkeit der Vokabeln πιστεύειν/πίστις anlangt, dem urchristlichen Sprachgebrauch viel ferner als das gesamte übrige Neue Testament, abgesehen von der Apokalypse.

Vor einer Überschätzung des Einflusses der Urkirche warnt ferner der sprachliche Befund. Er ergibt, daß der Gebrauch der Wortgruppe in synoptischen Jesusworten mehrfach den der aramäischen Äquivalente *hemin/hemanuta* widerspiegelt[8]. Beispielsweise hat das nur im christlichen Bereich belegte Kompositum ὀλιγόπιστος[9] (Mt 6,30 par. Lk 12,28; Mt 8,26; 14,31; 16,8; vgl. 17,20 ὀλιγοπιστία) keine griechische Vorgeschichte, wohl aber ein semitisches Äquivalent[10], ebenso wie der für die griechische Rede ungewöhnliche[11] Gen.

---

5. Es ist bezeichnend, daß R. Bultmann, πιστεύω κτλ. C. D, ThW VI, 1959, 197–230: 203 ff. (D. Die Begriffsgruppe im NT), nicht einmal die Frage aufwirft, ob Jesus die Vokabelgruppe gebraucht haben könnte, sondern sofort beim Kerygma der Urkirche einsetzt.

6. Nur die Apokalypse des Johannes fällt also aus dem Rahmen; sie hat auf 45 Seiten πίστις nur 4 mal, πιστεύειν fehlt ganz.

7. πιστεύειν = »anvertrauen« (Lk 16,11); »für möglich halten« (Mt 9,28); »(einem Gerücht) Glauben schenken« (Mk 13,21 par.; Mt 23,26); πίστις = »Treue« (Mt 23,23).

8. →Schlatter, 585–594.

9. ὀλιγόπιστος kommt zwar noch in den Sprüchen des Sextus (einer Sammlung von 451 meist heidnischen Sprüchen, die ihre heutige Gestalt einer um 200 n. Chr. erfolgten christlichen Überarbeitung verdanken) als Spruch 6 vor: ὀλιγόπιστος ἐν πίστει ἄπιστος, doch ist Spruch 6 der christlichen Überarbeitung zuzuschreiben; vgl. H. Chadwick, The Sentences of Sextus, Texts and Studies, New Series 5, Cambridge 1959, 139.

10. qeṭane ʾämuna (b. Ber. 24b; b. Soṭa 48b).

11. →Schlatter, 586.

obj. πίστις θεοῦ (Mk 11,22)[12]. Der für griechisches Sprachgefühl harte Artikel vor dem Nomen (Lk 18,8) gibt die im Aramäischen idiomatische Determination von *hemanuta* wieder[13]. Diese Beobachtungen zeigen, daß die vom Glauben handelnden synoptischen Jesuslogien in ihrem Kern im aramäischen Sprachbereich beheimatet sind.

Besonders aufschlußreich im Blick auf die Echtheitsfrage ist das Logion vom Glauben, der, auch wenn er nur Senfkorngröße hat (Mt 17,20 par. Lk 17,6), dennoch Berge (Mk 11,23 par. Mt 21,21; 17,20) bzw. Bäume (Lk 17,6) versetzen kann. Daß der Spruch palästinisches Anschauungsmaterial verwendet, ist offenkundig: das Senfkorn als kleinster dem menschlichen Auge wahrnehmbarer Gegenstand[14], das Bäume-Entwurzeln als spektakuläres Mirakel[15], das Berge-Versetzen als sprichwörtliche Redensart für »unmöglich Scheinendes möglich machen«[16], all das ist spezifisch palästinisch. Doch ist das eigentlich Bemerkenswerte damit noch nicht genannt. Es besteht darin, daß das Berge-Entwurzeln im Talmud als Umschreibung für haarspalterischen Scharfsinn in der Disputation (»er ist ein Berge-Entwurzler«) und für unwiderrufliche Entschlossenheit (»ich reiße [eher] Berge aus«, scil. als daß ich anderen Sinnes werde)[17] gebraucht wird, daß dagegen die Anwendung der Redensart auf die Macht des Glaubens sich *nur* in den Worten Jesu und 1 Kor 13,2 findet. Daß die synoptische Überlieferung und Paulus unabhängig voneinander auf diese Anwendung verfallen sein sollten, muß als ausgeschlossen gelten. Will man nicht (ohne jeglichen textlichen Anhalt!) zu der Hypothese greifen, daß Jesus und Paulus auf beiden bekanntes Gedankengut zurückgreifen, dann wird man damit rechnen müssen, daß das Pauluswort vom bergeversetzenden Glauben ein Logion Jesu aufnimmt.

Schwerer noch als all das wiegt, daß sich die Verwendung der Vokabelgruppe πιστεύειν/πίστις in den synoptischen Evangelien von dem Sprachgebrauch der Urkirche *fundamental unterscheidet*. Nirgendwo wird expressis verbis ausgesprochen, daß der Glaube das Echo auf die Botschaft ist; nirgendwo wird der Bezug des Glaubens auf die Person Jesu ausdrücklich deutlich gemacht, im Gegenteil: wo synoptische Jesusworte den Bezug des Glaubens ausdrücklich nennen, da ist es Gott (Mk 11,22), der Täufer (Mt 21,32 dreimal) oder das Evangelium (Mk 1,15 Summarium). Zweimal ist zwar vom Glauben »an Jesus« die Rede: Mt 18,6 τῶν πιστευόντων εἰς ἐμέ und 27,42 πιστεύσομεν ἐπ' αὐτόν, aber an beiden Stellen ist die präpositionale Wendung Zusatz des Mat-

---

12. *hemanut šemajja* Fragmententargum Gen 16,5; *'ămunato šäl hgb"h* (= *haqqadoš baruk hu* = Gott) Ex. r. 15,7 zu 12,2. Judengriechisch ist der Gen. obj. nur (sehr bezeichnend!) in der Form πίστις τοῦ θείου (Josephus, Ant. 17,179) belegt; 4 Makk sagt stattdessen: ἡ πρὸς (τὸν) θεὸν πίστις (15,24; 16,22). In dem angeblichen Ortsnamen Θεοῦ πίστις 1 Βασ. 21,3 ist θεοῦ Gen. subj.

13. Im Aramäischen wird *hemanuta* regelmäßig determiniert, vgl. C. C. Torrey, The Four Gospels, London 1933, 312.

14. Billerbeck I 669.

15. Ebd. IV 313f. vgl. I 127.759.

16. Ebd. I 759.   17. Ebd.

thäus zum Markustext (9,42; 15,32). Der an den Kreuzestitulus anknüpfende Spottruf Mk 15,32 ist die einzige Stelle, an der der Kontext eine christologische Titulatur als Gegenstand der Glaubensaussage hergibt. Dieser Tatbestand macht deutlich, wie sehr man übertrieben hat mit der Behauptung, die synoptischen Evangelien seien bis zur Unkenntlichkeit vom Kerygma her übermalt worden. Das Fehlen aller christologischen Hoheitsattribute (mit alleiniger Ausnahme von Mk 15,32) in den synoptischen Glaubensaussagen, ja auch nur der ausdrücklichen Erwähnung der Bezogenheit auf Jesus, ist ein Altersindiz allerersten Ranges und ein Hinweis auf vorösterliche Herkunft jedenfalls des Kerns der synoptischen Glaubensaussagen.

2. Was heißt glauben?

Das alttestamentliche Wort für »glauben« ist *häʾämin*. Die Grundbedeutung der Wurzel ʾMN ist »fest, beständig, zuverlässig«. Im *Qal* und zuweilen im *Niphʿal* bezeichnet ʾMN das Tragen des Kindes im Bausch des Gewandes oder auf der Hüfte, weil es dabei sicher und geborgen ist. Das *Hiphʿil* (»Zuversicht gewinnen bzw. bewahren, vertrauen«) wird im Alten Testament nur relativ selten im religiösen Sinn gebraucht (25mal), allerdings in sehr bedeutsamen Aussagen. Faßt man diejenigen Stellen ins Auge, die im Neuen Testament nachwirken (Gen 15,6; Jes 28,16; 53,1; Ps 116,10), so stellt man fest, daß *häʾämin* an ihnen nicht so sehr das Sich-an-Gott-Halten im täglichen Leben beschreibt als das Greifen nach Gott in der Krise, das Niederringen der Anfechtung. Gemeint ist der Glaube, der Gott wider den Augenschein traut. Damit tritt schon im Alten Testament die entscheidende Grundbedeutung des Glaubensbegriffes klar heraus, die auch für das Neue Testament bestimmend blieb: Glaube ist ein Vertrauen, das sich nicht beirren läßt.

Wenden wir uns dem Gebrauch der Wortgruppen $\pi\iota\sigma\tau\iota\varsigma/\pi\iota\sigma\tau\epsilon\acute{u}\epsilon\iota\nu/\mathring{o}\lambda\iota\gamma\acute{o}\pi\iota\sigma\tau o\varsigma/\mathring{a}\pi\iota\sigma\tau o\varsigma$ in den synoptischen Jesusworten zu, so fällt auf, daß mehr als die Hälfte der Belege auf Wundergeschichten bzw. von Wundern handelnde Logien entfällt. Das ist bemerkenswert, weil der Glaube weder in den jüdischen noch in den hellenistischen Wundergeschichten eine Rolle spielt. Mit Vorliebe wird die Wortgruppe in den Fällen angewendet, in denen Hilfesuchende zu Jesus kommen[18]; der Glaube besteht hier in der Gewißheit, daß Jesus helfen könne, weil er Macht über Geister und Krankheiten habe. Diese Gewißheit ist jedoch *mehr als bloßer Wunderglaube*, denn sie schließt eine Stellungnahme zu Jesu Person und Sendung ein, die zum Beispiel in den Anreden Rabbi, Mari, Rabbuni, Davidssohn zum Ausdruck kommt, die mehr als Höf-

---

18. Mk 2,5 par.; 5,34 par. 36 par.; 9,19 par. 23 f.; 10,52 par.; Mt 8,10 par. 13; 9,28 f.; 15,28; Lk 17,19.

lichkeitsphrasen sind, wie Lk 6,46 zeigt. Die so redenden Menschen haben ein großes Zutrauen zu Jesu Güte und Mitleid, das bisweilen einen rührenden Ausdruck findet, so etwa in der Geschichte von der blutflüssigen Frau. Nach der uns vorliegenden Fassung faßt sie den Mantel Jesu an, weil sie hofft, schon durch die bloße Berührung geheilt zu werden (Mk 5,28 par.). Wahrscheinlich hat jedoch das Anfassen des Gewandsaums Jesu ursprünglich einen anderen Sinn; es ist Gestus der Bitte um Hilfe, wie die S. 71 wiedergegebene Geschichte vom Regenbitter Ḥanin zeigt. Die Frau schämt sich, ihre Leidensgeschichte öffentlich auszubreiten. Ganz bescheiden zieht sie am Saum des Mantels Jesu; ihr Zutrauen zu seiner Güte ist so groß, daß sie gewiß ist, daß diese stumme Bitte genügt. Vollends zeigen die Geschichten vom Centurio (Mt 8,5–13 par. Lk 7,1–10) und der Syrophönizierin (Mk 7,24–30 par. Mt 15,21–28), daß die Haltung dieser beiden hilfesuchenden Heiden mehr umschloß als die abergläubische Hoffnung auf ein Wunder.

Was die Geschichte vom Centurio anlangt, so müssen ihrer Heranziehung drei Beobachtungen zum Text vorangestellt werden, die geeignet sind, folgende Schwierigkeiten aus dem Wege zu räumen, die der Wortlaut bereitet: a) Jesus erklärt sich bereit zu kommen, aber der Centurio lehnt das seltsamerweise ab (Mt V. 8; Lk V. 6b); b) die Aussage, daß er unter Kommando steht (Mt V.9a; Lk V. 8a), gibt keinen Sinn angesichts der Betonung seiner Befehlsgewalt im Fortgang des Verses; c) man sieht nicht, welchen Vergleichsbezug das »auch« in diesem Verse hat (»denn auch ich stehe unter Kommando«): Wieso gleicht er hierin Jesus? Dazu ist zu sagen: a) Mt 8,7 ist als abweisende Frage zu lesen: »Soll ich (etwa zu dir unreinem Heiden ins Haus) kommen und ihn (deinen Knecht) gesund machen?« Jesus erklärt sich also keineswegs bereit mitzukommen, sondern lehnt im Gegenteil die Hilfe ab. b) Was den Widerspruch in Mt 8,9a (Lk 7,8a) zwischen der Aussage des Centurio, daß er unter Kommando stehe, also zu gehorchen habe, und der Betonung seiner Befehlsgewalt anlangt, so liegt eine ungeschickte Übersetzung vor[19]. Bei der Wiedergabe semitischer Parataxen haben die Übersetzer öfter die Nebenaussage als Verbum finitum übersetzt, die Hauptaussage dagegen durch partizipiale Wiedergabe des Tones beraubt[20]. Ein solcher Fall liegt in V. 9a vor. Die Partizipialwendung ἔχων κτλ. enthält die Hauptaussage, während der Hauptsatz ἄνθρωπός εἰμι ὑπὸ ἐξουσίαν eine (in diesem Fall konzessiv gemeinte) Nebenbemerkung bringt. Also: »Auch ich, obwohl nur ein Subalternoffizier, habe Kommandogewalt«. c) Diesem Satz fehlt der Nachsatz, auf den das καὶ γὰρ ἐγώ »auch ich« hinweist. Der Centurio läßt ihn aus Bescheidenheit weg. Er kann nur lauten: »um wieviel mehr du«. Nach dem unter b) Festgestellten bezieht sich der Vergleich nicht auf die untergeordnete Stellung des Centurio, sondern auf seine Befehlsgewalt: Wenn schon mir bedingungslos gehorcht wird, wieviel mehr dir. – Wenden wir diese drei Beobachtungen auf den Text an, so ergibt sich folgendes:

---

19. Vgl. J. Jeremias, Jesu Verheißung für die Völker, Stuttgart 1956, ²1959, 26 Anm. 98.
20. Z. B. Mk 2,23 ἤρξαντο ὁδὸν ποιεῖν τίλλοντες τοὺς στάχυας besagt wörtlich: »sie begannen einen Weg zu machen, indem sie Ähren rauften«, der Sinn ist: »sie rauften unterwegs Ähren«; Lk 13,28 ist der Sinn natürlich: »wenn ihr Abraham ... in der Königsherrschaft sehen werdet, selbst aber hinausgeworfen werdet«; Lk 23,34b ist der Sinn: »sie verlosten seine Kleider«.

Der Centurio lehnt sich nicht dagegen auf, daß Jesus sein Haus nicht betreten will, vielmehr bringt er mit seiner Antwort (Mt 8,8 par. Lk 7,6b), er sei es nicht wert, daß Jesus sein Haus betrete, zum Ausdruck, daß sein Vertrauen auf Jesu Macht und Willen zu helfen, unerschüttert ist. Er ist gewiß, daß Jesus seinen Burschen heilen kann, auch ohne das Haus zu betreten. »Wenn ich«, sagt er, »ein unbedeutender Mann, meinen Soldaten Befehle geben kann, die aufs Wort befolgt werden, wieviel mehr kannst du Befehl geben – nämlich dem bösen Geist, der meinen Knecht krank macht. Du bist der Herr, der Macht über die Geister hat.« Dieses Vertrauen, das sich nicht abweisen läßt, findet sich auch in der anderen Heidengeschichte, der Erzählung von der Syrophönizierin (Mk 7,27). Wiederum wird die Ablehnung akzeptiert und gleichzeitig durch den Ausdruck unbedingten Vertrauens überwunden: ναί, κύριε, καὶ τὰ κυνάρια ὑποκάτω τῆς τραπέζης ἐσθίουσιν ἀπὸ τῶν ψιχίων τῶν παιδίων[21] (V. 28). Die Frau erkennt mit diesem Wort Jesus als den Spender des Lebensbrotes an und gibt sich mit einem Brocken von dem eigentlich für Israel gedeckten Tisch zufrieden. In beiden Geschichten findet sich der Urklang des alttestamentlichen Glaubensbegriffes wieder: der Glaube dieser beiden Heiden ist ein Vertrauen, das sich nicht beirren läßt.

Diese Bedeutung hat die Wortgruppe auch da, wo sie auf Jesu Jünger angewendet wird. Sie haben in Jesus den Propheten der Heilszeit (S. 81 ff.), den Überwinder des Satans (S. 89 ff.), den Freudenboten für die Armen (S. 110 ff.) erkannt, und ihr Glaube schließt die Bereitschaft zur Hingabe von Familie und Besitz, ja des Lebens ein.

3. Die Bewertung des Glaubens durch Jesus

In den synoptischen Evangelien kommt ὀλιγόπιστος, ὀλιγοπιστία, ἄπιστος ausschließlich im Munde Jesu vor, ebenso πίστις mit einer[22], πιστεύειν mit ganz wenigen[23] Ausnahmen. Aus dieser Konzentration des Vorkommens der Wortgruppe auf Worte Jesu ersieht man, daß das Interesse der Überlieferung nicht auf die glaubenden oder ungläubigen Menschen, sondern ganz auf Jesu Urteil über ihr Verhalten ausgerichtet war. Das gilt auch für die einzige Stelle, an der die Vokabel πίστις in der Erzählung vorkommt: ἰδὼν ὁ Ἰησοῦς τὴν πίστιν αὐτῶν (Mk 2,5).

Fragt man danach, wie Jesus den Glauben bewertet hat, so darf der S. 158

---

21. Mit den »Brosamen« sind nicht Krümel gemeint, sondern Stücke der Brotfladen, die man zum Abwischen der Finger beim Essen benutzte und unter den Tisch warf; vgl. Jeremias, Gleichnisse⁷, 183 zu Lk 16,21.

22. Mk 2,5 par.

23. Mk 9,24; 11,31 par.; 15,32 par.; sonst nur 3mal bei Lukas in den Vor- und Nachgeschichten (1,20.45; 24,25).

vermerkte Umstand, daß die Vokabeln πίστις und πιστεύειν in den synoptischen Worten Jesu seltener vorkommen als etwa bei Paulus, nicht zu dem Schluß verleiten, daß der Glaube für Jesus nur periphere Bedeutung besessen hätte. Vielmehr haben wir wieder einen der zahlreichen Fälle vor uns, in denen man sich nicht auf die Statistik der theologischen Vokabeln verlassen darf, weil Jesus, anders als Paulus, nicht das theologische Vokabular benutzte. Was die Sache angeht, so ist Jesu ganze Botschaft ein einziger Ruf zur Annahme des Heilsangebotes, ein einziger Appell, sich auf sein Wort zu verlassen und auf Gottes Gnade zu trauen, d. h. sie ist ein Ruf zum Glauben, auch wenn das Wort dabei nicht oft fällt. Jesus selbst nennt die Haltung seiner Jünger Glauben (Lk 22,32 vgl. Mk 4,40; 9,42 par.; 11,22), und die Stellen, an denen Jesus den Jüngern Kleinglauben vorwirft (Mt 6,30 par. Lk 12,28; Mt 8,26; 16,8; 17,20), bestätigen, daß er von seinen Jüngern Glauben erwartet hat.

Welche Bedeutung Jesus dem Glauben zumaß, zeigt das Wort vom bergeversetzenden Glauben, das, wie wir sahen (S. 159), schon Paulus kennt (1 Kor 13,2). Es lief in zwei Fassungen um, von denen die eine den Berg (Mt 17,20), die andere die Sykomore (Lk 17,6) zur Illustration benutzt[24]. Beide Wunder, das Bergeversetzen wie das Bäumeentwurzeln, galten der Umwelt sprichwörtlich als Inbegriff ungewöhnlicher Machttaten (s. S. 159); doch liegt der Ton in den Worten Jesu nicht auf der Ungewöhnlichkeit des Vorganges, vielmehr ist für ihr Verständnis entscheidend, daß das Verschwinden der Berge (Jes 40,4; 49,11; besonders Sach 14,10) und ihr Sich-Auftürmen zu Trägern des Gottesberges (Jes 2,2 par. Mi 4,1) als eschatologisches Ereignis erwartet wurde[25]. Auch dem kümmerlichsten Glauben, der so winzig ist wie ein Senfkorn, verheißt Jesus – nicht primär die Fähigkeit, spektakuläre Mirakel zu vollziehen, sondern Anteil an der eschatologischen Vollmacht (über diese s. S. 98 f.)[26].

Die Anerkennung selbst des schwachen Glaubens, die im Senfkornvergleich zum Ausdruck kommt, ist auch sonst kennzeichnend für Jesus. Er achtet das Vertrauen derer, die ein Heilungswunder von ihm erwarten, nicht gering, und er erhört den Vater, der ausruft: »Ich glaube, hilf mir trotz[27] meines Unglaubens« (Mk 9,24).

---

24. Mk 11,23 par. Mt 21,21 bietet eine Mischform. Hier ist zwar auch wie Mt 17,20; 1 Kor 13,2 vom Berge die Rede; er soll sich aber wie die Sykomore Lk 17,6 ins Meer werfen.

25. R. Pinḥas (um 360) sagte im Namen des R. Ruben (um 300): Dereinst wird der Heilige, gepriesen sei er, Sinai, Tabor und Karmel bringen, um das Heiligtum über ihren Häuptern zu erbauen. Und welches ist die Belegstelle? »Und es wird geschehen in den letzten Tagen, da wird der Berg mit dem Hause des Herrn festgegründet stehen an der Spitze der Berge (Jes 2,2)«, Pesiqta de Rab Kahana hg. S. Buber, Lyck 1868, 144b 14. Weiteres in meiner Arbeit: Golgotha, Leipzig 1926, 51–53.

26. Vgl. auch Lk 12,32 εὐδόκησεν ὁ πατὴρ ὑμῶν δοῦναι ὑμῖν τὴν βασιλείαν.

27. Der Dativ τῇ ἀπιστίᾳ ist wie der Dativ τῷ ἁμαρτωλῷ Lk 18,13 (s. S. 152) adversativ zu fassen.

Der Kontext von Mk 9,24 enthält eine Schwierigkeit. Auf die Bitte des Vaters εἴ τι δύνῃ, βοήθησον ἡμῖν σπλαγχνισθεὶς ἐφ' ἡμᾶς (V. 22) erwidert Jesus τὸ »εἰ δύνῃ«, πάντα δυνατὰ τῷ πιστεύοντι. (V. 23). Die Frage ist, auf wen sich der Dativ τῷ πιστεύοντι bezieht. Für griechisches Sprachempfinden nennt der Dativ das logische Subjekt (wie Mk 14,36 πάντα δυνατά σοι »du kannst alles«) also: »was das ‚falls du kannst' anlangt, *der Glaubende vermag alles*«. Jesus würde sich somit selbst als den Glaubenden bezeichnen. Als der Glaubende verfügt er über die ganze Macht Gottes. Dieses Wort wäre indes schon insofern singulär, als in allen vier Evangelien sonst nie von Jesu eigenem Glauben die Rede ist. Die eigentliche Schwierigkeit des Bezugs von τῷ πιστεύοντι (V. 23) auf Jesus liegt jedoch in V. 24, denn das πιστεύω, das der Vater hier akzeptiert (πιστεύω· βοήθει μου τῇ ἀπιστίᾳ), zeigt eindeutig, daß er den Dativ τῷ πιστεύοντι auf sich selbst bezogen hat (»*alles ist möglich zugunsten dessen, der glaubt*«). So versteht auch syr[sin] V. 23 (»wenn du glaubst, kann dir alles werden«). Sollte der Doppelsinn vom Evangelisten beabsichtigt sein? Dann würde Jesus gleichzeitig als der geschildert, der die blinde Zuversicht, verbunden mit völliger Hingabe an Gott, *hat*, und als der, der zum Glauben *ruft*, voll Erbarmen mit denen, die zu glauben versuchen, aber ihren Unglauben bekennen müssen. Jesus wäre also zugleich der Glaubende und der Rufer zum Glauben.

Ebenso wie Jesus den schwachen Glauben respektiert, läßt er den stellvertretenden Glauben[28] gelten; er stellt die Fürbitte gleichwertig neben die Bitte.

§ 17 Die Sammlung der Heilsgemeinde

J. Thomas, Le mouvement baptiste en Palestine et Syrie (150 av. J.-Chr. – 300 ap. J.-Chr.), Gembloux 1935. – *L. Rost*, Die Vorstufen von Kirche und Synagoge im Alten Testament, Stuttgart 1938. – *J. Jeremias*, Der Gedanke des »Heiligen Restes« im Spätjudentum und in der Verkündigung Jesu, in: ZNW 42, 1949, 184–194 = Abba, 121–132. – *P. Nepper-Christensen*, Wer hat die Kirche gestiftet?, Lund 1950. – *A. Oepke*, Das neue Gottesvolk, Gütersloh 1950. – *J. Jeremias*, Die theologische Bedeutung der Funde am Toten Meer, Vortragsreihe der Niedersächs. Landesregierung zur Förderung der wissenschaftl. Forschung in Niedersachsen, Göttingen 1962. – *B. F. Meyer*, Jesus and the Remnant of Israel, in: JBL 84, 1965, 123–130.

Die Schar derer, die sich dem Evangelium öffnen, sammelt sich um Jesus sozusagen in konzentrischen Kreisen. Wo Jesus auftritt, läßt er Anhänger zurück, die mit ihren Familien auf die Königsherrschaft warten und die ihn und seine Boten aufnehmen; sie finden sich im ganzen Land, vor allem in Galiläa, aber auch in Judäa, z. B. in Bethanien, und in der Dekapolis (Mk 5,19f.). Ein Jüngerkreis begleitet Jesus auf seinen Wanderungen; es sind Männer wie Levi, der Sohn des Alphäus (Mk 2,14), Joseph, genannt Barsabbas, und Matthias (Apg 1,23[1]), aber auch Frauen (Lk 8,1–3; Mk 15,40f.), bei denen es sich, da sie

---

28. Des Vaters: Mk 5,22ff. par.; 9,14ff. par.; Joh 4,45ff. Der Mutter: Mk 7,24ff. Der Freunde: Mk 2,3ff.

1. Sie erfüllen die in V. 21f. gestellte Bedingung, daß sie von der Johannestaufe bis zur Himmelfahrt συνελθόντες ἡμῖν (Petrus redet) waren.

Verfügung über ihren Besitz haben, um Witwen gehandelt haben muß. Der Kern sind die zwölf Sendboten, die Jesus ausschickt[2]. So entsteht mitten in dieser Welt die Gemeinde derer, die zur Königsherrschaft Gottes gehören. Aber wollte Jesus wirklich eine eigene Gemeinde sammeln? Man hat es bezweifelt.

1. *Die Terminologie*

Der Zweifel knüpft an die seltsame Tatsache an, daß nur an zwei Stellen in den Evangelien das Wort ἐκκλησία vorkommt. Beide Stellen finden sich bei Matthäus, beide haben noch dazu verschiedenen Sinn: Mt 16,18 ist die Gesamtkirche gemeint, 18,17 (zweimal) die Einzelgemeinde. Bedenkt man, welche große Bedeutung das Wort ἐκκλησία in beiden Bedeutungen für die Urkirche besaß, so scheint sich der Schluß nahezulegen, daß an den genannten beiden Stellen des Matthäusevangeliums Sprachgebrauch der Urkirche vorliege. Mit anderen Worten: die Spärlichkeit und Fragwürdigkeit der Belege schließen es nach verbreiteter Meinung aus, daß Jesus eine ἐκκλησία sammeln wollte. Darüber hinaus verwies namentlich die ältere Forschung darauf, daß Jesus das Ende in naher, ja nächster Zeit erwartet hat. Schon darum könne er nicht an die Stiftung einer Kirche gedacht haben.

Nun ist keine Frage: wenn unter ἐκκλησία eine Organisation zu verstehen wäre, wie sie sich in der Folgezeit herausgebildet hat, dann wäre es ein Anachronismus, wenn man Jesus die Absicht, eine ἐκκλησία zu begründen, zuschreiben wollte. Aber damit wäre der Sinn von ἐκκλησία verkannt. Zum richtigen Verständnis des Wortes verhilft die Beobachtung, daß sich das Bild vom Bau der ἐκκλησία (Mt 16,18) auch in Qumran findet, nämlich 4 QpPs 37 III 16 (zu Ps 37, 23 b–24 a): »(Gott) hat ihn (den Lehrer der Gerechtigkeit) hingestellt, *libnot lo ʿadat*... damit er ihm eine Gemeinde von ... erbaue.« Da diese Stelle die »einzige wörtliche Parallele zum Wort vom Bauen der Gemeinde in Mt 16,18« ist[3], empfiehlt es sich, zur Näherbestimmung von ἐκκλεσία in Mt 16,18 von ʿeda auszugehen. Hebräisch ʿeda bezeichnet in Qumran, *in bonam partem* gebraucht, gelegentlich die Engel als die Schar der Göttlichen, meist jedoch die essenische Gemeinde als die Gemeinschaft der Glieder des Heilsvolkes (im Unterschied zur unbußfertigen *massa perditionis*). Entsprechend ist ἐκκλησία sachgemäß nicht mit Kirche, sondern mit *Gottesvolk* wiederzugeben. Von einem neuen Gottesvolk, das er sammelt, redet Jesus nun aber ständig in einer Fülle von Bildern (es bestätigt sich wieder, daß man sich bei der Darstellung der Verkündigung Jesu nicht auf die Fachausdrücke beschränken darf). Er spricht vom neuen Gottesvolk als der Herde (Lk 12,32; Mk 14,27 par. Mt 26,31f.; Joh 10,1–29, vgl.

---

2. Zur Geschichtlichkeit des Zwölferkreises s. u. S. 223–225.
3. G. Jeremias, Lehrer der Gerechtigkeit, 148.

Mt 10,16 par. Lk 10,3 sowie Joh 16,32), die der Hirt aus der Bedrängnis der Zerstreuung befreit und sammelt (Mt 12,30 par. Lk 11,23; Mt 15,24; Joh 10,1–5.16.27–30; vgl. Ez 34,1–31; Jer 23,1–8)[4], als der Schar der Hochzeitsgäste (Mk 2,19 par.), als der Gottespflanzung (Mt 13,24; 15,13, wo ihr die Pflanzung, die nicht von Gott stammt, gegenübersteht)[5], als dem Fischnetz (Mt 13,47 vgl. Mk 1,17). Die Angehörigen des neuen Gottesvolkes sind der Gottesbau (Mt 16,18 vgl. Hagg 2,6–9) bzw. die Gottesstadt, die auf dem Zionsberg gegründet ist (Mt 5,14, vgl. Jes 2,2–4 par. Micha 4,1–3; Jes 25,6–8; 60) und deren Licht von weither zu sehen ist, weshalb ihre Bewohner Kinder des Lichtes heißen (Lk 16,8; Joh 12,36). Sie sind die Glieder des neuen Bundes (Mk 14,24 par.; 1 Kor 11,25), an denen sich die Bundesverheißung erfüllt, daß Gott ihr Lehrer ist (Mt 23,8; Jer 31,33f.)[6]. Daß bei Jesus das Bild der Kriegsleute Gottes fehlt, das in Qumran eine so große Rolle spielt (1 QM), ist gewiß kein Zufall[7]. Am nächsten liegt ihm von all den Bildern für das neue Gottesvolk der Vergleich der Heilsgemeinde mit der eschatologischen familia Dei[8]. Sie ist der Ersatz für die irdische Familie, die von Jesus selbst und den ihn begleitenden Jüngern aufgegeben werden mußte (Mk 10,29f. par.). In der eschatologischen Familie ist Gott der Vater (Mt 23,9), Jesus der Hausherr, die Seinen sind die Hausgenossen (Mt 10,25[9]); die älteren Frauen, die sein Wort hören, sind seine Mütter, die Männer und Jünglinge seine Brüder (Mk 3,34 par.). Und zugleich sind sie alle die Kleinen, die Kinder, ja die νήπιοι der Familie (Mt 11,25), die Jesus, obwohl sie dem Lebensalter nach Erwachsene sind, als Kinder anredet[10]. In Erscheinung tritt die familia Dei vor allem in der Mahlgemeinschaft, die eine Vorweggabe des Heilsmahles der Vollendungszeit ist[11]. An anderer Stelle spannt Jesus den Rahmen der Gottesfamilie weiter,

4. Vgl. J. Jeremias, ποιμήν κτλ., ThW VI, 1959, 484–501.

5. Der Vergleich der Gemeinde mit der Pflanzung ist den Qumrantexten geläufig, vgl. G. Jeremias, Lehrer der Gerechtigkeit, 183 (Anm. 7). 249ff.256ff.

6. Das Verständnis von διδάσκαλος in Mt 23,8 (εἷς γάρ ἐστιν ὑμῶν ὁ διδάσκαλος) hat davon auszugehen, daß V. 8 und V. 9 parallel laufen. Der Gedankenfortschritt liegt im Übergang vom Passiv zum Aktiv in den Vordersätzen (8a: κληθῆτε/9a: καλέσητε): die Jünger sollen sich nicht »mein Herr« titulieren lassen (V. 8a) und ihrerseits keinen alten Mann mit »mein Vater« anreden (V. 9a), weil diese Ehrung Gott vorbehalten bleiben soll. Die Begründungssätze haben beide Gott im Auge: wie Gott mit dem himmlischen Vater (V. 9b) gemeint ist, so auch mit dem Lehrer (V. 8b vgl. Jer 31,33f.). Die Deutung des Lehrers auf Christus in V. 10 ist sekundär, wie schon das von Jesus gemiedene ὁ Χριστός zeigt (vgl. Jeremias, Abba 44f.).

7. Vgl. W. Grundmann, Die Geschichte Jesu Christi, Berlin 1957, 157.

8. J. Schniewind, Das Evangelium nach Markus, NTD 1[10], Göttingen 1963, zu Mk 3,31ff.

9. Zu dem Wortspiel Βεελζεβούλ/οἰκοδεσπότης in Mt 10,25 s. o. S. 18f.

10. Mk 10,24 τέκνα vgl. 2,5 τέκνον; 5,34 θυγάτηρ.

11. Mk 2,15–17 par.; 6,34–42 par.; 8,1–10 par.; 7,27 par.; 14,22–25; Lk 15,1f.; s. o. S. 116f. Vgl. W. Grundmann, Die νήπιοι in der urchristlichen Paränese, NTS 5, 1958/59, 205.

über den Kreis seiner Anhänger hinaus: alle Notleidenden, Bedrängten und Verlassenen nennt er seine Brüder (Mt 25,40, wo das Demonstrativum τούτων in semitisierendem Sprachgebrauch pleonastisch gesetzt ist, also nicht zur Einengung von ἀδελφοί auf die Jünger verleiten darf[12]) und schließt sie damit in die familia Dei ein. Kein Zweifel: Jesus spricht immer wieder unter den verschiedensten Bildern von der Sammlung des Gottesvolkes, die er vollzieht.

Die Naherwartung des Endes widerspricht dem in keiner Weise. Im Gegenteil! Gerade, wenn Jesus das Ende für nahe hielt, dann mußte er das Gottesvolk der Heilszeit sammeln wollen. Denn zum Gottgesandten gehört das Gottesvolk, zum Propheten die Jüngerschar. Wir müssen es ganz scharf zuspitzen: der *einzige* Sinn der gesamten Wirksamkeit Jesu ist die Sammlung des endzeitlichen Gottesvolkes. Daß auch die Jüngerschar sich selbst als fest umrissene Gemeinschaft wußte, ergibt sich aus Lk 11,1. Die Bitte: »Herr, lehre uns beten« besagt nicht, daß die Jünger das richtige Beten erst noch lernen müßten[13]; vielmehr bitten sie Jesus, wie die Berufung auf das Vorbild des Täufers lehrt, um ein Gebet, das sie als seine Jünger kennzeichnen und zusammenschließen soll. Die eigene Gebetsordnung ist nämlich bei den religiösen Gruppen der Umwelt ein wesentliches Kennzeichen ihrer Gemeinschaft[14]. So ist es bei den Pharisäern[15], so ist es in Qumran[16], so ist es bei den Anhängern des Täufers (Lk 11,1). Daß die Jünger Jesus um ein Gebet bitten, läßt ihr Selbstverständnis als Gemeinde Jesu erkennen.

2. Der Heilige Rest[17]

Jesus war nicht der erste, der das Gottesvolk der Heilszeit zu sammeln versuchte; es gab vielmehr eine ganze Reihe von Versuchen in dieser Richtung. Die Behauptung ist nicht übertrieben, daß das ganze religiöse Leben des zeit-

---

12. Jeremias, Gleichnisse[7], 205.

13. So mag allenfalls Lukas verstanden haben, der mit Lk 11,1 die für Heidenchristen bestimmte Gebetsdidache 11,1–13 (vgl. J. Jeremias, Das Vaterunser im Lichte der neueren Forschung, Calwer Hefte 50, Stuttgart 1961, [4]1967, 11 = Abba, 157) eröffnet.

14. K. H. Rengstorf, Das Evangelium nach Lukas, NTD 3[9], Göttingen 1962, 144.

15. Das täglich dreimalige Beten der Tephilla, morgens, mittags und abends, scheint ursprünglich Eigenart der Pharisäer gewesen zu sein; Mt 6,5 f. bezieht sich auf die strenge Einhaltung der Nachmittags-Gebetsstunde seitens der Pharisäer, selbst im Gewühl des Marktes, vgl. J. Jeremias, Das tägliche Gebet im Leben Jesu und in der ältesten Kirche, in: Abba, 70–73.

16. In Höhle 4 ist eine noch unveröffentlichte Papyrushandschrift mit Segenssprüchen für das Abend- und Morgengebet eines jeden Tages des Monats gefunden worden (vgl. C.-H. Hunzinger, Aus der Arbeit an den unveröffentlichten Texten von Qumran, ThLZ 85, 1960, Sp. 152).

17. →Jeremias, Der Gedanke des »Heiligen Restes«.

genössischen Judentums von ihnen grundlegend bestimmt war. Diese Versuche stützten sich auf Worte des Alten Testamentes, denen zufolge nur ein Rest gerettet werden würde; vielen erschien es als die dringlichste Aufgabe, daß dieser Rest schon in der Gegenwart gesammelt werde.

Der locus classicus für die Verheißung des Restes ist das Wort an Elias 1 Kön 19,18 (zitiert von Paulus in Röm 11,4):
»Ich will in Israel siebentausend übriglassen,
alle, die ihre Knie nicht vor Baal gebeugt haben,
jeden, dessen Mund sein Bild nicht geküßt hat.«
Der Prophet Jesaja ist der große Theologe des Restgedankens gewesen. Er nennt seinen Sohn *Šeʾar-Jašub* (7,3) und deutet diesen Namen (10,21): »Ein Rest wird umkehren, der Rest Jakobs, zum starken Gott.« Dieser Rest, das sind die Glaubenden: »Wer glaubt, wird nicht zuschanden« (28,16). Der Rest sind die Gerechten, fügt Zephanja hinzu, »ein demütiges und geringes Volk« (Zeph 3,12).

In welchem Maße die prophetische Botschaft vom Heiligen Rest[18] nicht nur das religiöse Leben, sondern auch die Geschichte des antiken Judentums bestimmt hat, lehrt am deutlichsten die *pharisäische Bewegung*, die, wie wir bereits gesehen haben (s. o. S. 143f.), die heilige priesterliche Gottesgemeinde darstellen und damit den Restgedanken realisieren wollte.

Neben den Pharisäern sind die Täufergruppen zu nennen[19], von denen wir die *Essener* am besten kennen, deren Zahl Philo[20] und Josephus[21] übereinstimmend mit über 4000 angeben. Im Bemühen um die Aktualisierung der Restverheißung übersteigern sie die Prinzipien der pharisäischen Mutterbewegung. Sonderte sich diese gesellschaftlich von dem übrigen Volk ab, so ist die Absonderung in der klösterlichen Gemeinschaft der Essener in Qumran (am Steilabfall des öden judäischen Gebirgslandes zum Toten Meer) auf die Spitze getrieben. Wollten die Pharisäer das priesterliche Gottesvolk darstellen, so brachten die Essener diesen Anspruch auch in der Kleidung zum Ausdruck: weiße Linnentracht, die Dienstkleidung der amtierenden Priester, trug ein jeder der Ordensgenossen, auch die Laien. Forderte die pharisäische Bewegung von allen ihren Gliedern das rituelle Händewaschen vor Tisch, so radikalisierte der Essenismus diese Forderung zu einem Vollbad vor jeder Mahlzeit, um so das höchstmögliche Maß an Reinheit zu erzielen. Als das priesterliche Gottesvolk der Endzeit bezeichnen sich die Essener mit den

---

18. Vgl. noch Jes 1,9; 4,2ff.; 6,13; 11,11ff.; 28,5; 37,32 (par. 2 Kön 19,31); 45,20ff.; Jer 23,3; 31,7; 50,20; Ez 11,13; 14,21ff.; 36,36; Joel 3,5; Amos 4,11; 5,15; Obadja 17; Micha 2,12; 4,6f.; 5,6f.; 7,18; Zeph 2,9; Sach 13,7–9 u. ö. Dazu V. Herntrich - G. Schrenk, $\lambda\epsilon\tilde{\iota}\mu\mu\alpha\ \varkappa\tau\lambda.$, ThW IV, 1942, 198–221 (Literatur!).

19. →Thomas.

20. Quod omnis probus liber sit, 75.

21. Ant 18,21.

höchsten Attributen. Sie nennen sich »der Rest«[22], »die Erwählten Israels«[23], »die Einfältigen Judas«[24], »die Söhne der Gnade«[25], »die Männer der Heiligkeit«[26], »die Glieder des neuen Bundes«[27], »die Leute vollkommenen Wandels«[28], »die Söhne seines (Gottes) Wohlgefallens«[29], »die Armen der Gnade«[30] usw.[31] Der große Gründer der Bewegung, der Lehrer der Gerechtigkeit, vergleicht die essenische Gemeinde unter anderem mit einer uneinnehmbaren Stadt. In dem Loblied 1 QH 5,20–7,5, als dessen Verfasser er selbst anzusehen ist[32], schildert er, wie Gott ihn aus tiefster Verzweiflung rettete, indem er ihn in einer Festung Zuflucht finden ließ, nämlich in der Gemeinde (6,24 ff.):

»...[und ich gelangte] bis an die Pforten des Todes.
25 Und ich war wie einer, der in eine befestigte Stadt kommt
und der Zuflucht sucht auf hoher Mauer bis zur Rettung,
und ich st[ützte mich auf] deine Wahrheit, mein Gott,
26 denn du setztest die Grundlage auf einen Felsen
und den Tragbalken nach richtigem Maß und re[chtem] Lot.
und [...] Bochansteine zu einem starken Gebäude,
27 so daß es nicht wankt,
und alle, die hineingehen, werden nicht schwanken,
und nicht wird eingehen ein Fremder,
[und] ihre [Tore] sind Schildtore,
so daß kein Zugang da ist,
28 und starke Riegel (sind da),
die nicht zerbrochen werden können«[33].

Hier wird in der Symbolsprache des eschatologischen Jerusalems geredet; die einzelnen Züge, mit denen der Beter die Zufluchtsstadt schildert, gehören »stereotyp zur Schilderung des himmlischen Jerusalems«[34].

Neben dem Vergleich der Gemeinde mit der Gottesstadt und mit ihm verbunden findet sich 1 QS 8,5 ff., zwar nicht beim Lehrer selbst, wohl aber in der

---

22. CD 1,4 f.; 2,6; 1 QH 6,8; 1 QM 13,8; 14,8 f.
23. CD 4,3 f.
24. 1 QpH 12,4.
25. 1 QH 7,20.
26. 1 QS 5,13.
27. CD 6,19.
28. 1 QS 4,22.
29. 1 QH 4,32 f.; 11,9.
30. 1 QH 5,22.
31. Weitere Selbstbezeichnungen der Essener z. B. bei →Jeremias, Die theologische Bedeutung der Funde am Toten Meer, 22 f.
32. G. Jeremias, Lehrer der Gerechtigkeit, 168 ff.
33. Übersetzung nach G. Jeremias, a. a. O. 235 f.
34. G. Jeremias, a. a. O. 248, vgl. die Tabelle 247.

Folgezeit[35], der Vergleich mit dem Tempel. Die Gemeinde ist »ein heiliges Haus für Israel und ein Fundament des Allerheiligsten für Aaron« (5 f. vgl. 8 f.). Die ihr angehörenden Laien werden also mit dem Tempelhaus, die Priester mit dem Allerheiligsten verglichen. Auch diese in Qumran beliebte Tempelsymbolik[36] bezeichnet die Gemeinde als das Heilsvolk der Endzeit. Die Psalmen der Essener, ihre Schriftauslegung und ihre Ordensregel sind ergreifende Zeugnisse für den tiefen Ernst, mit dem diese Gemeinde versucht, ihrem Gott schon jetzt die Gemeinde der Heiligen der Endzeit bereitzustellen.

Aus der Zahl der Gründer von Restgemeinden ragt einsam *der Täufer Johannes* hervor. Auch er sammelt den Heiligen Rest (wir sahen es in § 4): das ist der Sinn seiner Gerichtspredigt, seines Bußrufs, seiner Taufe. Aber dieser Rest ist anders als der pharisäische oder der essenische. Pharisäer wie Essener sammeln den »geschlossenen« Rest, die kleine Schar derer, die um ihrer Frömmigkeit, ihres Gesetzesgehorsams, ihrer strengen Reinheitsbräuche, ihrer Askese willen würdig sind, zum Gottesvolk zu gehören. Der Täufer sammelt den »offenen« Rest[37], er zerstört das Vertrauen auf die Prärogative Israels (Mt 3,9 par.), er ruft auch die Sünder zu sich, die willig sind, Buße zu tun (Lk 3,12–14; 7,29f.). Diese gewaltigste vorchristliche Ausprägung des Restgedankens hat zum Kennzeichen, daß sie in einem Doppelten zur Restpredigt der Propheten zurückkehrt: sie macht ernst mit Gottes Gericht und sie ruft »ein demütiges und geringes Volk« (Zeph 3,12) – ein Präludium des Evangeliums.

3. Die grenzenlose Gnade

Man hat auch Jesus von diesem Hintergrund aus begreifen und seine Gemeinde der Zahl der Restgemeinden zurechnen wollen. So hat K. L. Schmidt in seinem ἐκκλησία-Artikel im Theologischen Wörterbuch die Behauptung aufgestellt, auch Jesus habe in einem »Vorgang der Aussonderung« eine »Sonder-Keništa« sammeln wollen[38]. Manches könnte hierfür angeführt werden. Jesus schart allenthalben Kreise von Anhängern um sich; er legt ihnen strenge Forderungen auf (Eintrittstorot s. o. S. 153); seine Anhänger wissen sich als eine Gemeinschaft, die ein Zeichen hat, an dem man sie erkennt: das Vaterunser.

Insbesondere mit den Essenern hat die von Jesus entfachte Bewegung manche auffällige Gemeinsamkeiten. Die Essener verbieten (jedenfalls den-

---

35. Mitteilung meines Sohnes Gert.
36. B. Gärtner, The Temple and the Community in Qumran and the New Testament. Society für New Testament Studies Monograph Series 1, Cambridge 1965.
37. →Meyer; s. o. § 4.
38. K. L. Schmidt, καλέω κτλ., ThW III, 1938, 488–539: 529f.

jenigen ihrer Mitglieder, die im Kloster in Qumran leben) die Ehe, was ungewöhnlich war[39]; Jesus ist unverheiratet. Die Qumran-Essener fordern Verzicht auf allen Besitz und haben Gütergemeinschaft; Jesus erwartet vom reichen Jüngling den Verzicht auf seinen Besitz (Mk 10,17–31), und der engste Jüngerkreis hat, wenigstens nach Johannes, Gütergemeinschaft (Joh 12,6; 13, 29). Die Essener verbieten ihren Anhängern den Schwur; auch Jesus untersagt den Mißbrauch des Gottesnamens durch leichtfertiges Schwören (Mt 5,33 bis 37; 23,16–22)[40]. Müssen wir aus solchen Ähnlichkeiten schließen, daß Jesus nach Art der Essener eine Restgemeinde bilden wollte?

In Wahrheit wäre damit die Botschaft Jesu vollständig mißverstanden. Der Gegensatz zwischen Jesus und sämtlichen Versuchen zur Bildung von Restgemeinden bricht an einer ganz bestimmten Stelle auf, nämlich an der *Absonderung* von den Außenstehenden.

Wenn es in einem der essenischen Loblieder, geradezu neutestamentlich klingend, heißt: »zu verkündigen den Armen die Frohbotschaft nach der Fülle deines Erbarmens«[41], so darf nicht übersehen werden, daß mit den »Armen« die Glieder der Gemeinde gemeint sind, die kleine Schar der Bußwilligen, die sich zum radikalen Toragehorsam entschlossen und von der unbußfertigen Menge durch den Anschluß an die Gemeinde abgesondert haben. Beim Eintritt müssen sie sich verpflichten,

»zu lieben alles, was er (Gott) erwählt hat,
und alles zu hassen, was er verworfen hat[42]«.

Zur Eintrittsfeier gehört die schreckliche Verfluchung der unbußfertigen Sünder:

»Verflucht seist du erbarmungslos
entsprechend der Finsternis deiner Taten,
und Zorn treffe dich
mit der Finsternis ewigen Feuers.
Gott sei dir nicht gnädig, wenn du ihn anrufst,
und er vergebe dir nicht, deine Untaten zu sühnen.
Er erhebe das Antlitz seines Zornes zur Rache gegen dich,
und kein Friede sei für dich im Munde aller Fürsprechengel[43].«

Gewiß soll der Essener »keinem Böses vergelten«[44], nicht »eifern im Geiste

---

39. Gen 1,28 galt als Pflichtgebot (Billerbeck II 372f.).
40. S. u. S. 212.
41. 1 QH 18,14.
42. 1 QS 1,3–4 vgl. 9–11.
43. 2,7–9 vgl. 9,16.21–24; 10,19–21. Daß in den letzten Worten des Zitates *bepi kol 'ohaze 'abot* die Wendung *'hz 'bwt* wie im Syrischen »Fürsprache einlegen« bedeutet, erkannte P. Wernberg-Møller, The Manual of Discipline, Studies on the Texts of the Desert of Judah I, Leiden 1957, 53f.
44. 1 QS 10,17f.

des Frevels«[45], vielmehr »die Menschen mit Gutem verfolgen«[46]; aber das ändert nichts am »ewigen Haß gegen alle Männer des Verderbens«[47], am »Zorn« gegen die »Männer der Bosheit«[48] und an der Erbarmungslosigkeit gegenüber den Abtrünnigen[49]. Es besagt nur, daß die Vergeltung Gott überlassen wird, der sie »am Tage der Rache«[50] vollziehen wird.

Noch exklusiver als die Aufnahmebedingungen sind die Vorschriften für die Versammlung der Vollmitglieder. Von ihr sind sogar die körperlich behinderten Glieder der Gemeinde ausgeschlossen. Die Essener betrachten sich als das priesterliche Gottesvolk der Endzeit und wenden darum die Vorschrift, daß nur körperlich makellose Priester am Tempel amtieren durften, auf sich an (Lev 21,18–20). »Toren, Verrückte, Einfältige, Irre, Blinde, Lahme, Hinkende, Taube und Unmündige – keiner von ihnen darf in die Gemeindeversammlung (vgl. das nächste Zitat) aufgenommen werden, denn die heiligen Engel sind in ihrer Mitte« (und die Anwesenheit von Deformierten und Zurückgebliebenen wäre für die Engel verletzend)[51].

Entsprechend heißt es von der Gemeinde der messianischen Vollendungszeit: »Niemand, der mit irgendeiner menschlichen Unreinheit geschlagen ist, darf in die Versammlung Gottes kommen ... Jeder, der an seinem Fleisch geschlagen ist, gelähmt an Füßen oder Händen, hinkend oder blind oder taub oder stumm oder mit einem sichtbaren Makel an seinem Fleisch geschlagen oder ein hinfälliger Greis, der sich nicht aufrechthalten kann in der versammelten Gemeinde – diese dürfen nicht hereinkommen, um sich mitten in die Gemeinde der Männer des Namens zu stellen, denn die heiligen Engel sind in ihrer Gemeinde[52]«. Es geht den Essenern um die Heiligkeit Gottes. Dieser heilige Gott haßt die Sünder, und wie seine Heiligkeit nicht duldet, daß ein körperlich Beeinträchtigter Priesterdienst tut, so läßt es die Heiligkeit der himmlischen Heerscharen nicht zu, daß ein körperlich Beeinträchtigter zur Versammlung der Gemeinde gehört.

Hier ist nun auch die Stelle erreicht, an der sich der Weg Jesu von dem der

---

45. 10,18f.
46. 10,18.
47. 9,21f.
48. 10,19f.

49. 10,20f.: Ich will mich »all derer nicht erbarmen, die vom Wege weichen, nicht trösten die Geschlagenen, bis ihr Weg wieder rechtschaffen ist«.

50. 10,18f.

51. 4 QDb (J. T. Milik, Dix ans de découvertes dans le désert de Juda, Paris 1957, 76 = Ten Years of Discovery in the Wilderness of Judaea, London/Naperville Ill. 1959, 114f., gibt die Übersetzung des Textes; das hebräische Original ist noch nicht publiziert) = CD 15,15–17 (hier stark beschädigter Text).

52. 1 QSa 2,3–9. Analoge Vorschriften gelten für die Kriegsmannschaft, zu der nur Makellose zugelassen sind: 1 QM 7,3–6.

Essener trennt[53]. Diese Erweckungsbewegung steht mit ihrem Jubel über das Heil, ihrem Ernst, ihrer Hingabe und ihrem Selbstverständnis dem Urchristentum so nahe wie sonst allenfalls nur noch die Täuferbewegung, von der wir allerdings wenig wissen (doch vgl. etwa Lk 1,13–17). Der Gründer der essenischen Gemeinde, der Lehrer der Gerechtigkeit, war überzeugt, daß sich an seiner Botschaft, der verschärfenden Interpretation der Tora, Gericht und Rettung entscheiden. Er gab die Prärogative Israels preis und lehrte, daß die Scheidung mitten durch Israel hindurchgehe. Er weiß, wir sahen es früher[54], im Unterschied zum sonstigen antiken Judentum darum, daß sich in Gestalt seiner Gemeinde das eschatologische Jerusalem und der eschatologische Tempel schon jetzt ankündigen. Er ist »die einzige uns bekannte Gestalt des Spätjudentums, deren Hoheitsbewußtsein mit dem Jesu zu vergleichen wäre«[55]. Aber seine Botschaft mit dem ergreifenden Ernst ihres Bußrufes und ihrem Jubel über das geschenkte Heil zielt auf die Absonderung der Bußfertigen von der großen Menge, die die Essener hoffnungslos dem Verderben preisgegeben sahen.

Es bedarf nicht vieler Worte, um zu zeigen, mit welcher Schärfe Jesus alle Versuche, die Restgemeinde durch menschliche Anstrengungen und durch Absonderung zu realisieren, abgelehnt hat. Er rief die, die von den Restgemeinden abgeschrieben worden waren. Wenn er die Seinen auffordert, die Armen, Krüppel, Gelähmten und Blinden an ihren Tisch zu laden (Lk 14,13), und wenn er im Gleichnis den Hausvater die Armen, Krüppel, Blinden und Gelähmten in sein Haus rufen läßt (V. 21), so ist das eine direkte Kampfansage an die essenische Restgemeinde. Den gleichen Kampf sagt Jesus den Pharisäern an, nicht nur da, wo er sie ausdrücklich nennt (wie Lk 11,37–44, s. o. S. 144), sondern auch etwa Mt 6,1–18 und in vielen Gleichnissen.

Selbst vom Täufer, der doch hoch über allen anderen Gründern von Restgemeinden steht, indem er alles Selbstvertrauen zerschlägt und auch dem Gottesvolk das Gericht ankündigt (Mt 3,7–12), und der nach Lk 3,12 die bußwilligen Zöllner nicht abgewiesen hat, unterscheidet sich Jesus: der Täufer nimmt die Schuldigen an, *nachdem* sie ihre Bereitschaft, ein neues Leben zu führen, kundgetan haben; Jesus bietet den Sündern das Heil an, *ehe* sie Buße tun, wie Lk 19,1–10 besonders deutlich zeigt.

Immer wieder wird in den ersten drei Evangelien davon geredet, wie anstößig, erregend und aufwühlend es wirkte, daß Jesus die pharisäischen und essenischen Sonderansprüche, den Heiligen Rest zu realisieren, ablehnte und

---

53. Zum Folgenden vgl. →Jeremias, Die theologische Bedeutung der Funde am Toten Meer, 22–28; G. Jeremias, Lehrer der Gerechtigkeit, 319–353 (Kapitel 9. Der Lehrer der Gerechtigkeit und der historische Jesus. Versuch eines Vergleichs).
54. S. o. S. 169f.
55. G. Jeremias, Lehrer der Gerechtigkeit, 335.

sich gerade an die wandte, die von den Restgemeinden ausgeschlossen wurden. Was ihn von den Restgemeinden, auch vom Täufer trennt, ist die Botschaft von der *Grenzenlosigkeit* und Bedingungslosigkeit *der Gnade*. Der Gott, den Jesus predigt, ist der Vater der Geringen und der Verlorenen, ein Gott, der es mit den Sündern zu tun haben will und der jubelt, wenn ein Sünder heimfindet (Lk 15,7.10). Weil Gott so grenzenlos gütig ist, weil Gott den Sünder liebt, darum sammelt Jesus nicht den Heiligen Rest, sondern die allumfassende Heilsgemeinde des neuen Gottesvolkes. Jesus hat die Tore weit aufgetan, hat alle, ohne Ausnahme, gerufen, wie eine Henne alle ihre Küchlein unter ihre Flügel ruft (Mt 23,37 par. Lk 13,34). »Alle (inkludierendes πολλοί) sind (zum Festmahl) geladen«, und es liegt nicht an Jesus, wenn nur wenige das Ziel erreichen (Mt 22,14)[56].

Gewiß weiß auch Jesus, daß eine Scheidung zwischen Sündern und Auserwählten stattfinden wird. Fünf Jungfrauen sind klug, fünf sind töricht. Die Tischgemeinschaft mit Jesus allein garantiert das Heil nicht (Lk 13,26f.). So ist es verständlich, daß er gefragt wird, warum er nicht die Sünder aus der Schar seiner Nachfolger entferne. Auf diese Frage hat Jesus mit dem Gleichnis vom Unkraut geantwortet (Mt 13,24–30)[57]: die Stunde ist noch nicht da. Noch ist Gnadenfrist. Wenn es soweit ist, dann wird Gott selbst die Scheidung vollziehen. Menschen können das nicht. Nur Gott sieht in die Herzen.

Abschließend sei das Entscheidende knapp zusammengefaßt: Das Kennzeichen des von Jesus gesammelten neuen Gottesvolkes ist das Wissen um die Grenzenlosigkeit der Gnade Gottes[58].

§ 18 Die Kindschaft

A. Seeberg, Die vierte Bitte des Vaterunsers, Rostock 1914. – *J. Jeremias*, Das Gebetsleben Jesu, in: ZNW 25, 1926, 123–140. – *J. Leipoldt*, Das Gotteserlebnis Jesu im Lichte der vergleichenden Religionsgeschichte, Leipzig 1927. – *I. Elbogen*, Der jüdische Gottesdienst in seiner geschichtlichen Entwicklung³, Frankfurt a. M. 1931 = ⁴Hildesheim 1962. – *J. Herrmann*, Der alttestamentliche Urgrund des Vaterunsers, in: Festschrift für Procksch, Leipzig 1934, 71–98. – *Manson*, Teaching², 89–115. – *K.-G. Kuhn*, Achtzehngebet und Vaterunser und der Reim, WUNT 1, Tübingen 1950. – *H. Schürmann*, Das Gebet des Herrn, Die Botschaft Gottes II 6, Leipzig 1957. – *K.-H. Rengstorf*, »Geben ist seliger denn Nehmen«. Bemerkungen zu dem außerevangelischen Herrenwort Apg. 20,35, in: Festschrift für Köberle, Hamburg 1958, 23–33. – *J. Jeremias*, Das Vaterunser im Lichte der neueren Forschung, Calwer Hefte 50, Stuttgart 1961, ⁴1967 = Abba, 151–171. – *P. Billerbeck*, Ein Tempelgottes-

---

56. Zur Exegese von Mt 22,14 s. o. S. 131f.
57. Die Deutung des Gleichnisses V. 36–43 ist sekundär, vgl. Jeremias, Gleichnisse⁷, 79–84.
58. Über die Manifestation der grenzenlosen Gnade vgl. noch § 21,3: Die eschatologische Völkerwallfahrt (S. 235ff.).

dienst in Jesu Tagen; *ders.,* Ein Synagogengottesdienst in Jesu Tagen, in: ZNW 55, 1964, 1–17. 143–161. – *J. Jeremias,* Abba, 15–67; *ders.,* Das tägliche Gebet im Leben Jesu und in der ältesten Kirche, in: Abba, 67–80.

Wo immer Menschen durch die Frohbotschaft überwunden werden und sich dem neuen Gottesvolk zugesellen, treten sie aus der Welt des Todes in die Welt des Lebens (Mt 8,22 par. Lk 9,60; Joh 5,24 vgl. Lk 15,24.32). Sie gehören jetzt der Königsherrschaft Gottes an; ein neues Leben beginnt, das in einem neuen Verhältnis zu Gott (§ 18) und zu den Menschen (§ 19) besteht.

1. Der Vater

Wichtigstes Kennzeichen des neuen Lebens, wichtiger als alles andere, ist *das neue Verhältnis zu Gott.* Für das antike Judentum ist Gott zuerst der Herr. Hier gilt das Psalmwort: »Alle Welt fürchte den Herrn, und vor ihm bebe, wer auf dem Erdboden wohnt. Denn Er spricht, so geschieht's; Er gebietet, so steht's da« (Ps 33,8f.). Er ist der Schöpfer, der Herr über Leben und Tod, der Gehorsam fordert. Man darf unter keinen Umständen übersehen, daß das Herrsein Gottes mit allem, was es in sich schließt, auch im Bereich des Evangeliums grundlegend bleibt. Wie selbstverständlich auch Jesus in diesen Gedanken lebt, dafür sind die Umschreibungen für Gott, die wir S. 20f. zusammenstellen, in ihrer Vielfalt ein eindrucksvolles Beispiel. Die Scheu Jesu, den Gottesnamen zu benutzen, ist nicht etwa nur unbewußte Anpassung an die fromme Sitte der Zeit. Das geht einmal daraus hervor, daß Jesus insofern einen eigenen Sprachgebrauch entwickelt, als er der Umschreibung des Gottesnamens durch das Passiv (Passivum divinum) einen ungewöhnlich breiten Raum einräumt. Man sieht es ferner aus seinem leidenschaftlichen Protest gegen das leichtfertige Schwören (Mt 5,33–37; 23,16–22)[1]. Ehrfurcht und Scheu bilden auch im Bereich des Evangeliums die Grundlage des Gottesverhältnisses. Gott ist der völlig Unbegreifliche (Mt 11,25f.), der Gebieter, der uneingeschränkten Gehorsam fordert; der Jünger ist sein Knecht (Lk 17,7–10; Mk 13,34–37), ja sein Sklave (Mt 6,24 par. Lk 16,13). Gott ist der König, der souveräne Gewalt hat über Leben und Tod (Mt 18,23–35). Er ist der Richter, den der Mensch zu fürchten hat[2]. Er ist der, der Leib und Seele in der Hölle verderben kann (Mt 10,28).

Die Ehrfurcht vor Gott als dem unumschränkten Herrn ist wesentlicher Bestandteil des Evangeliums – aber sie ist nicht sein Zentrum. Es ist selten von Gott dem Schöpfer die Rede (Mk 2,27; 10,6; 13,19). Auch das Bild von Gott

---

1. S. u. S. 212.
2. Die Worte vom ewigen Gericht erhalten erst dann ihr volles Gewicht, wenn man beachtet, wie oft das Passiv das Handeln Gottes umschreibt, vgl. z. B. Mt 7,1 f. par.; 7,19; 12,31 f.37.

als dem König wird vorwiegend in traditioneller Weise gebraucht³, aber selbst da wandelt sich seine Bedeutung (vgl. Mt 18,27). Im Zentrum steht etwas anderes: für Jesu Jünger ist Gott der Vater.

Hier gilt es sorgfältig auf die Quellen zu achten, weil vielfach falsche Vorstellungen herrschen. Erstaunlicherweise kommt nämlich die Bezeichnung Gottes als »euer Vater« bei Markus, in den Matthäus-Lukas-Logien und im Lukassondergut nur selten vor, bei Johannes nur einmal⁴. Lediglich bei Matthäus findet sich »euer Vater« öfter.

Markus	1
Matthäus und Lukas gemeinsam	2
Lukas darüber hinaus allein	1
Matthäus darüber hinaus allein	12 (+5mal »dein Vater«)
Johannes	1

Durch die Häufung der Belege fällt Matthäus völlig aus dem Rahmen; eine kritische Analyse bestätigt, daß die Mehrzahl seiner Sonderbelege sekundär ist⁵. Dagegen geben sich die spärlichen Belege der übrigen synoptischen Quellenschichten⁶ sprachlich, überlieferungsgeschichtlich und sachlich als ältestes Gut zu erkennen⁷. Jesus hat also *nur selten* von »eurem Vater« gesprochen. Weiter ergibt sich, daß Jesus die Bezeichnung Gottes als »euer Vater« nach der ältesten Überlieferung *nur auf seine Jünger* angewendet hat, nie auf Außenstehende. Das lehrt, daß Jesus in der Vaterschaft Gottes nichts Selbstverständliches sah, keineswegs einen Gemeinbesitz aller Menschen, sondern einen Vorzug seiner Jünger, von dem er nur in der Jüngerlehre und nur bei besonderen Gelegenheiten sprach: Vaterschaft Gottes gibt es nur im Bereich der Basileia.

Nach der ältesten Überlieferungsschicht⁸ heißt Gott der Vater als der, der sich erbarmt (Lk 6,36), der vergibt (Mk 11,25) und der die Herrlichkeit schenkt (Lk 12,32); er allein hat auf den Vaternamen Anspruch (Mt 23,9). Im Alten Testament kommt dem am nächsten Ps 103,13: »Wie sich ein Vater über Kinder erbarmt, so erbarmt sich der Herr über die, die ihn fürchten«. Aber der Vater der Jünger ist größer; er erbarmt sich nicht nur über die, die ihn fürchten, sondern seine Barmherzigkeit ist grenzenlos; mit seiner Güte beschenkt er auch die Undankbaren (Lk 6,35).

---

3. ἡ βασιλεία τοῦ θεοῦ/τῶν οὐρανῶν, ὁ μέγας βασιλεύς, Königsgleichnisse.

4. Joh 20,17. Nicht hierher gehört 8,42, wo Jesus den Juden, die ihn töten wollen, bestreitet, daß Gott »euer Vater« sei.

5. Jeremias, Abba, 42.

6. Mk 11,25; Mt 5,48 par. Lk 6,36; Mt 6,32 par. Lk 12,30; Lk 12,32. Aus Belegen des Matthäussonderguts wird man diesen Stellen mindestens 23,9 zur Seite stellen dürfen (s. o. S. 166, Anm. 6). – Bei dem johanneischen Beleg (20,17) handelt es sich dagegen um ein Wort des Auferstandenen.

7. Jeremias, Abba, 42–46.   8. S. o. Anm. 6.

Ist Gott der Vater, so sind die Jünger seine Kinder. Die Kindschaft ist *das* Kennzeichen der Königsherrschaft schlechthin: »Wenn ihr nicht wieder[9] Kinder werdet, werdet ihr nicht Einlaß finden in die Königsherrschaft Gottes« (Mt 18,3). Kinder können 'Abba sagen[10]. Dabei ist zu beachten, daß der Ausdruck »Gottes Kinder (υἱοί)«, der in den Synoptikern nur dreimal vorkommt (Mt 5,9.45 par. Lk 6,35; Lk 20,36), an allen drei Stellen eschatologische Bedeutung hat[11]. Die Gotteskindschaft ist also in Jesu Augen nicht Schöpfungsgabe, sondern eschatologische Heilsgabe. Nur wer zur Königsherrschaft gehört, darf Gott 'Abba nennen, hat *schon jetzt* Gott zum Vater, steht *schon jetzt* in der Kindschaft. Die Kindschaft der Jünger ist Anteil an Jesu Sohnschaft. Sie ist Vorweggabe der Vollendung.

Die Gabe der Kindschaft prägt das ganze Leben der Jünger Jesu. An einem Dreifachen läßt sich das zeigen:

1. Die Kindschaft schenkt die Gewißheit des *Anteils am künftigen Heil*. Das ist das Wichtigste. Jesu Jünger wissen, daß es Gottes Wille ist, daß keiner der Kleinen verloren gehe (Mt 18,10.14)[12]. Mit mehr als väterlicher Liebe schenkt er ihnen die Gaben der Heilszeit (Mt 7,9–11 par.)[13]. Sie werden teilhaben an Gottes königlicher Herrlichkeit. *Μὴ φοβοῦ, τὸ μικρὸν ποίμνιον, ὅτι εὐδόκησεν ὁ πατὴρ ὑμῶν δοῦναι ὑμῖν τὴν βασιλείαν* heißt es Lk 12,32 in einem an Dan 7,27 anknüpfenden Logion. Das ist paradox gesagt. Jesu Jünger sind eine kleine Schar von Armen und Verachteten, und die Zugehörigkeit zur familia Dei macht ihr Los vor den Menschen nur noch schlimmer. Wie der Hausvater wird die Gottesfamilie verkannt und beschimpft (Mt 10,25)[14]. Dennoch sollen sie sich nicht fürchten. Ihr Vater hat ihnen die Herrschaft bereitet, ein Heil, das über alles Begreifen geht: »Das Reich und die Herrschaft und die Macht über alle Reiche unter dem ganzen Himmel wird dem Volk der Heiligen des Höchsten gegeben werden. Ihr Reich ist ein ewiges Reich, und alle Mächte müssen

---

9. S. o. S. 153–155.
10. S. o. S. 154.
11. Nur Mt 5,45 scheint ὅπως γένησθε υἱοί ... »damit ihr euch (jetzt) als Söhne *erweist* ...« zu bedeuten, aber par. Lk 6,35 steht καὶ ἔσεσθε υἱοί ... parallel zu καὶ ἔσται ὁ μισθὸς ὑμῶν πολύς, hier ist die Kindschaft also eschatologisch verstanden. Vgl. Sap 5,5 (κατελογίσθη ἐν υἱοῖς θεοῦ), wo »Gottes Kinder« ebenfalls eschatologische Bedeutung hat.
12. Zur Übersetzung von Mt 18,14 (οὕτως οὐκ ἔστιν θέλημα ἔμπροσθεν τοῦ πατρὸς ὑμῶν τοῦ ἐν οὐρανοῖς ἵνα ἀπόληται ἐν τῶν μικρῶν τούτων): Die Negation ist in semitisierender Redeweise zur ersten Satzhälfte gezogen, während sie sachlich zur zweiten Hälfte gehört; τούτων ist überflüssig gesetztes Demonstrativum (Semitismus). Also: »So hat Gott Wohlgefallen daran, wenn einer auch nur der Allergeringsten dem Verderben entgeht.« Das stimmt inhaltlich mit Lk 15,7 a überein.
13. ἀγαθά (V. 11) sind die Gaben der Heilszeit (vgl. Jes 52,7), jedenfalls sind diese eingeschlossen.
14. S. u. S. 229 f. und 231–234 über die Jüngerverfolgungen.

ihnen dienen und untertan sein« (Dan 7,27). Diese Heilsgewißheit geht so weit, daß die Jünger gewiß sein dürfen, daß Gott unter Selbstaufhebung seines heiligen Willens die Notzeit am Ende verkürzen wird (Mk 13,20), damit sie durchhalten können (V. 13 b)[15]. Um alle diese Worte richtig einzuschätzen, muß man sie auf dem Hintergrund der zeitgenössischen Vorstellungen lesen. Für die Zeit ist das Heil undenkbar ohne Verdienst. Heilsgewißheit ist völlig abhängig von der frommen Leistung. Jesu Jünger dagegen wissen, daß Gott ihnen das Heil schenken will, auch wenn sie, ja gerade weil sie als Bettler vor ihm stehen.

2. Die Kindschaft schenkt *die Geborgenheit im Alltag*. Der Vater weiß, was die Kinder brauchen (Mt 6,8.32 par. Lk 12,30). Seine Güte und Fürsorge ist ohne Grenzen (Mt 5,45 par.). Dabei ist Gott nichts zu klein. Die Rabbinen lehnen es ausdrücklich ab, daß man bete: »Auch auf ein Vogelnest erstreckt sich sein Erbarmen«[16]; es wäre unehrerbietig, Gott mit etwas so Geringem wie kleinen Vögeln in Verbindung zu bringen. Jesus sagt demgegenüber: selbst die Sperlinge umfaßt Gottes Fürsorge, obwohl davon zwei für ein As, eine kleine wertlose Kupfermünze, zu haben sind (Mt 10,29f.)[17]. Gerade die Kleinsten sind es, die Gott besonders beschirmt; in der in Kreisen um Gottes Thron aufgebauten himmlischen Welt stehen die Schutzengel der μικροί im innersten Kreis *(meḥiça)*, unmittelbar vor Gott (Mt 18,10).

Aus dem Wissen um die Fürsorge des Vaters sollen vor allem die Sendboten Zuversicht schöpfen. Denn an sie dürfte sich der Dreizeiler Mt 6,34 richten:

μὴ οὖν μεριμνήσητε[18] εἰς τὴν αὔριον,
ἡ γὰρ αὔριον μεριμνήσει ἑαυτῆς·
ἀρκετὸν τῇ ἡμέρᾳ ἡ κακία αὐτῆς.

Hier wird nicht nur der Tag zur selbständig handelnden Größe (Z. 2), sondern geradezu zu einem religiösen Begriff: das Heute als die von Gott gestellte Aufgabe und das Morgen als die von seiner Fürsorge getragene Zukunft.

3. Diese Heilsgewißheit und Geborgenheit gibt den *Mut, sich unter das Unberechenbare des Gotteswillens zu beugen*. Die Lebensrätsel und Unerklärlichkeiten bleiben bestehen. Es ist unbegreiflich, daß das Evangelium von den Weisen und Klugen verworfen wird (Mt 11,25 f. par.). Und es ist schwer zu verstehen, warum so viel von der Arbeit des Sämanns vergeblich ist (die Aufzählung Mk 4,4–7 par. nennt Beispiele, die beliebig vermehrt werden könnten[19]). Jesus gibt sich keine Mühe, Gott zu rechtfertigen. Mit dem Wort »Vater« (Mt 11,25 f. par.) ist alles gesagt.

15. S. o. S. 139–141.
16. Ber. 5,3. Wer als Vorbeter dieses Gebet sprach, setzte sich dem Verdacht aus, Häretiker zu sein, und mußte daher abtreten. Möglicherweise spiegelt das Verbot die Auseinandersetzungen zwischen Synagoge und Judenchristenheit wider.
17. Die Parallele Lk 12,9 sagt »fünf für zwei As« – im Dutzend sind sie billiger.
18. S. u. S. 226f.
19. Thomasev. 9 fügt noch den Wurm hinzu.

Es ist insbesondere das *Leid*, das da, wo man um die Kindschaft weiß, in ein neues Licht tritt. Das antike Judentum ist hier sehr grausam. Jedes Leid ist Strafe für eine bestimmte Einzelsünde. Das ist die feste Überzeugung der Zeit (vgl. Joh 9,2)[20]. Gott wacht darüber, daß Schuld und Strafe sich genau nach dem Grundsatz Maß für Maß entsprechen[21]. Wenn man einem Verstümmelten, Lahmen, Blinden oder Aussätzigen begegnet, ist es fromme Pflicht, zu murmeln: »Gepriesen sei der zuverlässige Richter«[22]. Wenn ein Kleinkind stirbt, müssen bestimmte Sünden der Eltern vorliegen, die Gott straft[23]. So sieht man im Leid die Geißel Gottes. Jesus lehnt es scharf ab, daß man solche Rechenexempel anstellt. Lk 13,1–5 wendet er sich ausdrücklich gegen das Dogma, daß Unglück Strafe für die Einzelsünden bestimmter Leute sei. Das Leid ist vielmehr Ruf zur Umkehr, und zwar an alle. Während die Zeitgenossen fragen: »*Weswegen* schickt Gott Leid?«, sollen Jesu Jünger fragen: »*Wozu* schickt er Leid?« Neben der Absicht Gottes, zur Buße zu rufen (V. 3.5), weiß Jesus noch von einer anderen Absicht, die Gott mit dem Leid verfolgt: es gibt Leid, das der Herrlichkeit Gottes dient. Das sagt nicht nur Joh 9,3; 11,4, sondern diese Absicht Gottes ist auch implizit in den Aussagen aller vier Evangelien enthalten, die von dem Leidensweg Jesu[24] und der Verfolgung der Jünger[25] handeln. Das Leid um Jesu willen ist Anlaß zur Freude, weil es zur Verherrlichung Gottes dient und darum von Gott vergolten wird (Mt 5,11f.; Lk 6,23).

Auch der *Tod* erscheint im Bereich der Gotteskindschaft in einem anderen Licht. Zwei Logien seien genannt, zunächst Mt 10,29–31 par. Das Wort ist dreigliedrig aufgebaut: a) Kein Sperling stirbt ohne Gott; er hat seine Hand dabei im Spiel (V. 29). b) Die Haare auf dem Haupt der Jünger hat er gezählt[26]; die Fürsorge für seine Kinder geht bis ins Kleinste (V. 30). c) Mit einem Schluß *a minori ad maius* zieht Jesus die Folgerung: $\mu\grave{\eta}$ $o\tilde{v}v$ $\varphi o\beta\varepsilon\tilde{\iota}\sigma\vartheta\varepsilon\cdot$ $\pi o\lambda\lambda\tilde{\omega}v$ $\sigma\tau\varrho ov\vartheta\acute{\iota}\omega v$ $\delta\iota\alpha\varphi\acute{\varepsilon}\varrho\varepsilon\tau\varepsilon$ $\acute{v}\mu\varepsilon\tilde{\iota}\varsigma$ (V. 31, wobei das $\pi o\lambda\lambda\acute{\alpha}$ inkludierend[27] im Sinn von »alle« Sperlinge der Welt zu verstehen ist): Wenn schon kein Sperling umkommt ohne Gottes Zulassung, wieviel mehr gilt dann, daß er Leben und Sterben der Seinen in Händen hält. Diese Gewißheit macht frei von der Angst, so daß Jesus fordern kann: $\mu\grave{\eta}$ $\varphi o\beta\varepsilon\tilde{\iota}\sigma\vartheta\varepsilon$. Das andere hier zu nennende Logion Mk 12,27 par. greift noch weiter: $o\mathring{v}\varkappa$ $\check{\varepsilon}\sigma\tau\iota v$ $\vartheta\varepsilon\grave{o}\varsigma$ $v\varepsilon\varkappa\varrho\tilde{\omega}v$ $\mathring{\alpha}\lambda\lambda\grave{\alpha}$ $\zeta\acute{\omega}v\tau\omega v$. In un-

---

20. Billerbeck II 193–197.
21. Ebd. I 444–446.
22. Tos. Ber. 7,3.
23. Billerbeck II 194f.
24. S. u. S. 272ff.
25. S. u. S. 229f.
26. Vgl. b. B. B. 16a: Gott schafft jedem Haar ein Grübchen, aus dem es trinkt (Billerbeck I 584).
27. S. o. S. 131f.; J. Jeremias, $\pi o\lambda\lambda o\acute{\iota}$, ThW VI, 1959, 536–545.

überbietbarer Knappheit sagt dieser Satz, daß der Glaube an Gott die Gewißheit der Überwindung des Todes einschließt[28].

Vor allem ist es das ewig unbegreifliche Rätsel des *Bösen*, das im Bereich der Kindschaft in Gottes Hand gelegt wird. Auch die Wirksamkeit des Satans ist eingegrenzt durch Gottes Willen. Der Satan muß sich von Gott Raum für sein Wirken erbitten, wenn er die Jünger »sieben will, wie man Getreide siebt« (Lk 22,31f.).

Nichts geschieht ohne Gott – Jesus glaubt das unbedingt. Stärker als alle Fragen, Rätsel und Ängste ist das eine Wort ᵓ*Abba*. Der Vater weiß.

2. Das neue Beten

Kinder reden mit dem Vater. »Die Königsherrschaft ist ohne Gebet nicht denkbar« (E. Fuchs). Wie in der Königsherrschaft alles neu wird, so bricht hier auch ein neues Beten auf. In ihm manifestiert sich die Zugehörigkeit zur Basileia. Ja mehr: in diesem neuen Beten wirken ihre Kräfte schon jetzt in das Leben der Jünger hinein.

a) Die liturgische Erbfolge. Jesus und seine Jünger kamen aus einem Volk, das beten konnte. Während sich die hellenistische Welt in einer Krise des Gebetes befand[29], war im Judentum das Gebet dank einer festen Gebetsordnung eine unangefochtene Macht.

Allgemein wurde der Tag mit dem Aufblick zu Gott bei Sonnenaufgang begonnen und nach Sonnenuntergang beschlossen. Morgens und abends rezitierten die Jünglinge und Männer des israelitischen Volkes das von Benediktionen eingerahmte Glaubensbekenntnis, das sogenannte *Šemaᶜ* (Dt 6,4–9; 11,13–21; Num 15,41[30]); anschließend wurde, jedenfalls in den pharisäischen Kreisen, die sogenannte *Tephilla* gebetet, »das Gebet« schlechthin, ein aus Benediktionen bestehender Gebetshymnus. Daneben wurde von den Pharisäern noch eine dritte Gebetszeit am Nachmittag eingehalten (Dan 6,11–14): während im Tempel um 15 Uhr das Abendopfer dargebracht wurde, betete man überall im Lande die *Tephilla* (vgl. Apg 3,1; 10,3.30). Zu

---

28. Die beliebte Zuweisung des Sadduzäergesprächs Mk 12,18–27 par. an die Gemeinde scheint mir aus zwei Gründen nicht schlüssig: 1. V. 24f. wird das »Wie« des Auferstehungszustandes durch Verweis auf die Engel beschrieben, die Urkirche verweist nicht auf die Engel, sondern auf den auferstandenen Herrn (Röm 8,29; 1 Kor 15,49; Phil 3,21); 2. V. 26f. wird die Frage nach dem »Daß« der Auferstehung mit Ex 3,6 beantwortet; die Urkirche begründet das »Daß« mit der Auferstehung Jesu (1 Kor 15,12ff.). Beide Beobachtungen erweisen die Sadduzäerperikope als vorösterlich.

29. G. Harder, Paulus und das Gebet (Neutestamentliche Forschungen 10), Gütersloh 1936, 138–151 (Die Krisis des antiken Gebets).

30. So die ältere Abgrenzung.

diesen drei festen täglichen Gebeten[31] kamen hinzu die Tischgebete vor und nach jeder Mahlzeit[32]. Vor dem Essen sprach man den Lobspruch: »Gepriesen seist du, Herr, unser Gott, König der Welt, der du Brot aus der Erde hervorgehen läßt[33].« Nach dem Essen wurde ein dreiteiliges Dankgebet gesprochen, das mit dem Dank für die Nahrung und für das Land die Bitte um Erbarmen für Israel verband[34]. Besonders feierlich waren die Tischgebete am Sabbat und vor allem in der Passanacht[35]. Weiter kamen die Lobsprüche hinzu, die den ganzen Tageslauf, jedes freudige oder schmerzliche Ereignis in Familie oder Volk begleiteten; wir kennen solche Ausrufe z. B. aus den Benediktionen der Paulusbriefe[36]. Zu diesen täglichen und privaten Gebeten gesellte sich das gottesdienstliche Gebet. Der Synagogengottesdienst begann mit dem Eingangsgebet, dann folgte, von Benediktionen umrahmt, das antiphonisch gesprochene[37] Glaubensbekenntnis, darauf die *Tephilla* mit dem Priestersegen (Num 6,24–26)[38]. Auch die nun anschließenden beiden Schriftlektionen waren von Lobsprüchen umrahmt. Die Predigt, die die Lektion aus den Propheten auslegte, schloß mit dem *Qaddiš*[39]. Neben all diesen formulierten Pflichtgebeten hatte schließlich auch das freie Gebet seinen Platz.

Doch lauerten hinter der fest geordneten Gebetsfrömmigkeit des antiken Judentums, so segensreich sie für die Einübung in das Beten war, auch gewisse Gefahren. Gott ist für den schlichten Frommen in erster Linie der weltferne König[40], und man vergleicht das Beten mit der Huldigung[41]; wie man bei Hof ein festes Zeremoniell zu beachten hat, so auch beim Beten. Deshalb steht das fixierte Gebet im Vordergrund. Es wird empfohlen, in der Gemeinde zu beten, weil Gemeindegebete am ehesten erhört werden[42]. Das Formular herrscht, das Gebet wird Gewohnheit. Die Kasuistik bemächtigt sich seiner. Bis ins einzelne hinein wird festgelegt, in welcher Haltung, bei welcher Gelegenheit usw. man beten oder nicht beten muß und darf. Schließlich tritt das Gebet in den Bannkreis des Verdienstgedankens; ein Gebet wie Lk 18,11 f., für das es zeitgenössische Parallelen gibt[43], war durchaus nicht anstößig.

In dieser Welt bricht mit Jesus ein neues Beten auf.

31. Zur Entstehung der drei Gebetszeiten vgl. →Jeremias, Das tägliche Gebet, 70–73.
32. Jeremias, Abendmahlsworte⁴, 103–105.
33. Ber. 6,1.
34. Jeremias, Abendmahlsworte⁴, 104. Erst Anfang des zweiten nachchristlichen Jahrhunderts ist in Jabne (Jamnia) die Zahl der Eulogien des Nach-Tisch-Gebetes auf vier erhöht worden.
35. Ebd. 242 f.
36. Röm 1,25 (Euphemismus); 9,5 u. ö.
37. Der Vorbeter rezitierte kantillierend den Versanfang, die Gemeinde wiederholte ihn und beendete den Vers: Tos. Soṭa 6,3.
38. →Billerbeck, 143–161.
39. S. u. S. 192.
40. S. o. S. 175 f.
41. Billerbeck I 1036.
42. Ebd. 398 f.
43. Jeremias, Gleichnisse⁷, 141 f.

b) Das Vorbild Jesu[44]. Das Vorbild des neuen Betens war Jesus selbst. Scheinbar wissen wir allerdings über sein Beten nur wenig. Die Synoptiker überliefern nur zwei Gebete Jesu (Mt 11,25 f. par.; Mk 14,36 par.), dazu die Kreuzesworte (Mk 15,34 par.; Lk 23, 34a.46). Das Johannesevangelium fügt drei Gebete Jesu hinzu (11,41 f.; 12,27 f.; 17), von denen aber mindestens das Hohepriesterliche Gebet völlig von Redeweise und Stil des vierten Evangelisten geprägt ist. Dazu kommen eine Reihe von allgemeinen Nachrichten über Jesu Beten, vor allem über sein Beten in der Einsamkeit, sowie ein Wort Jesu über seine Fürbitte für Petrus (Lk 22,31 f.), in zweiter Linie auch seine Gebetsanweisungen an die Jünger, unter denen das Vaterunser voransteht. Wie gern wüßten wir mehr!

In Wahrheit wissen wir mehr. Jesus, der aus einem frommen Elternhaus stammte[45], ist in der festen Gebetsordnung seines Volkes aufgewachsen, und sie hat ihn auch während seines öffentlichen Wirkens begleitet. Das wird in der Überlieferung vielfältig bezeugt.

Er nahm regelmäßig am Sabbatgottesdienst teil und betete zusammen mit der Gemeinde (Lk 4,16). Das Tischgebet war ihm selbstverständlich (vgl. die Speisungsgeschichten, die Abendmahlsberichte, die Emmausgeschichte). Auch die drei Gebetsstunden hat er eingehalten. Das ist nicht nur mit der Feststellung gegeben, daß er im frommen Brauch erzogen ist, sondern ergibt sich auch indirekt aus konkreten Angaben. Wenn Jesus Lk 10,26 f. den Schriftgelehrten fragt: πῶς ἀναγινώσκεις; und dieser mit dem Gebot der Gottesliebe aus dem Šemaʿ antwortet (Dt 6,5), so bedeutet diese Frage (jedenfalls ursprünglich) nicht: »wie liest du?«, sondern ἀναγινώσκειν ist hier Wiedergabe von *qara* in der Bedeutung »rezitieren«. Mit der Frage: »wie rezitierst du?« wird das Rezitieren des Glaubensbekenntnisses als selbstverständlich geübte Sitte vorausgesetzt. Damit stimmt überein, daß Jesus nach der selbständigen Parallelüberlieferung Mk 12,29 f. auf die Frage nach dem größten Gebot nicht bloß mit dem Gebot der Gottesliebe antwortet (Dt 6,5), sondern zusätzlich und überschießend den vorausgehenden Vers mitzitiert: »Höre, Israel, der Herr, unser Gott, ist ein einziger Herr« (Dt 6,4), mit dem das Šemaʿ begann. Das Nachmittagsgebet erwähnt Jesus Lk 18,9–14, wo er zwei Männer schildert, die in den Tempel hinaufgehen, »um zu beten«, doch wohl zur »Stunde des Gebets« (Apg 3,1) um 15 Uhr. Noch deutlicher ist die Bezugnahme auf das Nachmittagsgebet Mt 6,5, wo er die »Heuchler«, d. h. die Pharisäer, tadelt, die an den Straßenecken öffentlich beten. Das ist schwerlich so gemeint, als ob die Pharisäer sich gewohnheitsmäßig zum Beten auf den Markt begeben hätten. Vielmehr muß man daran denken, daß während des Nachmittagsbrandopfers, wenn der Augenblick des Gemeindegebets gekommen war, Trompetenschall vom Tempel über Jerusalem hinhallte (Sir 50,16; Tam. 7,3) und der Bevölkerung die Gebetsstunde anzeigte. Die Pharisäer, die Jesus tadelt, richten es so ein, daß sie sich scheinbar zufällig beim Ertönen der Trompeten im Gewühl befinden und so gezwungen sind, vor aller Augen zu beten. Zwei weitere Worte Jesu verraten Kenntnis der in der Nach-

---

44. Zum Folgenden vgl. →Jeremias, Das tägliche Gebet, 67–80.

45. Lk 2,41. Vgl. Lk 4,16 κατὰ τὸ εἰωθὸς αὐτῷ »nach seiner Gewohnheit«, d. h. wie er es von Kind auf gewohnt war. Es war auf Grund von Dt 31,12 üblich, die Kinder mit in den Synagogengottesdienst zu nehmen (Tos. Soṭa 7,9; Meg. 4,6; Josephus, Ant. 14,260).

mittagsstunde gebeteten *Tephilla*. In deren erster, in die Zeit des Tempelbestandes zurückreichenden Benediktion finden sich zwei auffallend feierliche Gottesprädikationen:
»Gepriesen seist du, Herr,
Gott Abrahams, Gott Isaaks und Gott Jakobs,
höchster Gott, Herr[46] Himmels und der Erde,
unser Schild und Schild unserer Väter.
Gepriesen seist du, Herr, Schild Abrahams[47].«
Wenn Jesus Mk 12,26 par. von Gott als dem Gott Abrahams, dem Gott Isaaks und dem Gott Jakobs spricht und wenn er, der mit Gottesprädikationen so sparsam ist, ihn Mt 11,25 par. als »Herrn des Himmels und der Erde« anredet, so weist diese zweifache Übereinstimmung mit dem Wortlaut der ersten *Tephilla*benediktion darauf hin, daß ihm die *Tephilla* bekannt, ja daß sie ihm geläufiges Gebet war. Das kann man deshalb zuversichtlich behaupten, weil jedenfalls die erste der beiden Gottesprädikationen nicht nur im Alten Testament singulär ist (Ex 3,6.15.16), sondern auch im palästinischen Judentum außerhalb der *Tephilla* nicht gebräuchlich war[48].

Zu alledem kommt hinzu, daß die älteste Christenheit die drei Gebetsstunden einhielt. Der klarste Beleg ist Did. 8,3, wo es vom Vaterunser heißt: »Dreimal täglich sollt ihr also beten.« Weiter erwähnt die Apostelgeschichte zweimal das Nachmittagsgebet um 15 Uhr (3,1; 10,3.30). Auch Paulus ist hier zu nennen. Wenn er davon redet, daß er »ständig«, »unaufhörlich«, »allezeit«, »Tag und Nacht« bete, so meint er vermutlich nicht ein ununterbrochenes Beten, sondern die Einhaltung der festen Gebetsstunden. Es ist kaum denkbar, daß die älteste Gemeinde die Gebetsstunden eingehalten hätte, wenn Jesus sie verworfen hätte.

Wir dürfen also mit hoher Wahrscheinlichkeit schließen, daß es keinen Tag im Leben Jesu gab, an dem er nicht die drei Gebetsstunden beobachtet hätte, keine Mahlzeit, ohne daß er das Tischgebet vorher und nachher gesprochen hätte.

Das Entscheidende ist aber, daß Jesus es nicht bei dem liturgischen Erbe bewenden ließ. *Vielmehr sprengt Jesu Beten den frommen Brauch.* Er begnügt sich nicht mit der frommen Sitte des dreimaligen liturgischen Gebetes, sondern verbringt nach der Überlieferung Stunden (Mk 1,35; 6,46 par.), ja ganze Nächte (Lk 6,12: ἦν διανυκτερεύων ἐν τῇ προσευχῇ τοῦ θεοῦ) im einsamen Gebet. Nun steht fest, daß die meisten der Stellen, die Jesu Beten erwähnen, der Redaktion zuzuschreiben sind; so hat Lukas wiederholt das Motiv des betenden Herrn in den Markustext eingetragen (5,16; 6,12; 9,18.28f.; vgl. 3,21). Aber auch dann bleibt die Frage: wie kommt er dazu? Die nächstliegende Antwort ist, daß sich eine feste Überlieferung über dieses Beten Jesu

---

46. Das doppeldeutige Partizip *qone* hat Gen 14,19.22 die Bedeutung »Schöpfer«, wurde aber im antiken Judentum als »Herr« verstanden.

47. Mutmaßlich älteste Form, nach Dalman, Worte Jesu I, Leipzig 1898, 299, leider nicht wieder abgedruckt in der 2. Auflage Leipzig 1930.

48. Sie findet sich noch AssMos 3,9 und mit Abweichungen im Gebet Manasses 1 (Septuaginta hg. A. Rahlfs II 180). Auch die zweite Prädikation ist in der Form, in der die *Tephilla* sie zitiert (mit *qone*), im Alten Testament singulär (Gen 14,19.22).

in der Einsamkeit erhalten hatte[49]. Diese Antwort legt sich auch deshalb nahe, weil wir in der Tat eine alte Überlieferung haben, die uns schildert, wie Jesus, abseits von den Gebetsstunden, mitten in der Nacht zum Vater ruft, Gethsemane (Mk 14,32 ff. par.).

Eine zweite Beobachtung bestätigt, wie weitgehend sich Jesus von dem Brauche löst. *Šemaʿ* und *Tephilla* sind hebräische Gebete, das Vaterunser dagegen ist ein aramäisches Gebet[50]. Auch die von Jesus geprägte Gottesanrede ʾ*Abba* ist aramäisch, ebenso der Kreuzesruf Mk 15,34[51]. Jesus betet im persönlichen Gebet in der Muttersprache und gibt den Jüngern ein in der Muttersprache formuliertes Gemeinschaftsgebet[52]. Er nimmt dadurch das Gebet aus dem liturgischen Raum der sakralen Sprache heraus und stellt es mitten in das Leben, mitten in den Alltag hinein.

Auch inhaltlich ist das Beten Jesu etwas völlig Neues. Der wegen seiner christologischen Anstößigkeit[53] kaum erfundene Kreuzesruf Mk 15,34 läßt erkennen, daß Jesus gern mit den Worten des Psalters gebetet hat; das gilt vollends, wenn das Zitat des Psalmanfangs (22,2) dahin zu verstehen sein sollte, daß Jesus den ganzen Psalm betet (ebenso, wie er vielleicht Lk 18,13 mit dem Zitat des Anfangs von Ps 51 sagen will, daß der Zöllner den ganzen 51. Psalm betet). Wie im Griff nach der Schrift zeigt sich das Neue auch in der Gebetsanrede. Das Judentum liebt die Häufung der Epitheta[54]; Jesu Gebetsanrede ist das schlichte ʾ*Abba*, das nur selten durch ein Attribut ergänzt wird wie Mt 11,25 par. Bittet er, so verbindet er mit der Bitte die Willigkeit, sich unter den Willen des Vaters zu beugen (Mk 14,32–42 par.)[55].

Einen breiten Raum nimmt beim Beten Jesu die *Fürbitte* ein. Er bittet für den Jünger, den er in Gefahr sieht, der Erprobung durch den Satan zu erliegen (Lk 22,31 f.)[56]. Er bittet für die Kinder[57] (Mk 10,16: das Segnen in Verbin-

---

49. H. Greeven, Gebet und Eschatologie im Neuen Testament, Gütersloh 1931, 12 f.22 f.; εὔχομαι D–E, ThW II, 1935, 799–808: 802.

50. S. u. S. 191. – *Šemaʿ* und *Tephilla* durften theoretisch in jeder Sprache gesprochen werden (Soṭa 7,1), aber es dürfte kein Zufall sein, daß beide Texte nur hebräisch, nicht aramäisch oder griechisch überliefert sind.

51. Zu ʾ*Abba* s. o. S. 70 f.; zum Kreuzesruf s. o. S. 16, Anm. 15.

52. S. o. S. 191.

53. Fehlen bei Lukas; Mk 15,34 v. l. D e i Porph: εἰς τί ὠνείδισάς με; Petrusevang. 19: ἡ δύναμίς (μου), κατέλειψάς με.

54. Vgl. Billerbeck I 398.405 f.

55. 2 Kor 12,8 zeigt, daß Paulus es wie Jesus in Gethsemane gehalten hat: man betet dreimal, und wenn auch dann die Erhörung ausbleibt, erkennt man, daß Gott es anders will (W. Grundmann, Die Geschichte Jesu Christi, Berlin 1957 = ³1960, 324 Anm. 1).

56. Joh 17 ist die Fürbitte auf alle Jünger, auch die künftigen, ausgedehnt.

57. Vgl. J. Jeremias, Die Kindertaufe in den ersten vier Jahrhunderten, Göttingen 1958, 61 f.

dung mit Handauflegung bedeutet Interzession). Er bittet auch für Israel; das bezeugt wahrscheinlich die Abendmahlsüberlieferung.

Die ungewöhnliche Aufforderung διαμερίσατε εἰς ἑαυτούς (Lk 22,17) dürfte besagen, daß Jesus beim letzten Mahl nicht mittrank. Im Verein mit sprachlichen Beobachtungen weist das darauf hin, daß wir Lk 22,16.18 par. Mk 14,25 Verzichterklärungen Jesu vor uns haben[58]. Dieser Schluß wird durch die Nachricht bestätigt, daß die palästinische Kirche ebenfalls am Passa fastete[59]. Zur gleichen Stunde, in der die Judenschaft das Passamahl hielt, fasteten die Christen; sie erwarteten in der Passanacht die Parusie und beteten unter Fasten für die Bekehrung Israels[60]. Wahrscheinlich folgten sie damit dem Beispiel, das Jesus beim letzten Abendmahl gegeben hatte. Ist das richtig, dann hat Jesus beim letzten Mahl auf Speise und Trank verzichtet, um für Israels Bekehrung zu fasten und zu beten.

Nach Lk 23,34a hat Jesus auch für die, die ihn kreuzigten, Fürbitte getan[61]. Das alles ist nicht so selbstverständlich, wie es scheinen könnte. Das Alte Testament kennt zwar die Interzession der Gottesmänner, ermahnt aber nirgendwo die Frommen, füreinander zu beten. »Die Fürbitte ist in der israelitischen Religion nicht Sache des gewöhnlichen Frommen, sondern eine Angelegenheit des Gottesmannes und Propheten[62]«. Später, im antiken Judentum, wird sie zwar geübt, etwa vom Hausvater für die Seinen im Morgengebet[63], aber sie hat nicht die zentrale Bedeutung gewonnen, die sie in Jesu Beten einnimmt.

Besonders bemerkenswert ist die Art und Weise, wie Jesus *danken* kann. Kennzeichnend hierfür ist Mt 11, 25 f. par., ein Vierzeiler ausgesprochen palästinischen Gepräges[64], auf den schon Paulus Bezug nimmt[65]. Es handelt sich um ein Gebet, das Jesus offenbar an einem Wendepunkt seiner Wirksamkeit gesprochen hat. Nach menschlichem Ermessen war sein Wirken gescheitert, weil die maßgebenden Männer seines Volkes seine Botschaft einhellig ver-

---

58. Jeremias, Abendmahlsworte[4], 199–210.

59. Wir wissen das aus der Praxis der Quartadezimaner, die den Brauch der palästinischen Kirche fortsetzten (vgl. ebd. 115–117.208f.).

60. Belege bei B. Lohse, Das Passafest der Quartadezimaner, BFChTh II 54, Gütersloh 1953, 62–75; Jeremias, Abendmahlsworte[4], 208f.; W. Huber, Passa und Ostern. Untersuchungen zur Osterfeier der alten Kirche, BZNW 35, Berlin 1969, 11.

61. Zum textlichen Problem von Lk 23,34a s. u. S. 283.

62. N. Johansson, Parakletoi, Lund 1940, 3.

63. PsSal 6,4f.

64. ἐξομολογοῦμαί σοι entspricht dem stereotypen Anfang der Loblieder von Qumran ʾwdkh ʾdwnj (1 QH passim); πάτερ (V. 25)/ὁ πατήρ (V. 26) = ʾAbba (s. o. S. 70); κύριε τοῦ οὐρανοῦ καὶ τῆς γῆς = qone šamujim wuʾaräṣ (1. Benediktion der *Tephilla*, s. o. S. 183, Anm. 46); antithetischer Parallelismus; formale Parataxe bei logischer Hypotaxe (»daß du es zwar ..., dafür aber ...«); εὐδοκία ... ἔμπροσθεν = (targumisch) raʿawa min qodam (z. B. Targ. Jes 53,6.10). »M. E. ursprünglich aramäisches Wort«, urteilt mit Recht Bultmann, syn. Trad., 172.

65. 1 Kor 1,26f.

worfen hatten und nur eine Schar von gering Geachteten ihm folgte. Auf den Trümmern dankt Jesus. Er preist Gott trotz des Mißerfolgs. Er jubelt darüber, daß das Geheimnis der Königsherrschaft den Unmündigen offenbar geworden ist; so war es Gottes guter, gnädiger Wille. Wir dürfen vermuten, daß der Dank im Leben und Gebetsleben Jesu beherrschend gewesen ist[66]. In der rabbinischen Literatur gibt es das Wort: »In der kommenden Welt hören alle Opfer auf, das Dankopfer bleibt ewiglich; ebenso hören alle Bekenntnisse auf, aber das Bekenntnis des Dankes bleibt ewiglich[67].« Das heißt: das Vorherrschen des Dankens in Jesu Beten ist Antizipation der Vollendung, aktualisierte Eschatologie.

c) Die Gebetsanweisungen Jesu. Zu dem Vorbild, das er selbst gibt, fügt Jesus spezielle Gebetsanweisungen. Er ruft die Jünger zum Bitten auf (Mt 7,7 par. Lk 11,9):

Αἰτεῖτε καὶ δοθήσεται ὑμῖν·
ζητεῖτε καὶ εὑρήσετε·
κρούετε καὶ ἀνοιγήσεται ὑμῖν[68].

Schon J. Schniewind hat gesehen, daß dieses Logion wie ein Sprichwort klingt[69]. K. H. Rengstorf hat den Sitz im Leben für die erste Zeile genauer bestimmt: sie ist Bettlerweisheit[70]. »Seht die Bettler«, sagt Jesus, »wie aufdringlich sie sind, wie sie sich nicht abweisen lassen, weil sie wissen, daß Zähigkeit zum Erfolg führt. So anhaltend soll auch euer Gebet sein und so gewiß der Erhörung – nämlich das Gebet um das Kommen der Königsherrschaft«[71]. Diese *Erhörungsgewißheit* wollen auch die Gleichnisse Lk 11,5–8.11–13; 18,1–8 und das Wort vom bergeversetzenden Glauben Mk 11,23f. par. stärken. Dabei ist nun aber die Zusage: πάντα ὅσα προσεύχεσθε καὶ αἰτεῖσθε... ἔσται ὑμῖν (Mk 11,24) schwierig, weil sie ohne jede Einschränkung dasteht; Jesus gibt hier scheinbar eine Blankoverheißung für die Erhörung. Jedoch gilt es zu beachten, daß sich dieses πάντα im Kontext auf das Versetzen der Berge bezieht, von dem im vorhergehenden Vers die Rede war; damit sind, wie wir sahen [72], nicht staunenerregende Mirakel gemeint, sondern die eschatologische Vollmacht, also jene Vollmacht, die ihren sichtbaren Ausdruck in der

---

66. Die Überlieferung hält das fest (Joh 11,41).
67. Pesiqta de Rab Kahana, hg. S. Buber, Lyck 1868, 79a 17f. Vgl. Hebr 13,9–16: nach der Darbringung des einen Opfers am Kreuz (V. 10) bleibt nur das Dankopfer (V. 15) und das Opfer dankbarer Liebe (V. 16).
68. Man beachte den synonymen Parallelismus, die dreifache Parataxe bei logischer Hypotaxe, das Passivum divinum, den Rhythmus (Rückübersetzung in das Aramäische o. S. 35).
69. Das Evangelium nach Matthäus, NTD 2, Göttingen 1968¹², 99.
70. →Rengstorf 28f.
71. Lk 18,7.
72. S. o. S. 163f.

Gegenwart etwa in der Gewalt über die Geister findet. Dieses eschatologische Verständnis von πάντα paßt zu οὐδέν Mt 17,20. Das aber heißt, daß alle diese Worte Jesu, die von der Erhörungszuversicht handeln, sich auf die eschatologischen Gaben und die Vollmacht der Heilszeit beziehen. Das Gebet der Jünger Jesu hat die Verheißung, daß in ihm die Kräfte der kommenden Königsherrschaft in diese Welt hineinwirken.

Mit dem Aufruf zum erhörungsgewissen Beten um die Gaben der Heilszeit hat Jesus drei sehr klare und präzise Anweisungen für das Beten seiner Jünger verbunden. Zunächst: Ihr Beten soll, anders als das auf Sichtbarkeit bedachte Gebet der Pharisäer, *im Verborgenen* geschehen, im ταμ(ι)εῖον (Mt 6,6), in der Vorratskammer, einem ganz profanen Raum. Diese Anweisung spielt vielleicht auf Jes 26,20 an: »Gehe hin, mein Volk, in deine Kammern und schließe deine Türen hinter dir zu; verbirg dich einen kleinen Augenblick, bis der Zorn vorübergeht«. Jesu Jünger wissen um die kommende Katastrophe. Ihr Gebet ist das Gebet der eschatologischen Notzeit. Dieses Gebet ist zu ernst, als daß man es zur Schau stellen dürfte.

Sodann: Das Gebet der Jünger soll *kurz* sein. Jesus tadelt die Schriftgelehrten οἱ ... προφάσει μακρὰ προσευχόμενοι (Mk 12,40); er rügt das βατταλογεῖν (Mt 6,7). Hinter den langen Gebeten steht die (dem heidnischen *fatigare deos* verwandte) Vorstellung, daß Gott durch die Häufung von Anreden und Worten günstig gestimmt werden könne. Die Jünger Jesu haben das nicht nötig; der Vater weiß, was sie brauchen, darum kann ihr Gebet kurz sein. Das Vaterunser, das bei Matthäus unmittelbar auf die Mahnung zu kurzem Beten folgt, ist bei ihm als Beispiel eines kurzen Gebets gedacht und unterscheidet sich in der Tat durch seine Kürze von den meisten Gebeten der Zeit. Die Kindschaft macht frei vom Plappern.

Endlich: Die einzige Vorbedingung für das erhörliche Beten der Jünger, die Jesus nennt, ist die *Vergebungsbereitschaft*. Sie ist für Jesus *conditio sine qua non* allen Betens; deshalb hat er sie auch in das Vaterunser aufgenommen (Mt 6,12 par.). Die Willigkeit, erlittenes Unrecht zu vergeben, soll ohne Grenzen sein und auch den Feind umfassen: die Fürbitte für ihn (Mt 5,44 par. Lk 6,28) setzt voraus, daß man ihm vergibt. Jedes Gebet schließt die Bitte um Gottes Vergebung ein; wie kann man Gott um Vergebung bitten, wenn man selbst nicht zur Vergebung bereit ist (Mk 11,25; Mt 6,14f.; 18,35)? Hat dagegen umgekehrt der Jünger Jesu selbst sich an seinem Bruder versündigt, so soll er, ehe er vor Gott tritt, dem Bruder seine Schuld bekennen und ihn um Vergebung bitten. Das sagt Mt 5,23f.[73]. Dieses Wort will nicht etwa die Opfer zugunsten der Mitmenschlichkeit abwerten (das Opfer ist unwichtig, die Bereinigung des Verhältnisses zum Bruder ist das einzige, worauf es ankommt),

---

73. Zur Auslegung s. J. Jeremias: »Laß allda deine Gabe« (Mt 5,23f.), ZNW 36, 1937, 150–154 = Abba, 103–107.

sondern es will im Gegenteil das Opfer ganz ernst nehmen. »Du kannst nicht mit dem Opfer, d. h. mit der Bitte um Vergebung, vor Gott treten«, sagt Jesus, »wenn dein Bruder berechtigte Klage wider dich hat«. Der Weg zu Gott geht über den Nächsten.

Vergebung – eigene Bereitschaft zum Vergeben und Bitte um Vergebung, wo man sich verschuldet hat – ist die Voraussetzung schlechthin für das Gebet der Jünger Jesu.

d) Das Vaterunser[74]. Jesus gab den Jüngern nicht nur durch sein eigenes Beten ein Vorbild, er wies sie nicht nur an, wie sie beten sollten, sondern er gab ihnen auch ein neues Gebet, das aus sprachlichen wie sachlichen Gründen zum Urgestein der Überlieferung gehört[75]: das Vaterunser.

Der älteste Text. Das Vaterunser ist in den Evangelien[76] in *zwei* verschiedenen *Fassungen* überliefert, einer längeren bei Matthäus (6,9–13) und einer kürzeren bei Lukas (11,2–4)[77]. Für ihre Beurteilung ist es lehrreich, den jeweiligen

---

74. →A. Seeberg; P. Fiebig, Das Vaterunser, Gütersloh 1927; G. Dalman, Worte Jesu², 283–365; E. Lohmeyer, Das Vaterunser, Göttingen 1946 = ⁵1962 (dem nur das Mißgeschick passiert ist, zwei moderne Rückübersetzungen auf das nord- und südpalästinische Aramäisch zu verteilen); →K. G. Kuhn; T. W. Manson, The Lord's Prayer, Bulletin of the John Rylands Library 38, Manchester 1955/6, 99–113.436–448; →Schürmann; →Jeremias, Vater-Unser⁴ = Abba, 152–171 (Lit.).

75. So mit Recht Perrin, Rediscovering, 47.

76. Eine weitere Überlieferung findet sich Did. 8,2; sie kann aber im folgenden außer Betracht bleiben, weil sie bis auf unwesentliche Abweichungen mit dem Matthäustext übereinstimmt.

77. Textkritisch geben die beiden Fassungen keine ernsten Probleme auf. Nicht ursprünglich ist die Doxologie Mt 6,13b, die bei Matthäus in den ältesten Handschriften ℵ B D *al* it vg ^{codd} ebenso wie bei Lukas in allen Handschriften fehlt (doch s. u. S. 196). Zur Lesart ἀφήκαμεν Mt 6,12 s. u. S. 190. Der Lukastext ist mit zahlreichen Varianten überliefert, die fast durchweg die Tendenz zeigen, den kürzeren Text in Umfang und Wortlaut an die längere Matthäusfassung anzugleichen. Interessant ist allein die Bitte um den Heiligen Geist ἐλθέτω τὸ πνεῦμά σου τὸ ἅγιον ἐφ' ἡμᾶς καὶ καθαρισάτω ἡμᾶς, die bei Marcion an Stelle der ersten, in den Minuskeln *162 700*, bei Gregor von Nyssa und ihm folgend bei Maximus Confessor an Stelle der zweiten Bitte auftaucht (eine Spur findet sich auch am Anfang der Form der zweiten Bitte in D: ἐφ' ἡμᾶς ἐλθάτω σου ἡ βασιλεία). Diese Geistbitte ist keinesfalls ursprünglich, wie A. von Harnack, Über einige Worte, die nicht in den kanonischen Evangelien stehen, nebst einem Anhang über die ursprüngliche Gestalt des Vaterunsers, Sitzungsberichte der Berliner Akademie, Phil.-hist. Klasse 1904, 195–208, und andere nach ihm annahmen; die ganz schwache Bezeugung, die schwankende Stellung und vor allem die Form, die von der Struktur der übrigen Bitten abweicht, schließen das aus. Sie dürfte vielmehr aus der Taufliturgie stammen, in der das Vaterunser und die Bitte um den Geist verbunden waren (z. B. Const. Apost. VII 45, hg. Funk I 451f.).

Kontext zu beachten. Bei Matthäus ist der Zusammenhang die Auseinandersetzung mit den Pharisäern über Almosen, Beten und Fasten (6,1-18). Sie geschieht in drei genau parallel gebauten Abschnitten (6,1-4.5 f. 16-18), wobei nur der vom Gebet handelnde Abschnitt durch drei weitere Logien über das Beten erweitert ist: die Warnung vor dem Plappern (6,7f.), das Vaterunser (6,9-13) und die Anweisung zur Vergebungsbereitschaft (6,14f.). Durch diese Erweiterung entstand eine aus Worten Jesu zusammengestellte Gebetsdidache. Auch bei Lukas steht das Vaterunser im Rahmen eines Gebetskatechismus (11,1-13). Er ist ebenfalls vierteilig und umfaßt die Bitte »Lehre uns beten« mit dem Vaterunser (11,1-4), das Gleichnis vom bittenden Freund, das Lukas als Mahnung zum Anhalten am Gebet versteht (11,5-8)[78], einen Aufruf zum Beten (11,9f.) und das Bildwort vom gebefreudigen Vater, das zur Erhörungszuversicht auffordert (11,11-13). Die beiden Gebetskatechismen sind für ganz verschiedene Verhältnisse bestimmt: der des Matthäus ist zu Menschen gesagt, die zu beten gelernt haben, deren Beten aber gefährdet ist, der des Lukas zu Menschen, die erst noch lernen müssen, wirklich zu beten. Das heißt, wir haben bei Matthäus einen judenchristlichen, bei Lukas einen heidenchristlichen Gebetskatechismus vor uns. Nimmt man die Didache (s. Anm. 76) hinzu, deren Grundstock noch in das 1. Jahrhundert n. Chr. gehört, dann darf man behaupten, daß das Vaterunser um 75 n. Chr. Bestandteil der Gebetsunterweisung der gesamten Kirche gewesen ist, und zwar, wie die Stoffanordnung in der Didache (1-6 Zwei Wege, 7 Taufe, 8 Fasten und Vaterunser, 9f. Abendmahl) vermuten läßt, Bestandteil der auf die Taufe folgenden Unterweisung. Die judenchristliche und die heidenchristliche Kirche sind sich darin einig: am Vaterunser lernt man beten. Was die Abweichungen der bei Matthäus und bei Lukas erhaltenen Fassungen angeht, so ist unser Ergebnis, daß sie nicht auf Eingriffe der Evangelisten (und überhaupt nicht auf individuelle Abänderung) zurückgehen, sondern daß wir die Fassungen zweier verschiedener Kirchen vor uns haben.

Welche Fassung ist die ursprüngliche? Mt 6,9-13 und Lk 11,2-4 unterscheiden sich in der Länge und im Wortlaut.

Die Lukasfassung ist *kürzer* als die Matthäusfassung, und zwar an drei Stellen. Es fehlen die Attribute der Anrede (sie heißt bloß πάτερ), die ganze dritte (γενηθήτω τὸ θέλημά σου, ὡς ἐν οὐρανῷ καὶ ἐπὶ γῆς) und die ganze siebte Bitte (ἀλλὰ ῥῦσαι ἡμᾶς ἀπὸ τοῦ πονηροῦ) des Matthäus. Die entscheidende Beobachtung bezüglich der Ursprünglichkeit ist, daß die Lukasfassung in der

---

78. Das ist nicht der ursprüngliche Sinn. Im Mittelpunkt des Gleichnisses steht ursprünglich nicht der bittende Freund, sondern der gebetene, und der Verglichene ist nicht der betende Mensch, sondern Gott: Wenn schon ein Mensch nachts aufsteht, um einem Freund aus der Verlegenheit zu helfen, um wieviel mehr wird Gott die in Not geratenen Seinen erhören (vgl. Jeremias, Gleichnisse⁷, 157-159).

Matthäusfassung vollständig enthalten ist. Da liturgische Texte die Tendenz haben, sich anzureichern, und der kürzere Wortlaut hier gewöhnlich der ältere ist, dürften die Überschüsse bei Matthäus Erweiterungen darstellen. Es ist unwahrscheinlich, daß jemand die dritte und siebte Bitte gestrichen haben sollte, während der umgekehrte Vorgang gut vorstellbar ist. Daß der kürzere Text der ältere ist, wird durch weitere Beobachtungen bestätigt. Die drei Überschüsse der Matthäusfassung finden sich jeweils an entsprechender Stelle im Text: am Ende der (ursprünglich nur aus einem Wort bestehenden) Anrede, am Ende der Du-Bitten und am Ende der Wir-Bitten. Das entspricht wiederum dem, was sich andernorts beobachten läßt: liturgische Texte werden gern volltönend abgeschlossen[79]. Für die Ursprünglichkeit des Lukasumfangs spricht schließlich, daß durch die von Matthäus überlieferten Zusätze der stilistische Aufbau des Vaterunsers ausgeglichen wird. Insbesondere ergänzt die siebte Bitte den Parallelismus membrorum, dessen Fehlen in der lukanischen Schlußbitte sehr auffällig ist.

Was sodann den *Wortlaut* angeht, so wird die Brotbitte in der lukanischen Fassung generalisiert durch das Präsens δίδου, übrigens das einzige im Vaterunser, und durch die Setzung von τὸ καθ' ἡμέραν statt σήμερον. Das gibt Matthäus den Vorzug. In der fünften Bitte hat Matthäus τὰ ὀφειλήματα, Lukas τὰς ἁμαρτίας. Der auffällige Ausdruck des Matthäus ist ein Aramaismus[80]; denn das aramäische Wort für Sünde, *hoba*, heißt eigentlich »(Geld)schuld«. Τὰ ὀφειλήματα (Matthäus) ist also wörtliche Übersetzung, τὰς ἁμαρτίας (Lukas) Gräzisierung. Daß auch die Lukasfassung auf eine Formulierung mit ὀφειλήματα zurückgeht, zeigt das folgende τῷ ὀφείλοντι. Wenn weiter in der zweiten Hälfte der Vergebungsbitte Matthäus den Aorist ἀφήκαμεν, Lukas das Präsens ἀφίομεν bietet, so darf auch hier der schwierigere Text des Matthäus höheres Alter beanspruchen[81].

Unser Resultat ist also: hinsichtlich der *Länge* hat der kürzere Lukastext, hinsichtlich des gemeinsamen *Wortlauts* der Matthäustext als ursprünglicher zu gelten. Außerdem sind wir darauf geführt worden, daß dem griechischen Text ein aramäischer zugrundeliegt. Wenn man die Lukasfassung in das Aramäische zurückübersetzt, ergibt sich zweihebiger bzw. vierhebiger Rhythmus und Reim[82]:

---

79. Beispiele: Mt 26,28 verglichen mit den Paralleltexten; Phil 2,11.

80. S. o. S. 18, Anm. 47.

81. Wenn in der Matthäusüberlieferung ebenfalls das Präsens ἀφίομεν D *33 pc* bzw. ἀφίεμεν ℵ *pm* Cl (Did.) neben dem Aorist ἀφήκαμεν ℵ* B *al* auftaucht, so handelt es sich auch hier um eine Erleichterung (soweit nicht Lukaseinfluß in Frage kommt).

82. Unter Anlehnung an C. F. Burney, The Poetry of Our Lord, Oxford 1925, 113. Die Anrede hat zwar nur eine Hebung, doch ist die zweite durch eine Pause ersetzt. Diese Anwendung des »Gesetzes der Pause« (s. o. S. 31) gibt der Anrede erhöhtes Gewicht (→Kuhn, 39).

ʾAbbá
jitqaddáš šemák / teté malkuták
laḥmán delimḥár / hab lán joma dén
ušeboq lán ḥobénan / kedišebáqnan leḥajjabénan
wela taʿelínnan lenisjón.

Der Sinn. Für das Verständnis des Vaterunsers ist die Bitte Κύριε, δίδαξον ἡμᾶς προσεύχεσθαι, καθὼς καὶ Ἰωάννης ἐδίδαξεν τοὺς μαθητὰς αὐτοῦ wichtig, die nach Lk 11,1 Jesus veranlaßt hat, das Vaterunser zu formulieren; denn der καθώς-Satz läßt erkennen, daß der ungenannte Jünger ein Gebet erbittet, das die Nachfolger Jesu als die Heilsgemeinde kennzeichnen sollte[83]. Das Vaterunser ist also von allem Anfang an nicht bloß als Vorbild für ein rechtes Gebet gemeint, sondern als Formular, ja als Erkennungszeichen, wie die Kirche es dann auch durch die Jahrhunderte gebraucht hat.

Der Aufbau des Vaterunsers ist auf den ersten Blick zu erkennen: auf 1. die Anrede folgen 2. zwei kurze Du-Bitten im Parallelismus membrorum, 3. zwei längere Wir-Bitten im Parallelismus membrorum und 4. die kurze Schlußbitte.

Die *Anrede* πάτερ (Lk 11,1) geht auf ein aramäisches ʾAbba zurück, das hier mit »unser Vater«[84] (so richtig Mt 6,9) zu übersetzen ist. Wir haben in § 7 gesehen, daß die Gebetsanrede ʾAbba Jesu eigenster Sprachgebrauch ist, aus dem ebenso das Vertrauen wie die Vollmacht Jesu spricht. Mit dem Vaterunser gibt Jesus den »Kleinen«[85] das Vorrecht, ihm das ʾAbba nachzusprechen. Als Glieder der familia Dei dürfen sie zu Gott Vater sagen und ihn um gute Gaben bitten. Die älteste Kirche hat es von Beginn an als etwas ganz Großes angesehen, daß Jesus damit den Jüngern Anteil an seiner Sohnesvollmacht gab. Das ist sehr deutlich etwa an Röm 8,15 b f. abzulesen (wo der Punkt nicht nach πατήρ, sondern nach υἱοθεσίας zu setzen ist, weil sonst der Anfang von V. 16 das erste Asyndeton im Römerbrief wäre), wenn Paulus hier sagt, daß es keinen deutlicheren Beweis für den Besitz der Kindschaft gäbe, als wenn jemand es wagt, ʾAbba zu rufen. Die Aussage ist ihm so wichtig, daß er sie auch Gal 4,6 bringt (wo das ὅτι deklarativ gemeint ist, also mit »daß«, nicht mit »weil« zu übersetzen ist). Und wenn das Vaterunser seit jeher in der Liturgie des Ostens wie des Westens mit den Worten: »würdige uns ..., daß wir es *wagen,* dich ... als Vater anzurufen und zu sprechen: Unser Vater« (Chrysostomos-Liturgie) bzw. »wir *wagen* es zu sagen: Unser Vater« (römische Messe) eingeleitet wird[86], dann spricht sich darin ebenfalls das Empfinden dafür aus,

---

83. S. o. S. 167.
84. So ʿEr. 6,2; B. B. 9,3; Šebuʿ. 7,7 (dreimal); Tos. Joma 2,5.6.8; Tos. B. Q. 10,21.
85. S. o. S. 113.
86. T. W. Manson (s. o. Anm. 74), 101 Anm. 2.

welches Privileg es ist, daß Jesus seine Jünger ermächtigt, ihm das 'Abba nachzusprechen. Der Mut zur Vater-Anrede ist Vergewisserung der Kindschaft; Kinder dürfen 'Abba sagen.

Es folgen die beiden *Du-Bitten* »Geheiligt werde dein Name. Es komme dein Reich«. Die beiden Bitten sind gleich gebaut und bilden einen synonymen Parallelismus. Beide Male steht das Zeitwort voran; beide Male ist der Imperativ vermieden. Nicht nur formal, auch inhaltlich gehören beide Bitten engstens zusammen. Sie sind nicht von Jesus neu geprägt worden, sondern stammen aus der jüdischen Liturgie, nämlich aus dem *Qaddiš*, dem »Heilig«-Gebet, mit dem der Synagogengottesdienst schloß und das Jesus von Kindheit an vertraut war. Das *Qaddiš* ist eines der ganz wenigen aramäischen Gebete des antiken Judentums; das erklärt sich daraus, daß es im Anschluß an die auf aramäisch gehaltene Predigt gebetet wurde. Die älteste für uns erreichbare Form dieses vielgesprochenen Gebetes lautet:

»Verherrlicht und geheiligt werde sein großer Name,
   in der Welt, die er nach seinem Willen schuf.
Er lasse herrschen seine Königsherrschaft
   zu euren Lebzeiten und zu euren Tagen und zu Lebzeiten des ganzen Hauses
      Israel in Eile und Bälde.
Gepriesen sei sein großer Name von Ewigkeit zu Ewigkeit.
Und darauf saget: Amen.[87]«

Das *Qaddiš* ist ein eschatologisches Gebet. Beide Bitten haben dasselbe vor Augen: den Herrschaftsantritt Gottes. Zu jedem Herrschaftsantritt eines irdischen Regenten gehören die Huldigungen in Worten (Akklamation) und in Gesten (Proskynese). So wird es auch sein, wenn Gott seine Herrlichkeit offenbart: seinem Namen wird gehuldigt werden und seiner Herrschaft wird sich alles unterwerfen. Es sind also Inthronisationsmotive, die das *Qaddiš* verwendet. Entsprechend sind die beiden Du-Bitten des Vaterunsers zu verstehen. Sie bitten um das Kommen der Stunde, in der Gottes Heiligkeit sichtbar wird und er seine Herrschaft antritt. Die gegenwärtige Welt steht unter der Herrschaft Satans; die Bosheit triumphiert. Aus dieser Tiefe der Not heraus schreien die Jünger Jesu um die Überwindung des Satans und die Offenbarung der Königsherrschaft Gottes. Sie flehen um die Verkürzung der letzten Anfechtung, weil sonst niemand gerettet werden würde (Mk 13,20). Die beiden Du-Bitten sind Ausdruck des Vertrauens auf Gottes Verheißung und Barm-

---

87. Text bei Dalman, Worte Jesu[1], 305 (nicht in [2]1930); zum Alter und zur vermutlich ältesten Gestalt vgl. I. Elbogen, Der jüdische Gottesdienst in seiner geschichtlichen Entwicklung[3], Frankfurt a. M. 1931 = [4]Hildesheim 1962, 92–98. Dafür, daß Jesus an das *Qaddiš* anknüpft, spricht auch eine kleine stilistische Beobachtung. Die beiden Du-Bitten des Vaterunsers stehen asyndetisch nebeneinander, während die Wir-Bitten durch καί verbunden sind. Diese Diskrepanz erklärt sich wahrscheinlich daraus, daß die beiden Bitten des *Qaddiš* ebenfalls nach der ältesten Überlieferung unverbunden nebeneinanderstanden.

herzigkeit; wer sie spricht, läßt die Anliegen des Alltags zurück und wirft sich, umgeben von Bosheit und Dunkelheit, ganz auf Gott.

Die jüdische Gemeinde und die Jünger Jesu bitten mit den gleichen Worten um die Offenbarung der Herrlichkeit Gottes. Und doch besteht ein großer Unterschied. Im *Qaddiš* betet eine Gemeinde, die noch ganz im Vorhof des Wartens steht. Im Vaterunser beten Menschen, die wissen, daß Gottes gnädiges Werk, die große Wende, schon begonnen hat[88].

Die beiden *Wir-Bitten* um das Brot und die Tilgung der Schulden gehören ebenfalls aufs engste zusammen. Wiederum wird das auch formal deutlich. Beide Bitten bestehen je aus zwei Halbzeilen, die einander gegenüberstehen (s. unten). Wenn es richtig ist, daß der Anfang des Vaterunsers an das *Qaddiš* anknüpft, dann zeigt das, daß der Ton auf dem Neuen liegt, das Jesus hinzufügt, d. h. eben auf den Wir-Bitten.

Die erste der beiden Wir-Bitten bittet um den ἄρτος ἐπιούσιος.

Es ist hier nicht der Ort, die ganze unübersehbare Debatte über die Bedeutung von ἐπιούσιος zu entfalten[89]. Es geht im wesentlichen um die Frage, ob das außerchristlich nur ein einziges Mal und dazu in fragmentarischem Zusammenhang belegte Wort[90] von ἐπεῖναι bzw. ἐπουσία oder von ἐπιέναι herzuleiten ist. Im ersten Fall würde es etwa »was zum Dasein nötig ist«, im zweiten »kommend, morgig« heißen. Ich nenne sofort das m. E. entscheidende Argument. Das ist die Nachricht des Hieronymus, daß im Nazaräerevangelium für ἐπιούσιος »maḥar« gestanden habe, was er zutreffend mit: *quod dicitur crastinum* übersetzt[91]. Nun ist zwar das (bis auf Bruchstücke verlorene) Nazaräerevangelium kein aramäisches Originalwerk gewesen, sondern eine targumartige Übersetzung des Matthäusevangeliums ins Aramäische, also später als Matthäus. Dennoch können wir mit gutem Grunde behaupten, daß das *maḥar* älter als das Matthäusevangelium ist. Denn der Übersetzer, der Matthäus ins Aramäische übertrug, hat natürlich in dem Augenblick, in dem er zum Vaterunser kam, aufgehört zu übersetzen und stattdessen niedergeschrieben, was er täglich betete. Dann aber ist nicht daran zu zweifeln, daß *maḥar* »morgen« der hinter ἐπιούσιος stehende aramäische Ausdruck ist. Dafür spricht auch, daß damit in der Brotbitte eine Gegenüberstellung zwischen ἐπιούσιος und σήμερον entsteht, die in der folgenden Bitte in der Gegenüberstellung des göttlichen und des menschlichen Vergebens ihre Parallele findet: »Das Brot für *morgen* – gib uns *heute*!«

Nun sagt Hieronymus nicht nur, welches Wort im Vaterunser der aramäisch redenden Judenchristen anstelle von ἐπιούσιος stand, sondern er fügt außer der Übersetzung eine Deutung hinzu: *mahar quod dicitur crastinum, ut sit sensus: panem nostrum crastinum, id est futurum, da nobis hodie.* Hieronymus deutet also ἄρτος ἐπιούσιος als »das künftige Brot«. In der Tat bezeichnet *maḥar* zwar wörtlich den »morgigen Tag«, in übertragenem Gebrauch jedoch »Gottes

---

88. S. o. S. 81 ff.
89. W. Foerster, ἐπιούσιος, ThW II, 1935, 587–595.
90. Auf einem mittlerweile wieder verschollenen Papyrus (F. Preisigke, Sammelbuch griechischer Urkunden aus Ägypten I, Straßburg 1915, 5224).
91. Matthäuskommentar zu 6,11 (E. Klostermann, Apocrypha II, KlT 8³, Berlin 1929, 7).

Morgen«, die Zukunft, d. h. die Endzeit[92]. Unter dem Brot für morgen verstand Hieronymus also nicht das irdische Brot, etwa das Existenzminimum, sondern das Brot des Lebens. Dieses eschatologische Verständnis der Brotbitte ist in den ersten Jahrhunderten sowohl im Morgenland wie im Abendland das herrschende gewesen[93]. Die eschatologische Ausrichtung aller übrigen Bitten des Vaterunsers spricht dafür, daß Jesus die Brotbitte in der Tat als Bitte um das *Brot der Heilszeit*, das Lebensbrot gemeint hat.

Es wäre nun aber ein grobes Mißverständnis, wollte man meinen, daß damit die Brotbitte spiritualisiert sei. Für Jesus sind irdisches Brot und Lebensbrot kein Gegensatz, denn im Bereich der Basileia ist alles Irdische geheiligt. Das Brot, das Jesus brach, wenn er die Zöllner und Sünder an seinen Tisch rief, das Brot, das er beim letzten Mahl seinen Jüngern reichte, war irdisches Brot und zugleich Brot des Lebens. Für Jünger Jesu hatte jede Mahlgemeinschaft mit ihm, nicht nur die letzte, eschatologisch gefüllten Sinn. Jedes Mahl mit ihm war Heilsmahl, Antizipation des Vollendungsmahles. Bei jeder Mahlzeit war er der Hausherr, der er in der Vollendung sein würde. Die Urgemeinde hat dieses eschatologische Verständnis beibehalten, wenn sie ihre Mahlgemeinschaften als »Herrenmahle« bezeichnete (1 Kor 11,20). So ist auch die Bitte um das »Brot für morgen« gemeint. Sie reißt nicht den Alltag und die himmlische Welt auseinander, sondern sie bittet darum, daß mitten in der Profanität des Alltags die Kräfte und Gaben der kommenden Welt wirksam sein mögen. Erst wenn man die eschatologische Ausrichtung der Brotbitte klar sieht, versteht man, welche Wucht das σήμερον enthält. In einer vom Satan geknechteten Welt, in der Gott fern ist, sollen die Jünger heute schon um den Anteil an der Vollendungsherrlichkeit bitten. Sie dürfen mit beiden Händen nach dem Brot des Lebens greifen und es herabbeten: Jetzt schon, hier schon, heute schon gib uns das Lebensbrot, mitten in unser armes Leben hinein.

Die *zweite Wir-Bitte* blickt auf die große Abrechnung, der die Welt entgegengeht. Die Jünger Jesu wissen um die Verstrickung in Schuld und Sünde und wissen, daß nur der Freispruch Gottes, die größte seiner Gaben, sie retten kann. Sie erbitten diese Gabe nicht erst für die Stunde des letzten Gerichts, sondern schon jetzt, hier und heute.

---

92. Schon im Alten Testament hat *maḥar* die Bedeutung »künftig«, z. B. Ex 13,14: »wenn dich künftig dein Sohn fragen wird ...«, vgl. Gen 30,33; Dt 6,20; Jos 4,6.21; 22, 24.27f. Die eschatologische Bedeutung von *maḥar* findet sich Lev. r. 23 zu 18,3; Midr. Hohes L. zu 2,2 (zweimal): *geʾullat (šäl) maḥar* »die Erlösung von morgen«.

93. A. Seeberg, Die vierte Bitte des Vaterunsers, Rostock 1914, 11f. So schon Marcion, bei dem es τὸν ἄρτον σου τὸν ἐπιούσιον heißt (A. von Harnack, Marcion², TU 45, Leipzig 1924, 207*f.), ferner das Christlich-Palästinische *(lḥm dᵉtrʾ* »Brot des Überflusses«), die Vetus Syra (Mt 6,11 syᶜ [s deest] *wlḥmn ʾmjnʾ djwmʾ hb ln*; Lk 11,3 sy^{sc} *whb ln lḥmʾ ʾmjnʾ dkljwm)*, die alten Ägypter (bo *crastinum*, sa *venientem*) sowie die Vulgata zu Mt 6,11 *(supersubstantialem)*.

Diese zweite Wir-Bitte ist wie die Brotbitte zweigliedrig, jedoch ist der Nachsatz der Vergebungsbitte ὡς καὶ ἡμεῖς ἀφήκαμεν τοῖς ὀφειλέταις ἡμῶν insofern auffällig, als er auf das menschliche Tun Bezug nimmt, was im Rahmen des Vaterunsers ganz singulär ist. Er wirkt dadurch fast wie ein Fremdkörper; daran wird deutlich, daß auf ihm ein ganz starker Ton liegt. Besonders auffällig ist der Aorist ἀφήκαμεν: »Vergib uns so, wie wir vergeben haben.« Also geht unser Vergeben dem Vergeben Gottes voran, ist es das Vorbild für Gottes Vergebung (Mt ὡς καί) bzw. ihre Begründung (Lk καὶ γάρ)? Das richtige Verständnis des ἀφήκαμεν ergibt sich aus einer sprachlichen Beobachtung. Ἀφήκαμεν geht auf aramäisches šebaqnan zurück und dieses ist als *perfectum coincidentiae* gemeint[94], so daß zu übersetzen ist: »wie auch wir *hiermit* unseren Schuldnern vergeben«. Der Nachsatz der zweiten Wir-Bitte ist also eine Selbsterinnerung an das eigene Vergeben, eine Erklärung der Bereitschaft, Gottes Vergebung weiterzugeben. Diese Bereitschaft ist, wie Jesus immer wieder betont, die unerläßliche Vorbedingung für die Vergebung Gottes[95]. Wo die Vergebungswilligkeit fehlt, wird die Bitte um Gottes Vergebung zur Lüge. Jesu Jünger sagen also mit der zweiten Wir-Bitte: Wir gehören zur Königsherrschaft; deshalb gib uns heute schon Anteil an der Gabe der Heilszeit; wir wollen sie weitergeben.

Die beiden Wir-Bitten sind die Aktualisierung der beiden Du-Bitten. Erflehen die Du-Bitten die Offenbarung der Herrschaft Gottes, so wagen es die Wir-Bitten, die Vollendung jetzt schon, heute schon herabzubitten.

Die *Schlußbitte* kommt überraschend. Schon formal fällt sie aus dem Rahmen des Vaterunsers heraus. Nach dem Parallelismus der beiden Du-Bitten und dem doppelgliedrigen Aufbau der beiden Wir-Bitten wirkt dieser knappe eingliedrige Schlußsatz abrupt und hart. Dazu kommt ein weiterer Umstand: als einzige der Bitten ist diese letzte negativ formuliert. All das ist Absicht. Diese Bitte soll hart und abrupt wirken. Das zeigt ihr Inhalt. Zu dessen Verständnis ist zunächst festzustellen, daß πειρασμός nicht an die Versuchungen des Alltags denkt, sondern die letzte große Endanfechtung meint[96]. Was sodann das Prädikat μὴ εἰσενέγκῃς anlangt, so könnte der griechische Wortlaut so klingen, als ob Gott es sei, der in die Versuchung führt. Schon Jak 1,13 wird diese Deutung abgewiesen. Daß sie in der Tat den Sinn nicht trifft, zeigt der Vergleich mit einem jüdischen Morgen- und Abendgebet, an das Jesus vielleicht sogar direkt anknüpft:

»Bring mich nicht in die Gewalt der Sünde,
nicht in die Gewalt der Schuld

---

94. Vgl. P. Joüon, L'Évangile de Notre-Seigneur Jésus-Christ, Verbum Salutis 5, Paris 1930, 35.
95. S. o. S. 187f.
96. S. o. S. 130f. → Jeremias, Vater-Unser⁴, 26f. = Abba, 169f.

und nicht in die Gewalt der Versuchung
und nicht in die Gewalt von Schändlichem[97]!«

Hier hat das Kausativum »bring mich nicht«, wie die Parallelzeilen zeigen, eindeutig permissiven Sinn: »Laß nicht zu, daß ich anheimfalle.« So ist auch das μὴ εἰσενέγκῃς der Schlußbitte des Vaterunsers gemeint: »Laß nicht zu, daß wir der Anfechtung anheimfallen!« Jesu Jünger bitten nicht, daß ihnen die Anfechtung erspart bleiben möge[98]. Die Schlußbitte ist vielmehr gemeint als Bitte um Bewahrung vor dem Erliegen in der eschatologischen Anfechtung. Jesu Jünger bitten also am Schluß des Vaterunsers um Bewahrung vor dem Abfall[99]. Jetzt versteht man den abrupten Schluß. Es ist die ganze Nüchternheit Jesu, mit der diese Schlußzeile die Jünger vom Ausblick auf die Vollendung in ihre konkrete Lage zurückführt. Diese Schlußzeile ist ein »weithin hallender Hilferuf«[100]: das Eine gib, bewahre uns vor dem Irrewerden! »Im Alten Testament findet sich keine Parallele« zu dieser Bitte, »auch nicht zum Gedanken derselben«[101], gewiß nicht zufällig.

Das Fehlen der *Doxologie* in Lk 11,4 und in den ältesten MSS zu Mt 6,13 berechtigt nicht zu dem Schluß, daß das Vaterunser je ohne abschließende Benediktion gebetet wurde. Es ist ganz undenkbar, daß ein Gebet mit den Worten τοῦ πονηροῦ (Matthäus) oder εἰς πειρασμόν (Lukas) schloß. Vielmehr muß man wissen, daß es im Judentum zwei Formen des Gebetsschlusses gab, den fixierten Schluß und den vom Beter frei formulierten Schluß, *ḥatima* (»Siegel«) genannt. Ursprünglich war das Vaterunser ein Gebet mit »Siegel«, d. h. mit frei formuliertem Schluß. Spätestens Ende des 1. Jahrhunderts n. Chr. hat sich eine feste Form der Doxologie allgemein eingebürgert, und zwar stufenweise. Did. 8,2, wo sie erstmalig belegt ist, ist sie noch zweigliedrig: ὅτι σοῦ ἐστιν ἡ δύναμις καὶ ἡ δόξα εἰς τοὺς αἰῶνας, sehr bald wird sie dann dreigliedrig.

So ist das Vaterunser ein eschatologisches Gebet wie das *Maranatha* (1 Kor 16,22), wie Mk 14,38 und wie Lk 21,36. Sein Kern ist die Bitte um die jetzt schon sich aktualisierende Königsherrschaft. Aber die Schlußbitte läßt erkennen, daß das Letzte immer der Schrei bleibt: πιστεύω· βοήθει μου τῇ ἀπιστίᾳ »Ich glaube! Hilf mir trotz[102] meines Unglaubens« (Mk 9,24).

---

97. b. Ber. 60b (zweimal).

98. Vgl. das Agraphon: *neminem intemptatum regna caelestia consecuturum*, das Tertullian, De baptismo 20,2 zitiert (zur Auslegung s. Jeremias, Unbekannte Jesusworte⁴, Gütersloh 1965, 71–73).

99. R. Bultmann, Jesus, Die Unsterblichen 1, Berlin 1926 = Tübingen 1964, 167; → Schürmann, 91.

100. →Schürmann, 90.

101. →Herrmann, 91.

102. Der Dativ ist adversativ (s. o. S. 163).

§ 19   Gelebte Jüngerschaft

G. Kittel, Die Probleme des palästinensischen Spätjudentums und des Urchristentums, BWANT 3, 1, Stuttgart 1926. - *W. G. Kümmel*, Jesus und der jüdische Traditionsgedanke, in: ZNW 33, 1934, 105-130. - *Jeremias*, Jerusalem, IIB (1937), 11. Kap. Die gesellschaftliche Stellung der Frau, 232-250 = ³1962, 395-413. - *E. Lohmeyer*, Kultus und Evangelium, Göttingen 1942. - *G. Bornkamm*, Der Lohngedanke im Neuen Testament, in: EvTh 2/3, 1946, 143-166 = in: G. Bornkamm, Studien zu Antike und Urchristentum. Gesammelte Aufsätze II, BEvTh 28, München 1959 = ²1963, 69-92. - *G. von Rad*, Die Stadt auf dem Berge, in: EvTh 8, 1948/49, 439-447 = Gesammelte Studien zum AT³, München 1965, 214-224. - *C. H. Dodd*, Gospel and Law, Cambridge 1951. - *H.-J. Schoeps*, Jésus et la loi juive, in: RHPhR 33, 1953, 1-20. - *K.-H. Rengstorf*, Mann und Frau im Urchristentum, Arbeitsgemeinschaft für Forschung des Landes Nordrhein-Westfalen Heft 12, Köln-Opladen 1954. - *R. Schnackenburg*, Die sittliche Botschaft des Neuen Testaments, München 1954. - *J. Dupont*, Les Béatitudes. Le problème littéraire. Le message doctrinal, Bruges-Louvain 1954, ²I 1958 = Paris 1969. ²II Paris 1969. - *J. Leipoldt*, Die Frau in der antiken Welt und im Urchristentum², Leipzig 1955; Gütersloh 1962. - *H. Braun*, Spätjüdisch-häretischer und frühchristlicher Radikalismus, BHTh 24, Tübingen 1957. - *J. Jeremias*, Die Bergpredigt, Calwer Hefte 27, Stuttgart 1959 = ⁷1970 = in: Jeremias, Abba, 171-189. - *E. Lohse*, Jesu Worte über den Sabbat, in: Judentum Urchristentum Kirche. Festschrift für J. Jeremias, BZNW 26, Berlin 1960, ²1964, 79-89. - *M. Hengel*, Die Zeloten, AGSU 1, Leiden-Köln 1961. - *H. Kosmala*, The Parable of the Unjust Steward in the Light of Qumran, ASTI III, Leiden 1964, 114-121. - *H.-J. Degenhardt*, Lukas Evangelist der Armen. Besitz und Besitzverzicht in den lukanischen Schriften, Stuttgart 1965. - *A. Isaksson*, Marriage and Ministry in the New Temple, ASNU XXIV, Lund 1965. - *S. G. F. Brandon*, Jesus and the Zealots, Manchester 1967. - *H.-Th. Wrege*, Die Überlieferungsgeschichte der Bergpredigt, WUNT 9, Tübingen 1968.

Zur Überschrift: Es geht in diesem Paragraphen um die »ethischen Forderungen Jesu«. Aber diese Bezeichnung verdeckt den eschatologischen Faktor, die Tatsache nämlich, daß es sich nicht um einen innerweltlichen Verhaltenskodex handelt, sondern um die Lebensordnung der kommenden Königsherrschaft, die schon jetzt das Leben der Jünger regiert. Statt von der »Ethik Jesu« reden wir daher von der gelebten Jüngerschaft.

Wie die Königsherrschaft nicht denkbar ist ohne das Gebet (§ 18), so ist sie auch undenkbar ohne gelebte Jüngerschaft. Denn die Zugehörigkeit zur Königsherrschaft gestaltet das ganze Leben um: nicht nur das Verhältnis zu Gott wird neu, auch das Verhältnis *zu den Menschen*. Wer zur Königsherrschaft gehört und Gott als Vater anreden darf, der steht unter dem neuen Gottesrecht, das Bestandteil der neuen Schöpfung ist[1] und das Gottesrecht des alten Äons ablöst.

---

1. W. D. Davies, Matthew 5:17,18, in: Mélanges bibliques rédigés en l'honneur de André Robert. Travaux de l'Institut Catholique de Paris 4, Paris 1957, 428-456 = in: Davies, Christian Origins and Judaism, Philadelphia, Pa. 1962 = London 1962, 31-66.

1. Jesu Kritik am Gottesrecht des alten Äons

Das Gottesrecht des alten Äons ist in der Tora niedergelegt, genauer in den beiden Torot, nämlich in der schriftlichen und der mündlichen Tora[2]. Die schriftliche Tora umfaßt den Pentateuch. Von den übrigen Schriften des Alten Testamentes sagte man, daß sie »um der Sünde willen hinzugekommen seien«[3], doch galten auch sie als inspiriert[4]. Die Tora muß ausgelegt werden, damit sie auf den konkreten Fall angewendet werden kann. So entsteht die mündliche Tora, *Halaka* genannt. Sie ist das Werk der Schriftgelehrten. Diese verfolgten die Tendenz, ihr die gleiche Autorität wie der schriftlichen Tora beizulegen. Gegen Ende des 2. Jh. n. Chr., zur Zeit der Abfassung der Mischna, hatte sich die Ansicht durchgesetzt, daß auch die mündliche Tora, wie die schriftliche, Moses am Sinai übergeben und dann in ununterbrochener Kette tradiert worden sei[5], und daß sie mithin den gleichen Anspruch auf Autorität und Inspiriertheit erheben könne wie die schriftliche Tora[6]. Wir haben zwar keinen Anhalt dafür, daß diese Ansicht bereits zur Zeit Jesu anerkannt war, wissen aber, daß die *Halaka* auf dem Wege war, diese höchste Autorität zu gewinnen. Es sind also zwei Fragen zu stellen: Wie steht Jesus zur schriftlichen Tora und wie steht er zur *Halaka*?

a) Jesu Stellung zum alttestamentlichen Gesetz. Jesus lebt im Alten Testament. Seine Worte sind ohne dessen Kenntnis überhaupt nicht zu verstehen. Sein letztes Wort war nach Markus der Anfang des in seiner aramäischen Muttersprache gebeteten Psalms 22 (Mk 15,34)[7]. Er liebte besonders den Propheten Jesaja[8] und hier vor allem die Verheißungen und die Gottesknechtaussagen des Deuterojesaja[9]. Von großer Bedeutung sind für ihn auch die apokalyptischen Worte Daniels gewesen[10]. Zahlenmäßig überwiegen in Jesu Mund

---

2. b. Šab. 31a Bar. u. ö. 3. Billerbeck IV 435. 4. Ebd.

5. P. 'Ab. 1,1: »Moses empfing die Tora vom Sinai (d. h. von Gott) her und überlieferte sie Josua, Josua den Ältesten, die Ältesten den Propheten ...« (»Tora« umfaßt hier das geschriebene und das mündliche Gesetz, vgl. H. L. Strack, Pirqe Aboth. Die Sprüche der Väter, Schriften des Institutum Judaicum in Berlin 6⁴, Leipzig 1915, 1).

6. Billerbeck I 81f. 691–693. Sanh. 11,3 wird die *Halaka* sogar über die schriftliche Tora gestellt (vgl. noch Billerbeck I 692f.).

7. S. o. S. 16, Anm. 15.

8. Hervorgehoben seien aus den Bezugnahmen Jesu auf Jes 1–40: Jes 6,9f. (Doppelwirkung der Botschaft) vgl. Mk 4,12 par. und dazu o. § 12; Jes 29,13 (Lippendienst und Menschensatzung) vgl. Mk 7,6f. par.; Jes 29,18f.; 35,5f. (Zeichen der Heilszeit) vgl. Mt 11,5 par.

9. Die Bezugnahmen auf Jes 53 s. u. S. 272f. Außerdem: Jes 56,7 (Bethaus für alle Völker) vgl. Mk 11,17 par.; Jes 61,1f. (Frohbotschaft für die Armen) vgl. Mt 5,3 par. 4; 11,5 par.; Lk 4,18f.; Jes 66,24 (ewige Strafe) vgl. Mk 9,48.

10. Dan 2,34f.44f. (zermalmender Stein) vgl. Mt 21,44 par.; Dan 7,9f. (Throne für den

wörtliche und freie Zitate aus dem Psalter[11], der offensichtlich sein Gebetbuch war[12]. Nicht selten wird auch das Dodekapropheton zitiert[13], wiederholt auf den Propheten Jeremia angespielt[14]. Die zahlreichen Bezugnahmen auf den Pentateuch, in dem Jesus die Grundnormen des Gotteswillens niedergelegt fand (vgl. nur Mk 7,10 par.; 10,19 par.; 12,28–34 par.), begegnen besonders in Kampfworten[15].

Erst wenn man sich diese Grundhaltung Jesu klarmacht, kann man ermessen, was es bedeutet, daß Jesus es wagt, Worte der Tora zu radikalisieren, zu kritisieren, ja aufzuheben. Was die *Radikalisierung* der Tora anlangt (die vor Jesus bereits der Lehrer der Gerechtigkeit geübt hatte[16]), so bieten die beiden ersten Antithesen der Bergpredigt, die die Verbote des Tötens und des Ehebruchs (Ex 20,13f.) radikal verschärfen (Mt 5,21f.; 5,27f.), den deutlichsten Beleg[17]. *Kritik* an der Tora übt Jesus zunächst in Gestalt von Auslassungen. Er übergeht in Mt 11,5 f. par. die eschatologische Rache an den Heiden, ob-

Gerichtshof) vgl. Mt 19,28 par.; Dan 7,27 (Basileia des Gottesvolkes) vgl. Lk 12,32; Dan 9,27; 11,31; 12,11 (Greuel der Verödung) vgl. Mk 13,14 par.; Dan 12,1 (große Bedrängnis) vgl. Mk 13,19 par.

11. Die wichtigsten Stellen sind: Ps 8,3 (Lobpreis der Säuglinge) vgl. Mt 21,16; Ps 22,2 (»mein Gott, mein Gott ...«) vgl. Mk 15,34 par.; Ps 24,4; 51,12; 73,1 (reines Herz) vgl. Mt. 5,8; Ps 31,6 (»in deine Hände ...«) vgl. Lk 23,46; Ps 37,11 (»die Demütigen ...«) vgl. Mt 5,5; Ps 41,10 (Verrat des Tischgenossen) vgl. Mk 14,18; Joh 13,18; Ps 42,6.12; 43,5 (»betrübt ist meine Seele ...«) vgl. Mk 14,34 par.; Ps 49,8 (Lösegeld) vgl. Mk 8,37 par.; Ps 50,14 (Halten der Gelübde) vgl. Mt 5,33; Ps 110,1 (Sitzen zur Rechten) vgl. Mk 12,36 par.; 14,62 par.; Ps 113–118 (das Hallel, das beim Passamahl gebetet wurde) vgl. Mk 14,26; Ps 118,22f. (Schlußstein) vgl. Mk 12,10 par.; Ps 118,26 (Gesegnet der Kommende) vgl. Mt 23,39 par.

12. S. o. S. 184.

13. Zum Beispiel: Hos 6,6 (Barmherzigkeit will ich) vgl. Mt 9,13; 12,7; Micha 7,6 (Familienzwistigkeiten) vgl. Mk 13,12 par.; Mt 10,21.35f. par.); Sach 13,7 (erschlagener Hirte) vgl. Mk 14,27 par.; Mal 3,1 (der Vorläufer) vgl. Mt 11,10 par.; Mal 3,23 (Elias Wiederkehr) vgl. Mk 9,12 par.

14. Zum Beispiel: Jer 6,16 (Ruhe finden) vgl. Mt 11,29; Jer 7,11 (Räuberhöhle) vgl. Mk 11,17 par.; Jer 31,31 (neuer Bund) vgl. Mk 14,24 par.

15. Schöpfung: Gen 1,27 vgl. Mk 10,6 par.; Gen 2,24 vgl. Mk 10,7f. par.; – Sodom und Gomorrha: Gen 19,15.24f. vgl. Lk 17,29; Gen 19,26 vgl. Lk 17,31; – Der Gott der Väter: Ex 3,6 vgl. Mk 12,26 par.; – Dekalog: Ex 20,12–16; Dt 5,16–20 vgl. Mk 7,10 par.; 10,19 par.; Mt 5,21.27; – Einzelne Vorschriften: Ex 21,12 vgl. Mt 5,21; Ex 21,17 vgl. Mk 7,10 par.; Ex 21,24 vgl. Mt 5,38; Lev 19,12 vgl. Mt 5,33; Lev 19,18 vgl. Mk 12,31 par.; Mt 5,43; 19,19; Dt 6,4f. vgl. Mk 12,29f. par.; Dt 24,1 vgl. Mt 5,31. – Sonst ist noch hervorzuheben: 1 Kön 17,9 (Witwe von Sarepta) vgl. Lk 4,26; 2 Kön 5,14 (Naemann) vgl. Lk 4,27; Ez 34,16 (das Verlorene) vgl. Lk 19,10.

16. →Braun; G. Jeremias, Lehrer der Gerechtigkeit, 331 f.

17. Zu den Antithesen s. u. S. 240 ff. Weder das antike Judentum noch die Urkirche kennen etwas den Antithesen Vergleichbares.

wohl sie an allen drei alttestamentlichen Stellen, an die Jesus anknüpft (Jes 35,5f.; 29,18f.; 61,1)[18], angekündigt wird. Der Fortfall der Rache gehört zum Skandalon der Botschaft, vor dem Jesus anschließend warnt (Mt 11,6 par.). Hierher gehört auch Lk 4,16–30. Jesu Predigttext V. 18f. ist Jes 61,1f. Jesus schließt mit: »zu verkündigen ein gnädiges Jahr des Herrn«. Er bricht mitten im Satz ab; es fehlt die Fortsetzung: »und einen Tag der Rache unseres Gottes«. Das Echo auf seine Predigt ist: πάντες ἐμαρτύρουν αὐτῷ καὶ ἐθαύμαζον ἐπὶ τοῖς λόγοις τῆς χάριτος (V. 22). Beide Verben sind doppeldeutig: μαρτυρεῖν mit Dativ kann »Zeugnis für« oder »Zeugnis gegen jemanden ablegen« heißen, θαυμάζειν »begeistert« oder »befremdet sein«. Der Fortgang der Perikope zeigt, daß in malam partem gedeutet werden muß. Dann aber ist ἐπὶ τοῖς λόγοις τῆς χάριτος (V. 22) so zu verstehen: die Nazarener sind befremdet darüber, daß Jesus nur die Gnadenworte aus Jes 61 zitierte und über sie predigte, dagegen die Rache wegließ, obwohl sie doch im Schrifttext stand[19]. Handgreiflicher noch wird Jesu Kritik an der Tora im Widerruf der mosaischen Erlaubnis zur Ehescheidung (Dt 24,1). Wie diese *Aufhebung* einer Bestimmung der Tora auf die Menschen der Zeit wirken mußte, sehen wir aus einem tannaitischen Satz, der wahrscheinlich geradezu ein Echo auf Mk 10,5 darstellt: »Selbst wenn jemand sagt: ›die (ganze) Tora ist von Gott, mit Ausnahme dieses oder jenes Verses, den nicht Gott, sondern Mose aus seinem eigenen Munde gesprochen hat‹, so gilt von ihm: das Wort Jahwes hat er verachtet[20].« Um die Aufhebung von Bestimmungen der Tora für Jesu Jünger handelt es sich auch, wenn Jesus ihnen den Schwur (Mt 5,33–37) und die Anwendung des Ius talionis (5,38–42) strikt untersagt[21]. Schärfste Abwertung der Tora aber stellt für das Gefühl der Zeit Mt 5,17 dar: der Anspruch, zur Tora »hinzuzufügen«, das heißt, die abschließende Offenbarung zu bringen (s. o. S. 87ff.). Der Vorwurf des Antinomismus, sagt Jesus Mt 5,17, ist nicht völlig aus der Luft gegriffen[22], aber er ist eine Fehldeutung: es geht Jesus nicht um die Zerstörung des Gesetzes, sondern um seine Auffüllung auf das endzeitliche Vollmaß.

Dem Gesagten entspricht *Jesu Stellung zum Kultus*[23]. Jesus hat den Kultus geehrt und im Kirchenjahr seines Volkes gelebt. Er will den Tempel geheiligt wissen (Mk 11,15–18 par. bes. V. 16), denn Gott ist in ihm gegenwärtig (V. 17 zit. Jes 56,7). Mt 23,16–22 fordert Jesus mit großer Schärfe eine ehrfürchtige Haltung gegenüber Tempel und Altar. Eingeschlossen ist bei dieser positiven

---

18. S. o. S. 106f.

19. J. Jeremias, Jesu Verheißung für die Völker², Stuttgart 1959, 37–39.

20. b. Sanh. 99a Bar. (Billerbeck I 805).

21. Dagegen gehört Mk 7,15 nicht zu den Logien, die die Tora aufheben, s. u. S. 202f.

22. So ist μὴ νομίσητε gemeint, wie Mt 10,34 zeigt.

23. J. Leipoldt, Der Gottesdienst der ältesten Kirche-jüdisch? griechisch? christlich?, Leipzig 1937, 10–20; →Lohmeyer (einseitig, wie manche Thesen Lohmeyers; er schildert Jesus als scharfen Bekämpfer des Kults und des Tempels).

Stellung auch der Opferdienst, dessen Ausübung Mt 5,23 f. vorausgesetzt wird[24]. Wenn Jesu letztes Mahl ein Passamahl war, hat er das Passalamm schlachten lassen. Mk 1,44 par. fordert er von dem Aussätzigen die Erfüllung der rituellen Vorschriften nach der Heilung. Man kann also nicht mit E. Lohmeyer sagen, daß Jesus den Opferkult bekämpft hätte. Hätte er das getan, dann hätte es die älteste Tradition schwerlich verschwiegen und hätte die älteste Kirche sich kaum am Opferdienst beteiligt (Apg 21,26). Freilich: die Erfüllung des Liebesgebotes ist wichtiger als alle Opfer[25]. Vor allem: der Tempel geht seiner Vernichtung entgegen. Für das zeitgenössische Judentum ist der Tempel ewig; Jesus dagegen kündigt seinen Abbruch an. Der neue Gottestempel steht schon bereit, der in der Heilszeit den alten ersetzen wird (Mk 14,58 par.).

b) Jesu Stellung zur mündlichen Überlieferung. Ganz anders ist Jesu Stellung zur *Halaka.* Er lehnt sie ab, und zwar radikal. Insbesondere kämpft Jesus gegen die rabbinische Sabbat*halaka.* Das führt ständig zu Konflikten.

Um Jesu Stellung zum Sabbat zu verstehen, wird man gut tun, von einer grundsätzlichen Aussage auszugehen, wie etwa dem chiastisch aufgebauten antithetischen Parallelismus Mk 2,27:

τὸ σάββατον διὰ τὸν ἄνθρωπον ἐγένετο,
καὶ οὐχ ὁ ἄνθρωπος διὰ τὸ σάββατον.

Γίνεσθαι umschreibt wie so oft (s. o. S. 21) das Handeln Gottes. Mk 2,27a besagt also: »*Gott* ordnete den Sabbat um des Menschen willen an.« Das Logion redet von der Schöpfung, und zwar wird auf die Reihenfolge der Schöpfungsakte geachtet. Daß die Erschaffung des Menschen am 6., die Anordnung des Ruhetages dagegen am 7. Tage erfolgte, läßt erkennen, daß es Gottes Schöpferwille war, daß der Ruhetag dem Menschen dienen und zum Segen gereichen sollte. Jesus sieht im Sabbatgebot, das im antiken Judentum als das Unterscheidungsmerkmal Israels gegenüber der Völkerwelt galt (Jub 2,19f.), eine Gabe Gottes an den Menschen. Zugleich wendet er sich mit der zweiten Zeile gegen den Mißbrauch, der darin besteht, daß der Mensch »dem Sabbat ausgeliefert wird« (so die rabbinische Parallele, s. o. S. 28, Anm. 21), d. h. daß der Mensch zum Sklaven des Sabbats gemacht wird. Damit wird, wie die Sabbatlogien Jesu und die Sabbatkonflikte zeigen[26], die *rabbinische* Sabbat*halaka* abgelehnt. Diese bestand aus einem minutiösen kasuistischen System, das alle am Sabbat verbotenen Handlungen kategorisierte. Einzig und allein Lebensgefahr konnte von der Verpflichtung der Einhaltung der Sabbat*halaka*

---

24. S. o. S. 187f.
25. Mk 12,34: Jesus stimmt den Worten des Schriftgelehrten in V. 33 zu.
26. →Lohse zeigte, daß die Worte Jesu über den Sabbat in geringerem Maße redigierender Bearbeitung unterlegen haben als die Sabbatgeschichten der Evangelien.

entbinden; diese Erleichterung, die sich in den Kämpfen der Makkabäerzeit herausgebildet hatte, sollte verhindern, daß die jüdischen Soldaten ihren Feinden am Sabbat widerstandslos preisgegeben wären[27]. Jesus dagegen hat nicht nur das Ährenraufen seiner Jünger am Sabbat geduldet (Mk 2,23 par.), sondern auch wiederholt am Sabbat geheilt, obwohl in keinem Fall Lebensgefahr vorlag[28]. Die Übertretung der Sabbat*halaka* hat er nach der synoptischen Überlieferung auf die verschiedenste Weise begründet. Er sagt, wie wir sahen, daß Gott den Sabbat nicht zum Joch bestimmt habe (Mk 2,27). Oder er verweist auf David, der (nach dem Midrasch: am Sabbat!)[29] in Nob in das Heiligtum eindrang und von den Schaubroten aß und seinen Begleitern zu essen gab (Mk 2,25f. par.), oder auf die Priester, die im Tempel den Sabbat brechen (Mt 12,5), auf den Vollzug der Beschneidung am Sabbat (Joh 7,22), auf die Sabbaterleichterungen, die sich in der Praxis eingebürgert hatten (Mt 12,11 par.)[30]; bei all diesen Beispielen, die zum Teil sekundär sein mögen, ist der springende Punkt, daß sie zeigen, daß die Rigorosität im Gegensatz zu Gottes Willen steht. Die entscheidende und durchschlagende Begründung für die Ablehnung der Sabbat*halaka* durch Jesus steht Mk 3,4 par.: sie hindert an der Erfüllung des Liebesgebotes.

Ebenso wie die rabbinische Sabbat*halaka* lehnt Jesus die rabbinische Reinheits*halaka* ab (vgl. die Geschichte von seinem Zusammenstoß mit dem pharisäischen Oberpriester auf dem Tempelplatz[31]), vor allem die pharisäische Vorschrift des rituellen Abspülens der Hände vor der Mahlzeit (Mk 7,1-8 par.; Lk 11,38)[32].

Auf Jesu Ablehnung des pharisäischen Abspülens der Hände bezieht sich der antithetische Parallelismus:

οὐδέν ἐστιν ἔξωθεν τοῦ ἀνθρώπου εἰσπορευόμενον εἰς αὐτὸν ὃ δύναται κοινῶσαι αὐτόν·
ἀλλὰ τὰ ἐκ τοῦ ἀνθρώπου ἐκπορευόμενά ἐστιν τὰ κοινοῦντα τὸν ἄνθρωπον
(Mk 7,15 par.).

In diesem *Mašal* stellt Jesus Nahrung und Worte (nicht: Gedanken, wie die pätere hellenisierte Auslegung will, vgl. Mk 7,21f.) einander gegenüber. Nicht

---

27. 1 Makk 2,32ff.

28. Mk 3,1-6 par.; Lk 13,10-17; 14,1-6 vgl. Joh 5,9; 9,14 (an diesen beiden Stellen klappt die Erwähnung des Sabbats auffällig nach).

29. B. Murmelstein, Jesu Gang durch die Saatfelder, in: Angelos 3, 1930, 111-120.

30. Es war allgemein üblich, am Sabbat einem verunglückten Stück Vieh zu helfen (Mt 12,11 par. Lk 14,5). Nur die Essener verboten es, einem Tier am Sabbath Geburtshilfe zu leisten (CD 11,13) oder einen Verunglückten am Sabbat aus dem Brunnen zu holen (11,16f.).

31. Ox.Pap. 840, vgl. J. Jeremias, Unbekannte Jesusworte⁴, Gütersloh 1965, 50-60; dort auch Erwägungen zur Frage der Glaubwürdigkeit der Erzählung.

32. Über den Sinn der Ausdehnung dieser nur für die Priester geltenden Vorschrift des Abspülens der Hände auf die Laien s. o. S. 148f.

Speisen können den Menschen unrein machen, wohl aber beflecken ihn böse Worte, die er äußert. Mit der ersten Zeile dieses antithetischen Parallelismus ist nicht etwa eine Aufhebung aller Bestimmungen der Tora über reine und unreine Nahrung (z. B. Lev 11; Dt 14,3–21: reine und unreine Tiere) gemeint, obwohl der *Mašal* schon von Paulus so verstanden worden zu sein scheint[33]; denn als ein Wort von solcher Tragweite stünde Mk 7,15 völlig isoliert da. Vielmehr wird Markus recht haben, wenn er das Logion auf die pharisäische Forderung des rituellen Händeabspülens bezieht: nicht auf rabbinische Ritualvorschriften, die in der Tora keinen Anhalt haben, gilt es zu achten, sondern auf die Gefahr der Zungensünde.

Warum lehnt Jesus die *Halaka* ab? Mk 7,6–8 gibt die Antwort: weil diese ganze Gesetzgebung Menschenwerk ist (V. 7) und im Widerspruch zu Gottes Gebot steht (V. 8). Stellt sie doch die Kasuistik über die Liebe, wie Jesus anhand der *qorban*-Kasuistik der Rabbinen zeigt (7,9–13 par.)[34], die es ermöglicht, daß ein Sohn aus Ärger oder Haß sich sämtlichen Verpflichtungen gegenüber seinen Eltern dadurch entzieht, daß er die geschuldete Unterstützung fiktiv dem Tempel weiht. Nur an einer einzigen Stelle scheint Jesus eine positive Haltung zur *Halaka* einzunehmen, Mt 23,3: πάντα οὖν ὅσα ἐὰν εἴπωσιν (die Schriftgelehrten) ὑμῖν ποιήσατε καὶ τηρεῖτε, κατὰ δὲ τὰ ἔργα αὐτῶν μὴ ποιεῖτε. λέγουσιν γὰρ καὶ οὐ ποιοῦσιν. Dieses Logion ist aber, wenn es überhaupt echt ist, überspitzt formuliert und ironisch gemeint. Es will keinesfalls eine Pauschalbilligung der *Halaka* aussprechen, vielmehr liegt der Ton ganz auf der zweiten Hälfte mit ihrer scharfen Verurteilung des praktischen Verhaltens der Schriftgelehrten, das ihre ganze Theologie Lügen straft.

Was die Frage nach der *Zuverlässigkeit der Überlieferung* über Jesu Stellung zu Tora und *Halaka* anlangt, so ist die Feststellung entscheidend, daß sie im Raum des antiken Judentums einmalig und beispiellos ist. Jesu Zuhörer müssen wirklich fassungslos gewesen sein (Mk 1,22: ἐξεπλήσσοντο). Allenfalls könnte man eine vereinzelte rabbinische Äußerung zum Vergleich heranziehen, die in ihrem Freimut erstaunlich ist. Rabban Joḥanan ben Zakkai, der Zeitgenosse der Apostel (gest. um 80 n. Chr.), hat im vertrauten Kreis seiner Schüler zu Num 19,1ff. das Wort gewagt: »Bei eurem Leben! Weder verunreinigt der Leichnam, noch reinigt das Wasser. Aber – es ist eine Verordnung des Königs aller Könige (die befolgt werden muß)[35].« Joḥanan hat also die Kühnheit besessen, die Unreinheit der Leichen zu bestreiten. Er geht damit noch weiter als Jesus, weil seine liberale Schau einer biblischen Satzung gilt, während Mk 7,15 es wahrscheinlich nur mit der *Halaka* zu tun hat. Doch ist die verschiedene Tendenz der Aussprüche zu beachten: Joḥanan will die Beachtung der Reinheitsvorschriften rechtfertigen,

---

33. Röm 14,14 unter Berufung auf den Kyrios Jesus, d. h. auf unser Logion, vgl. Jeremias, a. a. O. 20f.; 1 Tim 4,4; Tit 1,15. Die gleiche Ausdeutung des *Mašal* findet sich Mk 7,19 Ende.
34. Billerbeck I 711–717.
35. Pesiqta de Rab Kahana 40b; Pesiqta r. 14 (gegen Ende), vgl. Billerbeck I 719.

Jesus ist davon weit entfernt. Ihm geht es um etwas anderes: um das Ernstnehmen der Zungensünde.

Auch die Zurückführung der radikalen Worte Jesu auf die Urgemeinde kommt nicht in Frage. Denn die palästinisch-syrische Kirche hat Jesu radikale Stellungnahme zum alten Gottesrecht nicht durchgehalten. Typisch ist die Entschärfung des Verbots der Ehescheidung durch die Ehebruchsklausel (Mt 5,32; 19,9). Auch auf andere Weise hat man Jesu Worte entschärft. Beispielsweise wird Mt 5,17 in einen Zusammenhang gestellt, der den Ton von der positiven Aussage ($\pi\lambda\eta\varrho\tilde{\omega}\sigma\alpha\iota$) auf die negative ($\varkappa\alpha\tau\alpha\lambda\tilde{\upsilon}\sigma\alpha\iota$) verlagert. Ganz analog erhält Lk 16,17 durch den Kontext, den Matthäus dem Logion gibt (5,18), einen anderen Akzent. Ursprünglich hat Jesus, wie der bei Matthäus zugefügte Nebensatz $\tilde{\epsilon}\omega\varsigma$ $\tilde{\alpha}\nu$ $\pi\acute{\alpha}\nu\tau\alpha$ $\gamma\acute{\epsilon}\nu\eta\tau\alpha\iota$ zutreffend andeutet, davon gesprochen, daß die in der Schrift für die Zukunft angekündigten Ereignisse, insbesondere die Leiden, bis aufs letzte erfüllt werden würden. Im jetzigen Kontext zwischen Mt 5,17 und V. 19 besagt das Logion, daß Jesus ultrakonservativ die Tora bis zum letzten Häkchen anerkenne. Daß man auf solche Weise Jesu Worte im judenchristlichen Bereich entschärft hat, ist im Blick auf die missionarische Situation des Judenchristentums nur allzu verständlich.

Es ist also Jesus selbst, der an den Fundamenten des alten Gottesvolkes gerüttelt hat. Seine Kritik an der Tora, verbunden mit der Ankündigung des Endes des Kultus, seine Ablehnung der *Halaka* und sein Anspruch, den abschließenden Gotteswillen zu verkündigen, sind der entscheidende Anlaß gewesen für das Vorgehen der Führer des Volkes gegen ihn, das dann durch die Tempelreinigung ausgelöst wurde. Jesus galt ihnen als Pseudoprophet (s. o. S. 82f.). Diese Anklage hat ihn ans Kreuz gebracht.

2. Das Liebesgebot als Lebensgesetz der Königsherrschaft

Wer zur Basileia gehört, steht unter dem Gottesrecht der neuen Schöpfung. Wie sieht es aus?

Mk 12,28–34 par. bezeichnet Jesus die Nächstenliebe neben der Gottesliebe als das größte Gebot, und Mt 7,12 nennt er die Goldene Regel die Summe des ganzen Alten Testaments[36]. Es war eine kühne Tat Hillels (um 20 v. Chr.) gewesen, als er, den stoischen Gedanken vom $\nu\acute{o}\mu o\varsigma$ $\mathring{\alpha}\gamma\varrho\alpha\varphi o\varsigma$ (vgl. Röm 2,14) aufnehmend, einem übertrittswilligen Heiden gegenüber die Goldene Regel als Summe des geschriebenen Gesetzes bezeichnete: »Alles, was dich schädlich dünkt, füge keinem anderen zu; das ist die ganze Tora. Alles andere ist Kommentar. Geh und lerne[37].« Jesus knüpft an Hillel an; freilich wird es kein Zufall sein, daß er die Goldene Regel positiv formuliert. Während Hillels negative

---

36. In der Parallele Lk 6,31 fehlt der Satz $o\tilde{\upsilon}\tau o\varsigma$ $\gamma\grave{\alpha}\varrho$ $\grave{\epsilon}\sigma\tau\iota\nu$ $\acute{o}$ $\nu\acute{o}\mu o\varsigma$ $\varkappa\alpha\grave{\iota}$ $o\acute{\iota}$ $\pi\varrho o\varphi\tilde{\eta}\tau\alpha\iota$. Er wird durch die Anknüpfung an Hillel als ursprünglich erwiesen. In der lukanischen Fassung wird er mit Rücksicht auf heidenchristliche Leser weggelassen sein.

37. b. Šab. 31a.

Fassung sich mit der Mahnung begnügt, dem Nächsten keinen Schaden zuzufügen, ruft Jesu positive Fassung zum Liebeserweis auf[38]. Vorbild der Nächstenliebe ist Gott in seiner großen Barmherzigkeit: γίνεσθε οἰκτίρμονες, καθὼς καὶ ὁ πατὴρ ὑμῶν οἰκτίρμων ἐστίν (Lk 6,36)[39].

Die Matthäusparallele, die τέλειος an Stelle von οἰκτίρμων hat (5,48), dürfte eine paränetische Ausweitung des Logions darstellen[40], ohne daß man dem τέλειος deshalb einen perfektionistischen Sinn wird unterstellen dürfen; vielmehr wird Matthäus τέλειος im Sinne des alttestamentlichen *tamim* (»unversehrt«, »ungeteilt«) als Bezeichnung des mit der Ganzheit seines Lebens Gott Gehörenden verstanden haben[41].

Die Liebe, das besagen alle diese Stellen, ist das Lebensgesetz der Königsherrschaft[42]. Sie äußert sich nicht bloß in Gefühlen und Worten, sondern in *Taten:* in der Fähigkeit zum Geben (Mt 5,42), in der Bereitschaft zum Dienst (Mk 10,42–45 par. Lk 22,24–27), in Liebeswerken aller Art (Mt 25,31–46, wo die Aufzählung der sechs wichtigsten Liebeswerke viermal wiederholt wird), vor allen Dingen in der Willigkeit, dem Bruder zu vergeben. Ein weiteres Kennzeichen dieser Liebe ist ihre *Grenzenlosigkeit*. Sie gilt nicht nur den sozial Gleichgestellten, sondern vorzugsweise den Armen (Lk 14,12–14), mit denen sich Jesus als seinen Brüdern identifiziert (Mt 25,40 vgl. 45)[43], nicht nur den

---

38. Die Gemeinde greift wieder zur negativen Fassung (Apg 15,20 D *322 1739 pc* sa Ir; V. 29 D *614 al* sa Ir). Es wird öfter behauptet (z. B. von A. Diehle, Die goldene Regel. Eine Einführung in die Geschichte der antiken und frühchristlichen Vulgärethik, Göttingen 1962), daß kein inhaltlicher Unterschied zwischen der negativen Fassung der Goldenen Regel bei Hillel und der positiven bei Jesus gemacht werden dürfe, da das Judentum auch die positive Fassung kenne (z. B. Aristeasbrief, 207). Dabei wird übersehen, daß bei einem Vergleich zwischen Jesus und dem antiken Judentum die verschiedenen jüdischen Fassungen der Goldenen Regel in Palästina und der Diaspora nicht auf eine Ebene geschoben werden dürfen, sondern daß von der Fassung ausgegangen werden muß, die in Jesu Gesichtskreis lag, und das ist die negative Hillels.

39. Lk 6,36 ist Zitat eines jüdischen Satzes: »Wie euer Vater barmherzig *(raḥman)* ist im Himmel, so sollt ihr auf Erden barmherzig sein« (Targ. Jeruš. I Lev. 22,28 par. j. Ber. 9c 21f.; j. Meg. 75c 12; vgl. M. Black, An Aramaic Approach to the Gospels and Acts[3], Oxford 1967, 181).

40. R. Schnackenburg, Die Vollkommenheit des Christen nach den Evangelien, Theologisches Jahrbuch 1961, hg. A. Dänhardt, Leipzig 1961, 67–81: 71 f. Die in Anm. 39 zitierte Parallele bestätigt, daß *raḥman/οἰκτίρμων* ursprünglich ist.

41. P. J. du Plessis, τέλειος. The Idea of Perfection in the New Testament, Diss. Theologische Academie Kampen, Kampen 1959.

42. Bezeichnend ist, daß das Verbum ἀγαπᾶν in den Synoptikern fast nur in Herrenworten vorkommt, bei Markus 5mal (sonst nur 10,21), bei Matthäus 7mal (sonst nicht), bei Lukas 11mal (sonst nur 7,5; außerdem 11,43 in anderer Bedeutung).

43. Mit den »Brüdern« Jesu Mt 25,40. vgl. 45 sind nicht seine Jünger, sondern die Armen gemeint (vgl. Jeremias, Gleichnisse[7], 205).

Gleichgesinnten, sondern auch den Feinden (Mt 5,44 par. Lk 6,27f.). Das Gleichnis vom barmherzigen Samariter veranschaulicht die Grenzenlosigkeit der Liebe mit besonderer Eindrücklichkeit (Lk 10,30–37). Es muß für die Hörer überraschend gewesen sein, daß Jesus an dritter Stelle statt des nach der geläufigen Trias Priester, Levit, Israelit erwarteten Israeliten von einem Samariter, einem verhaßten Volksfeind und Mischling, redet und ihn als vorbildlich in der Übung der Liebe hinstellt – ein Schlag ins Gesicht für jeden bewußten Juden. Jesus will sagen: die selbstlose Hilfe, die der Mischling dem Hilflosen erweist, zeigt, daß das Liebesgebot keine Schranken kennt.

Diese Weite des Liebesgebotes ist ohne Parallele in der Zeitgeschichte, und insofern hat das vierte Evangelium völlig recht, wenn es Jesus das Liebesgebot als neues Gebot bezeichnen läßt (Joh 13,34). Während die volkstümliche Moral den persönlichen Feind von der Liebespflicht ausnahm (»du sollst deinem Volksgenossen Liebe erweisen [Lev 19,18], nur deinem Widersacher gegenüber bist du hierzu nicht verpflichtet« [Mt 5,43])[44], ja es verbot, den Sündern Brot zu geben[45], fordert Jesus von seinen Jüngern, daß sie auch diejenigen lieben, die ihnen Unrecht tun und sie verfolgen, ja, daß sie für sie beten (Mt 5,44). Durch die Fürbitte wird der Verfolger in das Gottesverhältnis der Jünger mit einbezogen. Auch zu den Essenern tut sich am Liebesgebot eine tiefe Kluft auf. Von allen frommen Kreisen stehen sie Jesus am nächsten durch die Unerbittlichkeit ihres religiösen Ernstes und die Lebendigkeit ihrer eschatologischen Erwartung. Aber bei ihnen gilt, wir sahen es schon (§ 14), der unbarmherzige Haß gegen die Sünder als fromme Pflicht.

3. Das neue Motiv

So gewiß es zutrifft, daß die Liebe das Lebensgesetz des neuen Äons ist, so ist diese Feststellung allein noch nicht ausreichend, um das Neue des eschatologischen Gottesrechtes zu bestimmen. Das Liebesgebot begegnet ja doch schon

---

44. Zu der volkstümlichen, Lev 19,18 einschränkenden Maxime Mt 5,43 ist in sprachlicher Hinsicht dreierlei zu beachten. Die erste Beobachtung betrifft das Gegensatzpaar πλησίον/ ἐχθρός: πλησίον (Lev 19,18 LXX) ist Wiedergabe von rea^c = »Volksgenosse«, darf also Mt 5,43 nicht mit dem Sinn »Nächster« befrachtet werden, den erst Jesus ihm gegeben hat; ἐχθρός meint den persönlichen Feind, den Widersacher, nicht den Nationalfeind (vgl. Lk 6,27f.). Sodann: bei Kontrastpaaren ist im Semitischen der negative Teil sehr oft lediglich Verneinung des positiven, so auch hier: μισεῖν ist dementsprechend nicht mit »hassen« zu übersetzen, sondern mit »nicht lieben«. Schließlich: das den beiden griechischen Futura ἀγαπήσεις, μισήσεις zugrundeliegende aramäische Imperfekt hat nur selten rein futurische, meist virtuelle Bedeutung; bei ἀγαπήσεις ist die virtuelle Nuance jussivisch (»du sollst«), bei μισήσεις permissiv (»du brauchst nicht«). Es muß also übersetzt werden: »Du sollst deinen Volksgenossen lieben (Lev 19,18), deinen Widersacher brauchst du (allerdings) nicht zu lieben.«

45. μὴ δῷς τοῖς ἁμαρτωλοῖς (Tob 4,17 von der Brotspende beim Begräbnis); b. Sanh. 92a (Billerbeck I 205.)

im Alten Testament. Wird es nur wiederholt? Wird es gereinigt? Wird es überboten? Was ist das Neue am Gottesrecht der Basileia?

Wenn wir vom Gottesrecht der Basileia reden, denken wir nicht zu Unrecht zuerst an die sechs Antithesen der Bergpredigt (Mt 5,21–48)[46]. In dieser Zusammenstellung von Jesusworten wird Zug um Zug dem alten Gottesrecht das neue Gottesrecht gegenübergestellt. Sechs Lebensgebiete werden neu geordnet: die Stellung zum Bruder (V. 21–26) und zur Frau (V. 27–30), die Ehe (V. 31f.), der Umgang mit dem Wort (V. 33–37) und die Haltung gegenüber dem Feind, sowohl die passive (V. 38–42) wie die aktive (V. 43–48). Jeweils wird das alte Gottesrecht überboten[47]. Das Gebot der Feindesliebe stellt den Höhepunkt dieser Überbietungen dar. Das könnte zu dem Schluß führen, daß das neue Gottesrecht in der Toraverschärfung bestehe. Diese Sicht ist weit verbreitet. Selbst C. H. Dodd hat in seinem ausgezeichneten Buch »Gospel and Law«[48] den Eindruck nicht ganz vermieden, daß wir das Neue an Jesu Forderungen in der heroischen Haltung zu sehen haben, die Jesus von seinen Nachfolgern erwartete, in einem Heroismus der Liebe. Damit ist etwas Richtiges gesehen. Es ist unbestreitbar, daß das neue Gottesrecht das alte überbieten will und daß Jesus von seinen Nachfolgern ein Maß an Liebe erwartete, das man nur als heroisch bezeichnen kann. Trotzdem müssen wir an diesem Punkt widersprechen. Toraverschärfung finden wir auch in Qumran, ja sie spielt geradezu die entscheidende Rolle in der essenischen Ethik[49]. Und heroische Forderungen finden sich auch im rabbinischen Spruchgut. Gewiß handelt es sich hier um seltene Höhepunkte, gewiß fehlen (nicht zufällig) Parallelen zu den schwersten Forderungen Jesu (z. B. zur Feindesliebe), gewiß mag es sich auch bei einigen Analogien um Abhängigkeit von Jesus handeln[50]. Aber alles das zugegeben – es ist unbestreitbar, daß auch das antike Judentum von Toraverschärfung und von heroischer Ethik weiß[51].

46. S. o. S. 199f.
47. Zu der Behauptung, daß von den sechs Einheiten nur drei ursprünglich als Antithesen formuliert waren, s. u. S. 240f.
48. Cambridge 1951.
49. Vgl. →Braun.
50. S. o. S. 29, Anm. 25. Abhängigkeit von Jesus liegt mit hoher Wahrscheinlichkeit vor in der rabbinischen Fassung des Gleichnisses vom gütigen Arbeitsherrn (Mt 20,1–15), die R. Zeʿera um 325 bei der Beerdigung seines Schülers R. Bun bar Ḥijja vortrug (j. Ber. 5c 15–23 par. Midr. Pred. 5,11; Midr. Hohes L. 6,2), vgl. zur Begründung: Jeremias, Gleichnisse[7], 138. Denkbar wäre Abhängigkeit von der Evangelienüberlieferung auch Pesiq. r. 24 (124b 12): »R. Šimʿon b. Laqiš (um 250 n. Chr.) hat gesagt: Wer mit seinem Leibe die Ehe bricht, heißt Ehebrecher; wir finden (jedoch in der Schrift), daß schon der ein Ehebrecher genannt wird, der auch nur mit seinen Augen die Ehe bricht. Welches ist die biblische Begründung? ›Und das ehebrecherische Auge (so der Midrasch) lauert auf die Dämmerung‹ (Hi 24,15).«
51. H. Odeberg, Pharisaism and Christianity, St. Louis 1964, 25.

Hier liegt ein Problem. Während im Bereich des Gottesverhältnisses das Neue der Verkündigung Jesu sofort zu greifen ist, gilt das bezüglich der Weisungen Jesu für die Lebensführung seiner Jünger nicht in gleicher Weise. Zur Klarheit kommt man erst, wenn man erkennt, daß das Neue an den Forderungen Jesu primär nicht im Stoff liegt. Das eigentliche Neue ist nicht die unüberbietbare Höhe und Strenge der Forderung Jesu, sondern etwas ganz anderes: das *Motiv*.

Die landläufige Ethik des antiken Judentums ist beherrscht vom Verdienstgedanken. Hier bedarf es nicht vieler Worte. Die Triebfeder des Handelns ist die Hoffnung auf Lohn bei Gott. Das sittliche Handeln ist ein Anhäufen von Verdiensten, die man durch Gebotserfüllungen und freiwillige gute Werke (s. § 14) erwirbt. Nirgendwo zeigt sich so klar wie hier, daß das pharisäische Judentum eine *Leistungsreligion* ist[52].

Aber spricht nicht auch Jesus vom Lohn? Die Zahl der Stellen ist sogar erstaunlich groß (vgl. Mk 10,28–30 par.; Mt 5,12 par. 46f.; 6,2/4.5/6.16/18; 25,14–30 par.; Lk 14,12–14)[53]. Der Lohn ist dabei gelegentlich sehr realistisch gefaßt. Er ist gewissermaßen präexistent (Mt 25,34; 5,12). Er ist (das ist ein geläufiges antik-jüdisches Bild) ein himmlisches Kapital, das auf seinen Besitzer wartet (6,20). Jesus kennt auch Abstufungen des Lohnes; er kann πολύς sein (5,12). Es gibt einen Lohn für die Propheten, einen für Gerechte, einen für Jünger (10,41f.). Weiter redet er von Rangstufen in der Basileia; der eine wird ἐλάχιστος, der andere μέγας sein (5,19). Es werden die Ehrenplätze zur Rechten und Linken Jesu erwähnt (Mk 10,40). Hält mit diesen Worten nicht der Verdienstgedanke des antiken Judentums Einzug in die Verkündigung Jesu[54]?

Nun darf man aber nicht übersehen, daß Jesus an die Sprechweise der Zeit anknüpft, wenn er vom Lohn redet. Die religiöse Sprache ist konservativ, und vor allen Dingen in polemischen Zusammenhängen muß man von der Sprache der Gegner ausgehen. Das ist besonders deutlich Mt 6,1ff., einem eindeutig polemischen Zusammenhang (s. o. S. 173). V. 3f. heißt es:

σοῦ δὲ ποιοῦντος ἐλεημοσύνην μὴ γνώτω ἡ ἀριστερά σου τί ποιεῖ ἡ δεξιά

---

52. Gewiß finden wir etwa ein Wort wie dieses: »R. Meir (um 150 n. Chr.) hat gesagt: Gott sprach zu Moses: Sei mir gleich; wie ich Böses mit Gutem vergelte, so vergilt auch du Böses mit Gutem« (Ex. r. 26 zu 17,8; vgl. auch P. 'Ab. 1,3). Hier ist Gott Vorbild für den Verzicht auf Vergeltung und für die Überwindung des Bösen durch Gutes. Aber solche Worte sind Ausnahmen.

53. Zum Problem vgl. →Bornkamm; W. Pesch, Der Lohngedanke in der Lehre Jesu, Münchener theologische Studien, Historische Abteilung 7. Band, München 1955.

54. Vermutlich ist dieser Anstoß der Anlaß dafür, daß schon die vorlukanische Überlieferung zu Lk 6,32–34 an Stelle von μισθός (so V. 35 und Mt 5,46) das Wort χάρις benutzt (wenn es sich nicht lediglich um eine stilistische Korrektur handelt). χάρις = »Lohn(anspruch)« ist geläufig: Sir 12,1; Sap 3,14; Ignatius, an Polykarp 2,1; 1 Kor 9,16 v. l. und öfter.

σου, ὅπως ᾖ σου ἡ ἐλεημοσύνη ἐν τῷ κρυπτῷ·
καὶ ὁ πατήρ σου ὁ βλέπων ἐν τῷ κρυπτῷ ἀποδώσει σοι.
D. h., wenn du Almosen gibst, vergiß es wieder; dein Vater, der das Verborgene sieht[55], wird dir's vergelten. Hier ist deutlich, daß Jesus zwar die Vokabel »vergelten« aufnimmt, daß er aber sachlich voraussetzt, daß seine Jünger sich völlig von dem Lohnstreben gelöst haben; sie sollen ja vergessen, was sie Gutes taten. Wie Jesus dieses Vergessen gemeint hat, sieht man aus Mt 25, 37–40, wo die beim Endgericht Freigesprochenen völlig überrascht sind über die Liebestaten, derentwegen sie freigesprochen werden. Sie erheben Einspruch gegen die Anerkennung, die ihnen gezollt wird, sie ist ihnen unverständlich. Zu diesem Zug gibt es keine Parallele in den zeitgenössischen Endgerichtsschilderungen, was nicht verwundert, denn das ist die Aufhebung des Lohngedankens. In der Tat hat Jesus ihn radikal verneint (Lk 17,7–10): οὕτως καὶ ὑμεῖς, ὅταν ποιήσητε πάντα τὰ διαταχθέντα ὑμῖν, λέγετε ὅτι δοῦλοι ἀχρεῖοί ἐσμεν, ὃ ὠφείλομεν ποιῆσαι πεποιήκαμεν (V. 10). Auch sonst benutzt Jesus das Bild vom Sklaven, um die Ablehnung von Ansprüchen zum Ausdruck zu bringen (Mk 10,44; Mt 10,24f.; Lk 12,35–38; alte Überlieferung bei Johannes: 13,16; 15,20). Im Unterschied zum Tagelöhner (ἐργάτης) hat der Sklave keinen Anspruch auf Lohn; er ist ganz auf seinen Herrn angewiesen. Wenn Jesus trotzdem von μισθός redet, so geht es ihm nicht um Lohnanspruch, sondern um etwas ganz anderes: nämlich um die Realität der göttlichen Vergeltung. Das wird etwa Mt 10,42 deutlich; das Fordern und das Darbieten eines Bechers Wasser sind im Orient so absolut selbstverständliche Dinge, daß ein Dank nicht üblich ist; aber Gott wird schon eine solche alltägliche Handlung vergelten. Von Verdienst kann da gar keine Rede sein. Verdienst blickt auf die menschliche Leistung, Vergeltung blickt auf die Treue Gottes. Daß Gott zuverlässig ist und vergibt, das bleibt bestehen.

Im Bereich der Königsherrschaft tritt an die Stelle des Verdienstgedankens und des Lohnanspruches ein anderes *Motiv des Handelns*: die Dankbarkeit für Gottes Gabe. Von der dankbaren Freude handelt zum Beispiel das Gleichnis vom Schatz im Acker Mt 13,44. Man hat dieses Gleichnis früher so verstanden, daß Jesus die Bereitschaft zur Hingabe aller Werte fordere. Doch ist damit sein Sinn verkannt. Die entscheidenden Worte sind vielmehr ἀπὸ τῆς χαρᾶς. Der Finder des Schatzes wird überwältigt von einer großen Freude. Genauso überwältigt die Königsherrschaft den Sinn, sie reißt den Menschen fort, und es wird eine blanke Selbstverständlichkeit, daß er alles hingibt, um sich diesen Schatz anzueignen, vgl. Mt 13,45f. die kostbare Perle, Thomasev. 8 der große Fisch[56]; so auch Mt 5,44f.: die Erfahrung der schrankenlosen Güte Gottes,

---

55. ὁ βλέπων ἐν = ḥame be = »etwas sehend«. Also nicht: »der auch im Dunkeln sehen kann«, sondern: »der auch das Verborgene sieht«.

56. Zum Gleichnis vom großen Fisch vgl. Jeremias, Gleichnisse⁷, 199f.

seiner unermüdlichen Geduld mit den Bösen und Ungerechten ist die Quelle, aus der die Feindesliebe fließt. Hierher gehört auch Lk 22,24–27: in der Welt herrscht Geltungssucht und Gewalt, im Bereich der Jüngerschaft Fähigkeit zum Dienst. Warum? Weil der Meister selbst inmitten der Jünger wie der bei Tisch aufwartende Diener ist (V. 27). Damit ist nicht nur auf das Vorbild Jesu hingewiesen, sondern auch auf die persönliche Erfahrung der dienenden Liebe des Meisters, die die Jünger gemacht haben – sollten sie sie dann nicht auch üben können? Mt 18,23–35: Weil dem Jünger Jesu eine riesige, unvorstellbare Schuld vergeben ist, darum sollte er selbst vergeben können. Die göttliche Vergebung bedeutet Gottes Anspruch auf das Leben dessen, dem vergeben ist.

Als besonders deutliches Beispiel ist Lk 7,36–(47)50 zu nennen[57]. V. 47a scheint freilich zunächst ein ganz anderes Motiv für die Liebe der Frau zu nennen: »Darum, sage ich dir, hat Gott ihr ihre Sünden vergeben, so viele es sind (inkludierendes $\pi o \lambda \lambda o i$)[58], weil sie viel geliebt hat«. Scheinbar geht hier die Liebe der Frau voran, und die Vergebung Gottes ist ihr Lohn. Indes, schon eine sprachliche Beobachtung läßt es fraglich erscheinen, ob das die Meinung von V. 47a ist. Das Aramäische besitzt ebenso wie das Hebräische, Syrische und Arabische kein Wort für »danken« und muß mit Verben wie »preisen«, »segnen«, »lieben« umschreiben. In unserer Perikope schwingt dementsprechend in $\dot{\alpha}\gamma\alpha\pi\tilde{\alpha}\nu$ die Bedeutung »dankbar sein« deutlich mit, wie V. 42 zeigt: denn $\tau \acute{\iota} \varsigma$ $o \tilde{v} \nu$ $\alpha \dot{v} \tau \tilde{\omega} \nu$ $\pi \lambda \varepsilon \tilde{\iota} o \nu$ $\dot{\alpha} \gamma \alpha \pi \acute{\eta} \sigma \varepsilon \iota$ $\alpha \dot{v} \tau \acute{o} \nu$; kann nur besagen wollen: »Wessen Dankbarkeit wird größer sein?« Entsprechend hat auch in V. 47a $\H{o} \tau \iota$ $\mathring{\eta} \gamma \acute{a} \pi \eta \sigma \varepsilon \nu$ $\pi o \lambda \acute{v}$ die Bedeutung: »denn ihre Dankbarkeit ist so groß«. Dann aber ist deutlich, daß die Vergebung voranging und die dankbare Liebe ihr folgt. Das wird in der Tat durch V. 47b bestätigt: $\tilde{\wp}$ $\delta \grave{\varepsilon}$ $\grave{o} \lambda \acute{\iota} \gamma o \nu$ $\dot{\alpha} \varphi \acute{\iota} \varepsilon \tau \alpha \iota$, $\grave{o} \lambda \acute{\iota} \gamma o \nu$ $\dot{\alpha} \gamma \alpha \pi \tilde{\alpha}$. Hier ist die Vergebung das Primäre: »Wem wenig vergeben ist, dessen dankbare Liebe ist gering«. Vollends ist in dem vorangehenden kleinen Gleichnis von den beiden Schuldnern klar gesagt, daß der Schuldenerlaß das erste ist (V. 41–43). Das heißt, das $\H{o} \tau \iota$ in V. 47a gibt den Erkenntnisgrund an, nicht den Realgrund; der Satz besagt: Gott muß ihr viel vergeben haben, sonst könnte sie nicht so stark lieben. Überströmende Dankbarkeit ist es, was das Tun der Frau bestimmt.

Lk 19,1–10 sei abschließend erwähnt. Jesus beschließt, im Haus des Zachäus, des verachteten Oberzöllners, abzusteigen, obwohl ihm in Jericho sicher viele Häuser geachteter Männer offengestanden hätten. Diese Güte Jesu überwältigt

---

57. Während in der Perikope die Lukanismen ganz spärlich sind, häufen sie sich am Schluß: V. 48: $\varepsilon \tilde{\iota} \pi \varepsilon \nu$ $\delta \acute{\varepsilon}$; V. 48b vgl. Lk 5,20.23; V. 49: abundierendes $\varkappa \alpha \acute{\iota}$ nach Relativpronomen; V. 50: $\varepsilon \tilde{\iota} \pi \varepsilon \nu$ $\delta \acute{\varepsilon}$; $\pi \varrho \acute{o} \varsigma$ nach Verbum dicendi; $\pi o \varrho \varepsilon \acute{v} \varepsilon \sigma \vartheta \alpha \iota$ statt des von Lukas gemiedenen $\dot{v} \pi \acute{a} \gamma \varepsilon \iota \nu$ (vgl. Mk 5,34 par. Lk 8,48). Das heißt: V. 48–50 wird lukanischer Zusatz sein.

58. S. o. S. 131f.

ihn und verwandelt sein Leben: er erfährt die Freude der Buße und antwortet mit der Hingabe seines Vermögens zur Wiedergutmachung und zur Hilfe für die Armen.

Was für die Umkehr gilt (s. o. § 15), gilt auch für die Lebensführung der Jünger Jesu: Aus der Dankbarkeit des begnadeten Gotteskindes erwächst die gelebte Kindschaft. Im Bereich der Königsherrschaft gibt es letztlich nur dieses eine Motiv des Handelns: die Dankbarkeit für erfahrene Vergebung.

4. Die einzelnen Lebensgebiete

Wie manifestiert sich die Königsherrschaft im Leben konkret? Wenn man sich den einzelnen Verpflichtungen zuwendet, die Jesus seinen Jüngern auferlegt, dann wäre es ein Fehler, wollte man sofort an die großen Forderungen Jesu denken: den Bruch mit der Familie, sogar den liebsten Angehörigen, wie er in Einzelfällen notwendig werden kann, den Verzicht auf den Besitz, den er von einigen seiner Nachfolger verlangte, das Erleiden des Martyriums. Alle diese Opfer können Bestandteil der Nachfolge sein. Das elementarste allgemeingültige Kennzeichen gelebten Glaubens ist etwas Schlichteres:

a) Die Heiligung des Alltags. Bereits an etwas so Alltäglichem wie dem *Gruß auf der Straße* kann man erkennen, daß Jesu Jünger der Königsherrschaft zugehören. Der Gruß war streng zeremoniell geregelt[59], weil er die Übermittlung des Friedens bedeutete (vgl. Mt 10,12f.). Darum achtete man darauf, wer zuerst grüßen mußte (vgl. Mt 23,7); man legte fest, wem man den Friedensgruß entbieten dürfe und wem nicht. Der Talmud berichtet von zwei Rabbinen, die so freundlich waren, daß sie sich bemühten, sogar den Heiden auf dem Markt mit dem Gruß zuvorzukommen; dieses Verhalten war so ungewöhnlich, daß die Namen dieser beiden Gelehrten der Nachwelt aufbehalten worden sind[60]. Für Jesu Jünger existieren dergleichen Formalitäten nicht. Man erkennt sie daran, daß sie frei sind von Ehrgeiz und Vorurteil und den Frieden Gottes jedermann schenken (Mt 5,47). Ebenso verraten sie sich als Kinder der Basileia durch die Bescheidenheit, mit der sie beim Gastmahl am unteren Ende der Tafel Platz nehmen (Lk 14,7-11).

Die Zugehörigkeit zur Königsherrschaft manifestiert sich im Alltagsleben ferner dadurch, daß *das Wort in Zucht genommen* ist. Jesus hat das immer wieder mit großem Nachdruck ausgesprochen. Wir sahen schon früher[61], daß er be-

---

59. Billerbeck I 380–385.
60. b. Ber. 17a (Rabban Joḥanan b. Zakkai, gest. um 80 n. Chr.); b. Giṭṭ. 62a (R. Hisda, gest. 209 n. Chr.).
61. S. o. S. 203.

sonders scharf über die Zungensünde geurteilt und sie als den Menschen verunreinigend angesehen hat. Die Zucht, in die das Wort genommen wird, soll bis ins Kleinste gehen. Jesus warnt vor der Gefahr des unfreundlichen Wortes; harmlose Schimpfwörter wie ῥακά (»Schafskopf«), μωρέ (»Idiot«) sind schlimmer als Mord (Mt 5,21f.)[62]. Er untersagt vollends das den Bruder verurteilende oder ihn verdächtigende Wort und erwartet stattdessen, daß das Maß der Barmherzigkeit an ihn angelegt werde (Mt 7,1f. par. Lk 6,37f.)[63]. Schließlich warnt Jesus vor der Gefahr des unwahren Wortes. Von ihr handelt Mt 5,33-37. Man hat die Stelle immer wieder so aufgefaßt, als ob Jesus hier Anweisungen über das Schwören gebe, und sich gefragt, ob er auch den Eid vor Gericht verbiete. Faktisch geht es in diesem Abschnitt jedoch nicht um den Schwur als Rechtsinstitut, sondern, wie Mt 5,37 zeigt, um die Wahrhaftigkeit. Was Jesus hier an Beispielen nennt, sind denn auch nicht vor Gericht verwendete Eidesformen, sondern die Schwüre, mit denen der Orientale in der Alltagssprache ständig die Wahrhaftigkeit der Aussage unterstreicht (vgl. 23,16-22). Jesu Jünger haben diese Aushilfe nicht nötig, weil Jesus von ihnen unbedingte Wahrhaftigkeit erwartet: ἔστω δὲ ὁ λόγος ὑμῶν ναὶ ναί, οὒ οὔ (5,37). Hier wird – jedenfalls nach dem ursprünglichen Sinn, den Matthäus schon verkannt haben mag – nicht dazu aufgefordert, die Aussage durch eine Verdoppelung des Ja bzw. des Nein zu bekräftigen. Das geht eindeutig aus Jak 5,12 hervor. Vielmehr wird die Verdoppelung des ναί bzw. οὔ in Mt. 5,37 ein Semitismus sein. Das Semitische hat keine genaue Entsprechung zu unserem distributiven »je«, »jeweils«, »jedesmal« und greift daher zur Iteration, wenn es eine Distribution ausdrücken will[64]. Das Wort besagt also: »Euer Ja bedeute jedesmal ein Ja, euer Nein jedesmal ein Nein«. Jedes Wort soll unbedingt verläßlich sein, keiner Bekräftigung durch Anrufung Gottes bedürfend. Denn Jesu Jünger wissen, daß sie in Bälde Gott über jedes nicht der Wahrheit entsprechende Wort (ῥῆμα ἀργόν) Rechenschaft werden ablegen müssen (Mt 12,36)[65]. Gott ist der

---

62. Zum Verständnis vgl. J. Jeremias, ῥακά, ThW VI, 1959, 973-976.

63. Mt 7,2 hat die Vorstellung von den *zwei* Gottesmaßen »des Gerichts« und »der Barmherzigkeit« im Auge.

64. Z. B. Mk 6,7 δύο δύο »je zwei« (A. J. Wensinck, Un groupe d'aramaismes dans le texte grec des Evangiles. Mededeelingen der koninklijke Akademie van Wetenschappen, Afd. Letterkunde, 81, Amsterdam 1936, 169-180).

65. E. Stauffer, Von jedem unnützen Wort?, in: Gott und die Götter. Festgabe für Erich Fascher zum 60. Geburtstag, Berlin 1958, 94-102, möchte ῥῆμα ἀργόν »unnützes Wort« von der Schweigedisziplin der Essener her erklären, Mt 12,36 daher Jesus absprechen und einer Rejudaisierung der Jesusüberlieferung zuschreiben. Es fragt sich jedoch, was ῥῆμα ἀργόν bedeutet. Die syrischen Übersetzungen deuten darauf hin, daß dem Adjektiv ἀργός ein aramäisches *beṭil* zugrundeliegt. Targ. Onq. Ex. 5,9 bezeichnet *pitgamin beṭilin* (MT *dibre – šaqär*) »trügerische (der Wahrheit nicht entsprechende) Worte«; in dieser Bedeutung ist der Ausdruck in Jesu Mund unanfechtbar.

Gott der Wahrheit, und darum ist die Wahrhaftigkeit Kennzeichen seiner Herrschaft.

Vor allem aber äußert sich die Zugehörigkeit zur Basileia im schlichten Alltag in der *unermüdlichen Fähigkeit, dem Bruder zu vergeben* – siebenmal (Lk 17,4) bzw., nach der Matthäusparallele, siebenundsiebzigmal (Mt 18,22). Das Hebräerevangelium wird recht haben, wenn es diese hohen Zahlen so erklärt, daß es sagt, Jesus denke in erster Linie an widerfahrene Beschimpfungen[66]. Der »Bruder«, der die Jünger Jesu durch Verleumdungen und Beschimpfungen quält, ist der Volksgenosse, der sie um ihrer Botschaft willen angreift. Die Vergebungsbereitschaft, die Jesus von seinen Jüngern erwartet, bedeutet nicht, daß die Schuld bagatellisiert wird; Lk 17,3f. wird ausdrücklich vorausgesetzt, daß der Schuldige sein Unrecht einsieht (par. Mt 18,15.21f. wird diese Voraussetzung allerdings nicht erwähnt). Das Entscheidende ist, daß die Jünger eine Gemeinschaft von Menschen sind, die selbst die Vergebung erfahren haben und die sie weitergeben.

b) Der Verzicht auf Hab und Gut. Ein zweites Kennzeichen: im Raum der Basileia herrscht Freiheit vom Besitz.

Durch die Berichte der Evangelien geht ein liebevolles *Verständnis für die Armen:* so in den Gleichnissen vom verlorenen Groschen und vom ungerechten Richter oder in der Geschichte vom Scherflein der Witwe. Jesus selbst gehört zu den Armen. Die Überlieferung berichtet, daß schon seine Eltern arm waren[67]. Jesus hat kein Geld bei sich (Mk 12,15f.). Er und seine Jünger müssen sich zum Abendessen mit fünf Brotfladen und zwei Fischen als Zukost begnügen (Mk 6,38 par.). Wie die Schriftgelehrten von den Gaben ihrer Schüler leben, so Jesus von der Unterstützung seitens seiner Anhänger (Mk 15,41; Lk 8,3). Daß die soziale Not bei Jesus stärker hervortritt als bei den Rabbinen[68], ist ohne Frage eine zutreffende Beobachtung. Immer wieder ruft Jesus zur Geldgabe an die Armen auf (Mk 10,21 par.; Mt 6,4.20; Lk 12,33), wobei man bedenken muß, daß das »Almosengeben« im Morgenland nicht Unterstützung der Bettelei ist, sondern die Form der sozialen Hilfe schlechthin. Jesus macht sich die soziale Forderung der Propheten zu eigen. Wie schon in der prophetischen Verkündigung ist das Gottesrecht Armenrecht[69]. Die Armen stehen Gott nahe. Denn die eschatologische Umkehr der Verhältnisse beginnt sich zu realisieren: die Armen werden reich (Lk 6,20). Doch sind die Armen im

---

66. J. Jeremias, Unbekannte Jesusworte[4], Gütersloh 1965, 89–91.
67. Sie opferten bei seiner Geburt nach Lk 2,24 zwei Tauben. Das gewöhnliche Opfer der Wöchnerin war ein Lamm und eine Taube; nur Arme durften stattdessen zwei Tauben darbringen (sog. »Armenopfer«).
68. Flusser, Jesus, 72.
69. K. H. Rengstorf, Das Evangelium nach Lukas, NTD 3[13], Göttingen 1968, 196.

Bereich des Gottesrechts keineswegs nur Gegenstand der Liebe, sondern sie sind selbst gefordert. Die Aufforderung Mt 5,40, dem brutalen Gläubiger über Nacht nicht nur das Gewand, sondern auch den vor Kälte schützenden Mantel als Pfand zu überlassen (»laß dich lieber nackt ausziehen [als Widerstand zu leisten]«), bedeutet die totale Unterwerfung auch der Armen unter das Gebot der anbrechenden Gottesherrschaft[70].

So liebevoll Jesus sich zu den Armen stellt, so scharf sind seine Worte über den *Reichtum*, bei denen er die brutalen Reichen des Orients vor Augen hat (Mt 5,40; 18,28). Ein Narr, wer im Angesicht der Katastrophe Scheunen baut (Lk 12,18), wer mit der Feuerflut auf den Fersen noch in sein Haus läuft, um etwas von seinem Besitz zu retten (Lk 17,31; Mk 13,15f. par.). Irdische Besitztümer sind vergängliche Dinge, die Holzwurm und Rost auffressen (Mt 6,19 bis 21 par.); sie sind der $μαμωνᾶς\ τῆς\ ἀδικίας$, der Mammon, der dieser bösen Welt angehört (Lk 16,9.11)[71]. Worin liegt das zur Sünde Verleitende am Besitz? Es ist die Gefahr des Mammonismus (Mt 6,24), die Gefahr, daß das Geld als das Beherrschende an die Stelle Gottes tritt. Jesus sieht die Gefahr als so furchtbar an, daß er sagen kann, eher werde ein Kamel durch ein Nadelöhr gehen als ein Reicher in die Königsherrschaft (Mk 10,25 par.), d. h. das zweite ist – menschlich gesehen – unmöglich (V. 27, vgl. Lk 6,24f.).

Es erscheint angesichts eines solch harten Urteils über die Besitzenden denkbar, daß die Logien des Lukassondergutes zutreffend informiert sind, denen zufolge Jesus die Jüngerschaft ganz generell vom Verzicht auf den Besitz abhängig gemacht hat: $πᾶς\ ἐξ\ ὑμῶν\ ὃς\ οὐκ\ ἀποτάσσεται\ πᾶσιν\ τοῖς\ ἑαυτοῦ\ ὑπάρχουσιν,\ οὐ\ δύναται\ εἶναί\ μου\ μαθητής$ (14,33); ebenfalls uneingeschränkt heißt es 12,33a: $πωλήσατε\ τὰ\ ὑπάρχοντα\ ὑμῶν\ καὶ\ δότε\ ἐλεημοσύνην$. Nun weiß aber auch die Markusüberlieferung von der Forderung der Hingabe des Besitzes, wie Mk 10,21 par. (reicher Jüngling, vgl. V. 28 par. Petrus: $ἡμεῖς\ ἀφήκαμεν\ πάντα\ καὶ\ ἠκολουθήκαμέν\ σοι$) zeigt; hier ist jedoch das Opfer auf diejenigen Anhänger Jesu beschränkt, die ihn begleiten, und das wird der ursprüngliche Sinn sein. Denn es scheint, daß Jesus Anhänger hat, die in ihren Wohn- und wohl auch Besitzverhältnissen verharren; er billigt es zum Beispiel, daß Zachäus nur die Hälfte seines Besitzes abgibt (Lk 19,8). Das hat insofern eine Analogie in Qumran, als die Essener offenbar nur von denjenigen die Ablieferung des gesamten Vermögens forderten, die in die klösterliche Gemeinschaft von Qumran eintraten[72]. Doch darf der Unterschied zwischen Jesus und den Essenern nicht übersehen werden: in Qumran erfolgt die Abgabe des Besitzes an die Gemeinschaft; Jesus dagegen denkt nicht an die Herstellung von Gemeineigentum, vielmehr sollen diejenigen seiner Jünger, die auf ihren

---

70. Vgl. →Wrege, 76f.
71. Vgl. *hwn hrš ͑h* (CD 6,15; 8,5; 19,17) und dazu →Kosmala.
72. 1 QS 6, 19f.22.24f.; Josephus, Bell. 2, 122.

Besitz verzichten, ihn den Armen geben. Wer das tut, legt sein Hab und Gut in Gottes Hände; er sammelt sich einen Schatz im Himmel (Mt 6,20 par.), wobei der Ton nicht auf den zwei verschiedenen Arten von Schätzen liegt, sondern auf den zwei verschiedenen Aufbewahrungsorten.

Für alle Jünger Jesu aber, gleichviel ob sie alles verlassen und Jesus begleiten oder ob sie an ihrem Wohnsitz bleiben, gilt, daß sie durch die Erfahrung des Heils aus der Ruhe des Besitzes aufgeschreckt sind (Lk 19,8). Sie haben eine Umwertung aller Werte erlebt. Wer den großen Schatz, die köstliche Perle fand, wem die große Freude widerfuhr, für den verblassen alle anderen Werte vor dem Überwert. Der Besitz wird zum ἐλάχιστον, zur Bagatelle (Lk 16,10). Diesem ἐλάχιστον steht gegenüber das ἀληθινόν, der wahre Besitz (V. 11), das Heil. In diesem Prozeß der Umwertung der Werte wird das irdische Hab und Gut nicht nur zum ἐλάχιστον, sondern auch zum ἀλλότριον (V. 12), zum anvertrauten fremden Gut, das zur Verwaltung übergeben ist. Der verwaltet es recht, der es durch das Opfer der Liebe Gott zurückgibt. Ob nun die Liebe den Armen alles opfert (Mk 10,21), ob sie dem Bedrängten mit einem Darlehen hilft (Lk 6,34f.), ob sie für Gottes Sache das Letzte gibt (Mk 12,41–44), ob sie sich fürsorglich dem Meister und den Seinen zur Verfügung stellt (Mk 15,41), ob sie scheinbar sinnlose Verschwendung treibt (Mk 14,3–9 par.; Lk 15,23) – dafür hat Jesus kein Gesetz. Alles das steht unter der Freude der Heilszeit. Sie ist es, die das Handeln sowohl der Armen wie der Besitzenden bestimmt.

c) Die Stellung zur Frau[73]. Ein drittes Kennzeichen: im Bereich der Basileia ändert sich die *Stellung zur Frau*. Hier wird besonders augenfällig erkennbar, daß die Zugehörigkeit zur Basileia die ganze Lebensführung umgestaltet. Freilich erheben sich gerade angesichts der Logien über Frau und Ehe einige schwierige überlieferungsgeschichtliche Probleme.

Jesus war ebenso wie der Täufer unverheiratet, und das Rätselwort im Matthäussondergut von »den Eunuchen um des Himmelreiches willen« (Mt 19,12), falls es echt ist und nicht eine Apk 14,1–5 nahestehende Spätbildung, scheint anzudeuten, daß er auch zumindest einigen seiner Nachfolger den *Verzicht* auf die Ehe nahegelegt hat. Wenn dieses Opfer mit den Worten διὰ τὴν βασιλείαν τῶν οὐρανῶν begründet wird, so ist hierzu Lk 14,26 zu vergleichen: εἴ τις ἔρχεται πρός με καὶ οὐ μισεῖ τὸν πατέρα αὐτοῦ καὶ τὴν μητέρα καὶ τὴν γυναῖκα καὶ τὰ τέκνα... οὐ δύναται εἶναί μου μαθητής (wo das verneinte μισεῖν semitisierender Ersatz für das komparativische »mehr lieben als« ist[74]). Die Nachfolge Jesu geht allen familiären Bindungen voran (so Mt 10,37 und Lk 14,26 übereinstimmend), auch der Bindung an die Ehefrau

---

73. →Leipoldt; Jeremias, Jerusalem³, 395–414; →Rengstorf, 7–52; →Isaksson.
74. Die Parallele Mt 10,37 übersetzt richtig ὁ φιλῶν ... ὑπὲρ ἐμέ. Es handelt sich um eine

(so nur Lk 14,26⁷⁵). Aber nicht nur für den Jünger selbst, auch für seine Familie konnte der Anschluß an Jesus harten Verzicht einschließen: entschloß sich der Hausvater zum Eintritt in die Begleitung Jesu, so wird der Frau nichts anderes übrig geblieben sein, als mit den Kindern in ihr Elternhaus zurückzukehren, obwohl das als Makel empfunden wurde.

Wie falsch es wäre, aus alledem eine geringe Einschätzung der Ehe herauszuhören, zeigt das *Verbot der Entlassung* der Ehefrau (so und nicht Verbot der »Scheidung« müssen wir sagen, weil im jüdischen Bereich das Recht, eine Ehe zu trennen, einseitig beim Ehemann lag)[76], dessen Echtheit – ganz abgesehen von 1 Kor 7,10f. – deshalb als gesichert zu gelten hat, weil Jesus es wagt, sich in Widerspruch zur Tora zu setzen (s. o. S. 199f.). Denn das Alte Testament erlaubt die Entlassung der Frau (Dt 24,1); entsprechend verfuhr das antike Judentum. Es war nur umstritten zwischen Hillel und Schammai (um 20 v. Chr.) und ihren Schulen, aus welchen Gründen die Entlassung zulässig war. Bei dem Streit der beiden Gelehrten ging es um die Auslegung der Wendung ʿärwat dabar (Dt 24,1: »Wenn jemand ein Weib nimmt und sie ehelicht, sie aber nicht Gnade findet vor seinen Augen, weil er ʿärwat dabar an ihr gefunden hat, so soll er einen Scheidebrief schreiben und ihr in die Hand geben und sie aus dem Hause schicken«). Die Schammaiten übersetzten – sachlich richtig – die strittigen Worte ʿärwat dabar als »etwas Schändliches« und deuteten sie auf eine geschlechtliche Verfehlung; die Hilleliten trennten die beiden Worte »Schändliches« und (irgendeine andere) »Sache«[77] und verstanden unter »Sache« z. B., »wenn sie sein Essen hat anbrennen lassen«[78]. Wesentlich ist dabei, daß wir aus Philo[79] und Josephus[80] wissen, daß die laxe hillelitische Auffassung die Praxis war. Für Jesu Jünger dagegen ist die Ehe unauflöslich, weil sie von Gott gefügt ist. Er hält sich nicht bei der Frage der strengeren oder weitherzigeren Auslegung von Dt 24,1 auf, sondern erklärt apodiktisch: ὃ οὖν ὁ θεὸς συνέζευξεν, ἄνθρωπος μὴ χωριζέτω (Mk 10,9). Hier wird ohne Ausweichmöglichkeit das Nein zur Lösung der Ehe ausgesprochen. Gott fügt die Ehen zusammen, eh und je[81], und will nicht, daß Menschen lösen, was er vereinte. Das Wort erhält

---

Übersetzungsvariante: Lk 14,26 οὐ μισεῖ ist die wörtliche, Mt 10,37 ὁ φιλῶν ὑπέρ die sinngemäße Wiedergabe im Griechischen.

75. καὶ τὴν γυναῖκα könnte Erweiterung sein (so Lk 18,29). Doch ist dieser Schluß deshalb nicht sicher, weil die Matthäus- und die Lukasfassung literarisch unabhängig voneinander sind.

76. Nur in ganz wenigen, streng umrissenen Ausnahmefällen konnte die Frau die Lösung der Ehe erwirken, aber nur auf dem Weg über das Gericht (Billerbeck I 318f.).

77. b. Giṭṭ. 90a Bar.

78. Giṭṭ. 9,10.

79. De spec. leg. III 30.

80. Ant. 4,253.

81. Vgl. zu συνέζευξεν Billerbeck I 803f.

seine besondere Schärfe dadurch, daß es sich nicht um Toraverschärfung, sondern um Toraaufhebung handelt.

Später ist aus dem apodiktischen Verbot der Entlassung (Mk 10,9) eine kasuistisch formulierte zweigliedrige *Rechtsregel* geworden, deren Entwicklungsstadien wir noch ziemlich genau verfolgen können: von Mt 5,32 ohne Klausel (Verbot der Entlassung der Frau und der Wiederheirat der Frau) über 1 Kor 7,10f. (Verbot der Scheidung seitens der Frau hinzugefügt, im Blick auf die hellenistische Rechtslage) und V. 12–16 (Ausnahmeregel für Mischehen), Lk 16,18 und Mk 10,11 f. (Verbot der Wiederheirat für beide Teile) hin zu Mt 5,32 und 19,9 (Ausnahmeregel: πορνεία). Die Entwicklung des Rechtssatzes zeigt, wie stark das Verbot Jesu die Gemeinde beschäftigt hat.

An dieser Stelle erhebt sich noch ein Problem. Nach Mk 10,6–8 par. hat sich Jesus bei seinem Widerspruch gegen Dt 24,1 auf die Schöpfungsgeschichte (Gen 1,27; 2,24) berufen; das klingt deshalb glaubhaft, weil der herausfordernde Gegensatz Jesu zur Tora eine Begründung erheischte. Indem er sich auf die Schöpfungsgeschichte beruft, setzt Jesus, so möchte man schließen, mit der Unauflöslichkeitserklärung der Ehe den Paradieseswillen Gottes als das Gottesrecht des neuen Äons wieder in Kraft. Damit steht jedoch Mk 12,18–27 par. in einer gewissen Spannung, insofern als Jesus hier der landläufigen Auffassung des Endzustandes als einer Überhöhung der irdischen Existenz die Aussage entgegensetzt, daß in der Basileia keine Ehen mehr geschlossen werden, weil mit dem Aufhören des Sterbens der Zweck der Ehe hinfällig geworden sein würde; auch diese Perikope klingt authentisch, weil ihre Aussagen über das Wie und das Daß der Auferstehung noch keinen Einfluß der Ostererfahrung erkennen lassen[82]. Gelten beide Aussagen (Mk 10,9 sowohl als auch 12,25), so muß man formulieren: das Verbot der Lösung der Ehe gilt nur für die Zeit bis zur Volloffenbarung der Basileia, weil es dann keine Ehen mehr geben wird.

Hand in Hand mit dem Verbot der Entlassung der Frau geht bei Jesus eine Änderung der *grundsätzlichen Einstellung* zu ihr. Die Frau, sagt Josephus, der damit die typische orientalische Auffassung wiedergibt, »ist in jeder Beziehung geringeren Wertes als der Mann«.[83] Das gilt auch für ihre religiöse Stellung. Im Tempel hat sie nur bis zum Frauenvorhof Zutritt. In ihren religiösen Verpflichtungen ist sie dem Sklaven gleichgestellt; sie braucht z. B. nicht früh und abends das *Šemaʿ* zu beten, weil sie wie der Sklave nicht Herrin ihrer Zeit ist[84]. Doch ist das sittliche Niveau im Judentum der Zeit Jesu erheblich höher gewesen als in der übrigen Levante.

Das Judentum sucht die Sittlichkeit dadurch zu schützen, daß es die Frau möglichst aus der Öffentlichkeit entfernt. In der Stadt ist sie, jedenfalls in den besser situierten Kreisen, im Haus eingeschlossen; verläßt sie es, dann macht ihre aus Flechten bestehende Frisur das Gesicht praktisch unkenntlich. Aber auch auf dem Lande tritt sie ganz hinter dem Mann zurück. An den Berichten

---

82. S. o. S. 180, Anm. 28.
83. C. Ap. 2,201.
84. J. Jeremias, Das tägliche Gebet im Leben Jesu und in der ältesten Kirche, in: Jeremias, Abba, 67–80:70.

der Evangelien ist in dieser Umwelt schon das erstaunlich, daß so viele Geschichten von Jesu Begegnungen mit Frauen berichten; das gilt besonders vom Lukassondergut. In diesen Geschichten kommt zum Ausdruck, daß Jesus sich als Helfer für alle weiß, auch für die Frauen (Lk 7,36–50; Mk 1,31 par. u. ö.). Denn in der familia Dei der Basileia gibt es keine Abwertung der Frau (Mk 3,34f. par.). Das ist ein Kennzeichen der Heilszeit, wie Joel 3,1–5 (zit. Apg 2,17–21) zeigt. Darum vollzieht sich etwas wirklich Erstaunliches: Jesus löst sich von der Sitte, die die Frau abschließt. »Man rede nicht viel mit einer Frau (auf der Straße)«, sagt alte rabbinische Spruchweisheit und Spätere fügen hinzu, daß das auch von der eigenen Frau gelte[85]. Jesus redet nach Johannes unbefangen mit einer Frau, so daß sich die Jünger wundern (4,27). Frauen sind unter seinen Hörern (Lk 11,27f.). Er ist mit den Schwestern Maria und Martha befreundet (Lk 10,38–42). Frauen folgen ihm nach und unterstützen ihn (Mk 15,40f. par.; Lk 8,1–3)[86]. Das muß großes Aufsehen erregt haben; Marcion behauptet, daß diese Dinge auch im Prozeß gegen Jesus als Anklage vorgebracht worden seien[87]. Jesu Verhalten hat zur Folge, daß sich die Frauen zu ihm drängen; sie haben ihm, wie die Passionsgeschichte zeigt, eine Treue gehalten, zu der die Jünger nicht fähig waren. Wie war dieser Bruch mit der Sitte möglich? Mt 5,28 gibt die Antwort. Jesu Umwelt will die Frau schützen, indem sie sie abschließt, weil man die Begierde für unüberwindlich hält. Jesus nimmt die Frau in den Jüngerkreis auf, weil er von seinen Jüngern erwartet, daß sie die Begierde überwinden[88]. Der alte Äon steht unter der Herrschaft der Begierde, vor der der Mensch sich schützt, so gut er kann. Im neuen Äon herrscht die Reinheit, die auch den Blick in Zucht nimmt: $\mu\alpha\kappa\acute{\alpha}\rho\iota\omicron\iota\ o\acute{\iota}\ \kappa\alpha\vartheta\alpha\rho o\grave{\iota}\ \tau\tilde{\eta}\ \kappa\alpha\rho\delta\acute{\iota}\alpha$ (Mt 5,8). Nirgendwo im Bereich der Gesellschaft greift das neue Leben so augenfällig in den Alltag ein wie hier.

Das hohe Alter dieser Überlieferungen ergibt sich aus ihrem revolutionären Charakter. Schon Paulus wird sie gekannt haben, nur so dürfte sich die für einen gebürtigen Juden ganz ungewöhnliche Maxime Gal 3,28 erklären.

d) Das Kind. Mit der neuen Stellung, die Jesus im Bereich der anbrechenden Basileia der Frau zuweist, hängt engstens eine neue Sicht des Kindes zusammen. Die Kinder gehören in Jesu Umwelt ebenso wie die Frauen zu den Geringgeschätzten[89]. Jesus dagegen spricht den Kindern als solchen das Heil

---

85. P. 'Ab. 1,5 (Autor ist R. Jose ben Joḥanan aus Jerusalem, um 150 vor Chr.).

86. Lk 8,1–3 weist fast Wort für Wort lukanische Stilisierung auf, doch entstammen die Eigennamen alter Überlieferung.

87. Variante zu Lk 23,2: $\kappa\alpha\grave{\iota}\ \grave{\alpha}\pi o\sigma\tau\rho\acute{\epsilon}\varphi o\nu\tau\alpha\ \tau\grave{\alpha}\varsigma\ \gamma\upsilon\nu\alpha\tilde{\iota}\kappa\alpha\varsigma\ \kappa\alpha\grave{\iota}\ \tau\grave{\alpha}\ \tau\acute{\epsilon}\kappa\nu\alpha$.

88. K. Bornhäuser, Die Bergpredigt, BFChTh II 7, Gütersloh 1923, 70–79.

89. Der religionsgesetzliche Status des Kindes wird durch die ständig wiederkehrende Trias »Taubstumme, Schwachsinnige, Minderjährige« ('Er. 3,2; Šeq. 1,3; Sukka 2,8; 3,10;

zu (Mk 10,14)[90] und erklärt darüber hinaus, daß nur das Wieder-Kind-Werden[91] Eingang in die Basileia verschaffe (Mt 18,3), womit er die Kinder in größere Gottesnähe rückt als die Erwachsenen. Diese Aussagen sind weder aus der zeitgenössischen Literatur noch aus der Gemeinde ableitbar, die die patriarchalische Haltung ihrer Umwelt teilte; sie gehören vielmehr zum Kern der Botschaft Jesu (s. o. § 12).

e) Die politische Haltung. Die Zugehörigkeit zur Königsherrschaft bestimmt auch die politische Haltung. Fragen wir zunächst nach Jesu eigener Stellungnahme, so ist davon auszugehen, daß die Nachricht, er sei am Kreuz gestorben, als historisch gesichert gelten darf. Sie zeigt, daß er vom Prokurator als Rebell zum Tode verurteilt worden ist. Es hängt nun viel davon ab, ob man die jüdische Anklage, Jesus habe nach der politischen Macht gestrebt (Mk 15,2 par. 26 par.) und zum Aufruhr sowie zur Verweigerung der Steuerzahlung an die Besatzungsmacht aufgerufen (Lk 23,2b: κωλύοντα φόρους Καίσαρι διδόναι), für glaubwürdig hält oder mit der christlichen Überlieferung für Verleumdung. Im ersten Fall wird Jesus in die Nähe der zelotischen Aufrührer gerückt und erhält die von ihm entfachte Bewegung, insbesondere der Einzug in Jerusalem und die Besetzung der Tempeltore durch seine Anhänger[92], einen ausgesprochen politischen Akzent[93]. Freilich gerät man mit dieser Sicht in große Schwierigkeiten.

Man muß beispielsweise, wenn man Jesus den Aufruf zur Steuerverweigerung zuschreibt, Mk 12,13–17 par. für unecht erklären, da er hier einen solchen Aufruf ablehnt, und die Entstehung dieser Perikope etwa dem Wunsche zuschreiben, die politische Ungefährlichkeit des Christentums herauszustellen. Aber so einfach ist es nicht, sich der Zinsgroschengeschichte

R. H. 3,8; Meg. 2,4; Giṭṭ. 2,5; 5,8; B. Q. 4,4; 6,2.4 u. ö.) umschrieben, die Ter. 1,1 um die Heiden, Giṭṭ. 2,5 um Blinde und Heiden, Men. 9,8 um Blinde, Heiden, Sklaven, Agenten, Frauen, Ḥag. 1,1 um Verwachsene, Zwitter, Frauen, Sklaven, Lahme, Blinde, Kranke, Greise, Gehbehinderte erweitert ist. Die in der Trias Genannten haben gemeinsam, daß sie nicht im vollen Besitz der geistigen Kräfte sind (beim Taubstummen wird das *eo ipso* vorausgesetzt).

90. τῶν τοιούτων (Mk 10,14) = »der so Beschaffenen« »sagt nur, daß Kinder an der Gottesherrschaft teilbekommen und man darf das τῶν τοιούτων von V. 14 nicht, wie seit Origenes üblich, nach V. 15 interpretieren«, Bultmann, syn. Trad., 32.

91. S. o. S. 154f.

92. Zu erschließen aus Mk 11,16.

93. Die These, daß Jesus, obwohl kein recognised Zealot leader (S. 355), zur Widerstandsbewegung gegen Rom gehört habe, hat zuletzt →Brandon zu begründen versucht. Er muß freilich einen hohen Preis bezahlen: die Behauptung, daß die Evangelien in ihrer Darstellung der Wirksamkeit Jesu deren politischen Charakter tendenziös unterdrückt hätten, setzt voraus, daß wir über Jesu wirkliche Lehre nichts Genaues mehr ermitteln können (S. 336: we have no certain record of Jesus' teaching).

zu entledigen, nicht nur, weil sie bereits Röm 13,7, also 55 n. Chr., ein Echo gefunden hat, sondern vor allem deshalb, weil sich wohl Mk 12,13–17, nicht aber Lk 23, 2b dem Gesamtbild der Verkündigung Jesu einfügt. Man denke nur an das ganz ungewöhnliche Fehlen jedes Nationalismus und Partikularismus in der Basileia-Verkündigung Jesu; an die Vermeidung alles politisch Mißdeutbaren wie der Titel Messias und Davidsohn (s. S. 246f.) oder der Bildersprache des heiligen Krieges (anders Qumran!); an die Ankündigung der Tempelzerstörung und des Gerichtes über Israel (s. S. 127); an die Ablehnung der Rache an die Heiden (s. S. 199f.) und die Öffnung der Basileia für die Völker (s. S. 235–237); an die Abweisung der Usurpierung des ius gladii (Joh. 7,53 ff.)[94]; an die brüske Ablehnung des Anheizens der antirömischen Stimmung (Lk 13,1–5); an die unvoreingenommene Haltung gegenüber den Samaritanern; an die harte Kritik an den weltlichen Gewalthabern (Mk 10,42 par. Lk 22,25 vgl. 13,32); an die Forderung der Gewaltlosigkeit und des Verzichtes auf Widerstand (Mt 5,38–42 par. Lk 6,29 f.). Es ist die Geschlossenheit des Gesamtbildes, die es verbietet, alle diese Züge auf tendenziöse Fälschungen zurückzuführen. Auch die Haltung der palästinischen Kirche, die beim ersten Aufstand nach Pella floh[95] und während des zweiten von Barkochba fanatisch verfolgt wurde[96], empfiehlt es nicht, Jesus zu den Zeloten zu stellen. Ja, man wird hier noch schärfer formulieren müssen: wer das tut, hat ihn nicht verstanden.

Nach Mk 12,13–17 par. hat Jesus es abgelehnt, der römischen Besatzungsmacht die Steuern zu verweigern. Er sprach sich damit gegen die Revolution aus. Jesus hat seine Ablehnung nicht begründet; indirekt ist die Begründung jedoch aus der Situation zu erschließen. Die Gesprächspartner wollen Jesus auf die zelotische Linie drängen. Der Zelotismus[97] sieht im römischen Staat die widergöttliche Macht, die zu stürzen religiöse Pflicht ist, um die Königsherrschaft Gottes zu errichten. Wenn Jesus sich dem widersetzt und die zelotische Revolutionsforderung ablehnt, so kann das nur einen Grund haben: daß er in der zelotischen Haltung Ungehorsam gegen das Weltregiment Gottes sah. Wenn Gott dem heidnischen Staat für kurze Zeit Gewalt gibt, so ist das sein Wille. Er allein bestimmt die Stunde, in der er dem ein Ende macht und seine Königsherrschaft aufrichtet, und er weiß die rechte Stunde. Auch das zum

---

94. Daß es (Joh) 7,53–8,11 um das *ius gladii* geht, wird deutlich, wenn man erkennt, daß die Szene *nach* der Urteilsfällung spielt. Darauf weist sowohl die Begleitung des Zuges durch Schriftgelehrte und Pharisäer (V. 3), als auch die Formulierung der Frage in V. 5 hin, bei der es nicht um das Strafmaß geht, das feststand, sondern um die Vollstreckung und schließlich V. 7 ($βαλέτω\ λίθον$). Das heißt aber: die Frage in V. 5 enthält die versuchliche Aufforderung an Jesus, er möge zum Vollzug der Steinigung und damit zur Usurpierung des *ius gladii* aufrufen; vgl. J. Jeremias, Zur Geschichtlichkeit des Verhörs Jesu vor dem Hohen Rat, ZNW 43, 1950/1, 145–150: 148f. Daß der Episode echte Überlieferung zugrunde liegen dürfte, zeigte U. Becker, Jesus und die Ehebrecherin, BZNW 28, Berlin 1963, 173f.

95. Eusebius, hist. eccl. III 5,3. Christentum in Pella: Aristo von Pella verfaßte um 140 die Streitschrift »Dialog zwischen Jason und Papiskus über Christus« (Origenes, Contra Celsum 4,52).

96. Justin, Apol. I 31,6 = Eusebius, hist. eccl. IV 8,4.

97. →Hengel.

geduldigen Warten auf Gottes Stunde aufrufende Gleichnis von der selbstwachsenden Saat (Mk 4,26–29) dürfte antizelotisch gemeint sein. Dasselbe gilt auch von der Warnung vor den Falschpropheten (Mk 13,22 par. und ähnliches)[98].

f) Die Arbeit. Hier stehen wir vor einem merkwürdigen Tatbestand. Jesus schildert zwar in seinen Gleichnissen und Bildworten Männer und Frauen bei der Alltagsarbeit, aber in seinen Weisungen an die Jünger kommt die Arbeit nur einmal vor, und zwar verbietet Jesus ihnen hier die Arbeit. Denn so ist Mt 6,25 par. Lk 12,22 zu verstehen, wo μεριμνᾶν nicht sorgende Gedanken, sondern das Arbeiten zum Erwerb des Lebensunterhaltes bezeichnet, wie 1 Kor 9,14 bestätigt. Der Sinn ist also: »Nehmt keine Arbeit an, um Nahrung und Kleidung sicherzustellen.« Das ist sehr seltsam. Wie es sich erklärt, werden wir in § 20 sehen.

Überblickt man die Einzelforderungen Jesu, so fällt ihre *Lückenhaftigkeit* auf. Jesus gibt nicht Anweisungen für alle Gebiete des Lebens, nicht eine Moraltheologie, nicht einen Verhaltenskodex. Vielmehr nennen seine Forderungen Symptome, Zeichen, Beispiele dafür, was sich ereignet, wenn die Königsherrschaft Gottes in eine Welt hineinbricht, die noch unter Sünde, Tod und Teufel steht. Die Basileia beschlagnahmt das ganze Leben. Jesus verdeutlicht an Beispielen, wie das neue Leben aussieht. Seine Jünger sollen das selbst auf jeden anderen Aspekt ihres Lebens anwenden. Sie sollen selber Zeichen der Königsherrschaft sein, Zeichen dessen, daß etwas geschehen ist. Ihr ganzes Leben soll der Welt bezeugen, daß die Königsherrschaft Gottes im Anbruch ist. An ihrem in der Königsherrschaft verwurzelten und gegründeten Leben soll das Wunder der Jüngerschaft, der Sieg der Basileia, sichtbar werden (Mt 5,16).

Zum Schluß stellt sich eine Frage: sind die Forderungen des eschatologischen Gottesrechts, wie sie Jesus verkündigt, wirklich erfüllbar? Wer kann das: jedes Wort hüten, jeden Blick rein halten, den Feind so lieben, wie es Mt 5,43–48 fordert? Schon die Jünger haben diese Frage gestellt. Das zeigt das Wort von der Stadt auf dem Berge (Mt 5,14). Denn dieses Wort Jesu ist eine Antwort auf die aus der Erfahrung der Schwäche, des Wankelmuts, der Kleingläubigkeit erwachsene Frage nach der Erfüllbarkeit seiner Forderungen. Jesus weist die Bedenken der Jünger ab. Wie G. von Rad[99] gezeigt hat, redet Jesus nicht von einer beliebigen Bergstadt, sondern die Stadt auf dem Berg ist die eschatologische Gottesstadt. Ihr Licht scheint in der Finsternis; sie kann

---

98. S. o. S. 129; 232f.
99. →von Rad.

unmöglich verborgen bleiben. Jesu Jünger gehören ihr an. Es ist völlig undenkbar, daß sich das nicht auch im Alltag ihres Lebens erweisen sollte, ohne daß es gewaltsamer Anstrengung bedürfte. Das Licht der Gottesstadt leuchtet von selbst.

§ 20 Die Sendung der Boten

K.-H. Rengstorf, ἀποστέλλω κτλ, ThW I, 1933, 397–448. – *J. Jeremias*, Paarweise Sendung im Neuen Testament, in: A. J. B. Higgins Hg., New Testament Essays. Studies in Memory of T. W. Manson, Manchester 1959, 136–143 = in: Jeremias, Abba, 132–139. – *B. Rigaux*, Die »Zwölf« in Geschichte und Kerygma, in: H. Ristow und K. Matthiae, Der historische Jesus und der kerygmatische Christus, Berlin 1960, 468–486.

Die Königsherrschaft realisiert sich durch die Verkündigung der Frohbotschaft in Wort und Tat. Diese Verkündigung vollzieht Jesus nicht allein, sondern er stellt neben sich die Boten des Evangeliums.

1. Die Quellen

Zu zwei Quellenstücken, die sich auf die Sendung beziehen, muß hier vorab ein Wort gesagt werden. Es handelt sich einerseits um die Aussendungsreden, andererseits um die Botenlisten.

Alle drei Synoptiker haben *Aussendungsberichte*. Der des Markus findet sich in 6,7–13. Bei Lukas begegnet eine doppelte Aussendung: 9,1–6 die der Zwölf, die sich an Mk 6,7–13 anschließt, und 10,1–16 die der Siebzig, die auf Logienstoff fußt. Matthäus hat die Markus- und die Logienfassung des Aussendungsberichtes in 9,36–11,1 vereinigt und zu einer großen Sendungsrede ausgebaut, die vermutlich ihren Sitz im Leben in der Instruktion urchristlicher Missionare hatte. Fragt man, welches der gemeinsame Stoff der vier Aussendungsreden ist, dann ergibt sich, daß ihnen als Kern eine kurze Instruktion zugrunde liegt, die in zwei parallelen Fassungen umlief: einer Markusfassung und einer Logienfassung. Diese Ur-Instruktion, wenn man sie so nennen darf, steht Mk 6,8–11; Lk 10,4–11; Mt 10,9–14. Sie enthielt erstens Vorschriften über den Verzicht auf die Reiseausrüstung, an deren Stelle die Boten sich ganz auf Gastlichkeit verlassen sollten, und zweitens Weisungen für ihr Verhalten sowohl in den Häusern, die sie aufnehmen, als auch gegenüber Ortschaften, die ihnen die Aufnahme verweigern würden. Die Logienfassung gibt sich dabei als die urtümlichere zu erkennen, wie z. B. Lk 10,5 f. par. zeigt: die εἰρήνη ist hier als Macht dargestellt, die entweder ein Haus ergreift oder zu ihrem Träger zurückkehrt. Das hohe Alter der Ur-Instruktion geht schon daraus hervor, daß Paulus ein wesentliches Stück derselben kennt, das Verbot der Erwerbstätigkeit während des Botendienstes (1 Kor 9,14). Sie gibt sich sowohl sprachlich als auch dem

Vorstellungsgehalt nach mit Sicherheit als *palästinisch* zu erkennen[1]. Das völlige Fehlen der Christologie in dem Verkündigungsauftrag der Boten macht es sehr wahrscheinlich, daß wir vorösterliche Überlieferung vor uns haben.

An vier Stellen werden die *Namen der Boten* in Listen aufgezählt: Mk 3,16 bis 19; Mt 10,2–4; Lk 6,14–16; Apg 1,13. Die vier Kataloge stimmen überein in der Zwölfzahl[2], die durch die Verheißung des Sitzens auf den zwölf Thronen Mt 19,28 par. eine wichtige Stütze erhält[3], und in elf der zwölf Namen. Sie divergieren bei *einem* Namen: während Markus/Matthäus einen Thaddäus (an 10. Stelle) nennen[4], erwähnen Lukas und die Apostelgeschichte (an 11. Stelle) einen Judas, Sohn des Jakobus. Diesem Schwanken der Listen zwischen Thaddäus und Judas, Sohn des Jakobus, könnte ein Gedächtnisirrtum zugrunde liegen, was bei so vielen Namen nichts Verwunderliches wäre. Aber vielleicht erklärt sich die Abweichung auf andere Weise. Die Listen überliefern in sieben Fällen Beinamen[5], alle, soweit wir kontrollieren können, aramäisch. Beinamen waren im Judentum der Zeit außerordentlich verbreitet, weil sie unentbehrlich waren zur Unterscheidung der zahllosen Träger des gleichen Namens. Es ist nun aufschlußreich, festzustellen, wer in den Botenlisten einen Beinamen erhält. Sehen wir davon ab, daß Matthäus (übrigens nur im ersten Evangelium) als »der Zöllner« bezeichnet wird (Mt 10,3), so ergibt sich: einen Beinamen erhalten *nur* diejenigen Jünger, deren Namen in den Listen zweifach vorkommen. Sechs Jünger haben nämlich je einen Namensvetter im Zwölferkreis; es gab zwei Jünger namens Simon, zwei namens Jakobus und (nach Lukas) zwei namens Judas; dies Letzte wird ausdrücklich durch Joh 14,22 (Ἰούδας, οὐχ ὁ Ἰσκαριώτης) bestätigt. In diesen sechs Fällen war ein Beiname zur Unterscheidung unentbehrlich. Nun hatte der Name Judas in der Urgemeinde natürlich keinen guten Klang. Es wäre sehr begreiflich, wenn nach Ostern der zweite Judas in der Gemeinde bei seinem Beinamen genannt worden wäre, der ihn neben dem Patronymikon von Judas Ischariot unterschied und der dann *Taddai* (Θεόδοτος/Θαδδαῖος) gewesen wäre[6]. Die Lukasüberlieferung hätte den

---

1. Vgl. z. B. die Personifikation des Friedens, das Abschütteln des Staubes usw.
2. Apg 1,13 fehlt Judas Ischariot korrekterweise.
3. Daß in der Parallele Lk 22,29f. die Zwölfzahl nur bei der Nennung der Stämme Israels auftaucht, dagegen bei den Thronen nicht wiederholt wird, macht keinen sachlichen Unterschied aus. Es dürfte sich bei Lukas um eine Kürzung handeln, da er Wortwiederholungen möglichst vermeidet.
4. Die Variante Λεββαῖος, die in einigen Überlieferungszweigen auftaucht (vgl. den Apparat zu Mk 3,18 und Mt 10,3), ist nicht ursprünglich, sondern ein Versuch, den Levi von Mk 2,14 in die Liste zu bringen.
5. Nicht mitgezählt ist die Bezeichnung der Zebedaiden als »Donnersöhne« (d. h. doch wohl »Revolutionäre«, s. o. S. 77, Anm. 14) durch Jesus (Mk 3,17), da das kein individueller Beiname ist, sondern eine Art Sammelname.
6. Der Beiname konnte, mußte aber nicht eine Abwandlung des Eigennamens sein: vgl.

Eigennamen, die Markusüberlieferung den Beinamen des zweiten Judas aufbehalten.

Was die Frage nach der *Geschichtlichkeit* der Berufung und Aussendung der Zwölf durch Jesus anlangt, so hat J. Wellhausen, der seinerseits eine Anregung Schleichermachers fortführte, die These aufgestellt, daß die Zwölf nicht in die Geschichte Jesu gehören[7], daß es sich vielmehr um »die Repräsentanten der ältesten Gemeinde«[8] handele und daß die Rückprojizierung ihrer Sendung vom auferstandenen Christus[9] auf den historischen Jesus eine »Prolepse«[10] sei. Er fand viele Nachfolger. Seine Begründung sind erstaunlich willkürliche apodiktische Behauptungen: Jesus habe »seine Jünger, oder eine Auswahl von ihnen« nicht zur Verkündigung des Evangeliums »eingeübt«[11]. »Er schulte sie überhaupt nicht und sagte zu ihnen nichts anderes als zu dem Volk; er wirkte und empfand vor ihren Augen und regte sie dadurch an, ebenso zu wirken und zu empfinden[12]«. Man fragt sich erstaunt, woher Wellhausen das alles weiß. Seiner Skepsis ist zweierlei entgegenzuhalten. Erstens: Die Zwölf erscheinen bereits im alten Glaubensbekenntnis 1 Kor 15,5: $εἶτα$ $τοῖς\ δώδεκα$. Das alte Bekenntnis geht in seinem Kern auf einen semitischen Text zurück[13]; wenn Paulus sagt, daß es ihm überliefert worden sei (V. 3), so ist das am ehesten bei seiner Bekehrung geschehen, also ganz kurze Zeit nach Jesu Tod. Wie fest schon in dieser frühesten Zeit der Begriff »die Zwölf« eingebürgert war, ergibt sich daraus, daß man den Terminus anwandte, obwohl bei der Christophanie vor den »Zwölfen« Judas nicht mehr am Leben war. Trotzdem sagt man nicht »er erschien den Elfen«, weil der Terminus »die Zwölf« nicht rein numerisch zwölf einzelne Persönlichkeiten bezeichnete, sondern den Kreis der Repräsentanten des Zwölfstämmevolkes der Endzeit. – Zweitens: Nach allen drei synoptischen Listen[14] gehörte auch der Verräter Judas zum Zwölferkreis. Wir sehen aus den Evangelien, welche Schwierigkeiten diese Überlieferung der Gemeinde bereitet hat. Man fragte sich, ob

---

einerseits $Šaʾul$ – gräzisiert $Σαῦλος$ – latinisiert $Παῦλος$, andererseits Joseph – aramäischer Beiname *bar Šabba* (Sonntagskind) – lateinischer Beiname *Justus* (Apg 1,23).

7. Einleitung in die ersten drei Evangelien², Berlin 1911, 141.

8. A. a. O. 144.

9. Mt 28,16ff.; Lk 24,44ff.; Joh 20,21–23.

10. A. a. O. 141.

11. Ebd.

12. Ebd.

13. J. Jeremias, Abendmahlsworte⁴, 96–98; Artikelloses $Χριστός$. Zur Ursprache von I Cor 15,3b–5, ZNW 57, 1966, 211–215; Nochmals: Artikelloses $Χριστός$ in I Cor 15,3, ZNW 60, 1969, 214–219. Anders H. Conzelmann, Der erste Brief an die Korinther, MeyerK V, Göttingen 1969, 298f. – Semitismus ist auch die Wendung: $ποιεῖν\ (τοὺς)\ δώδεκα$ (Mk 3,14.16).

14. S. o. Anm. 2.

Jesus sich in Judas getäuscht habe, als er ihn zum Boten bestellte und half sich mit der Auskunft, Jesus habe es gewußt, daß Judas ihn verraten werde (Mt 26,25; Joh 6,64.70f.; 13,11.27; 17,12), und zwar von allem Anfang an (Joh 6,64), ein Notbehelf, der schon an Mt 19,28 par. scheitert. Wer sollte diese Schwierigkeit künstlich geschaffen haben? Wer sollte auf die absurde Idee gekommen sein, dem Verräter die Verheißung zuteil werden zu lassen, daß er auf einem der Herrlichkeitsthrone sitzen werde, richtend die zwölf Stämme Israels – wenn Judas nicht tatsächlich zum Kreis der Boten gehört hätte? Es ist noch niemandem gelungen, das plausibel zu machen. Wie immer die Divergenz bei einem der Namen zu erklären ist, die Nennung des Verräters in allen drei synoptischen Zwölferlisten[15] zeigt unzweideutig, daß die Überlieferung vom Zwölferkreis vorösterlich ist.

2. *Anweisungen, Auftrag und Vollmacht*

Daß Jesus gerade zwölf Männer für den Botendienst auswählt, ist eine programmatische Tat. Die Bedeutung der Symbolzahlen in der Welt der Bibel ist bekannt. Die *Zwölfzahl der Boten* entspricht der Zwölfzahl der Stämme Israels (Mt 19,28 par. Lk 22,29f.)[16]; die zwölf Boten repräsentieren die eschatologische Heilsgemeinde. Die Ausrichtung auf Israel stimmt mit der sprachlich wie inhaltlich alten[17] Überlieferung Mt 10,5f. überein, derzufolge Jesus seinen Boten ausdrücklich Weisung gegeben hat, sich weder an Heiden, noch an Samaritaner zu wenden, sondern sich auf Israel zu beschränken. Auch Mt 10,23 b (ἀμὴν γὰρ λέγω ὑμῖν, οὐ μὴ τελέσητε τὰς πόλεις τοῦ Ἰσραὴλ ἕως ἔλθῃ ὁ υἱὸς τοῦ ἀνθρώπου) gehört hierher, denn wenn dieses Logion sich, wie wir zu zeigen versuchten, auf die Verfolgung der Boten anläßlich der Erfüllung des Sendungsauftrages bezieht[18], dann setzt es ebenfalls die Beschränkung des Auftrages auf Israel voraus. Bei der Deutung der Zwölfzahl der Boten darf nun aber nicht übersehen werden, daß es zur Zeit Jesu nach feststehender Anschauung[19] nur noch zweieinhalb Stämme gab, nämlich Juda, Benjamin und die Hälfte von Levi. Die neuneinhalb übrigen Stämme galten als seit der Eroberung des Nordreiches (722 v. Chr.) verschollen; erst in der Heilszeit würde Gott sie über den sagenhaften Fluß Sambation zurückführen und so das Zwölf-Stämme-Volk wiederherstellen. Die Zwölfzahl der Jünger Jesu

---

15. S. o. Anm. 2.
16. Lk 10,1 ist die Zahl auf 70 (72) erweitert, wozu Gen 10 (70 Völker der Welt) zu vergleichen ist. Schwerlich ist Ex 24,1; Num 11,16 von Einfluß gewesen.
17. J. Jeremias, Jesu Verheißung für die Völker², Stuttgart 1959, 16f.
18. A. a. O. 17f.; vgl. o. S. 136f.
19. A. a. O. 18.

bedeutet also nicht, daß das Heil partikularistisch auf das empirische jüdische Volk beschränkt sein sollte, sondern kündigt im Gegenteil die Aufrichtung des *eschatologischen Gottesvolkes* an, zu dem, wie wir sehen werden[20], nach Jesu Erwartung auch die Heiden hinzuströmen würden.

Fragen wir nach der Aufgabe der Zwölf, so gibt Mk 3,14f. in Gestalt von zwei ἵνα-Sätzen eine doppelte Antwort: καὶ ἐποίησεν δώδεκα ἵνα ὦσιν μετ' αὐτοῦ καὶ ἵνα ἀποστέλλῃ αὐτοὺς κηρύσσειν καὶ ἔχειν ἐξουσίαν ἐκβάλλειν τὰ δαιμόνια. Daß von diesen beiden (sich übrigens nicht unbedingt ausschließenden) Funktionen, Begleitung Jesu und Botendienst, die zweite die primäre ist, ergibt sich aus der alten aramäischen Überlieferung, Jesus habe die Zwölf als seine Boten δύο δύο (Mk 6,7, vgl. dazu S. 212, Anm. 64) ausgesandt, womit Lk 10,1 (ἀνὰ δύο) und die Struktur der Botenlisten übereinstimmen[21]. Die *paarweise Sendung* der Boten, die im Alten Testament noch nicht nachweisbar ist, war im antiken Judentum fester Brauch[22]. Sie hatte einen zweifachen Sinn: einerseits sollte sie die Boten schützen; auf einsamen und gefährlichen Wegen ist es gut, wenn der Bote einen Begleiter zur Seite hat. Andererseits war die paarweise Sendung Anwendung des Rechtssatzes Dt 17,6; 19,15, der ursprünglich für Gerichtsverfahren galt, wonach erst die übereinstimmende Aussage zweier Zeugen glaubwürdig ist; entsprechend sollte der Wortführer des Botenpaares (vgl. Apg 14,12 ὁ ἡγούμενος τοῦ λόγου) den Jochgenossen zur Bestätigung der Botschaft neben sich haben.

Die »Ur-Instruktion« beginnt mit dem *spartanischen Verbot*, auch nur das Nötigste mitzunehmen: keinen Fladen Brot, kein Stück Geld sollen die Boten bei sich haben, ja sogar auf den für die Übernachtung im Freien unentbehrlichen Mantel[23] sollen sie verzichten (Mk 6,8f.; Mt 10,9f.; Lk 9,3; 10,4). Die Lukassonderüberlieferung untersagt zusätzlich, durch Anschluß an Karawanen Schutz zu suchen[24]. Diesen harten Weisungen fügt Mt 6,25–34 par. Lk 12,22–31 eine weitere hinzu; ihre Schärfe wird deutlich, wenn man erkennt, daß μεριμνᾶν in diesem Abschnitt nicht »sich sorgende Gedanken machen« heißt, sondern

---

20. S. u. S. 235–237.
21. Alle vier Listen bringen als 1.–4. Namen die zwei Brüderpaare Petrus/Andreas, Jakobus/Johannes; alle vier Listen bringen an 1., 5., 9. Stelle denselben Namen, zerfallen also in Tetraden; Matthäus und die Apostelgeschichte unterteilen die Tetraden in je zwei Paare.
22. Materialsammlung bei →Jeremias, Paarweise Sendung.
23. Das Verbot von δύο χιτῶνες (Mk 6,9; Mt 10,10; Lk 9,3) meint wahrscheinlich nicht die Mitnahme eines Reservegewandes, sondern bedeutet: nicht zwei Kleidungsstücke, nämlich Kleid und Mantel (J. Wellhausen, Das Evangelium Marci übersetzt und erklärt², Berlin 1909, 44).
24. So dürfte das μηδένα κατὰ τὴν ὁδὸν ἀσπάσησθε (Lk 10,4) zu verstehen sein (s. o. S. 133f.). – Die Überlieferung hat noch weiter verschärft. Während Markus den Wanderstab (zur Abwehr von Tieren) und Sandalen als einziges erlaubt (6,8 f.), verbieten die Seitenreferenten beides (Mt 10,10; Lk 9,3; 10,4).

»sich sorgend abmühen« (vgl. Mt 6,27 par.)²⁵, so daß Mt 6,25 par. besagt: »Müht euch nicht ab, um (euch Geld für) Nahrung und Kleidung (zu verdienen).« Jesus untersagt also jegliche Erwerbstätigkeit. Dieses Verbot würde gründlich mißdeutet, wenn man es generalisieren wollte. Es gilt vielmehr, wie Paulus, der es schon kennt, bestätigt, nur für die Sendboten (1 Kor 9,14), muß also anläßlich der Aussendung gesagt worden sein. Jesus will, daß die Boten ausschließlich für ihre Aufgabe da sind. Was er verbietet, ist nicht die Arbeit schlechthin, sondern die Doppelarbeit. »Und wenn wir hungern und frieren?« fragen die Boten. Jesus antwortet mit einem Scherz²⁶: Saht ihr je, wie Herr Rabe säte, die Pflugschar anschirrte, erntete und den Ertrag in die Scheune einfuhr? Oder wie Frau Anemone die Spindel ergriff und sich dann an den Webstuhl setzte? Ihr Wenigläubigen! Macht doch Ernst mit Gott! Er weiß, was ihr braucht. Ihr seid doch nicht nur Gottes Tagelöhner, denen er Tag für Tag die Nahrung geben wird ($ἄξιος \ldots\ ὁ\ ἐργάτης\ τῆς\ τροφῆς\ αὐτοῦ$ Mt 10,10) und für deren Kleidung er sorgt ($αυτο[ς\ δ]ωσει\ υμειν\ το\ ενδυμα\ υμων$²⁷), ihr seid doch seine Kinder (Mt 6,32 par.). Seid unbesorgt, er wird euch gastliche Häuser öffnen.

Warum die Härte? Nichts darf die Boten aufhalten, nicht einmal das »Grüßen auf der Straße« (Lk 10,4)²⁸, noch weniger Erwerbstätigkeit. In höchster Eile sollen sie ihren Auftrag ausführen – es ist letzte Stunde für das Angebot der Rettung, letzte Stunde, das Netz auszuwerfen für die Heimholung Israels (Mk 1,17 par., vgl. Jer 16,16²⁹), letzte Stunde, die Ernte einzubringen (Mt 9,37f. par.).

Der *Auftrag der sechs Botenpaare* wird übereinstimmend in Logien (Mt 10,7f.; Lk 10,9) wie im erzählenden Text (Mk 3,14f.; 6,12f. par. Lk 9,6; Lk 9,2) zweifach umschrieben. Sie sollen den Anbruch der Heilszeit ankündigen und sie sollen den Einbruch in das Reich Satans durch Austreibung der Dämonen vollziehen. Das heißt, sie haben dieselbe Verkündigung auszurichten wie Jesus selber, und sie haben sie auf dieselbe Weise auszurichten wie er: in Wort und Tat. Beides gehört auch bei ihnen zusammen. Das Wort allein ist leerer Schall, die Tat allein kann Teufelswerk sein. Erst in Wort und Tat zusammen manifestiert sich die Königsherrschaft.

Der Botendienst ist eschatologisches Geschehen. Er ist Vorwegnahme des Engeldienstes: die Boten proklamieren den Sieg Gottes, wie ihn der im Zenit

---

25. Gleichnisse⁷, 212.
26. A. a. O. 212f.
27. Ox. Pap. 655. Der Satz fehlt im koptischen Text Thomasev. 36; die Fassung im Ox. Pap. 655 dürfte aber die ältere sein. Vgl. J. Jeremias, Unbekannte Jesusworte,¹ Gütersloh 1965, 92f.
28. S. o. S. 133f.
29. S. o. S. 132f.

fliegende Engel ausrufen wird (Apk 14,6f.), und sie bringen die Ernte ein, wie die Engel des Menschensohnes es tun werden (Mk 13,27; Apk 14,14ff.)³⁰.

Der Größe dieses Auftrages entspricht die *Vollmacht*, die die zwölf Boten erhalten. Die Ur-Instruktion legt auf sie starken Ton. Die Boten bringen mit ihrem Gruß beim Betreten eines Hauses die εἰρήνη. Sie ist eine Macht, die alle Glieder der Familie erfaßt, die aber zu ihrem Überbringer zurückkehrt, wenn das Haus ihrer nicht wert ist. Die Boten sind also Träger des Gottesheils. Zur εἰρήνη gehört es, daß die bösen Mächte weichen müssen. Die Boten haben teil an Christi Sieg über den Satan. Sie haben die ἐξουσία τῶν πνευμάτων τῶν ἀκαθάρτων (Mk 6,7), die ἐξουσία τοῦ πατεῖν ἐπάνω ὄφεων καὶ σκορπίων (Lk 10,19). Diese ἐξουσία setzt, wie wir sahen³¹, den Geistbesitz voraus, denn nur Gottes Geist hat Gewalt über die Geister (Mt 12,28 par. Lk 11,20). Jesus vollzieht also mit der Bevollmächtigung bei der Sendung eine Art Geistausgießung, die seine Jünger ausrüstet, die Werkzeuge Satans zu überwinden und das Satansreich zu zerstören – eine Nachricht, die alt ist, weil sie in Spannung steht zur späteren Geschichtsschau, die den Geist erst nach der Auferstehung auf die Jünger herabkommen ließ.

Verweigert eine Ortschaft – im Widerspruch zu den elementarsten Geboten der Gastfreundschaft – den Boten die Aufnahme, so sollen sie, sagt Jesus in der Ur-Instruktion, den Staub von den Füßen abschütteln (Mk 6,11; Mt 10,14; Lk 9,5; 10,11). Das ist ein abkürzender Ausdruck; gemeint ist: sie sollen aus dem Mantel den Staub ausschütteln, den die Füße aufgewirbelt haben. Diese in aller Öffentlichkeit, etwa auf dem Marktplatz oder am Ortsausgang vollzogene Handlung sollte, wie jeder verstand, symbolisch die Aufhebung jeglicher Gemeinschaft zum Ausdruck bringen (vgl. Neh 5,13; Apg 13,51; 18,6); nichts von einer solchen Stadt oder Ortschaft sollte an dem Boten haften, nicht einmal der Staub der Straße. Der Ort wird dem Gericht Gottes überliefert.

Die Vollmacht der Boten umfaßt also die Vermittlung des Heils und das Verhängen des Gerichts. Es ist die richterliche Vollmacht des Freispruchs und des Schuldspruchs³², die mit diesem Gegensatzpaar und den ihm synonymen Wendungen »binden und lösen« (Mt 18,18 und, davon abgeleitet!, 16,19) sowie »Sünden vergeben und behalten« (Joh 20,23) umschrieben wird. Da im Semitischen Gegensatzpaare zur Beschreibung der Totalität gebraucht werden, besagen die Wortpaare, daß die Boten eine Totalvollmacht erhalten. Ist ihr richterliches Handeln doch proleptisch vollzogene eschatologische Funktion (Mt 19,28). Realisiert sich doch in ihrem Lösen und Binden schon jetzt die Gottesherrschaft in Gnade und Gericht.

---

30. L. Legrand, Was Jesus Mission-Minded?, Indian Ecclesiastical Studies 3, 1964, 87–104. 190–207: 207.

31. S. o. S. 83f.

32. A. Schlatter, Der Evangelist Matthäus, Stuttgart 1929 = ⁶1963, 511.

Die ganze Größe der Vollmacht der Boten wird sichtbar in dem klimakischen Parallelismus:

ὁ δεχόμενος ὑμᾶς
  ἐμὲ δέχεται,
καὶ ὁ ἐμὲ δεχόμενος
  δέχεται τὸν ἀποστείλαντά με (Mt 10,40 vgl. Luk. 10,16).

Dieses Logion greift in seiner ersten Hälfte das feststehende Botenrecht auf, demzufolge der »Bote eines Menschen wie sein Auftraggeber ist[33]«. Dementsprechend kommt im Boten Jesus selbst. Botendienst ist seinem Wesen nach Stellvertretung Jesu. Darum gilt: wie am eigenen Wort Jesu sich schon jetzt Heil und Unheil entscheiden, so auch am Wort der Boten; entweder kehrt der Frieden ein oder das Gericht. Die zweite Hälfte des Logions geht noch einen Schritt weiter. Mit Jesu Boten kehrt Gott selbst in die Häuser ein – welch ein Satz! Freilich, das Botenamt schützt nicht vor dem Fall: auch Judas Ischariot hat Vergebung zugesprochen und Teufel ausgetrieben. Kein Bote kann seiner selbst sicher sein.

3. Das Schicksal der Boten

Zum Botendienst gehört unlöslich das Leiden um Christi willen. Alle Quellenschichten sind sich darin einig, daß Jesus das immer wieder ausgesprochen hat.

Mit aller Deutlichkeit bereitet er seine Boten darauf vor, daß er sie schutzlos und wehrlos wie Schafe unter Wölfe schickt (Mt 10,16; Lk 10,3). Sie werden keinesfalls überall offene Türen finden. Es wird vorkommen, sagt die Ur-Instruktion, daß man ihnen unter Mißachtung des Gastrechts das Quartier verweigert (Mk 6,11 par. Lk 9,5; Mt 10,14 par. Lk 10,10); da die Gewährung des Gastrechts Sache der Dorfgemeinschaft ist, kann das bedeuten, daß die ganze Ortschaft ihnen die Aufnahme verweigert (Lk 9,51–56). Mehr noch: man wird sie aus der Ortschaft verjagen (διώκειν Mt 5,11 par. 10,23a), vielleicht sogar von der Schwelle des Elternhauses. Man wird sie verleumden (5,11 par.) und als Teufelssendlinge beschimpfen (Mt 10,24f.). Ja, es wird zu Tätlichkeiten kommen. Das ist die Situation, auf die sich das viel mißdeutete Wort vom Schlag auf die Wange bezieht (Mt 5,39 par. Lk 6,29). Matthäus spricht vom Schlag auf die *rechte* Wange, und das wird das Ursprüngliche sein; die Lukasüberlieferung wird das Adjektiv »rechte« weggelassen haben, weil seine spezielle Bedeutung den Heidenchristen nicht ohne weiteres verständlich war. Der Schlag auf die rechte Wange ist der Schlag mit dem Handrücken[34], der noch heute im Orient die denkbar größte Verachtung ausdrückt und die schwerste Beschimpfung

---

33. →Rengstorf, 415.
34. Der Schlag mit dem Handrücken wurde mit der exorbitanten Strafsumme von 400 Denaren geahndet (B. Q. 8,6).

darstellt. In unserem Zusammenhang kommt es darauf an, daß Jesus Mt 5,39 höchstwahrscheinlich nicht von einer beliebigen, in Tätlichkeiten ausartenden Auseinandersetzung redet, vielmehr von einer Beschimpfung, die die Jünger als Ketzer trifft[35], wie es sich ja auch in allen anderen Fällen, in denen Jesus von Beschimpfung, Verfluchung, Entehrung spricht, um Ausschreitungen handelt, die die Jünger um der Jüngerschaft willen erdulden müssen. Wenn sich die Boten die schwerste Beleidigung, den verächtlichen Schlag mit dem Handrücken auf die rechte Wange, gefallen lassen müssen, dann sollen sie nicht zurückschlagen und auch nicht den Rechtsweg beschreiten[36], sondern um des Zeugnisses willen willig leiden (Mt 5,39). Es kann sogar gelegentlich so weit kommen, daß das Zeugnis sie in Lebensgefahr bringt: $\mu\grave{\eta}\ \varphi o\beta ε\tilde{\iota}σθε\ \mathring{α}π\grave{o}\ τ\tilde{ω}ν\ \mathring{α}ποκτεννόντων\ τ\grave{o}\ σ\tilde{ω}μα$ (Mt 10,28 par.). Was immer ihnen widerfährt, sie sollen sich nicht abschrecken lassen, sondern in die nächste Ortschaft fliehen und dort ihre Arbeit fortsetzen (Mt 10,23).

Jesus kann den Boten das Schwere nicht ersparen, aber er kann ihnen helfen durch die Sinndeutung des Leidens. Das Leiden gehört zum Botendienst, weil der Haß der Welt die normale Antwort auf das Zeugnis ist. So war es bei den Propheten, so ist es bei den Jüngern. »Wehe, wenn euch alle Leute loben – so haben es ihre Väter mit den falschen Propheten getan« (Lk 6,26). Das Leiden ist geradezu Kennzeichen der Sendung. Darum hat es große Verheißung: $\acute{o}\ \mu\iota σθ\grave{ο}ς\ \acute{υ}μ\tilde{ω}ν\ πολ\grave{υ}ς\ \mathring{ε}ν\ το\tilde{ι}ς\ ο\mathring{υ}ρανο\tilde{ι}ς$ (Mt 5,12 par.). In Bälde, noch ehe die Boten die letzte Siedlung Israels erreicht haben werden (Mt 10,23)[37], wird sich das Leiden in Jubel verwandeln (Lk 6,23, wo $\mathring{ε}ν\ \mathring{ε}κείνῃ\ τ\tilde{ῃ}\ \mathring{η}μ\acute{ε}ρᾳ$ eschatologisch gemeint sein wird).

Die Worte vom Leiden der Boten repräsentieren alte Überlieferung. Sie finden sich nicht nur in sämtlichen Quellenschichten, sondern sie haben darüber hinaus fast alle den altertümlichen Zug gemeinsam, daß in ihnen nicht von organisierter Verfolgung die Rede ist, sondern von Belästigungen, die im Raum des Alltages der Boten liegen. Weder die Stephanusverfolgung noch die Verfolgung unter Agrippa I. noch gar die neronische Verfolgung haben hier Pate gestanden. Nur vereinzelt (wie Mk 13,9 par., wo von der Verfolgung durch jüdische wie heidnische Behörden die Rede ist) spiegelt sich die Situation der Gemeinde in deutlich sekundären Formulierungen. Ein weiterer altertümlicher Zug ist, daß die Quellen einen Unterschied erkennen lassen zwischen Logien, die von bitteren Erfahrungen der Jünger anläßlich der Ausübung des Botenamtes reden, und solchen, die von der eschatologischen Trübsal handeln. Obwohl die Aufteilung der Worte vom Jüngerleiden auf diese beiden grundver-

---

35. Vgl. den Schlag auf den Mund (Apg 23,2). In der ʾAgadta de Šimʿon Kepa (ed. A. Jellinek, Bet ha-Midrasch V, Wien 1873 = ²Jerusalem 1938 = 1967, 61,14) ist es ein Jude, der den Christen auf die Wange schlägt.

36. $\mathring{α}ντιστ\tilde{η}ναι$ Mt 5,39 hat als Antithese zum Jus talionis (V. 38) forensische Bedeutung: »prozessieren« (vgl. z. B. LXX Dt 19,18 $\mathring{α}ντέστη\ κατ\grave{α}\ το\tilde{υ}\ \mathring{α}δελφο\tilde{υ}\ α\mathring{υ}το\tilde{υ}$; Jes 50,8 τίς ὁ κρινόμενός μοι; $\mathring{α}ντιστήτω\ μοι\ \mathring{α}μα$).

37. S. o. S. 136f.

schiedenen Situationen nicht immer mit letzter Sicherheit vollzogen werden kann, ist sie doch in den meisten Fällen vom Inhalt her gegeben. Das ist deshalb bedeutsam, weil für die nachösterliche Gemeinde beide Kategorien von Leidenserfahrungen, die missionarische und die eschatologische, verschmelzen mußten; daß sie sich in der Überlieferung voneinander abheben, ist ein beachtliches Altersindiz.

§ 21   Die Vollendung des Gottesvolkes

J. Jeremias, Jesus als Weltvollender, BFChTh 33,4, Gütersloh 1930; *ders.*, Jesu Verheißung für die Völker, Stuttgart 1956, ²1959. – *Manson*, Teaching². – *B. Rigaux*, La seconde venue de Jésus, in: La Venue du Messie. Messianisme et Eschatologie, Recherches Bibliques VI, Bruges 1962, 173–216.

1. Die eschatologische Notzeit

Jesus war überzeugt, daß sein Leiden[1] die Lage der Seinen von Grund auf verändern werde. Diesen Zusammenhang stellt am deutlichsten Lk 22,35–38 heraus[2]. Jesus erinnert die Boten an ihre bisherigen Erfahrungen. Er hatte sie schutzlos, wehrlos, ohne das Nötigste ausgesandt, völlig auf Gottes Fürsorge geworfen. Aber alle Besorgnis hatte sich als Kleinglaube erwiesen (Mt 6,30 par.)[3]. Gewiß waren sie auf Ablehnung und Haß gestoßen (Mt 5,11f. par.; 10,25)[4]; aber überall hatten sie doch auch geöffnete Häuser gefunden (Lk 22,35). Jetzt jedoch wird sich alles ändern. Allenthalben wird sie Feindschaft und Haß umgeben. Keinen Augenblick werden sie ihres Lebens sicher sein. Ein Schwert, alles für ein Schwert, wird die Losung sein (V. 36). Woher dieser Wandel in der Haltung ihrer Volksgenossen? V. 37 gibt die Antwort: Jesu Ausstoßung aus Israel zieht ihn nach sich. *Qualis rex, talis grex*, sagt Jesus Mk 14,27 unter Berufung auf Sach 13,7. Jesu Leiden bildet den Wendepunkt, den Auftakt zur Schwertzeit (Mt 10,34).

Unausweichlich wird sie kommen. Die Zebedaiden werden den Leidenskelch Jesu trinken und die Leidenstaufe durchmachen müssen (Mk 10,39). Sie werden nicht die einzigen sein, die das Martyrium erwartet. Einige der um Jesus Stehenden werden überleben und das Kommen der $\beta\alpha\sigma\iota\lambda\varepsilon\acute{\iota}\alpha\ \dot{\varepsilon}\nu\ \delta\upsilon\nu\acute{\alpha}\mu\varepsilon\iota$ (vgl. Mk 13,26 $\mu\varepsilon\tau\grave{\alpha}\ \delta\upsilon\nu\acute{\alpha}\mu\varepsilon\omega\varsigma\ \pi o\lambda\lambda\tilde{\eta}\varsigma$) mit physischen Augen[5] sehen, sagt ein altes und (wie Joh 21,23 zeigt) schon von der Urkirche als schwierig empfundenes $\dot{\alpha}\mu\acute{\eta}\nu$-Wort (Mk 9,1 par.). Und die anderen? Schwerlich will das Logion sagen, daß sie einer nach dem anderen eines friedlichen Todes sterben werden.

---

1. S. u. S. 270.
2. Zum Alter s. u. S. 279f.
3. S. o. S. 226f.
4. S. o. S. 229f.   5. →Rigaux 192.

Vielmehr wird Jesus, wir sprachen davon schon S. 137, als ihr Schicksal das Martyrium vor Augen haben, wie er es den Zebedaiden ankündigte. Das ist Satans Werk, der bereit steht, die Jünger zu sieben, wie man Getreide siebt (Lk 22,31 f.).

Ein besonders drastisches Bild für das, was Jesu Jüngern bevorsteht, verwendet Mk 8,34: εἴ τις θέλει ὀπίσω μου ἐλθεῖν, ἀπαρνησάσθω ἑαυτὸν καὶ ἀράτω τὸν σταυρὸν αὐτοῦ, καὶ ἀκολουθείτω μοι.

Man möchte zunächst annehmen, dieses Wort sei eine sekundär im Blick auf Jesu Kreuzestod geprägte Martyriumsankündigung. Aber das römische Kreuz war damals in Palästina nichts Seltenes, und in der Lukasparallele findet sich als Zusatz καθ' ἡμέραν hinter ἀράτω τὸν σταυρὸν αὐτοῦ (9,23). Das ist sicher eine sekundäre paränetische Umdeutung, die aber deswegen lehrreich ist, weil sie zeigt, daß man unter »das Kreuz auf sich nehmen« nicht »das Martyrium leiden müssen« verstanden hat, weil dazu »täglich« schlechterdings nicht paßt. »Sein Kreuz auf sich laden« heißt Mk 8,34 in der Tat schon dem Wortlaut nach nicht: »das Martyrium erleiden«. Vielmehr ist, wie A. Fridrichsen[6] gesehen hat, ein konkreter Zeitpunkt ins Auge gefaßt: der Anfang des Todesweges, wenn der Delinquent das Patibulum auf die Schulter nimmt und aus dem Gerichtssaal vor die heulende feindliche Menge auf die Straße tritt. Nicht die Hinrichtung am Ende des Weges ist das Schrecklichste, sondern das Gefühl, aus der Gemeinschaft ausgestoßen, wehrlos Gegenstand des Spottes und der Verachtung zu sein. »Komm und höre. Wer einen, der zur Hinrichtung hinausgeführt wird, ... schlägt ..., ist straffrei ..., (denn) er gilt als (schon) tot« heißt es b. Sanh. 85a[7]. Sich darauf einzulassen, Jesus zu folgen, bedeutet, sich an ein Leben zu wagen, das ebenso schwer ist wie der letzte Gang eines zum Tode Verurteilten. Dabei sagt Jesus Mk 8,34, daß das von *allen* gilt, die ihm nachfolgen; die Nachfolge umschließt für alle die Bereitschaft, den einsamen Weg zu gehen und den Haß der Volksgemeinschaft zu tragen.

Ihren besonderen Stachel werden die Leiden der Jünger dadurch erhalten, daß Micha 7,6 sich erfüllen wird. Mitten durch die Familien wird die Spaltung gehen, und die engsten Verwandten, Väter, Brüder, ja die eigenen Kinder werden sie denunzieren und dem Tode preisgeben (Mk 13,12 f. par.; Mt 10,21 f. 35 f. par.).

Furchtbarer noch als alle physischen Bedrängnisse ist etwas anderes: die *geistliche Anfechtung* in Gestalt der Verführung durch Pseudopropheten (Mk 13,21–23; Mt 7,15–23). Das Agraphon »Werdet tüchtige Wechsler«, das die alte Kirche sehr geschätzt hat[8], ist eine Warnung vor solchen falschen Pro-

---

6. Ordet om »åbaere sit Kors«, in: Gamle spor og nye veier, L. Brun-Festschrift, Kristiania (Oslo) 1922, 17 ff.: 30.
7. Auch das Verfluchen ist straffrei.
8. J. Jeremias, Unbekannte Jesusworte,⁴ Gütersloh 1965, 95–98.

pheten. Es besagt: lernt von den Wechslern den scharfen Blick für das Falsche. Im drastischen Bild schildert Mt 7,15, wie sie durch die Prophetentracht, den Schafspelz, Vertrauen erwecken und Einlaß in die Hürden finden, um sich plötzlich als die Wölfe zu demaskieren, die sie sind, so daß die Schafe in wilder Panik auseinanderstieben. Der große πειρασμός gehört zu den Vorzeichen des Endes. Ihm entrinnt niemand. Tertullian überliefert als im Rahmen der Passionsgeschichte gesprochen ein Agraphon, das diesen Zusammenhang besonders deutlich herausbringt: *Neminem intemptatum regna caelestia consecuturum*[9]. Der Ton liegt auf »niemand«. Der Weg durch die Anfechtung ist der einzige, der ins Reich Gottes führt. Das gilt auch für Jesus selbst. Nach Lk 22,28 sah er rückblickend sein ganzes Leben als eine Kette von Anfechtungen des Satans an. Bewährung der Jüngerschaft besteht daher, so folgert Lk 22,28, im Ausharren beim angefochtenen Christus.

Bei den Ankündigungen der eschatologischen Leiden liegt der Verdacht nahe, daß hier Erfahrungen der Urkirche nachträglich Jesus als Prophezeiungen in den Mund gelegt worden sind oder zum mindesten älteren Wortlaut modifiziert haben. Damit ist in der Tat durchaus zu rechnen. Wie sehr man sich jedoch vor allzu raschem Verdikt hüten muß, sei an zwei Beispielen gezeigt. Zunächst: es ist bemerkenswert, daß wiederholt das Jüngerleiden in unmittelbarem Zusammenhang mit Jesu eigenem Leiden angekündigt wird (Lk 22,35 ff.; Mk 10,38f. par.). Offenbar hat Jesus, wie C. H. Dodd[10] und T. W. Manson[11] erkannten, ein mit seiner Passion einsetzendes Kollektivleiden der Jünger erwartet. Daß diese Erwartung sich in dieser Form nicht erfüllt hat[12], schließt den Verdacht aus, daß ein *vaticinium ex eventu* vorliegt. Auf ein analoges Resultat führt die Untersuchung der Martyriumsankündigung an die Zebedaiden (Mk 10,38f.). Auch sie kann nicht *vaticinium ex eventu* sein. Während nämlich von dem Zebedaiden Jakobus Apg 12,2 berichtet wird, daß er das Martyrium erlitt, hören wir von seinem Bruder Johannes nur, daß er noch bis in die Zeit Trajans (98–117) in Ephesus lebte[13]. Erst der Epitomist des Philippus von Side behauptet, in dessen Kirchengeschichte (veröffentlicht um 434–39) den Satz gelesen zu haben: »Papias (um 130) sagt in seinem zweiten Buch, daß Johannes der Theologe und sein Bruder Jakobus von den Juden getötet wurden[14].« Diese Behauptung des Epitomisten ist aber deshalb höchst verdächtig, weil weder Irenäus noch Eusebius bei Papias eine Nachricht über ein Martyrium des Johannes gefunden haben. So bleibt als Zeugnis für dieses nur ein syrisches Martyrologium aus dem Jahr 411/12, das unter dem 27. Dezember notiert: »Johannes und Jakobus, die Apostel, in Jeru-

---

9. De baptismo 20,2; J. Jeremias, a. a. O. 71–73.

10. Parables, 58f.

11. The New Testament Basis of the Doctrine of the Church, Journal of Ecclesiastical History 1, 1950, 1–11:6.

12. S. u. S. 270f.

13. Irenäus, Adv. haer. II 22,5; III 3,4.

14. Hg. C. de Boor, TU 5,2, Leipzig 1888, 170. Georgios Monachos, Chronik III 134,1 (9. Jh.), ist kein selbständiger Zeuge für diese Nachricht (die sich bei ihm übrigens nur in *einer* Handschrift findet, vgl. C. K. Barrett, The Gospel according to St. John, London 1955, 86 Anm. 3), da er von Philippus von Side abhängig ist.

salem[15].« Aber auch dieses Zeugnis ist fragwürdig. Denn im Martyrologium von Karthago (um 505 n. Chr.) heißt es: *VI Kal. Jan.* (27. Dezember) *sancti Johannis Baptistae et Jacobi apostoli quem Herodes occidit*[16]. Hier erscheint also Johannes der Täufer(!) neben Jakobus, und das wird das Ursprüngliche sein, obwohl der Täufer nochmals, am 24. Juni, dem Johannistag, kommemoriert wird. So fehlt eine glaubhafte altkirchliche Nachricht über ein Martyrium des Johannes. Daß dieser zugleich mit Jakobus (Apg 12,2) 43 oder 44 n. Chr. durch Agrippa I. getötet worden sein sollte, ist ausgeschlossen, da er nach Gal 2,9 48/49 n. Chr. am Apostelkonzil teilgenommen hat. Und daß er auch nicht später in Kleinasien getötet worden ist, ergibt sich aus der Erwägung, daß die kleinasiatische Kirche, die das Martyrium des Polykarp so hoch gepriesen hat, sich erst recht eines apostolischen Märtyrers gerühmt haben würde. So ist das Ergebnis, daß die Martyriumsansage an Johannes Mk 10,38 f. als unerfüllte Weissagung nicht ein *vaticinium ex eventu* sein kann – eine Mahnung zur Vorsicht mit diesem Verdikt.

Das Gesetz, daß das Reich Gottes unter Leiden kommt[17], gilt auch für Jesu Jünger. Aber das Leiden hat die Verheißung, daß Lebenshingabe Lebenshinnahme ist (Mk 8,35). »Wer bis ans Ende durchhält, den wird Gott retten« (Mk 13,13 par.). Damit spitzt sich alles zu auf die Frage nach der gläubigen Existenz im πειρασμός. Wie ist sie möglich? Jesus antwortet: durch wachsames Achten auf die Gefahr (Mk 13,14; 14,38) und durch die Bitte um Bewahrung vor dem Erliegen (Mk 14,38 par.; Lk 11,4 par.)[18].

2. Die Wende

So groß die Macht Satans ist, Gottes Macht ist größer. Sein Sieg steht fest. Wenn die Anfechtung des Gottesvolkes ihren Höhepunkt erreicht, dann wird Gott, die Tage verkürzend, die große Wende bringen (Mk 13,20).

In Lk 12,32, einem ursprünglich selbständigen[19] Logion, das auf aramäische Überlieferung zurückgeht[20], wird, wie so oft, das eschatologische Gottesvolk mit der Herde verglichen[21]. Der kleinen Herde wird im Anschluß an Dan 7,27 die Umkehrung der Verhältnisse verheißen. Trotz ihrer kleinen Zahl und trotz der sie bedrohenden Verfolgung darf sie wissen: sie ist das »Volk der Heiligen

---

15. H. Lietzmann, Die drei ältesten Martyrologien, KlT 2², Berlin 1911, 7 f.
16. A. a. O. 5 f.
17. S. o. S. 130.
18. Vgl. zur Schlußbitte des Vaterunsers o. S. 195 f.
19. Es ist durch Stichwortzusammenhang mit V. 31 verbunden.
20. Wiedergabe des Vokativs durch Nominativ mit Artikel in τὸ μικρὸν ποίμνιον; Wortspiel marʿita (τὸ ποίμνιον)/raʿe (εὐδόκησεν), vgl. M. Black, An Aramaic Approach to the Gospels and Acts³, Oxford 1967, 168; Aufnahme von *malkuta ... jehibat* Dan 7,27 in δοῦναι τὴν βασιλείαν.
21. S. o. S. 165 f.

des Höchsten«, dem »Reich, Herrschaft und Macht über alle Reiche« verheißen ist.

In einem anderen Bild lautet diese Verheißung: »Die Hadespforten werden sie (meine Gemeinde) nicht überwältigen« (Mt 16,18). $Πύλαι\ ᾅδου$ ist dabei pars pro toto-Ausdruck für die Unterwelt[22] und $αὐτῆς$ bezeichnet die auf dem Felsen erbaute $ἐκκλησία$[23]. Das heißt: das Gottesvolk erhält die Verheißung, daß auch der letzte furchtbarste Ansturm der Unterweltsmächte (vgl. Apk 6,8; 9,5 ff.; 20,7 ff.) es nicht überwältigen wird. Bürgschaft für die Erfüllung dieser Verheißung ist die Güte Gottes, die sich in der jetzt schon anbrechenden Heilszeit manifestiert. Jesu Jünger dürfen die große Zuversicht haben: wenn schon der ungerechte Richter der armen Witwe willfahrt, bloß um ihre Quengelei los zu sein, dann wird erst recht Gott das Schreien seiner Auserwählten erhören und ihnen zu ihrem Recht verhelfen (Lk 18,1–8).

Im einzelnen knüpft Jesus in seinen Aussagen über die große Wende an das Anschauungsmaterial der Apokalyptik an, wenn er von Totenauferstehung[24] und Endgericht[25], Satansvernichtung und Engelbestrafung[26], Feuerflut[27] und Welterneuerung[28] redet. Je klarer man diese Zusammenhänge erkennt, desto deutlicher wird, wo der Akzent bei Jesus liegt. Hier ist neben dem Ernst, mit dem er nicht nur Israel und seinen Führern[29], sondern auch seinen eigenen Anhängern Gericht und Scheidung ankündigt[30], vor allem sein Universalismus zu nennen.

3. Die Völkerwallfahrt[31]

Die große Wende ist auch die Stunde der Heiden.

Jesus hatte seine Wirksamkeit auf Israel beschränkt; nur zweimal hören wir davon, daß er Heiden geholfen hat, beide Male nach heftigem Sträuben[32]. Auch seinen Jüngern hatte er die Weisung gegeben, die Grenzen Israels nicht zu überschreiten (Mt 10,5 f.23). Gleichzeitig hatte er aber andererseits die Erwartung der Rache Gottes an den Heiden abgelehnt (Lk 4,16 ff.[33]; Mt 11,5 f.

---

22. J. Jeremias, $πύλη, πυλών$, ThW VI, 1959, 920–927: 925 Anm. 44; 926 f.
23. Ebd. 927 Anm. 64.
24. Zu Mk 12,18–27 s. o. S. 179 f.; 217.
25. S. o. S. 130 f.
26. Mt 25,41.
27. Lk 12,49; 17,28–30.
28. Mk 13,31 par.
29. Mk 12,1–12 par.; Mt 23,34–36 par.
30. Mt 7,21–23; Lk 13,26 f.
31. →Jeremias, Verheißung², 47–62.
32. Mk 7,24–30 par.; Mt 8,5–13 par.
33. S. o. S. 200.

par.³⁴) und immer wieder ausgesprochen, daß die kommende Königsherrschaft auch die Heiden einschließen werde. Wenn alle Völker ($\pi\acute{a}\nu\tau a\ \tau\grave{a}\ \check{\varepsilon}\vartheta\nu\eta$) vor dem Richterthron stehen werden (Mt 25,32), dann werden auch unter ihnen solche sein, denen der Freispruch zuteil werden wird: »Kommt, ihr von meinem Vater Gesegneten, nehmt als Erbe die königliche Herrschaft in Besitz« (V. 34). Die Herde Gottes wird auch die Heiden umschließen (Mt 25,32f., vgl. Joh 10,16). Das Bild von der Gottesstadt auf dem Weltenberg, deren Schein das Dunkel erhellt (Mt 5,14), stammt aus der prophetischen Botschaft und schildert dort den Lichtglanz Gottes, der die Völker herbeiruft. Und als Jesus das entheiligte Heiligtum reinigte, da begründete er sein Tun damit, daß er allen Völkern die Stätte des Gebets bereite (Mk 11,17). Während der essenische Lehrer der Gerechtigkeit lehrt, daß »kein Unreiner (vgl. Jes 35,8), kein Unbeschnittener, kein Räuber« auf dem göttlichen Weg gehen werde (1 QH 6,20), schließt Jesus die Heiden in das eschatologische Gottesvolk ein.

Wie erklärt sich dieser Widerspruch, daß Jesus einerseits seine und seiner Jünger Wirksamkeit auf Israel beschränkt, andererseits immer wieder vom Anteil der Heiden an der Königsherrschaft redet? Die Antwort gibt Mt 8,11f. par. Lk 13,28f., jene Schilderung, wie Ungenannte von Ost und West herzuströmen und in der Königsherrschaft zu Tische liegen werden, während die Söhne des Reiches ausgestoßen sein werden.

Drei kurze Vorbemerkungen zu diesem Logion: a) Es ist sehr altertümlich. Jüdische Gedankenwelt (Patriarchen, Propheten, Seligkeit als Tischgemeinschaft mit ihnen; die Vorstellung, daß Verdammte und Selige sich sehen können vgl. Lk 16,23) trifft sich mit semitischem Stil (bei Matthäus antithetischer Parallelismus, inkludierendes $\pi o \lambda \lambda o i$, $o i\ v i o i\ \tau\tilde{\eta}\varsigma\ \beta a \sigma \iota \lambda \varepsilon i a \varsigma$; bei Lukas Umstandsklausel und Parataxe; bei beiden entspricht das Futurum $\mathring{a} v a \varkappa \lambda \iota \vartheta \acute{\eta} \sigma o v \tau a \iota$ einem modal aufzufassenden aram. Imperfekt = »dürfen«). Doch ist die Schärfe der Drohung, die Mt 8,11f. par. ausspricht, in der gesamten jüdischen Apokalyptik ohne Analogie. b) Wer kommt von allen Himmelsrichtungen? Die Diaspora? Das scheitert an $v i o i\ \tau \tilde{\eta} \varsigma\ \beta a \sigma \iota \lambda \varepsilon i a \varsigma$. Wären die Hinzukommenden die Diaspora, müßten die »Söhne des Reichs« die palästinischen Juden sein. Aber die Vorstellung, daß die Verheißung des Reiches auf das palästinische Judentum beschränkt sein sollte, wäre ebenso sinnlos wie die Gegenüberstellung einer begnadeten Diaspora mit einem verworfenen einheimischen Judentum. Die Hinzukommenden sind vielmehr sicher die Heiden. c) Wann spielt der Vorgang des Hinzuströmens der Heiden? Die Antwort ergibt sich aus der Situation. Die Patriarchen sind auferweckt und liegen in der Basileia zu Tisch, und die »Söhne des Reichs« werden ausgestoßen; das kann nur heißen: es ist die Rede von der Stunde der Vollendung.

In der Stunde der Weltvollendung also erfolgt das Herzuströmen der Heiden. Sie ziehen zum Gottesberg. Das ist feste Vorstellung des Alten Testamentes (Jes 2,2f. par. Micha 4,1f.). Mit fünf Zügen wird von den Propheten die eschatologische Völkerwallfahrt geschildert. a) Sie wird eingeleitet durch die

---

34. Alle drei alttestamentlichen Bezugstexte dieser Stelle erwähnen im unmittelbaren Kontext die Rache Gottes: Jes 29,20; 35,4; 61,2. Aber Jesus läßt sie fort.

Epiphanie Gottes (Sach 2,17). Seine Herrlichkeit offenbart sich der Welt. b) Gottes Ruf erfolgt (Jes 45,20.22). c) Dem Befehl Gottes folgt der Zug der Heiden (Jes 19,23). d) Er findet sein Ziel im Weltheiligtum (Ps 22,28; Zeph 3,9). e) Fortan gehören die Heiden zum Gottesvolk. Sie haben teil am Gottesmahl auf dem Weltenberg (Jes 25,6–9); Essen und Trinken sind in der Symbolsprache der Bibel uralter Ausdruck für Gemeinschaft vor und mit Gott. Diese ist das Zentrum der Worte vom Heilsmahl der Endzeit.

Wir treffen also auf eine zentripetale Vorstellung. Es ist nicht so, daß Missionare ausziehen, um den Völkern das Evangelium zu sagen. Vielmehr leuchtet Gottes Glanz den Völkern und ruft sie zum eschatologischen Heil.

Daß die Stunde der Heiden erst am Ende der Tage kommt, hat tiefen Sinn und ist in Jesu Sicht der Heilsgeschichte begründet. Erst muß die Verheißung Gottes erfüllt und Israel das Heil angeboten werden, erst muß der Gottesknecht sein Blut für die Vielen vergießen, ehe die Stunde der Heiden kommt. Sie liegt jenseits der Passion, und die Hilfe, die Jesus in einzelnen Fällen Heiden zuteil werden läßt, gehört in die Reihe der Vorweggaben der Vollerfüllung.

Noch einmal leuchtet die Herrlichkeit des Evangeliums auf. Die Apokalyptik der Zeit erwartet von den »Tagen des Messias« das große Gericht über die Sünder und vor allem die Rache an den Heiden (vgl. PsSal 14,6–10; 17,21–31). Man sagt Gottes Herrschaft und meint doch Israels Herrschaft. In der Botschaft Jesu tritt an die Stelle des nationalen Partikularismus der Universalismus der Gnade. In der Eingliederung der Heiden in das eschatologische Gottesvolk manifestiert sich die freie Gnade Gottes in ihrer ganzen Herrlichkeit.

4. Gott ist König[35]

Die königliche Herrschaft Gottes ist die Zeit der erfüllten Gebete[36]. Gottes Name wird geheiligt, er herrscht als König.

Dreierlei ist kennzeichnend für Jesu Aussagen über die Vollerfüllung:
a) Bei Jesus ist die Basileiavorstellung nicht nur entnationalisiert, sondern auch *entmaterialisiert:* es fehlt die Ausmalung des Endzustandes, etwa der Fruchtbarkeit der neuen Erde, der himmlischen Freuden. Ausdrücklich lehnt Jesus es im Streitgespräch mit den Sadduzäern (Mk 12,18–27 par.) ab, daß der Endzustand als ein Fortbestehen der irdischen Zustände in überhöhter Form vorgestellt werden dürfe: ὅταν γὰρ ἐκ νεκρῶν ἀναστῶσιν, οὔτε γαμοῦσιν οὔτε γαμίζονται, ἀλλ' εἰσὶν ὡς ἄγγελοι ἐν τοῖς οὐρανοῖς (V. 25).

---

35. →Jeremias, Weltvollender, 69 ff.
36. E. Jüngel, Paulus und Jesus. Eine Untersuchung zur Präzisierung der Frage nach dem Ursprung der Christologie³, Hermeneutische Untersuchungen zur Theologie 2, Tübingen 1967, 178.

b) Wo Jesus von der verklärten Welt redet, spricht er fast nur in den Bildern der *Symbolsprache*. Fast unerschöpflich ist ihre Zahl. Gott ist König; er wird im neuen Tempel angebetet (Mk 14,58); Menschenaugen dürfen ihn schauen (Mt 5,8); das Paradies kehrt wieder; der Tod ist nicht mehr da (Lk 20,36); das Erbe wird verteilt (Mt 5,5); der neue Name wird verliehen (5,9); das Lachen der Heilszeit erschallt (Lk 6,21); die familia Dei sitzt am Tisch des Vaters (Mt 8,11f. par.); das Lebensbrot wird gebrochen (Lk 11,3), der Kelch des Heils gereicht (22,18), das ewige Passa der Befreiung gefeiert (22,16). Eine totale Umwertung der Werte findet statt: die Armen werden reich, die Hungernden satt, die Traurigen getröstet, Letzte werden Erste (Mk 10,31). Gott schenkt ewiges Leben (Mk 10,30), wobei »ewig« den Anteil am Leben Gottes meint. Diese Teilhabe am Leben Gottes wird vermittelt durch die Schau Gottes: $\vartheta\varepsilon\grave{o}\nu\ \check{o}\psi o\nu\tau\alpha\iota$ (Mt 5,8). Dieser kurze Satz hat einen umfassenderen Inhalt als sein Wortlaut vermuten läßt, wie man sich an Hand des $\H{o}\tau\iota$ in 1 Joh 3,2 klarmachen kann: $\H{o}\mu o\iota o\iota\ \alpha\dot{\upsilon}\tau\tilde{\omega}\ \dot{\varepsilon}\sigma\acute{o}\mu\varepsilon\vartheta\alpha\ \H{o}\tau\iota\ \grave{o}\psi\acute{o}\mu\varepsilon\vartheta\alpha\ \alpha\dot{\upsilon}\tau\grave{o}\nu\ \varkappa\alpha\vartheta\acute{\omega}\varsigma\ \dot{\varepsilon}\sigma\tau\iota\nu$. *Weil* wir Gott schauen dürfen, werden wir ihm gleich sein. Das Schauen Gottes bewirkt die Verwandlung in sein Bild. *Ex aspectu similitudo* (Bengel). So ist auch die Verheißung gemeint, die die 6. Seligpreisung den Herzensreinen zuspricht. Die Gottesschau, die ihnen zuteil werden wird, ist Inbegriff der Seligkeit, weil sie das Ihm-gleich-Werden einschließt.

c) In Jesu Worten über den Endzustand geht es nie um das Heil des einzelnen, nie um eine individuelle Seligkeit. Es geht immer um die *Gemeinde*. Das gilt z. B. von Lk 16,9: die »ewigen Zelte« sind ein Bild, das aus dem Bericht über die Wüstenwanderung stammt. Damals zeltete Gott in der Stiftshütte mitten unter seinem Volk. Entsprechend sind die Zelte Lk 16,9 Bild für die Gemeinschaft Gottes mit seinem Volk. Besonders klar kommt der Tatbestand, daß Jesus mit seinen Aussagen über den Endzustand primär an die Gemeinde denkt, im Bild vom neuen Tempel (Mk 14,58 par.) zum Ausdruck. Die Vollendung ist die Stunde, in der die Tore der irdischen Heiligtümer geschlossen sind, der Streit um die Heiligtümer beendet ist (Joh 4,21) und die Gemeinde der Erlösten anbetet vor Gottes Thron (V. 23). Sodann ist das Hochzeitsbild als Ausdruck der Gemeinschaft der Gemeinde mit ihrem Gott zu nennen (Mt 22,1–14 par.; 25,1–13). Schließlich ist das Bild vom Freudenmahl ein letzter Beleg dafür, daß die Aussagen Jesu über die Vollendung die Gemeinde im Auge haben (zahlreiche Belege, vgl. Mk 14,25; Lk 22,30). In der Basileia vollenden sich Schöpfung und Erlösung, denn in der vollendeten Gemeinde, die Gott ohne Ende anbetet, vollendet sich die Verherrlichung Gottes.

Kapitel VI: Das Hoheitsbewußtsein Jesu

Dem Auftreten Jesu ging, so stellten wir eingangs (Kap. II) fest, eine Berufung voraus, die vermutlich bei seiner Taufe erfolgte. Jesus wußte sich seit dieser Stunde beauftragt, anderen an der ihm zuteil gewordenen Gotteserkenntnis Anteil zu geben. Mit diesem Auftrag sah Jesus sich in die Reihe der Gottesboten gestellt, doch zeigte uns der Versuch, seine Predigt nachzuzeichnen, daß sein Vollmachtsbewußtsein die Kategorie des Prophetischen transzendierte. Denn wenn Jesus verkündigte, daß mit seinem Kommen die Heilszeit und die Überwindung des Satans angebrochen sei (Kap. III), wenn er die Entscheidung für oder gegen Gott und die Rettung im Endgericht einzig und allein an den Gehorsam gegenüber seinem Worte band (Kap. IV), wenn er die Nachfolge als das wahre Leben bezeichnete, der Tora ein neues Gottesrecht gegenüberstellte und durch seine Boten den Anbruch der Heilszeit proklamieren ließ (Kap. V) – kurz, wenn er seine Verkündigung und seine Taten als eschatologisches Heilsgeschehen bezeichnete –, so ist dieses Sendungsbewußtsein nicht mehr in die Kategorie des Prophetischen einzugliedern. Vielmehr besagen alle diese Feststellungen, daß Jesus sich als Heilbringer wußte.

§ 22 Der Heilbringer

1. Das emphatische ἐγώ

Es wäre ein Mißverständnis, wollte man annehmen, Hoheitsbewußtsein und Autoritätsanspruch Jesu kämen am deutlichsten an den Stellen zum Ausdruck, an denen messianische Titel verwendet werden. Es ist im Gegenteil auch hier eine Fehlerquelle, wenn man sich an die Konkordanz hält. Titel können sekundär eingefügt sein. Die Sache ist dagegen sehr oft da, auch ohne daß Titel gebraucht werden. So benutzt Jesus zur Umschreibung seiner Sendungsvollmacht gern die Bilder der *Symbolberufe des Erlösers*, die in den S. 165–167 besprochenen Symbolbezeichnungen der Gemeinde ihr Korrelat haben. Er bezeichnet sich als den Boten Gottes, der zum Festmahl ruft (Mk 2,17 par.), als den Arzt der Kranken (ebd.), als den Hirten (Mk 14,27f. par.; Joh 10), als den Baumeister des Gottestempels (Mk 14,58 par.; Mt 16,18) und als den Hausvater, der die familia Dei um seinen Tisch sammelt (Mt 10,24f.; Lk 22,29f.).

Diese Bilder bezeichnen in der Symbolsprache den Heilbringer und haben sämtlich eschatologischen Klang. Da die Urkirche die Bilder durch Titel ersetzt, kann man geradezu die Regel aufstellen: Während die christologischen *Titel* in den Evangelien mit einer Ausnahme sämtlich nachösterlich sind¹, ist bei den genannten *Bildern* die Wahrscheinlichkeit groß, daß sie vorösterlich sind.

Noch deutlicher als in den Bildern der Symbolsprache kommt das Hoheitsbewußtsein Jesu zum Ausdruck in der ungewöhnlichen Häufung des *emphatischen ἐγώ* in seinen Worten, und zwar im synoptischen wie im johanneischen Stoff in gleicher Weise. Es findet sich nicht nur in Aussagen Jesu über seine Sendung wie Mt 5,17, sondern es durchzieht seine ganze Predigt. Dieses emphatische ἐγώ tritt uns am markantesten entgegen in den sechs Antithesen Mt 5,21–48.

Daß in den Antithesen Jesus selbst zu Wort kommt, darf zumindest für das Schema ἠκούσατε ὅτι ἐρρέθη-ἐγὼ δὲ λέγω ὑμῖν von vornherein als sicher gelten, weil dieses weder jüdische noch urchristliche Parallelen hat. Fragen kann man nur, ob das Schema bei allen sechs Antithesen ursprünglich ist oder ob nicht vielmehr ein Teil von ihnen dem Schema nachgebildet worden ist; in der Tat gilt es weithin als so sicher, daß die 3., 5. und 6. Antithese sekundäre Bildungen seien, daß man sich der Mühe einer Nachprüfung der Argumente völlig enthoben fühlt. Diese bestehen aus drei Beobachtungsreihen, nämlich literarkritischen, sachlichen und formalen Beobachtungen. In literarkritischer Hinsicht wird darauf hingewiesen, daß die 3., 5. und 6. Antithese (Mt 5,31f. 38f. 43f.) auch ohne das Antithesenschema überliefert seien; daraus wird geschlossen, daß die Antithesenform in diesen Fällen imitiert sei und daß nur in der 1., 2. und 4. Antithese literarisch ursprüngliche Bildungen vorliegen. Eine Bestätigung dieser Aufteilung wird darin gesehen, daß in der 3., 5. und 6. Antithese die Tora radikal aufgehoben, in der 1., 2. und 4. Antithese hingegen nur verschärft werde. In formaler Hinsicht schließlich wird vermerkt, daß nur bei der 1., 2. und 4. Antithese der Vordersatz negativ formuliert sei, während die 3., 5. und 6. Antithese durch die »maschalartige Form« und die »Breite der Ausführung« aus dem Rahmen fielen².

Indes, bei näherem Zusehen erweisen sich alle drei Argumente für die Zweiteilung der Antithesen in keiner Weise als stichhaltig. Das *literarkritische* Argument, daß die 3., 5. und 6. Antithese sich angeblich dadurch von der 1., 2. und 4. Antithese unterscheiden, daß sie auch ohne Antithesenschema überliefert seien, trifft nur für die 3. Antithese zu, nicht dagegen für die 5. und 6. Antithese; denn zur 5. Antithese, die (wie schon der Wechsel vom Plural V. 38–39a zum Singular V. 39b–42 zeigt) ursprünglich auf 5,38–39a beschränkt war, existiert überhaupt keine Parallele³; und was die 6. Antithese anlangt, so klingt in dem ἀλλά Lk 6,27 eine ursprüngliche Antithese an. Es gilt also lediglich für das Verbot der Ehescheidung, daß es sowohl in einer Fassung mit (Mt 5,31f.) wie ohne Antithese (Mk 10,11f.; Lk 16,18) überliefert ist. Mit der Feststellung, daß die 5. Antithese ursprünglich nur Mt 5, 38–39a umfaßte, ist auch das Argument widerlegt, die 1., 2. und 4. Antithese unterschieden sich von

---

1. S. u. S. 246ff.

2. Bultmann, syn. Trad., 143. Die zahlreichen Autoren, die die 1., 2., 4. Antithese für ursprünglich, die 3., 5., 6. für sekundär halten, folgen fast sämtlich Bultmann, ohne neue Gesichtspunkte beizubringen. Ihre Aufzählung erübrigt sich daher.

3. Beobachtung von Dr. B. Schaller: die lukanische Parallele 6,29f. deckt sich mit den Erläuterungen zur 5. Antithese Mt 5,39b–42, nicht jedoch mit der Antithese selbst (5,38–39a).

den übrigen dadurch, daß sie nur von Matthäus überliefert würden[4]; das gilt vielmehr auch von der 5. Antithese. Wenn schließlich behauptet worden ist, daß die 1., 2. und 4. Antithese, also die »echten« Antithesen, sich dadurch als zusammengehörig erweisen, daß sie auf den Dekalog Bezug nähmen[5], so kann man das von der vierten kaum sagen.

Die *inhaltliche* Argumentation, die zwischen ursprünglichen Antithesen unterscheidet, in denen die Tora nur verschärft werde (1., 2. und 4.), und sekundären Bildungen, in denen die Tora radikal aufgehoben werde (3., 5. und 6.), vollzieht eine nicht stichhaltige Aufteilung, weil sie verkennt, daß die Tora in der 4. Antithese (Schwurverbot) nicht verschärft, sondern aufgehoben wird und daß umgekehrt in der 6. Antithese (Gebot der Feindesliebe) die Tora nicht aufgehoben, sondern verschärft wird. Denn die Worte $\varkappa\alpha\grave{\iota}\ \mu\iota\sigma\acute{\eta}\sigma\varepsilon\iota\varsigma\ \tau\grave{o}\nu\ \dot{\varepsilon}\chi\vartheta\varrho\acute{o}\nu\ \sigma o\upsilon$ im Vordersatz der 6. Antithese beinhalten ja doch nicht ein »Gebot« des Feindeshasses (»du sollst deinen Feind hassen«), das von Jesus aufgehoben würde, sondern eine im Alten Testament nicht bezeugte, volkstümliche Einschränkung des Liebesgebotes (»deinen Gegner brauchst du nicht zu lieben«[6]), die Jesus nicht gelten läßt. Wenn man schon zwischen Verschärfung und Aufhebung der Tora unterscheiden will, muß man sagen: die 1., 2., 6. Antithese verschärfen die Tora, die 3.–5. heben sie auf.

Was schließlich die *formale* Erwägung anlangt, daß nur bei der 1., 2. und 4. Antithese die Weisung der Tora eine negative Fassung aufweise, so ist das unpräzise formuliert: nur die 1. und 2. Antithese haben im Vordersatz ein Verbot, die 3. und 5. dagegen ein Gebot und die 4. und 6. eine Antithese. »Maschalartige Form«, was immer das sei, muß man auch der 4. Antithese zubilligen, wenn man sie in der 3., 5. und 6. Antithese findet, und »Breite der Ausführung, die über das Maß der Antithese zu einem Gesetzeswort hinausgeht«, kann man allenfalls bei der 6., kaum bei der 3., sicher nicht bei der, wie wir eben sahen, auf V. 38–39a zu beschränkenden 5. Antithese feststellen. Darüber hinaus finden sich in formaler Hinsicht in den Antithesen weitere Variationen, die ebenfalls die behauptete Zweiteilung (1. 2. 4./3. 5. 6.) nicht bestätigen: so ist die 1.–3. Antithese partizipial, die 4. und 5. infinitivisch, die 6. imperativisch formuliert; ferner hat die Einleitung nur in der 1. und 4. Antithese die Vollform: $\dot{\eta}\varkappa o\acute{u}\sigma\alpha\tau\varepsilon\ \ddot{o}\tau\iota\ \dot{\varepsilon}\varrho\varrho\acute{\varepsilon}\vartheta\eta\ \tau o\tilde{\iota}\varsigma\ \dot{\alpha}\varrho\chi\alpha\acute{\iota}o\iota\varsigma$, in der 2., 5., 6. fehlt $\tau o\tilde{\iota}\varsigma\ \dot{\alpha}\varrho\chi\alpha\acute{\iota}o\iota\varsigma$ und in der 3. ist nur $\dot{\varepsilon}\varrho\varrho\acute{\varepsilon}\vartheta\eta\ \delta\acute{\varepsilon}$ übriggeblieben. Endlich ist in der 1., 4., 6. Antithese das alttestamentliche Zitat durch einen Zusatz erweitert. Daß die 3., 5. und 6. Antithese in der Formgebung so völlig untereinander differieren, spricht nicht dafür, daß ihnen das Antithesenschema »nach dem Muster der antithetischen Bildungen V. 21 f., V. 27 f., V. 33–37«[7] künstlich aufgeprägt worden sei.

Abschließend ist zu sagen, daß die außerordentliche Vielgestaltigkeit der sechs Antithesen, von denen keine einzige mit einer anderen ganz übereinstimmt[8], nicht auf eine Zweiteilung, sondern auf eine Sammlung verschiedener antithetisch formulierter Einzelüberlieferungen hinweist[9].

---

4. W. G. Kümmel, Jesus und der jüdische Traditionsgedanke, ZNW 33, 1934, 105–130: 125.

5. J. Schniewind, Das Evangelium nach Matthäus, NTD 2[11], Göttingen 1964, zu Mt 5,21.

6. Zu $\mu\iota\sigma\acute{\eta}\sigma\varepsilon\iota\varsigma$ als permissivem Imperfekt vgl. S. 206, Anm. 44.

7. Bultmann, syn. Trad., 143.

8. W. Trilling, Das wahre Israel. Studien zur Theologie des Matthäusevangeliums, Leipzig 1959, 186; weggelassen in ³München 1964.

9. Wertvolle Anregungen und Beobachtungen für diesen Exkurs zu den Antithesen verdanke ich Dr. B. Schaller.

Der, der das ἐγὼ δὲ λέγω ὑμῖν der Antithesen ausspricht, beansprucht nicht nur, der legitime Interpret der Tora zu sein wie der Lehrer der Gerechtigkeit, sondern er besitzt die beispiellose und revolutionäre Kühnheit, sich in Gegensatz zur Tora zu stellen. Er kam, um »auf das Vollmaß zu bringen« (Mt 5,17).

Wir finden das in Vollmacht redende ἐγώ weiterhin, wiederum ohne Parallele in Jesu Umwelt und daher für die Zeitgenossen sehr auffallend[10], in den Befehlsworten der Heilungsgeschichten (Mk 9,25 ἐγὼ ἐπιτάσσω σοι; vgl. Mk 2,11 par. σοὶ λέγω), ferner in Sendungsworten (wie Mt 10,16 ἰδοὺ ἐγὼ ἀποστέλλω ὑμᾶς)[11] und in Stärkungsworten (wie Lk 22,32: ἐγὼ δὲ ἐδεήθην περὶ σοῦ). Dieses ἐγώ verbindet sich mit ἀμήν und beansprucht damit, in göttlicher Vollmacht zu reden[12]; es erhebt Anspruch auf die doppelte königliche ἐξουσία Gottes, nämlich die der Amnestie und der Legislation. Es fordert Hingabe über alle anderen Bindungen, mit völliger Ausschließlichkeit, Vater und Mutter nicht ausgenommen (Mt 10,37 par. Lk 14,26). Es behauptet, daß sich am Bekenntnis zu ihm das Heil entscheidet (Mt 10,32f. par.)[13]. Es tritt geradezu an die Stelle der Tora; im zeitgenössischen Judentum heißt es: Wer die Worte *der Tora* hört und gute Werke tut, baut auf festen Grund[14]; hier heißt es: wer *meine* Worte hört (Mt 7,24–27 par.). Das emphatische ἐγώ weiß sich als Repräsentanten Gottes. Ein zeitgenössisches Wort sagt: »Wer die Gelehrten aufnimmt, ist wie einer, der die Šekina aufnimmt«[15]; ein Jesuslogion im klimakischen Parallelismus und mit relativer Negation sowie mit partizipialer Umschreibung des Gottesnamens greift diesen Satz auf, doch so, daß an die Stelle der Gelehrten das emphatische ἐγώ tritt: »Wer mich aufnimmt, nimmt nicht mich auf, sondern den, der mich sandte« (Mk 9,37, oft wiederholt: Mt 10,40; Lk 9,48 vgl. 10,16; Joh 12,44; 13,20)[16]. In den drei Gleichnissen vom Verlorenen (Lk 15), im Gleichnis vom gütigen Arbeitgeber (Mt 20,1–15) und im Gleichnis von den ungleichen Betern (Lk 18,9–14) rechtfertigt Jesus sein Verhalten mit Gottes Verhalten; er handelt gleichsam als Gottes Stellvertreter[17]. Dabei bleibt jedoch seine Unterordnung unter Gottes Willen gewahrt (Mk 14,36 par.). Dieses emphatische ἐγώ durchzieht die ganze Überlieferung der Worte Jesu; es ist literarkritisch nicht auszumerzen und ist ohne Parallele in der Umwelt Jesu.

---

10. A. Schlatter, Das Wunder in der Synagoge, BFChTh 16,5, Gütersloh 1912, 83.

11. Par. Lk 10,3 ohne ἐγώ. Vgl. noch Lk 10,19: ἰδοὺ δέδωκα ὑμῖν τὴν ἐξουσίαν τοῦ πατεῖν ἐπάνω ὄφεων καὶ σκορπίων κτλ.

12. S. o. S. 43f.   13. S. o. S. 18, Anm. 47.

14. 'A. R. N. 24.

15. Mek. Ex. zu 18,12 Ende; b. Ber. 64a.

16. Vgl. M. Smith, Tannaitic Parallels to the Gospels, JBL Monograph Series VI, Philadelphia 1951, 152.

17. E. Fuchs, Die Frage nach dem historischen Jesus, in: ZThK 53, 1956, 210–229: 219 = Zur Frage nach dem historischen Jesus², Tübingen 1965, 143–167: 154f.

Nicht nur die Worte Jesu geben Zeugnis von seinem Vollmachtsanspruch, sondern indirekt auch seine *Kreuzigung*. Die Kreuzigung war an sich Sklavenstrafe, wurde aber von den Römern auch an Aufrührern aus unterjochten Völkern vollzogen. Daß Jesus als aufrührerischer Landesfriedensbrecher hingerichtet worden ist, ergibt sich übereinstimmend aus der Beschriftung des am Kreuz angebrachten Titulus (Mk 15,26 par.)[18] und aus der Art und Weise, wie ihn die römischen Soldaten vor der Exekution als Spottkönig verhöhnen und damit das Verbrechen travestieren, dessen er angeklagt war[19]. Verspottung und Titulus bestätigen also, was die Berichte über die Gerichtsverhandlung vor Pilatus besagen, daß Jesus hingerichtet worden ist, weil man ihn des messianischen Anspruchs bezichtigte. Diese Anklage aber muß einen (wie immer gearteten) Anhalt in seiner Wirksamkeit gehabt haben.

Schließlich dürfte auch der Messiasglaube der Urgemeinde dafür sprechen, daß Jesus sich als der Heilbringer wußte. Sie hat Jesus von Anfang an als Messias betrachtet. Ein Aufkommen dieses Glaubens ohne einen vorösterlichen Ansatz ist kaum vorstellbar, weil er aus zwei Gründen nicht aus dem Osterglauben ableitbar ist. Der Glaube an die Auferstehung eines gemordeten Gottesboten bedeutet keineswegs Glauben an seine Messianität (vgl. Mk 6,16), und: das Skandalon des gekreuzigten Messias ist so ungeheuerlich, daß es schwer denkbar ist, daß die Gemeinde sich diesen Anstoß selbst geschaffen haben sollte.

Es ist also nicht möglich, die Verkündigung Jesu auf die Ankündigung der Basileia zu beschränken. Wußte er sich selbst als der Heilbringer, so heißt das, daß das Selbstzeugnis Bestandteil der von ihm verkündigten Frohbotschaft war[20]. Bei welcher Gelegenheit hat er es zum Ausdruck gebracht?

2. Öffentliche Verkündigung und Jüngerbelehrung

Die Synoptiker teilen die Worte Jesu in zwei miteinander wechselnde Gruppen auf: solche, die an die Öffentlichkeit oder an Gegner, und andere, die nur an die Jünger gerichtet sind. Auch im Johannesevangelium findet sich diese

---

18. Man beachte, daß seine Inschrift nach allen vier Evangelien ὁ βασιλεὺς τῶν Ἰουδαίων lautet (Mk 15,26; Mt 27,37; Lk 23,38; Joh 19,19), was dem Sprachgebrauch der nichtjüdischen Welt entspricht (K. G. Kuhn, Ἰσραήλ κτλ. B, ThW III, 1938, 360–370: 361), nicht ὁ βασιλεὺς Ἰσραήλ, wie es sich Mk 15,32 par. im Munde der Oberpriester findet. Zur Authentie der Kreuzesinschrift vgl. E. Dinkler, Petrusbekenntnis und Satanswort, in: Zeit und Geschichte, Dankesgabe an Rudolf Bultmann zum 80. Geburtstag, Tübingen 1964, 148 = E. Dinkler, Signum Crucis, Tübingen 1967, 306.

19. S. o. S. 82f.

20. Der Tatbestand ist so zwingend, daß R. Bultmann seine im Jesusbuch geäußerte Ansicht, Jesus sei als Rabbi aufgetreten (s. o. S. 81), widerrief: »Er ist ja nicht als Lehrer, als Rabbi aufgetreten« (Das Verhältnis der urchristlichen Christusbotschaft zum historischen Jesus⁴, Sitzungsberichte der Heidelberger Akademie der Wissenschaften, Phil.-hist. Klasse, 1960, 3, Heidelberg 1965, 15), vielmehr, wie die Bewegung, die er hervorrief, und seine Kreuzigung zeigen, »als messianischer Prophet« (Theologie, 19). Er verstand sich selbst »als eschatologisches Phänomen«, ja, sein Auftreten und seine Verkündigung »implizieren eine Christologie« (Das Verhältnis der urchristlichen Christusbotschaft, 16).

Zweiteilung, nur daß hier auf eine lange Epoche der öffentlichen Verkündigung Jesu (Kap. 1–12) in den letzten Tagen vor der Passion die auf die Jünger beschränkte Unterweisung folgt (Kap. 13–17). Nun zeigt allerdings eine kritische Analyse, daß die Hörerangaben der Evangelien häufig redaktionell und öfter unzutreffend sind[21]. Das ist nicht überraschend. Wir können immer wieder beobachten, am deutlichsten bei Lukas, daß mit einer großen Scheu, in die Worte Jesu einzugreifen, eine ebensogroße Freiheit in der Gestaltung des Rahmens Hand in Hand ging. Ist es daher nicht zulässig, die Hörerangaben der Evangelien kritiklos zu übernehmen, so ist doch auf der anderen Seite vor übertriebener Skepsis hinsichtlich der Möglichkeit der Bestimmung der Angeredeten zu warnen, weil in den meisten Fällen der Inhalt erkennen läßt, zu wem ein Logion, ein Bildwort, ein Gleichnis ursprünglich gesprochen wurde. Daß etwa die Streitgespräche mit Gegnern geführt wurden, ist vom Inhalt her ebenso sicher wie auf der anderen Seite, daß die Boteninstruktion zu Jüngern gesagt war.

Befragen wir diejenigen Logien, die die Vollmacht Jesu zum Ausdruck bringen, auf ihre Adressaten, so ist die Antwort, daß sich Vollmachtsworte in beiden Gruppen finden, sowohl in der öffentlichen Verkündigung wie in der Jüngerbelehrung. Doch besteht ein Unterschied in der Verstehensfähigkeit.

ὑμῖν τὸ μυστήριον δέδοται τῆς βασιλείας τοῦ θεοῦ·
ἐκείνοις δὲ τοῖς ἔξω ἐν παραβολαῖς τὰ πάντα γίνεται,
ἵνα βλέποντες βλέπωσιν καὶ μὴ ἴδωσιν,
καὶ ἀκούοντες ἀκούωσιν καὶ μὴ συνιῶσιν,
μήποτε ἐπιστρέψωσιν καὶ ἀφεθῇ αὐτοῖς (Mk 4,11f.).

Das ist, wie wir in S. 121f. sahen, ursprünglich ein isoliertes Logion, das *ad vocem* παραβολή in das Gleichniskapitel gekommen ist. Es bezog sich von Hause aus nicht auf die Gleichnisse Jesu, sondern auf seine gesamte Verkündigung. Jesus stellt die Jünger, denen das μυστήριον τῆς βασιλείας τοῦ θεοῦ[22] enthüllt ist, und οἱ ἔξω, denen ἐν παραβολαῖς τὰ πάντα γίνεται, d. h. denen »alles rätselhaft ist«[23], einander gegenüber. Diese Stelle steht nicht allein, wie z. B. die Logien Mt 11,25f. par.; 11,27 par.; 13,16 par. zeigen. Mit anderen Worten: nur den Glaubenden erschließt sich Jesu Vollmacht. Es ist daher nur folgerichtig, wenn diejenigen Logien, die mit aller Deutlichkeit von der bevorstehenden Passion und der auf sie folgenden Verherrlichung reden, der Jüngerbelehrung vorbehalten blieben, also der nichtöffentlichen Verkündigung Jesu[24].

---

21. Vgl. z. B. für die Gleichnisse: Jeremias, Gleichnisse⁷, 29–39.
22. μυστήριον entspricht aramäischem *raz* (persisches Fremdwort, häufig in den Qumranschriften).
23. Jeremias, Gleichnisse⁷, 12f.
24. Vgl. M. Smith, a. a. O. 155f., über public teaching/ secret teaching.

Man kann die Bedeutung der nichtöffentlichen Belehrung im antiken Judentum kaum überschätzen[25]. So sind die apokalyptischen Schriften sämtlich Geheimschriften. Die erstaunliche Autorität der Schriftgelehrten beruht darauf, daß sie im Besitz der Geheimtradition sind. Bei den Essenern mußte sich der Eintretende durch furchtbare Eide verpflichten, die geheimen Lehren des Ordens auch auf der Folter nicht preiszugeben und die Geheimschriften des Ordens zu hüten[26]. Esoterik ist auch der Sinn des Schülerkreises im zeitgenössischen Judentum: er wird gesammelt, um die vertrauliche Belehrung zu empfangen[27]. So ist es auch bei Jesus. An Hand umfangreicher Tabellen hat T. W. Manson gezeigt, daß das von Jesus in der Jüngerbelehrung gebrauchte Vokabular sich von demjenigen der Streitgespräche sowie der öffentlichen Verkündigung unterscheidet, was sich von dem unterschiedlichen Inhalt her erklärt[28]. Ihre volle Entfaltung erfuhr die Jüngerbelehrung über Jesu Sendung nach den Synoptikern erst nach dem Petrusbekenntnis[29].

Die Feststellung, daß die Unterscheidung zwischen exoterischer und esoterischer Lehre in Jesu Umwelt praeformiert war und mithin auch bei Jesus nicht befremden kann, sondern im Gegenteil zu erwarten ist, ist von grundlegender Bedeutung für das Verständnis seines Selbstzeugnisses, das die beiden nächsten Paragraphen näher zu entfalten suchen.

§ 23 Der Menschensohn

H. Lietzmann, Der Menschensohn. Ein Beitrag zur neutestamentlichen Theologie, Freiburg-Leipzig 1896. – *P. Fiebig*, Der Menschensohn, Tübingen-Leipzig 1901. – *P. Billerbeck*, Hat die Synagoge einen präexistenten Messias gekannt?, Nathanael 21, 1905, 89–150. – *E. Sjöberg*, Der Menschensohn im äthiopischen Henochbuch, Lund 1946. – *Bultmann*, Theologie. – *E. Sjöberg*, Der verborgene Menschensohn in den Evangelien, Lund 1955. – *O. Cullmann*, Die Christologie des Neuen Testaments, Tübingen 1957, ⁴1966. – *Ph. Vielhauer*, Gottesreich und Menschensohn, in: Festschrift für Günther Dehn, Neukirchen Kreis Moers 1957, 51–79 =

---

25. Jeremias, Jerusalem³, 270–278; Abendmahlsworte⁴, 119–122.
26. Josephus, Bell. 2,141f.; vgl. 1QS 5,15f.; 9,16f. In Höhle 4 von Qumran fand man mehrere Texte in Geheimschrift (F. M. Cross, Die antike Bibliothek von Qumran und die moderne biblische Wissenschaft, Neukirchener Studienbücher 5, Neukirchen-Vluyn 1967, 59f.).
27. Jeremias, Jerusalem³, 274.
28. Manson, Teaching², 320–327.
29. Das Bekenntnis selbst ist früh manipuliert worden (Mk 8,29 ὁ χριστός, Lk 9,20 τὸν χριστὸν τοῦ θεοῦ, Mt 16,16 ὁ χριστὸς ὁ υἱὸς τοῦ θεοῦ τοῦ ζῶντος). Das berechtigt aber noch nicht dazu, die ganze Szene für sekundär zu erklären. Daß hinter Mk 8,27–33 ein historischer Kern steckt, zeigt neben der konkreten Ortsangabe (V. 27), die aus dem Schematismus der Redaktion herausfällt (K. L. Schmidt, Der Rahmen der Geschichte Jesu, Berlin 1919 = Darmstadt 1964, 215–217), die sicher nicht erfundene Abweisung des Petrus als Satan (V. 33).

in: Ph. Vielhauer, Aufsätze zum N. T., München 1965, 55–91. – *H. E. Tödt*, Der Menschensohn in der synoptischen Überlieferung, Gütersloh 1959, ²1963. – *Ph. Vielhauer*, Jesus und der Menschensohn. Zur Diskussion mit H. E. Tödt und E. Schweizer, in: ZThK 60, 1963, 133–177 = in: Ph. Vielhauer, Aufsätze zum N. T., München 1965, 92–140. – *F. Hahn*, Christologische Hoheitstitel, FRLANT 83, Göttingen 1963, ²1964. – *T. F. Glasson*, The Enseign of the Son of Man (Matt. XXIV, 30), in: JThS 15, 1964, 299f. – *H. Conzelmann*, Grundriß der Theologie des Neuen Testaments, München 1967, ²1968, 151–156. – *J. Jeremias*, Die älteste Schicht der Menschensohn-Logien, in: ZNW 58, 1967, 159–172. – *J. A. Fitzmyer*, Rezension von M. Black, An Aramaic Approach to the Gospels and Acts³, Oxford/New York 1967, in: The Catholic Biblical Quarterly 30, 1968, 417–428. – *C. Colpe*, ὁ υἱὸς τοῦ ἀνθρώπου, ThW VIII, 1969, 403–481. – *M. Black*, The »Son of Man« Passion Sayings in the Gospel Tradition, in: ZNW 60, 1969, 1–8.

1. Die Quellen

Der Menschensohn ist die einzige titulare Selbstbezeichnung Jesu, deren Echtheit ernstlich in Frage kommt.

Zwar redet Jesus im Johannesevangelium ständig von sich selbst als dem *Gottessohn*[1], bei den Synoptikern bezeichnet er sich jedoch nur ein einziges Mal als »der Sohn (Gottes)« (Mk 13,32)[2]; schon der nichtpalästinische absolute Sprachgebrauch (ohne Genitiv oder Personalpronomen) erweist die vereinzelte Stelle als sekundär[3], wie ja auch dem palästinischen Judentum »Gottessohn« als messianischer Titel völlig unbekannt ist[4].

Ebenso eindeutig liegen die Dinge beim Titel »*Messias*«. Gewiß berichten die Synoptiker vom Bekenntnis des Petrus: σὺ εἶ ὁ χριστός (Mk 8,29 par.), aber in Jesu eigenen Worten begegnet bei ihnen der Messiastitel nur zweimal: Mk 9,41 und Mt 23,10. Mk 9,41 wird ἐν ὀνόματί (μου) durch ὅτι Χριστοῦ ἐστε erläutert; diese Erläuterung fehlt aber in der Fassung des

1. ὁ υἱός, gelegentlich ὁ υἱὸς τοῦ θεοῦ (5,25; 10,36; 11,4, vgl. 17,1), vereinzelt ὁ υἱὸς ὁ μονογενής (3,16) bzw. ὁ μονογενὴς υἱὸς τοῦ θεοῦ (3,18).

2. Das dreimalige ὁ υἱός Mt 11,27 par. Lk 10,22 gehört nicht hierher, da es, wie wir o. S. 64 sahen, generisch zu fassen sein wird; das angebliche Zitat Mt 27,43 ist von äußerst zweifelhaftem Wert, und die triadische Taufformel Mt 28,19 scheidet als Wort des Erhöhten und als Gemeindebildung aus.

3. Genauer: vermutlich sind in Mk 13,32 nur die Worte οὐδὲ ὁ υἱός Zusatz (s. o. S. 132, Anm. 26).

4. Er findet sich zwar äthHen 105,2, aber dieses Kapitel fehlt in dem 1937 veröffentlichten griechischen Text aus den Chester Beatty-Papyri (C. Bonner, The Last Chapters of Enoch in Greek, Studies and Documents 8, London 1937, 76 Z. 17), womit sich G. Dalmans Vermutung glänzend bestätigt hat, daß äthHen 105,2 ein später Zusatz ist (Worte Jesu, 221). Sonst heißt der Messias nur noch in der lateinischen und der syrischen Übersetzung des 4. Esrabuches wiederholt »mein (Gottes) Sohn« (7,28f.; 13,32.37.52; 14,9), aber der Vergleich mit den übrigen Übersetzungen zeigt, daß in der verlorenen griechischen Vorlage παῖς μου stand, was auf ein zugrundeliegendes ʿabdi weist (J. Jeremias, παῖς θεοῦ C-D, ThW V, 1954, 676–713: 680 Anm. 196); so heißt der Messias in der Tat syrBar 70,9 und achtmal im Targum (a. a. O. 680).

Matthäussondergutes 10,42, die hier die ältere Überlieferung bietet[5]. Was Mt 23,10 anlangt, so ist seit langem[6] erkannt, daß der Vers mit dem aus dem Vokabular der griechischen Philosophie stammenden Titel καθηγητής eine sekundäre Dublette zu V. 8 ist. Und hier, beim Messiastitel, zieht Johannes mit den Synoptikern gleich: in 4,26 bezeichnet sich Jesus zwar der samaritanischen Frau gegenüber mit ἐγώ εἰμι, ὁ λαλῶν σοι als Messias, aber der Titel begegnet bei Johannes nur ein einziges Mal in Jesu Mund: 17,3 spricht Jesus ganz singulär von sich selbst im Gebet als ᾽Ιησοῦς Χριστός.

Schließlich hat Jesus sich selbst auch nie mit dem Titel *Davidssohn* bezeichnet. Das ist deshalb überaus bemerkenswert, weil er sich in einem alten Drei-Tage-Wort[7] als den Erbauer des neuen Tempels (Mk 14,58 par.; vgl. Mt 16,18) und damit als den in der Nathansweissagung (2 Sam 7,13) verheißenen Davidssproß bezeichnet hat[8]. Auch Mk 12,35-37 par. wird die Davidssohnschaft implizit für Jesus in Anspruch genommen. Denn wenn die Überlieferung[9] ihn hier seine Gesprächspartner fragen läßt, wie sich die Bezeichnung des Messias seitens der Schriftgelehrten als Davids Sohn[10] mit Ps 110,1 vertrage, wo er Davids Herr genannt wird, so wird ein ganz bestimmter Typus der rabbinischen Frageform benutzt: die haggadische Antinomiefrage[11]. Diese geht von einem Widerspruch in der Schrift aus und fragt, wie er sich erkläre. Die Antwort lautet regelmäßig: die sich widersprechenden Angaben sind beide gültig, beziehen sich aber auf Verschiedenes. Wendet man diese Erkenntnis auf Mk 12,35 bis 37 an, so lautet die offen gelassene Antwort auf die Frage nach der Antinomie zwischen »Davids Sohn« und »Davids Herr«: der Widerspruch ist nur scheinbar; in Wirklichkeit beziehen sich die beiden Bezeichnungen auf Verschiedenes: »Davids Sohn« auf die Gegenwart, »Davids Herr« auf die Zukunft. Wenn Jesus trotz der Inanspruchnahme der Davidssohnschaft, die Mk 14,58 par. am deutlichsten hervortritt, den Titel meidet, so ist offensichtlich dessen politische Belastung[12] der Anlaß für seine Zurückhaltung gewesen.

Dagegen hat Jesus nach dem übereinstimmenden Zeugnis aller vier Evangelien von sich selbst als dem »Menschensohn« gesprochen. 82mal kommt der Titel ὁ υἱὸς τοῦ ἀνθρώπου in den Evangelien vor, 69mal bei den Synoptikern[13], 13mal bei Johannes. Zählt man die Parallelstellen nur einfach, so schmelzen die synoptischen Belege auf 38 zusammen, die sich folgendermaßen verteilen:

5. Das kann man deshalb so sicher behaupten, weil die Markusakoluthie 9,41/42 erst deutlich wird, wenn man die Matthäusfassung des Logions vom Becher kalten Wassers (10,42 par. Mk 9,41) heranzieht. Bei Matthäus heißt es nicht ποτίσῃ ὑμᾶς (so Mk 9,41), sondern ποτίσῃ ἕνα τῶν μικρῶν τούτων. So muß ursprünglich auch die Markusfassung gelautet haben, wie der sich auf diese Weise ergebende Stichwortzusammenhang mit Mk 9,42 (vox: ἕνα τῶν μικρῶν τούτων) zeigt.

6. Dalman, Worte Jesu², 251.279, vgl. auch oben S. 166, Anm. 6.   7. S. u. S. 271 f.

8. O. Betz, Die Frage nach dem messianischen Bewußtsein Jesu, NovTest 6, 1963, 35 f.

9. Die Echtheitsfrage ist bei dieser Perikope mit unseren Mitteln weder pro noch contra sicher zu entscheiden.

10. 2 Sam 7,14; Jes 9,7; 11,1; Jer 23,5 f.; 30,9; 33,15.17.22; Ez 34,23 f.; 37,24 u. ö.

11. Erkannt von D. Daube, The New Testament and Rabbinic Judaism, Jordan Lectures 1952, London 1956, 158-169.

12. Vgl. E. Lohse, υἱὸς Δαυίδ, ThW VIII, 1969, 482-492, hier 483-486.

13. Markus 14mal, Matthäus 30mal, Lukas 25mal.

Markus	14[14]
Matthäus-Lukas-Logien	10[15]
Matthäus darüber hinaus allein	7[16]
Lukas darüber hinaus allein	7[17]
	38
Johannes	13[18]
	51

Das Material reduziert sich noch weiter unter zwei kritischen Gesichtspunkten, nämlich an Hand a) der philologischen und b) der überlieferungsgeschichtlichen Analyse.

a) Der philologische Tatbestand. Der Titel ὁ υἱὸς τοῦ ἀνθρώπου ist dem Profangriechischen unbekannt; vielmehr haben wir die wörtliche Übersetzung eines aramäischen determinierten Status constructus *bar ᾽ānaša*[19] vor uns. Was heißt das? Wie hebr. *ben* wird aram. *bar* vor Substantiven zwar meist zur Bezeichnung der Abstammung verwandt, jedoch nicht immer. Vor geographischen Begriffen bezeichnen hebr. *ben/bat* bzw. aram. *bar/berat* den Bewohner (vgl. Lk 23,28 θυγατέρες Ἱερουσαλήμ), vor Abstraktbegriffen die Zugehörigkeit (vgl. Lk 16,9 οἱ υἱοὶ τοῦ φωτός), vor Kollektivbegriffen das Individuum (z. B. hebr. *bän baqar* »ein Stück Vieh, ein Rind«). Dieser letzte Fall liegt bei *bar ᾽ānaša* vor: *bar* bezeichnet das zu dem als Kollektivbegriff gebrauchten *᾽ānaš* »Mensch« gehörige Individuum. *Bar ᾽ānaša* bedeutet also »*der Mensch*« bzw. (da zur Zeit Jesu der Prozeß, daß die Determination ihre Bedeutung einbüßte, im Alltagsgebrauch bereits eingesetzt hatte[20]) »*ein Mensch*«. Man kann sich die generische Verwendung von *bar ᾽ānaša* (»der Mensch«) mit Hilfe von Mt 4,4 (οὐκ ἐπ᾽ ἄρτῳ μόνῳ ζήσεται ὁ ἄνθρωπος) klarmachen, die indefinite (»ein Mensch, jemand«) mit Hilfe von Joh 8,40 (ἄνθρωπος ὃς τὴν ἀλήθειαν ὑμῖν λελάληκα)[21]. Neben die-

14. Mk 2,10.28; 8,31.38; 9,9.12.31; 10,33.45; 13,26; 14,21ab.41.62.
15. Mt 8,20 par. Lk 9,58; Mt 11,19 par. Lk 7,34; Mt 12,32 par. Lk 12,10; Mt 12,40 par. Lk 11,30; Mt 24,27 par. Lk 17,24; Mt 24,37 = 39 par. Lk 17,26; Mt 24,44 par. Lk 12,40; Mt 19,28; Lk 6,22; 12,8.
16. Mt 10,23; 13,37.41; 16,28; 24,30; 25,31; 26,2.
17. Lk 17,22.30; 18,8; 19,10; 21,36; 22,48; 24,7.
18. Joh 1,51; 3,13f.; 5,27 (ohne Artikel); 6,27.53.62; 8,28; 9,35; 12,23.34a; 13,31. Die Frage der Menge 12,34b τίς ἐστιν οὗτος ὁ υἱὸς τοῦ ἀνθρώπου; ist mitgezählt, weil die Frager den Terminus »Menschensohn« nicht von sich aus gebrauchen.
19. Bis in das zweite Jahrhundert n. Chr. wird *᾽nš/᾽nš* ausnahmslos (Dan 7,13; Qumran; Naḥal Ḥever) mit Initial-᾽*alep* geschrieben, vgl. →Fitzmyer, 426f.
20. →Colpe, 407,1f.
21. Dagegen trifft es nicht zu, daß *bar ᾽ānaš(a)* als Umschreibung für »ich« belegt sei, obwohl das immer wieder behauptet wird (zuletzt in der vorbildlich sorgfältigen Untersuchung von G. Vermès, The Use of בר נש/בר נשא in Jewish Aramaic, in: M. Black, An Aramaic

sem alltäglichen Gebrauch von *bar 'änaša* hatte sich ein gehobener Sprachgebrauch herausgebildet: in der apokalyptischen Sprache war *bar 'änaša* im Anschluß an Dan 7,13 messianischer Titel geworden, wie wir vor allem aus den Bilderreden des äthiopischen Henoch wissen.

Im vorliegenden griechischen Text der Evangelien ist ὁ υἱὸς τοῦ ἀνθρώπου überall als Titel verstanden. Es fragt sich jedoch, ob das ihm zugrundeliegende aramäische Äquivalent *bar 'änaša* nicht an einigen Stellen ursprünglich die Alltagsbedeutung (»der Mensch«, »ein Mensch«, »jemand«) hatte und erst infolge eines Mißverständnisses titular verstanden worden ist. Das dürfte in der Tat zum mindesten auf das Wort von der Lästerung des Geistes zutreffen.

Es ist uns in zweifacher Fassung überliefert. In der Markusfassung lautet der Gegensatz: alle Sünden (gegen Menschen), ja alle Lästerungen (gegen Gott) können den Menschenkindern vergeben werden, die Lästerung des Geistes dagegen ist unvergebbar (Mk 3,28f. par. Mt 12,31). In der Logienfassung ist dagegen der Gegensatz ein ganz anderer: »Dem, der etwas gegen den Menschensohn sagt, kann Gott vergeben; dem, der gegen den Geist lästert, wird Gott nicht vergeben« (Lk 12,10 par. Mt 12,32). Es ist längst erkannt (zuerst wohl 1569 von G. Génébrard[22]), daß beiden Fassungen ein *lebar 'änaša* (Singular) zugrunde liegt, das die Markusfassung richtig generisch verstand (»alle Sünden können [dem] Menschen vergeben werden« oder »alle Sünden gegen [den] Menschen sind vergebbar«, im Aramäischen ist beides möglich), die Logienfassung dagegen irrig als Titel auffaßte (»wer etwas gegen den Menschensohn sagt«). Durch Mißverstehen eines *generischen bar 'änaša* ist hier sekundär ein Menschensohnwort entstanden. Ebenso wird Mk 2,28 zu beurteilen sein; V. 27 redet zweimal vom Menschen im generischen Sinn, also wohl auch der Nachsatz V. 28.

Der Fall, daß ein ursprünglich *indefinit* gemeintes *bar 'änaša* zum apokalyptischen Titel wurde, dürfte Mt 11,19 par. Lk 7,34 vorliegen. Hier folgt auf ὁ υἱὸς τοῦ ἀνθρώπου offensichtlich ohne Bedeutungsunterschied: ἄνθρωπος: ἦλθεν ὁ υἱὸς τοῦ ἀνθρώπου ἐσθίων καὶ πίνων καὶ λέγουσιν· ἰδοὺ ἄνθρωπος φάγος καὶ οἰνοπότης. Jesus wird beide Male *bar 'änaša* oder *bar'änaš* gesagt und im Sinn von »jemand«, »einer« gemeint haben, so daß die Gegenüberstellung des Täufers mit Jesus folgendermaßen zu übersetzen sein wird: »Es kam Johannes, der aß nicht und trank nicht, und sie sagen: er ist verrückt. Es kam einer, der aß und trank, und sie sagen: einer, der schlemmt und praßt«. Auch Mk 2,10 liegt dem ὁ υἱὸς τοῦ ἀνθρώπου

Approach to the Gospels and Acts[3], Oxford 1967, 310–328, hier 320–327). Man geht bei dieser Behauptung regelmäßig davon aus, daß im Galiläisch-Aramäischen *hahu gabra* »jener Mann« als Umschreibung für »ich« oder »du« gebraucht wird, entweder aus Bescheidenheit oder bei Aussagen mit unerfreulichem Inhalt. Es besteht jedoch zwischen beiden Wendungen ein wesentlicher Unterschied: *hahu gabra*, auf die redende Person bezogen, heißt »ich (und kein anderer)«, ist also strikt auf den Redenden beschränkt; *bar 'änaša* dagegen behält auch da, wo der Redende sich selbst einschließt, die generische bzw. indefinite Bedeutung »der (bzw. ein) Mensch, also auch ich«, »der (bzw. ein) Mensch wie ich«, wie man sich an Hand von Mt 4,4 (ὁ ἄνθρωπος) und Joh 8,40 (ἄνθρωπος) verdeutlichen kann. Das heißt, *bar 'änaš(a)* kann zwar (wie unser »man«) den Redenden einschließen und auf ihn bezogen sein, ist aber nicht Umschreibung für »ich«.

22. De S. Trinitate libri tres, Paris 1569, 246f.

vielleicht ursprünglich ein indefinit gemeintes *bar 'änaš* zugrunde; auf den Einwand von 2,7 antwortet Jesus sinngemäß: ›Damit ihr erkennt, daß (nicht nur Gott im Himmel, sondern mit mir, Jesus, auch) ein Mensch auf Erden Vollmacht hat, Sünden zu vergeben...[23].‹ Schließlich wird man angesichts der Gegenüberstellung mit den Tieren ursprünglich indefiniten Sinn auch für Mt 8,20 par. Lk 9,58 annehmen dürfen: ›Die Tiere haben ihre Schlupfwinkel, ein Mensch wie ich ist heimatlos[24]‹.

An allen diesen Stellen war vermutlich ursprünglich *bar 'änaša* im alltäglichen Sinn von »der Mensch« bzw. »ein Mensch« gemeint, und erst die urkirchliche Überlieferung hat in ihnen den apokalyptischen Titel »Menschensohn« gefunden.

b) Der überlieferungsgeschichtliche Tatbestand. Viel einschneidender als die philologische Analyse ist die überlieferungsgeschichtliche. Für sie ist die Beobachtung grundlegend, daß die überwiegende Mehrzahl der Menschensohnworte in zweifacher Form überliefert ist, nämlich in einer Fassung *mit* Menschensohn und in einer Fassung *ohne* Menschensohn. Man vergleiche z. B. die letzte Seligpreisung bei Lukas ἕνεκα τοῦ υἱοῦ τοῦ ἀνθρώπου (6,22) mit der Matthäusfassung ἕνεκεν ἐμοῦ (5,11)[25]. Von den 51 Menschensohnworten der Evangelien[26] haben nicht weniger als 37 eine konkurrierende Überlieferung zur Seite, in der der Terminus Menschensohn fehlt und stattdessen meist ἐγώ gesagt ist[27].

Es erhebt sich nun die Frage, ob wir zeigen können, welche Fassung – die mit oder die ohne Menschensohn – an diesen 37 Stellen die ältere ist. Die Einzelnachprüfung ergibt, daß wiederholt der Menschensohntitel nachweislich sekundär ist. So erscheint er sekundär in der Umbildung älterer Logien[28], in Nachbildungen[29] und Neubildungen[30]; die Überlieferung liebte

---

23. →Colpe, 433,13 f., vgl. J. Wellhausen, Skizzen und Vorarbeiten VI, Berlin 1899, 202 f.; Das Evangelium Marci², Berlin 1909, 16. Wellhausen hat erkannt, daß ὁ υἱὸς τοῦ ἀνθρώπου konzessiven Beiklang hat: »obwohl ich ein Mensch bin« (Skizzen VI, 203). Wir hatten o. S. 161 f. einen ganz ähnlichen Fall: ἄνθρωπός εἰμι ὑπὸ ἐξουσίαν (Mt 8,9 par.) war mit »obwohl ich nur ein Mensch bin, der zu gehorchen hat« zu übersetzen.

24. →Colpe, 435, mit ausführlicher Begründung.

25. Das Material habe ich in: Die älteste Schicht der Menschensohn-Logien, ZNW 58, 1967, 159–172 zusammengestellt.

26. S. o. S. 248.

27. Vgl. die Tabellen a. a. O. 159–164.

28. Z. B. gestaltet Matthäus das Logion Mk 9,1 zu einem Menschensohnwort um (Mt 16,28). Auch das Menschensohnwort Lk 19,10 erweist sich als sekundäre Umbildung, wenn man Mt 15,24 vergleicht (der anstößige Partikularismus ist in Lk 19,10 beseitigt, zugleich ist ἀπεστάλην in ἦλθεν γὰρ ὁ υἱὸς τοῦ ἀνθρώπου verwandelt). Vgl. ferner Lk 6,9 mit der sekundären Fassung 9,56 *v. l.*

29. Das deutlichste Beispiel ist Mt 26,2: hier hat Matthäus die Zeitangabe Mk 14,1a durch eine im Anschluß an Mt 17,22 formulierte Menschensohn-Leidensweissagung ersetzt. Lk 24,7, vielleicht auch 17,25, mögen ebenfalls hierhergehören, dazu auch die von Matthäus formulierte Deutung des Unkrautgleichnisses Mt 13,36–43, in der der Menschensohn in V. 37 und 41 vorkommt: V. 41 knüpft an Mt 24,31 par. Mk 13,27 an.

den feierlich-archaischen Ausdruck ὁ υἱὸς τοῦ ἀνθρώπου und hat ihn öfter in Jesusworte eingefügt oder in Nach- oder Neubildungen verwendet. Dagegen ist der umgekehrte Vorgang, daß der Ausdruck ausgemerzt wurde, in keinem einzigen Fall nachweisbar[31]. Vielmehr läßt sich der Titel ὁ υἱὸς τοῦ ἀνθρώπου, nachdem er einmal Fuß gefaßt hat, nicht wieder verdrängen. Das heißt: wo immer wir eine Rivalität zwischen dem schlichten ἐγώ und dem feierlichen ὁ υἱὸς τοῦ ἀνθρώπου finden, spricht alle Wahrscheinlichkeit dafür, daß das schlichte ἐγώ die ältere Überlieferung ist.

Fragen kann man nur, ob wir in einzelnen Fällen mit der Möglichkeit zu rechnen haben, daß beide Fassungen, die mit und die ohne Menschensohn, von Anfang an nebeneinander existiert haben. Diese Frage dürfte für die S. 268 genannten Kurz-*Mešalim* zu bejahen sein, weil diese zum ältesten Material gehören.

Sehen wir von den Menschensohnworten ab, die wir aus philologischen Gründen ausscheiden mußten (weil sie höchstwahrscheinlich auf das Mißverständnis eines generischen bzw. indefiniten *bar 'änaša* zurückgehen), und von den Menschensohnworten, die eine rivalisierende Fassung ohne Menschensohn neben sich haben (weil in diesem Fall die Fassung ohne den Titel die Priorität für sich hat), dann schmilzt die Zahl der Belege erheblich zusammen.

Das Bedeutsame bei allen diesen kritischen Feststellungen ist aber, daß ein Rest von Menschensohnworten bleibt, die konkurrenzlos nur in der Menschensohnfassung überliefert sind und bei denen auch die Möglichkeit einer Fehlübersetzung ausscheidet, weil ihr Inhalt zeigt, daß ὁ υἱὸς τοῦ ἀνθρώπου von Anfang an titular gemeint war. Es sind folgende: Mk 13,26 par.; 14,62 par.; Mt 24,27.37b = 39b par. Lk 17,24.26; Mt 10,23; 25,31; Lk 17,22.30; 18,8; 21,36; Joh 1,51. Bei diesen elf Logien handelt es sich mit einer Ausnahme um futurische Worte. Lediglich Joh 1,51 scheint aus diesem Rahmen zu fallen. Aber auch bei diesem durch die doppelte Einleitung (λέγει αὐτῷ Singular/λέγω ὑμῖν Plural) als vorjohanneisch ausgewiesenen Logion wird man angesichts des ὄψεσθε (vgl. Mk 14,62 par.), der Himmelsöffnung (vgl. Apk 19,11) und der Erwähnung der Engel (vgl. Mk 8,38 par.) fragen müssen, ob es sich nicht ursprünglich ebenfalls auf die Epiphanie des Menschensohnes bezog. Daß es neben den Kurz-*Mešalim*[32] Epiphanieworte sind, die die älteste Schicht der Menschensohnüberlieferung repräsentieren, wie es bei einem apokalyptischen Titel nicht anders zu erwarten ist, gibt dem von uns erarbeiteten Überlieferungskern Anspruch auf hohes Alter.

---

30. Hierher gehören Mt 13,37 (s. Anm. 29); 12,39f. par. (Mk 8,12 par. fehlt der Menschensohn); 24,30a (Zuwachs zu Mk 13,26).

31. Mt 16,21 (αὐτόν eingesetzt für Mk 8,31 τὸν υἱὸν τοῦ ἀνθρώπου) ist, wie seit langem erkannt ist, kein Beleg für eine Ausmerzung des Titels, sondern eine Scheinausnahme. Denn Matthäus wiederholt hier den Titel, den Markus ihm bot, lediglich deshalb nicht, weil er ihn in V. 13 vorweggenommen hatte.

32. S. u. S. 268.

2. Die Echtheitsfrage

Mit der kritischen Analyse der Quellen hat sich das Echtheitsproblem, d. h. die Frage, ob Jesus den Titel Menschensohn gebraucht hat, erheblich vereinfacht. Sie reduziert sich jetzt auf die Frage, ob diejenigen Menschensohnaussagen, die der philologischen und überlieferungsgeschichtlichen Analyse standhielten, mit einiger Wahrscheinlichkeit auf Jesus selbst zurückgeführt werden können oder ob auch sie der Gemeinde zugeschrieben werden müssen.

Nun wäre es allerdings ein methodischer Fehler, wollte man ohne weiteres unterstellen, daß diese verbleibenden Menschensohnworte in Bausch und Bogen als echt anzusehen seien. Mindestens bei Mt 24,30a; 25,31 erheben sich Zweifel. Was zunächst Mt 24,30a anlangt, so hat Matthäus das σημεῖον (d. h. das Panier)[33] des Menschensohns ebenso wie in V. 31 die große Trompete dem Markustext (13,26) zugefügt; beide Kriegsinsignien, Panier und Trompete, sind Attribute der eschatologischen Sammlung des Gottesvolkes. Da Matthäus es auch sonst liebt, die apokalyptische Färbung zu verstärken[34], könnte Mt 24,30a auf ihn zurückgehen. Gleiches gilt für 25,31, da sich ὁ υἱὸς τοῦ ἀνθρώπου mit ὁ βασιλεύς (V. 34.40) stößt und da die Wendung »der Herrlichkeitsthron des Menschensohns« nur bei Matthäus vorkommt[35]. Auf der anderen Seite läßt sich zum mindesten zeigen, daß die Anwendung des Menschensohntitels auf Christus *alte palästinische Überlieferung* ist. Dafür spricht neben dem sprachlichen Befund[36] die Beobachtung, daß man früh begonnen hat, den Titel zu meiden. Denn nur so läßt es sich erklären, daß er sich im Neuen Testament, abgesehen von den Worten Jesu und von drei alttestamentlichen Zitaten[37], nur Apg 7,56 im Munde des Stephanus findet, sonst nie[38]. Sehr bezeichnend ist der Tatbestand bei Paulus. Es läßt sich zeigen, daß Paulus den Titel gekannt hat. Das ergibt sich einerseits aus 1 Kor 15,27; Phil 3,21; Eph 1,22, wo Paulus Ps 8, den Menschensohnpsalm, messianisch deutet, andererseits aus der Bezeichnung Christi als ἄνθρωπος 1 Kor 15, 21, ὁ ἄνθρωπος Röm 5,15, die sich kaum anders als durch den Rückgang auf *bar 'änaša* erklären läßt[39]. Schließlich ergibt sich die Bekanntschaft des Paulus mit dem Titel aus der Adam-Christus-Typologie; sie ist nämlich sowohl dem antiken Juden-

---

33. Nach einer glänzenden Beobachtung von →Glasson.

34. T. F. Glasson, The Second Advent. The Origin of the New Testament Doctrine[2], London 1947, 69–75, der u. a. auf Mt 7,19 (vgl. 3,10); 16,27 (vgl. Mk 8,38); 16,28 (vgl. Mk 9,1); 24,3 (vgl. Mk 13,4) verweist.

35. Mt 19,28; 25,31.

36. Die o. S. 251 als ältester Überlieferungsbestand erkannten Menschensohn-Logien weisen überwiegend ungriechischen Sprachgebrauch auf, so z. B. das überflüssige Demonstrativ ταύτῃ Mt 10,23, die ungewöhnliche Setzung des Artikels vor ἑτέραν ebd. (vgl. Blaß-Debrunner § 306,2), vor πίστις Lk 18,8 (vgl. Jeremias, Gleichnisse[7], 155 Anm. 2) und vor ἀστραπή Mt 24,27 par. (a. a. O. 7 Anm. 2), die Umschreibung des Gottesnamens durch ἡ δύναμις Mk 14,62 par. Zur rhythmischen Struktur von Mt 8,20 s. o. S. 33, zu dem aramäischen Wortspiel in Mk 9,31 u. S. 268.

37. Apk 1,13; 14,14: Dan 7,13; Hebr 2,6: Ps 8,5.

38. Joh 12,34 redet zwar die Menge, aber sie zitiert ein Wort Jesu.

39. Dafür spricht auch der Vergleich von 1 Tim 2,5 (ἄνθρωπος) mit Mk 10,45 (ὁ υἱὸς τοῦ ἀνθρώπου).

tum wie dem vorchristlichen Hellenismus völlig unbekannt, dürfte also paulinische Schöpfung sein[40]. Die Antwort auf die Frage, wie Paulus darauf kam, die Adam-Christus-Typologie zu schaffen, kann nur lauten, daß die Bezeichnung Jesu als »der Mensch« der Ausgangspunkt war. Obwohl also Paulus den Titel Menschensohn gekannt hat, verwendet er ihn doch nie. Offensichtlich vermeidet er den Ausdruck ὁ υἱὸς τοῦ ἀνθρώπου bewußt und benutzt statt dessen die korrekte Wiedergabe von *bar 'änaša* mit ὁ ἄνθρωπος. Ebenso verfuhr 1 Tim 2,5 (s. Anm. 39). Die Verwendung des Menschensohntitels ist also vorpaulinisch, und die Meidung des Titels hat bald nach dem Übergang vom semitischen auf griechisches Sprachgebiet eingesetzt. Der Grund ist leicht zu erraten: es sollte der Gefahr vorgebeugt werden, daß gebürtige Griechen den Titel als Abstammungsbezeichnung mißverstanden. Nur in der palästinischen judenchristlichen Gemeinde lebte er fort (Apg 7,56; Hebräerevangelium[41]; Hegesipp[42]); hier war das Mißverständnis nicht zu befürchten.

Mit diesen Beobachtungen stehen wir zwar in früher, vorpaulinischer Zeit, genauer bei der aramäisch redenden Urgemeinde, aber noch nicht bei Jesus. Wenden wir uns der Frage zu, ob er selbst den Titel benutzt hat, so spricht von vornherein für eine positive Antwort, daß auch sonst in Worten Jesu, die Anspruch auf hohes Alter erheben können, auf Dan 7 Bezug genommen wird, so Lk 12,32 (zu δοῦναι ... τὴν βασιλείαν mit absolutem Gebrauch von βασιλεία vgl. Dan 7,18.27) und in der gemeinsamen Substanz von Mt 19,28 par. Lk 22,28.30b (zu ἐπὶ θρόνων [plur.!] vgl. Dan 7,9; zu κρίνοντες vgl. 7,10). Sodann: in allen fünf Überlieferungsschichten der Evangelien spricht Jesus übereinstimmend vom Menschensohn in der dritten Person; er bringt also eine Unterscheidung zwischen sich und dem Menschensohn zum Ausdruck, was bei Entstehung der Menschensohnbezeichnung in der Gemeinde nicht zu erklären ist, da für die Gemeinde die Gleichsetzung Jesu mit dem Menschensohn selbstverständlich war[43]. Diese Unterscheidung (vgl. über sie u. S. 262f.) ist daher ein Indiz für vorösterlichen Sprachgebrauch. Noch schwerer wiegt, daß in keinem Menschensohnlogion gleichzeitig von der Auferstehung und der Parusie gesprochen wird[44]. Denn die Unterscheidung zwischen Auferstehung und Parusie entstammt der nachösterlichen Christologie; für Jesus selbst waren beide Vorgänge, wie wir S. 271f. sehen werden, Alternativwendungen für den endgültigen Triumph Gottes. Das Fehlen einer Unterscheidung zwischen

---

40. Vgl. B. Schaller, Gen 1.2 im antiken Judentum, Diss. theol. Göttingen 1961 (masch.), 189f.

41. Hieronymus, De viris inl. 2 (deutsch bei E. Hennecke–W. Schneemelcher hg., Neutestamentliche Apokryphen³ I, Tübingen 1959, 108).

42. Bei Eusebius, hist. eccl. II 23,13 (deutsch a. a. O. 313), von Mt 26,64 abhängig.

43. E. Schweizer, Der Menschensohn (Zur eschatologischen Erwartung Jesu), ZNW 50, 1959, 195–209: 188.

44. Mk 14,62 finden wir Erhöhung (nicht: Auferstehung!) und Parusie nebeneinander. Aber die ältere Fassung des Bekenntnisses vor dem Hohen Rat, Lk 22,69 (s. u. S. 260), redet nur von der Erhöhung.

Auferstehung und Parusie in den Menschensohnworten entspricht also ebenfalls dem vorösterlichen Sprachgebrauch.

Die für die Echtheitsfrage wichtigste Beobachtung ist mit alledem noch nicht genannt. Wir haben gesehen, daß die griechisch redende Kirche schon in paulinischer Zeit den Titel Menschensohn gemieden hat. Trotzdem behält er in den Evangelien seinen festen Platz. Hier breitet sich der Gebrauch sogar erheblich aus. Noch Johannes hat den Titel 13mal. Dabei ist nun aber das Merkwürdige, daß er in allen vier Evangelien *ausschließlich* im Munde Jesu vorkommt[45]. Die Überlieferung ist hier ganz konsequent. Der Titel Menschensohn begegnet in keiner urchristlichen Bekenntnisformel. Nie wird er attributiv oder prädikativ verwendet. Nirgendwo wird Jesus im Evangelienbericht als Menschensohn bezeichnet oder im Gebet als Menschensohn angeredet. An keiner Stelle gebrauchen die Evangelien den Titel in Aussagen über Jesus. Dagegen ist er in den Worten Jesu fest verankert.

Wie kommt es, daß die Gemeinde schon früh den Titel ὁ υἱὸς τοῦ ἀνθρώπου wegen seiner Mißverständlichkeit meidet, ihn nicht einmal in den Bekenntnissen gebraucht – und ihn dennoch gleichzeitig in den verba Christi überliefert, in den Synoptikern sogar als einzige Selbstbezeichnung Jesu, daß sie die Belege vermehrt, dabei den Gebrauch aber streng auf die Worte Jesu beschränkt? Es gibt nur eine Antwort: der Titel war in der Überlieferung der Worte Jesu von Anfang an verwurzelt; er war dadurch sakrosankt, niemand hätte es gewagt, ihn auszumerzen.

Das heißt: die apokalyptischen Menschensohnworte, die wir als die älteste Schicht erkannt haben, müssen in ihrem Kern auf Jesus selbst zurückgehen.

Trotz dieser gewichtigen Argumente ist seit H. Lietzmann immer wieder bezweifelt worden, daß Jesus überhaupt den Terminus Menschensohn gebraucht habe[46], und zwar beruft man sich neuerdings vor allem auf eine Beobachtung, die zuerst H. B. Sharman[47] und H. A. Guy[48] machten, daß nämlich in den synoptischen Evangelien die Begriffe »Königsherrschaft Gottes« und »Menschensohn« seltsam unverbunden nebeneinander stehen. Sie kommen nur kompilatorisch verknüpft vor (Mk 8,38/9,1; Lk 17,21/22; 21,27/31; Mt 10,7/23; 13,37/43; 25,31/34), nie jedoch genuin verbunden. Ph. Vielhauer schloß aus diesem Tatbestand, daß von den beiden Termini nur einer der Predigt Jesu angehören könne, und das könne nur die Gottesherrschaft sein[49]. Mithin seien sämtliche Menschensohnlogien als unecht anzusehen. Gegen diese Radikallösung spricht jedoch, daß sich das unverbundene Nebeneinander von Königsherrschaft Gottes und Menschensohn, auf das wir in den synoptischen Evangelien stoßen, bereits im Judentum der Zeit Jesu findet. Die Königsherrschaft Gottes war hier Kennwort

---

45. Zu der Scheinausnahme Joh 12,34 s. o. Anm. 38.
46. →Lietzmann; in der gegenwärtigen deutschen Forschung vor allem von Ph. Vielhauer, E. Käsemann und H. Conzelmann (vgl. →Colpe, 440 Anm. 284).
47. Son of Man and Kingdom of God², New York 1944, 84f.89.
48. The New Testament Doctrine of the Last Things, London 1948, 81f.
49. →Vielhauer.

der herrschenden Zukunftserwartung[50], dagegen »der Mensch« Kennwort einer esoterischen Eschatologie. Genauso liegt es in der Verkündigung Jesu. In der öffentlichen Predigt hat er, vor allem in den Gleichnissen, von der kommenden Basileia gesprochen. Dagegen läßt ihn die markinische Überlieferung den Titel Menschensohn seit dem Petrusbekenntnis nur den Jüngern gegenüber gebrauchen[51]; erstmalig und einzig beim Verhör vor dem Hohen Rat hat Jesus nach Markus die mit Mk 8, 27ff. einsetzende Geheimhaltung gebrochen[52]. Alle Wahrscheinlichkeit spricht dafür, daß die Beschränkung des titularen Gebrauchs von »Menschensohn« auf Jüngerlogien historische Erinnerung ist und daß sich so das unverbundene Nebeneinander von Basileia-Verkündigung und Menschensohnworten erklärt: die Basileia Gottes ist Stichwort der exoterischen, der Menschensohn Stichwort der esoterischen Verkündigung Jesu. Man kann das z. B. an Lk 17,20ff. sehen. Hier finden wir dieselbe Aussage, daß das Kommende nicht räumlich festlegbar sei, zuerst in einem Wort an die Pharisäer (17,20f.), dann in einem Wort an die Jünger (17,23f.). Es ist nicht zufällig, daß Jesus seinen Gegnern gegenüber den Terminus Basileia gebraucht (V. 21), seinen Jüngern gegenüber dagegen vom Menschensohn redet (V. 24).

Das unverbundene Nebeneinander von Gottesherrschaft und Menschensohn in den Worten Jesu ist also in der Umwelt vorgebildet; dann aber bildet es keinen Einwand gegen den Gebrauch des Titels durch Jesus.

3. Die Präformation (Das religionsgeschichtliche Problem)

Der Titel Menschensohn wird in den Evangelien nirgendwo erläutert, vielmehr überall als bekannt vorausgesetzt. Jesus hat ihn in der Tat nicht geschaffen. Woher stammt er? Mit dieser Frage stehen wir vor dem religionsgeschichtlichen Problem.

Dieses Problem hat sich in den letzten Jahrzehnten außerordentlich vereinfacht. Im Gefolge der religionsgeschichtlichen Schule waren zahlreiche Versuche unternommen worden, den Menschensohn aus Urmenschvorstellungen Mesopotamiens, Persiens, Indiens und der Gnosis herzuleiten. Eine gründliche Überprüfung des religionsgeschichtlichen Materials hat aber gezeigt, daß alle diese Hypothesen auf ganz schwachen Füßen stehen. Insbesondere die Ablei-

---

50. Vgl. PsSal 5,18f.; 17,3; AssMos 10,1; *Qaddiš* (Dalman, Die Worte Jesu[1], 305, leider in der 2. Aufl. weggelassen); Neujahrs-*Musaphgebete* (ʿ*Alenu*, Billerbeck I 178; *Ubeken*, ebd. nach Dalman, a. a. O. 306; *Malkijjot*, P. Fiebig, *Rosch ha-schana* (Neujahr), Die Mischna II 8, Gießen 1914, 49–53); Targum (Billerbeck I 179); Midrasch (a. a. O. 179f.).

51. Vorher nur zweimal (2,10.28); zu den beiden Stellen s. o. S. 249f. – Mk 8,38 richtet sich zwar im heutigen Kontext an die Menge, doch ist die Hörerangabe in V. 34 redaktionell (das Partizip προσκαλεσάμενος sowie das singularische ὁ ὄχλος und σὺν τοῖς ... vgl. 4,10).

52. Gegen die Geschichtlichkeit des Berichts über das Verhör Jesu vor dem Hohen Rat kann man nicht geltend machen, daß kein Glied der Gemeinde anwesend war – als ob es sich nicht in Jerusalem wie ein Lauffeuer herumgesprochen hätte, weshalb der Prophet aus Galiläa den Römern zur Verurteilung ausgeliefert worden war.

tung vom iranischen Gayōmart ist von den Iranisten abgelehnt worden. Dieser negative Tatbestand ist das Ergebnis der umfassenden Nachprüfung der Quellen durch C. Colpe[53]. Da sich auch alttestamentliche Voraussetzungen nicht nachweisen lassen, sind wir für die Vorgeschichte der Menschensohnvorstellung der Evangelien ausschließlich auf die antike jüdische Apokalyptik verwiesen[54].

Hier taucht der Ausdruck *bar 'änaš* erstmalig Dan 7,13 auf. 7,1–14 schildert eine Vision Daniels. Zunächst sieht er, wie vier große Tiere aus dem Meer steigen (V. 1–8), die vier Reiche symbolisieren. Nach der Tötung des vierten, besonders schrecklichen Tieres (V. 11) erscheint am Himmel ein fünftes Wesen, das aber nicht tiergestaltig ist, sondern menschenähnlich: »Siehe, da kam ein menschengestaltiges Wesen *(kebar 'änaš)* in (ʿ*im)* himmlischen Wolken und gelangte vor den Hochbetagten und wurde vor ihn gebracht, (14) und ihm wurden Macht, Ehre und Herrschaft verliehen; alle Völker, Nationen und Zungen müssen ihm dienen; sein Reich ist ein ewiges Reich, das niemals zerstört werden wird« (V. 13 f.). An diese Vision ist eine Deutung angefügt worden, in der das »menschengestaltige Wesen« auf ein fünftes Reich gedeutet wird, nämlich auf das Reich der »Heiligen des Höchsten« (V. 18.27). In der Folgezeit wird das menschengestaltige Wesen von Dan 7,13 jedoch nicht kollektiv, sondern ausnahmslos auf eine Einzelpersönlichkeit gedeutet. Auf diese Weise wird »der Mensch« in der Apokalyptik Titel des Erlösers (Bilderreden des äth. Henochbuchs 37–71, 1. Jh. v. Chr.[55]; Sibyllinische Orakel, zwischen 70 und 100 n. Chr.[56]; 4 Esra, 94 n. Chr.[57]; Trypho bei Justin, Dial. 32,1, vor 165 n. Chr.); auch in der rabbinischen Literatur wird der »Menschengestaltige« von Dan 7,13 mit dem Messias gleichgesetzt[58]. Die

---

53. Die religionsgeschichtliche Schule. Darstellung und Kritik ihres Bildes vom gnostischen Erlösermythus, FRLANT 78, Göttingen 1961; ὁ υἱὸς τοῦ ἀνθρώπου, 411–418. Colpe möchte lediglich die Hypothese gelten lassen, daß der kanaanäische Baal eine Präformation des ›Menschenähnlichen‹ in Dan 7,13 darstelle (418–422), was aber schon im Blick auf die enorme zeitliche Kluft zwischen den Texten aus Ras Schamra und dem Danielbuch schwer vorstellbar ist.

54. Mit der ständigen Anrede an Ezechiel (auch Daniel) »Du Menschenkind« hat der Titel ὁ υἱὸς τοῦ ἀνθρώπου nichts zu tun, da sich Anspielungen auf sie nicht finden lassen.

55. 46,1–4; 48,2; 62,5.7.9.14; 63,11; 69,26 f.29; 70,1; 71,14.17.

56. 5,256 (s. u. Anm. 61). 414.

57. 13,2 f.5.12.25.32.51; zur Datierung vgl. Billerbeck IV 996.

58. Das rabbinische Material hat man vollständig, wenn man Billerbeck I 486 mit I 956 f. kombiniert. Die Spärlichkeit der rabbinischen Belege wird mit antichristlicher Polemik zusammenhängen (ausdrückliche Polemik: j. Taʿan. 65 b 60). – Ob mit dem »zweideutigen Orakelspruch«, den Josephus eine der Hauptursachen für den Aufstand gegen Rom 66–70 n. Chr. nennt (Bell. 6,312 f.), Dan 7,13 f. gemeint ist, ist nicht sicher (vgl. M. Hengel, Die Zeloten, AGSU 1, Leiden-Köln 1961, 243–246, dem Num 24,17 die wahrscheinlichste Grundlage ist).

wichtigste Quelle sind die Bilderreden äthHen 37–71, die ihre heutige Gestalt nach dem Panthereinfall in Palästina (40–39 v. Chr.) erlangt haben (vgl. äth Hen 56,5–7)[59].

Was sagen die jüdisch-apokalyptischen Texte über den »Menschen«? Grundlage und Ausgangspunkt aller Aussagen über ihn ist Dan 7,13: Der »Mensch« offenbart sich »an jenem Tage« (äthHen 45,3). Er erscheint, mit den Wolken des Himmels fliegend (4Esr 13,3), auf dem Zionsberg (13,6.35), stößt die Könige und Mächtigen von ihren Thronen (äthHen 46,4f.), setzt sich auf den Thron der Herrlichkeit (45,3; 55,4; 61,8; 62,2f.; 69,27) und hält Gericht (45,3; 49,4; 55,4; 61,8f.; 62,3; 69,27) bzw. vernichtet das feindliche Heer mit dem Feuerhauch seines Mundes (4Esr 13,9–11). Dann steigt er vom Berg herab und ruft ein friedliches Heer zu sich (4Esr 13,12f.). Er wird die Stütze der Gerechten und Heiligen sein, das Licht der Völker, die Hoffnung der Betrübten (äthHen 48,4). Alle Welt wird vor ihm niederfallen (48,5; 62,9). Die Gerechten und Auserwählten werden mit ihm Tisch- und Lebensgemeinschaft haben (62,14).

Wer aber ist »der Mensch«? Wo kommt er her? Diese Fragen haben die jüdischen Apokalyptiker stark beschäftigt. Man sagt: »Sein Los hat vor dem Herrn der Geister alles durch Rechtschaffenheit in Ewigkeit übertroffen« (äthHen 46,3), er hat also gelebt. Jetzt ist er bis zu seiner Offenbarung verborgen (62,6f.; 4Esr 13,26), wie es Jes 49,2 vom Gottesknecht gesagt ist, und zwar weilt er bei den verstorbenen Gerechten im Paradies, offenbar, weil er einer der Ihren ist (äthHen 39,6)[60]. Im Schlußkapitel der Bilderreden des Henochbuchs ist es Henoch selbst, der zum Menschensohn eingesetzt wird (71,14); im 4. Esrabuch ist »der Mensch«, der nach 13,3 aus dem Meer, d. h. aus der Unterwelt, kommt, identisch mit dem Davidssproß (12,32); in den Sibyllinen ist Josua oder Mose der Menschensohn[61]. In der Tat haben die messia-

---

59. Die Parther haben damals Palästina erobert und das Land sowie die Hauptstadt Jerusalem geplündert. Der Einwand von J. C. Hindley, Towards a Date for the Similitudes of Enoch. An Historical Approach, NTS 14, 1967/68, 551–565, hier 553, die Ereignisse von 40–39 v. Chr. könnten deshalb nicht den Hintergrund von äthHen 56,6f. bilden, weil nach 56,7 der Einfall an Jerusalem scheitern werde, während faktisch die Parther damals Jerusalem besetzt haben, übersieht, daß Hen 56, 5–7 nicht Geschichtsbericht ist, sondern eschatologische Weissagung (Gog–Magog-Tradition), die nur die Benennung des apokalyptischen Feindvolks den Zeitereignissen entlehnt. – Daß man in Qumran zwar Stücke der übrigen vier Teile des äthiopischen Henochbuchs, nicht aber der Bilderreden gefunden hat, hat manche Forscher veranlaßt, diese für christlich zu erklären; das scheitert jedoch am Fehlen aller christlichen Züge.

60. Billerbeck II 282 Anm. 1.

61. Or Sib 5,256–259 heißt es:
»Einer aber wird einst vom Himmel her sein, ein trefflicher Mann
(dessen Hände ausbreitete am fruchtreichen Holze),

nischen Prätendenten Theudas (Josephus, Ant. 20,97–99) und der Ägypter (ebd. 169f.) beide angekündigt, daß sie die Wunder des Josua wiederholen würden.

Das Bedeutsame an dieser Vielzahl von Antworten ist, daß der Menschensohn nirgendwo als ein Engelwesen vorgestellt wird. Immer ist es ein aus dem Jenseits Wiederkehrender, oft eine Vorzeitgestalt, die vom Herrn der Geister auf den Thron der Herrlichkeit (äthHen 61,8; 62,2) gesetzt wird[62].

Um diese apokalyptischen Texte richtig zu würdigen, muß man sich vergegenwärtigen, daß die herrschende Messiaserwartung des Judentums ganz anders aussah. Man erwartete einen irdischen Herrscher, der als der große Kriegsheld die Befreiung vom römischen Joch vollziehen würde (so auch die Essener). Die besprochenen Texte der jüdischen Apokalyptik zeigen, daß daneben eine andere Messiaserwartung existierte, die zwar auch national orientiert war und die Überwindung der heidnischen Herrscher erwartete, in der aber der Messias als übermenschliche Gestalt transzendente Züge trug und universale Bedeutung (»Licht der Völker«, äthHen 48,4) besaß.

Diese Erwartung des »Menschen« ist uns nur in apokalyptischen Schriften ausführlich bezeugt. Diese stellten eine Geheimliteratur dar, wie sie selbst sagen[63]. Beispielsweise lebte die Erwartung des »Menschen«, wie sie uns im äth. Henochbuch entgegentritt, in einem kleinen Kreis, der sich die Gemeinde

<blockquote>
der Beste der Hebräer, der einst die Sonne zum Stillstand brachte,
wohllautend redend und mit heiligen Lippen.«

Daß V. 257 christlicher Einschub ist, ist mit Recht allgemein anerkannt. Umstritten ist jedoch, ob V. 256.258 f. jüdischen oder christlichen Ursprungs sind. Wer sich unter Berufung auf den Zusammenhang (der die Segenszeit des Endes schildert, ohne daß der ἀνήρ von 256.258 f. weiter erwähnt wird) für christlichen Ursprung aller vier Zeilen entscheidet, muß sich zu einer Textänderung entschließen: er muß den von allen Handschriften gebotenen Aorist στῆσε[ν] V. 258 in ein Futur στήσει verwandeln (so zuletzt die gründliche Arbeit von B. Noack, Der hervorragende Mann und der Beste der Hebräer, ASTI 3, 1964, 122–146). Aber es fragt sich doch sehr, ob dieser Eingriff in den Text berechtigt ist; denn die Erwartung, daß der wiederkehrende Christus ein Sonnenstillstandswunder vollziehen werde, ist nirgendwo bezeugt. Dagegen sind V. 256.258 f., wie niemand bestreitet, als eine Aussage der jüdischen Apokalyptik unanfechtbar. Bleiben wir also beim Text, dann ist Josua, der einst die Sonne stillstehen ließ (Jos 10,12–14), der künftig vom Himmel kommende ἀνήρ, eventuell auch Moses, da auch ihm in rabbinischen Texten ein solches Wunder zugeschrieben wird (Billerbeck I 13; II 414).

62. →Billerbeck. In dieser bedeutsamen, unbegreiflicherweise von der Forschung völlig ignorierten Untersuchung, die u. a. eine subtile Quellenscheidung zu den Bilderreden des äthiopischen Henochbuches vorträgt, kommt Billerbeck zu dem Ergebnis, daß die Synagoge der ersten beiden nachchristlichen Jahrhunderte die Vorstellung einer realen Präexistenz des Messias nicht gekannt habe, daß aber der Gedanke sehr verbreitet war, daß ein aus dem Jenseits Wiederkehrender zum Messias bestimmt sei.

63. 4 Esr 14,44–46, vgl. 12,36–38; 14,26; äthHen 104,12 f. (ursprünglicher Schluß).
</blockquote>

der Gerechtigkeit nannte und sich rühmte, daß der Herr der Geister ihm die Geheimnisse der jenseitigen Welt und den verborgenen Menschensohn geoffenbart habe. Diese Gemeinde klagt, daß sie verfolgt wird und daß ihre Bethäuser verbrannt werden (äthHen 46,8; 47,1-4).

Im Blick auf das Neue Testament ist an den jüdischen Menschensohntexten besonders bemerkenswert, daß im äthHen und 4Esr Attribute des deuterojes. Gottesknechts auf den »Menschen« übertragen werden. Im äthHen heißt er, wie wir sahen, »das Licht der Völker« (48,4 ein eindeutiges Attribut des Gottesknechts, Jes 42,6; 49,6), »der Auserwählte« (39,6; 40,5 und oft; vgl. Jes 42,1), »der Gerechte« (38,2; 53,6; vgl. Jes 53,11); sein Name wurde vor der Schöpfung »vor dem Herrn der Geister genannt« (48,3 vgl. Jes 49,1); er war »vor Ihm (Gott) verborgen« (48,6, auch 62,7; vgl. Jes 49,2); immer wieder wird geschildert, wie die Könige und Mächtigen sich vor ihm erheben und niederwerfen werden (46,4 ff.; 62,1 ff.; vgl. Jes 49,7; 52,13-15) usw.[64]. Im 4Esr heißt »der Mensch« »mein (Gottes) Knecht« (13,32.37.52; 14,9, s. o. Anm. 4) und es wird von ihm gesagt, daß er aufbewahrt ist (13,26 vgl. Jes 49,2). Wenn auch keine eindeutigen Leidensaussagen über den Gottesknecht auf den »Menschen« übertragen werden, ist es doch in höchstem Maß bedeutsam, daß durch diese Verbindung von Menschensohn- und Gottesknechtaussagen ein Ansatz geboten war, der von Jesus weitergeführt werden konnte.

4. Die Bedeutung des Titels Menschensohn in Jesu Munde

Wie in der antiken jüdischen Apokalyptik, so ist auch in den Worten Jesu Menschensohn ein *terminus gloriae*. Halten wir uns an die S. 251 als älteste Schicht erkannten Menschensohnlogien, so ergibt sich etwa folgendes Bild. Wenn die Verfolgung der Gemeinde den Höhepunkt erreicht haben wird (§ 22), wird sich plötzlich wie ein Blitz aus heiterem Himmel (Mt 24,27 par. Lk 17,24), von niemandem erwartet (Mt 24,37.39 par. Lk 17,26; ferner ohne Parallele 17,30), das als Weissagung verstandene Gesicht Dan 7,13 erfüllen. Eingehüllt von Wolken, von Engelscharen umgeben, in göttlicher Glorie erscheint der Menschensohn (Mk 13,26, vgl. Joh 1,51). Er setzt sich nieder auf dem Thron zur Rechten Gottes (Lk 22,69) und sendet seine Engel aus, um seine Auserwählten aus den vier Winden zusammenzuführen (Mk 13,27). Er hält Gericht (Lk 21,36; auch Lk 22,69 ist Gerichtsandrohung!) mit den zwölf Repräsentanten des Zwölfstämmevolks als Beisitzern (Mt 19,28 par. Lk 22,30; vgl. Dan 7,9f.; 1 Kor 6,2f.)[65].

---

64. Weitere Belege bei J. Jeremias, παῖς θεοῦ, ThW V, 1955, 686f.; vgl. ferner H.-F. Weiß, Menschensohn, RGG³ IV (1960), Sp. 874-876: 875.

65. Die Vorstellung ist nicht etwa die, daß jeder der Zwölf einen der zwölf Stämme richtet, sondern der Zwölferkreis ist als Einheit am Gericht beteiligt, wie Dan 7,9f. lehrt.

Nach Dan 7,13 wird der Menschenähnliche zu dem Alten gebracht, er wird inthronisiert; die *Bewegung* ist als *von unten nach oben* erfolgend gedacht. So wird das Kommen »in den Wolken«[66] auch sonst überwiegend in der jüdischen Apokalyptik vorgestellt (äthHen 14, 8; 71,5; 4 Esr 13,3; Midr Ps 21 § 5; vgl. zur Verbindung von Wolke und Aufwärtsbewegung Apg 1,9; 1 Thess 4,17; Apk 11,12), anders wohl nur b. Sanh. 98 a (R. Alexandrai, um 270). Die Parusievorstellung der Evangelien denkt dagegen beim Kommen des Menschensohnes an eine *Bewegung von oben nach unten*. Er kommt zu den Seinen, die ihn mit gegürteten Hüften erwarten (Lk 12,35 f.), wie Israel in der Passanacht die Hüften zum Aufbruch gegürtet hatte (Ex 12,11). Besonders deutlich wird die Bewegung von oben nach unten in dem Agraphon 1 Thess 4,16 (καταβήσεται ἀπ' οὐρανοῦ) zum Ausdruck gebracht. Es fällt jedoch auf, daß der Terminus παρουσία in den Evangelien auf Matthäus beschränkt ist (24,3.27.37.39) und daß wiederholt die Vorstellung des Herabkommens des Menschensohns redaktionell ist (z. B. Mt 16,28; 24,44 par. Lk 12,40[67]; zu Mk 14,62 s. u.). Ja mehr! Während wir keine alten Menschensohnlogien besitzen, die eindeutig von seinem Herabkommen reden, scheint in einigen von ihnen die Vorstellung einer Bewegung von unten nach oben vorzuliegen, die dann älter wäre als die Parusievorstellung. Hier ist zunächst Lk 22,69 zu nennen. Es ist eine Erkenntnis von großer Tragweite, daß der lukanische Passionsbericht ab Lk 22,14 auf die lukanische Sonderquelle zurückgeht, also eine selbständige Überlieferung gegenüber der markinischen darstellt[68]. Vergleicht man die beiden voneinander unabhängigen Fassungen des Bekenntnisses vor dem Hohen Rat, Mk 14,62 und Lk 22,69, so gibt sich die lukanische als die schlichtere zu erkennen; ist sie doch nicht wie Mk 14,62 von dem urchristlichen christologischen Schema Erhöhung-Parusie beeinflußt. Daß Lk 22,69 eine altertümliche Formulierung darstellt, wird außerdem durch Apg 7,56 bestätigt (ἰδοὺ θεωρῶ τοὺς οὐρανοὺς διηνοιγμένους καὶ τὸν υἱὸν τοῦ ἀνθρώπου ἐκ δεξιῶν ἑστῶτα τοῦ θεοῦ). Dieser Ausruf des sterbenden Stephanus stimmt inhaltlich mit Lk 22,69 (ἀπὸ τοῦ νῦν[69] δὲ ἔσται ὁ υἱὸς τοῦ ἀνθρώπου καθήμενος ἐκ δεξιῶν τῆς δυνάμεως τοῦ θεοῦ) überein, beruht aber, wie das seltsame ἑστῶτα zeigt[70], auf eigenständiger Überlieferung[71]. Lk 22,69 aber scheint vorauszusetzen, daß die Herrlichkeitsoffenbarung des Menschensohns in seiner Entrückung zu Gott besteht (vgl. äthHen 71). Das gleiche gilt von dem εἰσελθεῖν εἰς τὴν δόξαν αὐτοῦ Lk 24,26 sowie von dem johanneischen ἀναβαίνειν (Joh 3,13 u. ö.) und ὑψοῦσθαι (Joh 3,14 u. ö.); auch hier geht die Bewegung von unten nach oben. Auch δοξάζεσθαι (Joh 12,23 u. ö.) wird in diesem Sinn gemeint sein, wie Lk 24,26 nahelegt, ebenso Lk 13,32 τελειοῦμαι, und schließlich ist auch Mk 13,26 (ἐρχόμενον ἐν νεφέλαις) dieses Verständnis durch das Zitat von Dan 7,13 sowie durch den Fortgang V. 27

66. R. B. Y. Scott, ›Behold, He Cometh with Clouds‹, NTS 5, 1958/59, 127–132.

67. Zum sekundären Charakter der Anwendung des Gleichnisses vom Einbrecher auf den Menschensohn vgl. Jeremias, Gleichnisse[7], 46 f.

68. Jeremias, Abendmahlsworte[4], 91–93.

69. ἀπὸ τοῦ νῦν heißt »in Zukunft« (Bauer, Wörterbuch, Sp. 1080). Es handelt sich um einen Semitismus; das Semitische hat kein Wort für »bald«. Die Worte dürfen nicht als Zusatz gestrichen werden, da die Zeitangabe durch Mt 26,64 ἀπ' ἄρτι gestützt wird.

70. Semitismus *(qa'em* »sich befindend«) wie Mk 13,14? Man beachte auch den Plural οἱ οὐρανοί; Lukas hat in der Apostelgeschichte 24mal den Singular, nur 2mal den Plural, nämlich 2,34 und 7,56, an beiden Stellen in Formeln.

71. E. Bammel, Erwägungen zur Eschatologie Jesu, in: Studia Evangelica III, TU 88, Berlin 1964, 3–32: 24.

(καὶ τότε ἀποστελεῖ τοὺς ἀγγέλους) nahegelegt. Falls aber das ἔρχεσθαι ἐν νεφέλαις Mk 13,26 ursprünglich eine Bewegung hin zu Gott im Auge hat, erhebt sich die Frage, ob diese Vorstellung nicht ursprünglich auch mit anderen Stellen verbunden war, die vom ἔρχεσθαι des Menschensohns reden (Mk 8,38; Mt 10,23b; auch Mt 19,28 par. Lk 22,29; Mt 25,31 wird von einem Kommen auf die Erde nichts gesagt[72], sondern nur geschildert, wie der Menschensohn auf dem Herrlichkeitsthron Platz nimmt). Der Vergleich von Lk 22,69 mit Mk 14,62 läßt erkennen, wie die Vorstellungen über die Verherrlichung des Menschensohns unter dem Einfluß der Ostererfahrung umgestaltet wurden. Lk 22,69 redet in Übereinstimmung mit Dan 7,13f., äthHen 70f. nur von einem einzigen Vorgang: die Verherrlichung des Menschensohns geschieht durch seine Erhöhung zu Gott; Mk 14,62 dagegen ist dieser Vorgang in zwei Akte zerlegt: *sessio ad dexteram* zu Ostern und Parusie am Ende der Tage. Die ältesten Belege für die Parusievorstellung als Bewegung von oben nach unten finden sich im 1 Thess (1,10; 2,19; 3,13; 4,16; 5,23).

Wenn sich auch keine letzte Klarheit gewinnen läßt, so spricht doch vieles dafür, daß die älteste Vorstellung die war, daß die Offenbarung des Menschensohns in der Form einer Entrückung zu Gott erfolgen würde.

Die Epiphanie des Menschensohns leitet den Beginn der »Tage des Menschensohns« (Lk 17,22) ein, in denen er »Macht, Ehre und Herrschaft« ausübt; »alle Völker, Nationen und Zungen müssen ihm dienen, sein Reich ist ein ewiges Reich, das niemals zerstört werden wird« (Dan 7,14). Als der universale Herrscher ist er Haupt und Repräsentant des neuen Gottesvolkes. Die Seinen nehmen an seiner Herrschaft teil (Lk 12,32; Mt 19,28 par. Lk 22,28.30b). Hier liegt das Richtige der These von T. W. Manson, die im angelsächsischen Raum viel diskutiert worden ist: daß der Menschensohn eine »corporate entity« sei[73]. Zutreffend ist an dieser Sicht des Menschensohns, daß der »Menschenähnliche« Dan 7,27 mit den »Heiligen des Höchsten« gleichgesetzt wird und daß für orientalisches Denken der König oder der Priester sein Volk bzw. seine Gemeinde repräsentiert[74].

Macht und Herrlichkeit des Menschensohns haben jedoch für Jesus nichts zu tun mit nationalistischen Hoffnungen. Wir haben gesehen, daß das Judentum der Zeit Jesu eine zweifache Messiaserwartung kannte: die nationale des Kriegshelden aus Davids Stamm und die des *bar 'änaša*, der das »Licht der Völker« (äthHen 48,4) sein würde. Indem Jesus sich zur Erwartung des

---

72. Vgl. B. Rigaux, La seconde venue, in: La venue du Messie. Messianisme et Eschatologie, Recherches Bibliques VI, Bruges 1962, 173–216: 211f.: »L'idée de parousia est absente«.

73. Teaching², 211–234; mit wichtigen Modifikationen: The Son of Man in Daniel, Enoch and the Gospels, BJRL 32, 1949/50, 171–193.

74. Manson ist die Einseitigkeit, mit der er anfangs seine These von dem Menschensohn als »corporate personality« formulierte, immer wieder angekreidet worden. Dabei ist der Wahrheitskern unterschätzt, den man vor allem aus der Nachwirkung auf Paulus ablesen kann. Denn ohne die Vorstellung, daß der Eine die Vielen umschließt, hätte Paulus schwerlich seine Vorstellungen vom ersten und zweiten Adam sowie vom Leib Christi konzipieren können.

bar 'änaša bekennt, lehnt er die politische Messiaserwartung ab. Im Gegensatz zu ihr bringt der Titel Menschensohn die Universalität seiner Hoheit zum Ausdruck: er ist der Heilbringer für alle Welt (Mt 25, 31–46[75]).

Die Epiphanie der Herrlichkeit des Menschensohns gilt den Leidgeprüften. Er wird »die Hoffnung derer sein, die in ihrem Herzen betrübt sind« (äthHen 48,4). Das gilt auch von den Aussagen Jesu. Es fällt auf, daß sich die Menschensohnlogien, die die älteste Schicht repräsentieren, ganz überwiegend in Zusammenhängen finden, die von der eschatologischen Trübsal und von den Verfolgungen und Anfechtungen, die sie mit sich bringen wird, handeln (Mk 13,26; Mt 24,27.37b = 39b par. Lk 17,24.26; Mt 10,23; 24,30; Lk 17,22.30; 18,8; 21,36); sie wollen die Jünger trösten und stärken angesichts des Schweren, das ihrer wartet, indem sie ihre Augen auf das herrliche Ende Gottes lenken.

Von dem Menschensohn redet Jesus stets in der dritten Person. Wie ist das zu erklären? Die beliebte Auskunft, daß es im Aramäischen üblich gewesen sei, *bar 'änaša* für »ich« zu sagen, trifft, wie wir sahen[76], nicht zu. Dann aber kann, so scheint es, die Antwort nur lauten: Jesus redet vom Menschensohn stets in der dritten Person, weil er zwischen sich selbst und dem Menschensohn unterscheidet. Das würde auf den Schluß führen, daß Jesus bei seinen Menschensohnaussagen eine Heilsgestalt im Auge gehabt hat, auf deren Kommen er wartete. J. Wellhausen und ihm folgend R. Bultmann und andere haben in der Tat diese Ansicht vertreten[77]; erst die Gemeinde habe die Gleichsetzung Jesu mit dem Menschensohn vollzogen. Man beruft sich dafür vor allem auf Lk 12,8f., wo Jesus deutlich zwischen sich ($\dot{\varepsilon}\gamma\dot{\omega}$) und dem Menschensohn unterscheide. Indes Lk 12,8f. vermag diese Beweislast nicht zu tragen, denn die Parallele Mt 10,32 hat statt »Menschensohn« $\dot{\varepsilon}\gamma\dot{\omega}$, und wir haben S. 250f. gesehen, daß in den Fällen einer Konkurrenz zwischen $\dot{o}$ $\upsilon\dot{\iota}\dot{o}\varsigma$ $\tau o\tilde{\upsilon}$ $\dot{\alpha}\nu\vartheta\varrho\dot{\omega}\pi o\upsilon$ und $\dot{\varepsilon}\gamma\dot{\omega}$ das schlichte $\dot{\varepsilon}\gamma\dot{\omega}$ den Anspruch auf größere Ursprünglichkeit hat. Matthäus wird also mit $\dot{\varepsilon}\gamma\dot{\omega}$ in diesem Fall die ältere Fassung haben. Derselbe Einwand erhebt sich gegenüber den wenigen Texten, die man außer Lk 12,8 für ein Nebeneinander von $\dot{\varepsilon}\gamma\dot{\omega}$ und $\dot{o}$ $\upsilon\dot{\iota}\dot{o}\varsigma$ $\tau o\tilde{\upsilon}$ $\dot{\alpha}\nu\vartheta\varrho\dot{\omega}\pi o\upsilon$ anführen kann: Mk 8,38 (die Antithese zu Lk 12,8, anders Mt 10,33 $\dot{\varepsilon}\gamma\dot{\omega}$); Mk 14,62 (anders Lk 22,69); Mt 19,28 (anders Lk 22,28–30). Aber auch ganz abgesehen von der fehlenden Fundierung in den Quellen ist es völlig unmöglich, daß Jesus im »Menschensohn« eine künftige Heilsgestalt gesehen haben sollte, die von ihm selbst zu unterscheiden wäre. Denn dann müßte man unterstellen, daß Jesus sich selbst als Vorläufergestalt gesehen hätte, als den Propheten des Menschensohns. Dann aber würden Worte wie Mt 11,5f. sinnlos; Jesus hätte vielmehr auf die

---

75. S. o. S. 258.
76. S. o. S. 248, Anm. 21.
77. Bultmann, Theologie, 30–32.

Frage, ob er der Kommende sei, antworten müssen: »Nein, der bin ich nicht. Ich bin nur sein Vorläufer und sein Prophet.« Mit anderen Worten: daß Jesus den Erfüllerspruch erhob, schließt es aus, daß außer ihm noch einer kommt.

Wie ist es dann aber zu erklären, daß Jesus zwischen sich und dem Menschensohn unterscheidet? Die Antwort kann nur lauten: Jesus unterscheidet, wenn er vom Menschensohn in der dritten Person spricht, nicht zwei verschiedene Gestalten, sondern zwischen seiner Gegenwart und dem *status exaltationis*. Die dritte Person bringt die »geheimnisvolle Relation«[78] zum Ausdruck, die zwischen Jesus und dem Menschensohn besteht: er ist noch nicht der Menschensohn, aber er wird zum Menschensohn erhöht werden[79].

Wenn aber ὁ υἱὸς τοῦ ἀνθρώπου ein aus Dan 7,13 abgeleiteter *terminus gloriae* ist, mit dem Jesus den Jüngern gegenüber seine künftige königliche Würde und seine künftige richterliche Vollmacht umschreibt, dann erhebt sich eine letzte Frage: Wie wurde Jesus mit dem Kontrast zwischen seiner gegenwärtigen Ohnmacht und der Erwartung künftiger Herrlichkeit fertig, der am schärfsten in dem Drohwort Lk 22,69 zum Ausdruck kommt, das der Wehrlose dem höchsten Gerichtshof zuruft? Offensichtlich haben wir mit dem Hinweis auf Dan 7 den Kern des Sendungsbewußtseins Jesu noch nicht getroffen. Er liegt in der Tat tiefer: nicht bei Dan 7, sondern bei Jes 53.

§ 24 Die Passion

H. W. Wolff, Jesaja 53 im Urchristentum, Bethel 1942, ³Berlin 1952. – *J. Jeremias*, Das Lösegeld für viele (Mk 10,45), in: Judaica 3, 1947-48, 249-264 = Jeremias, Abba, 216-229. – *T. W. Manson*, The Servant-Messiah, Cambridge 1953. – *H. Hegermann*, Jesaja 53 in Hexapla, Targum und Peschitta, BFChTh II, 56, Gütersloh 1954. – *W. Zimmerli – J. Jeremias*, παῖς θεοῦ, ThW V, 1954, 653-713; D. παῖς θεοῦ im Neuen Testament, 698-713, neubearbeitet in: Abba, 191-215. – *E. Lohse*, Märtyrer und Gottesknecht, FRLANT 64, Göttingen 1955, ²1963. – *E. Fascher*, Jesaja 53 in christlicher und jüdischer Sicht, Berlin 1958. – *J. Jeremias*, πολλοί, ThW VI, 1959, 536-545. – *W. Popkes*, Christus Traditus. Eine Untersuchung zum Begriff der Dahingabe im N. T., AThANT 49, Zürich 1967. – *O. H. Steck*, Israel und das gewaltsame Geschick der Propheten, WMANT 23, Neukirchen-Vluyn 1967. – *M. Black*, The »Son of Man« Passion Sayings in the Gospel Tradition, in: ZNW 60, 1969, 1-8.

Nach den Evangelien ist die Passion nicht das Ende, sondern Ziel und Krönung des irdischen Wirkens Jesu und unabdingbarer Durchgang zur Herrlichkeit des Menschensohns. Freilich: darin stellt sich der Glaube der Kirche dar. Ob

---

78. Bammel, Erwägungen zur Eschatologie Jesu (s. Anm. 71), 23.
79. Ganz analog lautet, wie wir o. S. 247 sahen, die Antwort auf die Mk 12,35-37 gestellte Antinomiefrage: der Messias ist in der Gegenwart Davids Sohn, aber er wird zu Davids Herrn erhöht werden.

Jesus selber seinem Tod einen Platz in seiner Verkündigung gegeben hat, ist damit noch nicht gesagt.

1. *Die Leidensankündigungen*

Dreimal, so berichten die Evangelien, hat Jesus den Jüngern *expressis verbis* sein Leiden und seine Auferstehung angekündigt. Die herkömmlich so genannten drei Leidensweissagungen, die mit dem Petrusbekenntnis einsetzen, finden sich Mk 8,31 par., 9,31 par. und 10,33f. par. Am ausführlichsten ist die dritte Stelle. Hier wird in sechs Etappen Zug für Zug vorhergesagt, was Jesus erwartet:

ὁ υἱὸς τοῦ ἀνθρώπου
1. παραδοθήσεται τοῖς ἀρχιερεῦσιν καὶ τοῖς γραμματεῦσιν,
2. καὶ κατακρινοῦσιν αὐτὸν θανάτῳ
3. καὶ παραδώσουσιν αὐτὸν τοῖς ἔθνεσιν
4. καὶ ἐμπαίξουσιν αὐτῷ καὶ ἐμπτύσουσιν αὐτῷ καὶ μαστιγώσουσιν αὐτὸν
5. καὶ ἀποκτενοῦσιν,
6. καὶ μετὰ τρεῖς ἡμέρας ἀναστήσεται.

Das stimmt bis ins einzelne so genau mit dem Verlauf der Passions- und Ostergeschichte überein, daß nicht daran zu zweifeln ist, daß diese Leidensweissagung ein *ex eventu* formuliertes Summarium der Passion ist.

Einmal hellhörig geworden, werden wir rasch weitere Anhaltspunkte für die Kritik finden. So fällt in der ersten Leidensankündigung Mk 8,31 das δεῖ auf, das im Semitischen keine genaue Entsprechung hat und das zeigt, daß die erste Leidensweissagung ihre Fassung auf hellenistischem Gebiet erhalten hat. Es fällt weiter die Tendenz auf, ἀναστῆναι durch ἐγερθῆναι zu ersetzen[1]; das ältere ἀναστῆναι ist ein Semitismus (weder das Hebräische noch das Aramäische verfügen über eine geläufige passivische Wendung zur Bezeichnung der Auferweckung aus dem Tode), das passivische ἐγερθῆναι ist eine Gräzisierung[2]. Christologisches Interesse endlich ist im Spiele, wenn sich die Leidensankündigungen in der Passionsgeschichte häufen (Mk 14,21.27.41; Mt 26,54); offensichtlich liegt der Gemeinde daran, zu betonen, daß Jesus nicht von seinem Leiden überrascht wurde, sondern daß er es voraussah und daß er bewußt im Gehorsam gegen die Schrift den Leidensweg ging.

---

1. Vgl. Mk 8,31 mit Mt 16,21; Lk 9,22. – Mk 9,9f. mit Mt 17,9. – Mk 9,31 mit Mt 17,23. – Mk 10,34 mit Mt 20,19.

2. Der linguistische Tatbestand ist nicht gesehen, wenn H. E. Tödt, Der Menschensohn in der synoptischen Überlieferung, Gütersloh 1959 = ²1963, 172, aus dem aktivischen ἀναστῆναι (Mk 8,31; 9,31; 10,34) folgert: »In den Leidensweissagungen ist also nicht davon die Rede, daß Gott den Menschensohn auferweckt; es wird vielmehr gesagt, daß er selbst aufersteht.« Kein Jude oder Judenchrist wäre auf die Idee verfallen, ἀναστήσεται/*jequm* im Sinne einer Selbst-Auferweckung zu verstehen (vgl. Jes 26,19, wo das aktivische *jequmun* von LXX mit ἐγερθήσονται wiedergegeben wird).

Wichtiger noch als die Feststellung, daß die Gemeinde die Leidensweissagungen *ex eventu* ausgestaltet, ist, daß wir in einem Fall den Vorgang beobachten können, daß ein Evangelist eine Leidensankündigung in freier Nachschöpfung von sich aus formuliert. Mt 26,1f. hat Matthäus aus einer bloßen Zeitangabe bei Markus (14,1 ἦν δὲ τὸ πάσχα καὶ τὰ ἄζυμα μετὰ δύο ἡμέρας) eine Leidensankündigung frei gestaltet (εἶπεν τοῖς μαθηταῖς αὐτοῦ· οἴδατε ὅτι μετὰ δύο ἡμέρας τὸ πάσχα γίνεται, καὶ ὁ υἱὸς τοῦ ἀνθρώπου παραδίδοται εἰς τὸ σταυρωθῆναι 26,1f.). Angesichts dieses Tatbestandes könnten wir geneigt sein, uns der verbreiteten Ansicht anzuschließen, daß die Leidensweissagungen »alle *vaticinia ex eventu* sind«[3], was dann natürlich zur Folge hat, daß auch die Leidensdeutungen[4] ungeschichtlich sein müssen[5]. Dieser Schluß, so verbreitet er ist, ist aus drei Gründen nicht haltbar.

1. Eines dürfte feststehen: der äußere Gang seiner Wirksamkeit mußte Jesus zwingen, mit einem gewaltsamen Tod zu rechnen. Wenn ihm der Vorwurf gemacht wird, daß er mit Hilfe des Beelzebul Dämonen austreibe (Mt 12,24 par.), so heißt das, daß er Magie treibt und die Steinigung verdient hat[6]. Wenn er bezichtigt wird, daß er Gott lästere (Mk 2,7), ein falscher Prophet (Mk 14,65 par.)[7], ein widerspenstiger Sohn (Mt 11,19 par.; vgl. Dt 21,20f.) sei, daß er vorsätzlich den Sabbat breche, so nennt jeder dieser Vorwürfe ebenfalls ein Delikt, das mit dem Tode bestraft wurde[8].

Namentlich dafür, daß Jesus den Sabbat gebrochen hat, haben wir zahlreiche Belege[9]. Eine besonders drastische Situation schildert der kleine Überlieferungszusammenhang Mk 2,23–3,6, der zwei Sabbatgeschichten erzählt, das Ährenraufen und die Heilung der verdorrten Hand in der Synagoge. Man muß dazu wissen, daß nach zeitgenössischem jüdischen Recht Kapitalverbrechen erst dann judiziabel wurden, wenn der Täter nachweislich vor Zeugen verwarnt worden war und auf diese Weise sichergestellt war, daß er vorsätzlich gehandelt hatte[10]. Die erste der beiden Sabbatgeschichten berichtet die Ver-

---

3. Bultmann, Theologie, 31.
4. S. u. S. 272ff.
5. Bultmann, a. a. O. 32.
6. Sanh. 7,4. S. o. S. 95.
7. S. o. S. 82f.
8. Und zwar durch Steinigung (Sanh. 7,4); nur der falsche Prophet wird erdrosselt (11,1).
9. Mk 2,23–28 par.; 3,1–6 par.; Lk 13,10–17; 14,1–6; Joh 5,1–18; 9,1–41 vgl. Lk 6,5 D (dazu vgl. J. Jeremias, Unbekannte Jesusworte⁴, Gütersloh 1965, 61–64). Auch wenn teilweise (z. B. Joh 5 und 9) das Motiv der Sabbatübertretung sekundär ist, dürften die Sabbatkonflikte Jesu zu den sichersten Zügen der Jesusüberlieferung zu rechnen sein (vgl. E. Lohse, σάββατον κτλ., ThW VII, 1964, 1–35: 22 Anm. 172).
10. Hauptstellen: Sanh. 5,1; 8,4; 12,8f. (= Makk 1,8f.); Tos. Sanh. 11,1–5; b. Sanh. 40b–41a; j. Sanh. 22c, 53ff.; Siphre Num. 113 zu 15,33; vgl. J. Jeremias, Untersuchungen zum Quellenproblem der Apostelgeschichte, ZNW 36, 1937, 205–221: 209–213 = Abba,

warnung Jesu (Mk 2,24 οὐκ ἔξεστιν vgl. Joh 5,10) und seine Erklärung, daß er den Sabbat mit Überzeugung breche (V. 25–28). Der nächste Sabbatbruch mußte ihn also in Lebensgefahr bringen, zumal es heißt, daß er belauert wurde (3,2 παρετήρουν αὐτόν). Tatsächlich wird auch nach der zweiten Sabbatübertretung seine Tötung beschlossen (3,6). Man kann gegen diese Erwägungen nicht einwenden, daß die Judenschaft Todesurteile ihrer Gerichtshöfe nicht vollstrecken konnte, weil sie das *ius gladii* nicht besaß (Joh 18,31)[11]. Denn das galt nur für den Machtbereich des römischen Statthalters, also für Judäa und Samaria, nicht aber für Galiläa. Niemand konnte Herodes Antipas hindern, in seinem Herrschaftsbereich Todesurteile zu vollstrecken, wie die Enthauptung des Täufers zeigt. Die Warnung »Herodes trachtet dir nach dem Leben« (Lk 13,31) war also durchaus ernst zu nehmen.

Insbesondere mußte sich Jesus, als er sich zur Tempelreinigung entschloß, darüber klar sein, daß er sein Leben riskierte; sie ist ja auch tatsächlich der Anlaß für das definitive amtliche Vorgehen gegen Jesus gewesen[12]. Das vierte Evangelium hat sachlich völlig recht, wenn es Ps 69,10 auf die Situation anwendet: »Das Eifern um dein Haus wird mich in das Verderben reißen«[13] (Joh 2,17). Wir sehen: Jesus hatte sein Leben vielfältig verwirkt; er war fortdauernd bedroht; ständig mußte er den gewaltsamen Tod vor Augen haben.

Es war nun aber nicht nur der Verlauf seiner Wirksamkeit, der Jesus zwingen mußte, mit seinem gewaltsamen Tod zu rechnen, sondern es kam noch etwas anderes hinzu: seine Schau der Heilsgeschichte. Wir sahen in § 9, daß er sich wiederholt als den letzten Gottesboten in eine Reihe mit den Propheten gestellt hat. Die Zeitgenossen neigten immer mehr dazu, die Propheten als Märtyrer zu sehen[14]; in Jesu Tagen war die große »Gräberrenaissance«, allenthalben baute

---

238–255: 243–246. Die Verwarnung war bereits in neutestamentlicher Zeit gültiges Recht (ebd.).

11. Zum Problem vgl. J. Jeremias, Zur Geschichtlichkeit des Verhörs Jesu vor dem Hohen Rat, ZNW 43, 1950–51, 145–150 = Abba, 139–144.

12. Der Zusammenhang zwischen Tempelreinigung und Verhaftung Jesu wird besonders evident, wenn die Streitgespräche Mk 12 und die apokalyptische Rede Mk 13 als ursprünglich selbständige Überlieferungsstücke erkannt sind und gesehen ist, daß Mk 11 und 14 ursprünglich aufeinander folgten (vgl. Jeremias, Abendmahlsworte⁴, 83–90).

13. So, nicht vom Übermanntwerden durch den Eifer, ist das καταφάγεται zu verstehen. Dafür spricht vor allem die Umwandlung des von ψ 68 (69), 10 gebotenen κατέφαγεν in das Futur Joh 2,17.

14. Als Märtyrer galten allein von den Propheten: Jesaja (J. Jeremias, Heiligengräber in Jesu Umwelt, Göttingen 1958, 61 ff.), Jeremia (ebd. 108 ff.), Ezechiel (ebd. 112 f.), Amos (ebd. 87 f.), Micha (ebd. 82 ff.), Sacharja ben Jojada (ebd. 67 ff.). Im Neuen Testament wird indirekt das Martyrium des Jesaja (Hebr 11,37: »zersägt«) erwähnt und mit der Steinigung (Hebr 11,37; Mt 23,37 par.) das Martyrium des Sacharja ben Jojoda oder des Jeremia, wahrscheinlich beider. Vgl. ferner A. Schlatter, Der Märtyrer in den Anfängen der Kirche, BFChTh 19,3,

man in Palästina den Propheten Grabmäler zur Sühne für ihre Ermordung[15]. Jesus hat diese Sicht der Geschichte geteilt. Er sah das Martyrium in Jerusalem als zum prophetischen Amt gehörig an (Lk 13,33). Ja mehr! Er stimmte dem Weisheitsspruch zu, der die Heilsgeschichte als eine ununterbrochene Kette von Martyrien der Gerechten und der Gottesboten von Abel bis zu Sacharja, dem Sohn Jojadas, betrachtete (Mt 23,35 par.). Am Ende dieser Kette stand der Täufer, dessen Schicksal Jesus besonders beschäftigen mußte, weil er ihm verbunden gewesen war. Sollte Jesus, der sich als der letzte von Gott gesandte Prophet wußte (s. o. S. 86–89), für sich selbst ein besseres Schicksal erwartet haben?

2. Verbieten es schon der Verlauf der Wirksamkeit Jesu sowie seine Schau der Heilsgeschichte, ihm von vornherein alle Leidensankündigungen abzusprechen, so protestieren erst recht diese selbst gegen ein solches Pauschalurteil. Wir beginnen mit den drei sogenannten *Leidensweissagungen* (Mk 8,31 par.; 9,31 par.; 10,33 f. par.; vgl. außerdem 9,12 f.; Lk 17,25; 24,7), von denen bereits die Rede war. Als erstes ist festzustellen, daß man sie richtiger als Variationen *der* Leidensweissagung bezeichnen sollte[16]. Wir haben daher, ehe wir ein Urteil in der Echtheitsfrage fällen können, zunächst zu fragen, welche Fassung die älteste ist und wie diese hinsichtlich ihres historischen Wertes zu beurteilen ist, während die Spätformen für die Echtheitsfrage belanglos sind.

Bei der Suche nach der ältesten Fassung der Leidensweissagungen ist die eingangs schon angedeutete Erkenntnis grundlegend, daß Schritt für Schritt eine Angleichung der Formulierungen an den tatsächlichen Gang der Ereignisse stattgefunden hat. In diesem Sinn haben Matthäus und Lukas die drei Leidensweissagungen der Markusüberlieferung bearbeitet, indem sie z. B. durchgängig μετὰ τρεῖς ἡμέρας durch τῇ τρίτῃ ἡμέρᾳ ersetzten oder indem Matthäus an die Stelle des allgemein gehaltenen ἀποκτενοῦσιν Mk 10,34 das präzisere σταυρῶσαι Mt 20,19 setzte. Beschränken wir uns auf die Markusüberlieferung als die ältere, so zeigt ein Vergleich der drei Varianten der Leidensweissagung Mk 8,31; 9,31; 10,33 f. eindeutig, daß sich die zweite (9,31) nicht nur durch ihre Kürze und Unbestimmtheit, sondern vor allem auch sprachlich als die älteste zu erkennen gibt:

ὁ υἱὸς τοῦ ἀνθρώπου
παραδίδοται εἰς χεῖρας ἀνθρώπων

Gütersloh 1915 = Synagoge und Kirche, Stuttgart 1966, 237–304; H. J. Schoeps, Die jüdischen Prophetenmorde, Symbolae Biblicae Upsalienses 2, Uppsala 1943 = Schoeps, Aus frühchristlicher Zeit, Tübingen 1950, 126–143; →Steck.

15. Mt 23,29 par.; vgl. J. Jeremias, Heiligengräber, passim. Die Bewegung setzte ein mit dem Bau des Apg 2,29 erwähnten Grabdenkmals (μνῆμα) am Eingang zum Grabe Davids in Jerusalem (ebd. 121).

16. Die dreifache Wiederholung kam höchstwahrscheinlich dadurch zustande, daß unter den Überlieferungszusammenhängen, die Markus aufgriff (s. o. S. 46), zufällig drei waren, die die Leidensweissagung enthielten: 8,27–9,1 (Bekenntnis und Leidensnachfolge), 9,30–50 (der große Stichwortzusammenhang) und 10,32–45 (Leiden und Nachfolge).

καὶ ἀποκτενοῦσιν αὐτόν,
καὶ ἀποκτανθεὶς μετὰ τρεῖς ἡμέρας ἀναστήσεται.

An diesem Dreizeiler fällt zunächst der Wechsel des Tempus vom Präsens zum Futur auf; er erklärt sich, wie Mk 14,41 zeigt, daraus, daß die erste Zeile auch selbständig umlief. Sie geht auf aramäische Überlieferung zurück; denn das in der Tradition fest verankerte Präsens παραδίδοται (Mk 9,31; 14,21 par. 41 par.; Mt 26,2), das schon den Seitenreferenten auffiel (par. Mt 17,22 und Lk 9,44: μέλλει παραδίδοσθαι), weist auf ein zugrundeliegendes aramäisches Partizip zurück[17]; in der Tat wird παραδίδοται an allen genannten Stellen übereinstimmend von sy^sin pal pesch partizipial wiedergegeben. Damit sind wir auf eine Urform der Leidensweissagungen gestoßen, die aus dem Satz bestand:

mitmesar bar ᵓănaša lide bene ᵓănaša.

Man beachte das Wortspiel *bar ᵓănaša / bene ᵓănaša*, das sich bei dieser Rückübersetzung ergibt. Berücksichtigt man, daß παραδίδοται/*mitmesar* ein Passivum divinum ist, wie Röm 4,25 (παρεδόθη/ἠγέρθη) und 8,31 f. (ὁ θεὸς ... παρέδωκεν) lehren, so ergibt sich als Sinn der Urform: »Gott wird (bald) den Menschen (Sing.) den Menschen (Plur.) ausliefern.« Das ist ein *Mašal*, ein Rätselwort, schon deshalb, weil *bar ᵓănaša* sowohl titular wie auch generisch verstanden werden kann[18].

Verstand man die Wendung generisch, so kündigte der Spruch die Wirren der eschatologischen Notzeit an, in der der einzelne der Masse preisgegeben werden würde. Deutete man sie titular, so sprach der Satz von der Preisgabe des Menschensohnes. Wir haben also einen apokalyptischen Rätselspruch vor uns. Dieser *bar-ᵓănaša-Mašal* hat andere analoge *Mešalim* neben sich, so: »Der Mensch geht fort« (Lk 22,22: ὁ υἱὸς ... τοῦ ἀνθρώπου ... πορεύεται), »der Mensch geht dahin« (Mk 14,21 par.: ὁ ... υἱὸς τοῦ ἀνθρώπου ὑπάγει), »der Mensch muß viel leiden und verachtet werden« (Mk 9,12; Lk 17,25), »der Mensch muß sündigen Menschen ausgeliefert werden« (24,7)[19].

Der *Mašal* »Gott wird (bald) den Menschen den Menschen ausliefern« (Mk 9,31a) – das ist also der alte Kern, der hinter den Leidensweissagungen steht. Einzig an diesen Satz, nicht an die vorliegenden Leidensweissagungen, die Spätformen sind, ist die Frage zu richten, ob er echt sein kann. Für eine bejahende Antwort spricht, daß er in seiner Unbestimmtheit nicht nach einer *ex-eventu*-Formulierung aussieht und daß er, so kurz er ist, drei Stilformen aufweist, die Jesus bevorzugt hat, nämlich 1. den *Mašal*charakter, 2. das Passivum divinum, 3. die Paronomasie.

3. Die drei Leidensweissagungen Mk 8,31 par.; 9,31 par.; 10,33 f. par. bilden

---

17. Das Aramäische verwendet zur Bezeichnung der nahen Zukunft mit Vorliebe das Partizip; die Übersetzer geben diese futurischen Partizipien oftmals irrig präsentisch wieder, weil das an sich atemporale Partizip im Aramäischen im allgemeinen präsentische Bedeutung hat (vgl. Jeremias, Abendmahlsworte⁴, 170 f.).

18. S. o. S. 248 f.

19. Der Vers gehört der lukanischen Quelle an (sowohl die Anwendung von δεῖ auf Jesu Passion wie auch das adjektivische ἁμαρτωλός weisen auf sie) und geht auf einen aramäischen Urtext zurück (Hyperbaton, Paronomasie und Verwendung von *bene ᵓănaša* als Indefinitpronomen, vgl. →Black, 3).

nur einen kleinen Ausschnitt aus einem umfangreichen Material an Logien, die ein künftiges Leiden Jesu zum Gegenstand haben. Es war äußerst unglücklich und völlig unberechtigt, daß die Forschung bei der Untersuchung der Frage, ob Jesus sein Leiden angekündigt haben könne, bis in die jüngste Zeit ihr Augenmerk fast ausschließlich den sogenannten drei Leidensweissagungen zugewandt hat und das übrige, viel wichtigere Material, das die Synoptiker überliefern, kaum beachtet hat. Dieses Material ist überaus vielgestaltig.

In formaler Hinsicht handelt es sich bei den Leidensankündigungen um Bildworte, Rätselworte, Weherufe, Zitate (Schriftzitate und das Weisheitswort Lk 11,49) usw. Auf den Inhalt gesehen finden wir:

a) Drohworte gegen die Mörder der Gottesboten (Mt 23,34–36 par.); gegen die Erbauer der Prophetengräber, die im Begriff stehen, den Propheten zu ermorden (23,29–32 par.); gegen den Verräter (Mk 14,21 par.);

b) Anklage gegen das prophetenmordende Jerusalem (Mt 23,37–39 par.) und Warnung vor der Ermordung des Erben (Mk 12,8 par.);

c) *Mešalim*, bei denen Jesu eigenes Schicksal im Mittelpunkt steht: der Heimatlose Mt 8,20 par.; die bevorstehende Trennung Mk 14,7 par.; Joh 16,16; das Täuferschicksal Mk 9,13 par.; das Prophetenschicksal Lk 13,33; das Passalamm Mk 14,22–24 par.; der Kelch 14,36 par.; das Verbrecherbegräbnis 14,8 par.; die Wiederkehr aus dem Tod Lk 11,29 par.; hierher gehört auch der hinter den Leidensweissagungen stehende *Mašal* und seine o. S. 268 genannten Verwandten: der Mensch geht fort, geht dahin, wird ausgeliefert, muß viel leiden;

d) *Mešalim*, die Jesu Schicksal in den Zusammenhang der anderen Endereignisse stellen: die durch Jesu Leiden eingeleitete Schwertzeit Lk 22,35–38; der ermordete Hirt und die verstreute Herde Mk 14,27 par.; der entrissene Bräutigam 2,20 par.[20]; Kelch und Taufe 10,38 f.; das Lösegeld 10,45 par.; der Tempelschlußstein 12,10 par.[21]; Feuerbrand und Wasserflut Lk 12,49 f.;

e) Ankündigungen des Jüngerleidens (sie sind deshalb hier zu nennen, weil es sehr unwahrscheinlich ist, daß Jesus zwar seine Jünger auf Leiden gerüstet hätte, sich selbst aber ausgenommen haben sollte): Mk 8,34 par. 35 par.; 9,1 par.; 10,38 f. par.; 14,27 f. par.; Mt 10,25.28 par. 34–36 par.; Lk 22,35–38.

Dieses umfassende Quellenmaterial und nicht etwa nur die drei sogenannten Leidensweissagungen gilt es zu prüfen, wenn die Frage beantwortet werden soll, ob wir Anhaltspunkte dafür haben, daß Jesus seinen gewaltsamen Tod angekündigt hat. Schon die große Fülle der unter a–e registrierten Leidensankündigungen, mehr noch die Rätselhaftigkeit und Unbestimmtheit vieler von ihnen, aber auch ihre Bildfreudigkeit sowie die Vielfalt der Formen und Gattungen zeigen, daß wir hier eine breite Überlieferungsschicht mit viel altem

---

20. Das Bild ist nicht so weit hergeholt, wie es auf den ersten Blick scheinen könnte, vgl. 4 Esr 10,1 f.: »Als aber mein Sohn die (Hochzeits)kammer betrat, fiel er um und war tot. Da stießen wir alle Lichter um.« Die redende Mutter ist Zion.

21. Man beachte, daß Ps 118,22 hier auf das Endgericht bezogen wird; die Urkirche deutete den Vers auf die Erhöhung (Apg 4,11).

Gut vor uns haben. Das ließe sich durch die Einzelanalyse vielfältig zeigen. Wir begnügen uns mit drei Beobachtungen.

a) Mehrere Leidensankündigungen geben sich durch ihre Verankerung in einem altertümlichen *Kontext* als alte Überlieferung zu erkennen. So stellt der Kontext wiederholt trotz der Tendenz der Tradition, die Jünger zu schonen, ihr Unverständnis und Versagen schonungslos heraus. Beispielsweise bildet die sicher nicht erfundene Bezeichnung des Petrus als Satan (Mk 8,33) inhaltlich eine schwerlich künstlich hergestellte Einheit mit der Leidensweissagung 8,31. Unbeschönigt wird 10,35-37 berichtet, wie die Jünger in Herrlichkeitserwartungen befangen sind, die das Leiden überspringen, auf das Jesus sie V. 38f. hinweisen muß. In der Leidensankündigung 14,27 wird ihre Flucht im Schriftwort angekündigt, von der dann 14,50 berichtet wird (bei Lukas fehlt sowohl die Ankündigung wie die Flucht selbst); die peinliche Selbstsicherheit, mit der Petrus, aber auch die anderen Jünger reagieren (14,29-31 par.), wird nicht verschwiegen. Fest im Kontext verankert ist auch 14,8. Der Vers wird vielfach als sekundärer Anhang zur Salbungsgeschichte angesehen, der das Stück in der Passionsgeschichte zu lokalisieren erlaubt[22]. Daß V. 8 in Wahrheit integrierender Bestandteil der Geschichte ist, wird deutlich, sobald man beachtet, daß diese die Unterscheidung von Liebes*gabe* und Liebes*werk* voraussetzt. Die Jünger kritisieren die Tat der Frau, weil das Geld als Almosen, d. h. als Liebes*gabe*, besser hätte verwandt werden können; Jesus verteidigt sie, indem er die Salbung für ein Liebes*werk* erklärt, das höher steht als die Liebesgabe, nämlich für das Liebeswerk der Totenbestattung. Die ganze Erzählung hat also ihre Pointe darin, daß Jesus erwartet, als Verbrecher getötet und daher ohne Salbung ins Grab geworfen zu werden[23].

b) Besonders schwerwiegend ist, daß die Leidensankündigungen eine Reihe von Zügen enthalten, die sich *nicht erfüllt* haben. Es ist nicht undenkbar, daß Mt 23,37 par. Lk 13,34 andeutet, daß Jesus zeitweilig mit der Steinigung gerechnet hat, derer er sich wiederholt schuldig gemacht hatte[24] und mit der er wiederholt bedroht worden sein soll[25]; jedenfalls hat er, wie wir eben sahen, dem Verbrecherbegräbnis ohne Salbung entgegengesehen (Mk 14,8). Weiter scheint er erwartet zu haben, daß die Schwertzeit im unmittelbaren Anschluß an seine Passion beginnen würde (Lk 22,35-38), daß die Jünger in sein Leiden hineingerissen würden (Mk 14,27) und manche von ihnen sein Schicksal würden teilen müssen (Mk 10,35-40), daß das Gerichtsfeuer vom grünen auf das dürre Holz übergreifen würde (Lk 23,31), kurz, daß sein Leiden der Auftakt

---

22. Bultmann, syn. Trad. 37.
23. Vgl. J. Jeremias, Die Salbungsgeschichte Mc 14,3-9, ZNW 35, 1936, 75-82 = Abba, 107-115.
24. S. o. S. 285, Anm. 8.
25. Lk 4,29; Joh. 8,59; 10,31-36; 11,8; Pap. Egerton 2, Fragm. 1 r, Z. 23f.

zum Kollektivleiden sein würde[26]. Aber auf die Notzeit würde nach kurzer Frist (s. u. S. 139) das Eschaton folgen, der Zug des guten Hirten mit der Herde nach Galiläa (Mk 14,28) und der Bau des neuen Heiligtums (14,58). Alles das traf *so* nicht ein. Jesus wurde nicht (wie etwa Stephanus) von den Juden gesteinigt, sondern von den Römern gekreuzigt. Er wurde zwar ohne Salbung begraben (16,1), aber das Verbrecherbegräbnis traf ihn nicht (15,46). Die Jünger wurden bei Jesu Verhaftung verschont; seltsamerweise waren die jüdischen Behörden mit der Tötung Jesu zufrieden und ließen die Jünger unbehelligt[27]. Dem Zebedaiden Johannes blieb der Kelch erspart[28]. Das Ende verzögerte sich. All das zeigt, daß diese Leidensankündigungen keinesfalls *in toto ex eventu* formuliert wurden.

c) Am ehesten scheint die Wendung »*nach drei Tagen*« in den Leidensweissagungen *ex eventu* formuliert zu sein. Aber gerade die »Drei-Tage-Wendung« gibt sich als sehr altertümlich zu erkennen. Sie kommt noch öfter vor: Mk 14,58; 15,29 (neuer Tempel); Lk 13,32 (Vollendung am dritten Tag).33 (Prophet); vgl. Joh 16,16.17.19. An keiner dieser Stellen kann die Wendung von den drei Tagen von Karfreitag bis Ostern abgelesen sein. Denn Lk 13,32.33 sind die drei Tage auf die Wirksamkeit Jesu bezogen, nicht auf seine Grabesruhe; Mk 14,58 (vgl. 15,29) meint der dritte Tag die definitive Wende, nicht Ostern[29]; Joh 16,16.17.19 bezieht sich die erste Kurzzeit auf die Zeit bis zur Passion. Woher stammt dann aber die Drei-Tage-Wendung? Die Antwort ergibt sich aus der Feststellung, daß das Semitische kein Wort für »mehrere«, »ein paar«, »einige« besitzt und sich u. a. so hilft, daß es dafür »drei« sagt[30]. So kommt es, daß schon im Alten Testament die Wendung »drei Tage« eine unbestimmte, aber nicht allzu lange Zeitspanne bezeichnet. Dieser Sprachgebrauch liegt auch in den »Drei-Tage«-Logien vor: »nach drei Tagen« heißt »in Kürze«.

Nun fällt auf, daß in den Drei-Tage-Worten das, was sich »in Kürze« ereignen wird, in ganz verschiedenen, offenbar auswechselbaren Bildern formuliert wird. Aus diesem Wechsel der Bilder und Wendungen hat C. H. Dodd die überzeugende Folgerung gezogen, daß Jesus offenbar nicht zwischen Parusie, Auferstehung, Vollendung und Tempelneubau unterschieden hat, sondern daß alle diese Wendungen den in Kürze erfolgenden Triumph Gottes umschreiben[31]. Diese Austauschbarkeit der verschiedensten Wendungen ist ein Kenn-

---

26. Zum Kollektivleiden s. o. S. 231 ff.
27. Dodd, Parables, 59.
28. S. o. S. 233 f.
29. So erst die sekundäre Umdeutung Joh 2,21 ἐκεῖνος δὲ ἔλεγεν περὶ τοῦ ναοῦ τοῦ σώματος αὐτοῦ (Gen. epexegeticus), d.h. »Jesus meinte mit dem Tempel seinen Leib«. Handhabe für die Umdeutung bot das Wort ἐγερῶ V. 19, das man als »auferwecken« verstand.
30. J. B. Bauer, Drei Tage, Biblica 39, 1958, 354–358; G. M. Landes, The ›Three Days and Three Nights‹ Motif in Jonah 2,1, JBL 86, 1967, 446–450.
31. Dodd, Parables, 100 f.

zeichen der vorösterlichen Überlieferung. In keinem Jesuswort erscheinen Auferstehung und Parusie als zwei Ereignisse nebeneinander; erst die Ostererfahrung hat dazu geführt, den Ablauf der Ereignisse zu einem Nacheinander von Auferstehung, Erhöhung und Parusie zu systematisieren[32]. Kurz, bei näherem Zusehen zeigt sich, daß gerade die Drei-Tage-Wendung, die auf den ersten Blick dem Verdacht der *ex-eventu*-Bildung besonders ausgesetzt zu sein scheint, auf vorösterliche Überlieferung zurückgeht.

Mit alledem soll nicht behauptet werden, daß jedes der vielen Passionsworte vorösterlich sei (das ist im Einzelfall zu prüfen). Wohl aber ist als Ergebnis zu buchen, daß nicht daran zu zweifeln ist, daß Jesus sein Leiden und Sterben erwartet und angekündigt hat. Ständig bedroht, mußte er mit dem Prophetenschicksal rechnen. Gewiß sind die drei sogenannten Leidensweissagungen in ihrer heutigen Gestalt *ex eventu* ausgebaut, sie gehen aber auf einen alten aramäischen *Mašal* zurück. Vollends geben sich die überaus zahlreichen übrigen Leidensankündigungen zum großen Teil als vorösterlich zu erkennen. Unkritische Skepsis kann ungewollt zur Geschichtsverfälschung führen, so hier, wenn die zutreffende Beobachtung, daß einzelne Wendungen und Logien im Rückblick auf den Verlauf der Passion formuliert sind, dazu führt, das gesamte Material für Gemeindebildung zu erklären.

2. *Die Leidensdeutung*

Die Texte gehen aber noch weiter. Sie behaupten nicht nur, daß Jesus sein bevorstehendes Leiden klar vorausgesehen und angekündigt habe, sondern sie fügen hinzu, Jesus habe sich die Frage nach der Notwendigkeit seines Sterbens vorgelegt und habe die Antwort auf diese Frage in der Schrift gefunden, in erster Linie in Jes 53, dem Kapitel vom leidenden Gottesknecht, aber auch an anderen Stellen wie Sach 13,7.

Bei den Bezugnahmen auf Jes 53 handelt es sich um folgende Stellen:

Mk 9,12 ἐξουδενηθῇ: vgl. Jes 53,3. – Mk 9,31 par.; 14,41 par.; Mt 26,2; Lk 24,7 παραδίδοται/παραδοθῆναι: vgl. Jes 53,5b Targ; 53,12 LXX. – Mk 10,45 par. διακονῆσαι καὶ δοῦναι τὴν ψυχὴν αὐτοῦ λύτρον ἀντὶ πολλῶν: vgl. Jes 53,10f. – Mk 14,8 vorausgesetztes Verbrecherbegräbnis: vgl. Jes 53,9. – Mk 14,24 ἐκχυννόμενον ὑπὲρ πολλῶν: vgl. Jes 53,12. – Lk 11,22 καὶ τὰ σκῦλα αὐτοῦ διαδίδωσιν: vgl. Jes 53, 12(?)[33]. – Lk 22,37 καὶ μετὰ ἀνόμων ἐλογίσθη: = Jes 53,12. – Lk 23,34a[34] Fürbitte für die Gottlosen: vgl. Jes 53,12. – Joh 10,11.15.17f. τιθέναι τὴν ψυχήν: vgl. Jes 53,10.

---

32. Beispielsweise ist die Erhöhung des Menschensohns (Lk 22,69) bei Markus sekundär in zwei Vorgänge (sessio ad dexteram und Parusie) zerlegt (14,62); s. o. S. 260f.

33. Einen Bezug auf Jes 53,12 nimmt W. Grundmann, *ἰσχύω κτλ.*, ThW III, 1938, 403, an, doch ist es möglich, daß das Beuteverteilen Lk 11,22 ein vom A. T. unabhängiges Bild ist.

34. Zur Textkritik s. u. S. 283.

Fast alle diese Bezugnahmen auf Jes 53 fußen auf dem hebräischen bzw. aramäischen Text[35]; Einfluß der Septuaginta ist nur Lk 22,37 feststellbar, für Mk 9,31 παραδίδοται und Par.-Belege möglich, dagegen für Mk 9,12; 10,45; 14,8.24; Lk 23,34; Joh 10,11.15.17f. ausgeschlossen. Schon die älteste, im semitischen Sprachbereich lebende Kirche war also davon überzeugt, daß Jesus sein Leiden in Jes 53 vorgezeichnet gefunden und damit seinem Tode sühnende Kraft zugeschrieben habe.

Aber ist das möglich? Ist es vorstellbar, daß Jesus sein Sterben als stellvertretendes angesehen hat? Ist das nicht deutlich Dogmatik der Urgemeinde? Die Antwort auf diese Frage ergibt sich aus der Feststellung, daß Gedanken über die Sühnkraft des Todes der Umwelt Jesu überaus geläufig waren[36].

Vier Hauptsühnemittel kennt man: die Reue (sie sühnt Unterlassungssünden), das Versöhnungstagsopfer (Reue und Opfer sühnen eine Verbotsübertretung), das Leiden (Reue und Opfer und Leiden sühnen eine Übertretung, die Ausrottung durch Gottes Hand verdient) und den Tod (Reue und Opfer und Leiden und Tod sind zusammen zur Sühne nötig, wenn ein Mensch den Namen Gottes entweiht hat)[37]. Dabei gibt es *Stufen der Sühnkraft des Todes*. Jeder Tod hat sühnende Wirkung, wenn er mit Buße verbunden ist. Das gilt sogar vom Tod des Verbrechers; sein Tod sühnt, wenn er vor der Exekution das Sühnevotum: »Mein Tod sei Sühne *(kappara)* für alle meine Sünden« sprach. Erst recht hat das Sterben eines jeden Israeliten sühnende Kraft, wenn er auf dem Totenbett dieses Sühnevotum sprach. Noch höhere Kraft hat das Sterben der Gerechten, ihr überschüssiges Leiden kommt anderen zugute. Der Tod unschuldiger Kinder sühnt die Sünden ihrer Eltern. Das Sterben des Hohenpriesters bewirkt, daß die Totschläger die Asylstädte verlassen dürfen: ihre Schuld ist gesühnt. Noch höhere Sühnkraft besitzt das Sterben der Glaubenszeugen. Das hellenistische Judentum rühmt das Martyrium, weil es den Zorn Gottes über Israel zum Stillstand bringt[38] und ἀντίψυχον (Ersatz)[39], καθάρσιον (Läuterungsmittel)[40], ἱλαστήριον (Sühnmittel)[41] für Israel ist. »Laß ihnen (dem Gottesvolk) mein Blut zur Läuterung dienen. Nimm mein Leben als Ersatz für das ihre« betet der greise Märtyrer Elʿazar[42].

Aber auch im palästinischen Bereich weiß man davon zu sagen, daß die Martyrien das Ende herbeibringen[43], daß sie dem Märtyrer die kommende Welt erschließen[44] und ihn zum Interzessor machen[45], daß sie missionarische Kraft haben[46] und Sühne für Israel erwirken[47].

---

35. Einzelnachweis bei J. Jeremias, παῖς θεοῦ, ThW V, 1954, 709f. = Abba, 209f.
36. K. Bornhäuser, Das Wirken des Christus durch Taten und Worte, BFChTh II 2, Gütersloh 1921, 224–229; →Lohse, 9–110.
37. Tos. Joma 5,6 ff. mit vielen Parallelen (Billerbeck I 636). Autor ist R. Jišmaʿel (gest. um 135 n. Chr.), der aber lediglich ältere Vorstellungen systematisch gruppiert.
38. 2 Makk 7,37f.; 4 Makk 9,23f.   39. 4 Makk 6,29; 17,22.
40. 4 Makk 6,29; vgl. 1,11.   41. 4 Makk 17,22.
42. 4 Makk 6,29.   43. Ass Mos 9,7 ff.; ÄthHen 47,1–4 vgl. Apk 6,11.
44. Siphre Dt. 307 zu 32,4; Gen. r. 65 zu 27,27.
45. J. Jeremias, Heiligengräber in Jesu Umwelt, Göttingen 1958, 136f.
46. Siphre Dt. 307 zu 32,4; Gen. r. 65 zu 27,27.
47. Siphre Dt. 333 zu 32,43: »Die Hinmetzelung Israels durch die Weltvölker wirkt ihm

Das ist die Welt, in der Jesus gelebt hat. Wenn er sich als der Gottesbote wußte, der die abschließende Botschaft bringen sollte, und wenn er mit seinem gewaltsamen Tod gerechnet hat, dann mußte ihn die Frage nach dem Sinn und der sühnenden Wirkung seines Todes beschäftigen. Es ist also nicht zulässig, die Behauptung der Evangelien, Jesus habe den Sinn seines Leidens in Jes 53 vorgezeichnet gefunden, von vornherein als unglaubwürdig zurückzuweisen, auch wenn das Material begrenzt ist[48].

a) Die Abendmahlsworte[49]. Unter den Leidensdeutungen stehen sie an Wichtigkeit voran.

Die Deuteworte sind *fünffach überliefert*. Der literarisch älteste Text ist 1 Kor 11,23–25; verwandt, aber unabhängig ist Lk 22,15–20 (und zwar ist der Langtext ursprünglich[50]); ebenfalls unabhängig ist Mk 14,22–25, mit Abweichungen Mt 26,26–29 wiederholt; dazu tritt Joh 6,51c als die johanneische Form des Brotwortes.

Die fünf Texte gehören *zwei* verschiedenen *Überlieferungssträngen* an. Auf der einen Seite steht die Markus (-Matthäus)-Fassung, die die ὑπέρ-Wendung nur beim Kelch hat und deren Kennzeichen es ist, daß sie in semitisierendem Griechisch gehalten ist. Auf der anderen Seite steht die Paulus-Lukas-Johannes-Fassung, die die ὑπέρ-Wendung beim Brot bringt (Lukas hat sie bei Brot und Wein); sie ist im Vergleich zu Markus gräzisiert.

Vergleicht man die Texte, so findet man eine Anzahl von Unterschieden[51], meistens infolge des liturgischen Gebrauchs (z. B. die Tendenz, Brotwort und Weinwort zu parallelisieren). Viel schwerwiegender aber ist die völlige *Übereinstimmung* aller vier unabhängigen Texte in ihrer Substanz.

(Λάβετε·) τοῦτο τὸ σῶμά *(ἡ σάρξ)* μου

Τοῦτο { τὸ αἷμά μου τῆς διαθήκης
ἡ διαθήκη ἐν τῷ αἵματί μου

τὸ ... ὑπὲρ πολλῶν[52].

Wie weit können wir die Überlieferung der Abendmahlsworte *zurückverfolgen*? Fest steht,

---

Sühne für die kommende Welt«. Die Stelle zeigt, daß die rabbinischen Belege für die Sühnkraft des Martyriums nicht erst in amoräischer Zeit einsetzen (Belege bei →Lohse, 75–78), sondern bereits bei den Tannaiten.

48. S. dazu u. S. 284.

49. H. Lietzmann, Messe und Herrenmahl, AKG 8, Bonn 1926; Jeremias, Abendmahlsworte[4].

50. Der Kurztext (22,15–19a) wird nur von einer einzigen griechischen Handschrift (D) gelesen, dazu von der Vetus Syra (die ihn erweitert) und einigen Vetus Latina-Handschriften; er kann schon aus textkritischen Gründen nicht ursprünglich sein (Jeremias, a. a. O. 133–153).

51. Am stärksten scheint auf den ersten Blick das Kelchwort bei Markus/Matthäus von der Paulus/Lukas-Fassung abzuweichen. Aber man übersehe nicht, daß in beiden Fassungen das Subjekt (der Rotwein) und das Prädikat (das Blut) übereinstimmen. Vermutlich wird sich die etwas kompliziertere Formulierung bei Paulus/Lukas daher verstehen, daß man den Verdacht des Blutgenusses vermeiden wollte.

52. Abendmahlsworte[4], 165.

daß Paulus uns die Feier der Eucharistie für die vierziger Jahre bezeugt(1 Kor 11,23: παρέλαβον). Die Meinung ist verbreitet, wir müßten uns mit der Feststellung begnügen, daß wir liturgische Texte besitzen, die bis in das zweite Jahrzehnt nach Jesu Tod zurückverfolgbar sind. Indes, zwei ganz anspruchslose Beobachtungen verbieten es, hier stehenzubleiben. Erstens: sowohl bei Markus wie bei Lukas, also in beiden Traditionssträngen, beginnt der Abendmahlsbericht mit καί. Das ist der typische, von der Genesis bis zum 1. Makkabäerbuch Perikope für Perikope mit nur relativ wenigen Ausnahmen monoton verwendete Perikopenanfang des jüdischen Geschichtsberichtes. Zweitens: ebenfalls sowohl bei Markus wie bei Lukas fehlt das Subjekt Jesus. Beide Beobachtungen zeigen, daß unsere Texte auf vorliturgische Erzählungstradition zurückgehen. Am Anfang stand nicht die Liturgie, sondern der Geschichtsbericht[53].

Dann aber wird man das παρέλαβον ἀπὸ τοῦ κυρίου (1 Kor 11, 23) nicht schnell beiseite schieben dürfen. Παραλαμβάνειν wird mit παρά und ἀπό konstruiert; παρά führt den Tradenten ein, ἀπό den Urheber. Παρέλαβον ἀπὸ τοῦ κυρίου besagt also, daß Paulus überzeugt war, daß die ihm überlieferten Abendmahlsworte in direkter Traditionskette auf Jesus selbst zurückgingen. Dafür spricht, daß die Abendmahlsworte Eigenheiten der Redeweise Jesu aufweisen: ἀμήν zur Einführung der eigenen Aussage (Mk 14,25), das Passivum divinum (Lk 22,16), das »Kommen der Königsherrschaft Gottes« (V. 18) und die Vorliebe für Vergleich und Gleichnishandlung[54]. In der Tat, so schwer es ist, sich die Entstehung der Deuteworte als freie Schöpfung der Gemeinde vorzustellen, so leicht sind sie als historische Reminiszenz zu verstehen, wie wir sofort sehen werden.

Man verbaut sich das *Verständnis des letzten Mahles Jesu*, wenn man sofort von den Deuteworten ausgeht, weil auf diese Weise das sogenannte Stiftungsmahl isoliert wird. Ja man wird geradezu sagen müssen, daß diese Isolierung des letzten Mahles durch die Jahrhunderte hindurch die Erkenntnis seines eschatologischen Sinngehaltes erschwert hat. In Wahrheit ist das »Stiftungsmahl« nichts anderes als ein Glied in einer langen Kette von Mahlzeiten Jesu mit den Seinen, die seine Anhänger dann auch nach Ostern fortgesetzt haben. Diese Tischgemeinschaften Jesu, die so schweren Anstoß erregten, weil Jesus niemanden, auch nicht die offenkundigen Sünder, von ihnen ausschloß, und die gerade damit das Herzstück seiner Botschaft zum Ausdruck brachten, waren Abbilder des Mahles der Heilszeit (Mk 2,18-20). In dieser Kette der Tischgemeinschaften hat das letzte Mahl Jesu seine historische Verwurzelung. Es ist, wie sie alle, *Vorweggabe*[55] *der Vollendung* (Lk 22,16; Mk 14,25). Erst wenn diese eschatologische Ausrichtung des letzten Mahles erkannt ist, erst wenn verstanden ist, daß es als eine der Tischgemeinschaften mit Jesus Aktualisierung der Heilszeit ist, kann die Frage nach seiner Besonderheit sinnvoll gestellt werden. Diese besteht nicht darin, daß Jesus einen völlig neuen Ritus »stiftete«, sondern darin, daß er mit dem gewohnten Ritus des Tischgebetes vor und nach der Mahlzeit eine Leidensankündigung und Leidensdeutung verband.

---

53. A. a. O. 166.183–185. 54. S. o. S. 43f.; 20ff.; 40ff.; 38f.
55. Man sollte nicht von Antizipation reden, sondern von Antedonation.

Wenn Jesus die Ankündigung und Deutung seines bevorstehenden Leidens in die Form von *Deuteworten* zu Brot und Wein kleidet, so gibt es für dieses ganz ungewöhnliche Vorgehen schlechterdings nur eine Erklärung: Deuteworte waren fester Bestandteil des Ritus des Passamahles (und sind es bis auf den heutigen Tag). Die Sitte war erwachsen aus Ex 12,26f.; 13,8, wo es dem Hausvater zur Pflicht gemacht wird, seinen Kindern den Sinn der Riten des Passa-Maççot-Festes zu deuten. Zur Erfüllung dieser Vorschrift hatte der Hausvater bei jedem Passamahl der Familie in einer Osterandacht die Besonderheiten der Mahlzeit zu erklären, insbesondere, warum an diesem Abend ungesäuertes Brot, Bitterkräuter und ein Lammbraten gegessen wurden. War Jesu letztes Mahl, wie die Synoptiker überliefern, ein Passamahl, so hat er als Hausvater seines Jüngerkreises pflichtgemäß die Osterandacht gehalten und dabei jene Deutungen von Brot und Wein vorgetragen, die er dann im Anschluß an das Tischgebet wiederholt hat. Das für uns befremdliche Reden in Deuteworten war für die Jünger nichts Auffälliges, sondern gewohnter Bestandteil des Passarituals.

Zu der Deutung selbst ist zweierlei zu sagen. Erstens: Wenn Jesus die gebrochene Maççe mit seinem getöteten Leib, den roten Wein[56] mit seinem Blut vergleicht, so verwendet er Begriffe der Opfersprache: *bisra udema* bzw. (falls Jesus im Anschluß an das hebräische Tischgebet in der *lingua sacra* fortfuhr) *baśar wadam*[57]; auch ἐκχύννεσθαι ist Opfersprache. Jesus bezeichnet sich damit als Opfer, und zwar als das eschatologische Passalamm (vgl. 1 Kor 5,7), dessen Tod den neuen Bund in Kraft setzt, der in der Bundesschließung am Sinai vorgebildet (Ex 24,8) und für die Heilszeit geweissagt (Jer 31,31–34) war. Sein Tod ist also stellvertretendes Sterben. *Wem* die Stellvertretung gilt, das sagt die ὑπέρ-Wendung, die in sämtlichen Texten (nur mit variierender Stellung und Formulierung) wiederkehrt:

Die ὑπέρ-Formel weist folgende Variationen auf:
  Mk: ὑπὲρ πολλῶν
  Mt: περὶ πολλῶν
  Pls/Lk: ὑπὲρ ὑμῶν
  Joh: ὑπὲρ τῆς τοῦ κόσμου ζωῆς.

Πολλοί (Mk/Mt) ist inkludierend gebraucht (vgl. 2 Kor 5,14.15; 1 Tim 2,6: ὑπὲρ πάντων; Joh 6,51c: ὑπὲρ τῆς τοῦ κόσμου ζωῆς), also im Sinn von »die unübersehbar vielen, die ganze Schar, alle«[58]. Dieser (für gebürtige Griechen mißverständliche) Semitismus erweist ὑπὲρ πολλῶν (Mk 14,24) als die älteste Fassung. Die Anredeform ὑπὲρ ὑμῶν (Pls/Lk) könnte beim Gebrauch der Deuteworte als Spendeformel entstanden sein. Die johanneische Fassung ist eine Interpretation des inkludierenden πολλοί für Heidenchristen.

Die Größe der Aussage, daß Jesus für die Vielen in den Tod geht, wird deutlich, wenn man sich den rabbinischen Lehrsatz vor Augen hält, daß es für alle

---

56. Beim Passa wurde üblicherweise Rotwein getrunken (Abendmahlsworte[4], 47).

57. Daß hinter σῶμα (Mk 14,22 par.; 1 Kor 11,24) ein *baśar/bisra* steht, ergibt sich aus der Übersetzungsvariante σάρξ (Joh 6,51c ff.; Ignatius, Smyrn. 7,1; Röm 7,3; Philad. 4,1; Trall. 8,1; Justin, Apol. I 66,2).

58. →Jeremias, πολλοί, 544f. Zum inkludierenden πολλοί vgl. o. S. 131f.

Sünden und Sünder Sühnmittel gibt, für die Völker aber kein Lösegeld existiert[59]. Jesus dagegen bezeichnet seinen Tod als *Stellvertretung für die* dem Tod verfallenen *Vielen*. Das inkludierende πολλοί enthält eine Bezugnahme auf Jes 53. Während es im Alten Testament relativ selten begegnet, findet es sich in Jes 53 nicht weniger als fünfmal; es ist geradezu das Stichwort dieses Kapitels. Inhaltlich (Stellvertretung) wie sprachlich (inkludierender Gebrauch) ist ὑπὲρ πολλῶν Hinweis auf Jes 53. Jesus spricht mit dieser Wendung aus, daß er sich als den stellvertretend in den Tod gehenden Gottesknecht weiß. Ohne Jes 53 bleiben die Abendmahlsworte unverständlich.

Zweitens: Von großer Bedeutung ist, daß Jesus die Brot und Wein deutenden Worte, die in der Osterandacht des Hausvaters ihren liturgischen Ort haben, beim anschließenden Tischgebet vor und nach der Mahlzeit wiederholt. Das Tischgebet vor dem Essen vollzog sich derart (das war den Jüngern von Kindheit an vertraut), daß der Hausvater einen Brotfladen nahm, den Lobspruch sprach und jedem Tischgenossen ein Stück von dem Brot reichte, damit jeder durch das Essen eines Stückes Brot am Tischsegen Anteil erhalte. Genauso ist es beim Becher. Falls Wein getrunken wurde (was im Alltag nur bei besonderem Anlaß geschah, beim Passamahl dagegen Vorschrift war), sprach der Hausvater über dem Becher das Tischdankgebet, und durch das Kreisen des Bechers bekam jeder Tischgenosse Anteil an der Nachtischbenediktion. Wenn Jesus an das Vortischgebet und das Nachtischgebet die Deuteworte fügte, die Brot und Wein als Hinweis auf ihn als das stellvertretend sterbende eschatologische Passalamm deuteten, so konnte das für das Verständnis der Jünger nur heißen, daß Jesus ihnen mit Brot und Wein Anteil an der Sühnkraft seines Todes zusprach. Diese Absicht der *persönlichen Zueignung* dürfte der Anlaß dafür gewesen sein, daß Jesus die Deuteworte bei den Tischgebeten wiederholte. Jeder der Jünger[60] sollte wissen, daß Jesus ihm persönlich den Anteil an seiner Stellvertretung zusprach.

b) *Das Lösegeldwort*[61]. Engstens mit den Abendmahlsworten verwandt ist das Lösegeldwort Mk 10,45 (par. Mt 20,28). Im Unterschied zu den weltlichen Herrschern, die auf Macht und Herrschaft aus sind, sollen die Jünger dienen, so wie Jesus selbst kam, »um zu dienen, nämlich (das καί nach διακονῆσαι ist epexegetisch) um sein Leben freiwillig (δοῦναι ist die freiwillige Hingabe) als Loskaufgeld für viele hinzugeben«. Für das Verständnis dieser Aussage über Jesu Dienst (Mk 10,45 b) ist grundlegend, daß sie Wort für Wort auf Jes 53,10f.,

---

59. Mek. Ex. 21,30 (zitiert bei Jeremias, Abendmahlsworte⁴, 222).
60. Nach Lk 22,21 (πλήν) hat Jesus jedoch den Verräter ausgeschlossen.
61. Dalman, Jesus-Jeschua, 109–111; →Jeremias, Das Lösegeld für Viele, 249–264 = 216–229 (Literatur 216 Anm. 1); W. Manson, Bist Du, der da kommen soll?, Zollikon-Zürich 1952, 157–160.

und zwar den hebräischen Text, Bezug nimmt[62]. Dementsprechend wird λύτρον, das in der Septuaginta (20 Belege) das Loskaufgeld für die Erstgeburt, für freizulassende Sklaven, für Grund und Boden, für verwirktes Leben bezeichnet, Mk 10,45 b den weiteren Sinn von Ersatzleistung, Sühngabe haben, den 'ašam Jes 53,10 hat[63]. Jesu Dienst besteht also darin, daß er sein Leben als Sühngabe dahingibt. Sie kommt vielen zugute (ἀντὶ πολλῶν), wobei πολλοί hier wieder inkludierende Bedeutung hat[64]. Diese stellvertretende Lebenshingabe für die Zahllosen geschieht in Erfüllung des als Weissagung verstandenen Gottesknechtwortes Jes 53,10f.

Was die *Echtheit* anlangt, so liegt das Problem darin, daß Lk 22,27 eine sehr abweichende Fassung des Wortes bietet, die man deshalb weithin für die ältere zu halten geneigt ist, weil Jesus hier ganz schlicht nur als ethisches Vorbild erscheint, während bei Markus nicht bloß der auf jeden Fall hier sekundäre[65] Titel Menschensohn erscheint, sondern die Formulierung auch noch mit schweren dogmatischen Aussagen befrachtet ist. Die Frage ist jedoch falsch gestellt, wenn man sie so faßt: Hat sich die Markusfassung aus der lukanischen entwickelt oder umgekehrt? Denn dabei wäre eine Abhängigkeit zwischen beiden Fassungen vorausgesetzt, während wir in Wahrheit zwei literarisch voneinander unabhängige Fassungen ein und derselben Logiengruppe (Mk 10,42–45 par. Lk 22,24–27) vor uns haben. Gemeinsam ist beiden Traditionssträngen, daß sich Jesus im Rahmen einer Trias (Herrscher-Jünger-Jesus) als Vorbild des Dienstes hinstellt. Der Unterschied zwischen ihnen besteht darin, daß der Dienst Jesu in verschiedener Weise illustriert wird: bei Lukas anhand seines Tischdienstes (vgl. Joh 13), bei Markus anhand seiner Lebenshingabe (vgl. Jes 53).

Für jede der beiden ganz verschiedenen Illustrationen des Dienstes Jesu läßt sich zeigen, daß sie *aus palästinischer Tradition* stammt. Zwar ist bei Lukas der Kontrast zwischen Machtgebrauch und Dienst (Lk 22,25 f.) sprachlich stärker hellenisiert als bei Markus (εὐεργέτης V. 25, ὁ νεώτερος, ὁ ἡγούμενος, ὁ διακονῶν V. 26), doch gilt das nicht von der Illustration in V. 27: hier weist sowohl das Wortspiel *rabba/rabeʿa*[66] wie die *mi gadol*-Frage[67] als auch das

---

62. Zu διακονῆσαι vgl. *ᵉbd Jes 53,11, von LXX, Targum, Peschitta und Symmachus anstelle von ʿbdj des masoretischen Textes gelesen und vom Targum als Infinitiv verstanden (→Hegermann, Tabelle am Schluß); zu δοῦναι τὴν ψυχὴν αὐτοῦ λύτρον vgl. 53,10 tasim 'ašam napšo; zu ἀντὶ πολλῶν vgl. 53,11 larabbim. Für die enge Zusammengehörigkeit von Mk 10,45 mit Jes 53,10 spricht auch die Beobachtung von G. Dautzenberg, Sein Leben bewahren. Ψυχή in den Herrenworten der Evangelien, München 1966, 101, daß die Näherbestimmung der Wendung »das Leben geben« bzw. »nehmen« durch einen prädikativen Akkusativ nur Jes 53,10 HT ('ašam), 4 Makk 6,29 (ἀντίψυχον) und Mk 10,45 (λύτρον) belegt ist.

63. W. Baumgartner, Hebräisches und aramäisches Lexikon zum Alten Testament³, Lieferung I, Leiden 1967, 92f. Zu 'ašam »Ersatzleistung, Sühngabe, Entschädigung« vgl. 1 Sam 6,3 f.8.17; CD 9,13.

64. Vgl. 1 Tim 2,6 ἀντίλυτρον ὑπὲρ πάντων.

65. J. Jeremias, Die älteste Schicht der Menschensohn-Logien, ZNW 58, 1967, 159–172: 166.

66. μείζων/ἀνακείμενος, vgl. M. Black, An Aramaic Approach to the Gospels and Acts³, Oxford 1967, 229.

67. Belege notierte Billerbeck II 257.

Fehlen der Kopula (V. 27a) in den palästinensischen Bereich. Was die Markus-Illustration anlangt, so war von den Bezugnahmen auf den hebräischen Text von Jes 53,10f. soeben (in Anm. 62) die Rede. Im übrigen läßt sich ihre stark semitisierende Färbung am besten an einem Vergleich mit 1 Tim 2,6 ablesen:

Mk 10,45: ὁ υἱός τ. ἀνθρώπου ἦλθεν...[68] δοῦναι τὴν ψυχὴν αὐτοῦ λύτρον   ἀντὶ πολλῶν
1 Tim 2,6: ἄνθρωπος Χ.᾽Ι.   ὁ δοὺς   ἑαυτὸν   ἀντίλυτρον ὑπὲρ πάντων

Man sieht: Wort für Wort ist 1 Tim 2,6 der semitisierende Wortlaut des Markus gräzisiert.

1 Tim 2,6 bestätigt, daß Mk 10,45 b ursprünglich ein selbständig umlaufendes Logion war. Wer die Abendmahlsworte im Kern für echt hält, wird keine Bedenken haben, die Substanz dieses Logions auf Jesus zurückzuführen[69].

c) Das Schwertwort. In Lk 22,35–38, einem der lukanischen Sonderquelle entstammenden Abschnitt, treffen wir auf ein wörtliches Zitat aus Jes 53,12, das im Kontext fest verankert ist. Jesus sagt seinen Jüngern, daß die friedlichen Zeiten vorbei sind und die eschatologische Schwertzeit unmittelbar bevorsteht (Lk 22,35f., s. dazu § 21,1). Die Antwort auf die sich unausweichlich erhebende Frage nach dem Grund für diese radikale Änderung der Lage gibt Jesus mit dem Zitat aus Jes 53,12: λέγω γὰρ ὑμῖν ὅτι τοῦτο τὸ γεγραμμένον δεῖ τελεσθῆναι ἐν ἐμοί, τό· καὶ μετὰ ἀνόμων ἐλογίσθη (V. 37). Jesus wird die äußerste Erniedrigung erleiden müssen und seine Passion wird den Wendepunkt auch für das Geschick seiner Nachfolger bedeuten.

Der Abschnitt bietet nach Ausweis seines nicht-lukanischen Sprachgebrauchs[70] vorlukanische Überlieferung. Für sein hohes Alter spricht, daß er unerfüllte Weissagung enthält: daß Jesus mit dem unmittelbar bevorstehenden Anbruch der eschatologischen Trübsal sowie mit einer kollektiven Verfolgung seiner Anhänger rechnet, was beides nicht eingetreten ist, zeigt mit Sicherheit, daß das Wort nicht *ex eventu* geprägt sein kann, sondern vorösterliche Überlieferung darstellt. Ebenso spricht für hohes Alter die schonungslose Offenheit, mit der das Versagen der Jünger und ihre kriegerische Stimmung ohne Beschönigung zugegeben und von der schneidenden Schärfe berichtet wird, mit der Jesus das Gespräch als hoffnungslos abbricht: ἱκανόν ἐστιν, *satis superque* (V. 38).

Wiederum ist es das Gottesknechtkapitel, das Jesus die Interpretation der vor ihm liegenden Passion an die Hand gibt. Zwar muß hinzugefügt werden, daß die Einleitung des Schriftzitats, allerdings nur in den Schlußworten, lukanisch ist[71]; doch ist das Zitat selbst schwerlich lukanischer Zusatz, da es Einfluß

---

68. Belege für *'ata/ba le* mit Inf = »beabsichtigen«, »wollen«, »die Aufgabe haben«, »sollen« gab ich in: Die älteste Schicht der Menschensohn-Logien, ZNW 58, 1967, 166f.

69. C. Colpe, ὁ υἱὸς τοῦ ἀνθρώπου, ThW VIII, 1969, 403–481: 458,14–27. – Nicht zur Substanz gehört der Titel ὁ υἱὸς τοῦ ἀνθρώπου, s. o. Anm. 65.

70. Vgl. die subtile Analyse des Sprachgebrauchs bei H. Schürmann, Jesu Abschiedsrede Lk 22,21–38, NTA 20,5, Münster i. W. 1957, 116–139.

71. τὸ γεγραμμένον, τελεσθῆναι, der Artikel vor dem Zitat. Dagegen sind λέγω γὰρ ὑμῖν,

des hebräischen Grundtextes auf die LXX aufweist[72], während Lukas des Hebräischen nicht mächtig war.

d) Das Eliawort. Mk 9,12f. spricht Jesus aus, daß das Schicksal des Täufers auch ihm bevorstehe. Dieser Rückschluß geht mit den sonstigen Äußerungen Jesu über den Täufer konform. Jesus sah in ihm einen Propheten Gottes, ja mehr als das (Mt 11,9 par. Lk 7,26), und stellte sich selbst als letzten in die Reihe der Propheten neben ihn. Die Zeit war überzeugt davon, daß das Martyrium das normale Prophetenschicksal war, und Jesus teilte, wie wir sahen, diese Überzeugung und wandte sie auf sich selbst an[73]. Nach Mk 9,12f. hat Jesus nun aber nicht nur seine Gewißheit zum Ausdruck gebracht, daß er das Schicksal des Täufers teilen werde, sondern auch angedeutet, daß sich sein Sterben grundsätzlich von dem des Täufers unterscheiden werde, indem er auf Jes 53,3 anspielte (ἵνα πολλὰ πάθῃ καὶ ἐξουδενηθῇ). Dieser Schriftverweis (γέγραπται) nimmt auf den hebräischen Text Bezug[74]. Natürlich ist es an sich durchaus denkbar, daß er aus der vorhellenistischen Urgemeinde stammt. Aber die vage Formulierung in der Umschreibung des Leidens macht diese Vermutung nicht sehr wahrscheinlich.

e) »Dahingegeben«. Die in den Evangelien dreimal begegnende Wendung παραδίδοσθαι εἰς χεῖρας ἀνθρώπων / τῶν ἁμαρτωλῶν / ἀνθρώπων ἁμαρτωλῶν (Mk 9,31 par.; 14,41 par.; Lk 24,7) geht auf *aramäische* Überlieferung zurück. Das zeigt schon das Wortspiel *bar ᾽ānašā/bene ᾽ānašā*, das allen drei Fassungen des *Mašal* zugrundeliegt, aber Mk 9,31 am klarsten hervortritt, ferner das auf ein aramäisches Partizip verweisende futurische Präsens (s. o. S. 268); für 14,41 kommt die Initialstellung des Verbums hinzu, für Lk 24,7, wie jüngst M. Black zeigte, das Hyperbaton und der Aramaismus ἄνθρωποι ἁμαρτωλοί = *bene ᾽ānašā reša ʿin*[75].

Das Passiv παραδίδοσθαι/*mitmesar* findet sich auch Jes 53,5 Targ. und 53,12 LXX (zweimal); weil dort jedoch die Präposition εἰς χεῖρας/*lide* nicht vorliegt, ist man vielfach geneigt, einen

---

δεῖ zur Bezeichnung des Leidens Jesu und die Voranstellung des Demonstrativs τοῦτο (anders 20,17!) Sprachgebrauch der Quelle.

72. Lk 22,37 καὶ μετὰ ἀνόμων ἐλογίσθη zeigt gegenüber Jes 53,12 LXX καὶ ἐν τοῖς ἀνόμοις ἐλογίσθη Einfluß des Grundtextes sowohl in der Wahl der Präposition μετά (=᾽ät), die einen anderen Kasus bedingt, wie im Fehlen des Artikels.

73. S. o. S. 266f.

74. *nibzā* Jes 53,3 a.d wird von LXX mit τὸ εἶδος αὐτοῦ ἄτιμον/ἠτιμάσθη, dagegen von Aquila, Symmachus und Theodotion mit ἐξουδενωμένος wiedergegeben; LXX-Einfluß liegt also Mk 9,12 nicht vor.

75. →Black, The »Son of Man« Passion Sayings, 3. Vgl. J. Wellhausen, Einleitung in die drei ersten Evangelien², Berlin 1911, 12.20.

Zusammenhang unseres *Mašal* mit dem Kapitel vom leidenden Gottesknecht zu verneinen[76]. Doch sprechen mehrere Beobachtungen für einen solchen Zusammenhang. Zunächst: das παραδίδοσθαι des *Mašal* ist offensichtlich ein Passivum divinum[77], und Mk 9,31 ist dementsprechend zu übersetzen: »Gott wird den Menschen (Sing.) den Menschen (Plur.) preisgeben« (s. o. S. 268). Nun ist im Neuen Testament noch öfter davon die Rede, daß Gott »preisgibt«; in den nicht-christologischen Zusammenhängen steht aber ausnahmslos das Aktiv (Apg 7,42; Röm 1,24.26.28; 2 Pt 2,4). Die Verwendung des Passivs verbindet unseren *Mašal* mit Jes 53. Sodann: die Aussage, daß Gott den Menschensohn zur Tötung (denn das ist der Sinn des ohne Näherbestimmung gebrauchten παραδίδοσθαι im *Mašal*) dahingibt, ist so schwerwiegend, daß sie schwerlich ohne Rückhalt in der Schrift gewagt wurde. Eine andere Schriftstelle als Jes 53 jedoch, an die sie angeknüpft haben könnte, gibt es nicht[78]. Schließlich: den Zusammenhang des Passivs παραδίδοσθαι mit Jes 53 hat man schon in vorpaulinischer Zeit gesehen; denn in der von Paulus Röm 4,25 angeführten Bekenntnisformel wird mit den Worten παρεδόθη διὰ τὰ παραπτώματα ἡμῶν Jes 53 zitiert (wobei V. 5 Targ. *'itmesar ba'awajatana*[79] der Bekenntnisformel noch näher steht als V. 12 LXX διὰ τὰς ἁμαρτίας αὐτῶν παρεδόθη)[80].

76. Zuletzt →Popkes, 222.
77. Vgl. Röm 4,25 (παρεδόθη/ἠγέρθη); 8,32 (παρέδωκεν αὐτόν), auch Mk 14,27 (πατάξω).
78. Der Vorschlag von Tödt (s. Lit. § 23), 149, die dem παραδίδοσθαι εἰς χεῖρας zugrunde liegende Stelle »etwa« in Jer 33,24 LXX zu finden, war ein unglücklicher Einfall. Denn diese Stelle (χεὶρ Αχικαμ υἱοῦ Σαφαν ἦν μετὰ Ιερεμιου τοῦ μὴ παραδοῦναι αὐτὸν εἰς χεῖρας τοῦ λαοῦ) hat mit unserem *Mašal* nichts zu tun. Bietet sie doch nicht einmal das Passiv, das für den *Mašal* als Passivum divinum grundlegend ist.
79. Das logische Subjekt dieses kurzen Satzes ist im heutigen Targum-Text das Heiligtum. Das erklärt sich daher, daß Targ. Jes 53 systematisch mit dem Ziel überarbeitet worden ist, die Aussagen über die Niedrigkeit bzw. das Leiden des Gottesknechtes umzudeuten, damit die Christen sich nicht auf sie berufen könnten. Durch den von →Hegermann, 66–94.110 mit überlegener Sachkenntnis geführten Nachweis, daß sich Targ. Jes 53 in geradezu erstaunlich weitgehender Weise an den Buchstaben des Grundtextes bindet, ist es möglich, die Überarbeitung von der Vorlage abzuheben. Was speziell V. 5 anlangt (Grundtext: »und er wurde geschändet um unserer Sünden, zerschlagen um unserer Verschuldungen willen«), so bestand die Überarbeitung in der Einfügung der aus Sach 6,13 stammenden Worte: »er wird das Heiligtum bauen«, so daß Targ. Jes 53,5 a.b heute lautet:
»Und er (wird den Tempel bauen), der entweiht worden ist durch unsere Sünden, preisgegeben durch unsere Verschuldungen *('itmesar ba'awajatana)*.«
Wenn man das Zitat einklammert, erhält man die ältere Gestalt von Targ. Jes 53,5 a.b. Sie gibt buchstabengetreu den hebräischen Text von Jes 53,5 wieder und stimmt genau mit Röm 4,25 überein.
80. B. Klappert, Zur Frage des semitischen oder griechischen Urtextes von 1. Kor. XV. 3–5, NTS 13, 1966/67, 168–173: 170 betont mit Recht, daß Targ. Jes 53,5 b »er wurde dahingegeben um unserer Verfehlungen willen« bis hin zu Wortfolge und Personalpronomen mit Röm 4,25 übereinstimmt. – H. Patsch, Zum alttestamentlichen Hintergrund von Römer 4,25 und 1. Petrus 2,24, ZNW 60, 1969, 273–279, möchte in LXX Jes 53,12 Ende (διὰ τὰς ἁμαρτίας αὐτῶν παρεδόθη) und in Röm 4,25 a (παρεδόθη διὰ τὰ παραπτώματα ἡμῶν) unabhängige Übersetzungen eines nichtmasoretischen Textes sehen, wie er in Qumran (1 Q Jes[a.b] zu Jes 53,12 Ende) überliefert ist. Das würde bedeuten, daß beide Übersetzungen unabhängig voneinander

Es spricht mithin alle Wahrscheinlichkeit dafür, daß die Bekenntnisformel der palästinisch-judenchristlichen Gemeinde Röm 4,25 mit der Zitierung von Jes 53 zutreffend ausspricht, was der *Mašal* mit den Worten: »Der Mensch wird an die Menschen dahingegeben« nur verhüllend angedeutet hatte.

f) Das Hirtenwort. In die Reihe der Leidensdeutungen ist mit Vorbehalt auch das Hirtenwort Mk 14,27b (= Sach 13,7b) zu stellen. Auf den ersten Blick scheint zwar das Bildwort

πατάξω τὸν ποιμένα
καὶ τὰ πρόβατα διασκορπισθήσονται

nichts als die Ankündigung zu enthalten, daß sich das Schicksal Jesu auch an den Jüngern auswirken werde: *qualis rex, talis grex.* Dabei wäre jedoch übersehen, daß sich das Hirtenbild in V. 28 fortsetzt: προάγειν ist *Terminus technicus* der Hirtensprache (vgl. Joh 10, 4.27). Die Leidensankündigung V. 27 darf also nicht isoliert betrachtet werden, vielmehr liegt der Ton auf der Heilszusage in V. 28. Der Tod des Hirten leitet nicht nur die Zerstreuung, sondern auch die Sammlung der Herde ein. Dieser Zusammenhang wird durch Sach 13,7-9 bestätigt. Auch dort folgt auf die Ermordung des Hirten nicht nur die Zerstreuung der Herde und die Vernichtung von zwei Dritteln ihres Bestandes, sondern – und darauf liegt der Ton – die Läuterung des verbleibenden Drittels zum Gottesvolk der Heilszeit. Wie der Zusammenhang zwischen dem Tod des Hirten und der Läuterung des Gottesvolkes gedacht ist, ist bei Sacharja nicht gesagt, allenfalls im Kontext angedeutet, der davon redet, daß sich am Tage der Totenklage um den »Durchbohrten« (12,10) ein Quell gegen Sünde und Unreinheit für das Haus Davids und die Bürger Jerusalems auftun werde (13,1). Als stellvertretendes Sterben für die Herde wird der Tod des Hirten jedenfalls in der johanneischen Hirtenhomilie gedeutet, wobei das τιθέναι τὴν ψυχήν (Joh 10,11.15.17f.) auf Jes 53,10 HT anspielt.

Das Sacharjawort wird Mk 14,27 nach dem hebräischen Text von Sach 13,7 zitiert, irgendwelcher Einfluß der stark abweichenden LXX-Fassung ist ausgeschlossen. Das ist ein Altersindiz, ebenso auch die Erwähnung der Jüngerflucht, die in der Überlieferung begreiflicherweise mehr und mehr zurücktritt. Am schwersten ins Gewicht fällt jedoch für die Altersfrage die Feststellung, daß V. 28 als unerfüllte Weissagung vorösterlich sein muß[81].

g) Die Fürbitte für die Schuldigen. Nach Lk 22,16.18 par. Mk 14,25 hat Jesus beim letzten Mahl einen feierlichen Verzicht auf das Mitessen und Mittrinken ausge-

---

*jpg(j)*ᵉ mit παρεδόθη wiedergegeben hätten. Nun kommt das Hiphil von *pg*ᵉ im A. T. noch fünfmal vor, an allen fünf Stellen von LXX mit verschiedenen Verben übersetzt. Daß beide Übersetzungen *jpg(j)*ᵉ unabhängig voneinander mit a) demselben Verbum, b) passivisch und c) präterital wiedergegeben haben sollten, muß als ausgeschlossen gelten.

81. J. Jeremias, ποιμήν κτλ., ThW VI, 1959, 484-501: 492.

sprochen; der Sinn dieses Verzichtes dürfte von dem Brauch der palästinischen Kirche abzulesen sein, auf das Passamahl zu verzichten und stattdessen in der Passanacht zu fasten und auf diese Weise in letzter Stunde, vor dem in der Passanacht erwarteten Kommen des Messias, Fürbitte für Israel zu tun[82]. Ist es richtig, daß Jesu Verzicht Ausdruck seiner Fürbitte für Israel ist, dann liegt die Vermutung nahe, daß er damit die Interzession des Gottesknechtes für die Schuldigen (Jes 53,12) in die Tat umsetzte; die Bezugnahme der Deuteworte auf Jes 53 (s. o. S. 277) unterstützt diese Interpretation.

Doch ist Jesu Fürbitte nicht auf Israel beschränkt. Das sagt Lk 23,34a. Dieses Logion fehlt in P75 B D* W Θ pc a sy^sin sa bo. Da die Streichung eines Wortes von solchem Gewicht kaum denkbar ist, ist V. 34a Zusatz zum dritten Evangelium, aber ein aus alter Tradition stammender Zusatz, der sehr früh zugefügt sein muß, weil er schon von Marcion bezeugt wird. Das Agraphon ist nach Form und Inhalt einwandfrei: $πάτερ$ / ʾAbba ist Jesu ständige Gebetsanrede; inhaltlich entspricht das Gebet Mt 5,44 par. Wesentlich für das Verständnis dieser Fürbitte Jesu ist die Situation[83]. Wir müssen uns daran erinnern, daß nach jüdischer Sitte der Verbrecher vor der Exekution zum Sprechen des Sühnevotums: »Mein Tod sei Sühne für alle meine Sünden« aufgefordert wurde[84]. Bei den Märtyrern tritt an die Stelle des Sündenbekenntnisses die Fürbitte für Israel (vor allem 4Makk). Auch Jesus spricht anstelle des Sühnevotums ein Gebet, das die Sühnkraft seines Todes anderen zuwendet – jedoch nicht Israel, sondern seinen Henkern. Dafür bieten die jüdischen Martyrologien keine Präformation, so daß sich auch hier der Gedanke an das 53. Jesajakapitel nahelegt, das (und zwar im hebräischen Text!) mit den Worten schließt
»und er trug die Sünden[85] Vieler
und tat Fürbitte für die Schuldigen« (V. 12)[86].

Die begrenzte Zahl der Belege für die Deutung des Leidens durch Jesus erklärt sich daraus, daß er nur in der Jüngerlehre und auch da erst in der letzten Zeit seiner Wirksamkeit von diesem tiefsten Geheimnis seiner Sendung gesprochen hat.

Die Sinndeutung des Leidens ist überall die Stellvertretung für die Vielen (Mk 10,45; 14,24). Fragen wir, wie es möglich ist, daß Jesus seinem Tod eine

---

82. Jeremias, Abendmahlsworte⁴, 199–210. S. o. S. 275 f.

83. K. Bornhäuser, Das Wirken des Christus durch Taten und Worte, BFChTh 2,2, Gütersloh 1921, ²1924, 224–230.

84. S. o. S. 273.

85. Plural mit 1 QJes^{a.b} LXX Targ Pesch ΘΣ (gegen Mas. Text).

86. Auch Stephanus (Apg 7,60) und der Herrenbruder Jakobus (Hegesipp bei Eusebius, hist. eccl. II 23,16) leisten sterbend Fürbitte für ihre Mörder; sie stellen damit ihr Sterben nicht auf eine Stufe mit Jesu Kreuzestod, wohl aber folgen sie dem Beispiel (Lk 23,34) und der Weisung Jesu (Mt 5,44 par.).

so grenzenlose Sühnkraft zuspricht, so ist die Antwort: er stirbt als der Gottesknecht, über dessen Leiden und Sterben Jes 53 aussagt, daß es unschuldiges (V. 9), geduldig getragenes (V. 7), freiwilliges (V. 10), von Gott gewolltes (V. 6.10) und darum stellvertretend sühnendes (V. 4f.) Leiden ist. Weil es Leben mit Gott und aus Gott ist, das hier in den Tod gegeben wird, darum hat dieses Sterben unbegrenzte Sühnkraft.

Kapitel VII: Ostern

§ 25 Die älteste Überlieferung und die älteste Deutung

L. *Brun*, Die Auferstehung Christi in der christlichen Überlieferung, Oslo und Gießen 1925; R. *Bultmann*, Synoptische Tradition, 308–316; C. H. *Dodd*, Matthew and Paul, in: New Testament Studies (Collected Essays), Manchester 1953, 53–66; K. H. *Rengstorf*, Die Auferstehung Jesu[4], Witten 1960; P. *Benoit*, Marie-Madeleine et les disciples au tombeau selon John 20,1–18, in: W. Eltester Hg., Judentum, Urchristentum, Kirche. Festschrift für J. Jeremias[2], BZNW 26, Berlin 1964, 141–152; H. *Grass*, Ostergeschehen und Osterberichte[3], Göttingen 1964; H. *von Campenhausen*, Der Ablauf der Osterereignisse und das leere Grab[3], Heidelberg 1967; K. *Lehmann*, Auferweckt am dritten Tage nach der Schrift, Quaestiones Disputatae, Freiburg-Basel-Wien 1968.

Die Auferweckung Jesu galt der Urkirche als die göttliche Bestätigung seiner Sendung. Es ist daher legitim, wenn der Versuch einer Darstellung der Verkündigung Jesu mit Ostern schließt.

1. Die Quellen

Das auffälligste literarische Problem, dem man sich bei der Beschäftigung mit den Osterberichten konfrontiert sieht, ist der große strukturelle Unterschied zwischen Passions- und Ostererzählungen. In der Passionsgeschichte haben alle Evangelien, unbeschadet von Abweichungen im einzelnen, ein festes Gerüst gemeinsamer Überlieferungen: Einzug – letztes Mahl – Gethsemane – Verhaftung – Verhör vor dem Hohen Rat – Verleugnung Petri – Barabbasgeschichte – Verurteilung durch Pilatus – Kreuzigung – Grablegung – leeres Grab. Ganz anders liegt es bei den Ostergeschichten. Von einem gemeinsamen Gerüst kann höchstens in der Reihenfolge: leeres Grab – Erscheinungen die Rede sein. Im übrigen ist das Bild ganz bunt. Das gilt zunächst von dem *Personenkreis*. Der Auferstandene erscheint bald einem einzelnen, bald einem Jüngerpaar, bald einem geschlossenen Kreis, bald einer riesigen Menge. Die Zeugen sind meist Männer, aber auch Frauen; es sind Angehörige des engsten Jüngerkreises, sonstige Anhänger wie Joseph und Matthias[1], aber auch Skeptiker wie der Älteste des Familienverbandes[2]; mindestens in einem Fall ist es ein fanatischer Gegner[3]. Wie schwierig es schon zwei Jahrzehnte später war, einen Überblick über die Ereignisse zu gewinnen, zeigt der literarisch älteste

---

1. Apg 1,22f.
2. 1 Kor 15,7.
3. V. 8.

Bericht, den wir besitzen, 1 Kor 15,5-8. Obwohl Paulus bemüht zu sein scheint, sämtliche Christophanien aufzuzählen, ist es ihm nicht gelungen, Vollständigkeit zu erreichen[4].

So vielschichtig der Personenkreis der Zeugen ist, so bunt sind die wechselnden *Schauplätze:* Bald erfolgt die Christophanie im Freien, bald in einem Haus, wiederholt[5] vor den Toren der Heiligen Stadt, dann wieder innerhalb von Jerusalem, in einem judäischen Dorf, am Ufer des Sees Genezareth, im galiläischen Bergland, einmal auch außerhalb Palästinas.

Wie erklärt sich dieser strukturelle Unterschied zwischen Passionsbericht und Ostererzählungen? Wie kommt es, daß die vier Evangelien in der Schilderung der Passion demselben Aufriß folgen, dagegen bei der Darstellung der Christophanien vollständig auseinandergehen? Die Antwort kann nur lauten: dieser grundlegende Unterschied ist weder auf sekundäre Ausgestaltung der Osterberichte durch die Überlieferung noch auf redaktionelle Bearbeitung rückführbar, sondern er ist in den Ereignissen selbst begründet. Während die Passion ein überschaubares, sich in Jerusalem abspielendes Geschehen weniger Tage war, handelt es sich bei den Christophanien um eine Fülle verschiedenartigster Vorgänge, die sich über einen langen Zeitraum, wahrscheinlich über Jahre[6], hinzogen; erst relativ spät hat die Überlieferung den Zeitraum der Christophanien auf 40 Tage beschränkt (Apg 1,3).

Spiegelt sich in der Vielfältigkeit der Berichte, was Personenkreis und Schauplatz anlangt, echte Erinnerung, so geben sich andere Züge als sekundäre Ausgestaltung zu erkennen. Aus der Zahl der gestaltenden Motive seien die drei wichtigsten genannt. Erstens: Schon in allerfrühester Zeit hatte man das Bedürfnis, die Berichte über die Christophanien durch *Worte des Auferstandenen* und durch Gespräche mit ihm auszugestalten. Beschränkt sich das Wort des Auferstandenen ursprünglich auf den Namensruf (»Saul!« »Maria!« »Simon Johannis!«) oder (bei einer Mehrzahl) auf den Friedensgruß, verbunden mit einer kurzen Frage (»Was verfolgst du mich?«,»Warum weinst du?«, » Wen suchst du?«, »Liebst du mich?«) und einer knappen Weisung, so werden die Reden und Dialoge bald länger; wie so oft, läßt das Spätstadium die Tendenz besonders deutlich hervortreten: die Gnosis wird nicht müde, eine Schrift

---

4. Könnte sich auch das Fehlen der Maria von Magdala (Joh 20,14-18) bzw. der beiden Marien (Mt 28,1.9f.) in der sechsgliedrigen Liste 1 Kor 15,5-8 daraus erklären, daß Frauen nicht zeugnisberechtigt waren, und das Fehlen des Joseph und Matthias (Apg 1,22f.) äußerstenfalls daraus, daß sie zu den 500 Brüdern (1 Kor 15,6) gehörten, so vermißt man doch die Emmausjünger (Lk 24,13-35), die sieben am See Genezareth (Joh 21,1-14) und Stephanus (Apg 7,56).

5. Joh 20,14-17; Mt 28,9f.; Apg 7,56.

6. Schon die Ausbreitung der Christengemeinde bis nach Damaskus macht es wahrscheinlich, daß zwischen Jesu Kreuzigung und der Erscheinung vor Paulus (1 Kor 15,8) ein nicht unbeträchtlicher zeitlicher Zwischenraum liegt.

nach der anderen zu produzieren, die Reden des Auferstandenen wiederzugeben behauptet, die er in der Zeit zwischen Ostern und Himmelfahrt gehalten haben soll[7].

Ein zweites sekundäres Motiv, das die Osterberichte auf das nachhaltigste beeinflußt hat, ist die *Apologetik*, mit der die Gemeinde auf den Zweifel und Spott (Apg 17,18), den die Auferstehungsbotschaft allenthalben hervorrief, reagierte. Jüdischen Gesprächspartnern gegenüber baute man den Schriftbeweis aus. Der früh entstandenen Behauptung, das Leersein des Grabes erkläre sich einfach daraus, daß die Jünger bei Nacht den Leichnam Jesu gestohlen hätten, setzte man die Legende von den Grabwächtern (Mt 27,62–66; 28,11–15) entgegen: die Wache, so lesen wir, schließe einen Diebstahl völlig aus, es handele sich vielmehr bei der Diebstahlstheorie um eine böswillige Erfindung der Oberpriester und Ältesten (28,13). Der anderen Behauptung, die Jünger seien einer Halluzination erlegen, trat man auf zweifache Weise entgegen: einerseits ließ man den Auferstandenen durch das Vorzeigen der Male an Händen und Füßen (Lk 24,39a) sowie der Seitenwunde (Joh 20,20) seine Identität mit dem Irdischen beweisen (Lk 24,39a: ὅτι ἐγώ εἰμι αὐτός), andererseits ließ man ihn durch die Aufforderung zum Betasten (Lk 24,39b; Joh 20,27 vgl. 1 Joh 1,1) die Realität seiner Leiblichkeit nachweisen (Lk 24,39b: ὅτι πνεῦμα σάρκα καὶ ὀστέα οὐκ ἔχει)[8]. Letzte Zweifel überwindet er dadurch, daß er vor den Augen der Jünger von dem gebackenen Fisch ißt, den sie ihm auf seinen Wunsch reichen (24,41–43). Der nach Ausweis der johanneischen Briefe noch im ersten Jahrhundert aufkommende Doketismus verstärkte diese Tendenz, die Leiblichkeit des Auferstandenen zu materialisieren, bis zur derben Drastik[9].

Mit der Erwähnung des Doketismus haben wir schon ein drittes Motiv berührt, das die Osterberichte beeinflußt hat: *die innerkirchliche Entwicklung*. Einige Stichworte mögen genügen: kirchliches Formelgut (Mt 28,19), der kirchliche Kalender (Joh 20,26[10]; Apg 2,1ff.) und vor allem die missionarische Verpflichtung der Kirche (Mt 28,16–20; Lk 24,44–49; Apg 1,4–8) melden sich zu Wort; bei der Besprechung der Erscheinung vor Petrus werden wir an einem

---

7. J. Jeremias, Unbekannte Jesusworte, 4. Aufl., Gütersloh 1965, 24.28 f.

8. Ignatius, Smyrn., 3,2: ὅτι οὐκ εἰμὶ δαιμόνιον ἀσώματον.

9. Eine Variante zu Lk 24,42f. läßt die Jünger dem Auferstandenen neben dem Fisch ein Stück Honigwabe reichen und den Auferstandenen den Rest zurückgeben – offensichtlich zu dem Zweck, daß die Jünger in Gestalt des Abdrucks seiner Zähne in der Wabe geradezu ein Beweisstück in der Hand haben. – Doch übersehe man nicht, daß die vier Evangelien eine von der Ehrfurcht gebotene Grenze streng innehalten: keines von ihnen schildert die Auferstehung selbst, auch Mt 28,2–4 nicht; erst das Petrusevangelium überschreitet diese Grenze.

10. L. Brun, Die Auferstehung Christi in der christlichen Überlieferung, Oslo–Gießen 1925, 66: »Allusion an die christliche Wochenordnung«, 67: »soll ... offenbar an den Herrentag des christlichen Gottesdienstes (Apk 1,10) erinnern«.

Einzelbeispiel sehen, wie stark der Einfluß der innerkirchlichen Entwicklung auf die Osterberichte gewesen ist.

Die *älteste Überlieferungsschicht* ist demgegenüber dadurch gekennzeichnet, daß sie noch die Erinnerung an das Überwältigende, Rätselhafte und Geheimnisvolle der Vorgänge bewahrt: geöffnete Augen beim Brotbrechen[11], das Aufstrahlen himmlischen Lichtglanzes, eine Gestalt am Ufer im Morgengrauen, das unvermutete Erscheinen im geschlossenen Raum, das Aufbrechen des glossolalen Gotteslobes, das plötzliche Entschwinden – das sind Züge, in denen die älteste Überlieferung zu Wort kommt. Das gleiche geheimnisvolle Helldunkel liegt über den ältesten Schilderungen der Reaktion der Zeugen: bald erkennen sie den Auferstandenen nicht, bald blendet sie der himmlische Glanz, bald glauben sie, ein Gespenst zu sehen. Schrecken und Angst, Unsicherheit und Zweifel stehen im Widerstreit mit Freude und Anbetung. »Keiner von den Jüngern wagte es, ihn zu fragen: Wer bist du?; sie wußten: es ist der Herr« (Joh 21,12). »Als sie ihn sahen, fielen sie zu Boden, etliche aber zweifelten« (Mt 28,17). Unbeschönigt wird es zugegeben: »Sie konnten (es einfach) nicht glauben vor lauter Freude« (Lk 24,41).

2. Die Osterereignisse

Was geschah? Beginnen wir mit dem *Datum*. Das alte Bekenntnis (1 Kor 15,4) stimmt mit den Evangelien darin überein, daß der dritte Tag, der Sonntag nach Jesu Kreuzigung, die Wende brachte. Alle Versuche, die drei Tage zwischen Kreuzigung und Auferstehung anderweitig abzuleiten, etwa aus den Mythen sterbender und auferstehender Götter[12] (spielten diese im Bereich der palästinischen Urgemeinde eine Rolle?) oder aus der Auszeichnung des Sonntags als Christustag[13] im urchristlichen Kultus[14] (ist nicht vielmehr umgekehrt die Sonntagsfeier von Ostern abzuleiten?) oder von Hos 6,2 (aber diese Stelle wird erst bei Tertullian[15] im Zusammenhang mit der Auferstehung

---

11. Lk 24,30f.41–43; vgl. Apg 1,4; 10,41; Joh 21,12f.; Ps–Mk 16,14.
12. 1. Osiris stirbt am 17. Athys (Nov.); die Auffindung und Wiederbelebung seines Körpers erfolgt in der Nacht zum 19. (Plutarch, De Iside et Osiride 13.39.42). – 2. Attis' Tod wird am 22. März gefeiert, seine Wiederkehr zum Leben (Hilaria, Freudenfest) wahrscheinlich am 25. März (Kaiser Julian, Oratio V 168 CD). – 3. Der Tag der Auferstehung des Adonis ist nicht sicher, aber der 3. Tag ist wahrscheinlich (Lukian, De Syr. dea 6: μετὰ δὲ τῇ ἑτέρῃ ἡμέρᾳ nach dem Totenopfer).
13. So ist ἡ κυριακὴ ἡμέρα (Apk 1,10) gemeint; nicht: Gottestag!
14. 1 Kor 16,1; Apg 20,7; Apk 1,10; Did. 14,1; Ign. Magn. 9,1; Pliniusbrief X 96,7; Barn. 15,9. Diese Ableitung erwägt R. Bultmann, syn. Trad., 316.
15. Adversus Judaeos 13.

zitiert), sind gescheitert. Da alle anderen Erklärungsversuche versagen, bleibt nur die Auskunft: die Wende hat sich tatsächlich am dritten Tag ereignet.

Alle vier Evangelien stimmen ferner darin überein, daß es *der Gang der Frauen zum Grabe am Ostermorgen* war, der die folgenden Ereignisse auslöste. Es war äußerst unglücklich, daß die Forschung bei der Betrachtung dieses Vorspiels bis vor kurzem von Mk 16,1–8 als dem literarisch ältesten Bericht ausging. Denn Mk 16,1–8 ist eine »ganz sekundäre Bildung«[16], eine »apologetische Legende«[17], die »die Wirklichkeit der Auferstehung Jesu« »durch das leere Grab erweisen«[18] will; d. h. die Geschichte vom leeren Grab in der Fassung von Mk 16,1–8 gehört einem späten Stadium der Osterüberlieferungen an. Nun aber hat P. Benoit in einem bahnbrechenden Aufsatz[19] gezeigt, daß es falsch ist, die Markusfassung des Berichtes vom leeren Grab zum Ausgangspunkt zu nehmen, weil sich eine ältere Gestalt desselben erhalten hat in Gestalt von Joh 20,1f. Danach war es Maria von Magdala allein[20], die sich im Morgengrauen des Ostertages zum Grab aufmachte, wohl um dort zu weinen (V. 11; vgl. Joh 11,31; Sap 19,3). Als sie (offenbar schon aus der Ferne) sieht, daß der Verschlußstein weggerollt ist, kehrt sie um und alarmiert Petrus[21], da sie überzeugt ist, daß der Leichnam Jesu geraubt worden ist (20,2b). Dieser Verdacht, der bald zum Arsenal der antichristlichen Polemik gehören sollte (Mt 28,13; s. o. S. 287), war deshalb sehr naheliegend, weil die Freigabe des Leichnams eines wegen Hochverrats Hingerichteten seitens des Statthalters (Mk 15,45 par.) ungewöhnlich war[22] und Fanatiker veranlaßt haben konnte, diese Entscheidung dadurch zu korrigieren, daß sie den Leichnam nächtlicherweise in eines der Verbrechergräber (Sanh. 6,5f.) brachten. Der Bericht klingt sehr plausibel; er ist schlicht und frei von jeder Tendenz; wie nicht ganz selten, hat also der literarisch späteste Text die älteste Gestalt der Überlieferung aufbehalten.

16. R. Bultmann, ebd., 308.
17. Ebd. 314.   18. Ebd. 311.
19. Marie-Madeleine et les disciples au tombeau selon Joh 20, 1–18, in: Judentum, Urchristentum, Kirche. Festschrift für J. Jeremias (hg. von W. Eltester), 2. Aufl., BZNW 26, Berlin 1964, 141–152.
20. Die 1. pers. plur. οἴδαμεν (Joh 20,2b) könnte von der synoptischen Überlieferungsgestalt, die von einer Mehrzahl von Frauen redete, beeinflußt sein; vielleicht liegt aber auch Einfluß des Galiläisch-Aramäischen vor, in dem der Ersatz von »ich« durch »wir« idiomatisch ist (G. Dalman: Grammatik des jüdisch-palästinischen Aramäisch, 2. Aufl., Leipzig 1905, 265f.); vgl. Mk 14,25 Θ; Joh 3,11. Der Singular in 20,13 (οἶδα) spricht nicht notwendig gegen die zweite Erklärung, weil die johann. Ostergeschichten aus verschiedenen Überlieferungen stammen.
21. Joh 20,2a. Die Erwähnung des Lieblingsjüngers ist, wie Lk 24,12 zeigt, ein durch die bei Johannes folgende Geschichte vom Wettlauf zum Grabe (20,3–10) veranlaßter Zuwachs.
22. J. Blinzler: Der Prozeß Jesu, 4. Aufl. Regensburg 1969, 393.

Die Nachricht der Maria von Magdala hat große Aufregung zur Folge (Lk 24,22: »Die Frauen erschreckten uns«). Was ist mit Jesu Leichnam geschehen? Für den Fortgang der Ereignisse verdient der kurze, nüchterne Bericht Lk 24,12 den Vorzug vor Joh 20,3–10 (Wettlauf zum Grabe), ein Vers, der bei Nestle zu Unrecht in den Apparat verwiesen ist; schon die äußere Bezeugung spricht dafür, daß Lk 24,12 ursprünglicher Lukas-Text ist: der Vers wird von sämtlichen griechischen Handschriften (einschließlich P75) gelesen mit alleiniger Ausnahme von D[23]. Nach Lk 24,12 läuft Petrus zum Grabe[24], stellt fest, daß das Grab tatsächlich leer ist und daß die Leinentücher daliegen, und läuft nach Hause zurück. Lukas[25] fügt hinzu θαυμάζων τὸ γεγονός: er weiß nicht, wie er sich das alles erklären soll.

Nun erst setzen unerwartet die eigentlichen Osterereignisse ein. Alle vier Evangelien sind sich darin einig, daß eine *Angelophanie* den Anfang machte[26]. Wieder differieren Synoptiker und Johannes in Einzelheiten, und wieder werden wir eklektisch vorzugehen und Johannes den Vorzug zu geben haben, weil seine Schilderung die zurückhaltendste ist. Noch einmal ist es Maria von Magdala *allein* (nicht wie bei den Synoptikern eine Mehrzahl von Frauen[27]), der die Angelophanie zuteil wird; nichts ist bei Johannes zu lesen von der Deutung des leeren Grabes und vom Jüngerauftrag aus Engelmund; eine kurze Frage (γύναι, τί κλαίεις;) ist alles, was die Engel sagen (Joh 20,13).

An die Engelerscheinung hat sich nach Matthäus (28,9f.) und Johannes (20,14–18) die erste *Christophanie* angeschlossen; während aber Matthäus der Maria von Magdala eine andere Maria als Mitzeugin zur Seite stellt (28,1), ist nach Johannes wieder sie *allein*, der das Ereignis widerfährt (so auch Ps–Mk 16,9). Diese Nachricht klingt sehr glaubhaft: handelte es sich um eine Erfindung, so hätte man die Ersterscheinung sicher nicht einer Frau zugeschrieben, weil Frauen nicht zum Zeugnis qualifiziert waren. Glaubhaft klingt auch die für die Jünger beschämende Nachricht, daß beide Erlebnisse der Maria von Magdala, ihre Angelophanie und ihre Christophanie, zunächst ohne jede Wirkung blieben: niemand schenkt ihr Glauben (Lk 24,10f.23; Ps–Mk 16,10f.).

---

23. Zu den harmonisierenden Auslassungen im westlichen Text der Synoptiker vgl. J. Jeremias, Abendmahlsworte, 4. Aufl., 141–145; speziell zu Lk 24,12: 143f. Der Vers ist lukanisch stilisiert (ἀναστάς, θαυμάζειν mit Akk., τὸ γεγονός), stammt aber aus vorlukanischer Überlieferung, wie das von Lukas gemiedene Praes. hist. βλέπει zeigt. Die Berührungen im Vokabular mit Joh 20,4–6.10 (ὀθόνιον, παρακύπτειν, ἀπέρχεσθαι πρὸς ἑαυτόν) waren durch die Sache gegeben und berechtigen nicht zu der Annahme, Lk 24,12 sei literarisch vom Johannesevangelium abhängig.

24. Lk 24,24 ist das verallgemeinert: ἀπῆλθόν τινες τῶν σὺν ἡμῖν ἐπὶ τὸ μνημεῖον.

25. Siehe Anm. 23.

26. Mk 16,5–7 par. Mt 28,2–7 par. Lk 24,4–7; Joh 20,12f., vgl. Lk 24,23.

27. Mk 16,1 (drei Frauen); Mt 28,1 (zwei); Lk 24,10 (drei und eine unbestimmte Zahl); Pt. Evg. 50f. (Maria von Magdala und ihre Freundinnen).

War es bisher Maria von Magdala, der das österliche Erleben Zug um Zug zuteil wurde, die Entdeckung des leeren Grabes, die Angelophanie und die Christophanie, so ändert sich jetzt das Bild. Es folgt der entscheidende Vorgang: *der Herr erscheint Petrus.* Diese Erscheinung ist in der alleraltesten Überlieferung fest verankert: das alte Bekenntnis 1 Kor 15,5 bezeugt sie und – noch früher – der ihm zugrundeliegende Osterruf ὄντως ἠγέρθη ὁ κύριος καὶ ὤφθη Σίμωνι (Lk 24,34)[28]. Es ist eines der erstaunlichsten und rätselhaftesten Fakten der gesamten urchristlichen Überlieferung, daß uns diese Petrus-Christophanie trotz ihrer grundlegenden Bedeutung nirgendwo geschildert wird – weder von Matthäus, noch von Lukas, noch von Johannes, noch vom unechten Markusschluß (Markus selbst bricht vor den Erscheinungen ab). Das kann unmöglich Zufall sein. In der Tat weist die Beobachtung, daß Matthäus nicht nur über die Erscheinung vor Petrus schweigt, sondern darüber hinaus auch noch die Worte καὶ τῷ Πέτρῳ (Mk 16,7) streicht, auf eine seltsame Unsicherheit hin[29]. Fragt man, wie so etwas möglich war, so ist zunächst negativ festzustellen, daß die Heidenkirche nach Ausweis von 1 Kor 15,5 an dieser Zurückdrängung des Petrus nicht beteiligt war. Wo die treibenden Kräfte zu suchen sind, verrät uns das Hebräerevangelium, das die Ersterscheinung dem Herrenbruder Jakobus zuteil werden läßt[30], während die syrische Didaskalia diese Ehre dem Levi zuschreibt[31]. Keine Frage, es sind die radikalen Kreise des palästinischen Judenchristentums, die sich an dem Universalismus des Petrus stießen (Gal 2,12b; Apg 11,2) und die ihn darum aus der Rolle des Empfängers der Ersterscheinung verdrängt haben[32].

Die Christophanie vor Petrus löste eine Lawine aus. Von den zahlreichen

28. Das höhere Alter von Lk 24,34 ergibt sich daraus, daß der Eigenname Σίμων die älteste Schicht der Petrusüberlieferung kennzeichnet.

29. Auf die Frage, wie es sich erklärt, daß Matthäus einerseits das überschwengliche Lob des Petrus Mt 16,17-19 als einziger berichtet, andererseits καὶ τῷ Πέτρῳ (Mk 16,7) streicht und die Geschichte vom wankenden Glauben des Petrus bringt (Mt 14,28-33), ist zu erwidern, daß dieses unbekümmerte Nebeneinander von einander widerstreitenden Traditionen geradezu charakteristisch für Matthäus ist: vgl. 10,5f. mit 28,18–20; 23,3a mit 16,6; 24,20 mit 12,8; 6,16–18 mit 9,15a; 8,12 mit 13,38; 9,13b mit 10,41b. Das ist übrigens einer der Gründe, weshalb eine befriedigende redaktionsgeschichtliche Analyse des ersten Evangeliums bisher nicht gelungen ist.

30. Hieronymus, De viris inlustribus 2, zitiert bei E. Klostermann: Apocryphen II, 2. Aufl. (= Kleine Texte 8), Berlin 1929, Fragment 21. 1 Kor 15,7 hat er noch den vierten Platz.

31. J. Flemming, TU 25,2, 1904, 107.

32. Daß diese Beobachtung wichtig ist für die Debatte um die Echtheit des 1. Petrusbriefes, sei am Rande bemerkt. Wenn Petrus von den radikalen Nomisten so scharf abgelehnt wurde, ist ihm ein missionsoffener Brief wie der 1. Petrusbrief durchaus zuzutrauen. Auch dieser Tatbestand berechtigt neben anderen Fakten (ThLZ 83, 1958, Sp. 352) zu dem Satz, daß die Verteidiger der Unechtheit des 1. Petrusbriefes heute vor keiner ganz leichten Aufgabe stehen.

sich anschließenden Vorgängen erfordert die *Erscheinung »vor mehr als 500 Brüdern auf einmal«* (1 Kor 15,6) noch ein besonderes Wort. Das Problem, vor das sie uns stellt, besteht darin, daß sie in sämtlichen Osterberichten fehlt, obwohl sie in dem Katalog der Erscheinungen 1 Kor 15,5–8 als dritte aufgezählt wird. Sollte ein so spektakuläres Ereignis, für das es Hunderte von überlebenden Zeugen gab, völlig ohne Niederschlag in den Quellen geblieben sein? Nun haben wir im NT noch einen zweiten Bericht über ein Ereignis, das sich ebenfalls vor vielen Hunderten abspielte: die Pfingstgeschichte Apg 2,1–13. Beide Ereignisse, die Erscheinung vor den 500 und Pfingsten, sind einander nicht nur durch die große Zeugenschar verbunden, sondern auch durch den gleichen Schauplatz. Wenn nämlich Paulus 1 Kor 15,6 sagt, daß von den 500 »die meisten noch am Leben sind, etliche aber entschlafen sind«, so enthält diese Bemerkung, die die Zuverlässigkeit der Nachricht unterstreichen will, indirekt einen Hinweis auf den Ort der Erscheinung. Denn die Möglichkeit, nachzuprüfen, *wer* von den Augenzeugen dieser Erscheinung ein Vierteljahrhundert später noch am Leben war, setzt voraus, daß zum mindesten der Großteil der 500 an ein und derselben Stelle seßhaft war, und das paßt nur auf Jerusalem. Seit den Tagen der Tübinger Schule hat daher die Hypothese zahlreiche Freunde gefunden, daß es sich bei der Erscheinung vor den 500 und bei Pfingsten um zwei verschiedene Überlieferungen über ein und dasselbe Ereignis handele[33]. Man kann sich zugunsten dieser Kombination immerhin auf Joh 20,22 berufen, wo wir Christophanie und Geistempfang miteinander gekoppelt finden. Die seltsame Gabelung der Überlieferung müßte man sich so erklären, daß das Aufbrechen der Glossolalie bei einer Christophanie vor einer großen Menschenmenge erfolgt wäre und daß die Überlieferung bald das eine, bald das andere Moment in den Vordergrund gerückt hätte. Dieses Nebeneinander wäre ein wichtiges Beispiel dafür, wie fern den ältesten Berichten jede Materialisierung der Christophanien lag.

Wie dem auch sei, die 1 Kor 15,3 ff. als letzte genannte *Christuserscheinung vor Paulus*, die in der Schau des Lichtglanzes bestand (2 Kor 4,6; Apg 9,3; 22,6; 26,13), bezeugt klar den pneumatischen Charakter der Christophanien; sie darf als typisch für alle gelten.

---

33. *E. von Dobschütz*, Ostern und Pfingsten, Leipzig 1903, 33–43; *K. Holl*, Der Kirchenbegriff des Paulus in seinem Verhältnis zu dem der Urgemeinde, Sitzungsberichte der Berliner Akademie 1921, 920–947: 923 = Gesammelte Aufsätze II, Tübingen 1928, 44–69: 47 Anm. 1; *A. von Harnack*, Die Verklärungsgeschichte Jesu, der Bericht des Paulus 1. Kor. 15,3 ff. und die beiden Christusvisionen des Petrus, Sitzungsberichte der Berliner Akademie 1922, 62–80: 65; *E. Meyer*, Ursprung und Anfang des Christentums III, Stuttgart und Berlin 1923, 221 f.; *H. Strathmann*, Die Stellung des Petrus in der Urkirche, ZsystT 20, 1943, 222–282: 242; *S. M. Gilmour*, The Christophany to More Than Five Hundred Brethren, JBL 80, 1961, 248–252; ders., Easter and Pentecost, JBL 81, 1962, 62–66.

3. Die Deutung der Osterereignisse

Was die Erscheinungen des Auferstandenen für die ersten Osterzeugen *im unmittelbaren Erleben* bedeuteten – das ermitteln zu wollen erscheint völlig aussichtslos, weil unsere Quellen durch Jahrzehnte von den Ereignissen getrennt sind und die Osterberichte in der Zwischenzeit in verschiedener Hinsicht aus- und umgestaltet worden sind. Dennoch kann eine Vermutung gewagt werden, *wenn man vom Denken der Zeit ausgeht.* Das antike Judentum kennt die Auferweckung nicht als Ereignis der Geschichte. Nirgendwo findet sich in seiner Literatur etwas der Auferweckung Jesu Vergleichbares. Gewiß weiß man von Totenauferweckungen, aber dabei handelt es sich stets um Wiederbelebungen, um die Rückkehr in das irdische Leben. An keiner Stelle findet sich in der spätjüdischen Literatur eine Auferweckung zur δόξα als Ereignis der Geschichte[34]. Vielmehr bedeutet Auferweckung zur δόξα immer und ausnahmslos den Anbruch der neuen Schöpfung Gottes. *So,* als endzeitliches Geschehen, als Anbruch der Weltenwende müssen die Jünger die Erscheinungen des Auferstandenen erlebt haben.

In der Tat hat sich ein Nachhall davon, daß die Christophanien für die Jünger das Erleben des Anbruchs der Heilszeit bedeuteten, wenigstens in Spuren an einigen Stellen erhalten. Hier ist vor allem *Mt 27,51 b–53* zu nennen. An dieser Stelle wird unter den Prodigien des Todes Jesu die Öffnung der Gräber und die Auferweckung vieler Leiber entschlafener Heiliger genannt und hinzugefügt, daß die auferstandenen Heiligen nach Jesu Auferweckung die heilige Stadt betreten hätten und vielen erschienen seien. Daß es sich hier um eine altertümliche Überlieferung handelt, zeigen schon die Worte μετὰ τὴν ἔγερσιν αὐτοῦ (Jesu); denn diese Zeitangabe, die seltsamerweise voraussetzt, daß die Heiligen, obwohl bereits bei Jesu Tod auferweckt, bis zum Ostermorgen in ihren Grabkammern verharrt wären, ehe sie sich in die Heilige Stadt begaben, soll eine Schwierigkeit ausgleichen, die man empfand: durch die Auferstehung am Karfreitag schienen die Heiligen einen Vorsprung vor Jesus zu haben, der doch als ἡ ἀπαρχὴ τῶν κεκοιμημένων (1 Kor 15,20), ὁ πρωτότοκος (ἐκ) τῶν νεκρῶν (Kol 1,18; Apk 1,5) verkündet wurde. Neben dem ausgleichenden Zusatz μετὰ τὴν ἔγερσιν αὐτοῦ zeigt die ganz singuläre Anwendung des (sonst den Christen, vereinzelt den Engeln[35] vorbehaltenen) Terminus οἱ ἅγιοι auf Fromme des Alten Bundes und vor allem die Vorstellung, daß Jesu Auferstehung kein isoliertes Ereignis war, sondern unmittelbar mit vielen Auferstehungen verbunden war, daß wir eine ganz alte Überlieferung vor uns haben. »Die Ostertage wurden vermutlich nicht erst nachträglich, sondern ursprünglich vom Jüngerkreis selbst als das Wahrzeichen des kommenden

---

34. J. Leipoldt, Zu den Auferstehungs-Geschichten, ThLZ 73, 1948, Sp. 737–742.
35. 1 Thess 3,13; 2 Thess 1,10; Eph 2,19.

Gottestags, als der Beginn der großen Auferstehung erlebt«, sagt A. Schlatter zur Stelle[36]. Dann aber ist Mt 27,52f. ein Stück Urgestein der Überlieferung. Hier ist noch etwas aufbehalten von der Stimmung der ersten Tage: die Erde bebt (vgl. Hebr 12,26; Apk 6,12; 8,5; 11,13.19; 16,18), die Toten stehen auf, die Weltenwende ist da. Die Jünger waren gewiß, Zeugen des Anbruchs des neuen Äons zu sein.

Ein weiterer Nachhall des unmittelbaren Eindrucks der Osterereignisse dürfte in der Vorstellung erhalten sein, daß die Auferstehung Jesu seine *Inthronisation* bedeute[37]. Es ist gemeinchristliche Anschauung, daß mit Jesu Auferstehung das Platznehmen zur Rechten Gottes und der Beginn der königlichen Herrschaft Christi verbunden waren[38]. Weil aber Christi Herrschaft nicht sichtbar in Erscheinung trat, vielmehr der alte Äon weiterlief, unterschied man bald zwischen der gegenwärtigen sessio ad dexteram und der endgültigen Thronbesteigung, also zwischen einer vorläufigen und einer definitiven Inthronisation[39]. Aber die Vorstellung einer provisorischen Inthronisation, die man auf diese Weise gewann, ist ein Widerspruch in sich selbst und ein Notbehelf, der darauf hinweist, daß ursprünglich Ostern den Jüngern als die definitive Wende, der Beginn des neuen Äons, die Stunde des Herrschaftsantritts Christi erschienen sein muß.

Ein Nachhall dieser Verbindung von Auferstehung und Herrschaftsantritt dürfte schließlich *Mt 28,18* vorliegen: ἐδόθη μοι πᾶσα ἐξουσία ἐν οὐρανῷ καὶ ἐπὶ γῆς. Hier will der ingressive Aorist ἐδόθη beachtet sein (»soeben ist mir übergeben worden«), ferner das Wort πᾶσα (πᾶσα ἐξουσία ist die universale Herrschaft) und endlich die Bezugnahme auf Dan 7,14, wo es vom Menschensohn heißt: »Ihm wurde Macht verliehen und Ehre und Reich«. Mt 28,18 besagt also, daß sich in der Auferweckung die Weissagung erfüllte, daß der Menschensohn als Weltenherrscher inthronisiert werden solle.

So also haben die Jünger die Auferstehung Jesu unmittelbar erfahren – nicht (wie sie sich ihnen selbst notwendigerweise schon nach kurzer Zwischenzeit darstellen mußte) als eine einzigartige Machttat Gottes *im Laufe* der ihrem Ende entgegeneilenden Geschichte, sondern als den Anbruch des Eschaton. Sie sahen Jesus im Lichtglanz. Sie waren Zeugen seines Herrschaftsantritts. Das heißt: *sie erlebten die Parusie*.

Es dürfte keine Übertreibung sein, wenn wir der Meinung sind, daß das Glaubensleben der Urkirche von unserem Ergebnis her überhaupt erst verständ-

---

36. Der Evangelist Matthäus, Stuttgart 1929, 785.
37. O. Cullmann, Königsherrschaft Christi und Kirche im Neuen Testament, 3. Aufl., Zollikon-Zürich 1950.
38. Phil 2,9f.; Apg 2,33; Hebr 1,3.13 u. ö.; 1 Petr 3,22; das johanneische ὑψωθῆναι usw.
39. Z. B. Mk 14,62; man berief sich dafür auf das ἕως in ψ 109 (110),1: κάθου ἐκ δεξιῶν μου, ἕως ἂν θῶ τοὺς ἐχθρούς σου ὑποπόδιον τῶν ποδῶν σου (Hebr 1,13 u. ö.).

lich wird. Glauben heißt für die älteste Gemeinde doch: schon jetzt und hier in der Weltvollendung leben. Der Glaubende steht im Ostern der Heilszeit, sagt die vorpaulinische Osterhaggada 1 Kor 5,7b f.; er ist herausgerissen aus einem verderbten, dem Untergang geweihten Geschlecht (Apg 2,40); er ist hindurchgerettet durch die Wogen der Sintflut (1 Petr 3,20) und des Schilfmeers (1 Kor 10,1 ff.); er ist eine neue Kreatur. Diese und viele verwandte eschatologische Indikative setzen voraus, daß am Anfang der Geschichte der Kirche die reale Erfahrung des Anbruchs der neuen Welt Gottes gestanden hat.

Verzeichnis der Abkürzungen

Ein Pfeil → verweist auf die am Kopf des jeweiligen Paragraphen genannte Literatur.

Periodica und Reihen

Die Abkürzungen der Periodica und Reihen folgen RGG³. Hinzu kommen:

AGSU	=	Arbeiten zur Geschichte des Spät(eren) Judentums und Urchristentums, Leiden/Köln.
ASTI	=	Annual of the Swedish Theological Institute, Leiden.
SUNT	=	Studien zur Umwelt des Neuen Testaments, Göttingen.
WMANT	=	Wissenschaftliche Monographien zum Alten und Neuen Testament, Neukirchen-Vluyn.

Abkürzungen häufig zitierter Arbeiten

Bauer, Wörterbuch:	W. Bauer, Griechisch-deutsches Wörterbuch zu den Schriften des Neuen Testaments und der übrigen urchristlichen Literatur⁵, Berlin 1958 (= 1963).
Billerbeck:	H. L. Strack – P. Billerbeck, Kommentar zum Neuen Testament aus Talmud und Midrasch, München, I 1922, II 1924, III 1926, IV 1928, V (hg. von J. Jeremias, bearbeitet von K. Adolph) 1956, VI (hg. von J. Jeremias in Verbindung mit K. Adolph) 1961 (= ³I–IV 1961, ²V/VI 1963).
Bultmann, syn. Trad.:	R. Bultmann, Die Geschichte der synoptischen Tradition, FRLANT 12, Göttingen 1921, ⁷1967.
– Theologie:	R. Bultmann, Theologie des Neuen Testaments, Tübingen 1953, ⁶1968.
Blaß-Debrunner:	F. Blaß – A. Debrunner, Grammatik des neutestamentlichen Griechisch, ⁴Göttingen 1913, ¹²1965.
Dalman, Grammatik²:	G. Dalman, Grammatik des jüdisch-palästinischen Aramäisch, Leipzig 1894, ²1905 = Darmstadt 1960.
– Jesus-Jeschua:	G. Dalman, Jesus-Jeschua, Leipzig 1922, Nachtrag 1929 = Darmstadt 1967.
– Worte Jesu:	G. Dalman, Die Worte Jesu I, Leipzig 1898, ²1930 = Darmstadt 1960.
Dodd, Parables:	C. H. Dodd, The Parables of the Kingdom, London 1935, ²1936 (seitdem öfter nachgedruckt).
Dibelius, Formgeschichte:	M. Dibelius, Die Formgeschichte des Evangeliums, Tübingen 1919, ²1933 = ⁵1966.
Flusser, Jesus:	D. Flusser, Jesus in Selbstzeugnissen und Bilddokumenten, Rowohlts Monographien 140, Reinbeck bei Hamburg 1968.
Hennecke-Schneemelcher³:	E. Hennecke – W. Schneemelcher, Neutestamentliche Apokryphen in deutscher Übersetzung³, I. Band Tübingen 1959, II. Band Tübingen 1964.

G. Jeremias, Lehrer der Gerechtigkeit:	G. Jeremias, Der Lehrer der Gerechtigkeit, SUNT 2, Göttingen 1963.
Jeremias, Abba:	J. Jeremias, Abba. Studien zur neutestamentlichen Theologie und Zeitgeschichte, Göttingen 1966.
– Abendmahlsworte⁴:	J. Jeremias, Die Abendmahlsworte Jesu, Göttingen 1935, ⁴1967.
– Gleichnisse⁷:	J. Jeremias, Die Gleichnisse Jesu, Zürich 1947, ⁷Göttingen 1965 (= ⁸1970 mit Änderungen am stehenden Satz).
– Jerusalem³:	J. Jeremias, Jerusalem zur Zeit Jesu. Eine kulturgeschichtliche Untersuchung zur neutestamentlichen Zeitgeschichte. I. Die wirtschaftlichen Verhältnisse, Leipzig 1923. II. Die sozialen Verhältnisse. A. Reich und arm, Leipzig 1924, B. Hoch und niedrig. 1. Lieferung: Die gesellschaftliche Oberschicht, Leipzig 1929, 2. Lieferung: Die Reinerhaltung des Volkstums, Göttingen 1937 – 3. neubearb. Auflage in einem Band und durchpaginiert Göttingen 1962.
Manson, Teaching²:	T. W. Manson, The Teaching of Jesus, Cambridge 1931, ²1935 (seitdem öfter nachgedruckt).
– Sayings²:	T. W. Manson, The Sayings of Jesus, London 1937, ²1949 (seitdem öfter nachgedruckt).
Perrin, Rediscovering:	N. Perrin, Rediscovering the Teaching of Jesus, New York and Evanston 1967.

Verzeichnis der Bibelstellen

(Hergestellt von Pastor Ernst Synofzik)

Genesis
1,27: 199, 217
2,19: 74
2,24: 199, 217
7,12: 74
9,20: 109
10: 225
14,19.22: 183
15,6: 23, 160
16,5: 159
19,15: 199
19,17: 130
19,24f.26: 199
26,31: 64
30,33: 194
45,14: 64
49,11f.: 109

Exodus
3,6: 180, 183, 199
3,15f.: 183
12,2: 159
12,11: 260
12,26f.: 176
13,8: 276
13,14: 194
17,8: 208
19,6: 144
20,7: 20
20,12–16: 199
21,12.17.24: 199
24,1: 225
24,8: 276
25,20: 64
34,28: 74
37,9: 64

Leviticus
11: 203
18,3: 194
19,12: 199
19,18: 199, 206
21,18–20: 172

Numeri
6,24–26: 181
11,16: 225
13,23f.: 109
14,25: 154
15,41: 180
19,1ff.: 203
24,17: 256

Deuteronomium
1,40: 154
2,1: 154
4,2: 88
5,11: 20
5,16–20: 199
6,4–9: 180
6,4f.: 182, 199
6,20: 194
9,18: 74
11,13–21: 180
13,1: 88
13,2: 126
13,6: 83
14,3–21: 203
17,6: 226
17,13: 83
18,15.18: 89
18,20: 83
19,15: 226
19,18: 230
21,20f.: 265
24,1: 199f., 216f.
24,4: 154
31,12: 182

Josua
4.6.21: 194
10,12–14: 258
22,24.27f.: 194

Richter
9,8–15: 39
13,1: 74

1. Samuel
3.5.6.9: 154
6,3f.8.17: 278

2. Samuel
7,13.14: 247
12,1–7: 39

1. Könige
17,9: 199
19,8: 74
19,18: 168
19,20: 133

2. Könige
4,29: 134
5,14: 199
14,9: 39
16,3: 130
19,31: 168
21,6: 130
25,27–30: 117

2. Chronik
24,20–22: 129

Nehemia
5,13: 45, 228

Hiob
24,15: 207

Psalmen
2,7: 60f.
8: 252
8,3: 199
8,5: 252
15,11 99
22,1: 16, 198
22,2: 60, 68, 184, 198f.
22,28: 237
24,3: 153

Psalmen
24,4f.: 33, 153, 199
31,6: 199
33,8f.: 175
34,19: 114
37,11: 199
37,23f.: 165
41,10: 199
42,6.12: 199
43,5: 199
48,3: 21
49,8: 199
50,14: 199
51: 152, 184
51,12: 199
69,10: 266
73,1: 199
74,9: 85
85,7: 154
89,27: 69
91,13: 75
95,10: 74
103,13: 176
104,9: 154
109,22: 104
110,1: 199, 247, 294
113-118: 199
116,10: 160
118,22f.: 199, 269
118,25f.: 42, 199
144,11ff.: 41

Proverbien
10,1-15,33: 29
10,1: 28

Hohes Lied
2,2: 194

Jesaja
1,9: 168
2,2-4: 163, 166, 236
4,2ff.: 168
5,1-7: 39
6,9f.: 198
6,13: 168
7,3: 168
9,7: 247
10,21: 168
10,22f.: 141
11,1: 247
11,2: 59
11,6-9: 74f.
11,11ff.: 168
12,3: 84
19,2: 126
19,23: 237
25,6-9: 166, 237
25,60: 166
26,19: 107, 264
26,20: 187
28,5: 168
28,16: 160, 168
29,13: 198
29,18f.: 106, 119, 198, 200
29,20: 236
31,9: 130
34,4: 126
35,4: 236
35,5-7: 106, 198, 200
35,8: 236
37,32: 168
40,3: 51, 74, 110
40,4: 163
42,1ff.: 79f.
42,1: 60-62, 259
42,6: 259
44,22: 155
45,20ff.: 168, 237
49,1: 259
49,2: 257, 259
49,6f.: 259
49,11: 163
50,8: 230
52,3: 110
52,7: 110, 177
52,13-53,12: 80
52,13-15: 259
53: 263, 272-274, 277f., 280-284
53,1: 65, 160
53,3-10: 272, 284
53,3.5: 272, 280f.
53,10f.: 259, 272, 277-279, 282
53,12: 98, 272, 279-281, 283
55,1-3: 157
55,1: 157
56,7: 145, 198, 200
57,15: 114
59,20: 105
61,1f.: 106f., 198, 200
61,1: 83, 114, 134, 200
61,2f: 114f., 236
61,10: 108, 156
62,5: 156
63,16: 69
64,7: 69
65,19: 119
65,25: 75
66,2: 114
66,24: 130f., 198

Jeremia
3,4: 69, 71
3,19: 71
6,16: 199
7,11: 145, 199
7,32: 130
16,14f.: 133
16,16: 133, 227
18,7f. 9f.: 140f.
19,6: 130
23,1-8: 166
23,3: 168
23,5f.: 247
30,9: 247
31,7: 168
31,31-34: 102, 199, 276
31,33f.: 166
33,15.17.22: 247
33,24: 281
50,20: 168
52,31-34: 117

Ezechiel
11,13: 168
14,21ff.,: 168

Ezechiel
17,3–8: 39
31,3–14: 39
34,1–31: 166
34,16: 119, 199
34,23f.: 247
36,24f.: 52
36,27: 86
36,28f.: 52
36,36: 168
37,14: 86
37,24: 247

Daniel
2,34f.: 198
2,44: 102, 105, 198
3,54: 41
4,31: 102
4,34: 41
5,26–28: 141
6,11–14: 180
6,29: 101
7,1–14: 256
7,9f.: 198, 253, 259
7,13: 126, 248f., 252, 256f.,
    259, 260f., 263
7,14: 261, 294
7,18: 253, 256
7,27: 105, 177f., 199, 234,
    253, 256, 260f.
9,27: 127, 199
11,31: 127, 129, 199
12,1: 126, 199
12,11: 126f., 129, 199

Hosea
2,9: 154
2,20: 75
6,2: 288
6,6: 199
11: 39

Joel
3,1–5: 218
3,1: 86
3,5: 168
3,18: 109

Amos
4,11: 168
5,15: 168
5,24: 33
9,13: 109

Obadja
17: 168

Micha
1,3: 105
2,12: 168
4,1–3: 166
4,1f.: 163, 236
4,6f.: 168
4,8: 41
5,6f.: 168
7,6: 199, 232
7,18: 168
7,19: 154

Zephanja
2,9: 168
3,9: 237
3,12: 168, 170
3,17: 119, 156

Sacharja
2,6: 126
2,17: 237
6,13: 281
12,10: 282
13,1: 282
13,7–9: 168, 199, 282
13,7: 231, 282
14,9: 102
14,10: 163
14,21: 109, 145

Maleachi
1,4: 154
3,1: 199
3,18: 154
3,23f.: 133, 199

Matthäus
2,17.23: 87
3,2: 50
3,7–12: 55, 173
3,7f.: 51, 55
3,9: 55, 170
3,10: 51, 252
3,13–17: 56
3,14f.: 52, 87
3,16: 58
3,17: 60
4,1–11: 74ff.
4,1.3: 79
4,4: 25f., 75, 248f.
4,8: 76
4,17: 50, 105
4,23f.: 43, 90, 100
5,3–10: 35
5,3: 40, 83, 100, 114, 118, 198
5,4: 22, 198
5,5: 199, 238
5,6: 22
5,7–9: 34
5,7: 22
5,8: 199, 218, 238
5,9: 22, 177, 238
5,10: 40, 100
5,11f.: 179, 229, 231, 250
5,12: 20, 83, 208, 230
5,13: 18, 37f.
5,14–16: 35
5,14f.: 34, 47, 108, 166, 221,
    236
5,16: 34, 47, 153, 221
5,17: 16, 26, 29, 36, 67,
    87–89, 200, 204, 240, 242
5,18f.: 44, 118, 204
5,19: 22, 26, 40–42, 100,
    204, 208
5,20: 40f., 153
5,21–48: 87, 89, 144, 207,
    240f.
5,21f.: 26, 148, 199, 212, 241
5,22: 17, 26, 34, 148
5,23f.: 187f., 201
5,25f.: 44, 135, 151
5,27–30: 207
5,27f.: 26, 199, 241
5,28: 26, 118, 149, 218

Matthäus
5,29f.: 17, 22
5,31f.: 26, 199, 207, 240
5,32: 26, 152, 204, 207, 217
5,33–37: 26, 171, 175, 200, 207, 212, 241
5,33: 20, 26, 199
5,35: 21
5,37: 212
5,38–42: 200, 207, 220
5,38f.: 26, 199, 230, 240f.
5,39–42: 26, 240
5,39: 229f.
5,40: 214
5,42: 205
5,43–48: 207, 221
5,43f.: 26, 28, 118, 199, 206, 240
5,44–48: 26
5,44: 187, 206, 209, 283
5,45: 71, 177f., 209
5,46f.: 118, 208, 211
5,48: 176, 205
6,1–18: 144, 146f., 152, 173, 189
6,1–4: 26, 29, 189, 208
6,2: 26, 44
6,3f.: 26, 152, 208f., 213
6,5f.: 26, 44, 167, 182, 189, 208
6,6: 26, 152, 187
6,7: 22, 187, 189
6,8: 178, 189
6,9–13: 33, 188–196
6,9: 21f., 68, 191
6,10: 22, 40f., 103
6,11: 17, 194
6,12: 18, 187f.
6,13: 25f., 28, 188, 196
6,14f.: 26, 29, 35, 187, 189
6,16–18: 26, 189, 208, 291
6,16: 26, 44
6,17f.: 26, 152, 156
6,19–21: 214
6,19f.: 25f.
6,20: 20, 25, 208, 213, 215

6,22f.: 25, 27, 35, 142, 153
6,24: 17, 25f., 33, 175, 214
6,25–34: 226
6,25: 26, 221, 227
6,27: 227
6,30: 158, 163, 231
6,31: 25f.
6,32: 176, 178, 227
6,33: 22, 25f., 40, 42, 100
6,34: 26, 28, 178
7,1: 22, 175, 212
7,2: 22, 35, 175, 212
7,3–5: 26, 29
7,3f.5: 25
7,6: 34f.
7,7f.: 22, 34f., 186
7,8: 21f.
7,9–11: 177
7,12: 204
7,13f.: 25, 28, 30, 153
7,15–23: 232
7,15: 26, 233
7,17: 26, 29, 35
7,18: 25f., 29
7,19: 22, 175, 252
7,21–23: 235
7,21: 25f., 40f., 47, 153
7,22f.: 47, 96, 98
7,24–27: 26f., 29, 135, 152, 242
7,24f.26f.: 25
8–9: 92, 106
8,5–13: 90, 110, 161, 235
8,7: 161
8,8: 162
8,9: 161, 250
8,10: 44, 160
8,11f.: 55, 100, 134, 236, 238
8,11: 25, 40, 42, 117
8,12: 22, 25, 40, 52f., 131, 291
8,13: 157, 160
8,20: 25, 33, 35, 248, 250, 252, 269
8,22: 32, 43, 133, 156, 175
8,26: 158, 163

8,28: 90
9,9: 118
9,13: 199, 291
9,15: 291
9,27–31: 90
9,28f.: 22, 157f., 160
9,32–34: 90
9,34: 95
9,35: 43, 90, 100
9,36–11,1: 22
9,37: 25, 108, 227
9,38: 108, 227
10,2–4: 223
10,3: 118, 223
10,4: 77
10,5f.: 16, 26, 134, 225, 235, 291
10,7f.: 40f., 100, 103, 105, 110, 132, 227, 254
10,8: 31, 83, 98
10,9–14: 222
10,9f.: 226f.
10,11–15: 109, 122
10,12f.: 25–27, 29, 134, 211
10,14: 228f.
10,15: 44
10,16: 33f., 166, 229, 242,
10,17.19f.: 47
10,21f.: 47, 137, 199, 232
10,23: 26, 44, 134, 136f., 225, 229f., 235, 248, 251f., 254, 261f.
10,24–27: 33
10,24: 26, 33, 209, 229, 239
10,25: 16, 19, 26, 95, 97, 166, 177, 209, 229, 231, 239, 269
10,26: 22, **34**
10,28: 17, 25–27, 137, 175, 230, 269
10,29–31: 179
10,29f.: 21f., 178f.
10,31: 179
10,32f.: 18, 25, 29, 152, 242, 262
10,34: 25f., 29, 39, 128f., 137, 200, 231, 269

Matthäus
10,35f.: 199, 232, 269
10,37: 152, 215f., 242
10,39: 25-27, 30, 36
10,40: 229, 242
10,41: 291
10,42: 21, 113, 209, 247
11,4-6: 31, 33, 39, 89, 106f., 199, 235, 262
11,4: 92, 106
11,5: 83, 111, 114, 118, 134, 198
11,6: 120, 200
11,7f.: 25
11,9: 25, 53f., 86, 280
11,10: 133, 199
11,11: 25f., 39f., 42, 44, 53, 56, 87, 100
11,12f.: 39-41, 43, 53f., 100, 113f., 119
11,14: 133
11,16-19: 142
11,16f.: 35, 135
11,18f.: 25f., 29, 56
11,19: 21, 25, 87, 111, 117, 120, 123, 142, 248f., 265
11,20-24: 95, 149, 155
11,21: 16, 21, 95
11,23: 16, 21, 22, 25f., 29
11,25-27: 33, 35, 63, 68, 70, 118f., 175, 178, 182, 185, 244
11,25: 21, 25, 65, 67, 69, 70, 113, 166, 183-185
11,26: 21, 31, 70, 185
11,27-33: 36, 62
11,27: 62-67, 73, 244, 246
11,28: 114f., 157
11,29: 199
11,30: 62
12,5: 17, 202
12,7: 199
12,8: 291
12,11f.: 17, 202
12,18: 60f.
12,22: 90

12,24: 265
12,26: 17, 97
12,27f.: 16, 25f., 29
12,28: 25, 40, 42, 83f., 98, 100, 105, 228
12,29: 77
12,30: 35f., 166
12,31: 27, 175, 249
12,32: 21-23, 25f., 175, 248f.
12,33: 26, 29
12,34: 32, 150
12,35: 25, 27
12,36: 212
12,37: 22, 26, 175
12,38f.: 77
12,39f.: 25, 30, 135, 248, 251
12,41f.: 55, 86, 135
12,43-45: 152
12,43: 74
12,44f.: 135, 152f.
13,11: 27
13,12: 30
13,13: 17
13,16f.: 25f., 36, 44, 67, 110, 244
13,19: 40, 42f.
13,24-30: 174
13,24: 40, 166
13,28: 43
13,30: 26
13,33: 40, 42
13,36-43: 174, 250
13,37: 248, 250f., 253
13,38: 40, 42, 291
13,41: 248, 250
13,43: 40, 254
13,44-46: 119
13,44.45f.: 40, 209
13,47: 40, 166
13,48: 26
13,52: 33, 40, 43
13,58: 95
14,14.21: 90
14,26: 91
14,28-33: 291
14,31: 158

15,11: 27
15,13: 22, 166
15,14: 35
15,21-28: 109, 161
15,24: 22, 134, 166, 250
15,28: 157, 160
15,30: 90
16,4: 30, 135
16,6: 291
16,8: 158, 163
16,11f.: 16
16,13: 251
16,16: 16, 245
16,17-19: 33, 291
16,17: 16
16,18: 165f., 235, 239, 247
16,19: 20, 22, 26, 29, 32, 40, 42, 109, 228
16,21: 23, 251, 264
16,23: 17
16,24: 27, 32
16,25: 30, 36
16,27f.: 101, 137, 248, 250, 252, 260
17,9: 23, 264
17,12: 133
17,20: 158f., 163, 187
17,22: 250
17,23: 23, 264
17,24-27: 91f.
17,27: 91
18,1: 40, 42
18,3: 40f., 118, 153f., 177, 219
18,4: 40, 42, 154
18,6: 159
18,8: 23
18,9: 17
18,10: 113, 177f.
18,13: 44
18,14: 21, 113, 177
18,15: 213
18,17 164
18,18: 20, 22, 26, 29, 44, 109, 228
18,19: 44

Matthäus
18,21f.: 213
18,23–35: 115, 175, 210
18,23: 40
18,27: 116, 176
18,28: 214
18,35: 64, 187
19,2: 90
19,9: 204, 217
19,11: 22
19,12: 40, 42, 100, 215
19,17: 153
19,19: 199
19,26: 27
19,28: 199, 223, 225, 228, 248, 252f., 259, 261f.
19,30: 30
20,1–15: 121, 207, 242
20,1: 40
20,11: 120
20,16: 25f., 28, 30, 36
20,19: 23, 264, 267
20,21: 40, 101
20,28: 177f.
20,30: 90
20,34: 94
21,11: 82
21,14f.: 90
21,16: 199
21,21: 159, 163
21,28–31: 30, 121
21,28f.30: 26
21,31f.: 40, 42, 44, 100, 112, 118, 150
21,32: 26, 53, 55, 111, 159
21,43: 22, 40
21,44: 198
21,46: 82
22,1–14: 118, 121, 135, 238
22,2: 40
22,8: 26
22,10: 128
22,11–13: 151, 156
22,11: 109
22,13: 131
22,14: 26, 34, 131f., 174

22,21: 36
22,29: 21
23: 55, 144
23,1–13: 144f.
23,2–4: 145
23,3: 26, 203, 291
23,4: 25f.
23,5–12: 145
23,7f.: 17, 82, 166, 211, 247
23,9: 73, 166, 176
23,10: 166, 246f.
23,12: 22, 25f., 28f., 35
23,13: 40–42, 145, 153
23,15: 17, 144, 146
23,16–22: 144f., 171, 175, 200, 202
23,16.18: 26
23,23–28: 144
23,23f.: 25f., 29, 146, 158
23,25f.: 25f., 146
23,26: 144, 157f.
23,27f.: 25, 146
23,29–36: 144f., 269
23,29f.: 26, 35, 267
23,31f.: 26, 83, 89, 128
23,33: 17, 130, 150
23,34–36: 83, 136, 235, 269
23,34f.: 22, 129, 267
23,36: 22, 44, 135
23,37–39: 36, 83, 269
23,37: 22, 150, 174, 266, 270
23,38: 22
23,39: 20, 199
24,1–25,46: 124
24,3: 252, 260
24,14: 40, 42f., 134
24,15: 129
24,20: 291
24,22: 23
24,26f.: 104, 125
24,27: 248, 251f., 259f., 262
24,28: 36, 125
24,30: 248, 251f., 262
24,31: 250, 252
24,36: 63

24,37–41: 125, 128, 135, 142, 251
24,37.39: 248, 259f., 262
24,40f.: 22, 25, 130
24,43: 138
24,44: 248, 260
24,45–51: 25, 30, 139
24,47: 44
24,48: 138f.
25,1–13: 135, 151, 238
25,1: 40
25,3f.: 26
25,5: 138
25,12: 44
25,14–30: 208
25,19: 138
25,29: 25f., 30
25,30: 131
25,31ff.: 35f., 115, 147, 205, 262
25,31: 248, 251f., 254, 261
25,32f.: 236
25,34–45: 26, 30, 209
25,34: 22, 42, 208, 236, 252, 254
25,35f.: 31
25,40: 44, 113, 167, 205, 252
25,41–45: 26
25,41: 22, 131, 235
25,45: 44, 113, 205
25,46: 26, 29, 131
26,1f.: 17, 248, 250, 265, 268, 272
26,11: 27
26,13: 134f.
26,25: 81, 225
26,26–29: 274
26,28: 116, 190
26,31f.: 165
26,39: 70
26,42: 22, 68, 70
26,54: 264
26,61: 32
26,64: 21, 253, 260
26,68: 83
26,73: 16

Matthäus
27,6: 18
27,37: 243
27,40: 32
27,42: 159
27,43: 246
27,46: 16, 17, 60, 68, 71
27,47: 16
27,48: 128
27,51–53: 293 f.
27,62–66: 287
28,1: 286, 290
28,2–7: 290
28,2–4: 287
28,9 f.: 286, 290
28,11–15: 287
28,13: 289
28,16 ff.: 224, 287
28,17: 288
28,18–20: 291
28,18: 294
28,19: 63, 246, 287

Markus
1,1–15: 46
1,3: 51
1,4: 52
1,5: 51
1,8: 86
1,9–11: 56
1,9 f.: 58 f.
1,11: 59–61
1,12 f.: 74 f., 78 f., 99
1,15: 40 f., 50, 89, 100, 103, 105, 128, 159
1,16–39: 46, 55, 95
1,16: 95
1,17: 91, 133, 157, 166, 227
1,21–39: 48, 90, 95
1,21 f.: 55, 82, 203
1,23–28: 93–96, 98
1,24 f.: 96, 98
1,26: 97 f.
1,27: 89, 96
1,29–31: 90, 95
1,29 f.: 95

1,31: 218
1,32–34: 90, 96
1,35: 183
1,36: 95
1,38: 23, 42
1,39: 90, 96
1,40–3,7: 46, 48
1,40–44: 90, 93, 95
1,43 f.: 96, 201
2,1–12: 90, 93 f., 115
2,3 f.: 164
2,5: 21 f., 116, 160, 162, 166
2,7: 120, 250, 265
2,9: 22
2,10: 248–250, 255
2,11: 92, 242
2,12: 94
2,14: 118, 157, 164, 223
2,15–17: 166
2,15 f.: 116, 156
2,16: 55, 111, 120, 123
2,17: 25, 111, 115, 117–121, 146, 151, 239
2,18–20: 275
2,18 f.: 108
2,19–22: 36
2,19 f.: 25 f., 28, 117, 166
2,20: 22, 25, 269
2,21 f.: 25, 39, 109
2,23–3,6: 265 f.
2,23–28: 265
2,23: 161, 202
2,24–28: 266
2,25 f.: 202
2,27: 21, 25–29, 175, 201 f., 249
2,28: 248 f., 255
3,1–6: 90, 93, 202, 265
3,2: 266
3,4: 17, 202
3,6: 266
3,7–19: 46, 48, 90
3,7: 52
3,10: 24
3,11 f.: 96
3,13–19: 48

3,14 f.: 74, 96, 98, 224, 226 f.
3,16–19: 223
3,16: 95, 224
3,17: 16 f., 77, 223
3,18: 77, 223
3,20–35: 46, 48
3,22–27: 96
3,22: 95, 97, 99
3,23.26: 17
3,27: 77, 98
3,28 f.: 22, 25–27, 44, 83, 86, 149, 249
3,29: 21, 25, 116, 131, 149
3,31 ff.: 48 f., 166
3,33 f.: 25–27
3,34 f.: 25, 218
4,1–34: 46, 48
4,3–8: 25, 64, 178
4,8: 18, 25, 108
4,9: 46
4,10: 255
4,11 f.: 21 f., 25, 27, 40, 42, 67, 100, 121 f., 244
4,12: 22, 122, 198
4,15: 42
4,20: 18
4,21: 25–27, 108
4,24: 22, 35
4,25: 22, 25–27, 32
4,26–29: 77, 221
4,26: 40, 42, 46
4,29: 89
4,30: 40, 42, 46, 89
4,31 f.: 25
4,34: 166
4,35 ff.: 46, 49, 91–93
4,38: 81
4,40: 163
5,1–20: 90, 93, 96
5,2: 90
5,5: 97
5,6–10: 98
5,8: 96
5,9: 90, 97
5,11: 91
5,12 f.: 90 f.

Markus
5,14: 91
5,18: 74
5,19: 20, 164
5,21–43: 93
5,22ff.: 164
5,25–34: 90
5,27: 71
5,28: 161
5,34: 157, 160, 166, 210
5,35: 90
5,36: 157, 160
5,41: 16, 17
6,1–32: 46
6,2: 21, 82
6,4: 83
6,5: 95
6,7–13: 222
6,7: 83, 96, 98, 212, 226, 228
6,8–11: 33, 222
6,8f.: 226
6,10f.: 25f., 28f., 135
6,11: 25, 228f.
6,12f.: 96, 98, 227
6,15: 82
6,33–7,37: 46
6,34–44: 90–93, 166
6,34: 90
6,38: 213
6,43f.: 90
6,45–51: 91–93
6,46: 183
6,48f.51: 91
6,55f.: 90
7,1–8: 143, 202
7,6–8: 203
7,6f.: 25, 198, 203
7,8: 25, 27, 29, 35, 203
7,9–13: 203
7,10: 25, 199
7,11f.: 18, 25
7,15: 25–27, 148f., 200, 202f.
7,19: 203
7,21f.: 202
7,24–30: 90, 96, 109, 161, 164, 235

7,27: 162, 166
7,28: 162
7,32–37: 90, 93f.
7,32: 90
7,34: 16, 18
8,1–26: 46
8,1–10: 90, 92, 166
8,8f.: 90
8,11f.: 22, 25f., 29, 44, 77, 82, 135, 251
8,15: 16
8,17: 22
8,22–26: 90, 93f.
8,23: 92
8,27–9,40: 49, 255
8,27–9,1: 46, 255, 267
8,27–33: 245, 255
8,27: 245
8,28: 82
8,29: 245f.
8,31: 23, 248, 251, 264, 267–270
8,32: 77
8,33: 17, 77, 80, 245, 270
8,34–38: 36
8,34: 32, 232, 255, 269
8,35: 25–27, 29, 36, 137, 234, 269
8,37: 199
8,38: 18, 21, 135, 248, 251f., 254f., 261f.
9,1: 40f., 44, 100, 103, 137, 139, 231f., 250, 252f., 269
9,2–29: 46
9,5: 81
9,9f.: 248, 264
9,11: 40
9,12: 199, 248, 267f., 272f., 280
9,13: 133, 267, 269, 280
9,14–29: 90, 93, 95f., 164
9,17: 81
9,18: 135
9,19: 135, 142, 160
9,22: 164
9,23f.: 160, 162–164, 196

9,25: 96, 242
9,30–50: 46, 267
9,31: 21f., 39, 248, 252, 264, 267–269, 272f., 280f.
9,37: 242
9,38–40: 95f.
9,38: 81
9,41: 44, 246f.
9,42: 113, 149, 160, 163, 247
9,43–48: 103, 131
9,43: 17, 153
9,45: 17, 22, 153
9,47: 17, 22, 40f., 100, 153
9,48: 131, 198
9,49: 22
9,50: 32, 37f.
10,1–31: 46
10,1–12: 89
10,1: 90
10,5: 22, 87, 200
10,6–8: 217
10,6: 175, 199
10,7f.: 199
10,9: 216f.
10,11f.: 217, 240
10,13–52: 49
10,14f.: 40, 100, 118, 219
10,15: 40f., 44, 153f., 219
10,16: 184f.
10,17–31: 152, 171
10,17: 81
10,18: 25f., 29
10,19: 199
10,20: 81, 146
10,21: 20, 157, 205, 213–215
10,23–25: 153
10,23: 40f., 100
10,24: 40f., 166
10,25: 29, 40f., 100, 214
10,27: 25–27, 214
10,28–30: 208
10,28: 214
10,29f.: 44, 166
10,30: 21, 53, 238
10,31: 25–28, 238
10,32–45: 46, 267

306

Markus
10,33f.: 248, 264, 267–269
10,35–40: 270
10,35: 81
10,37: 101
10,38f.: 137, 231, 233f., 269f.
10,40: 22, 208
10,42–45: 205, 278
10,42: 25, 220
10,43f.: 25, 209, 279
10,45: 25, 248, 252, 269, 272f., 277–279, 283
10,46–52: 90, 93f.
10,46: 46, 90, 94
10,47f.51: 94
10,52: 94, 157, 160
11,1–10: 49
11,1: 46
11,9f.: 42, 77
11,12–14: 91, 92
11,14: 91, 132f.
11,15–14,16: 49
11,15–33: 145
11,15–18: 144, 200
11,16: 145, 200, 219
11,17: 25f., 145, 198, 199f., 236
11,18: 145
11,20: 91f.
11,21: 81
11,22: 159, 163
11,23: 44, 159, 163, 186
11,24: 21, 186
11,25: 145, 176, 187
11,30: 20
11,31: 162
12–13: 145, 266
12,1–44: 46
12,1–12: 121, 235
12,8: 136, 269
12,9: 128
12,10: 22, 199, 269
12,11: 20
12,13–13: 77, 81, 219f.
12,15f.: 213

12,17: 36, 77
12,18–27: 180, 217, 235, 237
12,19: 22
12,24: 21, 180
12,25: 20, 27, 180, 217, 237
12,26: 69, 180, 183, 199
12,27: 179f.
12,28–34: 199, 204
12,29f.: 182, 199
12,31: 199
12,33: 201
12,34: 40, 42, 201
12,35–37: 247, 263
12,36: 20f., 85, 199
12,38f.: 144
12,40: 21, 145, 187
12,41–44: 215
12,43: 44
12,44: 25, 27, 29
13,1–37: 46, 124–128
13,2: 129
13,4ff.: 132
13,4: 125, 252
13,5–27: 124, 126
13,5f.: 126
13,7f.: 126
13,9–13: 33, 126
13,9: 230
13,10: 42, 126, 134f.
13,11: 21f., 25f., 83, 126
13,12: 126, 137, 199, 232
13,13: 22, 126, 130, 178, 232, 234
13,14–23: 124–126, 130
13,14: 97, 127, 129f., 199, 234, 260
13,15f.: 130, 214
13,19: 175, 199
13,20: 20, 23, 25, 27, 29, 89, 137, 140f., 178., 192, 234
13,21–23: 232
13,21: 158
13,22: 77, 126, 129, 221
13,23: 126
13,24–27: 125f.
13,24ff.: 33, 35, 126, 128

13,26: 126, 231, 248, 251f., 259, 260–262
13,27: 228, 250
13,28–37: 125
13,28f.: 108, 132
13,30: 44, 135, 139
13,31: 25f., 235
13,32: 20, 63, 132, 246
13,34–37: 175
13,35: 138
14,1ff.: 145
14,1: 250, 265
14,3–9: 215
14,7: 25–27, 269
14,8: 269f., 272f.
14,9: 44, 134f.
14,14: 17, 135
14,18: 44, 199
14,21: 248, 264, 268f.
14,22–25: 166, 269, 274
14,22: 276
14,24: 116, 166, 199, 272f., 276, 283
14,25: 40, 42, 44, 100ff., 138, 185, 238, 275, 282f., 289
14,26: 199
14,27f.: 165, 199, 231, 239, 264, 269, 270f., 281f.
14,29–31: 270
14,30: 44
14,32–42: 138, 184
14,34: 138, 199
14,36: 16, 68, 70, 138, 164, 182, 242, 269
14,37: 95, 138
14,38: 25, 138, 196, 234
14,40: 138
14,41: 22, 138, 248, 264, 268, 272, 280
14,45: 81
14,47: 91
14,50: 270
14,58: 25, 32, 39, 129f., 201, 238f., 247, 271
14,62: 21, 199, 248, 251–253, 260–262, 272, 294

307

Markus
14,65: 82, 265
14,67: 74
15,2: 219
15,16–20: 82
15,26: 219, 243
15,29–32: 77
15,29: 32, 271
15,32: 160, 162, 243
15,34: 16f., 60, 68, 71, 182, 184, 198f.
15,35: 16
15,40f.: 164, 213, 215, 218
15,45: 289
15,46: 271
16,1–8: 289
16,1: 271, 290
16,5–7: 290
16,7: 291
16,9–11: 290
16,14: 288

Lukas
1,1–4,30: 48, 57
1,13–17: 173
1,20.45: 162
2,25: 213
3,7: 52, 58
3,9: 24
3,12–14: 55, 170
3,12f.: 55, 112, 173
3,14: 55, 112
3,21f.: 57f., 183
3,22: 58–61
4,1–13: 74ff.
4,2: 79
4,4: 25
4,5: 76
4,13: 79
4,16–30: 107f., 200, 235
4,16–19: 19, 235
4,16: 182
4,18–21: 83
4,18: 20, 114, 116, 198, 200
4,19: 20, 198, 200
4,21: 22, 107
4,22: 200
4,23: 38
4,24: 44, 83
4,25: 21f.
4,26: 22, 199
4,27: 199
4,29: 270
4,31–44: 48
4,31: 47
4,41: 96
4,43: 23, 40, 42f., 100
5,1–11: 48, 90–92
5,10: 91
5,12–6,19: 48
5,16: 183
5,32: 151
6,5: 26, 150, 265
6,9: 250
6,12–16: 48
6,12: 183
6,14–16: 223
6,15: 77
6,17–19: 48
6,20–8,3: 48
6,20–49: 48
6,20–26: 26, 29
6,20: 33, 40, 83, 111, 114f., 118, 213
6,21–23: 114
6,21: 22, 238
6,22f.: 114, 248, 250
6,23: 20, 83, 179, 230
6,24–26: 26, 142
6,24f.: 114, 214
6,26: 83, 230
6,27–29: 33
6,27f.: 31, 187, 206, 240
6,29f., 220, 229, 240
6,31: 204
6,32–34: 208
6,34f.: 21, 176f., 208, 215
6,36–38: 33
6,36: 176, 205
6,37f.: 22, 31, 212
6,38: 20, 22, 31, 35
6,41f.: 25
6,43: 25f.
6,45: 25, 27, 32
6,46: 25, 161
6,47–49: 27, 29
6,47f.49: 25
7,1–10: 110, 161
7,5: 205
7,6: 161f.
7,8: 161
7,11–17: 92f.
7,12: 90
7,16: 82
7,18–23: 92
7,21f.: 91, 92, 106
7,22f.: 31, 83, 91, 106f., 111, 114
7,24f.: 25
7,26: 25, 53f., 86, 280
7,27: 133
7,28: 25, 40, 53, 56, 87
7,29f.: 26, 55, 170
7,31–35: 142
7,32: 35
7,33f.: 25, 56
7,34: 25, 111, 117, 120, 123, 142, 248, 249
7,35: 21, 142
7,36–50: 115, 121, 150, 155, 210, 218
7,37: 109
7,39: 82, 111, 148
7,41–43: 115, 210
7,42: 116, 210
7,44: 26
7,45: 18, 26
7,46: 26
7,47f.: 22, 26, 116, 121, 210
7,49: 210
7,50: 157, 210
8,1: 43, 100
8,1–3: 164, 218
8,3: 213
8,4–9,50: 48f.
8,10: 27
8,12f.: 23, 157
8,16: 30

308

Lukas
8,17: 23
8,18: 30
8,19–21: 48
8,21: 27
8,48: 210
9,1–6: 22
9,2: 43, 100, 132, 227
9,3: 226
9,4f.: 30, 228f.
9,6: 227
9,11: 43
9,18: 183
9,20: 245
9,22: 23, 264
9,23: 32, 232
9,24: 27, 30, 36
9,26: 18
9,28f.: 183
9,44: 268
9,48: 242
9,51–18,14: 48f.
9,51–56: 77, 229
9,56: 250
9,58: 25, 33, 35, 248, 250
9,60: 32, 40, 43, 100, 132, 133, 175
9,61f.: 35, 40, 42, 100, 133
10,1–16: 222
10,1: 225f.
10,2: 25
10,3: 166, 229, 242
10,4–11: 109, 222
10,4: 133f., 226, 227
10,5f.: 25, 27, 134, 222
10,8–12: 29f.
10,9: 40, 100, 103, 105, 132, 227
10,10: 229
10,11: 40f., 100, 103, 105, 132, 228
10,12: 44
10,13: 16
10,15: 16, 22, 25
10,16: 26, 33, 229, 242
10,17ff.: 76

10,17: 98
10,18–20: 75, 99
10,18: 17, 78, 99
10,19f.: 74, 97–99, 228, 242
10,20: 20, 22, 26, 96, 99
10,21f.: 21, 25, 33, 68, 70, 118f.
10,22: 62–67, 246
10,23f.: 25, 67, 110
10,24: 25, 44
10,26f.: 182
10,30–37: 206
10,38–42: 218
10,41f.: 16, 36
11,1–13: 167, 189
11,1–4: 55, 189
11,1: 167, 191f.
11,2–4: 188–196
11,2: 21f., 40f., 68, 70, 100, 103
11,3: 194, 238
11,4: 25, 27, 196, 234
11,5–8: 186, 189
11,9f.: 22, 33, 186, 189
11,11–13: 186, 189
11,13: 21
11,14: 90
11,15: 95
11,16: 77
11,18: 17, 97
11,19: 16, 25
11,20: 25, 40, 42, 83f., 98, 100, 105, 228
11,21f.: 77, 98, 272
11,23: 36, 166
11,24–26: 152
11,27f.: 26, 218
11,29: 25, 269
11,30: 21, 135, 248
11,32: 86f.
11,33: 30, 47
11,34–36: 142
11,34: 25, 27, 47
11,37–44: 144, 173
11,38: 202
11,39.42: 25

11,43: 144, 205
11,44: 25
11,46–52: 144
11,46: 25
11,47: 26
11,48: 26, 136
11,49–51: 129
11,49: 21, 39, 129, 269
11,50: 22, 135
11,51: 22, 44, 129
12,2: 22, 34
12,4f.: 17, 25, 27
12,6: 21
12,7: 21f.
12,8f.: 21, 25, 248, 262
12,9: 18, 25, 178
12,10: 22, 25, 47, 248f.
12,11f.: 21, 30, 47
12,13f.: 81
12,18: 214
12,20: 20
12,22–31: 226
12,22: 221
12,28: 158, 163
12,29: 25
12,30: 176, 178
12,31: 22, 25, 40, 42, 234
12,32–37: 33
12,32: 40, 100, 105, 163, 165, 176f., 199, 234, 253, 261
12,33: 20, 25, 213f.
12,35–38: 209
12,35f.: 260
12,37: 44
12,40: 248, 260
12,42–46: 25, 30
12,42f.: 33
12,44: 44
12,45–46: 25
12,47f.: 26, 28
12,48: 20, 22, 26, 35
12,49: 128, 235, 269
12,50: 128, 269
12,51: 25f.
12,56: 26
12,57–59: 135

309

Lukas
12,58f.: 151
13,1–9: 55
13,1–5: 129, 135, 155, 179, 220
13,2: 16
13,3.5: 179
13,6–9: 135, 140, 155
13,8f.: 140
13,10–17: 90, 202, 265
13,16: 17, 98
13,20: 40, 42
13,21f.: 17
13,23–27: 36
13,23: 131
13,24: 25, 28, 100, 131
13,25: 47
13,26f.: 47, 174, 235
13,28f.: 22, 25, 40, 103, 131, 134, 161, 236
13,29: 40, 103
13,30: 25f., 28
13,31: 266
13,32f.: 22, 40, 96, 220, 260, 271
13,33: 83, 267, 269, 271
13,34: 22, 150, 174, 270
13,35: 22, 129
14,1–6: 90, 93f., 202, 265
14,5: 202
14,7–11: 211
14,8–10: 26
14,11: 22, 25f.
14,12–14: 26, 205, 208
14,12: 26
14,13f.: 22, 26, 173
14,15–24: 118, 121, 135
14,15: 42
14,21: 173
14,26: 215f., 242
14,33: 214
14,34f.: 18, 37f.
15: 242
15,1–7: 67
15,1f.: 111, 116, 120, 166
15,4–10: 121
15,5: 116
15,7: 20, 37, 119, 146, 151, 156, 174, 177
15,8–10: 67
15,9: 116
15,10: 21, 119, 156, 174
15,11–32: 67, 115f., 118, 150, 155
15,17: 26, 151
15,18: 20, 151f.
15,19: 121
15,20: 116
15,21: 20, 121
15,22: 109, 116
15,23: 215
15,24: 116, 156, 175
15,25–32: 121, 148
15,25: 116, 156
15,29f.: 26, 120
15,32: 116, 156, 175
16,1–8: 135, 151
16,8: 166
16,8–13: 151
16,9: 17, 20, 214, 238, 248
16,10: 26, 29, 35, 215
16,11: 17, 158, 214f.
16,12: 215
16,13: 17, 25f., 175
16,15: 21, 26
16,16: 40, 43, 53f., 113f., 119
16,17: 204
16,18: 217, 240
16,21: 162
16,23: 236
16,25: 22, 26
16,26: 22
16,31: 135
17,3f.: 152, 213
17,6: 159, 163
17,7–10: 175, 209
17,10: 22, 149, 209
17,12–19: 90
17,19: 157, 160
17,20–37: 125–128, 255
17,20f.: 26, 40–42, 100, 103f., 125, 132, 255
17,21: 26, 40f., 254, 255
17,22: 248: 251, 254, 261f., 268
17,23f.: 26, 104, 255
17,24: 26, 104, 125, 248, 251, 255, 259, 262
17,25: 135, 250, 267f.
17,26–29: 128
17,26f.: 125, 142, 248, 251, 259, 262
17,28–33: 125, 142, 235
17,29: 199
17,30: 22, 248, 251, 259, 262
17,31: 130, 199, 214
17,33: 25–27, 30, 36
17,34f.: 22, 25, 125, 130
17,37: 36, 125
18,1–8: 121, 137, 186, 235
18,7f.: 137, 140, 186
18,8: 137, 159, 248, 251f., 262
18,9–14: 121, 150, 182, 242
18,11f.: 112, 147, 181
18,13: 152, 163, 184
18,14: 22, 25f., 116, 118f.
18,15–43: 48f.
18,17: 153
18,27: 27
18,29: 40, 216
18,31: 23
18,42f.: 94
19,1–28: 48f.
19,1–10: 55, 155, 173, 210f.
19,2: 112
19,5: 16, 118
19,7: 111, 120
19,8: 113, 152, 155, 214f.
19,9: 21
19,10: 199, 248, 250
19,11: 42
19,26: 25, 30, 32
19,29–38: 48f.
19,39–44: 48f.
19,42: 22
19,45–22,13: 48f.
20,17: 280

Lukas
20,25: 36
20,34f.: 23, 27
20,36: 177, 238
20,46f.: 144
21,5–36: 124, 127f.
21,14f.: 23, 30
21,18: 127f.
21,19: 23, 128
21,20–26: 127f.
21,27: 128, 254
21,28: 127f.
21,31: 40f., 254
21,35: 142
21,36: 196, 248, 251, 259, 262
22,8: 17
22,14–24,53: 48f., 260
22,15–20: 274
22,15: 17
22,16: 22, 40, 138, 185, 238, 275, 282f.
22,17: 185
22,19: 40f., 138, 185, 238, 275, 282f.
22,19: 139
22,20: 101
22,21: 277
22,22: 22, 268
22,24–27: 205, 210, 278
22,25f.: 220, 278
22,27: 210, 278f.
22,28–30: 262
22,28: 78, 233, 253, 261
22,29f.: 223, 225, 239, 261
22,30: 238, 253, 259, 261
22,31f.: 17, 26, 78, 140, 180, 182, 184, 232
22,32: 26, 163, 242
22,35–38: 231, 233, 269f., 279f.
22,35f.: 26, 39, 231, 279
22,37: 231, 272f., 279f.
22,38: 279
22,42: 70
22,44: 59
22,48: 248

22,51: 90, 91
22,53: 128
22,63–65: 82
22,63: 82
22,69: 21, 136, 253, 259–263, 272
23,2: 218–220
23,8: 77
23,11: 82
23,28–31: 129
23,28: 26, 248
23,31: 20f., 35, 270
23,34: 68, 70, 161, 182, 185, 272f., 283
23,38: 243
23,42: 101
23,43: 44
23,46: 68, 70, 182, 199
24,4–7: 290
24,7: 22, 248, 250, 267f., 272, 280
24,10f.: 290
24,12: 289f.
24,13–35: 286
24,19: 82, 89
24,22.23f.: 290
24,25: 162
24,26: 260
24,30f.: 288
24,34: 291
24,39: 287
24,41–43: 287f.
24,41: 288
24,44ff.: 224, 287
24,47: 116

Johannes
1–12: 244
1,26: 52, 58
1,28: 51
1,31: 52, 58
1,32: 59
1,32–34: 57
1,34: 60f.
1,35–39: 55
1,43: 17

1,45: 22
1,51: 44, 248, 251, 259
2,1–11: 92f., 109
2,17: 266
2,19: 32, 271
2,20: 40
2,21: 271
3,3: 21, 40, 43f.
3,4: 40
3,5: 40f., 43f., 153
3,7: 21
3,11: 44, 289
3,13f.: 248, 260
3,16.18: 246
3,22–4,3: 52f.
3,23.25f.: 53
4,2: 53
4,10.14: 109
4,15: 40
4,19: 82
4,21: 238
4,22: 16
4,23: 109, 238
4,26: 247
4,27: 218
4,35f.: 108
4,44: 83
4,45ff.: 164
4,46–54: 93
5,1–18: 90, 93, 265
5,8: 92
5,9: 202
5,10: 266
5,19f.: 44, 64, 66f.
5,24: 44, 175
5,25: 44, 109, 246
5,27: 248
5,46: 22
6,14: 82, 89
6,15: 76f.
6.16–21: 91
6,19: 91
6,26: 44
6,27: 248
6,32: 44, 75
6,47: 44

311

Johannes
6,51: 274, 276
6,53: 44, 248
6,62: 248
6,63: 87
6,64.70f.: 225
7,8: 128
7,15: 82
7,22: 202
7,35: 40
7,37f.: 84, 109, 157
7,39: 84, 86
7,40: 82, 89
7,49: 120
7,52: 82
7,53–8,11: 77, 81, 220
8,3: 220
8,5: 77, 220
8,7: 220
8,20: 248
8,22: 40
8,23: 21
8,28: 248
8,34: 44
8,40: 249
8,42: 176
8,51: 44
8,57: 40
8,58: 44
8,59: 270
9,1–41: 90, 93, 265
9,2f.: 179
9,14: 202
9,17: 82
9,35: 248
10,1–29: 165
10,1–5, 166
10,1: 44
10,4: 282
10,7: 44
10,9: 153
10,11: 272f., 282
10,15: 66, 272f., 282
10,16: 166, 236
10,17f.: 272f., 282
10,27–30: 166

10,27: 282
10,31–36: 270
10,36: 246
11,1ff.: 93
11,4: 179, 246
11,8: 270
11,31: 289
11,39: 90
11,41f.: 68, 70, 182, 186
12,6: 171
12,23: 248, 260
12,24: 44
12,25: 36
12,27f.: 68, 70, 182
12,31: 78
12,34: 248, 252, 254
12,36: 166
12,38: 65
12,40: 154
12,44: 242
13–17: 244
13: 278
13,11: 225
13,16: 44, 209
13,18: 199
13,20: 44, 242
13,21: 44
13,27: 225
13,29: 171
13,31: 248
13,34: 206
13,38: 44
14,12: 44
14,22: 223
15,1ff.: 109
15,20: 209
16,16: 269, 271
16,17.19: 271
16,20.23: 44
16,32: 166
17: 182, 184
17,1: 68, 70, 246
17,3: 247
17,5: 68, 70
17,11: 68, 70
17,12: 225

17,21.24f.: 68, 70
18,31: 266
18,36: 16
19,11: 21
19,19: 243
20,1f.: 289
20,3–10: 289f.
20,11: 289
20,12f.: 290
20,14–18: 286, 290
20,17: 176
20,20: 287
20,21–23: 224
20,22: 292
20,23: 228
20,26f.: 287
21,1–14: 90, 286
21,1–11: 91
21,1: 91
21,12f.: 288
21,18: 44
21,21–23: 137
21,23: 137, 231

Apostelgeschichte
1,3: 43, 286
1,4–8: 287
1,4: 288
1,5: 54
1,13: 223
1,21f.: 52, 164, 285f.
1,23: 164, 224, 285f.
2,1ff.: 287, 292
2,17–21: 218
2,17: 86
2,29: 267
2,33: 294
2,34: 260
2,38: 52
2,40: 295
3,1: 180, 182f.
4,11: 269
6,6: 143
6,14: 32
7,42: 281
7,56: 252f., 260, 286

Apostelgeschichte
7,60: 283
8,12: 43
9,3: 292
10,3: 180, 183
10,11: 109
10,30: 180, 183
10,37: 54
10,38: 90
10,41: 288
11,2: 291
11,5: 109
12,2: 233f.
12,11: 152
13,3: 143
13,24f.: 54
13,51: 228
14,12: 226
14,22: 41
15,20.29: 205
17,18: 287
18,6: 228
19,2: 86
19,4: 54
19,8: 43
20,7: 288
20,25: 43
21,26: 201
22,6: 292
23,2: 230
26,13: 292
28,23.31: 43

Römer
1,24: 281
1,25: 181
1,26.28: 281
2,14: 204
3,31: 87
4,3.5: 23
4,9.11: 23
4,18: 79
4,22f.24: 23
4,25: 268, 281f.
5,15: 252
6,3: 53

8,4: 87
8,15: 70, 191
8,16: 191
8,23: 86
8,29: 180
8,31f.: 268, 281
9,5: 181
9,28: 141
11,4: 168
11,25: 89
13,7: 219
14,14: 149, 203

1. Korinther
1,26f.: 185
5,7f.: 276, 295
6,2f.: 259
7,10f.: 216f.
7,12–16: 217
9,14: 221f., 227
9,16: 208
10,1ff.: 51, 295
11,20: 194
11,23–25: 274
11,23: 275
11,24: 276
11,25: 139, 166
11,26: 139
12,13: 53
13,2: 159, 163
14,16: 43
15,3ff.: 292
15,3: 224
15,4: 288
15,5: 224, 286, 291f.
15,6: 286, 292
15,7f.: 285f., 292
15,12ff.: 180
15,20: 293
15,21: 252
15,24: 78
15,27: 252
15,28: 63
15,49: 180
16,1: 288
16,22: 196

2. Korinther
1,20: 43
1,22: 86
4,6: 292
5,5: 86
5,14f.: 276
12,8: 184

Galater
2,9: 234
2,12: 291
3,10: 128
3,28: 218
4,4: 89
4,6: 70, 191

Epheser
1,14: 86
1,20f.: 78
1,22: 252
2,7: 128
2,19: 293

Philipper
2,9f.: 294
2,11: 190
3,5: 144
3,21: 180, 252

Kolosser
1,18: 293
2,15: 78
4,11: 43

1. Thessalonicher
1,5: 89
1,10: 261
2,19: 261
3,13: 261, 293
4,8: 86
4,16: 260f.
4,17: 260
5,23: 261

2. Thessalonicher
1,10: 293
2,1–12: 125

313

1. Timotheus
2,5: 252f.
2,6: 276, 278f.
4,4: 203
4,14: 143
5,22: 143
6,9: 79

2. Timotheus
1,6: 143

Titus
1,15: 203

Hebräer
1,3: 294
1,8: 63
1,11f.: 109
1,13: 294
2,6: 252
2,18: 77
4,15: 77
6,4f.: 86
10,9: 87
11,37: 266
12,19: 128
12,26: 294
13,9–16: 186

Jakobus
1,13: 195
3,6: 130
5,1: 128
5,11: 79
5,12: 212

1. Petrus
3,20: 295
3,22: 294

2. Petrus
2,4: 281

1. Johannes
1,1: 287
3,2: 238

Apokalypse des Johannes
1,5: 293
1,9: 260
1,10: 287f.
1,13: 252
1,17–20: 13
2–3: 13
5,14: 43
6,8: 235
6,11: 89

6,12: 294
7,10: 45
7,12: 43–45
8,5: 294
9,5ff.: 235
11,1f.: 127
11,12: 260
11,13: 294
11,15: 42
11,19: 294
12,9: 78
12,7–9: 99
12,12: 129
14,1–5: 215
14,6f.: 228
14,14ff.: 228
14,14: 252
16,15: 13
16,18: 294
17,12: 101
19,4: 43
19,11: 251
20,7ff.: 235
21,5–8: 24
22,12ff.: 13
22,17: 84, 157
22,18f.: 88
22,20: 43–45